민법학강의 I

[민법총칙]

박 종 찬 저

진 원 사

BÜRGERLICHES GESETZBUCH I

von

DR. JONG CHAN PARK

PROFESSOR

AN DER SCHOOL OF LAW

KANGWON NATIONAL UNIVERSITY

1. Auflage

JINWON SA VERLAG

SEOUL KOREA 2017

머 리 말

막 학위를 마치고 귀국하여 매일 밤샘하며 강의안을 작성하여 두렵고 떨리는 마음으로 강의를 마치고 돌아서자마자 다음 시간을 위해서 다시 읽고 또 읽으면서 한 학기 한 학기를 보내던 시절이 엊그제 같은데 벌써 강단에 선지 30년의 세월이 흐르고 있다.

그런데 연구와 강의를 하면 할수록 민법에 대한 지식이 일천함을 처절하게 깨닫는 자신을 발견한다. 그동안 민법도 몇 차례 개정을 시도하여 가족법과 총칙부분에 약간의 조문들이 시대의 조류에 맞추어 개정되었다. 그리고 무엇보다 법학전문대학원 제도가 시작되면서 법학계는 이전에 겪어보지 못한 새로운 역사를 개척하는 과정에서 혼란을 경험하고 있는 중이다.

법학전문대학원 제도는 실무를 중시하는 교육을 하도록 설계되어 있고 학생들 또한 깊은 이론과 법제사적 논구보다는 변호사시험을 위한 강의 및 기본서를 요구하고 있다. 그래서 이 책을 집필하면서 이러한 요구에 어느 정도 부응하기로 하여, 이론과 실무를 연계하여 공부하고 익힐 수 있도록 노력하였다. 즉 학설의 대립 · 외국학설의 소개 · 법제사적 설명 등을 가급적 간략하게 언급하는 반면, 많은 판례를 소개하고 경우에 따라서는 판례를 직접 각주에 상세하게 소개함으로써 학생들이 별도로 판례를 찾아보는 수고를 아끼어 시간을 절약하도록 배려하였다. 학부에서 법학을 공부하지 않은 학생들은 우선 각주의 판례를 생략하고 본문을 몇 차례 속독한 후에 치분히 판례를 함께 숙지하여 이론과 실제를 익힘으로써 변호사시험에 대비할 수 있도록 하였다.

이 책에서 가장 중요한 부분을 꼽으라고 하면 주저함 없이 '법률행위' 부분이라고 할 것이다. 그런데 집필하고 보니 이 부분이 가장 미흡하고 모르는 부분이 너무 많은 것을 절감한다. 행위능력 부분이 새롭게 개정되어 더 깊이 있는 연구로 나름대로의 이론을 기술하였어야 하는데 그러지를 못하였고, 나아가 법률행위에 대한 기초이론과 의사표시에 관한 상세하고 깊이 있는 연구가 부족함을 고백하지 않을 수 없다. 이러한 부족함을 독자 제현께서 꾸짖어 주시어 다음 판에는 더욱 깊이 있는 집필로 거듭날 것을 약속한다.

이 책을 펴내는 데에는 많은 분들의 도움이 있었다. 먼저 이 책은 "2014년도 강원대학교 학술연구조성비로 연구하였음(C 1011660-01-01)"을 밝혀둔다. 강원대학교에 깊은 감사의 마음을 전한다. 그리고 진원사 양진수 대표님과 양희원 과장님, 그리고 더운 날씨에 편집과 교정작업을 위해 정성을 아끼지 않으신 류재현 편집부장님께 감사를 전한다.

한편 90이 가까운 연세에도 부족한 아들을 위하여 노심초사 걱정하시며 언제나 든든한 울타리가 되어 주시는 부모님, 자신의 연구를 게을리 하지 않으면서도 사랑과 정성으로 행복한 가정을 꾸려가는 아내 장현옥 교수, 그리고 자신들의 앞길을 훌륭히 개척해 나아가는 아들 웅택과 딸 다일라에게 이 자리를 빌려 깊이 감사드린다.

2017년 8월

저자 **박 종 찬**

참 고 문 헌

강태성, 민법총칙, 신판, 대명출판사, 2006

고상룡, 민법총칙, 제3판, 법문사, 2003

곽윤직, 민법총칙, 제7판, 박영사, 2007

곽윤직, 민법총칙, 신정판(중판), 박영사, 1992

김상용, 민법총칙, 화산미디어, 2009

김용한, 민법총칙론, 재전정판, 박영사, 1997

김주수, 민법총칙, 제5판, 삼영사, 2002

김준호, 민법총칙, 전정판, 법문사, 2008

김증한 · 김학동 공저, 민법총칙, 제9판, 박영사, 2001

명순구, 민법총칙, 법문사, 2005

백태승, 민법총칙, 제4판, 법문사, 2009

송덕수, 민법총칙, 제3판, 박영사, 2015

양창수, 민법연구 제1권~제9권, 박영사, 1991~2007(양창수, 민법연구(1)~(10)

윤진수, 민법논고 I~IV, 박영사, 2007~2010

이영준, 민법총칙, 개정증보판, 박영사, 2007

이은영, 민법총칙, 제5판, 박영사, 2009

정기웅, 민법총칙, 법문사, 2009

지원림, 민법강의, 제8판, 홍문사, 2010

홍성재, 민법총칙, 전정판, 대영문화사, 2010

민법주해[I]~[III], 박영사, 2014

주석민법, 총칙(1)~(3), 제3판, 한국사법행정학회, 2001~2002

Brox, Allgemeiner Teil des Bürgerlichen Gesetzbuchs, 15. Aufl., 1991

Flume, Das Rechtsgeschäft, 3. Aufl., 1979

Hübner, Allgemeiner Teil des Bürgerlichen Gesetzbuches, 1985

Köhler, BGB · Allgemeinr Teil, 21., 1991

8 참고문헌

Lange-Köhler, BGB Allgemeiner Teil, 17. Aufl., 1980

Larenz, Allgemeinder Teil des Bürgerlichen Rchts, 6. Aufl., 1983

Medicus, Allgemeiner Teil des BGB, 6. Aufl., 1982

Münchener Kommentar BGB, Band 1, 2. Aufl., C.H.Beck, 1986

목 차

제1장 서 론 / 1

제1절 민법의 의의 / 3

제2절 민법의 법원(法源) / 9

제3절 민법의 기본원리 / 16

제4절 민법의 해석 / 20

제5절 민법의 효력 / 23

제2장 권 리 / 25

제1절 법률관계와 권리 · 의무 / 27

제2절 권리의 충돌과 경합 / 38

제3절 권리의 행사와 의무의 이행 / 42

제 4 장 권리의 객체 / 181

제1절 총 설 / 183

제2절 물 건 / 184

제3절 동산과 부동산 / 190

제4절 주물과 종물 / 199

제5절 원물과 과실 / 206

제5장 권리의 변동 / 211

제1절 총 설 / 213

제2절 법률행위 / 218

제3절 의사표시 / 244

제4절 법률행위의 대리 / 279

제5절 법률행위의 무효와 취소 / 317

제6절 법률행위의 부관(조건과 기한) / 339

제6장 기 간 / 353

제7장 소멸시효 / 361

제1장
서 론

제1절 민법의 의의

I. 서 설

민법(民法; Bürgerliches Recht; Zivilrecht; droit civil; ius civile)이란 무엇인가? 다음의 두 가지 의미를 살펴볼 필요가 있다. 그 하나는 형식적인 측면이고, 다른 하나는 실질적인 측면이다. 이에 따르면 민법은 각각 형식적 의미의 민법(형식적 민법)과 실질적 의미의 민법(실질적 민법)으로 분류할 수 있다.

Ⅱ. 형식적 의미의 민법

민법을 형식적으로 파악하면, 1958년 2월 22일 법률 제471호로 공포되어 1960년 1월 1일부터 시행된 "민법"이라는 이름을 가진 법률을 가리킨다. 이를 실질적 민법과 구별하여 "민법전(民法典)"으로 표현하기도 한다. 민법제정 당시에는 제1111조이었던 것이 현재에는 제1118조의 방대한 조항을 가지고 있다.

Ⅲ. 실질적 의미의 민법

실질적 의미로서의 민법은 「사법(私法)의 일부로서 민사에 관한 실체적 법률관계를 규율하는 원칙적인 법」을 말한다. 이에 의하면 민법은 법의 일부이면서, 그 중에서 사법이며, 나아가 사법 중에서도 일반법이다.

1. 민법은 법(법체계 · 법질서)의 일부이다.

사람은 사회적 동물이다. 따라서 홀로 존재할 수 없다. 각 개인은 가족 · 사회 · 국가에 소속되어 공동생활을 피할 수 없다. 이러한 공동생활에서 질서를 유지하려면 이를 규율할 일정한 규칙이 있어야 한다. 공동생활에서 준수해야 할 규칙(규범)에는 법 · 도덕 · 관습 · 종교 등 여러 가지가 있다. 법은 그 실현이 국가권력에 의하여 강제된다. 이 점에서 다른 사회규범과 구별된다.

여기서의 법은 하나의 법률만을 가리키는 것이 아니다. 헌법을 최상위의 규범으로 하여 그 아래에 법률 · 명령 · 관습법 등 어느 정도의 체계를 이루고 있는 여러 개의 규범들 전체를 의미하는 것이다. 따라서 법을 법체계라고도 하며 법질서라고도 한다. 일반적으로 법은 법체계 또는 법질서와 같은 의미라고 할 수 있다.

민법은 이러한 법, 법체계 내지 법질서의 일부이다.

2. 민법은 사법(私法)이다.

법은 일반적으로 크게 공법과 사법으로 구별한다. 이 경우 민법은 사법에 해당한다. 이하 먼저 공법과 사법의 구별의 필요성과 학설, 그리고 사법의 내용에 대하여 살펴본다.

(1) 공법과 사법의 구별

1) 공법과 사법의 구별필요성 근대민법의 3대원칙 중 사적자치(Privat Autonomie, 私的自治)의 원칙이 적용되는 영역의 법을 사법이라 하고, 그 사적자치의 원칙이 적용되지 않는 영역의 법을 공법이라 한다. 이렇게 공법과 사법은 그것을 지배하는 법원리가 다르기 때문에 그의 구별이 있어야 한다. 그리고 구체적인 법률관계에 관하여 명문규정이 없을 경우에 거기에 적용되어야 할 법 또는 법원칙을 결정하기 위하여 공 · 사법의 구별이 있어야 한다. 나아가 권리구제절차상 행정사건과 민사사건의 구별을 위해서도 공 · 사법의 구별이 있어야 한다.[1][2]

2) 공법과 사법의 구별에 관한 학설 공법과 사법은 어떤 표준에 따라서

---

1) 행정소송은 피고의 소재지를 관할하는 행정법원의 전속관할에 속한다(법원조직법 제40조의 4, 행정소송법 제3조 · 제4조 · 제9조 · 제38조 · 제40조 · 제46조 등 참조) ; 헌법 · 행정법 · 형법 · 형사소송법 · 민사소송법 · 세법 · 국제법은 공법이고, 민법 · 상법은 사법이라는 데 이론이 없다. 그 밖의 법률에 있어서 공법과 사법의 구별에 다툼이 있다.

2) [참고] 현대사회에서 공법과 사법의 영역이 분명하지 않고 그 구별을 어렵게 하는 사정이 점증하고 있다. 즉 공 · 사법적 요소가 혼재되어 있는 사회법의 등장이 그것이다. 자본주의가 발달하면서 여러 가지 불합리한 점이 발생함으로 이를 제거하기 위하여 국가는 사법의 영역에 속하는 분야에 공법적인 규제를 도입하는 여러 입법을 하고 있다. 사회보장법(각종 연금법) · 경제법(독점금지 · 소비자보호 등에 관한 법) · 노동법(근로기준법 등의 노사관계에 관한 법) 등이 여기에 속한다.

구별할 것인가에 관하여 오랜 기간 동안 많은 논쟁이 되어왔다. 여기에는 이익설 · 성질설 · 주체설이 서양학자들 사이에 논란을 했던 고전적 학설이다. 반면 우리나라에서는 이러한 학설을 결합시켜 설명을 시도하는 학설들이 있다.

① **이익설**(목적설) 공익(公益)의 보호를 목적으로 하는 법이 공법이고, 사익(私益)의 보호를 목적으로 하는 법이 사법이라는 견해이다.

② **성질설** 법이 규율하는 생활관계의 성질을 표준으로 하여 구별하자는 견해이다. 즉 불평등한 자(법률주체)들 사이의 명령 · 복종관계를 규율하는 법이 공법이고, 평등한 자(법률주체)들 사이의 대등한 관계를 규율하는 법이 사법이라고 한다.

③ **주체설** 법률관계의 주체를 표준으로 하여 구별하자는 견해이다. 즉 국가 기타 공공단체 상호간의 관계 또는 이들과 개인과의 관계를 규율하는 법이 공법이고, 개인 상호간의 관계를 규율하는 법이 사법이라는 견해이다.

④ **생활관계설** 국민으로서의 생활관계를 규율하는 법이 공법이고, 인류로서의 생활관계를 규율하는 법이 사법이라는 견해이다. 이 설은 주체설과 실질에 있어서 구별이 없다.

⑤ **다원설** 어느 하나의 표준에 의할 수 없고 여러 가지의 표준에 의하여 공 · 사법을 구별하자는 견해이다.

⑥ **사적 자치설** 사적 자치의 원칙이 적용되는 법이 사법이고, 그렇지 않은 법이 공법이라는 견해이다.

3) 판례의 입장 판례는 성질설을 취하고 있는 것으로 생각된다.[3)]

---

3) **대결** 2006.6.19. 2006마117 "지방재정법에 의하여 준용되는 '국가를 당사자로 하는 계약에 관한 법률'에 따라 지방자치단체가 당사자가 되는 이른바 공공계약은 사경제의 주체로서 상대방과 대등한 위치에서 체결하는 사법(사법)상의 계약으로서 그 본질적인 내용은 사인 간의 계약과 다를 바가 없으므로, 그에 관한 법령에 특별한 정함이 있는 경우를 제외하고는 사적 자치와 계약자유의 원칙 등 사법의 원리가 그대로 적용된다고 할 것이므로, 계약체결을 위한 입찰절차에서 입찰서의 제출에 하자가 있다 하여도 다른 서류에 의하여 입찰의 의사가 명백히 드러나고 심사 기타 입찰절차의 진행에 아무 지장이 없어 입찰서를 제출하게 한 목적이 전혀 훼손되지 않는다면 그 사유만으로 당연히 당해 입찰을 무효로 할 것은 아니고, 다만 그 하자가 입찰절차의 공공성과 공정성이 현저히 침해될 정도로 중대할 뿐 아니라 상대방도 그러한 사정을 알았거나 알 수 있었을 경우 또는 그러한 하자를 묵인한 낙찰자의 결정 및 계약체결이 선량한 풍속 기타 사회질서에 반하는 결과가 될 것임이 분명한 경우 등 이를 무효로 하지 않으면 그 절차에 관하여 규정한 '국가를 당사자로 하는

(2) 사법으로서 민법의 내용

사법의 적용을 받는 생활관계(사법관계)에는 크게 재산관계와 가족관계(신분관계)가 있다. 재산관계에는 물권관계(소유권 · 점유권 · 저당권)와 채권관계(매매 · 임대차)가 있다. 한편 가족관계에는 종래 친족관계와 상속관계로 구분되었으나 2005년 호주제도가 폐지됨에 따라 상속편은 재산상속만을 규율하게 되었다. 따라서 상속관계는 재산관계로 되었고, 가족관계는 친족관계만 남게 되었다.

3. 일반사법으로서의 민법

(1) 일반법과 특별법의 구별

법은 그 적용범위에 따라 일반법과 특별법으로 나누어진다. 일반법은 특정한 사람 · 직업 · 장소 · 사항 등의 제한 없이 일반적으로 적용되는 법이며, 반면 특별법은 일정한 사람 · 직업 · 장소 · 사항 등에 관하여만 적용되는 법이다. 법을 일반법과 특별법으로 구별하는 이유는 동일한 사항에 대하여서 특별법이 일반법에 우선하여 적용되기 때문이다(특별법 우선의 원칙).[4]

(2) 일반법으로서의 민법

사법을 일반법과 특별법으로 나눈다면 민법은 일반법(일반사법)이다. 민법은 사람 · 장소 · 사항에 관계없이 널리 적용된다.

계약에 관한 법률'의 취지를 몰각하는 결과가 되는 특별한 사정이 있는 경우에 한하여 무효가 된다고 해석함이 타당하다."; **대결** 2012.9.20. 2012**마**1097; **대판** 2014.12.24. 2010**다**83182 참조.

4) 그 중에서 가장 중요한 법이 상법이다. 상법은 민법에 대해서는 특별법이지만 상사특별법에 대해서는 일반법이다. 민법이 누구나 일상생활에서 하는 거래(매매, 소비대차 등)를 규율하는 반면, 상법은 상인간의 거래(상행위)를 규율하는 법이다. 따라서 일반법과 특별법이 충돌할 경우 특별법이 우선 적용되고, 특별법이 규율하지 않는 사항에 대하여 일반법이 적용된다. 예컨대 주택의 소유자가 그 주택을 타인에게 임대하는 경우, 민법 제618조 이하의 '임대차규정'과 '주택임대차보호법' 양자가 모두 적용될 수 있다. 그러나 특별법인 '주택임대차보호법'이 민법보다 우선하여 적용되고, 거기에 규정이 없는 사항에 대하여는 민법이 보충적으로 적용된다. 주의해야 할 것은 일반법과 특별법의 구별을 상대적이라는 것이다. 예컨대 상법은 민법에 대하여는 특별법이지만 상사특별법에 대하여는 일반법이라는 점이다.

4. 실체법으로서의 민법

(1) 실체법과 절차법

법에는 법규범의 작용방법에 따라 실체법과 절차법으로 나누어진다. 즉 법이 직접 권리 · 의무에 관하여 정하는 것(실체법)이 있는 반면, 권리 · 의무의 실현 절차를 정하는 것(절차법)도 있다. 실체법과 절차법은 법체계상 나누어지지만 서로 밀접한 관계에 있다. 실체법이 정하는 내용이 지켜지지 않을 때에는 절차법에 의하여 실현되기 때문이다.

이와 같이 법을 실체법과 절차법으로 나눈다면, 민법은 실체법에 속한다. 민사에 관한 절차법은 주로 민사소송법(2002년 법률 제6626호로 전문개정)과 민사집행(2002년 법률 제6627호)이다. 그러나 채무자 회생 및 파산에 관한 법률(2005 법률 제7428호), 중재법(1999년 6083호로 전문개정), 소액사건 심판법(1973 년 법률 제2547호), 가사소송법(1990년 법률 제4300호), 민사조정법(1990년 법률 제4205호) 등도 민사절차법에 속한다.

(2) 행위규범과 재판규범

민법은 각 개인이 지켜야 할 규범(행위규범)이면서 동시에 재판을 할 때에 법관(법원)이 지켜야 할 규범(재판규범)이기도 하다.

Ⅳ. 형식적 · 실질적 민법 사이의 관계

1. 두 민법 사이의 관계

형식적 의미의 민법과 실질적 의미의 민법은 일치하지 않는다. 민법전은 실질적 의미의 민법이 대부분이지만 실질적 의미의 민법이 아닌 규정, 즉 이사 등에 대한 벌칙규정(제97조), 채권의 강제집행 방법에 관한(제389조) 규정 등과 같이 공법적인 규정도 들어 있다. 한편 실질적 의미의 민법에는 민법전 외에 민법의 부속법령, 민사특별법령, 공법 내의 규정 등이 포함된다. 민사에 관한 관습법은 불문법이지만 실질적 민법에 속한다.

2. 민법학의 대상

민법학의 대상이 되는 민법은 실질적 민법이다. 민법전에 규정되지 않은 상항이라도 개인의 사법관계에 관한 원칙적인 법이면 모두 논의의 대상으로 보는 것이 바람직하기 때문이다. 따라서 본서에서의 논의는 민법전에 한정하지 않고 실질적 민법 전부에 관하여 다루어진다. 그러나 형식적 민법은 실질적 민법의 핵심을 이루고 있어 그 논의는 민법전을 중심으로 진행될 것이다. 그러면서 극소수의 공법적 규정도 함께 다룸으로써 내용상의 누락을 방지하고자 한다.

V. 민법전의 구성

민법은 전문 1000조가 넘는 방대한 법률로서 내용을 편(編) · 장(章) · 절(節) · 관(款)으로 구분하고 있다. 대분류인 편별구성은 민법 전체에 관한 통칙을 규정하는 총칙편, 재산관계에 관하여 규정하는 물권편과 채권편, 가족관계에 관하여 규정하는 친족편과 상속편으로 되어 있다.

그 중 총칙편은 원칙적으로 민법 전체, 나아가서는 사법 전체를 통하는 원칙적 규정이다. 예컨대 법원(法源)에 관하여 규정한 제1조, 신의성실에 관하여 규정한 제2조 등이 그것이다. 그러나 총칙편의 대부분은 민법 전체에 대한 총칙으로서의 성질을 가지는 것이 아니라 재산법만을 생각해서 만들어 진 것이 많다. 총칙편의 대부분은 실질적으로는 재산법에 대한 총칙인 데 지나지 않으며, 가족법에 대한 총칙으로서의 성격은 희박하다.5)

---

5) 민법총칙편의 구성은 다음과 같다.
• 제1장 통칙 : 민법의 법원과 민법의 기본원리를 규정(제1조, 제2조) • 제2장 인(人) : 권리의 주체로서 자연인에 관하여 규정(제3조~제30조) • 제3장 법인 : 권리의 주체로서 법인에 관하여 규정(제31조~제97조) • 제4장 물건 : 권리의 객체에 관하여 규정(제98조~제102조) • 제5장 법률행위 : 권리의 변동에 중요한 관계가 있는 일반적 사유를 규정(제103조~제154조) • 제6장 기간 : (제155조~제161조) • 제7장 소멸시효 : 시효에 의한 권리의 소멸사유를 규정(제162조~제184조)

제2절 민법의 법원(法源)

Ⅰ. 법원의 의의

1. 개 념

법원(法源, Rechtsquelle)이란 법의 연원(淵源)으로서 법관이 재판을 함에 있어서 적용하여야 할 기준 즉 법의존재형식 또는 현상형태라는 의미로 사용하는 것이 보통이다. 법원에는 성문법과 불문법이 있다. 성문법(제정법)은 문자로 표시되고, 일정한 형식과 절차에 따라서 제정되는 법이며, 불문법은 성문법이 아닌 법, 관습법, 판례법, 조리 등이 여기에 속한다.

각 나라는 성문법과 불문법 가운데 어느 것을 제1차적인 법원으로 인정하느냐에 따라 성문법주의 국가와 불문법주의 국가로 나누어진다.

2. 민법 제1조

민법 제1조는 민사에 관하여 법률을 가장 중요한 법원으로 규정하고 있는데 이것은 우리나라가 민사에 관하여 성문법주의를 취하고 있음을 보여준다. 또한 민사에 관한 법원으로서 법률·관습법·조리의 세 종류를 인정하고, 아울러 그 적용순위를 규정하고 있다. 여기에서 "민사"는 널리 사법관계를 의미한다.

Ⅱ. 성문민법

우리나라는 성문법주의를 취하고 있고 민법 제1조의 규정상 성문법(제정법)이 가장 중요하고 강력한 제1차적 법원이 된다. 성문법에는 법률·명령·대법원 규칙·조약·자치법 등이 있다.

1. 법 률

여기서의 법률은 헌법이 정하는 절차에 따라서 제정·공포되는 형식적 의미의 법률을 뜻한다. 법률에는 민법전과 그 이외의 법률이 있다.

(1) 민 법 전

민법이라는 이름의 법률인 민법전은 민법의 법원 중에서 가장 중요한 것이다. 다만 민법전 가운데는 실질적 민법이 아닌 규정도 약간 포함되어 있음은 앞에서 언급하였다.

(2) 민법전 이외의 민법의 법원인 법률

1) 민사특별법

민법전의 규정들을 보충하고 수정하는 법으로서 제정된 특별 민법법규를 의미한다. 이자제한법, 보증인 보호를 위한 특별법, 신원보증법, 약관의 규제에 관한 법률, 자동차손해배상보장법, 집합건물의 소유 및 관리에 관한 법률, 가등기담보 등에 관한 법률, 부동산 실권리자명의 등기에 관한 법률, 주택임대차보호법 등이 있다.

2) 공법에 속하는 법규

농지법, 특허법, 저작권법, 구토의 계획 및 이용에 관한 법률 중의 일부 규정도 민법의 법원이 된다.

3) 민법부속법

민법전에 규정되어 있는 실체적인 민법법규를 구체적으로 실현하기 위한 절차를 규정한 민법 부속법률도 민법의 중요한 법원이다. 여기에는 부동산등기법, 유실물법, 가족관계의 등록 등에 관한 법률 등이 있다.

2. 명 령

명령은 국회가 아닌 국가기관(행정기관)에서 일정한 절차를 거쳐서 제정하는 법규이다. 명령도 민사에 관하여 규정하고 있으면 민법의 법원이 된다. 명령에는 법률에서 임위된 사항을 정하는 위임명령[6]과 법률의 규정을 집행하기 위하여 필요한 세칙을 정하는 집행명령[7]이 있다. 또한 이에는 누가 제정하느냐에 따라 대통령령 · 총리령 · 부령으로 나누어진다.

3. 대법원규칙

대법원은 법률의 범위 내에서 소송에 관한 절차, 法院의 내부 규율과 사무처리에 관한 규칙을 제정할 수 있다.[8] 이에 따라 대법원이 제정한 규칙도 민사에 관한 것은 민법의 법원이 된다. 이에는 부동산등기규칙, 공탁규칙, 공탁금의 이자에 관한 규칙, 가족관계의 등록 등에 관한 규칙 등이 있다.

4. 조 약

헌법에 의해 체결 · 공포된 조약과 일반적으로 승인된 국제법규는 국내법과 같은 효력을 가지므로[9] 조약으로서 민사에 관한 것은 민법의 법원이 된다.

5. 자치법(自治法)

지방자치단체가 제정한 조례[10]와 규칙[11]도 민사에 관한 것은 민법의 법원이 된다. 이러한 자치법규는 명령에 우선하지 못하며 적용범위가 지역적으로 제한된다.

---

6) 민법 제312조의 2 단서의 시행에 관한 규정이 있다.
7) 주택임대차보호법 시행령.
8) 헌법 제108조.
9) 헌법 제6조 제1항.
10) 지방자치단체가 법령의 범위 안에서 그 사무에 관하여 지방의회의 의결을 거친 법이다. 예, 서울특별시 수도조례, 서울특별시 하수도 사용조례, 서울특별시 도시 및 주거환경 정비조례, 서울특별시 주택 중계보수 등에 관한 조례 등이 있다.
11) 지방자치단체의 장이 법령 또는 조례가 위임한 법위 안에서 그 권한에 속하는 사무에 관하여 제정한 법이다. 예, 서울특별시 수도조례 시행규칙, 서울특별시 하수도 사용조례 시행규칙, 서울특별시 도시 및 주거환경 정비조례 시행규칙 등이 있다.

Ⅲ. 불문민법

1. 관 습 법

(1) 의 의

관습법이란 사회의 거듭된 관행으로 생성한 사회생활규범이 사회의 법적 확신과 인식에 의하여 법적 규범으로 승인·강행되기에 이른 것을 말한다.[12)]

(2) 성립요건

1) 반복적인 관행이 존재하여야 한다.

2) 사회구성원에 의한 법적 확신이 있어야 한다.

3) 반복적인 관행이 전체 법질서 및 선량한 풍속 기타 사회질서에 반하지 않아야 한다.

(3) 성립시기

관습법은 법원의 판결에 의하여 그 존재가 확인되지만, 그 성립시기는 관행이 법적 확신을 취득한 때에 소급하여 성립하였다고 본다(통설).

(4) 관습법의 효력

1) 보충적 효력설

민법 제1조의 문언을 근거로 관습법은 법률 내지 성문법의 규정이 없는 경우에만 보충적으로 적용된다는 견해이다.[13)]

---

12) **대판(전)** 2005.7.21, 2002**다**1178 "관습법이란 사회의 거듭된 관행으로 생성한 사회생활규범이 사회의 법적 확신과 인식에 의하여 법적 규범으로 승인·강행되기에 이른 것을 말하고, 그러한 관습법은 법원(法源)으로서 법령에 저촉되지 아니하는 한 법칙으로서의 효력이 있는 것이고, 또 사회의 거듭된 관행으로 생성한 어떤 사회생활규범이 법적 규범으로 승인되기에 이르렀다고 하기 위하여는 헌법을 최상위 규범으로 하는 전체 법질서에 반하지 아니하는 것으로서 정당성과 합리성이 있다고 인정될 수 있는 것이어야 하고, 그렇지 아니한 사회생활규범은 비록 그것이 사회의 거듭된 관행으로 생성된 것이라고 할지라도 이를 법적 규범으로 삼아 관습법으로서의 효력을 인정할 수 없다."

13) 다수설이다.

2) 변경적 효력설

민법 제1조의 규정에도 불구하고 관습법에 성문법과 대등한 지위를 인정하고 관습법에 대하여 성문법을 개폐하는 효력을 인정하는 견해이다. 이 견해는 '신법우선의 원칙'을 전제로 한다.[14]

3) 판 례

보충적 효력설을 취한다.[15]

4) 사 견

민법 제1조에서 명문으로 규정한 바와 같이 법률이 없는 경우에 관습법의 효력을 보충적으로 인정하는 보충적 효력설이 타당하다고 생각된다. 다만 변경적 효력설은 입법론 적으로 고려해볼만 하다.

(5) 판례에 의하여 인정된 관습법

판례에 의하여 관습법으로 자리 잡은 관습법으로 명인방법, 관습법상 법정지상권, 분묘기지권, 명의신탁, 사실혼 등이 있다.

---

14) 소수설이다.

15) **대판(전)** 2005.7.21, 2002**다**1178 **참조** ; **대판** 1983.6.14, 80**다**3231 "나. 관습법이란 사회의 거듭된 관행으로 생성한 사회생활규범이 사회의 법적 확신과 인식에 의하여 법적 규범으로 승인·강행되기에 이르른 것을 말하고, 사실인 관습은 사회의 관행에 의하여 발생한 사회생활규범인 점에서 관습법과 같으나 사회의 법적 확신이나 인식에 의하여 법적 규범으로서 승인된 정도에 이르지 않은 것을 말하는 바, 관습법은 바로 법원으로서 법령과 같은 효력을 갖는 관습으로서 법령에 저촉되지 않는 한 법칙으로서의 효력이 있는 것이며, 이에 반하여 사실인 관습은 법령으로서의 효력이 없는 단순한 관행으로서 법률행위의 당사자의 의사를 보충함에 그치는 것이다. 다. 법령과 같은 효력을 갖는 관습법은 당사자의 주장입증을 기다림이 없이 법원이 직권으로 이를 확정하여야 하고 사실인 관습은 그 존재를 당사자가 주장 입증하여야 하나, 관습은 그 존부자체도 명확하지 않을 뿐만 아니라 그 관습이 사회의 법적 확신이나 법적 인식에 의하여 법적 규범으로까지 승인되었는지의 여부를 가리기는 더욱 어려운 일이므로, 법원이 이를 알 수 없는 경우 결국은 당사자가 이를 주장입증할 필요가 있다. 라. 사실인 관습은 사적 자치가 인정되는 분야 즉 그 분야의 제정법이 주로 임의규정일 경우에는 법률행위의 해석기준으로서 또는 의사를 보충하는 기능으로서 이를 재판의 자료로 할 수 있을 것이나 이 이외의 즉 그 분야의 제정법이 주로 강행규정일 경우에는 그 강행규정 자체에 결함이 있거나 강행규정 스스로가 관습에 따르도록 위임한 경우 등 이외에는 법적 효력을 부여할 수 없다."

2. 판 례

(1) 의 의

판례란 법원의 재판(판결 · 결정)을 통하여 형성된 규범을 가리킨다.

(2) 판례의 법원성

우리 민법 제1조는 관습법과는 달리 판례를 민법의 법원으로 규정하고 있지 않기 때문에 판례를 법원으로 볼 수 있는지에 대하여 견해가 대립되고 있다.

1) 긍 정 설

긍정설은 ① 판례는 법형성적 기능과 일반적 구속력을 가지고 있으며 법인식의 근원이라는 점, ② 판례는 유사한 사례에 대하여는 동일한 결론이 내려질 수밖에 없는 현실성을 감안할 때 사실상 구속력이 있다는 점, ③ 판례의 법원적 가치를 인정함으로써 법적 안정을 유지할 수 있는 점, ④ 판례는 관습처럼 법적 확신을 취득함으로써 법원이 된다는 근거로 판례의 법원성을 인정한다. 소수설이다.

2) 부 정 설

부정설은 ① 우리 민법이 판례의 법원성을 인정하는 명문규정을 두고 있지 않다는 점, ② 법원조직법 제8조는 상급법원 재판에서의 판단은 해당사건에 관하여 하급심을 기속(羈束)한다고 규정하지만 해당 사건에 대하여만 구속력을 인정할 뿐이라는 점, ③ 법관은 헌법과 법률에 의하여 양심에 따라 재판할 수 있으므로 제도상으로 판례의 구속을 받지 않는다는 점을 근거로 판례의 법원성을 부정하는 입장이며 다수설이다.[16)]

---

16) **대판** 2009.7.24, 2009**재다**516 "구체적인 대법원의 재판에서 어떠한 표현으로 법의 해석에 관한 일정한 견해가 설시되어 있다고 하더라도, 그것이 진정으로 의미하는 바가 무엇인가, 즉 어떠한 내용으로 또는 어떠한 범위에서 장래 국민의 법생활 또는 법관을 비롯한 법률가의 법운용을 '구속'하는 효력, 즉 판례로서의 효력을 가져서 그 변경에 대법원 전원합의체의 판단이 요구되는가를 살피려면, 사람의 의사표현행위 일반에서와 마찬가지로, 그 설시의 문구에만 구애될 것이 아니라 당해 판결의 전체적인 법판단에 있어서 그 설시가 어떠한 위상을 가지는가에 유의하면서 또 다른 재판례들과의 관련을 고려하면서 면밀하게 따져보아야 한다. 특히, 판결은 1차적으로 개별적인 사건에 법적인 해결을 부여하는 것을 지향하는 것이고, 대법원 판결에서의 추상적 · 일반적 법명제의 설시도 기본적으로 당해 사건의 해결을 염두에 두고 행하여지므로, 그 설시의 위와 같은 '의미'는 당해 사건의 사안과의 관련에서 이해되어야 한다."

3) 사 견

상급법원 특히 대법원의 판례는 사실상 구속력이 있어 '살아있는 법'으로서 기능[17]을 하지만 법률적 구속력이 없으므로 판례의 법원성을 부정하는 것이 타당하다고 생각된다.

3. 조 리

(1) 의 의

조리라 함은 사물의 본질적 법칙 또는 사물의 도리를 의미한다. 조리라는 용어 대신에 경험칙, 사회통념, 사회적 타당성, 법의 일반원칙 등으로 표현되기도 한다.

(2) 조리의 법원성

민법 제1조의 규정에도 불구하고 조리가 민법의 법원인지에 관하여 견해가 대립되고 있다.

1) 긍 정 설

민법 제1조가 명문으로 조리를 민법의 법원으로 규정하고 있기 때문에 조리의 법원성을 인정하는 견해이다.

2) 부 정 설

조리가 재판의 준칙기능을 하는 것은 그것이 법이어서가 아니라 성문법이 없다고 법원이 재판을 거부할 수 없다는 사실에 기인할 뿐이므로 구태여 법원성을 인정할 필요가 없다는 견해이다.

3) 사 견

민법 제1조가 명문으로 조리를 민법의 법원으로 인정하고 있는 이상 조리의 법원성을 인정하는 것이 타당하다고 생각된다.

---

17) 판례가 '살아있는 법'으로서의 기능을 한다는 의미는 다음과 같다. 즉 판례는 법원은 아니어서 법률적 구속력이 없다. 그러나 상급법원(특히 대법원)의 판례는 사실상의 구속력을 가진다. 왜냐하면 첫째, 법원조직법이 법의 안정을 위하여 판례의 변경에 신중을 기하도록 하고 있고(동법 제7조 제1항) 둘째, 하급법원도 판례와 다른 판단을 하면 그것이 상급법원에서 깨뜨려질 것이어서 그 스스로 판례에 따르기 때문이다.

제3절 민법의 기본원리

Ⅰ. 근대 민법의 기본원리

봉건제도를 무너뜨리고 성립한 근대사회의 기초 법으로서의 근대 민법은 개인주의·자유주의라는 당시의 사상을 배경으로 하여 개인을 봉건적인 여러 구속으로부터 해방하고 모든 사람을 평등하게 다루며, 그 자유로운 활동을 보장하는 것을 지도원리로 하여 출발하였다. 따라서 근대 사법은 인격 절대주의를 배경으로 하는 개인주의적 법원리에 의하여 그 체계가 세워져 있다고 말할 수 있다.

이러한 인격 절대주의를 배경으로 하는 개인주의적 법원리를 실현하기 위하여 근대 민법은 다음 세 가지의 구체적인 원칙(근대 민법의 3대원칙)을 인정한다.

1. 사유재산권 존중의 원칙

근대사회에서 개인은 봉건사회에 있어서와 같은 신분적인 종속관계로부터 해방된 대신, 타인의 보호를 받아서 생활하지는 못한다. 개인은 자기의 책임아래 생활을 영위해야하기 때문에 그가 최후로 의지할 수 있는 것은 오직 그가 가지는 재화이다. 따라서 모든 재화에 대한 완전한 지배와 서로 이를 침해하지 않도록 하는 것이 요구된다. 이렇게 각 개인의 사유재산권에 대한 절대적 지배를 인정하고, 국가나 다른 사인은 이에 간섭하거나 제한을 가하지 못하도록 하는 것이 사유재산권 존중의 원칙(소유권 절대의 원칙)이다.

2. 사적자치의 원칙

근대사회는 개인의 자유를 최대한 보장하고, 개인에 대한 국가의 후견인적 보호를 배제한다는 자유의 관념을 그 출발점으로 하고 있다. 이를 실현하기 위해서는 법률관계 형성의 중심적 수단은 개인의 의사라고 할 것이고, 여기서 개인이 자기의 법률관계를 그의 자유로운 의사에 의하여 형성할 수 있는 것을 인정하는 사적 자치의 원칙(법률행위자유의 원칙, 계약자유의 원칙)이 나타났다.

3. 과실책임의 원칙

개인이 타인에게 준 손해에 대하여는 그 행위가 위법할 뿐만 아니라 고의 또는 과실에 의한 경우에만 책임을 지고, 그러한 고의나 과실이 없는 행위에 대하여는 책임을 지지 않는다는 것이 과실책임의 원칙(자기책임의 원칙)이다. 따라서 개인은 자기의 행위에 대하여만 충분히 주의를 기울이면 타인의 행위에 대하여 책임을 질 염려가 없으므로 안심하고 활동할 수 있게 되었다.[18]

Ⅱ. 근대 민법의 기본원리의 수정

19세기 말 자본주의의 고도의 발달로 근대 민법의 기본원리는 새로운 국면에 부딪히게 되었다. 자본주의가 진전됨에 따라 사람들 사이의 빈부의 차는 점점 커져 갔고, 노동자와 자본가 사이의 대립은 격화되었다. 구체적인 사람은 결코 자유·평등한 인격체가 아니라는 것이 명백히 밝혀졌다.

계약의 자유라는 이름아래 경제적 강자에 의한 계약의 강제가 나타나게 되어 경제적 약자는 점점 계약의 자유를 잃어 갔고, 재산권 절대의 원칙은 타인의 재화를 이용하는 자에 대한 지배권으로서의 성격을 가지게 되었다. 결국 봉건사회의 신분의 높낮이에 갈음하여 부에 의한 신분의 높낮이가 나타나게 된 것이다.

이러한 상황에서 개인에 대한 실질적인 자유와 평등을 보장하여 사람다운 생존을 실현하는 것이 새로운 기본원리로 요청되게 되었다. 그리하여 단순히 개인의 행복이나 이익의 추구가 아니라 사회 공동의 행복과 이익을 추구하는 공공의 복리가 현대 사법의 이념으로 되었다. 오늘날에는 공공의 복리가 현대 사법의 최

18) 우리 민법은 과실책임의 원칙상 책임을 묻기 위해서 행위자에게 고의 또는 과실을 요구하고 있다. 「고의」는 자기의 행위로부터 일정한 결과가 발생할 것을 알면서도 그 행위를 하는 것이고, 「과실」은 자기의 행위로부터 일정한 결과가 발행할 것을 알았어야 함에도 불구하고 부주의로 말미암아 알지 못하는 것이다. 「고의」와 「과실」은 이렇게 구별된다. 그러나 민법에서는 형법에서와 달리 책임의 발생 및 범위를 정함에 있어서 이 둘의 차이가 없는 것으로 하고 있다. 그리하여 민법에서는 고의라는 표현을 사용하지 않고 과실만으로 표현하는 것이 일반적이다. 이 경우에는 고의는 과실에 포함되는 것으로 해석된다. 예컨대 민법 제385조 제2항, 제396조, 제427조 제1항, 제661조, 제806조 제1항, 제1018조 단서를 참조하라.

고의 원리가 되고, 그 실천 원리로 거래의 안전, 사회 질서, 신의성실의 원칙, 권리남용 금지 등이 등장하게 되었으며, 종전의 근대 민법의 3대원칙은 이러한 실천원리의 제약 안에서 승인되는 것으로 수정되어 사유재산권의 제한, 계약의 공정성 확보, 무과실책임의 가미 등으로 발전하게 되었다.

1. 사유재산권의 제한

사유재산권은 보장되지만 재산권의 행사는 공공복리에 적합해야 하므로(헌법 제23조) 재산권은 공공복리를 위하여 제한될 수 있다.

2. 계약의 공정성 확보

계약자유의 원칙에 의하여 경제적 강자는 약자를 합법적으로 지배할 수 있게 되어 경제적 약자의 인간다운 생활을 보장하기 위하여 계약내용의 공정성확보가 요청되었다(민법 제103조·제105조, 주택임대차보호법, 근로기준법 등).

3. 무과실책임의 인정

기업은 활동을 하면서 이익을 얻고 있지만 그 자체에 위험을 내포하고 있기 때문에 가해자의 고의나 과실 유무를 묻지 않고 손해가 발생하면 배상책임을 져야 한다는 무과실책임을 인정하는 입법이 확대되고 있다(환경정책기본법, 제조물책임법, 광업법 등).

Ⅲ. 우리 민법의 기본원리

우리 헌법상 재산권은 보장되지만 그 내용과 한계는 법률로 정하도록 하고, 재산권의 행사는 공공복리에 적합하도록 하여야 하며, 공공필요에 의한 재산권의 수용 · 사용 · 제한을 하되 정당한 보상을 지급하도록 하고 있다(헌법 제23조).

이러한 헌법의 정신에 기초하여 우리 민법에서는 소유자는 법률의 범위 내에서 소유물을 사용 · 수익 · 처분할 권리가 있고(제211조), 선량한 풍속 기타 사회질서에 반하는 법률행위는 무효임을 규정하고 있으며(제103조), 손해배상책임에 있어서는 과실책임을 원칙으로 하면서도(제390조, 제750조) 과실의 증명책임을 가해자에게 전환하거나(제755, 제756조) 여러 특별법에서 무과실책임을 인정하고 있다.

위에서 언급한 여러 가지 점을 고려해 볼 때 우리 민법은 공공복리에 의해 수정된 근대 민법의 기본원리를 바탕으로 하고 있다고 볼 수 있다.

제4절 민법의 해석

Ⅰ. 의 의

민법의 해석이란 민법법규가 가지는 의미와 내용을 명확히 하는 것인데, 구체적인 사건에 있어서 민법을 적용하기 위해서는 민법의 해석이 필요하다.

Ⅱ. 민법해석의 기술

민법을 해석하는 데에는 여러 가지 기술이 있다. 통상 법의 해석이라고 할 때에는 유권해석(공권적 해석)과 학리해석(학설적 해석)을 포함하나, 일반적으로 법의 해석이라고 하면 법원이 재판을 통해서 하는 해석 또는 학자들이 학설에 의하여 하는 학리해석만을 의미한다.

1. 문리해석

법규의 문장, 용어를 기초로 하여 법규에 사용된 문장이나 단어의 일반적 의미에 따라 하는 해석을 말한다.

2. 논리해석

법을 하나의 논리적 체계로 구성하여, 단어나 문장의 일반적 의미에 구속되지 않고, 입법자가 법에서 표현하려고 하는 사실상의 의미를 찾는 해석을 말한다. 논리해석에는 다음과 같은 방법이 있다.

(1) 반대해석

서로 비슷한 A, B 두 사실 중 A에 관하여서만 규정이 있는 경우, B에 대하여는 그 반대의 결과를 인정하는 해석이다. 예컨대 민법 제832조의 반대 해석으로 가사

중 제832조의 일상가사에 해당되지 않는 일에 대하여는 부부간 연대채무를 지지 않는다는 것이 그것이다.

(2) **유추해석**

서로 비슷한 A, B 두 사실 중 A에 관하여서만 규정이 있는 경우, B에 대하여도 A와 같은 결과를 인정하는 해석이다. 예컨대 질권에는 이에 관한 규정이 없으나 '유치권의 행사는 채권의 소멸시효의 진행에 영향을 미치지 아니한다.'는 민법 제326조와 같이 해석하는 것이 그것이다.

(3) **확장해석**

법규의 내용에 포함되는 개념을 문자 그 자체가 가지는 뜻보다 더 확장해서 하는 해석이다. 예컨대 형법 제257조 상해죄에서 '사람의 신체'에 여성의 두발을 포함시키는 것이 그것이다.

(4) **축소해석**

문자 자체가 가지는 뜻보다 더 축소해서 하는 해석이다. 예컨대 형법 제329조 절도죄에서 '재물'에 부동산을 포함시키지 않는 것이 그것이다.

3. 목적론적 해석

법은 그 제정의 취지 · 목적이 있는데, 이러한 법의 목적을 고려하여 해석하는 것을 말한다.

Ⅲ. 민법 해석의 방법

민법을 해석함에 있어서는 우선 조문의 문언에 충실하게 해석하여야 한다(문리해석). 한편 민법은 전체적으로 하나의 체계를 구성하고 있으므로 개개의 법규를 해석하는 데에는 체계에 적합하도록 해석하여야 한다(논리해석). 이상의 해석방법으로 타당한 결론을 얻을 수 없는 경우에는 입법의 취지 내지 목적을 탐구할 필요가 있다(목적론적 해석).

그러나 이러한 방법으로도 그 해석이 확실하지 않은 경우에는 현 단계에서 어

떠한 가치이익을 어떻게 실현·보호해야 할 것인가를 비교하여 해석하여야 한다.[19)]

19) 민법의 해석과 관련하여 민법전에 자주 등장하는 용어를 간략히 정리한다.
- 유추(類推) : 법 해석의 한 방법으로서 규정이 없는 유사한 사항에 대하여 어떤 규정의 결과를 인정하는 것이다.
- 준용(準用) : 입법기술상의 한 방법으로서 비슷한 사항에 관하여 법규를 제정할 때에 법규를 간결하게 할 목적으로 다른 유사한 법규를 유추 적용하도록 규정하는 것이다. 예, 채무불이행으로 인한 손해배상의 범위를 정한 제393조를, 제763조에서 불법행위로 인한 손해배상의 범위에 준용하는 경우이다.
- 선의(善意) : 어떤 사정을 알지 못하는 것이다.
- 악의(惡意) : 어떤 사정을 알고 있는 것이다.
- 추정(推定) : 반대의 증거가 제출되면 규정의 적용을 면할 수 있는 것이다. 예, 동시사망의 추정(제30조).
- 간주(看做) : 간주는 반대의 증거의 제출을 허용하지 않고 법률이 정한 효력을 당연히 생기게 하는 것으로 우리 민법에서는 "간주한다"를 "본다"고 표현한다. 예, 실종선고를 받은 자는 … 사망한 것으로 본다(제28조).
- 제3자 : 원칙적으로 당사자 이외의 모든 자를 가리키나, 때로는 그 범위가 제한되는 경우도 있다.
- 대항(對抗)하지 못한다 : 법률행위의 당사자가 제3자에 대하여 법률행위의 효력을 주장하지는 못하지만, 제3자가 그 효력을 인정하는 것은 무방하다는 것을 말한다. 예, 미성년자에 대한 법정대리인의 영업 허락의 취소·제한은 선의의 제3자에 대항하지 못한다(제8조 제2항).

제5절 민법의 효력

Ⅰ. 때(時)에 관한 효력

현행 민법은 1960년 1월 1일부터 시행되고 있으나, 부칙 제2조에 의하여 민법 시행일 전의 사항에 대하여도 이를 적용하도록 하고 있다. 다만, 구법에 의하여 효력이 발생한 경우에는 현행 민법이 적용되지 않도록 하였다.

Ⅱ. 사람(人)에 관한 효력

민법은 성별·종교·사회적 신분에 관계없이 모든 대한민국 국민에게 평등하게 적용된다. 국내에 있는 국민은 물론, 국외에 있는 한국인에게도 적용된다(속인주의). 한편, 민법은 원칙적으로 대한민국 영토 안에 있는 외국인에게도 적용된다(속지주의).

Ⅲ. 곳(場所)에 관한 효력

민법은 우리나라의 전 영토 내에 효력을 미친다.

제2장
권 리

제1절 법률관계와 권리 · 의무

Ⅰ. 법률관계

1. 의 의

인간의 다양한 사회생활은 법 · 도덕 · 관습 · 종교 등의 사회규범에 의하여 규율되는데, 이 중 법에 의하여 규율되는 사회생활관계를 법률관계라고 한다. 법률관계는 그 효과가 법의 힘에 의하여 보장되고 실현된다는 점에서, 도덕이나 관습 또는 종교 등의 규범에 의하여 규율되는 생활관계와 구별된다.

법률관계는 궁극에 있어서는 사람과 사람과의 관계로서 나타난다고 말할 수 있다. 즉 법에 의하여 구속되는 자와 법에 의하여 옹호 내지 비호되는 자와의 관계로 나타나는데 전자의 지위를 의무라고 하고, 후자의 지위를 권리라고 한다. 따라서 법률관계는 이를 당사자의 입장에서 본다면 권리 · 의무의관계로서 나타나는 것이 보통이다.

2. 호의관계와의 구별

호의관계란 법적으로 구속받을 의사 없이 호의로 어떤 행위를 해주기로 하는 생활관계를 말한다. 예컨대 저녁식사에 친구를 초대한 경우, 아는 사람을 자기 차에 무료로 태워준 경우(즉, 호의동승) 등이 이에 속한다. 호의관계는 법률관계가 아니므로 법적인 권리 · 의무가 발생하지 않고 약속을 위반하여도 법적 제재를 받지 않는다. 법률관계와 호의관계의 구별은 당사자의 구체적인 의사, 즉 '법적 구속의사'의 유무에 따라 결정된다.

그러나 호의관계에 수반하여 불법행위로 인한 손해배상청구권이 성립할 수 있다. 문제는 호의성 때문에 배상책임이 면제 또는 경감될 수 있는가이다.[20]

---

20) **대판** 1999.2.9, 98**다**53141 "차량의 운행자가 아무런 대가를 받지 아니하고 동승자의 편의와

Ⅱ. 권리와 의무

1. 권 리

(1) 의 의

권리의 본질이 무엇인가 하는 문제는 아주 일찍부터 학자들이 논의해 왔다. 권리를 법에 의하여 주어진 의사의 힘 또는 의사의 지배라고 주장하는 견해(의사설), 법에 의하여 보호되는 이익이라고 보는 견해(이익설), 그리고 일정한 이익을 향수하게 하기 위하여 법이 인정하는 힘이라고 보는 견해(권리법력설)가 있다. 오늘날 가장 유력한 학설은 권리법력설이며, 우리나라에서 주장되는 것은 권리법력설 뿐이다.

(2) 권리와 구별되는 개념

1) 권 능(權能)

권능이란 권리의 내용을 이루는 개개의 법률상의 힘을 말한다. 한 개의 권리로부터 여러 가지의 권능이 나올 수 있다. 예컨대 소유권이라는 권리로부터 사용·수익·처분권능이 나온다(제211조). 어떤 권리가 하나의 권능으로 이루어져 있는 경우에는 권리와 권능이 같다.

2) 권 한(權限)

권한이란 타인을 위하여 일정한 행위를 하고 그로 인한 법률효과가 그 타인에게 돌아가게 할 수 있는 법률상의 지위 내지 자격을 말한다. 예컨대 법인이사의 대표권, 대리인의 대리권이 권한에 속한다.

3) 권 원(權原)

권원이란 일정한 법률상 또는 사실상의 행위를 하는 것을 정당화시켜주는 법

이익을 위하여 동승을 허락하고 동승자도 그 자신의 편의와 이익을 위하여 그 제공을 받은 경우 그 운행목적, 동승자와 운행자의 인적관계, 그가 차에 동승한 경위, 특히 동승을 요구한 목적과 적극성 등 여러 사정에 비추어 가해자에게 일반 교통사고와 동일한 책임을 지우는 것이 신의법칙이나 형평의 원칙으로 보아 매우 불합리하다고 인정될 때에는 그 배상액을 경감할 수 있으나, 사고 차량에 단순히 호의로 동승하였다는 사실만 가지고 바로 이를 배상액 경감사유로 삼을 수 있는 것은 아니다."

률상의 원인을 말한다. 예컨대 지상권이나 임차권이 있는 사람은 타인의 토지에 건물을 지어 사용하는 경우 그 건물을 철거당하지 않고 그 토지를 사용할 정당한 원인이 있는데, 이 때 지상권이나 임차권은 타인의 토지를 사용할 수 있는 권원이 된다.

4) 반사적 이익(효과)

반사적 이익 또는 반사적 효과란 법률이 일정한 사람에게 특정한 행위를 명하거나 금지함에 의하여 다른 사람이 반사적으로 누리는 이익을 말한다. 예컨대 불법원인급여에 해당하는 경우 급여자는 급여의 반환을 청구할 수 없는데(제746조), 그 결과 수익자가 그 급여의 소유권을 취득하는 것은 권리가 아니라 반사적 이익에 해당한다.

2. 의 무

의무란 의무자의 의사와는 관계없이 반드시 따라야 할 법률상의 구속을 말한다. 의무는 권리의 반면이며, 권리와 의무는 서로 대응하는 것이 보통이다. 그러나 권리에 대하여는 의무가, 의무에 대하여는 권리가 언제나 반드시 따르는 것은 아니다. 예컨대 등기의무(제85조), 공고의무(제88조) 등은 의무만 있고 권리가 없는 경우이며, 취소권 · 추인권 · 해제권과 같은 형성권은 권리만 있고 그에 대응하는 의무가 없는 경우이다.

Ⅲ. 권리의 종류

1. 내용에 의한 분류

사권(私權)은 그 내용이 되는 사회적인 생활이익을 표준으로 하여 재산권 · 인격권 · 가족권 · 사원권으로 나눌 수 있다.

(1) 재산권(財産權)

경제적 이익을 내용으로 하고 금전으로 평가될 수 있는 권리이며, 양도성을 갖는 것이 원칙이다. 재산권의 대표적인 것으로 물권 · 채권 · 지식재산권이 있다.[21]

1) 물 권(物權)

물권은 법률주체가 특정의 물건을 직접 지배하여 일정한 이익을 향수할 수 있는 재산권으로서, 배타적이며 절대적이고 관념적인 권리이다. 기본적 물권으로서 소유권과 점유권이 있고, 용익물권으로서 지상권 · 지역권 · 전세권이 있으며, 담보물권으로서 유치권 · 질권 · 저당권이 있다. 관습법상의 물권으로서 판례에 의하여 확인된 것으로 분묘기지권 · 관습법상의 법정지상권이 있다. 한편 광업권(광업법 제3조 3호 · 제10조 제1항 참조) · 어업권(수산업법 제2조 9호 · 제16조 제2항 참조)과 같이 객체를 직접 지배하지는 않지만 타인을 배제하여 독점적으로 객체를 취득할 수 있는 권리를 준물권이라고 하여 물권과 유사하게 다룬다.

민법은 물권거래의 안전을 위하여 물권의 종류와 내용은 법률 또는 관습법에 의하여만 정하도록 하고 있고(물권법정주의), 임의로 물권을 창설하지 못하도록 하고 있다(제185조).[22]

2) 채 권(債權)

특정인(채권자)이 다른 특정인(채무자)에 대하여 일정한 행위(급부)를 요구 내지

---

21) 상속권이 재산권인가에 대하여는 견해가 대립하고 있다. 다수설은 상속권이 가족권(신분권)에 속한다고 하고 있다. 그런데 1990년에 민법이 개정됨으로써 상속권은 이제는 재산상속권만을 가리키는 것이어서 친족권과는 다른 재산권으로 보아야 할 것이다.

22) 민법에서 규정하고 있는 물권의 종류에는 다음과 같다.
- 소유권 : 물건이 가지는 사용가치와 교환가치의 전부에 그 지배를 미침으로써 당해 물건을 사용 · 수익 · 처분할 수 있는 권리이다.
- 점유권 : 물건을 사실상 지배하는 경우 그 물건을 지배할 권원이 있는지 여부를 묻지 않고 그 사실 상태를 보호해 주는 권리이다.
- 지상권 : 타인의 토지에 건물 기타 공작물이나 수목을 소유하기 위하여 그 토지를 사용할 수 있는 권리이다.
- 지역권 : 일정한 목적을 위하여 타인의 토지를 자기토지의 편익에 이용하는 권리이다.
- 전세권 : 전세금을 지급하고 타인의 부동산을 점유하여 그 부동산의 용도에 좇아 사용 · 수익할 수 있는 권리이다.
- 유치권 : 타인의 물건 또는 유가증권을 점유한 자가 그 물건이나 유가증권에 관하여 생긴 채권을 가지는 경우 그 채권의 변제를 받을 때까지 그 물건이나 유가증권을 유치할 수 있는 권리이다.
- 질권 : 채권자가 자기의 채권담보를 위하여 채무자 또는 제3자가 제공한 동산 또는 재산권을 점유하고, 그 변제가 없을 때에는 그 동산 또는 재산권으로부터 우선변제를 받는 권리이다.
- 저당권 : 채권자가 자기의 채권담보를 위하여 채무자 또는 제3자가 제공한 부동산을 점유를 하지 않으면서 그 부동산에 대하여 다른 채권자보다 우선변제를 받는 권리이다.

청구하는 것을 내용으로 하는 권리이다. 이러한 채권은 계약 · 사무관리 · 부당이득 · 불법행위의 네 가지 사유에 의하여 발생한다. 채권은 근대사법에서 물권과 함께 중요한 지위를 차지하는 권리라고 할 수 있다.

3) 지식재산권(知識財産權)

저작, 발명 등의 정신적 · 지능적 창조물을 독점적으로 이용하는 것을 내용으로 하는 권리이며, 특허권 · 저작권 · 디자인권(구 의장권) · 상표권 등이 이에 속한다. 이들에 관하여는 모두 특별법(특허법 등)이 있고, 오늘날 국제적으로 보호되는 특색이 있다.[23]

(2) 인격권(人格權)

생명 · 신체 · 자유 · 명예 · 정조 · 성명 등과 같이 권리의 주체가 되는 사람과 뗄 수 없는 사회생활상의 인격적 이익을 누리는 것을 내용으로 하는 권리이다. 민법은 제751조에서 타인의 신체 · 자유 · 명예를 침해하는 것은 불법행위가 된다고 함으로써 소극적으로 그 보호를 규정할 뿐이고, 그 이상으로 적극적인 내용에 관하여 규정하고 있지 않다.

(3) 가족권(家族權)

1) 친족권(親族權)

친족권 또는 가족권은 친족관계에서 일정한 지위로 말미암아 이익을 누리는 것을 내용으로 하는 권리이며, 의무적 색채가 특히 강하고, 일신전속(一身專屬)적인 것이 그 특색이다. 구체적으로는 친권 · 후견인이 가지는 권리 · 배우자가 가지는 권리 · 부양청구권 등이 있다.

---

23) 「지식재산권」을 종래에는 지적 재산권 · 무체재산권 · 지적 소유권이라고 하였다. 그러나 「지식재산 기본법」(2011.5.19제정, 2011.7.20 시행)이 제정 · 시행됨으로써 지적 재산권이라는 명칭을 모두 지식재산권으로 변경하였다. 따라서 지적 재산권을 「지식재산권」으로 그 용어를 통일한다.

2) 상속권(相續權)[24]

상속권은 사람이 사망한 경우에, 그 사망한 자(피상속인)의 재산법상의 지위(또는 권리 · 의무)를 그 사람과 일정한 친족관계에 있는 사람(상속인)이 승계하는 권리, 즉 상속개시 후 상속인이 가지는 권리를 말한다.

(4) 사원권(社員權)

단체의 구성원이 그의 구성원이라는 지위에 기하여 단체에 대하여 가지는 권리를 통틀어서 사원권이라고 한다. 예컨대 민법상의 사단법인의 사원의 권리, 상법상의 주식회사의 주주의 권리 등이 이에 속한다.

사원권은 공익권(共益權 : 단체의 구성원이 단체의 목적사업 수행에 참여하는 것을 내용으로 하는 권리)과 자익권(自益權 : 단체의 구성원이 단체로부터 경제적 이익을 받는 것을 내용으로 하는 권리)으로 나누어진다. 결의권 · 소수사원권 · 업무집행권 · 감독권 등은 전자에 속하고, 영리법인의 경우 이익배당청구권 · 잔여재산 분배청구권, 비영리법인의 경우 사단의 설비를 이용하는 권리 등이 후자에 속한다.

2. 작용(효력)에 의한 분류

권리를 행사하는 경우에 그 권리가 어떻게 작용하여 어떤 효력이 생기는가에 따라 지배권 · 청구권 · 형성권 · 항변권으로 나누어진다.

(1) 지배권(支配權)

타인의 행위를 개입시키지 않고서 일정한 객체에 대하여 직접 지배력을 발휘할 수 있는 권리를 말한다. 따라서 권리의 실현을 위하여 타인의 조력이 필요하지 않다. 물권 · 지식재산권 등의 재산권이 이에 해당하고, 친권 · 후견권 · 상속권 등은 비록 그것이 사람을 대상으로 하더라도, 그 의사를 억누르고 권리 내용을 직접

---

24) 상속권이 가족권(신분권)에 속하는가 아니면 재산권에 속하는가에 관하여는 학설이 대립하고 있다. 다수설은 종래와 마찬가지로 상속권이 가족권(신분권)에 속한다고 하며(김용한, 53면; 김상용, 99면; 김주수, 89면; 백태승,78면; 이영준, 48면), 소수설은 재산권이라고 한다(곽윤직, 6-7면; 이은영, 110면은 상속권은 상속인의 상속지분이 확정된 후에는 재산권의 성격을 갖는다고 한다; 송덕수, 86면은 1990년의 민법개정으로 상속권은 재산상속권만을 가리키는 것이 되었으며, 그것은 친족권(가족권)과는 다른 재산권이라고 하여야 한다고 한다).

실현하는 점에서 지배권에 해당한다. 또한 인격권도 지배권의 효력이 인정된다고 보며 지배권의 하나이다.[25)]

(2) 청구권(請求權)

특정인이 다른 특정인에 대하여 일정한 행위(급부)를 요구 내지 청구할 수 있는 권리가 청구권이다. 예를 들면, 금전의 지급을 내용으로 하는 청구권은 특정의 청구권자가 다른 특정의 의무자에게 금전지급이라는 행위를 요구하는 권리이고, 그 의무자가 가지고 있는 금전을 직접 지배하는 권리는 아니다. 따라서 청구권의 내용을 실현하려면 의무자의 행위를 청구하고, 의무자가 임의로 이를 이행하지 않을 때에는 반드시 국가의 조력을 기다려야 한다. 채권의 주된 내용이 청구권에 해당한다.[26)]

청구권은 물권 · 채권과 같은 기초적인 권리의 효력으로서 발생하는 것으로서 그 대표적인 것이 채권에 기초하여 발생하는 채권적 청구권이다. 그러나 청구권은 채권 이외에 물권 · 지식재산권 · 상속권 · 가족권으로부터도 생길 수 있다. 예컨대 물권적 청구권 · 상속회복청구권 · 부양청구권 · 유아의 인도청구권 · 부부의 동거청구권 등이 있다.

---

25) 곽윤직, 52면; 송덕수, 88면 ; **대결** 2005.1.17, 2003마1477 "명예는 생명, 신체와 함께 매우 중대한 보호법익이고 인격권으로서의 명예권은 물권의 경우와 마찬가지로 배타성을 가지는 권리라고 할 것이므로 사람의 품성, 덕행, 명성, 신용 등의 인격적 가치에 관하여 사회로부터 받는 객관적인 평가인 명예를 위법하게 침해당한 자는 손해배상 또는 명예회복을 위한 처분을 구할 수 있는 이외에 인격권으로서 명예권에 기초하여 가해자에 대하여 현재 이루어지고 있는 침해행위를 배제하거나 장래에 생길 침해를 예방하기 위하여 침해행위의 금지를 구할 수도 있다."

26) 청구권은 채권의 핵심적인 내용을 이룬다. 그러나 청구권이 채권 그 자체는 아니며, 청구권은 채권의 본실적인 내용을 이루고 있을 뿐이다. 왜냐하면 채권이 발생하면 보통 청구권도 존재하지만 이행기가 되지 않은 채권의 경우에는 채권은 존재하여도 청구권은 아직 발생하지 않고, 또한 채권의 중요한 내용은 청구력이지만 그것만이 채권의 효력의 전부는 아니기 때문이다. 즉 채권에는 그 외에도 급부의 수령 · 보유력, 채권자대위권, 채권자취소권, 항변권, 해제권 등의 다른 권능도 있다. 그러나 채권법의 영역에서 청구권이라는 용어가 채권과 혼동하여 같은 뜻으로 쓰이고 있다. 예컨대 소유권이전채권 · 금전지급채권 대신에 소유권이전청구권 · 금전지급청구권으로 쓰이고 있다. 한편 청구권이라고 하지만 실질에 있어서는 형성권이라고 해석되는 경우도 있다. 예컨대 지상권자의 지료증감청구권(제286조), 지상물매수청구권(제283조 제2항 · 제285조 제2항), 부속물매수청구권(제316조 · 제646조 · 제647조), 매매대금감액청구권(제572조), 차임증감청구권(제628조) 등이 이에 속한다.

(3) 형성권(形成權)

권리자의 일방적인 의사표시에 의하여 법률관계의 발생 · 변경 · 소멸을 일어나게 하는 권리이다. 이는 가능권(可能權)이라고도 한다. 여기에는 권리자의 의사표시만 있으면 효과가 발생하는 것과 법원의 판결이 있어야 비로소 효과가 발생하는 것이 있다.

1) 권리자의 일방적인 의사표시만으로 효과가 생기는 형성권

이에는 법률행위의 취소권(제140조 이하) · 동의권(제5조 · 제13조 제1항) · 계약의 해제권 · 해지권(제543조) · 추인권(제143조 이하) · 상계권(제492조) · 매매의 일방예약 완결권(제564조) · 약혼 해제권(제805조) · 상속포기권(제1041조) 등이 있다.

2) 법원의 판결에 의하여 비로소 효과를 발생하는 형성권

형성권 가운데에는 권리자가 권리를 재판상 행사하여야 하고, 따라서 법원의 판결[27]이 있어야 비로소 효과가 발생하는 것이 있다. 이와 같이 법원의 판결까지 요구하는 이유는 그 권리의 행사가 제3자에게 미치는 영향이 크기 때문이다. 이에는 채권자취소권(제406조) · 친생부인권(제846조) · 재판상 이혼권(제840조) · 입양취소권(제884조) · 재판상 파양권(제905조) 등이 있다.

(4) 항변권(抗辯權)

항변권은 일방 당사자의 청구권의 행사에 대하여 그 작용을 저지할 수 있는 효력을 가지는 권리이다. 바꾸어 말하면, 청구권자가 의무자에 대하여 그 내용인 급부를 요구하는 때에, 일정한 사유에 기하여 의무자가 그 급부를 거절할 수 있는 권리이다. 항변권은 상대방의 청구권의 존재를 전제로 한다.[28]

---

27) 이 때 법원의 판결을 형성판결이라고 하며, 형성판결을 얻기 위하여 제기하는 소(訴)를 형성의 소라고 한다.

28) 항변권은 상대방의 청구권을 인정하면서 그 작용만을 일시적으로(연기적 항변권) 또는 영구적으로(영구적 항변권) 저지하는 권리이다. 이와 달리 '이의(異議)'는 청구권의 성립을 부정하거나 소멸을 주장하는 것으로서 항변권이 아니다. 그리고 소송상의 항변은 민사소송법상의 방어방법의 일종으로 상대방의 신청 또는 주장을 단순히 부인하는 것이 아니고, 그것을 배척하기 위하여 다른 사항을 주장하는 것이다. 주의해야 할 것은 항변권은 권리자에 의하여 행사되어야 한다는 것이다. 왜냐하면 항변권자가 청구권에 대하여 이행하려고 하는 지의 여부는 오직 항변권자에게 맡겨져 있고, 소송절차에서 법관은 비록 항변권의 요건이 구비되어 있다고 하더라도 권리자가 이를 주장 · 인용하는 경우에만 항변권을 고려

항변권에는 연기적 항변권과 영구적 항변권이 있다.

1) 연기적 항변권

청구권의 행사를 일시적으로 저지할 수 있는 항변권으로서 이에는 쌍무계약의 당사자가 가지는 동시이행의 항변권(제536조),[29] 보증인이 가지는 최고 · 검색의 항변권(제437조) 등이 그 예이다.

2) 영구적 항변권

청구권의 행사를 영구적으로 저지할 수 있는 항변권으로서 이에는 상속인이 가지는 한정승인의 항변권(제1028조)[30]이 그 예이다.

3. 기타의 분류

(1) 절대권(絶對權) · 상대권(相對權)

권리에 대한 의무자의 범위를 표준으로 한 구별이다. 절대권은 특정의 상대방

할 수 있으며 이에 대한 주장이 없는 경우에는 법관이 이를 직권으로 고려할 수 없기 때문이다.

29) **대판** 2000.11.28, 2000**다**8533 "부동산의 매매계약이 체결된 경우에는 매도인의 소유권이전등기의무, 인도의무와 매수인의 잔대금지급의무는 동시이행의 관계에 있는 것이 원칙이고, 이 경우 매도인은 특별한 사정이 없는 한 제한이나 부담이 없는 완전한 소유권이전등기의무를 지는 것이므로 매매목적 부동산에 가압류등기 등이 되어 있는 경우에는 매도인은 이와 같은 등기도 말소하여 완전한 소유권이전등기를 해 주어야 하는 것이고, 따라서 가압류등기 등이 있는 부동산의 매매계약에 있어서는 매도인의 소유권이전등기 의무와 아울러 가압류등기의 말소의무도 매수인의 대금지급의무와 동시이행 관계에 있다고 할 것이다."; **대판** 1992.4.24, 92**다**3779 "아파트건설업자가 수분양자로부터 계약금과 일부 중도금만 지급받은 후 수분양자를 입주시킨 경우 수분양자의 중도금지급의무가 선이행의무에 해당한다 하더라도 아파트건설업자가 수분양자와 분양계약을 체결하고 입주시킨 날로부터 5년여가 경과한 시기에 이르기까지 위 아파트에 대한 준공검사조차도 마치지 못하고 있는 형편이라고 한다면 수분양자는 일부 미불된 중도금의 지급을 거절할 수 있다고 봄이 계약상의 공평의 원칙이나 신의칙에 맞는다고 할 것이어서 아파트건설업자는 수분양자의 중도금 미지급을 이유로 위 분양계약을 해제할 수 없다."

30) **대판** 2003.11.14, 2003**다**30968 "상속의 한정승인은 채무의 존재를 한정하는 것이 아니라 단순히 그 책임의 범위를 한정하는 것에 불과하기 때문에, 상속의 한정승인이 인정되는 경우에도 상속채무가 존재하는 것으로 인정되는 이상, 법원으로서는 상속재산이 없거나 그 상속재산이 상속채무의 변제에 부족하다고 하더라도 상속채무 전부에 대한 이행판결을 선고하여야 하고, 다만, 그 채무가 상속인의 고유재산에 대해서는 강제집행을 할 수 없는 성질을 가지고 있으므로, 집행력을 제한하기 위하여 이행판결의 주문에 상속재산의 한도에서만 집행할 수 있다는 취지를 명시하여야 한다."

이라는 것이 없고, 일반인을 의무자로 하여 모든 사람에게 주장할 수 있는 권리이며, 대세권(對世權)이라고도 한다. 이에 대하여 상대권은 특정인만을 의무자로 하여 그 자에 대하여서만 주장할 수 있는 권리로서, 대인권(對人權)이라고도 한다. 물권 · 지식재산권 · 친권 · 인격권 · 후견권 등의 지배권은 절대권의 예이고, 채권 등의 청구권은 상대권의 예이다.

(2) 일신전속권(一身專屬權) · 비전속권(非專屬權)

이 분류는 권리와 그 주체와의 긴밀의 정도를 표준으로 한 것이다. 일신전속권은 권리의 성질상 타인에게 귀속될 수 없는 것으로, 양도 · 상속 등에 의하여 타인에게 이전될 수 없는 귀속상의 일신전속권과, 권리자 자신이 행사하지 않으면 의미가 없기 때문에 타인이 대신하여 행사할 수 없는 행사상의 일신전속권으로 구분된다. 비전속권은 양도성과 상속성이 있는 권리이다. 생명 · 신체에 대한 권리인 인격권 · 가족권 · 친권(제913조)[31] 등은 대부분이 일신전속권이고, 그에 비하여 소유권 · 금전채권 등 대부분의 재산권은 비전속권이다.

(3) 주된 권리 · 종된 권리

다른 권리에 의존하는 권리를 종된 권리라고 한다. 그것은 다른 권리, 즉 주된 권리의 존재를 전제로 하여 발생하는 것이다. 종된 권리는 주된 권리에 의존하고 그와 법률적 운명을 같이 하는 점에 특색이 있다. 예컨대 이자채권은 원본채권에 종된 권리이고, 원본채권은 주된 권리이다. 또한 피담보채권과 질권 · 저당권, 주채무자에 대한 채권과 보증인에 대한 채권은 주된 권리 · 종된 권리의 관계에 있다.

(4) 기성(旣成)의 권리 · 기대권(期待權)

권리의 성립요건이 모두 실현되어서 이미 성립한 권리를 기성의 권리[32]라고 하는 데 대하여, 그러한 권리의 발생요건 중의 일부분만 갖추고 있을 뿐이어서 남은 요건이 실현되면 장래에 권리를 취득할 수 있다고 하는 현재의 기대상태에 대하여 법이 주고 있는 보호를 기대권 또는 희망권이라고 한다. 조건부 법률행위

31) 친권(親權)은 일신전속권 중에서 행사상의 일신전속권이다. 즉 친권은 권리자 이외의 자에 의하여 대신 행사될 수 없는 권리로서 채권자대위권의 객체가 되지 못한다.

32) 이를 완전권(完全權)이라고도 한다.

에서 생기는 조건부 권리(제148조 · 제149조),[33] 기한부 법률행위에서 생기는 기한부 권리(제154조), 상속 개시 전의 추정상속인의 지위 등이 이에 해당한다. 또한 물권적 기대권도 물권법에서 논하여 지고 있다.

33) **대판** 2011.12.18, 2011다55542 "채권자취소권 행사는 채무 이행을 구하는 것이 아니라 총채권자를 위하여 이행기에 채무 이행을 위태롭게 하는 채무자의 자력 감소를 방지하는 데 목적이 있는 점과 민법이 제148조, 제149조에서 조건부권리의 보호에 관한 규정을 두고 있는 점을 종합해 볼 때, 취소채권자의 채권이 정지조건부채권이라 하더라도 장래에 정지조건이 성취되기 어려울 것으로 보이는 등 특별한 사정이 없는 한, 이를 피보전채권으로 하여 채권자취소권을 행사할 수 있다."

제2절 권리의 충돌과 경합

I. 권리의 충돌과 순위

1. 권리 충돌의 의의

하나의 동일한 객체에 대하여 수개의 권리가 존재하는 경우에 그 객체가 모든 권리를 만족시켜 주지 못하는 현상이 일어나는 수가 있게 된다. 이것을 권리의 충돌이라고 하는데 이러한 경우에는 수개의 권리 간에 순위가 있어서 어떤 권리가 다른 권리에 우선하여 만족을 얻게 되는 것이 보통이다. 예컨대 동일물 위에 여러 개의 물권이 있거나, 동일채무자에 대하여 여러 개의 채권이 존재하는 경우 등이다.

권리의 충돌은 뒤에 보는 권리의 경합과는 전혀 다르다. 권리의 경합은 동일한 법률주체(당사자) 내(사이)에서 하나의 생활사실에 의하여 여러 개의 권리가 성립하는 경우로서, 그 때의 권리들은 목적이 동일하기 때문에 어느 것이 행사되어도 무방하여 충돌의 문제는 아니다. 그에 반하여 권리의 충돌은 대체로 다른 법률주체들 사이에 동일한 객체에 관하여 실질적으로 양립하기 어려운 여러 개의 권리가 이미 성립한 경우이다. 이렇게 권리의 충돌이 일어나게 되면 권리자 모두가 똑같은 만족을 얻을 수 없기 때문에 누가 우선하여 또는 동등하게 권리를 행사할 수 있는가의 문제, 즉 권리순위의 문제가 발행한다.

2. 권리 충돌 시 순위문제

(1) 물권 상호간

동일한 물건 위에 여러 개의 물권이 성립하고 있을 때에는, 원칙적으로 이들 물권사이에는 순위가 있게 된다. 즉 소유권과 제한물권 간에 있어서는 제한물권의 성질상 그것이 언제나 소유권에 우선한다.[34]

그러나 소유권과 제한물권 상호간 이외에 동일한 물건위에 수개의 물권이 성립하는 경우에 먼저 성립한 권리가 나중에 성립한 권리에 우선한다는 원칙이 지배한다.

(2) 채권 상호간

동일채무자에 대하여 여러 개의 채권이 존재하는 경우, 채권자 평등의 원칙에 따라 채권의 발생원인, 발생시기의 선후, 채권액의 다소를 묻지 않고서 평등하게 다루어지며, 어떤 채권자만이 우선적으로 변제받을 수 없는 것이 원칙이다(채권자 평등의 원칙).

이 원칙이 그대로 지켜지는 것은 채무자가 파산한 경우이며, 그 밖의 경우에는 채무자로부터 먼저 변제를 받은 자가 우선 자기채권의 만족을 얻게 된다(선행주의).

(3) 물권과 채권 상호간

동일한 객체에 대하여 물권과 채권이 충돌하는 경우에는 권리의 성립시기의 선후에 관계없이 원칙적으로 물권이 우선한다(물권의 우선적 효력). 물권은 물건에 대하여 직접적으로 지배하는 권리인 반면, 채권은 채무자의 행위를 통하여 간접적으로 지배하는 권리라는 성격상의 차이에서 비롯된다.

Ⅱ. 권리의 경합

1. 의 의

권리의 경합이란 법률관계에서 동일한 당사자 사이에서 하나의 생활사실이 여러 개의 법규가 정하는 요건을 충족시키는 경우에 그 결과 여러 개의 권리가 발생할 수 있는 데 이를 권리의 경합이라 한다. 예컨대 임대차계약이 종료한 후에도 임차인이 임차목적물을 반환하지 않는 경우에 임대인은 임대차계약에 기한 채권적 반환청구권(제654조 · 제615조)과 소유권에 기한 물권적 반환청구권(제213조)이 경합한다.

---

34) 왜냐하면 본래 제한물권은 소유권을 제한하면서 성립하기 때문이며, 제한물권들 사이에서는 그것이 다른 종류일 때에는 원칙이 없고 법률규정에 의하여 순위가 정해진다. 그리고 동일한 종류의 제한물권일 때에는 먼저 성립한 물권이 우선한다.

권리의 경합의 경우에 수개의 권리는 목적을 같이하기 때문에 그 가운데 어느 하나를 행사하여 목적을 달성하게 되면 다른 권리도 동시에 소멸한다. 그러나 각각의 권리는 독립하여 존재하고, 서로 상관없이 행사될 수 있으며, 각기 따로 시효 기타의 사유로 소멸될 수 있다.[35]

2. 경합하는 권리들 사이의 관계

(1) 청구권경합의 경우

권리의 경합은 대개 청구권에 관하여 존재한다. 동일한 사실이 채무불이행의 요건과 불법행위의 요건을 동시에 갖추고 있는 경우에 채무불이행에 의한 손해배상청구권과 불법행위에 의한 손해배상청구권이 경합하는가가 문제된다. 이 경우 다수설과 판례[36]는 청구권의 경합을 인정한다(청구권경합설). 이를 반대하는 소수설도 있다.

(2) 법조경합(법규경합)의 경우

법조경합(法條競合)이란 하나의 생활사실이 여러 개의 법규의 요건을 충족하지

---

35) **대판** 2002.6.14, 2002**다**11441 "채권자가 동일한 목적을 달성하기 위하여 복수의 채권을 갖고 있는 경우, 채권자로서는 그 선택에 따라 권리를 행사할 수 있되, 그 중 어느 하나의 청구를 한 것만으로는 다른 채권 그 자체를 행사한 것으로 볼 수는 없으므로, 특별한 사정이 없는 한 다른 채권에 대한 소멸시효 중단의 효력은 없다."

36) **대판(전)** 1983.3.22, 82**다카**1533 "마. 해상운송인이 운송 도중 운송인이나 그 사용인 등의 고의 또는 과실로 인하여 운송물을 감실 훼손시킨 경우, 선하증권 소지인은 운송인에 대하여 운송계약상의 채무불이행으로 인한 손해배상청구권과 아울러 소유권 침해의 불법행위로 인한 손해배상 청구권을 취득하며 그 중 어느 쪽의 손해배상 청구권이라도 선택적으로 행사할 수 있다. 바. 운송계약상의 채무불이행 책임에 관하여 법률상 면책의 특칙이 있거나 또는 운송계약에 그와 같은 면책특약을 하였다고 하여도 일반적으로 이러한 특칙이나 특약은 이를 불법행위책임에도 적용하기로 하는 명시적 또는 묵시적 합의가 없는 한 당연히는 불법행위 책임에 적용되지 않는 것이나, 운송물의 권리를 양수하여 선하증권을 교부받아 그 소지인이 된 자는 운송계약상의 권리를 취득함과 동시에 목적물의 점유를 인도받은 것이 되어 운송물의 소유권을 취득하여 운송인에 대하여 채무불이행 책임과 불법행위 책임을 아울러 추궁할 수 있게 되는 점에 비추어 볼 때 운송인이 선하증권에 기재한 면책약관은 채무불이행 책임만을 대상으로 한 것이고 당사자 사이에 불법행위 책임은 감수할 의도였다고 볼 수 없으므로 불법행위책임에 적용키로 하는 별도의 명시적, 묵시적 합의가 없더라도 당연히 불법행위 책임에도 그 효력이 미친다."; **대판** 1989.4.11, 88**다카**11428 "해상운송인이 화물운송 중 자기나 사용인 등의 고의 또는 과실로 인하여 화물을 멸실 또는 훼손시킨 경우 화주는 운송인에 대하여 운송계약불이행으로 인한 손해배상과 불법행위로 인한 손해배상을 경합적으로 청구할 수 있다."

만 그 중 한 법규가 다른 법규를 배척하고 우선 적용되는 것일 때에는 그 한 법규만 적용되어 그 법규에 의한 권리만 발생하게 되는 경우를 말한다. 이를 법규경합이라고도 한다. 통상 법조경합은 해당하는 여러 법규가 일반법과 특별법(특별규정)의 관계에서 발생한다. 예컨대 공무원이 그 직무집행을 행함에서 고의나 과실로 위법하게 타인에게 손해를 입힌 경우에 사용자인 국가의 책임에 관하여는 민법 제756조와 국가배상법 제2조가 경합하지만, 후자가 전자에 대한 특별법으로서 후자에 의한 손해배상청구권만 인정된다.

법조경합은 같은 민법 내에서도 생길 수 있다. 예컨대 매매계약의 당사자가 수량을 지정하여 매매하였는데 목적물의 일부가 계약 당시에 이미 멸실된 경우에는, 제535조와 제574조가 모두 적용될 수 있으나, 후자가 전자에 대한 특별규정이어서 후자에 의한 법률효과만 발생한다.

제3절 권리의 행사와 의무의 이행

Ⅰ. 권리행사의 의의와 방법

1. 권리행사의 의의

권리의 행사란 권리자가 권리의 내용인 이익을 현실적으로 누리는 것을 말한다. 권리자는 권리를 현실적으로 행사하지 않는 한 권리를 행사할 수 있는 잠재적인 가능성(힘)만 가지게 된다.37) 권리의 행사는 사실행위일 수도 있고 준법률행위나 법률행위일 수도 있다.38)

2. 권리행사의 방법

권리의 행사방법은 권리의 종류에 따라 다르게 나타난다.

지배권은 권리의 객체를 지배해서 사실상 이익을 향유하는 방법으로 행사되는 것이 보통이다. 소유권자가 목적물을 사용·수익·처분하고, 친권자가 그의 자(子)에 대하여 그의 지위에 따르는 지배를 하는 것이 그 예이다.

청구권은 권리의 내용이 되는 일정한 행위(이행행위 즉 급부)를 특정인(의무자)에게 요구하거나, 그 결과를 수령하는 방법으로 행사된다. 채권자가 금전의 지급이나 물건의 인도를 청구하고, 지급·인도된 금전이나 물건을 수령하는 것이 그 예이다.

형성권은 권리자가 현실적으로 일방적 의사표시를 함으로써 행사된다. 예컨대 법률행위를 취소한다는 의사표시를 하거나, 계약을 해제한다는 의사표시를 하는

37) '권리의 행사'와 구별하여야 할 유사한 용어가 있다. 즉 '권리의 주장' 은 권리의 존재에 관하여 다투어지고 있거나 권리의 행사가 방해되고 있을 때 타인으로 하여금 권리의 존재 자체를 승인하게 하려는 행위로서 권리의 행사와 구별된다.

38) 소유자가 소유물을 사용하는 것은 사실행위이고, 제한능력자의 상대방이 확답촉구권(確答促求權)을 행사하는 것은 준법률행위이며, 소유자가 타인과 소유물을 매매계약이나 임대차계약을 체결하는 것은 법률행위에 해당한다.

경우이다. 형성권 가운데에는 소를 제기하는 방법으로 행사하여야 하는 것도 있다. 예컨대 채권자취소권(제406조)·재판상 이혼권(제840조)·친생부인권(제848조)이 있다.

항변권은 청구권자의 이행청구가 있을 때에 이를 거절하는 형식으로 행사된다.

권리의 행사는 권리자 자신이 직접 하는 것이 원칙이다. 그러나 행사하는 권리가 행사상의 일신전속권이 아닌 한 타인으로 하여금 행사하게 할 수도 있다. 법률행위의 방법으로 권리를 행사하는 때에는 대리인에 의하여서도 할 수 있다.

Ⅱ. 권리행사의 한계와 제한

1. 권리행사자유의 원칙

개인주의·자유주의를 바탕으로 하여 권리본위로 구성된 근대민법에서는, 권리의 행사는 권리자의 자유에 맡겨져 있는 것을 원칙으로 한다. 그런데 법질서가 어떤 권리를 준다는 것은 그 권리자의 이익을 위하여 그것과 대립하는 반대이익이 침해된다는 것을 전제로 하고 있다고 할 수 있다. 그런데 권리의 행사로 타인에게 손해를 주더라도 원칙적으로 그 손해를 배상할 책임이 없었다. 이는 '자기의 권리를 행사하는 자는 그 누구를 해하는 것도 아니다.'라는 법언을 보면 알 수 있다.

2. 권리행사의 한계와 제한

이러한 권리행사자유의 원칙은 자본주의의 발달에 따른 여러 가지 불합리성으로 인하여 변경될 수밖에 없었다. 권리는 개인적 권익의 보호를 목적으로 하는 것이기는 하지만 그것이 주어지는 것은 사회의 평화 내지 행복을 위한 것이므로, 권리의 개념 자체 속에 공공의 복리를 위하여 행사하여야 할 의무가 포함되어 있다고 생각하게 되었다. 절대성을 자랑하던 권리는 일보를 후퇴하여 권리의 내용과 행사는 공공의 복리와 조화되어야 하며 그 범위에서 효력이 인정되게 되었다.

결국 오늘날에 있어서의 권리는 절대자유 또는 신성불가침이 아니라, 사회성·공공성에 의한 한계 내지 제한을 받게 되었다.

우리 헌법은 제23조 제2항에서 '재산권의 행사는 공공복리에 적합하도록 하여야 한다.'라고 규정하여 권리행사자유의 원칙에 제한을 가하고 있고, 우리 민법도

제2조에서 「신의성실의 원칙」과 「권리남용 금지의 원칙」을 규정하여 권리행사의 한계를 인정함으로써 개인의 이익을 조정하고 있다.

3. 신의성실의 원칙

(1) 의 의

민법 제2조 제1항에서 "권리의 행사와 의무의 이행은 신의에 좇아 성실히 하여야 한다."라고 규정하여 신의성실의 원칙(신의칙)을 선언하고 있다. 사인간의 거래관계는 서로 상대방을 신뢰함으로써 이루어진다. 따라서 상호간에 상대방의 신뢰를 배반하지 않도록 성실하게 행동할 것이 요구되는데 여기서 신의성실의 원칙이 등장하게 된 것이다.

즉 신의성실의 원칙이란 사회공동생활의 일원으로서 서로 상대방의 신뢰를 배반하지 않도록 성의를 가지고 행동해야 한다는 원칙으로서, 권리행사자유의 원칙에 대한 한계 내지 제한을 표현한 것이다.[39] 발생사적으로 보면 신의성실의 원칙[40]은 채권법분야에서 발전되었고, 권리남용금지의 원칙은 물권법분야에서 발

---

39) **대판** 1992.5.22, 91**다**36642 "민법상 신의성실의 원칙이란 법률관계의 당사자는 상대방의 이익을 고려하여 형평에 어긋나거나 신의를 저버리는 내용 또는 방법으로 권리를 행사하거나 의무를 이행하여서는 안 된다는 추상적 규범을 말하는 것이고 이를 구체적인 법률관계에 적용함에 있어서는 상대방의 이익의 내용, 행사하거나 이행하려는 권리 또는 의무와 상대방의 이익과의 상관관계 및 상대방의 신뢰의 타당성 등 모든 구체적인 사정을 고려하여 그 적용 여부를 결정하여야 한다."; **대판** 1971.3.31, 71**다**352, 353, 354 "총 매매대금이 2000만원인 부동산의 매매대금 중 미지금액이 불과 105000원 일뿐 아니라 그 미지급액에 대하여는 월 5부의 지연이자를 지급하기로 약정한 경우에 있어서 위와 같은 미지급액이 있다는 이유만으로 위 매매계약을 해제한다는 것은 신의칙에 위배되는 것이다."

40) (1) **신의칙에 반한다고 인정한 판례** : 1991.6.11, 91**다**9299 "원고가 그의 친딸을 위하여 위와 같이 견고한 건물을 신축하게 하였다가 이것이 제3자(소외인의 채권자)의 강제경매신청에 의하여 피고들에게 경락되자 그 뜻을 바꾸어 신축한지 얼마 되지 아니한 이 사건 건물의 철거를 구하는 것은 특별한 사정이 없는 한 신의성실의 원칙에 어긋난다고 볼 수 있을 것이므로 …"; 1993.7.27, 93**다**20986 · 20993 "갑이 그 소유의 토지에 관하여 을로 하여금 건물을 신축하는 데 사용하도록 승낙하였고 을이 이에 따라 건물을 신축하여 병 등에게 분양하였다면 갑은 위 건물을 신축하게 한 원인을 제공하였다 할 것이므로 이를 신뢰하고 136세대에 이르는 규모로 견고하게 신축한 건물 중 각 부분을 분양받은 병 등에게 위 토지에 대한 을과의 매매계약이 해제되었음을 이유로 하여 그 철거를 요구하는 것은 비록 그것이 위 토지에 대한 소유권에 기한 것이라 하더라도 신의성실의 원칙에 비추어 용인될 수 없다."; 1997.6.27, 97**다**12211 "근저당권자가 담보로 제공된 건물에 대한 담보가치를 조사할 당시 대항력을 갖춘 임차인이 그 임대차 사실을 부인하고 임차보증

전되어 왔다.

금에 대한 권리주장을 않겠다는 내용의 확인서를 작성해 준 경우, 그 후 그 건물에 대한 경매절차에서 이를 번복하여 대항력 있는 임대차의 존재를 주장함과 아울러 근저당권자보다 우선적 지위를 가지는 확정일자부 임차인임을 주장하여 그 임차보증금반환채권에 대한 배당요구를 하는 것은 특별한 사정이 없는 한 금반언 및 신의칙에 위반되어 허용될 수 없다."; **대판(전)** 2008.9.18, 2007**두**2173 "근로자가 입은 부상이나 질병이 업무상 재해에 해당하는지 여부에 따라 요양급여 신청의 승인, 휴업급여청구권의 발생 여부가 차례로 결정되고, 따라서 근로복지공단의 요양불승인처분의 적법 여부는 사실상 근로자의 휴업급여청구권 발생의 전제가 된다고 볼 수 있는 점 등에 비추어, 근로자가 요양불승인에 대한 취소소송의 판결확정시까지 근로복지공단에 휴업급여를 청구하지 않았던 것은 이를 행사할 수 없는 사실상의 장애사유가 있었기 때문이라고 보아야 하므로, 근로복지공단의 소멸시효 항변은 신의성실의 원칙에 반하여 허용될 수 없다."; (2) **신의칙에 반하지 않는다고 한 판례** : 1997.11.11, 97**다**33218 "강행법규인 구 국토이용관리법(1993. 8. 5. 법률 제4572호로 개정되기 전의 것) 제21조의3 제1항, 제7항을 위반하였을 경우에 있어서 위반한 자 스스로가 무효를 주장함이 신의성실의 원칙에 위배되는 권리의 행사라는 이유로 이를 배척한다면 같은 법의 입법취지를 완전히 몰각시키는 결과가 되므로, 거래 당사자 사이의 약정 내용과 취득 목적대로 관할 관청에 토지거래허가신청을 하였을 경우에 그 신청이 같은 법 소정의 허가 기준에 적합하여 허가를 받을 수 있었으나 다른 급박한 사정으로 이러한 절차를 회피하였다고 볼 만한 특별한 사정이 없는 한, 그러한 주장은 신의성실의 원칙에 반하지 않는다."; 1999.3.23, 99**다**4405 "강행법규에 위반하여 무효인 수익보장약정이 투자신탁회사가 먼저 고객에게 제의를 함으로써 체결된 것이라고 하더라도, 이러한 경우에 강행법규를 위반한 투자신탁회사 스스로가 그 약정의 무효를 주장함이 신의칙에 위반되는 권리의 행사라는 이유로 그 주장을 배척한다면, 이는 오히려 강행법규에 의하여 배제하려는 결과를 실현시키는 셈이 되어 입법취지를 완전히 몰각하게 되므로, 달리 특별한 사정이 없는 한 위와 같은 주장이 신의성실의 원칙에 반하는 것이라고 할 수 없다."; **대판** 2001.5.29, 2001**다**15422 · 15439 "노동조합 및 노동관계조정법 제31조 제1항이 단체협약은 서면으로 작성하여 당사자 쌍방이 서명날인 하여야 한다고 규정하고 있는 취지는 단체협약의 내용을 명확히 함으로써 장래 그 내용을 둘러싼 분쟁을 방지하고 아울러 체결당사자 및 그의 최종적 의사를 확인함으로써 단체협약의 진정성을 확보하기 위한 것이므로, 그 방식을 갖추지 아니하는 경우 단체협약은 효력을 가질 수 없다고 할 것인바, 강행규정인 위 규정에 위반된 단체협약의 무효를 주장하는 것이 신의칙에 위배되는 권리의 행사라는 이유로 이를 배척한다면 위와 같은 입법 취지를 완전히 몰각시키는 결과가 될 것이므로 특별한 사정이 없는 한 그러한 주장이 신의칙에 위반된다고 볼 수 없다고 보아야 할 것이다."; **대판** 2006.9.22, 2004**다**56677 "피보험자의 서면동의 없이 체결된 타인의 사망을 보험사고로 하는 생명보험계약의 보험자가 수년간 보험료를 수령하거나 종전에 그 생명보험계약에 따라 입원급여금을 지급한 경우에도 위 생명보험계약의 무효를 주장하는 것이 신의성실의 원칙 등에 위반하지 않는다고 본 사례."; **대판** 1968.4.24, 68**다**219 "동일한 건물에 대하여 이중으로 소유권보전등기를 한 원고가 위 보전등기가 유효하다고 하여 이를 믿은 피고와 사이에 근저당권설정계약을 체결하고 그 등기를 경료케 한 경우에 위 이중의 소유권보전등기는 무효로서 말소되어야 할 운명인 이상 위 무효인 보전등기에 기한 근저당권설정등기가 원고에 대하여는 무효가 아니라고 볼 수 없음이 명백하므로 위 근저당권설정등기를 원고가 유발하였다 하더라도 동 등기가 무효라는 원고의 주장을 금반언의 원칙과 신의성실의 원칙에 반한다고 할 수 없다."

(2) 법적 성격

1) 일반조항

민법 제2조 제1항의 '신의에 좇아'와 '성실하게'라는 것이 구체적으로 무엇을 의미하는지 명확하지 않으며 또한 이에 대하여 아무런 법률효과도 정하고 있지 않은데, 이렇게 추상적 기준만 제시하고 그 내용(특히 요건)이 구체화 되어있지 않은 조항을 일반조항 또는 제왕조항이라고 한다.

일반조항의 내용은 실제의 재판을 통해 형성되어 가므로 신의성실의 원칙의 구체적인 내용도 재판에 의한 법관의 재량(기속재량)에 맡겨져 있다고 할 수 있다.[41]

신의칙은 시대 · 장소 · 상황에 따라 법적용에 탄력성을 부여할 수 있어 획일적인 법적용에 따른 부작용을 막을 수 있는 장점이 있는 반면, 그 내용이 명확하지 않고 유동적이어서 법적 안정성이라는 법이념에 배치되는 법적용을 할 위험이 있다는 단점이 있다. 신의칙이 적용되기 위해서는 고의 · 과실이 요구되지 않는다.

2) 재판규범 및 행위규범

신의성실의 원칙은 다른 민법규정과 마찬가지로 법관을 구속하는 재판규범이면서 동시에 일반인에 대한 행위규범이기도 하다.

3) 강행규정

신의칙의 법적 성격에 대하여 학설[42]의 대립이 있지만 판례[43]는 강행규정으로 본다.

4) 민법의 전반에 적용되는 규정

제2조 제1항은 신의칙을 권리의 행사와 의무의 이행에 관하여 적용되도록 규정한다. 권리와 의무는 사법관계 자체라고 할 수 있으므로 본 규정은 법률 및 법

---

41) 그러나 법관의 재량에 맡겨져 있다고 하더라도 법관이 아무런 기준 없이 자의에 의하여 재판할 수 있다는 것은 아니다. 즉 법관은 일반적인 법원칙, 시회의 정의관 · 윤리관 등에 입각하여 판단하여야 한다. 이런 의미에서 법관의 재량은 자유재량이 아니고 기속재량이라고 할 수 있다.

42) 제2조 제1항이 강행규정이라고 하는 견해(김학동, 70면; 송덕수, 99면)와 그 파생원칙의 성격에 따라 임의규범 또는 강행규범으로서 작용한다는 견해(이은영, 80면)로 대립하고 있다.

43) **대판** 1998.8.21, 97**다**37821 "신의성실의 원칙에 반하는 것은 강행규정에 위배되는 것으로서 당사자의 주장이 없더라도 법원이 직권으로 판단할 수 있으므로 원심법원이 직권으로 신의칙에 의하여 신용보증책임을 감액한 데에 변론주의를 위배한 위법은 없다."

률행위의 해석에 의하여 당사자에게 어떠한 권리가 생기는지를 결정하는 데에도 적용된다고 할 것이다. 그리고 본 규정은 채권관계뿐만 아니라 물권관계 · 가족관계 · 상속관계에도 적용된다. 이렇게 민법 전반에 걸쳐 적용되지만 실제로는 채권관계에서 주로 적용되며 실효성이 가장 크다. 나아가 본 규정은 민법 이외에 상법 등 특별사법과 공법에도 널리 적용된다.[44)]

5) 권리남용 금지의 원칙과의 관계

신의성실의 원칙과 권리남용 금지의 원칙의 관계에 관하여 다수설[45)]과 판례[46)]는 권리행사가 신의성실의 원칙에 반하는 경우에는 권리남용이 된다고 한다.

(3) 적용요건

신의성실의 원칙은 법률관계의 당사자가 상대방의 이익을 배려하여, 형평에 어긋나거나 신뢰를 저버리는 내용 또는 방법으로 권리를 행사하거나 의무를 이행하여서는 아니 된다는 추상적 규범을 말한다. 따라서 신의성실의 원칙에 위배된다는 이유로 상대방의 권리행사를 부정하기 위해서는 상대방이 자신에게 그와 같은 신의를 공여하였다거나 객관적으로 보아 자신이 그러한 신의를 가지는 것이 정당한 상태에 있어야 하고, 이러한 자신의 신의에 반하여 상대방이 권리를 행사하는 것이 정의관념에 비추어 용인될 수 없는 정도의 상태에 이르러야 한다.[47)]

(4) 효 과

권리의 행사가 신의칙에 반하는 경우에는 그 권리행사로서의 효력이 생기지

---

44) 민사소송법 제1조 제2항 "당사자와 소송관계인은 신의에 따라 성실하게 소송을 수행하여야 한다."하여 1990년 민사소송법 개정에서 신의칙을 신설하였다. ; **대판** 2004.7.22, 2002**두**11233 "신의성실의 원칙은 법률관계의 당사자는 상대방의 이익을 배려하여 형평에 어긋나거나 신뢰를 저버리는 내용 또는 방법으로 권리를 행사하거나 의무를 이행하여서는 아니된다는 추상적 규범을 말하는 것으로서, 신의성실의 원칙에 위배된다는 이유로 그 권리의 행사를 부정하기 위하여는 상대방에게 신의를 주었다거나 객관적으로 보아 상대방이 그러한 신의를 가짐이 정당한 상대에 이르러야 하고, 이와 같은 상대방의 신의에 반하여 권리를 행사하는 것이 정의 관념에 비추어 용인될 수 없는 정도의 상태에 이르러야 하고, 일반 행정법률관계에서 관청의 행위에 대하여 신의칙이 적용되기 위해서는 합법성의 원칙을 희생하여서라도 처분의 상대방의 신뢰를 보호함이 정의의 관념에 부합하는 것으로 인정되는 특별한 사정이 있을 경우에 한하여 예외적으로 적용된다."

45) 곽윤직, 62면; 김상용, 116면; 김용한, 68면.

46) **대판** 2012.4.13, 2011**다**47978 등 참조.

47) **대판** 2009.9.10, 2009**다**34160 ; **대판** 2013.5.9, 2012**다**81401.

않고 대부분 권리남용에 해당하게 된다. 또한 의무의 이행이 신의칙에 반하는 경우에는 의무를 이행하지 않은 것이 되므로 의무불이행의 책임을 진다.

(5) 적용범위

신의성실의 원칙은 민법의 일반원칙으로서 채권관계 뿐만 아니라 민법 전체에 적용된다. 나아가 법 일반에 적용되는 대원칙으로서 사법관계 이외에 공법관계에도 적용된다.

(6) 파생원칙[48)]

1) 모순행위금지의 원칙

권리자는 자신의 선행행위와 모순되는 방법으로 권리 행사를 할 수 없다는 원

---

48) 신의칙의 파생원칙을 살펴보기 전에 기능을 중심으로 신의칙을 논의하는 것이 최근의 경향이다. 여기에서는 그 기능을 중심으로 간략하게 설명하도록 한다(송덕수, 101면 이하 참조). ① 신의칙은 법률과 법률행위를 해석하여 그 내용을 보다 명확하게 하는 기능이 있다(해석기능). 이에 따라 신의칙은 해석의 표준이 되어 법률과 법률행위의 합리적인 의미를 밝혀준다 ; 대판 2007.6.1, 2005다5812 · 5829 · 5836 "부동산 거래에 있어 거래 상대방이 일정한 사정에 관한 고지를 받았더라면 그 거래를 하지 않았을 것임이 경험칙상 명백한 경우에는 신의성실의 원칙상 사전에 상대방에게 그와 같은 사정을 고지할 의무가 있으며, 그와 같은 고지의무의 대상이 되는 것은 직접적인 법령의 규정뿐 아니라 널리 계약상, 관습상 또는 조리상의 일반원칙에 의하여도 인정될 수 있고, 일단 고지의무의 대상이 되는 사실이라고 판단되는 경우 이미 알고 있는 자에 대하여는 고지할 의무가 별도로 인정될 여지가 없지만, 상대방에게 스스로 확인할 의무가 인정되거나 거래관행상 상대방이 당연히 알고 있을 것으로 예상되는 예외적인 경우가 아닌 한, 실제 그 대상이 되는 사실을 알지 못하였던 상대방에 대하여는 비록 알 수 있었음에도 알지 못한 과실이 있다 하더라도 그 점을 들어 추후 책임을 일부 제한할 여지가 있음은 별론으로 하고 고지할 의무 자체를 면하게 된다고 할 수는 없다." 예컨대 제460조에 따라 채무를 변제하여야 하는 채무자는 그 변제방법, 즉 장소 · 시간 · 방식 등의 세부사항에 관하여 신의칙을 기준으로 하여 결정해야 한다. 밤늦게 채권자 집에 가서 잠자는 자를 깨워 변제를 한다든지, 몇 십억 원을 변제하면서 모두 100원짜리 동전으로 변제한다든지 하는 것은 신의측에 위배된다고 본다. 또한 계약당사자에게는 본래의 이행위무(급부의무) 이외에 신의칙에 입각하여 '기타의 행위의무'(용태의무 · 부수의무 · 행태의무)도 발생한다. 여기에는 가전제품 등의 매도인이 부담하는 사용방법을 매수인에게 알려주어야 할 의무(설명의무), 사용자가 피용자로 하여금 노무 제공과정에서 생명 · 신체 · 건강을 해치지 않도록 필요한 조치를 강구하여야 할 의무(안전배려의무 : 대판 2001.7.27, 99다56734 ; 대판 2006.9.28, 2004다44506 등), 병원이 입원환자의 도난방지를 위하여 필요한 적절한 조치를 강구하여야 할 의무(신의칙상 보호의무 : 대판 2003.4.11, 2002다63275) 한편 계약당사자가 아니더라도 이 '기타의 행위의무'가 생길 수 있고, 이 의무의 위반이 계약체결상의 과실이라고 하는데, 즉 계약체결을 위하여 사회적 접촉을 시작하면 '기타의 행위의무'가 생길 수 있다. 예컨대 음식점을 시작하려고

칙이다. 즉 어떤 행위를 한 자가 후에 그와 모순되는 행위를 한 경우에 그 모순되는 행위의 효력을 인정하지 않는다는 원칙이다. 영미법상 인정되는 '금반언(禁反言 : estoppel)의 법리'[49]와 유사하여 「금반언(禁反言)의 원칙」이라고도 한다.

2) 실효의 원칙

권리행사의 기회가 있었음에도 불구하고 권리자가 오랫동안 권리를 행사하지 않으므로 이제는 더 이상 권리자가 권리를 행사하지 않을 것이라고 상대방이 믿은 경우에, 새삼스럽게 권리자가 권리를 행사하는 것은 신의칙에 반하여 허용될 수 없다는 원칙이다.[50]

가게를 연 주인은 고객을 위하여 통로에 위험한 물건을 두지 않아야 할 의무가 있는데 이 의무를 위반함으로 인하여 가게에 들어오려던 고객이 상해를 당했다면, 이 경우 가게 주인은 이 행위의무를 위반한 것이 된다. ② 신의칙은 이미 명백하게 확정되어 있는 법률이나 법률행위의 내용을 수정하는 기능이 있다(수정기능). 예컨대 제544조에 의하여 당사자 일방이 그 채무를 이행하지 아니하는 때에는 해제할 수 있다는 해제규정의 법리를 아주 사소한 채무불이행을 이유로는 계약 전체의 해제를 인정하지 않는다는 것은 이 해제의 법리를 수정하는 것이라고 할 수 있다. ③ 신의칙은 법률이나 법률행위에 있어서 규율되지 않은 틈이 있는 경우에 그 틈을 보충하는 기능이 있다(보충기능). 법률에 있어서 틈이 있는 경우 법규의 정신 내지 취지에 의하여 보충되는데, 그 때 신의칙이 중요한 기준이 된다. 사정변경의 원칙에 의한 해제나 해지가 그 예이다. 그리고 법률행위에 있어서 틈이 있는 때에는 보충적 해석이 행해지는데, 그에 의하면 관습과 임의법규에 의하여 보충되고, 그것들도 없으면 제반사정 아래서 신의칙에 의하여 판단할 때 가장 적합한 결과를 찾아야 한다. ④ 신의칙에는 구체적인 행위가 신의성실에 반하는 경우에 그 행위의 효과를 금지(무력화)하는 기능이 있다(금지기능). 예컨대 채무이행 행위가 신의성실에 반하게 되면 채무불이행이 되어 그 효과가 무력화되고, 권리행사가 신의성실에 반하게 되면 권리남용으로 평가되어 그 효력이 무력화된다.

49) '금반언(禁反言 : estoppel)의 법리'라 함은 법원의 판결 · 날인증서(deed) · 계약 등 어떠한 행위에 의하여 어떠한 사실의 존재를 표시한 자는 그것을 믿고 자신의 이해관계를 변경한 자에 대하여 표시한 사실에 반하는 주장을 하지 못한다는 원칙이다. 우리 민법은 모순행위금지의 원칙을 구체적으로 규정하고 있다. 즉 제452조(讓渡通知와 禁反言) 제1항 '양도인이 채무자에게 채권양도를 통지한 때에는 아직 양도하지 아니하였거나 그 양도가 무효인 경우에도 선의인 채무자는 양수인에게 대항할 수 있는 사유로 양도인에게 대항할 수 있다.'를 예로 들 수 있다. 한편 대법원은 이 원칙을 그대로 적시하여 명시적으로 언급하지는 않으면서 신의칙 위반을 이유로 같은 결과를 인정하는가 하면(대판 1986.10.14, 86다카204 ; 대판 1990.7.24, 89누8224 ; 대판 1997.6.27, 97다12211 ; 대판 2000.5.12, 99다38293 ; 대판(전) 2008.9.18, 2007두2173 ; 대판(전) 2013.12.18, 2012다89399), '금반언 및 신의칙'이라든가 '신의칙이나 금반언의 원칙'을 명시적으로 적시하면서 판단하기도 한다(대판 1987.11.24, 87다카1708 ; 대판 2000.4.25, 99다34475 등 다수).

50) **대판 1992.1.21, 91다30118** "갑에 대한 의원면직처분의 기초가 된 조건부 징계해임처분의 사유는 갑이 수용가로부터 금품을 받았다는 것이고, 위 징계해임처분의 무효 사유는 사용자

3) 사정변경의 원칙

사정변경의 원칙이란 법률행위가 성립될 때 그 기초가 된 사정이 후에 현저하게[51] 변경되어 당초에 정해진 효과를 그대로 인정하게 되면 부당한 결과를 초래하는 경우에, 그 법률행위의 내용을 변경된 사정에 맞게 수정하거나 그 계약을 해제[52] · 해지[53]할 수 있다는 원칙이다.

인 을이 인사위원회의 심리기일에 결석한 갑에 대하여 심리기일을 1회 연기하지 아니하고 막바로 징계결의를 하였다는 것인바, 이러한 사정들과 갑이 이 사건 의원면직처분이 무효인 것임을 알고서도 2년 4개월 남짓한 동안이나 그 처분이 무효인 것이라고 주장하여 자신의 권리를 행사한 바 없다는 점을 함께 고려하여 보면, 갑이 의원면직처분으로 면직된 때로부터 12년 이상이 경과된 후에 새삼스럽게 그 처분의 무효를 이유로 을과의 사이에 고용관계가 있다고 주장하여 소를 제기하는 것은, 노동분쟁의 신속한 해결이라는 요청과 신의성실의 원칙 및 실효의 원칙에 비추어 허용될 수 없다."; **대판** 1995.2.10, 94**다**31624 "원래 실효의 원칙이라 함은 권리자가 장기간에 걸쳐 그 권리를 행사하지 아니함에 따라 그 의무자인 상대방이 더 이상 권리자가 권리를 행사하지 아니할 것으로 신뢰할 만한 정당한 기대를 가지게 된 경우에 새삼스럽게 권리자가 그 권리를 행사하는 것은 법질서 전체를 지배하는 신의성실의 원칙에 위반되어 허용되지 않는다는 것을 의미한다."; **대판** 1995.8.25, 94**다**27069 "**가.** 송전선이 토지 위를 통과하고 있다는 점을 알고서 토지를 취득하였다고 하여 그 취득자가 그 소유 토지에 대한 소유권의 행사가 제한된 상태를 용인하였다고 할 수 없으므로, 그 취득자의 송전선 철거 청구 등 권리행사가 신의성실의 원칙에 반하지 않는다고 본 사례. **나.** 실효의 원칙이라 함은 권리자가 장기간에 걸쳐 그 권리를 행사하지 아니함에 따라 그 의무자인 상대방이 더 이상 권리자가 그 권리를 행사하지 아니할 것으로 신뢰할 만한 정당한 기대를 가지게 되는 경우에 새삼스럽게 권리자가 그 권리를 행사하는 것은 법질서 전체를 지배하는 신의성실의 원칙에 위반되어 허용되지 않는다는 것을 의미하는 것이므로, 종전 토지 소유자가 자신의 권리를 행사하지 않았다는 사정은 그 토지의 소유권을 적법하게 취득한 새로운 권리자에게 실효의 원칙을 적용함에 있어서 고려하여야 할 것은 아니다."; **대판** 2004.3.26, 2001**다**72081 "실권 또는 실효의 법리는 신의성실의 원칙에 바탕을 둔 파생적인 원리로서 이는 본래 권리행사의 기회가 있음에도 불구하고 권리자가 장기간에 걸쳐 그 권리를 행사하지 아니하였기 때문에 의무자인 상대방이 이미 그의 권리를 행사하지 아니할 것으로 믿을 만한 정당한 사유가 있게 됨으로써 새삼스럽게 그 권리를 행사하는 것이 신의성실의 원칙에 위반하는 결과가 될 때 그 권리행사를 허용하지 않는 것을 의미한다."; **대판** 2005.10.28, 2005**다**45827 "근로자가 사직원의 작성 · 제출이 자신이 아닌 그의 형에 의하여 이루어졌음을 이유로 의원면직의 무효 확인을 구하는 사안에서, 근로자의 형이 사직원을 제출하게 된 경위 및 근로자가 아무런 이의 없이 퇴직금을 수령한 점 등 제반 사정에 비추어 볼 때, 의원면직일로부터 5년여가 경과한 후에 위와 같은 소를 제기하는 것은 신의칙 내지 금반언의 원칙에 반하는 것으로서 부적법하다고 한 원심의 판단을 수긍한 사례"

51) 여기에서 현저하게란 법률행위 당사자가 법률행위 당초에 예견하지도 못했고 또 예견할 수도 없었던 중대한 사정변경이 있게 된 경우를 말한다.

52) 계약을 소급적으로 무효로 하는 행위이다.

53) 계약을 장래에 향하여 무효로 하는 행위이다.

우리 민법은 이를 일반적으로 인정하는 규정은 두고 있지 않지만 지료증감청구권(제286조), 증여계약의 해제(제557조), 차임증감청구권(제628조), 위임의 상호해지의 자유(제689조) 등 사정변경의 원칙에 입각한 규정이 많이 있다.

판례는 과거에는 이 원칙을 인정하지 않았고,[54] 특히 사정변경의 원칙에 기한 해제권의 발생은 명시적으로 부인하였다.[55] 그러나 계속적 채권관계 특히 계속적 보증관계에 있어서만은 사정변경을 이유로 한 권리를 인정해오고 있다.[56]

사정변경의 원칙은 '계약은 지켜져야 한다.'는 원칙과 충돌하므로 그 요건과

---

54) **대판** 1955.2.10, 4287**민상**109; **대판** 1955.4.14, 4286**민상**231.

55) **대판** 1963.9.12, 63**다**452 "매매계약을 맺은 때와 그 잔대금을 지급할 대와의 사이에 장구한 시일이 지나서 그 동안에 화폐가치의 변동이 극심하였던 탓으로 매수인이 애초에 계약할 당시의 금액표시대로 잔대금을 제공한다면 그 동안에 앙등한 매매목적물의 가격에 비하여 그것이 현저하게 균형을 잃은 이행이 되는 경우라 할지라도 민법상 매도인으로 하여금 사정변경의 원리를 내세워서 그 매매계약을 해제할 수 있는 권리는 생기지 않는다."; 그리고 대법원은 근30여년이 지난 판결에서도 매매계약이 체결된 후에 9년이 지났고 시가가 올랐다 하더라도 그것만으로는 매매계약을 해제할 만한 사정변경이 있었다고 볼 수 없다고 하였다(대판 1991.2.26, 90다19664). 그러나 그 후 5년이 지난 다른 판결에서는 차임 부증액의 특약이 있었더라도 그 특약을 유지시키는 것이 신의칙에 반한다고 인정될 정도의 사정변경이 있다고 보여지는 경우에는 형평의 원칙상 임대인에게 차임증액 청구를 인정하여 주어야 할 것이라고 하였다(대판 1996.11.12, 96다34061); 특히 사정변경의 원칙에 대하여 참조할 가치가 있는 판결로서 "이른바 사정변경으로 인한 계약해제는, 계약성립 당시 당사자가 예견할 수 없었던 현저한 사정의 변경이 발생하였고 그러한 사정의 변경이 해제권을 취득하는 당사자에게 책임 없는 사유로 생긴 것으로서, 계약내용대로의 구속력을 인정한다면 신의칙에 현저히 반하는 결과가 생기는 경우에 계약준수 원칙의 예외로서 인정되는 것이고, 여기에서 말하는 사정이라 함은 계약의 기초가 되었던 객관적인 사정으로서, 일방당사자의 주관적 또는 개인적인 사정을 의미하는 것은 아니다. 또한, 계약의 성립에 기초가 되지 아니한 사정이 그 후 변경되어 일방당사자가 계약 당시 의도한 계약목적을 달성할 수 없게 됨으로써 손해를 입게 되었다 하더라도 특별한 사정이 없는 한 그 계약내용의 효력을 그대로 유지하는 것이 신의칙에 반한다고 볼 수도 없다."(**대판** 2007.3.29, 2004**다**31302)가 있다.

56) **대판** 2000.3.10, 99**다**61750 "계속적 거래관계로 인하여 발생하는 불확정한 채무를 보증하기 위한 이른바 계속적 보증에 있어서는 보증계약 성립 당시의 사정에 현저한 변경이 생겨 보증인에게 계속하여 보증책임을 지우는 것이 당사자의 의사해석 내지 신의칙에 비추어 상당하지 못하다고 인정되는 경우에는, 상대방인 채권자에게 신의칙상 묵과할 수 없는 손해를 입게 하는 등의 특별한 사정이 없는 한 보증인은 일방적인 보증계약해지의 의사표시에 의하여 보증계약을 해지할 수 있다고 보아야 할 것이고, 회사의 이사라는 지위에 있었기 때문에 부득이 회사와 은행 사이의 계속적 거래로 인한 회사의 채무에 연대보증인이 된 자가 그 후 회사로부터 퇴직하여 이사의 지위를 상실하게 된 때에는 사회통념상 계속 보증인의 지위를 유지케 하는 것이 부당하므로, 연대보증계약 성립 당시의 사정에 현저한 변경이 생긴 것을 이유로 그 보증계약을 일방적으로 해지할 수 있다."

효과를 엄격하게 하여 제한적으로 인정하여야 할 것이다.[57)]

4. 권리남용 금지의 원칙

(1) 의 의

권리남용 금지의 원칙이란 외형상으로는 권리의 행사같이 보이지만, 구체적 · 실질적으로 검토할 때에 권리의 공공성 · 사회성에 반하고, 권리 본래의 사회적 목적을 벗어난 것이어서 정당한 권리의 행사로서 인정될 수 없는 행위가 권리남용에 해당하고, 이러한 권리남용은 허용될 수 없다는 원칙이다.

민법은 이 권리남용 금지의 원칙을 제2조 제2항에서 명문으로 규정하고 있다. 이 원칙은 로마법이나 근대 초기의 권리행사의 자유를 프랑스나 독일에서 명문으로 규정하였고, 특히 스위스민법은 처음으로 권리자의 가해목적이라는 주관적 요소를 요건으로 하지 않고 완전히 객관적으로 권리남용 금지를 규정하기에 이르렀다.[58)] 우리 민법 제2조 제2항은 바로 이러한 스위스 민법을 계수한 것이다.

권리남용 금지의 원칙도 신의성실의 원칙과 마찬가지로 일반조항이며 그 요건과 효과가 구체화되어 있지 않은 백지규정이다. 또한 재판규범이며 행위규범이고 강행규정이다.[59)] 이 원칙은 원래 물권법에서 발전하였으나 민법의 모든 영역에서 적용되는 규정으로서 그 내용은 판례를 통하여 형성되었다고 할 수 있다.[60)]

---

57) 신의성실의 원칙은 위에서 살펴본 바와 같이 민법 전반에 걸쳐 여러 기능을 담당하는 매우 중요한 일반규정이다. 그러나 그 구체적인 내용이 확정되어 있지 않기 때문에 법률해석상 어려움이 발생하면 곧바로 신의성실의 원칙으로 해결하고자 하는 유혹에 빠지기 쉽다. 즉 신의칙의 남용의 우려가 있는 것이다. 그러므로 신의설실의 원칙은 현행법으로써 도저히 용인할 수 없고 또한 정당한 이유가 있는 때에 한하여 고려하여야 할 것이다. 그러나 신의성실의 원칙을 엄격한 요건 하에서 적용하되 구체적인 법률규정에 의하여 해결할 수 없다고 하여 곧바로 포기하는 태도도 옳지 않다.

58) 스위스 민법 제2조 2항 "권리의 명백한 남용은 법의 보호를 받지 못한다."

59) **대판** 1989.9.29, 88**다카**17181 "신의성실의 원칙에 반하는 것 또는 권리남용은 강행규정에 위배되는 것이므로 당사자의 주장이 없더라도 법원은 직권으로 판단할 수 있다."; **대판** 1998.8.21, 97**다**37821 "신의성실의 원칙에 반하는 것은 강행규정에 위배되는 것으로서 당사자의 주장이 없더라도 법원이 직권으로 판단할 수 있으므로 원심법원이 직권으로 신의칙에 의하여 신용보증책임을 감액한 데에 변론주의를 위배한 위법은 없다."

60) **대판** 1997.1.24, 96**다**43928 "친권자인 모(母)가 미성년자인 자(子)의 법정대리인으로서 자의 유일한 재산을 아무런 대가도 받지 않고 증여하였고 상대방이 그 사실을 알고 있었던 경우, 그 증여행위는 친권의 남용에 의한 것이므로 그 효과는 자에게 미치지 않는다."

(2) 요 건

1) 권리의 행사가 있어야

권리의 남용이 되기 위해서는 권리가 존재하고 그 권리가 행사되어야 한다.[61] 문제는 권리의 불행사가 권리남용이 될 수 있는가 인데, 정당한 이유 없이 권리를 행사하지 않는 권리의 불행사도 권리남용이 될 수 있다. 예컨대 친권의 불행사가 그것이다.

2) 권리의 행사가 권리 본래의 사회적 · 경제적 목적에 반해야

어떠한 경우에 권리 본래의 사회적 · 경제적 목적에 반하는지는 획일적으로 정할 수 없지만 신의칙 위반, 사회질서 위반, 정당한 이익의 흠결, 권리행사자의 이

---

61) 여기서의 권리행사란 법적 효과를 주장하는 모든 행위를 가리키는 것이며, 권리행사에서의 권리라 함은 엄격한 의미에서의 권리만을 의미하는 것이 아니고 넓은 의미의 법적지위도 포함되는 것이다. 예컨대 법인의 권리주체성을 악용하여 채무를 면탈할 목적으로 페이퍼컴퍼니(形骸法人: 형체뿐인 법인)의 법인격을 주장하여 법인격을 남용하는 것도 권리남용에 포함된다고 본다.; **대판** 2008.9.11, 2007**다**90982 "회사가 외형상으로는 법인의 형식을 갖추고 있으나 법인의 형태를 빌리고 있는 것에 지나지 아니하고 실질적으로는 완전히 그 법인격의 배후에 있는 사람의 개인기업에 불과하거나, 그것이 배후자에 대한 법률적용을 회피하기 위한 수단으로 함부로 이용되는 경우에는, 비록 외견상으로는 회사의 행위라 할지라도 회사와 그 배후자가 별개의 인격체임을 내세워 회사에게만 그로 인한 법적 효과가 귀속됨을 주장하면서 배후자의 책임을 부정하는 것은 신의성실의 원칙에 위배되는 법인격의 남용으로서 심히 정의와 형평에 반하여 허용될 수 없고, 따라서 회사는 물론 그 배후자인 타인에 대하여도 회사의 행위에 관한 책임을 물을 수 있다고 보아야 한다. 여기서 회사가 그 법인격의 배후에 있는 사람의 개인기업에 불과하다고 보려면, 원칙적으로 문제가 되고 있는 법률행위나 사실행위를 한 시점을 기준으로 하여, 회사와 배후자 사이에 재산과 업무가 구분이 어려울 정도로 혼용되었는지 여부, 주주총회나 이사회를 개최하지 않는 등 법률이나 정관에 규정된 의사결정절차를 밟지 않았는지 여부, 회사 자본의 부실 정도, 영업의 규모 및 직원의 수 등에 비추어 볼 때, 회사가 이름뿐이고 실질적으로는 개인영업에 지나지 않는 상태로 될 정도로 형해화되어야 한다. 또한, 위와 같이 법인격이 형해화될 정도에 이르지 않더라도 회사의 배후에 있는 자가 회사의 법인격을 남용한 경우, 회사는 물론 그 배후자에 대하여도 회사의 행위에 관한 책임을 물을 수 있으나, 이 경우 채무면탈 등의 남용행위를 한 시점을 기준으로 하여, 회사의 배후에 있는 사람이 회사를 자기 마음대로 이용할 수 있는 지배적 지위에 있고, 그와 같은 지위를 이용하여 법인 제도를 남용하는 행위를 할 것이 요구되며, 위와 같이 배후자가 법인 제도를 남용하였는지 여부는 앞서 본 법인격 형해화의 정도 및 거래상대방의 인식이나 신뢰 등 제반 사정을 종합적으로 고려하여 개별적으로 판단하여야 한다."; **대판** 2011.6.10, 2010**다**31735; **대판** 2016.4.28, 2015**다**13690 참조, 그리고 다른 예로서 신체침해의 경우에 합의 후 후발손해가 발생한 경우, 대리권(대표권)이 남용된 경우, 표의자의 동기의 착오를 상대방이 악용한 경우에 합의 내지 법률행위의 효력을 주장하는 것도 권리남용이 될 수 있다

익과 상대방 또는 일반인의 이익과의 현저한 불균형이 있는 경우가 이에 해당된다고 할 것이다.62)

3) 주관적 요건이 필요한지의 여부

① **학 설** 오늘날 학설은 대체로 '가해의 의사'나 '가해의 목적'과 같은 주관적 요건을 요구하지 않고 객관적으로만 권리남용 여부를 판단한다. 그러나 가해의 의사가 요건이 아니라는 것은 그것을 갖추지 않아도 남용으로 될 수 있다는 의미이지 주관적 요건이 없어야 한다는 뜻은 아니다. 물론 가해의 의사나 가해의 목적이 있는 경우 권리남용을 더 쉽게 인정할 수 있을 것이다.

② **판 례** 판례는 일관되어 있지 않으나 원칙적으로 주관적 요건이 필요하다는 입장이다.63)

---

62) **대판** 2006.6.29, 2005**다**11602,11619 "신의성실의 원칙은 법률관계의 당사자가 상대방의 이익을 배려하여 형평에 어긋나거나 신뢰를 저버리는 내용 또는 방법으로 권리를 행사하거나 의무를 이행하여서는 아니 된다는 추상적 규범으로서, 신의성실의 원칙에 위배된다는 이유로 그 권리의 행사를 부정하기 위해서는 상대방에게 신의를 공여하였다거나, 객관적으로 보아 상대방이 신의를 가짐이 정당한 상태에 있어야 하고, 이러한 상대방의 신의에 반하여 권리를 행사하는 것이 정의관념에 비추어 용인될 수 없는 정도의 상태에 이르러야 할 것이며, 또한 특별한 사정이 없는 한, 법령에 위반되어 무효임을 알고서도 그 법률행위를 한 자가 강행법규 위반을 이유로 무효를 주장하는 것이 신의칙 또는 금반언의 원칙에 반하거나 권리남용에 해당한다고 볼 수는 없는 것인바(대법원 1999.3.23. 선고 99다4405 판결, 대법원 2003.4.22. 선고 2003다2390, 2406 판결 등 참조)"

63) **대판** 1998.6.12, 96**다**52670 "외국에 이민을 가 있어 주택에 입주하지 않으면 안 될 급박한 사정이 없는 딸이 고령과 지병으로 고통을 겪고 있는 상태에서 달리 마땅한 거처도 없는 아버지와 그를 부양하면서 동거하고 있는 남동생을 상대로 자기 소유 주택의 명도 및 퇴거를 청구하는 행위가 인륜에 반하는 행위로서 권리남용에 해당한다."; **대판** 2003.2.14, 2002**다**62319 · 62326 "권리행사가 권리의 남용에 해당한다고 할 수 있으려면, 주관적으로 그 권리행사의 목적이 오직 상대방에게 고통을 주고 손해를 입히려는 데 있을 뿐 행사하는 사람에게 아무런 이익이 없는 경우이어야 하고, 객관적으로는 그 권리행사가 사회질서에 위반된다고 볼 수 있어야 하는 것이며, 이와 같은 경우에 해당하지 않는 한 비록 그 권리의 행사에 의하여 권리행사자가 얻는 이익보다 상대방이 잃을 손해가 현저히 크다 하여도 그러한 사정만으로는 이를 권리남용이라 할 수 없고, 어느 권리행사가 권리남용이 되는가의 여부는 각 개별적이고 구체적인 사안에 따라 판단되어야 한다."; **대판** 2003.11.27, 2003**다**40422 "[1]권리의 행사가 주관적으로 오직 상대방에게 고통을 주고 손해를 입히려는 데 있을 뿐 이를 행사하는 사람에게는 아무런 이익이 없고, 객관적으로 사회질서에 위반된다고 볼 수 있으면, 그 권리의 행사는 권리남용으로서 허용되지 아니하고, 그 권리의 행사가 상대방에게 고통이나 손해를 주기 위한 것이라는 주관적 요건은 권리자의 정당한 이익을 결여한 권리행사로 보여지는 객관적인 사정에 의하여 추인할 수 있으며, 어느 권리행사가 권리남용이 되는가의 여부는 개별적이고 구체적인 사안에 따라 판단되어야 한다. [2]송전선로철거소송에 이르게 된 과정, 계쟁 토지가 51㎡에 불과한 점, 위 송전선을 철거하여

(3) 효 과

권리행사가 권리남용으로 인정되면 권리 본래의 효과가 발생하지 않는다. 권리남용의 구체적 효과는 권리의 종류와 권리의 남용으로 인한 결과에 따라 다르다.

1) 청구권 남용의 경우

법은 그 청구권의 실현에 조력하지 않아 권리자는 청구기각판결을 받게 된다.

2) 형성권 남용의 경우

당사자의 일방적 의사표시에 의하여 본래 생기는 법률관계의 변동효과가 발생하지 않는다.

3) 남용으로 인하여 타인에게 손해가 발생한 경우

권리남용으로 상대방에게 손해가 발생하였다면 손해배상책임을 지게 되며, 나아가 권리행사의 정지 · 장래에의 예방 · 손해배상의 담보도 청구할 수 있다.

4) 권리의 박탈

권리를 남용했다고 하여도 권리 자체가 박탈되는 것은 아니고 권리행사의 제한에 지나지 않는다. 그러나 법률에 규정이 있는 경우에는 권리가 박탈되는 경우도 있다. 예컨대 친권남용에 의한 친권의 박탈(제924조 제1항)이 그것이다.[64]

이설하기 위해서는 막대한 비용과 손실이 예상되는 반면 송전선이 철거되지 않더라도 토지를 이용함에 별다른 지장이 없는 점 등에 비추어 농로 위로 지나가는 송전선의 철거를 구하는 청구가 권리남용에 해당한다."; **대판** 2010.4.15, 2009**다**96953 "공매절차에서 점유자의 유치권 신고 사실을 알고 부동산을 매수한 자가 그 점유를 침탈하여 유치권을 소멸시키고 나아가 고의적인 점유이전으로 유치권자의 확정판결에 기한 점유회복조차 곤란하게 하였음에도 유치권자가 현재까지 점유회복을 하지 못한 사실을 내세워 유치권자를 상대로 적극적으로 유치권부존재확인을 구하는 것은, 자신의 불법행위로 초래된 상황을 자기의 이익으로 원용하면서 피해자에 대하여는 불법행위로 인한 권리침해의 결과를 수용할 것을 요구하고, 나아가 법원으로부터는 위와 같은 불법적 권리침해의 결과를 승인받으려는 것으로서, 이는 명백히 정의 관념에 반하여 사회생활상 도저히 용인될 수 없는 것으로 권리남용에 해당하여 허용되지 않는다고 한 사례."; **대판** 2015.3.20, 2012**다**17479 "권리행사가 권리의 남용에 해당한다고 할 수 있으려면, 주관적으로 그 권리행사의 목적이 오직 상대방에게 고통을 주고 손해를 입히려는 데 있을 뿐 행사하는 사람에게 아무런 이익이 없는 경우이어야 하고, 객관적으로는 그 권리행사가 사회질서에 위반된다고 볼 수 있어야 하며, 이와 같은 경우에 해당하지 않는다면 비록 그 권리의 행사에 의하여 권리행사자가 얻는 이익보다 상대방이 입을 손해가 현저히 크다 하여도 그러한 사정만으로는 이를 권리남용이라 할 수 없다(대법원 2002.9.4. 선고 2002다22083,22090 판결 등 참조)."

64) **대판** 1997.1.24, 96**다**43928 "[1] 친권자인 모(母)가 미성년자인 자(자)의 법정대리인으로서

Ⅲ. 의무의 이행

의무의 이행이라 함은 의무자가 그가 부담하는 의무의 내용을 실현하는 행위를 하는 것이다. 즉 의무의 내용인 작위 또는 부작위를 하는 것이다. 돈을 빌려간 채무자가 그의 채권자에게 돈을 갚는 것이 작위의 예이고, 바로 옆에서 똑같은 상호의 영업을 하지 않기로 한 채무에서 경업을 하지 않는 것이 부작위의 예이다.

의무의 이행은 의무를 발생시킨 법률행위 또는 법률규정에 따라 하여야 한다. 나아가 역시 제2조 제1항에 따라 신의에 좇아 성실히 하여야 한다. 만일 의무의 이행이 신의칙에 반해서 행하여진 경우에는 의무의 이행인 것과 같은 겉모습을 갖추고 있다고 하더라도 그것은 의무의 이행으로 인정되지 않고, 의무불이행이 되어 채무불이행으로 되거나 위법행위를 구성하게 된다. 어떠한 의무이행이 신의칙에 반하는가는 권리행사의 경우와 마찬가지로 구체적이며 개별적으로 판단되어야 할 것이다.

자의 유일한 재산을 아무런 대가도 받지 않고 증여하였고 상대방이 그 사실을 알고 있었던 경우, 그 증여행위는 친권의 남용에 의한 것이므로 그 효과는 자에게 미치지 않는다. [2] 위 [1]의 경우, 친권자의 법정대리권의 남용으로 인한 법률행위의 효과가 미성년인 자(자)에게 미치지 아니한다고 하여 그 친권자의 친권이 상실되어야 하는 것은 아니며, 친권자가 자의 법정대리인으로서 소송대리인을 선임하여 그 증여에 기하여 이루어진 소유권이전등기의 말소를 구하는 소를 제기하였다고 하여 이를 금반언의 원칙에 어긋난 것으로 볼 수도 없다."

제4절 권리의 보호

Ⅰ. 서 설

권리자는 그의 정당한 권리행사를 통하여 권리의 내용을 실현할 수 있다. 그러나 권리가 침해되는 때에는 그에 대한 구제가 필요하게 된다. 과거에는 권리자가 자기의 힘으로 권리를 보호·구제하는 이른바 사력구제(私力救濟)가 인정되었으나, 근대의 법치국가에 있어서의 권리의 보호는 국가구제(즉 公力救濟)가 원칙이고, 사력구제는 예외적으로 부득이한 경우에 한하여 인정될 뿐이다.

Ⅱ. 국가구제

권리자가 사권의 내용을 실현하려고 할 때에, 이를 방해하는 자가 있어서 실현할 수 없는 때에는 국가가 그 권리의 실현에 협력해 준다. 국가구제는 재판제도와 조정제도[65]를 통하여 이루어진다.

---

65) 조정제도에서의 조정은 판사 또는 조정위원회가 당사자들의 주장을 서로 양보하게 하고 필요하면 중재의견을 제시하여 당사자들로 하여금 합의에 의하여 다툼을 원만하게 해결하게 하는 절차이다. 이 조정제도의 장점은 재판절차에 비하여 비용과 시간이 절약되고 당사자 사이에 극단적인 감정을 남지 않게 한다는 것이며, 단점은 확실성이 없다는 점이다. 조정제도는 당사자의 합의가 없으면 성립되지 못하여 다시 재판절차로 넘어가게 된다. 여기에 관한 법률로는, 민사에 관한 분쟁의 조정(가사조정은 제외)에 관한 일반법으로 민사조정법이 있고, 다른 법률로 일정한 가사사건(가사소송법 제49조 이하), 노동조합 및 노동관계조정법(제47조 이하), 의료사고 피해주제 및 의료분쟁 조정 등에 관한 법률(제19조 이하) 등이 있다. 이 조정제도와 혼돈하지 말아야 할 제도로 「중재제도」가 있다. 이는 당사자가 합의에 의하여 선임한 제3자의 결정(중재판정)에 의하여 다툼을 해결하는 제도이다. 중재는 당사자의 양보를 묻지 않고 중재결과를 강제로 실현시킬 수 있다는 점에서 소송과 다르다(중재법 35조 이하 참조). 그러나 이 방법은 당사자의 합의(중재계약)가 있는 경우에만 사용할 수 있을 뿐이어서 당사자의 자율적인 해결방법이라고 할 수 있다. 이 제도는 국제 상사거래관계에서 분쟁의 해결에 자주 사용된다. 중재에 관한 법률로는 중재법, 노동조합 및 노동관계조정법(제62조 이하) 등이 있다.

Ⅲ. 사력구제

권리의 보호는 국가구제에 의하는 것이 원칙이므로 사력구제는 허용되지 않는다. 그러나 긴급한 사정으로 나중에 국가의 보호를 요구하는 것이 불가능하거나 곤란하게 될 경우에는 사력에 의한 구제를 예외적으로 허용하여서 권리의 실현을 보호하는 것이 필요하다. 그런데 우리 민법은 정당방위와 긴급피난이 불법행위로 되지 않는다는 규정만 두고 있을 뿐 사력구제에 대하여는 일반적인 규정을 두고 있지 않다. 이하 사력구제의 방법으로 논하여지는 정당방위 · 긴급피난 · 자력구제를 간략히 살펴본다.

1. 정당방위(正當防衛)

정당방위라 함은 타인의 불법행위에 대하여 자기 또는 제3자의 권익을 방위하기 위하여 부득이 타인에게 손해를 가하는 행위이다. 이러한 정당방위에 의한 가해행위는 그 위법성이 조각되어 불법행위가 되지 않고, 따라서 가해자는 손해배상책임을 지지 않는다(제761조 제1항).

2. 긴급피난(緊急避難)

긴급피난이라 함은 급박한 위난을 피하기 위하여 부득이 타인에게 손해를 가하는 행위이다. 긴급피난은 정당방위와 달리 적법한 침해에 대하여도 행하여질 수 있다. 이 긴급피난의 경우에도 위법성은 조각되어 불법행위가 성립하지 않는다(제761조 제2항).

3. 자력구제(自力救濟)

자력구제라 함은 청구권(물권적 · 채권적 청구권, 가족권적 청구권)을 보전하기 위하여 국가기관의 구제를 기다릴 여유가 없는 경우에 권리자가 스스로 사력으로써 구제하는 행위이며, 자조(自助)라고도 한다. 정당방위나 긴급피난은 현재의 침해에 대한 방위행위인데 대하여 자력구제는 주로 과거의 침해에 대한 회복이라는 점에서 다르다.

우리 민법은 이에 관한 일반규정을 두고 있지 않고 있으며, 다만 점유침탈에 관하여서만 이를 인정하는 규정을 두고 있다(제209조). 여기서 점유침탈 이외의 경우에 자력구제를 인정할 것인가가 문제된다. 형법 제23조가 청구권 일반에 관한 자구행위를 위법성조각사유로 인정하는 점에 비추어, 자력구제가 인정된다고 해석하고 있다.

제3장
권리의 주체

제1절 권리주체와 권리능력

Ⅰ. 권리주체

권리를 정의함에 있어 권리란 '일정한 이익을 누리게 하기 위하여 법이 인정한 힘'이라고 할 때 권리라는 개념은 당연히 그러한 법적 힘이 부여되어 이를 누리는 주체를 전제로 한다. 법질서에 의하여 그러한 법적 힘이 부여되는 자, 즉 권리의 귀속자를 '권리의 주체'라고 한다. 그리고 의무의 귀속자는 '의무의 주체'라고 한다.

민법상 권리주체는 자연인과 법인이다.

Ⅱ. 권리능력 및 권리능력자

권리 또는 의무의 주체가 될 수 있는 법률상의 지위 또는 자격을 권리능력(인격 또는 법인격이라고도 부른다) 또는 의무능력이라 한다. 다만, 우리 민법이 권리본위의 체계로 구성되어 있기 때문에 보통은 권리능력으로 포괄하여 부른다. 그러므로 권리능력의 개념 속에는 의무능력도 포함되어 있음을 알아야 한다.

권리능력을 가지는 자를 권리능력자(인격자)라 하고 권리능력을 가지는 자만 권리의 주체가 될 수 있다. 민법상 권리능력자는 모든 살아 있는 사람과, 사람이 아니면서 법에 의하여 권리능력이 부여되어 있는 사단(사람의 집단)과 재단(재산의 집단)이 있다. 여기서 살아 있는 사람은 '자연인(自然人)'이라 하고, 권리능력이 부여된 사단(社團)과 재단(財團)을 '법인(法人)'이라고 하며, 자연인(自然人)과 법인(法人)이 양자를 포괄하는 말로 '인(人 Person)'[66]이라 표현한다.

---

66) 본인, 타인, 매도인, 매수인, 임대인, 임차인 등에서 어미로 사용되는 "~인"이 자연인과 법인을 포괄하는 표현인 「인(人, Person)」이다. 그러나 自然人만을 '인(人)'이라고 하는 경우도 있는데 민법 제1편 제2장의 제목으로 '인(人)'한 경우가 그것이다. 그 외에 자연인과 법인 양자를 포괄적으로 표현하는 경우로 '자(者)'도 있다. 즉 채권자, 채무자, 변제자, 제3자 등이 그 예이다.

Ⅲ. 권리능력 및 행위능력

권리능력은 단순히 권리와 의무의 주체가 될 수 있는 자격 또는 지위로서 가능성에 불과하며, 실제로 그의 단독의 행위에 의하여 권리를 취득하거나 의무를 부담할 수 있는 지위까지 포함하는 것은 아니다. 어떤 자가 자신의 행위에 의하여 권리를 취득하거나 의무를 부담할 수 있으려면 권리능력 이외에 단독으로 완전하고 유효하게 법률행위를 할 수 있는 지위 또는 자격, 즉 행위능력을 가지고 있어야 한다.

제2절 자 연 인

제1관 능 력

I. 권리능력

1. 권리능력 평등의 원칙

모든 사람은 남자든 여자든, 연령의 많든 적든, 사회적 신분이 높든 낮든, 정상인이든 장애인 또는 정신병자이든, 쌍둥이이든 세쌍둥이든 상관없이 생존하는 동안 평등하게 권리능력을 가지는데 이것을 권리능력 평등의 원칙이라 한다.

민법 제3조에서는 간접적으로 이 원칙을 선언하고 있다고 볼 수 있다.

권리능력 평등의 원칙이 인정된 것은 1789년 프랑스혁명 이후 근대사회에서이며, 고대사회에서의 노예는 권리능력이 인정되지 않았으며, 중세 봉건사회에서는 신분에 따라 권리능력에 차등이 있었다.

2. 권리능력의 시기(始期)

민법은 제3조(권리능력의 존속기간)에서 "사람은 생존한 동안 권리와 의무의 주체가 된다."고 규정하고 있다. 사람은 사람으로서 생존하기 시작하는 때, 즉 출생하는 때부터 권리능력을 취득한다. 살아서 태어나기만 하면, 인종·성별·출생 후의 생명력의 유무·기형 여부·조산 여부 등에 관계없이 모두 권리능력을 가진다. 그러나 아직 출생하지 아니한 태아는 권리능력이 없다.

사람의 출생시기에 대하여는 민법이 명문으로 규정하고 있지 않고 학설과 판례에서 논의하는 바에 따르고 있다. 이에 대한 학설은 ① 진통설, ② 일부노출설, ③ 전부노출설, ④ 독립호흡설 등이 있다.

의학계에서는 출생을 자기의 폐로 독립하여 호흡하게 된 때라고 보는 것 같으나(독립호흡설), 민법에서는 출생을 태아가 살아서 모체로부터 완전히 분리된 때(전부노출설)라고 본다(통설). 그 이유는 독립호흡의 경우 그 시기확정이 불명확한 반면, 전부노출의 경우에는 물리적으로 그 시기를 쉽게 확인할 수 있어서 정확성을 가지기 때문이라고 한다. 이 경우 극히 짧은 시간이나마 살아 있어야 하고, 태줄의 절단은 요구하지 않는다.

출생하여(즉, 권리능력을 취득하여) 곧 사망한 경우와 사산(처음부터 권리능력을 취득하지 못한 경우)한 경우는 상속인과 상속분에 있어서 큰 차이가 있다. 다른 직계비속 없이 태아만 있는 동안 부(父)가 사망한 경우에 만약 태아가 출산하여 순간적이나마 권리능력을 취득하였다면 모와 그 자가 공동상속인이 되는데 비하여(그 후 자가 곧 사망하였으므로 자의 상속분은 모가 단독으로 상속하게 된다) 사산이라면 모와 망부(亡父)의 직계존속이 공동상속하게 된다.

형법에서는 사람의 시기(始期)의 문제는 낙태죄의 객체가 되는 태아와 살인죄의 객체가 되는 사람(특히 분만중인 영아)의 보호필요성에 의하여 판단한다. 형법에서는 분만중인 영아를 살해하는 경우 살인죄의 한 유형에 해당하는 영아살해죄에 해당하기 때문이다. 따라서 형법의 해석상 출생에 관하여는 규칙적인 진통을 동반하면서 태아가 태반으로부터 이탈하기 시작한 때, 즉 분만이 개시된 때(진통설 또는 분만개시설)를 출생이라고 보는 것이 통설이다.

출생의 사실은 가족관계의 등록 등에 관한 법률에 따라 출생 후 1월 이내에 출생신고의무자가 신고하여야 한다(가족 44조 제1항 · 제46조 참조). 이를 게을리 하면 과태료의 제재를 받는다(가족 122조). 출생의 신고는 출생지에서 할 수 있다(가족 제45조). 그러나 출생신고는 보조적 신고로서 권리능력의 취득은 출생이라는 사실에 기하여 실체적으로 취득되는 것이지, 가족관계등록부의 기재로 인하여 취득되는 것은 아니다. 즉 출생신고가 없어도 이미 출생한 자는 당연히 출생과 동시에 권리능력을 취득한다. 출생의 사실 및 그 시기는 그것을 전제로 하여 법률효과를 주장하는 자가 증명하여야 하는데, 이 때 가족관계등록부의 기록은 진실한 것으로 추정을 받는 유일한 자료이기는 하지만 반대의 증거가 있는 경우에는 번복될 수 있는 것이다.[67] 출생시기는 동거인 · 의사 · 조산사 등의 증명이나 그 밖에 신뢰

67) **대판** 1994.6.10, 94다1883 "호적에 기재된 사항은 일응 진실에 부합하는 것이라는 추정을 받는다 할 것이나, 그 기재에 반하는 증거가 있거나, 그 기재가 진실이 아니라고 볼만한 특별한 사정이 있는 때에는 그 추정을 번복할 수 있다."; **대판** 2013.7.25, 2011두13309

할 수 있는 증거에 의하여 가족관계등록부의 기록과 다르게 확정될 수 있다.

3. 태아의 권리능력

(1) 태아보호의 필요성

자연인이 권리능력을 갖게 되는 것은 출생한 때부터 이므로 출생하기 전의 태아는 권리능력을 가지지 못한다(제3조 참조). 그런데 출생한 때부터 권리능력을 인정하는 것은 그 증명이 쉽다는 관점에서 그렇게 하는 것이고, 태아가 보호할 가치가 없다는 것은 아니다. 태아는 모체에서 발육되고 있는 생명체이다.[68] 그리고 출생한 때부터 권리능력이 있다는 원칙을 획일적으로 적용할 경우에는 태아에게 너무나 불이익하게 되는 경우가 있다. 예컨대 부모가 출생 직후에 사망하면 상속권을 가지게 되나, 출생 직전에 사망하면 태아는 상속권이 없게 된다. 따라서 일정한 경우에는 태아에게도 권리능력을 인정하여 태아를 보호할 필요가 있다.

(2) 태아의 권리능력에 관한 입법주의

각국의 민법은 태아의 이익을 보호하는 규정을 두고 있는데 이에는 일반적 보호주의와 개별적 보호주의 두 가지의 입법주의가 있다.

1) 일반적 보호주의

태아의 이익을 위하여 모든 법률관계에서 일반적으로 이미 출생하였다고 보는

"가족관계등록부에 기재된 사항은 진실에 부합하는 것으로 추정된다 할 것이나, 그 기재에 반하는 증거가 있거나 그 기재가 진실이 아니라고 볼만한 특별한 사정이 있는 때에는 그 추정은 번복될 수 있다. 사망신고는 진단서나 검안서를 첨부하여야 하나, 부득이한 사정으로 이를 얻을 수 없는 때에는 사망 사실을 증명할 만한 서면으로써 이에 갈음할 수 있고(가족관계의 등록 등에 관한 법률 제84조 제3항), 군인이 전투 기타 사변으로 사망하여 부대장 등 명의로 작성한 전사확인서는 위와 같은 증명 서면에 해당할 수 있다. 그러나 특수임무수행자 보상에 관한 법률에 규정된 특수임무를 수행하던 중 복귀하지 않아 생사가 불명하게 된 경우처럼 전투나 작전 수행 중 행방불명된 군인 등에 대하여, 그 사망한 사실을 구체적으로 확인하거나 사망한 것으로 볼 상당한 객관적 근거도 없이 부대장이 임의로 어느 날짜를 지정하여 그때 전사하였다는 취지로 작성한 전사확인서는 특별한 사정이 없는 한 사망신고의 첨부서면인 증명 서면에 해당한다고 할 수 없다. 따라서 그와 같은 경위로 발급된 전사확인서에 의하여 사망신고가 되어 가족관계등록부에 등재된 경우에는 그 사망일자에 사망하였다는 추정은 유지될 수 없다."

68) 체외에서 인공수정된 경우에는 수정란이 모체에 착상된 경우에만 태아로 보아야 한다.; 김주수, 121면; 이은영, 130면.

입법주의로서, 스위스 민법이 취하는 입장이다. 이 태도는 태아의 이익을 전반적으로 보호하는 장점이 있으나 구체적인 경우에 과연 어떤 범우에서 출생한 것으로 볼 것인가라는 해석문제를 가지고 있다는 단점이 있다.

2) 개별적 보호주의

예외적 · 개별적으로 중요한 법률관계에서만 출생한 것으로 보는 입법주의로서, 독일 · 프랑스 · 일본 · 우리나라 등의 민법이 취하는 입장이다. 이 태도는 적용범위가 명확한 장점이 있으나 태아의 이익을 전반적으로 보호하지 못하는 단점이 있다.

(3) 태아에게 권리능력이 인정되는 경우

1) 불법행위로 인한 손해배상청구권(제762조)

고의 또는 과실로 인한 위법행위로 타인에게 손해를 가한 자는 손해를 배상할 책임이 있는데, 태아는 손해배상의 청구권에 관하여는 이미 출생한 것으로 본다(제762조). 즉 부(父)의 생명침해에 대한 위자료청구(제752조)[69]와 태아 자신이 입은 불법행위에 대한 손해배상청구[70]에 태아는 이미 출생한 것으로 본다는 것이다.

2) 상 속

태아는 상속순위에 관하여 이미 출생한 것으로 본다(제1000조 제3항). 또한 대습상속(제1001조 · 제1000조 제3항)[71]과 유류분(제1112조 · 제1118조 · 제1001조 · 제1000조 제3

---

69) **대판** 1993.4.27, 93**다**4663 "태아도 손해배상청구권에 관하여는 이미 출생한 것으로 보는바, 부가 교통사고로 상해를 입을 당시 태아가 출생하지 아니하였다고 하더라도 그 뒤에 출생한 이상 부의 부상으로 인하여 입게 될 정신적 고통에 대한 위자료를 청구할 수 있다."

70) 예컨대 모체에 대한 물리적 공격이나 약물투여로 자(子)가 기형이 되어 태어난 경우; **대판** 1968.3.5, 67**다**2869 "교통사고의 충격으로 태아가 조산되고 또 그로 인하여 제대로 성장하지 못하고 사망하였다면 위 불법행위는 한편으로 산모에 대한 불법행위인 동시에 한편으로는 태아 자신에 대한 불법행위라고 볼 수 있으므로 따라서 죽은 아이는 생명침해로 인한 재산상 손해배상청구권이 있다."

71) 대습상속(代襲相續)은 상속인이 될 직계비속 · 형제자매가 상속개시 전에 피상속인(상속을 하는 사람)보다 먼저 사망하거나 결격된 경우(패륜행위 등)에 그 사람의 직계비속이 상속을 받을 수 있는 제도이다. 이 경우에 상속개시 전에 먼저 사망하거나 상속이 결격된 사람의 배우자도 직계비속이 있는 경우에는 직계 비속과 공동으로 상속을 받고, 직계 비속이 없는 경우에는 단독으로 그 사람에 갈음하여 상속하는 것이다.

항)72)에서 태아도 직계비속으로 다루어진다.

3) 유 증(제1064조 · 제1000조 제3항)

유증(遺贈)73)에 관하여는 상속에서의 태아의 권리능력에 관한 규정을 준용하므로(제1064조), 유언자의 사망 시에 태아였던 자에 대한 유증은 유효하다.

4) 인 지(認知)

인지란 혼인 외의 자(子)에 대해 생부 또는 생모가 자기의 자로 인정하여 법률상 친자관계를 발생시키는 단독행위이다. 부는 포태 중에 있는 자에 대하여도 인지할 수 있으나(제858조), 태아의 인지청구권에 관하여는 명문의 규정이 없어 인정되지 않는다는 것이 다수설이다. 생각건대 우리 민법이 태아를 개별적 보호주의에 의하여 태아의 이익을 보호하고 있어 개별규정의 유추적용을 허용하는 것은 무리이다.

5) 사인증여(제562조 · 제1064조)

사인증여(死因贈與)란 증여자의 사망으로 효력이 생기는 증여이다. 사인증여에 유증의 규정이 준용되므로(제562조) 사인증여에 대하여도 태아의 권리능력을 인정해야 한다는 견해도 있고,74) 유증에 의하여 그 목적을 달성할 수 있고 유증과 사인증여는 그 성질이 다르기 때문에 계약인 사인증여에까지 태아의 권리능력을 인정하는 것은 부당하다는 견해도 있다.75)

---

72) 유류분(遺留分)은 유언하는 자가 모든 재산을 사회에 기부한다든지, 상속인 중 소수에게 몰아준다든지 하여 다른 상속인이 생활하기조차 힘들어지는 등 상속인들의 지나친 희생을 강요하는 경우가 생길 수 있는데 이런 경우 상속인들을 보호하기 위해 법률이 상속재산 중의 일정한 비율을 그들에게 보장해 줄 수 있도록 마련한 제도이다. 유류분은 법정상속인에게 유보되는 상속재산의 일정비율이며, 구체적으로는 직계비속 · 배우자는 법정상속분의 2분의 1이고, 직계존속 · 형제자매는 법정상속분의 3분의 1이다.

73) 유증(遺贈)이란 함은 유언에 의한 재산의 무상증여를 말한다. 유증은 사인행위(死因行爲)라는 점에서 사인증여(死因贈與)와 같은 점이 있으나, 단독행위라는 점에서는 계약인 사인증여와 다르다.

74) 곽윤직, 76면; 김용한, 95면; 김학동, 101면; 송덕수, 562면; 정기웅, 101면.

75) 김상용, 139면; 김주수, 123면; 김준호, 69면; 지원림, 68면; **대판** 1982.2.9, 81**다**534 "태아에게는 일반적으로 권리능력이 인정되지 아니하고 손해배상청구권 또는 상속 등 특별한 경우에 한하여 제한된 권리능력을 인정하였을 따름이므로 증여에 관하여는 태아의 수증능력이 인정되지 아니하였고, 또 태아인 동안에는 법정대리인이 있을 수 없으므로 법정대리인에 의한 수증행위도 할 수 없다."

(4) 태아의 법적 지위(권리능력 취득의 시기)

태아를 일정한 경우에 예외적으로 '이미 출생한 것으로 본다.'는 의미에 관하여는 학설의 대립이 있다.

1) 정지조건설

태아가 태아로 있는 동안에는 권리능력을 인정받지 못하고, 살아서 태어나는 것을 조건으로 하여 권리능력 취득의 효과가 문제의 사실이 발생한 시기(불법행위 시 또는 상속개시 시)까지 소급해서 생긴다는 견해이다.[76] 따라서 태아인 동안에는 권리능력이 없기 때문에 법정대리인도 있을 수 없고 태아가 취득 또는 상속할 재산을 태아인 동안에 보존 · 관리할 수 없다는 단점이 있다. 소수설이며 판례[77]의 입장이다.

2) 해제조건설

태아는 문제의 사실이 생긴 때로부터 제한된 권리능력을 갖고, 다만 죽어서 태어난 경우에는 권리능력 취득의 효과가 문제된 사건이 있었던 때에 소급하여 소멸한다고 보는 견해이다. 따라서 태아인 동안에도 권리능력이 있기 때문에 법정대리인이 있을 수 있고 법정대리인에 의하여 재산의 보존 · 관리가 가능하여 태아의 보호에 유리하다. 다수설의 입장이다.[78]

---

76) 고창현, 113면; 김상용, 142면; 김주수, 126면; 백태승, 131면; 이 견해는 출생(出生; 살아서 태어나는 것)을 정지조건(停止條件)으로 태아의 권리능력을 인정하고 소급하여 인정하기 때문에 인격소급설이라고도 한다.

77) **대판 1976.9.14, 76다1365** "특정한 권리에 있어서 태아가 이미 태어난 것으로 본다는 것은 무엇을 말하나 설사 태아가 권리를 취득한다 하더라도 현행법상 이를 대행할 기관이 없으니 태아로 있는 동안은 권리능력을 취득할 수 없으니 살아서 출생한 때에 출생시기가 문제의 사건의 시기까지 소급하여 그 때에 태아가 출생한 것과 같이 법률상 보아준다고 해석하여야 상당하므로(1949.4.9선고 4281민상197당원 판결참조, 법정 정지조건설, 인격소급설) 원심이 이와 같은 취지에서 원고의 처(이름생략)가 사고로 사망할 당시 임신 8개월된 태아가 있었음과 그가 모체와 같이 사망하여 출생의 기회를 못 가진 사실을 인정하고 살아서 태어나지 않은 이상 배상청구권을 논할 여지없다는 취의로 판단하여 이 청구를 배척한 조치는 정당하다."

78) 고상룡,78면; 곽윤직, 77면; 김용한, 97면; 김준호, 71면; 김학동, 103면; 이은영, 136면; 정기웅, 102면; 양삼승, 민법주해(1), 252면; 이 견해는 죽어서 태어나는 것(死産)을 해제조건(解除條件)으로 하여 태아에게 권리능력을 인정하자는 것으로 제한된 범위에서 권리능력을 인정하기 때문에 제한적 인격설이라고도 한다.

3) 사 견

위의 두 견해는 정반대의 장단점을 가지고 있기 때문에 문제는 법정대리인의 상대방이나 제3자를 더 보호할 것인지 아니면 태아를 더 보호할 것인지에 달려 있다. 생각건대 민법이 태아에게 권리능력을 인정하는 취지는 태아의 이익을 보호하기 위하여 예외적으로 태아를 출생한 것으로 의제하고 있다고 볼 수 있고 이는 태아의 법정대리인의 존재를 전제하고 있는 것이다. 이렇게 민법이 태아를 다른 그 누구보다도 더 두텁게 보호하고자 하는 취지를 살린다면, 태아가 태아인 동안에도 태아의 법정대리인에 의하여 그의 재산이 관리·보전됨으로써 태아의 이익을 확실히 보호할 수 있는 해제조건설을 취하해야 할 것이다.

4. 권리능력의 범위

(1) 서 설

사람은 출생과 동시에 누구나 평등하게 권리능력을 가진다. 그러나 권리의 성질상 특정한 권리를 취득할 수 없는 경우(예, 夫權·妻權 등)도 있고, 법 정책적으로 일정한 자에 대해서는 특정한 종류의 권리를 가질 수 없도록 제한하는 경우도 있다. 이렇게 권리능력이 제한되는 경우로 특히 문제되는 것이 외국인이다. 이하에서 외국인의 권리능력에 대하여 살펴본다.

(2) 외국인의 권리능력

1) 외국인의 의의

외국인이란 대한민국의 국적을 가지지 않은 자를 말한다. 이에는 특정한 나라의 국적을 가지는 자와 어느 나라의 국적도 가지지 않은 자(무국적자)가 있다. 대한민국의 국적과 외국 국적을 함께 가지게 된 자(복수국적자)는 대한민국 법령 적용에서 대한민국 국민으로만 처우한다(국적법 제11조의 2 제1항).

2) 외국인의 권리능력

우리 민법은 외국인의 권리능력에 대하여 아무런 규정이 없지만, 헌법의 규정을 볼 때 외국인도 내국인과 동등한 권리능력을 인정하는 평등주의를 취한다고 볼 수 있다(제6조 제2항).[79] 그러나 외국인의 본국이 자국민에게 인정하는 정도로만 인정하는 상호주의를 취하기도 한다. 평등주의를 원칙으로 취하는 나라에서도 예외적으로 특별법에 의하여 국가의 정책상 외국인의 권리능력이 제한되는 경우가 일반적이다.

(가) 외국인의 권리능력이 부정되는 경우

외국인은 한국선박이나 한국항공기의 소유권을 취득할 수 없고(선박법 제2조, 항공법 제6조), 도선사가 될 수 없다(도선법 제6조).

(나) 상호주의에 의하여 제한되는 경우

상호주의에 의하여 외국인의 권리능력을 그의 본국법이 우리 국민에게 인정하는 것과 같은 정도로 인정하는 경우가 있다. 외국인이 우리나라에서 토지를 취득하는 경우에는 일정한 기간 내에 시장 · 군수 · 구청장에게 신고만 하면 되나(일정한 지역에서는 허가를 받아야 한다), 상호주의에 의하여 제한할 수 있도록 하고 있다(외국인토지법 제3조 내지 제5조). 그리고 각종 지식재산권(특허법 제25조 · 디자인보호법 제27조 · 실용신안법 제3조 · 상표법 제5조의 24), 광업권(광업법 제10조의 2), 품종보호권(식물신품종보호법 제22조), 국가나 지방자치단체를 상대로 한 손해배상청구권(국가배상법 제7조), 수산업에 관한 권리(수산업법 제5조) 등에 관하여 상호주의가 규정되어 있다. 그리고 외국인의 저작물은 우리나라가 가입 또는 체결한 조약에 따라 보호하고, 또한 우리나라에 상시 거주하는 외국인은 조약이 없어도 보호한다고 하면서, 어느 경우에나 상호주의에 의하여 제한할 수 있도록 한다(저작권법 제3조).

3) 대한민국 국적을 상실한 경우

대한민국 국적을 상실한 자는 국적을 상실한 때부터 대한민국 국민만이 누릴 수 있는 권리를 누릴 수 없다(국적법 제18조 제1항). 이 권리 중 대한민국의 국민이었을 때 취득한 것으로서 양도할 수 있는 것은 그 권리와 관련된 법령에서 따로 정한 바가 없으면 3년 내에 대한민국의 국민에게 양도하여야 한다(국적법 제18조 제2항). 또한 대한민국 내에서 토지를 가지고 있는 대한민국국민이나 대한민국의 법령에 따라 설립된 법인 또는 단체가 외국인 등으로 변경된 경우 그 외국인 등이 해당 토지를 계속 보유하려는 경우에는 외국인 등으로 변경된 날부터 6개월 이내

79) 채무자 회생 및 파산에 관한 법률 제2조는 내 · 외국인을 평등주의에 의하여 다룬다고 한다.

에 대통령령으로 정하는 바에 따라 시장 · 군수 또는 구청장에게 신고하여야 한다(외국인토지법 제6조).

5. 권리능력의 종기

(1) 사 망

자연인의 권리능력은 생존하는 동안에만 법에 의하여 주어지는 것이므로 권리능력은 사망에 의하여 소멸한다.[80] 사망의 시기는 상속, 유언의 효력 발생, 잔존배우자의 재혼, 각종 연금이나 보험금 청구권의 발생 등 여러 법률관계와 관련되어 있어 매우 중요하다.

사망의 시기는 언제인가에 관하여 종래의 통설은 호흡과 맥박이 영구적으로 정지되는 시점이라고 보는 심장정지설을 취한다. 이에 대하여 오늘날 현대과학의 발달로 장기이식이 가능하게 됨에 따라 심장박동이 정지한 때보다 빠른 뇌파가 정지되는 시점을 사망으로 보자는 뇌사설도 주장되고 있다.[81] 그러나 가사상태, 식물인간상태 등은 사망이 아니며, 뇌사상태도 「장기 등 이식에 관한 법률」[82]에서 장기 적출을 위한 요건이지 민법상 사망으로 볼 수 없다.

사람이 사망하면 사망신고 의무자는 사망의 사실을 안 날로부터 1개월 이내에 신고하여야 한다(가족관계의 등록 등에 관한 법률 제84조 제1항). 이를 위반하면 과태료의 제재를 받는다(동법 제122조). 그러나 권리능력은 사망에 의하여 소멸하는 것이지 가족관계등록부의 기재로 소멸하는 것은 아니다. 즉 사망의 사실 및 시기는 그것을 전제로 하여 법률효과를 주장하는 자가 증명하여야 하는데,[83] 이때 가족

80) 권리능력의 소멸원인은 사망만이 유일한 것이다. 따라서 인정사망(수해 · 화재나 그 밖의 재난으로 인하여 사망하였으나 시체 등을 확인할 수 없는 경우 이를 조사한 관공서는 시체 없이 사망지의 시 · 읍 · 면의 장에게 통보하여야 한다. 다만, 외국에서 사망한 때에는 사망자의 등록기준지의 시 · 읍 · 면의 장 또는 재외국민 가족관계등록사무소의 가족관계등록관에게 통보하여 가족관계등록부에 사망사실을 기재함으로써 사망으로 추정하는 제도이다(가족관계의 등록에 관한 법률 제87조 · 제16조 참조)이나 실종선고(민법 제27조 참조)가 있더라도 당사자가 생존하고 있는 한 권리능력을 잃게 되지 않는다.

81) 양심승, 민법주해(1), 248면 참조.

82) 「장기 등 이식에 관한 법률」(제5858호, 1999.2.8. 제정)은 장기이식을 엄격한 규제 하에서 제한적으로 허용하는 내용의 법률로서 사망시기를 규율하고 있지는 않다(제21조 1항 참조).

83) **대판 1995.7.28, 94다42679** "채권자대위소송에 있어 피대위자가 1938년에 함경북도로 전적한 후 호적, 주민등록 등 생존을 입증할 증거가 없다 하더라도 그가 허무인이 아닌 실존인물임이 명백하고, 또한 오늘날에 있어서 사람이 95세까지 생존한다는 것이 매우 희귀한

관계등록부의 기록은 진실한 것으로 추정되나 반대의 증거에 의하여 번복될 수 있다.[84] 사망신고도 출생신고와 마찬가지로 보고적 신고이다.

(2) 사망의 입증곤란을 구제하기 위한 제도

사망의 유무, 사망의 시기는 법적으로 대단히 중요한데, 그에 대한 증명·확정이 매우 곤란한 경우가 발생할 수 있다. 이러한 경우를 대비하여 민법은 동시사망의 추정, 인정사망, 실종선고제도를 두고 있다.

1) 동시사망의 추정

2인 이상이 동일한 위난으로 사망한 경우에는 동시에 사망한 것으로 추정한다(제30조). 2인 이상이 동일한 위난으로 사망한 경우 누가 먼저 사망하였는가는 상속과 관련하여 중요한 의미가 있지만 누가 먼저 사망하였는지의 입증은 대단히 어렵다. 이렇게 사망의 선후를 입증할 수 없는 경우를 위하여 민법 제30조에서 동시에 사망한 것으로 추정하는 규정을 두고 있다.[85]

예에 속한다고도 할 수 없는 것이어서, 특별한 사정이 없는 한 현재 생존하고 있는 것으로 추정된다 할 것이고, 오히려 그가 사망하였다는 점은 상대방이 이를 적극적으로 입증하여야 한다."; **대판** 2002.4.26, 2002**다**5873 "일반적으로 원고가 내세우는 피고나 피대위자 등이 실존인물임이 인정되고 그러한 연령의 사람이 생존한다는 것이 매우 이례적이라고 보여지는 고령에 해당되지 않는 이상 특별한 사정이 없는 한 그들은 생존한 것으로 추정함이 상당하므로, 채권자대위소송에서 원고가 내세우는 피대위자가 실존인물이고, 오늘날 그 나이가 될 때까지 생존한다는 것이 매우 희귀한 예에 속한다고도 할 수 없는 것이어서 생존하였을 가능성이 극히 희박하다고 할 정도는 아닌 것으로 인정되는 이상 특별한 사정이 없는 한 그 피대위자는 현재 생존하고 있는 것으로 추정되고, 오히려 그가 사망하였다는 점을 피고가 적극적으로 입증하여야 하겠지만, 사람이 110세까지 생존한다는 것은 매우 희귀한 예에 속하므로 위와 같은 사실에 제반 사정을 종합하여 피대위자 또는 피고가 소 제기 이전에 이미 사망하였을 것으로 쉽게 짐작되는 경우에는 그 사망 사실을 추인할 수 있다."

84) **대결** 1997.11.27, 97**스**4 "호적부의 기재사항은 이를 번복할 만한 명백한 반증이 없는 한 진실에 부합하는 것으로 추정되고, 특히 호적부의 사망기재는 쉽게 번복할 수 있게 해서는 안 되며, 그 기재내용을 뒤집기 위해서는 사망신고 당시에 첨부된 서류들이 위조 또는 허위 조작된 문서임이 증명되거나 신고인이 공정증서 원본 불실기재죄로 처단되었거나 또는 사망으로 기재된 본인이 현재 생존해 있다는 사실이 증명되고 있을 때, 또는 이에 준하는 사유가 있을 때 등에 한해서 호적상의 사망기재의 추정력을 뒤집을 수 있을 뿐이고, 그러한 정도에 미치지 못한 경우에는 그 추정력을 깰 수 없다 할 것이므로, 호적상 이미 사망한 것으로 기재되어 있는 자는 그 호적상 사망기재의 추정력을 뒤집을 수 있는 자료가 없는 한 그 생사가 불분명한 자라고 볼 수 없어 실종선고를 할 수 없다."

85) **대판** 2001.3.9, 99**다**13157 "[1] ① 우리나라에서는 전통적으로 오랫동안 며느리의 대습상속이

부(父) D와 처 B 및 미혼의 자 C가 있는 A가 C와 동승하여 가다가 버스사고로 A와 C가 사망하였는데, A만이 재산이 있다고 가정하는 경우에 있어서 사망의 시점에 따라 상속내용이 다음과 같이 달라질 수 있다.

① A가 먼저 사망한 경우에는 B와 C가 공동상속을 하게 되고, C가 그 이후에 사망하였기 때문에 결과적으로 B가 단독상속을 하게 된다.

② C가 먼저 사망한 경우에는 C에게는 재산이 없으므로 문제가 되지 않고, A

인정되어 왔고, 1958. 2. 22. 제정된 민법에서도 며느리의 대습상속을 인정하였으며, 1990. 1. 13. 개정된 민법에서 며느리에게만 대습상속을 인정하는 것은 남녀평등 · 부부평등에 반한다는 것을 근거로 하여 사위에게도 대습상속을 인정하는 것으로 개정한 점, ② 헌법 제11조 제1항이 누구든지 성별에 의하여 정치적 · 경제적 · 사회적 · 문화적 생활의 모든 영역에 있어서 차별을 받지 아니한다고 규정하고 있고, 헌법 제36조 제1항이 혼인과 가족생활은 양성의 평등을 기초로 성립되고 유지되어야 하며 국가는 이를 보장한다고 규정하고 있는 점, ③ 현대 사회에서 딸이나 사위가 친정 부모 내지 장인장모를 봉양, 간호하거나 경제적으로 지원하는 경우가 드물지 아니한 점, ④ 배우자의 대습상속은 혈족상속과 배우자상속이 충돌하는 부분인데 이와 관련한 상속순위와 상속분은 입법자가 입법정책적으로 결정할 사항으로서 원칙적으로 입법자의 입법형성의 재량에 속한다고 할 것인 점, ⑤ 상속순위와 상속분은 그 나라 고유의 전통과 문화에 따라 결정될 사항이지 다른 나라의 입법례에 크게 좌우될 것은 아닌 점, ⑥ 피상속인의 방계혈족에 불과한 피상속인의 형제자매가 피상속인의 재산을 상속받을 것을 기대하는 지위는 피상속인의 직계혈족의 그러한 지위만큼 입법적으로 보호하여야 할 당위성이 강하지 않은 점 등을 종합하여 볼 때, 외국에서 사위의 대습상속권을 인정한 입법례를 찾기 어렵고, 피상속인의 사위가 피상속인의 형제자매보다 우선하여 단독으로 대습상속하는 것이 반드시 공평한 것인지 의문을 가져볼 수는 있다 하더라도, 이를 이유로 곧바로 피상속인의 사위가 피상속인의 형제자매보다 우선하여 단독으로 대습상속할 수 있음이 규정된 민법 제1003조 제2항이 입법형성의 재량의 범위를 일탈하여 행복추구권이나 재산권보장 등에 관한 헌법규정에 위배되는 것이라고 할 수 없다. [2] 원래 대습상속제도는 대습자의 상속에 대한 기대를 보호함으로써 공평을 꾀하고 생존 배우자의 생계를 보장하여 주려는 것이고, 또한 동시사망 추정규정도 자연과학적으로 엄밀한 의미의 동시사망은 상정하기 어려운 것이나 사망의 선후를 입증할 수 없는 경우 동시에 사망한 것으로 다루는 것이 결과에 있어 가장 공평하고 합리적이라는 데에 그 입법 취지가 있는 것인바, 상속인이 될 직계비속이나 형제자매(피대습자)의 직계비속 또는 배우자(대습자)는 피대습자가 상속개시 전에 사망한 경우에는 대습상속을 하고, 피대습자가 상속개시 후에 사망한 경우에는 피대습자를 거쳐 피상속인의 재산을 본위상속을 하므로 두 경우 모두 상속을 하는데, 만일 피대습자가 피상속인의 사망, 즉 상속개시와 동시에 사망한 것으로 추정되는 경우에만 그 직계비속 또는 배우자가 본위상속과 대습상속의 어느 쪽도 하지 못하게 된다면 동시사망 추정 이외의 경우에 비하여 현저히 불공평하고 불합리한 것이라 할 것이고, 이는 앞서 본 대습상속제도 및 동시사망 추정규정의 입법 취지에도 반하는 것이므로, 민법 제1001조의 '상속인이 될 직계비속이 상속개시 전에 사망한 경우'에는 '상속인이 될 직계비속이 상속개시와 동시에 사망한 것으로 추정되는 경우'도 포함하는 것으로 합목적적으로 해석함이 상당하다. [3] 피상속인의 자녀가 상속개시 전에 전부 사망한 경우 피상속인의 손자녀는 본위상속이 아니라 대습상속을 한다."

의 사망에 대하여 B와 D가 공동으로 상속하게 된다.

③ A와 C가 동시에 사망한 것으로 추정하게 되면 동시사망자 상호간에는 상속이 생기지 않으므로 C는 상속인이 되지 못하고 B와 D가 공동으로 상속하게 된다.

만약 동시사망의 추정규정이 없다면 B 또는 D가 자기에게 유리하게 A가 먼저 사망하거나 C가 먼저 사망한 것을 주장하여 상속을 받게 되고, 그에 대하여 상대방은 반대의 사실을 입증하여야 상속내용을 번복시킬 수 있는데 그 입증은 매우 어렵다. 결국 사실상 이익을 먼저 주장하는 자가 혜택을 받게 되는 불합리한 결과를 초래한다. 여기에 동시사망의 추정규정을 둔 실익이 있다.

동시사망의 추정은 의제가 아니다. 그리하여 그것은 반증에 의하여 언제든지 번복될 수 있다. 그러나 판례는 동시사망 추정의 경우에 사망의 선후에 의하여 관계인들의 법적 지위에 중대한 영향을 미치는 점을 감안할 때 충분하고도 명백한 입증이 없는 한 추정이 깨어지지 않는다고 한다.[86]

2) 인정사망

시신의 발견·확인 등 사망의 확증은 없지만, 사망한 것이 거의 확실하다고 인정되는 경우(수해·화재·그 밖의 재난) 그것을 조사한 관공서의 사망통보에 기하여 가족관계등록부에 사망의 기록을 하는 제도이다(가족관계등록법 제87조·제16조). 이러한 인정사망제도를 둔 이유는 사망의 확률이 매우 높은데도 불구하고 실종선고 절차를 밟게 하는 것이 부적당하기 때문이다.

인정사망에 의한 가족관계등록부의 기재는 등록부기재의 사망일에 사망한 것으로 사실상 추정될 뿐이므로 반대사실의 증명에 의하여 이를 번복할 수 있다.

3) 실종선고

사망의 개연성이 상당히 큰 경우에 민법은 실종선고에 의하여 일정한 시기에 사망한 것으로 간주하는 제도를 두고 있다. 이는 실종자의 권리능력을 소멸하게

---

86) **대판** 1998.8.21, 98다8974 "민법 제30조에 의하면, 2인 이상이 동일한 위난으로 사망한 경우에는 동시에 사망한 것으로 추정하도록 규정하고 있는바, 이 추정은 법률상 추정으로서 이를 번복하기 위하여는 동일한 위난으로 사망하였다는 전제사실에 대하여 법원의 확신을 흔들리게 하는 반증을 제출하거나 또는 각자 다른 시각에 사망하였다는 점에 대하여 법원에 확신을 줄 수 있는 본증을 제출하여야 하는데, 이 경우 사망의 선후에 의하여 관계인들의 법적 지위에 중대한 영향을 미치는 점을 감안할 때 충분하고도 명백한 입증이 없는 한 위 추정은 깨어지지 아니한다고 보아야 한다."

하는 것은 아니고, 실종된 장소를 중심으로 하는 법률관계에서 사망을 의제하는 것에 불과하다. 실종선고에 관하여 자세한 것은 후술한다.

Ⅱ. 행위능력

1. 총 설

행위능력은 법률행위에 관한 제도이다. 법률행위 당사자의 행위능력은 모든 법률행위가 효력을 발생하기 위하여 갖추어야 하는 일반요건이라는 점에서도 알 수 있다. 그렇다면 당연히 행위능력에 관한 규정을 우리 민법의 체계상 법률행위 규정인 제1편 제5장에서 규율했어야한다. 그럼에도 불구하고 민법은 행위능력을 자연인에 관한 규정 제1편 제2장 가운데 제1절에 '능력(能力)'이라는 표제를 두어 그 안에서 권리능력과 함께 규율하고 있다. 이 책에서는 우리 민법전의 체제와 순서에 따라 논의하기로 한다. 왜냐 하면 행위능력이 문제되는 것은 주로 자연인이기 때문이며 우선 이 부분에서 행위능력을 이해한 후에 법률행위를 논의하는 것도 큰 무리는 없을 것이기 때문이다. 그러나 일부 문헌에서는 우리 민법전의 체제와 순서를 따르지 않고 행위능력제도를 법률행위 부분에서 논의하기도 한다.

행위능력에 관한 문제는 당연히 법인에 관하여도 논의되어야 한다. 그러나 법인에서는 권리능력이 있는 범위에서 행위능력이 인정될 뿐이다. 그리고 구체적인 행위는 실제로 법인의 대표기관이 행하기 때문에 행위능력이 크게 문제되지 않는다. 이하에서는 자연인의 행위능력만 논하기로 한다.

2. 행위능력 일빈

(1) 의사능력

사적자치의 원칙이 지배하는 근대 민법에 있어서 개인(권리능력자)[87]은 스스로의 의사표시에 의하여 권리를 취득하고 의무를 부담하게 된다. 그러나 의사표시

---

87) 우리 민법상 권리능력자(권리의 주체가 될 수 있는 자)는 모든 살아 있는 사람(자연인)과 법인이 있다. 모든 자연인(사람)은 권리능력자이다. 즉 모든 사람은 권리를 취득하거나 의무를 부담할 수 있는 가능성을 가지고 있다는 것에 불과하지 그들 모두가 자신의 법률행위에 의하여 완전한 권리를 취득하거나 의무를 부담할 수 있는 것은 아니다.

를 통하여 권리변동의 효과를 발생하려면 의사표시를 하는 자가 자기행위의 의미나 결과를 합리적으로 판단(예견)할 수 있는 정신능력 내지 지능이 있어야 하는데, 이를 의사능력(意思能力)[88]이라고 한다.

의사능력이 없는 자를 의사무능력자라고 하는데, 의사능력의 유무를 판정하는 객관적 · 획일적인 기준은 없고, 구체적인 행위에 관하여 개별적으로 판정하나,[89] 대체로 만7세 미만의 자와 그 정도의 지능을 가진 자, 고도의 정신병자, 만취자 등이 의사무능력자에 해당한다.[90]

---

88) **대판** 2002.10.11, 2001**다**10113 "의사능력이란 자신의 행위의 의미나 결과를 정상적인 인식력과 예기력을 바탕으로 합리적으로 판단할 수 있는 정신적 능력 내지는 지능을 말하는 것으로서, 의사능력의 유무는 구체적인 법률행위와 관련하여 개별적으로 판단되어야 할 것이다." ; **대판** 2009.1.15, 2008**다**58367 "[1] 의사능력이란 자신의 행위의 의미나 결과를 정상적인 인식력과 예기력을 바탕으로 합리적으로 판단할 수 있는 정신적 능력 내지는 지능을 말하는 것으로서, 의사능력의 유무는 구체적인 법률행위와 관련하여 개별적으로 판단되어야 하므로, 특히 어떤 법률행위가 그 일상적인 의미만을 이해하여서는 알기 어려운 특별한 법률적인 의미나 효과가 부여되어 있는 경우 의사능력이 인정되기 위하여는 그 행위의 일상적인 의미뿐만 아니라 법률적인 의미나 효과에 대하여도 이해할 수 있을 것을 요한다. [2] 무능력자의 책임을 제한하는 민법 제141조 단서는 부당이득에 있어 수익자의 반환범위를 정한 민법 제748조의 특칙으로서 무능력자의 보호를 위해 그 선의 · 악의를 묻지 아니하고 반환범위를 현존 이익에 한정시키려는 데 그 취지가 있으므로, 의사능력의 흠결을 이유로 법률행위가 무효가 되는 경우에도 유추적용되어야 할 것이나, 법률상 원인 없이 타인의 재산 또는 노무로 인하여 이익을 얻고 그로 인하여 타인에게 손해를 가한 경우에 그 취득한 것이 금전상의 이득인 때에는 그 금전은 이를 취득한 자가 소비하였는가의 여부를 불문하고 현존하는 것으로 추정되므로, 위 이익이 현존하지 아니함은 이를 주장하는 자, 즉 의사무능력자 측에 입증책임이 있다. [3] 의사무능력자가 자신이 소유하는 부동산에 근저당권을 설정해 주고 금융기관으로부터 금원을 대출받아 이를 제3자에게 대여한 사안에서, 대출로써 받은 이익이 위 제3자에 대한 대여금채권 또는 부당이득반환채권의 형태로 현존하므로, 금융기관은 대출거래약정 등의 무효에 따른 원상회복으로서 위 대출금 자체의 반환을 구할 수는 없더라도 현존 이익인 위 채권의 양도를 구할 수 있다." ; 여기의 "자기의 행위"에서 「자기」는 「통상인」을 의미하는 것이기 때문에, 의사능력(意思能力)이란 통상인이 가지는 정상적인 판단능력을 의미한다(곽윤직, 84면).

89) **대판** 2006.9.22, 2006**다**29358 "의사능력이란 자신의 행위의 의미나 결과를 정상적인 인식력과 예기력을 바탕으로 합리적으로 판단할 수 있는 정신적 능력 내지는 지능을 말하는바, 특히 어떤 법률행위가 그 일상적인 의미만을 이해하여서는 알기 어려운 특별한 법률적인 의미나 효과가 부여되어 있는 경우 의사능력이 인정되기 위하여는 그 행위의 일상적인 의미뿐만 아니라 법률적인 의미나 효과에 대하여도 이해할 수 있을 것을 요한다고 보아야 하고, 의사능력의 유무는 구체적인 법률행위와 관련하여 개별적으로 판단되어야 할 것이다(대법원 2002.10.11. 선고 2001다10113 판결 등 참조)." ; **대판** 2009.1.15, 2008**다**58367 참조.

90) 김주수, 134면은 부동산매매의 경우에는 13세, 신분행위의 경우에는 15세 정도의 판별력이 필요하다고 한다. 그리고 송덕수, 192면은 의사무능력자의 예로 정신질환자, 만취자, 7세 미만의 자는 대체로 의사무능력자라고 한다.

민법에는 명문의 규정은 없으나 의사무능력자의 법률행위는 무효이다.[91] 통설과 판례[92]도 같다. 의사무능력자의 법률행위의 무효의 주장은 의사무능력자만 할 수 있는가 아니면 누구나 주장할 수 있는가에 대하여는 견해가 대립되고 있다. 다수설은 상대방을 포함하여 누구나 주장할 수 있다고 하고,[93] 소수설은 의사무능력자만 주장할 수 있다고 한다.[94]

의사무능력자의 행위는 그 행위의 무효를 주장하는 자가 의사능력이 없었음을 증명하여야 한다. 자연인은 일반적으로 의사능력을 갖추고 있는 것이 보통이기 때문이다.

(2) 책임능력

의사능력이 법률행위를 유효하게 할 수 있는 능력이라면 책임능력은 불법행위에 대한 판단능력, 즉 자기 행위[95]의 결과가 위법한 것으로서 법률상 비난받는 것임을 인식하는 정신능력을 가리킨다.

민법은 불법행위에 대하여 과실책임주의를 취하고 있어, 불법행위 책임이 생기려면 자기의 행위의 결과를 판단할 수 있는 정신적 능력이 있어야 하고, 이러한 판단능력이 없는 자는 손해배상 책임, 즉 불법행위 책임을 부담하지 않는다.

---

91) 명문으로 규정하고 있는 대표적인 입법례로 독일민법 제105조 제1항, 프랑스민법 제489조, 스위스민법 제18조 등이 있다. 사적 자치의 원칙상 각 개인은 자신의 '의사(意思; Wille)'에 따라서만 법률관계를 맺을 수 있는데, 의사무능력자의 행위는 그의 '의사'에 따른 것이라고 할 수 없기 때문에 그러한 자의 법률행위는 무효(無效)이다.

92) **대판** 1996.4.23, 95**다**34514 "유언공정증서를 작성할 당시에 유언자가 반혼수상태였으며, 유언공정증서의 취지가 낭독된 후에도 그에 대하여 전혀 응답하는 말을 하지 아니한 채 고개만 끄덕였다면, 유언공정증서를 작성할 당시에 유언자에게는 의사능력이 없었으며 그 공정증서에 의한 유언은 유언자가 유언의 취지를 구수(口授)하고 이에 기하여 공정증서가 작성된 것으로 볼 수 없어서, 민법 제1068조가 정하는 공정증서에 의한 유언의 방식에 위배되어 무효이다."; **대판** 2007.10.25, 2007**다**51550,51567 "민법 제1068조 소정의 '공정증서에 의한 유언'에서 '유언취지의 구수'라고 함은 말로써 유언의 내용을 상대방에게 전달하는 것을 뜻하는 것이므로 이를 엄격하게 제한하여 해석하여야 하지만, 공증인이 유언자의 의사에 따라 유언의 취지를 작성하고 그 서면에 따라 유언자에게 질문을 하여 유언자의 진의를 확인한 다음 유언자에게 필기된 서면을 낭독하여 주었고, 유언자가 유언의 취지를 정확히 이해할 의사식별능력이 있고 유언의 내용이나 유언경위로 보아 유언 자체가 유언자의 진정한 의사에 기한 것으로 인정할 수 있는 경우에는, 위와 같은 '유언취지의 구수' 요건을 갖추었다고 보아야 한다."; **대판** 2002.10.11, 2001**다**10113 참조.

93) 김상용, 151면 ; 김준호, 79면 ; 김학동, 109면 ; 이은영, 158면.

94) 김주수, 136면.

95) 여기서의 「행위」는 법률행위가 아니고 「가해행위」를 의미한다.

민법은 의사능력이나 책임능력의 판정에 관한 획일적 표준을 정하여 놓고 있지 않으므로 언제나 구체적인 경우에 개별적으로 판단하게 된다. 책임능력은 대체로 12세 전후에 갖추어진다고 본다.

(3) 행위능력

행위능력은 단독으로 완전하고 유효한 법률행위를 할 수 있는 지위 또는 자격을 가리킨다.[96] 민법은 행위능력에 관하여 적극적으로 규정을 하고 있지 않고, 소극적으로 미성년자와 성년후견개시의 심판을 받은 자를 행위능력이 제한되는 제한능력자로 규정하고 있다. 따라서 제한능력자를 제외한 모든 사람이 행위능력자이고, 제한능력자에 해당하지 않는 행위능력자의 상태를 행위능력이라고 할 수 있는데, 이는 결국 혼자서 완전하고 유효한 법률행위를 할 수 있는 상태를 말한다. 민법상 "능력" 또는 "제한능력"이라고 하면 이는 "행위능력" 또는 "행위능력의 제한능력"을 가리킨다.

(4) 제한능력자제도

1) 제도의 의의

의사무능력자가 한 법률행위는 무효이다. 그런데 행위자가 무효를 주장하여 법의 보호를 받으려면 법률행위당시에 의사무능력자임을 증명해야 하는데, 그러한 증명은 쉽지 않다. 그래서 민법은 의사무능력의 상태에 있다고 볼만한 사정을 갖춘 경우에 이를 객관적으로 유형화하여 제한능력자를 정하여 놓고 이들의 법률행위는 의사무능력상태에서 하였다는 증명이 없어도 이를 취소할 수 있게 함으로

---

96) 민법이 행위능력제도를 두고 있는 이유는 한편으로 의사능력이 없이 법률행위를 하는 의사무능력자를 보호하고 다른 한편으로는 그 의사무능력자의 상대방이나 제3자를 보호하고자 함이다. 즉 의사무능력자의 법률행위는 무효로 하여 그를 보호할 수 있는데 그가 보호를 받고자 하는 경우 법률행위 당시에 자신이 의사능력이 없었음을 증명하여야 한다. 그러나 그 입증이 쉽지 않고, 비록 그 증명을 했다 하더라도 그 의사무능력을 알지 못했던 상대방이나 제3자는 불측의 손해를 입게 된다. 그래서 민법은 연령이나 법원의 선고를 통한 획일적 기준을 정하여 의사무능력자가 이 기준을 갖추는 때에는 의사능력이 없었던 것으로 하여 그 자가 단독으로 한 행위를 취소할 수 있도록 한다. 이렇게 되면 이 획일적인 기준을 외부에서 쉽게 인식할 수 있도록 객관화함으로 상대방이나 제3자를 보호할 수 있게 된다. 이와 같이 객관적 · 획일적 기준(연령 · 법원의 선고)에 의하여 의사능력을 객관적으로 획일화하는 제도가 행위능력제도(제한능력자제도)인 것이다. 민법에서 보통 능력 또는 제한능력이라고 하면 이는 행위능력 또는 행위능력의 제한능력을 의미한다.

써 제한능력자를 충실하게 보호한다. 이것이 제한능력자제도이다. 그러나 다른 한편으로는 의사무능력자와 거래한 상대방이나 제3자와의 거래안전도 보호하고자 한다. 왜냐하면 의사무능력자의 상대방이나 제3자가 객관적 기준에 의하여 제한무능력자임을 쉽게 인식하여 그 점을 고려할 수 있도록 하기 때문이다.

원래 민법상의 무능력자에 미성년자(제4조)·한정치산자(개정 전 민법 제9조)·금치산자(개정 전 민법 제12조)를 두고 있었다. 그런데 이들 가운데 한정치산자·금치산자 제도는 많은 비판을 받아왔으며 이 제도 자체의 이용을 꺼리어 사람들에게 효율적으로 도움을 주지 못하고 있었다. 이러한 비판을 받아들여 2011.3.7.에 민법을 개정함으로써 금치산·한정치산제도와 후견제도를 손질하였다. 그리하여 「한정치산자」를 「피한정후견인」으로 「금치산자」를 「피성년후견인」으로 그 용어를 수정하였다. 나아가 금치산제도의 변형인 성년후견제도를 법전의 순서상 앞에 두고 한정후견제도에서는 성년후견제도에 관한 규정들의 일부를 준용하는 방식으로 규율하고 있다. 이 제도들은 2013.7.1.부터 시행되고 있다.

개정 민법에 의하면 제한능력자(보호가 필요한 자, 즉 행위능력이 제한되는 자)를 미성년자(제4조)·피성년후견인(제9조)·피한정후견인(제12조)·피특정후견인(제14조의 2)에 대하여 제1편(총칙) 제2장(인) 제1절(능력)에서 규정하고 있다. 그런데 여기의 피특정후견인은 행위능력 면에서 어떠한 제약을 받지도 않는데 다만 법정후견을 받기 때문에 제1절 능력에서 함께 규정한 것이다. 한편 피한정후견인은 원칙적으로 행위능력을 가지며, 피한정후견인이 한정후견인의 동의를 받아야 하는 행위의 범위를 가정법원이 정하는 경우에만(제13조 참조) 행위능력을 제한받게 된다.

개정된 민법상 협의의 제한능력자로 미성년자·피성년후견인·피한정후견인(예외적인 경우)이 있고, 광의의 제한능력자로 협의의 제한능력자 외에 피특정후견인이 있다.[97]

제한능력자제도는 '성년연령'이나 '법원의 선고'라고 하는 제한능력자의 징표를 통하여 거래상대방도 보호를 받게 되지만, 거래상대방 내지 거래의 안전보다

---

97) 개정된 민법상의 제한능력자는 원칙적인 면에서는 개정 전의 민법에서와 마찬가지로 의사능력의 결여 내지 부족에 그 터를 두고 있다. 그러나 그동안 채용하고 있던 전통적인 의사능력의 개념과는 다른 개념을 채용한 것으로 보인다. 왜냐하면 제9조나 제12조에서 「가정법원은 질병, 장애, 노령, 그 밖의 사유로 인한 정신적 제약으로 사무를 처리할 능력이 지속적으로 결여된 사람」이라고 하여 '신체적 기능'(질병, 장애, 노령 등)의 사유로 인한 '정신적 제약'을 문제 삼아 후견개시의 심판을 하는 것으로 하고 있기 때문이다.

도 제한능력자 본인을 더 보호하고자 하는 제도이다.[98]

제한능력자에 관한 규정은 사회질서에 관계있는 규정으로서 당사자의 의사에 의하여 배제 또는 변경될 수 없는 강행규정이다. 따라서 행위능력을 제한하는 계약은 무효이다. 그리고 제한능력자에 관한 규정은 개별적인 행위에 대하여 본인의 의사가 존중되는 가족법상의 행위에는 적용되지 않는 것이 원칙이다.

2) 제한능력자의 법률행위의 효력

제한능력자가 한 법률행위는 취소할 수 있다. '취소할 수 있다'는 것은 반드시 취소해야 한다는 것이 아니고, 제한능력자가 유리하다고 판단하면 취소하지 않을 수 있다. 제한능력자가 법률행위를 취소하지 않으면 원래의 법률효과가 발생한다.

3) 제한능력자의 유형

민법상 제한능력자로는 미성년자, 피성년후견인, 피한정후견인, 피특정후견인이 있다.

---

98) 2011.3.7에 개정되어 2013.7.1부터 시행되고 있는 제한능력자제도에 관한 규정에는 제107 내지 제110조와 같은 '선의의 제3자에게 대항하지 못한다.'는 별도의 규정이 없는 것으로 보아 제한능력자가 법률행위를 취소한 경우에 그 취소를 가지고 선의의 제3자에게도 대항할 수 있다고 볼 수 있고, 제141조 단서에서 제한능력자가 법률행위를 취소한 경우에는 현존이익만을 반환하도록 하고 있는 점(제135조 제2항도 참조)을 고려할 때 제한능력자제도는 거래안전 내지 사회 일반의 이익보다는 제한능력자 자신의 보호에 더 역점을 두고 있는 제도라고 할 것이다. ; [참고] **대판 2007.11.16, 2005다71659 · 71666 · 71673** "행위무능력자 제도는 사적자치의 원칙이라는 민법의 기본이념, 특히, 자기책임 원칙의 구현을 가능케 하는 도구로서 인정되는 것이고, 거래의 안전을 희생시키더라도 행위무능력자를 보호하고자 함에 근본적인 입법 취지가 있는바, 행위무능력자 제도의 이러한 성격과 입법 취지 등에 비추어 볼 때, 신용카드 가맹점이 미성년자와 신용구매계약을 체결할 당시 향후 그 미성년자가 법정대리인의 동의가 없었음을 들어 스스로 위 계약을 취소하지는 않으리라고 신뢰하였다 하더라도 그 신뢰가 객관적으로 정당한 것이라고 할 수 있을지 의문일 뿐만 아니라, 그 미성년자가 가맹점의 이러한 신뢰에 반하여 취소권을 행사하는 것이 정의관념에 비추어 용인될 수 없는 정도의 상태라고 보기도 어려우며, 미성년자의 법률행위에 법정대리인의 동의를 요하도록 하는 것은 강행규정인데, 위 규정에 반하여 이루어진 신용구매계약을 미성년자 스스로 취소하는 것을 신의칙 위반을 이유로 배척한다면, 이는 오히려 위 규정에 의해 배제하려는 결과를 실현시키는 셈이 되어 미성년자 제도의 입법 취지를 몰각시킬 우려가 있으므로, 법정대리인의 동의 없이 신용구매계약을 체결한 미성년자가 사후에 법정대리인의 동의 없음을 사유로 들어 이를 취소하는 것이 신의칙에 위배된 것이라고 할 수 없다." ; 본 판결은 2007년 것으로서 '이유'에 명시된 「행위무능력자」라는 용어는 2011년 3월 7일에 개정된 제9조 내지 제17조의 「제한능력자」에 해당한다고 할 수 있다.

3. 미성년자

(1) 성 년 기

우리 민법에 사람은 19세로 성년이 되며, 성년에 달하지 않은 자를 미성년자라고 한다(제4조, 2011.3.7. 개정). 여기서 19세는 만 19세를 의미한다. 연령의 계산에 있어서는 민법상의 기간계산의 예외로서 출생일을 산입하고(제158조),[99] 가족관계등록부의 기재는 연령의 추정적 자료에 불과하므로 반증이 있는 경우 이를 달리 할 수 있다.

(2) 성년의제

미성년자라 하더라도 혼인을 한때에는 성년자로 보아(看做) 행위능력을 가지는데(제826조의 2), 이를 성년의제(成年擬制)라 한다. 여기의 혼인은 법률혼만을 의미하고, 사실혼은 제외된다는 것이 통설이다.

성년의제를 받은 미성년자가 미성년으로 있는 동안 혼인이 해소(이혼 · 일방의 사망)되거나 취소된 경우 다시 미성년자로 복귀하느냐가 문제이다. 제한능력자로 복귀에 의한 거래의 안전문제, 혼인 중에 출생한 자의 친권문제 등을 고려하여 성년의제의 효과가 소멸하지 않는다고 보는 것이 다수설이다.

이러한 미성년자의 성년의제제도는 사법관계의 영역에만 적용이 되고, 선거법(공직선거법 제15조 제1항), 청소년보호법(제2조 제1호), 근로기준법(제67조) 등에는 적용되지 않는다.

99) 성년자로 되는 시점에 대하여 구체적으로 예를 들어보자. 甲이 2017년 1월 10일 오후 11시 24분에 출생하였다고 하자. 연령은 역(曆)에 의하여 계산하되(제160조), 출생일을 그 기간에 산입(算入 : 포함)한다(제158조). 이것이 연령계산의 대원칙이다. 이 원칙에 따르면 甲의 성년나이인 만19세는 언제가 되는가? 甲의 출생일인 1월 10일은 성년으로 되는 19년의 기간에 포함된다. 여기서 출생시각(오후 11시 24분)은 중요하지 않다. 따라서 1월 10일이 기산일이 되며, 그 뒤에 19년의 기간을 역(曆)에 의하여 계산하여(제160조) 최후의 연(年)에서 기산일에 해당하는 날을 찾는다. 왜냐하면 週, 月, 또는 年이 처음부터 기간을 기산하지 아니하는 때에는 최후의 주, 월 또는 연에서 그 기산일에 해당하는 날의 전일로 기간이 만료(제160제 제2항)하기 때문이다. 앞의 甲은 19년의 기간이 만료되는 시점, 즉 甲이 성년자로 되는 시점은 1월 10일의 전날이 만료되는 2026년 1월 9일 밤 12시에 성년자로 된다.

(3) 미성년자의 행위능력

1) 원 칙

미성년자가 법률행위를 하려면 원칙적으로 법정대리인의 동의를 얻어야 한다(제5조 제1항 본문).[100] 동의를 얻지 아니한 행위는 본인 또는 법정대리인이 취소할 수 있다(제5조 제2항, 제140조). 이러한 경우에 미성년자가 법률행위를 하였는지의 여부에 대해서는 형식적으로 판단할 것이 아니라 실질적 · 구체적으로 판단해야 한다.[101]

미성년자가 법률행위를 함에 있어서 요구되는 법정대리인의 동의는 명시적 또는 묵시적으로도 가능하다. 미성년자의 행위가 법정대리인의 묵시적 동의가 인정되거나 처분허락이 있는 재산의 처분 등에 해당하는 경우라면, 미성년자로서는 더 이상 행위무능력을 이유로 그 법률행위를 취소할 수 없다.[102]

법정대리인의 동의가 있었다는 증명책임[103]은 미성년자가 아니고 그 동의가

---

100) **대판** 2007.11.16, 2005**다**71659 · 71666 · 71673 "행위무능력자 제도는 사적자치의 원칙이라는 민법의 기본이념, 특히, 자기책임 원칙의 구현을 가능케 하는 도구로서 인정되는 것이고, 거래의 안전을 희생시키더라도 행위무능력자를 보호 하고자 함에 근본적인 입법 취지가 있는바, 행위무능력자 제도의 이러한 성격과 입법 취지 등에 비추어 볼 때, 신용카드 가맹점이 미성년자와 신용구매계약을 체결할 당시 향후 그 미성년자가 법정대리인의 동의가 없었음을 들어 스스로 위 계약을 취소하지는 않으리라고 신뢰하였다 하더라도 그 신뢰가 객관적으로 정당한 것이라고 할 수 있을지 의문일 뿐만 아니라, 그 미성년자가 가맹점의 이러한 신뢰에 반하여 취소권을 행사하는 것이 정의 관념에 비추어 용인될 수 없는 정도의 상태라고 보기도 어려우며, 미성년자의 법률행위에 법정대리인의 동의를 요하도록 하는 것은 강행규정인데, 위 규정에 반하여 이루어진 신용구매계약을 미성년자 스스로 취소하는 것을 신의칙 위반을 이유로 배척한다면, 이는 오히려 위 규정에 의해 배제하려는 결과를 실현시키는 셈이 되어 미성년자 제도의 입법 취지를 몰각시킬 우려가 있으므로, 법정대리인의 동의 없이 신용구매계약을 체결한 미성년자가 사후에 법정대리인의 동의 없음을 사유로 들어 이를 취소하는 것이 신의칙에 위배된 것이라고 할 수 없다."

101) **대판** 1962.9.20, 62**다**333 ; **대판** 1969.2.4, 68**다**2147 참조 ; 계약서 등이 미성년자의 명의로 작성되어 있다는 사실만으로 곧 취소할 수 있는 행위로 볼 것은 아니라고 한다. 즉 형식상 · 문서상으로는 미성년자 명의로 행하여진 법률행위라도 그것이 실질적으로는 적법한 대리인에 의하여 행하여진 것이라면 특별한 사정이 없는 한 취소하지 못하는 유효한 행위라고 한다(곽윤직(신정판), 160면 참조).

102) **대판** 2007.11.16, 2005**다**71659 · 71666 · 71673 "미성년자가 법률행위를 함에 있어서 요구되는 법정대리인의 동의는 언제나 명시적이어야 하는 것은 아니고 묵시적으로도 가능한 것이며, 미성년자의 행위가 위와 같이 법정대리인의 묵시적 동의가 인정되거나 처분허락이 있는 재산의 처분 등에 해당하는 경우라면, 미성년자로서는 더 이상 행위무능력을 이유로 그 법률행위를 취소할 수 없다."

103) 「증명책임」이란 소송상 증명을 필요로 하는 사실의 존재여부가 확정되지 않은 경우에

있었음을 이유로 법률행위의 유효를 주장하는 상대방에게 있다.[104)]

미성년자가 동의 없이 한 법률행위는 일단 유효하며, 취소할 수 있는 상태에 있게 된다.[105)] 그리고 법률행위가 취소되면 그 법률행위는 소급하여(처음부터) 무효였던 것으로 된다(제141조).

2) 예 외

예외적으로 다음의 경우에는 법정대리인의 동의 없이 미성년자도 단독으로 유효한 법률행위를 할 수 있다. 물론 이 경우에도 의사능력을 가지고 있어야 한다.

① **단순히 권리만을 얻거나 의무만을 면하는 행위**(제5조 제1항 단서)

부담이 없는 증여를 받는 행위, 채무의 면제의 청약에 대한 승낙, 친권자에 대한 부양료청구 등은 미성년자에게 이익만을 주기 때문에 허용된다. 그러나 부담부 증여를 받는 행위, 경제적으로 유리한 메매계약 체결, 상속의 승인, 채무의 변제를 받는 행위(법률행위는 아니지만 채권상실이라는 불이익을 가져오기 때문에) 등과 같이 비록 미성년자가 얻는 권리가 부담하는 의무 보다 현저하게 큰 경우에도 권리(이익)를 얻을 뿐만 아니라 의무(권리상실)도 부담하기 때문에 단독으로 하지 못한다.

② **처분이 허락된 재산의 처분 행위**(제6조)

미성년자 자신에게 주어진 용돈을 사용하는 행위는 유효하다. 법정대리인이 범위를 정하여 처분을 허락한 재산은 미성년자가 임의로 처분할 수 있다(제6조).

그러나 미성년자의 전 재산의 처분을 허락하는 것처럼 포괄적인 처분(사용·수익을 포함)을 허락하는 것은 허용되지 않는다. 민법 제6조의 '범위'는 사용 목적의 범위가 아니라 처분재산의 범위를 의미하므로, 비록 처분을 허락한 재산의 사용 목적이 정하여져 있어도 그 목적과는 상관없이 처분할 수 있다는 것이 다수설이다.

그 사실이 존재하지 않는 것으로 취급되어 법적 판단을 받게 되는 당사자 일방의 위험 또는 불이익을 의미한다. 이러한 '증명·증명책임'은 그동안 '입증·입증책임'이라는 용어로 사용되었다. 그러나 2002.1.26. 민사소송법이 개정되면서 '입증'이라는 용어를 모두 '증명'으로 바꾸어 사용하고 있다. 따라서 이 책에서는 개정 민사소송법의 용어 사용에 맞추어 사용하기로 한다.

104) **대판** 1970.2.24, 69다1568.

105) **대판** 1969.2.4, 68다2147.

③ 영업이 허락된 미성년자의 그 영업에 관한 행위(제8조 제1항)

미성년자가 법정대리인으로부터 허락을 얻은 특정한 영업에 관하여는 성년자와 동일한 행위능력이 있다(제8조 제1항). 여기서 영업이란 영리를 목적으로 하는 독립적 · 계속적인 사업을 말하며 상업뿐 아니라 농업 · 공업도 포함된다. 법정대리인이 영업을 허락함에는 반드시 영업의 종류를 특정하여야 하고, 하나의 단위의 영업의 일부[106]에 한하여서 하는 허락은 인정되지 않는다. 영업의 허락을 받은 미성년자는 그 영업 자체 외에 그 영업을 하는 데 직 · 간접으로 필요한 모든 행위(점포임대 · 점원고용 등)를 할 수 있고, 이 범위에서 법정대리인의 동의권과 대리권은 소멸한다. 영업이 상업인 때에는 상업등기를 하여야 선의의 제3자에게 대항할 수 있다(상법 제6조 · 제37조).

④ 미성년자가 타인의 대리인으로서 하는 대리행위(제117조)

대리인은 행위능력자임을 요하지 않으므로(제117조) 미성년자는 행위 당시 의사능력만 있으면 타인의 대리인으로서 대리행위를 유효하게 할 수 있다. 미성년자의 행위능력 제한은 제한능력자 본인을 위한 것이기 때문이다.

⑤ 유언행위

만 17세에 달한 자는 단독으로 유언을 할 수 있다(제1061조 · 제1062조).

⑥ 법정대리인의 허락을 얻어 회사의 무한책임사원이 된 미성년자가 그 사원자격에 기하여 하는 행위(상법 제7조)

⑦ 근로계약과 임금의 청구(근로기준법 제67조, 제68조)

미성년자는 독자적으로 임금을 청구할 수 있다(근로기준법 제68조). 또한 친권자나 후견인은 미성년자를 대리하여 근로계약을 체결할 수 없다(근로 기준법 제67조). 결국 미성년자는 자신이 직접 근로계약을 체결해야 하는데, 이 때 법정대리인의 동의를 받아야 하는지, 동의 없이 단독으로 할 수 있는지에 관하여 학설의 대립이 있으나 법정대리인의 동의를 받아야 한다는 견해가 다수설이다.

3) 동의와 허락의 취소 또는 제한

① 미성년자가 아직 법률행위를 하기 전에는 법정대리인은 그가 한 동의(제5

106) 예컨대 문방구 영업을 허락해주면서 30,000원 이하의 학용품의 소매만 허락한다고 하는 경우에는 인정되지 않는다.

조)나 일정범위의 재산 처분의 허락(제6조)을 취소할 수 있다(제7조). 여기서 '취소'의 의미는 처음부터 동의나 허락이 없었던 것으로 하려는 것이 아니라 미성년자가 법률행위를 하기 전에 그 법률행위를 하지 못하게 하려는 것이어서 소급효가 없다. 따라서 취소라기보다 '철회'라고 하는 것이 그 법적 성질상 적합하다. 이 철회는 미성년자나 그 상대방에게 하여야 한다. 철회를 미성년자에게만 한 경우에는 그것을 가지고 선의의 제3자(상대방)에게 대항할 수 없다(통설; 제8조 제2항 단서 유추적용).

② 법정대리인은 그가 한 영업의 허락을 취소 또는 제한할 수 있다(제8조 제2항 본문). 여기서의 '취소'도 철회의 의미이다. 한편 '제한할 수 있다.'는 것은 두 개 이상의 영업을 특정해서 허락한 경우에 그 중 일부를 금지하는 것이며, 일부철회에 해당할 것이다. 나아가 미성년후견인이 있어 친권자가 허락한 영업을 취소하거나 제한하는 경우에는 미성년후견감독인이 있으면 그의 동의를 받아야 한다(제945조 제3호). 그리고 영업허락의 취소·제한은 선의의 제3자에게 대항하지 못한다(제8조 제2항 단서). 상업의 허락을 취소 또는 제한하는 경우에는 지체 없이 상업등기를 말소하거나 변경등기를 하여야 하고(상법 제40조), 말소등기나 변경등기가 있기 전에는 선의의 제3자에게 대항하지 못한다(상법 제37조).

(4) 법정대리인

1) 법정대리인이 되는 자

미성년자의 법정대리인은 1차적으로는 친권자가 되고(제911조), 친권자가 없거나 친권자가 그 권한을 행사할 수 없을 때에는 2차적으로 미성년후견인이 법정대리인이 된다(제920조).

친권자는 부모 또는 양부모가 된다. 부모가 혼인 중에는 부모가 공동으로 행사하는 것이 원칙(제909조)이며 부모의 의견이 일치하지 않은 경우에는 가정법원이 정하는 것으로 하고 있다. 그리고 부모의 일방이 친권을 행사할 수 없는 경우에는 다른 일방이 행사하는 것으로 하고 있다. 부모가 이혼한 경우에는 부모의 협의로 또는 가정법원이 정한다. 혼인 외의 자가 인지된 경우에는 부모가 이혼한 경우와 동일하다.

미성년후견인에는 친권행사자가 유언으로 지정한 자(제931조)인 지정후견인과,

지정후견인이 없거나, 후견인이 없게 된 경우 법원에서 선임(제932조)한 선임후견인이 있다.

2) 법정대리인의 권한

① **동 의 권** 미성년자는 법정대리인의 동의를 얻어 단독으로 유효한 법률행위를 할 수 있으므로 법정대리인은 동의권을 가진다(제5조 제1항). 법정대리인은 일정범위의 재산의 처분과 영업의 허락(제6조 · 제8조)을 할 수 있는데 이들 허락의 성질도 '동의'에 속한다. 여기의 동의는 원칙적으로 미성년자가 법률행위를 하기 전에 하여야 하고, 적어도 미성년자의 행위와 동시에 하여야 한다. 사후의 동의는 추인에 해당한다. 동의는 묵시적으로,[107] 그리고 예견할 수 있는 범위에서 개괄적으로 하여도 무방하다. 미성년후견인이 미성년자의 일정한 행위에 동의를 할 때에는 후견감독인이 있으면 그의 동의를 받아야 한다(제950조). 여기서의 동의는 미성년자 또는 미성년자의 상대방 누구에게나 하여도 상관없다.

② **대 리 권** 법정대리인은 미성년자의 재산에 관한 법률행위를 대리할 수 있는 대리권을 가진다(제920조 · 제949조). 법정대리인은 동의를 한 행위도 대리하는 것이 가능하다. 그러나 법정대리인의 대리권이 제한되는 경우가 있다. 즉 미성년자 본인의 행위를 목적으로 하는 채무를 부담할 경우에는 본인의 동의를 얻어야 대리할 수 있다(제920조 단서 · 제949조 제2항). 그리고 법정대리인과 미성년자 본인의 이익이 상반되는 행위에 관하여는 법정대리인의 대리권이 제한된다(제921조). 후견인에 대하여는 동의권에서와 같은 제한이 있다(제950조). 미성년자에게 영업을 허락한 경우에는 그 범위에서 대리권이 소멸함은 당연하다.

③ **취 소 권** 법정대리인은 미성년자가 법정대리인의 동의 없이 한 법률행위를 취소할 수 있는 취소권이 있다(제5조 제2항 · 제140조).

3. 피성년후견인

(1) 피성년후견인의 의의

피성년후견인이란 질병 · 장애 · 노령 · 그 밖의 사유로 인한 정신적 제약으로 사무를 처리할 능력이 지속적으로 결여된 사람으로서 일정한 자의 청구에 의하여

---

107) **대판** 2007.11.16, 2005**다**71659 · 71666 · 71673 참조.

가정법원에서 성년후견개시의 심판을 받은 사람을 말한다(제9조). 주의할 것은 사무처리능력이 지속적으로 결여된 사람이라도 성년후견개시의 심판을 받기 전에는 피성년후견인이 아니라는 점이다.[108)]

(2) 성년후견개시 심판의 요건

1) 정신적 제약으로 인한 사무처리능력의 지속적 결여

피성년후견인이 될 사람은 질병 · 장애 · 노령 · 그 밖의 사유로 인한 정신적 제약으로 사무를 처리할 능력이 지속적으로 결여된 사람이어야 한다.

먼저 질병(예, 치매 · 파킨슨 병 등), 장애(지적 장애 등), 노령(100세가 넘은 노인 등), 그 밖의 사유로 인한 '정신적 제약'이 있어야 한다. 따라서 신체적 장애로 인하여 사무처리 능력이 결여된 경우는 성년후견개시의 사유가 되지 못한다. 다음으로 사무를 처리할 능력이 '지속적으로' 결여된 사람이어야 한다. 정신적 제약만 있는 것으로 충분하지 않고, 그로 인하여 사무를 처리할 능력이 지속적으로 결여된 사람이어야 한다. 그리고 정신적 제약과 사무처리 능력의 결여 사이에 인과관계가 있어야 한다. 이렇게 성년후견개시 심판의 요건으로 정신적 제약 이외에 사무처리 능력의 결여를 요구하는 것이 개정 민법과 개정 전의 구 제도 사이의 차이점이라고 할 수 있다.

정신적 제약과 사무처리능력의 지속적 결여의 요건을 갖추고 있는지의 여부는 성년후견제도의 목적에 비추어 이 제도에 의한 보호를 주는 것이 적당한지 아닌지를 고려하여 결정하여야 한다.

이러한 결정을 함에 있어서 피성년후견인이 될 사람의 정신상태에 관하여 의사에게 감정을 시켜야 하나(가소 제45조의 2 제1항 본문), 피성년후견인이 될 사람의 정신상태를 판단할 만한 다른 충분한 자료가 있는 경우에는 의사의 감정 없이 결정할 수 있다(가사소송법 제45조의 2 제1항 단서). 법원은 그 감정에 구속될 필요는 없고, 성년후견개시의 심판청구가 있더라도 한정후견개시의 심판을 할 수 있고,

---

108) 참고 **대판 1992.10.13, 92다6433** "표의자가 법률행위 당시 심신상실이나 심신미약상태에 있어 금치산 또는 한정치산선고를 받을 만한 상태에 있었다고 하여도 그 당시 법원으로부터 금치산 또는 한정치산선고를 받은 사실이 없는 이상 그 후 금치산 또는 한정치산선고가 있어 그의 법정대리인이 된 자는 금치산 또는 한정치산자의 행위능력 규정을 들어 그 선고 이전의 법률행위를 취소할 수 없다."

반대의 것도 가능하다.

2) 일정한 자의 청구

본인, 배우자, 4촌 이내의 친족, 미성년후견인, 미성년후견감독인, 한정후견인, 한정후견감독인, 특정후견인, 특정후견감독인, 검사 또는 지방자치단체의 장의 청구가 있어야 한다.

가정법원이 성년후견개시의 심판을 하는 절차는 우선 일정한 청구권자의 청구가 있어야 시작되며 직권으로 절차를 개시하지 못한다. 피성년후견 심판청구권자로 본인도 의사능력을 회복한 때에는 단독으로 심판을 청구할 수 있다. 민법은 청구권자로 미성년후견인과 미성년후견감독인도 명문으로 규정하고 있어 미성년자도 피성년후견으로 될 수 있는데 피성년후견인에게는 미성년자에 대한 신상보호(제913조 내지 제915조 및 제945조)가 인정되지 않아서 문제이다.[109)]

피한정후견인이나 피특정후견인에 대하여 성년후견개시 심판을 청구할 수 있도록 한정후견인 · 한정후견감독인 · 특정후견인 · 특정후견감독인도 청구권자로 하고 있다.

검사를 청구권자로 규정한 것은 다른 청구권자가 없거나 있어도 청구하지 않을 때 공익의 대표자로서 청구할 수 있도록 하기 위해서이다. 그 외에 지방자치단체의 장도 규정되어 있는데, 이는 구 제도상의 금치산선고나 한정치산선고에 대하여 검사의 청구가 극히 드물었고, 정신장애자 · 노령자의 일상에 대하여 보다 더 전문성을 가지고 접근할 수 있기 때문이다.

3) 본인의사의 고려

가정법원은 성년후견개시의 심판을 할 때 본인의 의사를 고려하여야 한다(제9조 제2항). 이는 피성년후견인의 재활과 자기결정권의 존중을 위한 것이며, 과거의 금치산자·한정치산자제도에서 본인의 의사를 고려함이 없이 일방적으로 보호여부를 결정했던 것과는 다른 점이다.

(3) 성년후견개시 심판의 절차

성년후견의 개시는 가정법원에서 결정하며, 심판의 절차는 가사소송법과 가사소송규칙의 규정에 따른다(가소 제34조 이하, 특히 제44조 이하, 가소규 제31조 이하). 위

109) 김형석, 「민법개정에 따른 성년후견법제」, 가족법연구 제24권 제2호, 127면 각주 25 참조.

의 요건이 갖추어지면 가정법원은 반드시 성년후견개시의 심판을 하여야 한다(제9조 참조). 심판은 필수적이며, 임의적인 것이 아니다.

성년후견개시의 공시는 가족관계등록부가 아니라 새로운 후견등기부에 공시된다. 이를 위하여 「후견등기에 관한 법률」이 제정되었다.

(4) 피성년후견인의 행위능력

피성년후견인은 가정법원이 다르게 정하지 않는 한 종국적이며 확정적으로 유효한 법률행위를 할 수 없는 것이 원칙이다. 피성년후견인의 법률행위는 원칙적으로 취소할 수 있다(제10조 제1항). 즉 그의 보호기관인 성년후견인의 동의를 받지 않고 한 행위뿐 아니라 동의를 받아서 한 행위도 취소할 수 있다.

이러한 원칙에는 재산행위에 관하여 두 가지 예외를 두고 있다. ① 가정법원이 취소할 수 없는 피성년후견인의 법률행위의 범위를 정한 경우이다. 가정법원은 취소할 수 없는 피성년후견인의 법률행위를 정할 수 있고(제10조 제2항), 본인·배우자·4촌 이내의 친족·성년후견인·성년후견감독인·검사 또는 지방자치단체의 장의 청구에 의하여 그 범위를 변경할 수 있다(제10조 제3항). ② 일용품의 구입 등 일상생활에 필요하고 그 대가가 과도하지 아니한 법률행위는 성년후견인이 취소할 수 없다(제10조 제4항). 여기서 '성년후견인'이라고 하고 있지만 피성년후견인도 취소할 수 없다고 새겨야 한다. 또한 이 경우 피성년후견인이 성년후견인의 동의를 받았는지의 여부를 묻지 않고 언제나 그 법률행위를 취소할 수 없다.

이러한 거래는 신중한 고려가 요구되지 않고 피성년후견인에게 그다지 불이익이 생기지 않으므로 피성년후견인의 거래의 자유와 일반 거래의 안전을 보호하기 위하여 취소할 수 없도록 한 것이다.

피성년후견인도 약혼(제802조)·혼인(제808조 제2항)·협의이혼(제835조)·인지(제856조)·입양(제873조)·협의파양(제902조) 등 친족법상의 행위는 성년후견인의 동의를 얻어서 스스로 할 수 있고, 피성년후견인은 만 17세가 되었으면 의사능력이 회복된 때에 한하여 단독으로 유언을 할 수 있고(제1063조), 그 유언은 취소할 수 없다(제1062조).

(5) 성년후견인(피성년후견인의 법정대리인)

피성년후견인에게는 보호자로서 성년후견인을 두어야 한다(제929조). 성년후견인은 피성년후견인의 신상과 재산에 관한 모든 사정을 고려하여 여러 명을 둘 수 있고(제930조 제2항), 법인도 성년후견인이 될 수 있다(제930조 제3항). 제929조에 따라 가정법원이 성년후견개시의 심판을 할 때에는 성년후견인을 직권으로 선임 한다(제936조 제1항).

성년후견인은 피성년후견인의 재산을 관리하고 그 재산에 관한 법률행위에 대하여 피성년후견인을 대리한다(제949조). 즉 성년후견인은 피성년후견인의 법정대리인이 된다(제938조 제1항). 그리고 가정법원은 성년후견인이 가지는 법정대리권의 범위를 정할 수 있고(제938조 제2항), 성년후견인이 피성년후견인의 신상에 관하여 결정할 수 있는 권한의 범위를 정할 수 있다(제938조 제3항).

피성년후견인은 원칙적으로 동의가 있더라도 유효한 법률행위를 할 수 없으므로 성년후견인은 원칙적으로 동의권을 가지고 있지 않고(제10조 제1항 참조) 대리권만 가진다(제949조). 그러나 예외적으로 가족법상의 행위에 대해서는 피성년후견인도 성년후견인의 동의를 받아 유효한 행위를 할 수 있으므로 그 범위에서는 동의권도 가진다. 피성년후견인의 행위는 원칙적으로 취소할 수 있으므로 성년후견인은 취소권을 가진다.

(6) 성년후견종료의 심판

성년후견개시의 원인이 소멸된 경우에는 가정법원은 본인 · 배우자 · 4촌 이내의 친족 · 성년후견인 · 성년후견감독인 · 검사 또는 지방자치단체의 장의 청구에 의하여 성년후견종료의 심판을 한다(제11조). 또한 가정법원이 피성년후견인에 대하여 한정후견개시의 심판을 할 때에는 종전의 성년후견종료의 심판을 한다(제14조의 3 제2항). 성년후견종료의 심판절차도 가사소송법과 가사소송규칙의 규정에 따르며, 그 요건이 갖추어지면 가정법원은 반드시 성년후견종료의 심판을 하여야 한다. 가정법원이 성년후견종료의 심판을 할 경우에는 피성년후견인의 정신상태에 관하여 의사에게 감정을 시킬 수 있다(가소규 제38조).

성년후견종료의 심판이 있으면 피성년후견인은 행위능력을 회복하게 된다. 그 시기는 심판이 내려진 때부터 장래에 향하여 효력이 있고 과거에 소급하지 않는다.

4. 피한정후견인

(1) 피한정후견인의 의의

피한정후견인이란 질병·장애·노령·그 밖의 사유로 인한 정신적 제약으로 사무를 처리할 능력이 부족한 사람으로서 일정한 자의 청구에 의하여 가정법원으로부터 한정후견개시의 심판을 받은 사람을 말한다(제12조 제1항).

(2) 한정후견개시 심판의 요건

1) 정신적 제약으로 인한 사무처리 능력의 부족

피한정후견인이 될 사람은 질병·장애·노령·그 밖의 사유로 인한 정신적 제약으로 사무를 처리할 능력이 부족한 사람이어야 한다. 먼저 질병·장애·노령·그 밖의 사유로 인한 '정신적 제약'이 있어야 한다는 것은 성년후견과 동일하다. 그러나 한정후견에서는 사무를 처리할 '능력이 지속적으로 결여'된 사람이 아니라 사무 처리의 '능력이 부족'한 사람이어야 한다는 점에서 성년후견의 경우와 차이가 있다.

'사무처리 능력의 지속적 결여'와 '사무처리 능력의 부족'은 정도의 차이에 지나지 않고 양자사이의 명확한 구별이 있는 것은 아니다. 따라서 가정법원은 한정후견개시의 청구가 있을지라도 성년후견개시의 심판을 할 수 있고, 성년후견개시의 청구가 있을지라도 한정후견개시의 심판을 할 수 있다고 보아야 할 것이다.

한정후견개시의 심판을 할 경우에 원칙적으로 피한정후견이 될 사람의 정신상태에 관하여 의사에게 감정을 시켜야 하는 것도 성년후견의 경우와 동일하다(가소 제45조의 2 제1항).

2) 일정한 자의 청구

본인·배우자·4촌 이내의 친족·미성년후견인·미성년후견감독인·성년후견인·성년후견감독인·특정후견인·특정후견감독인·검사 또는 지방자치단체의 장의 청구가 있어야 한다(제12조 제1항).[110]

110) 제12조 제1항에서 한정후견개시의 심판 청구권자로 미성년후견인과 미성년후견감독인을 규정하고 있는 것은 여러 가지를 고려하게 한다. 즉 피한정후견인은 행위능력을 가지고 있는 것이 원칙이다. 그러므로 미성년자를 피한정후견인으로 심판을 하여 행위능력자가 되게 하면 미성년자를 보호하려는 근본 취지에 벗어나 그 미성년자의 보호를 가볍게

3) 본인의사의 고려

가정법원은 한정후견개시의 심판을 할 때 본인의 의사를 고려하여야 한다(제12조 제2항, 제9조 제2항).

(3) 한정후견개시 심판의 절차

한정후견의 개시는 가정법원에서 결정하며, 심판의 절차는 가사소송법과 가사소송규칙의 규정에 따른다. 위의 요건이 갖추어지면 가정법원은 반드시 한정후견개시의 심판을 하여야 한다(제12조 제1항). 한정후견개시의 공시는 후견등기부에 공시된다(후견등기에 관한 법률).

(4) 피한정후견인의 행위능력

1) 피한정후견인은 종국적이며 확정적으로 유효한 법률행위를 할 수 있는 것이 원칙이다. 이는 피한정 후견인은 행위능력을 가지는 것이 원칙이라는 것이다. 다만 가정법원이 예외적으로 피한정후견인의 행위능력을 제한할 수 있도록 하였다. 즉 가정법원은 피한정후견인이 한정후견인의 동의를 받아야 하는 행위의 범위를 정할 수 있는데(제13조 제1항), 이를 한정후견인의 동의권의 유보 또는 동의유보라고 한다. 이는 과거에 한정치산자에 대하여 그의 개별적이며 구체적인 정신능력을 고려하지 않고 일률적·포괄적으로 행위능력을 제한하던 것과 달리 피한정후견인의 잔존능력을 최대한 활용할 수 있도록 하기 위하여 그의 능력이나 그 밖의 모든 사정을 고려하여 그의 보호에 필요하다고 생각되는 범위에서 동의를 받도록 한 것이다. 가정법원은 본인 · 배우자 · 4촌 이내의 친족 · 한정후견인 · 한정후견감독인 · 검사 또는 지방자치단체의 장의 청구에 의하여 한정후견인의 동의를 받아야만 할 수 있는 행위의 범위를 변경할 수 있다(제13조 제2항). 그리고 한정후견인의 동의를 필요로 하는 행위에 대하여 한정후견인이 피한정후견인의 이익이 침해될 염려가 있음에도 그 동의를 하지 아니하는 때에는, 가정법원은 피한정후견인의 청구에 의하여 한정후견인의 동의를 갈음하는 허가를 할 수 있다(제13조 제3항).

하고, 나아가 신상보호도 소홀하게 하는 것이 과연 바람직 한 것인가? 드물기는 하겠지만 18세 미성년자가 성년을 바로 앞두었지만 이미 한정후견개시 심판의 요건을 갖추고 있다면 보호상의 공백을 메우기 위하여만 청구하는 것은 생각할 수 있을 것이다.

한정후견인의 동의가 필요한 법률행위를 피한정후견인이 한정후견인의 동의 없이 하였을 때에는 그 법률행위를 취소할 수 있다(제13조 제4항 본문). 다만, 일용품의 구입 등 일상생활에 필요하고 그 대가가 과도하지 아니한 법률행위에 대하여는 그러하지 아니하다(제13조 제4항 단서).

2) 약혼(제801조 · 제802조) · 혼인(제807조 · 제808조) · 협의이혼(제835조) · 입양(제870조 · 제873조) · 협의파양(제898조 · 제902조) 등 가족법상의 행위능력에 관하여 미성년자와 피성년후견인에 대해서만 규정하고 피한정후견인에 대해서는 아무런 규정을 두고 있지 않다. 피한정후견인에 대하여 규정이 없다는 것은 결국 단독으로 유효하게 가족법상의 행위를 할 수 있다는 의미라고 보아야 할 것이다.

(5) 한정후견인(법정대리인)

피한정후견인에게는 보호자로서 한정후견인을 누어야 한다(제959조의 2). 한정후견인은 한정후견개시의 심판을 할 때에 가정법원이 직권으로 선임한다(제959조의3 제1항). 한정후견인에 대해서는 성년후견인에 관한 여러 규정이 준용된다. 따라서 한정후견인은 여러 명을 둘 수 있고(제959조의 3 제2항 · 제930조 제2항), 법인도 한정후견인이 될 수 있다(제959조의 3 제2항 · 제930조 제3항).

한정후견인은 당연히 피한정후견인의 법정대리인이 되는 것은 아니다. 가정법원은 한정후견인에게 대리권을 수여하는 심판을 할 수 있고(제959조의 4 제1항), 그러한 심판이 있는 경우에만 그리고 가정법원이 법정대리권의 범위를 정한 때에는 그 범위에서만 법정대리권을 가진다(제959조의 4 제2항 · 제938조 제4항). 여기의 대리권의 범위는 동의권의 유보범위와 반드시 일치할 필요는 없다. 왜냐하면 두 제도는 취지가 다르기 때문이다.

한정후견인은 가정법원이 정한 범위에서, 즉 동의권의 유보가 있는 경우에만 동의권과 취소권을 가진다. 대리권도 대리권을 수여하는 가정법원의 심판이 있는 경우에만 가진다. 즉 한정후견인은 원칙적으로 동의권 · 취소권 · 대리권이 없다.

(6) 한정후견종료의 심판

한정후견개시의 원인이 소멸된 경우에는 가정법원은 본인 · 배우자 · 4촌 이내의 친족 · 한정후견인 · 한정후견감독인 · 검사 또는 지방자치단체의 장의 청구에 의하여 한정후견종료의 심판을 한다(제14조). 또한 가정법원이 피한정후견인에 대하여

성년후견개시의 심판을 할 때에는 종전의 한정후견종료의 심판을 한다(제14조의 3 제1항). 한정후견종료의 심판절차도 가사소송법과 가사소송규칙의 규정에 따르며, 그 요건이 갖추어지면 가정법원은 반드시 한정후견종료의 심판을 하여야 한다. 가정법원은 피성년후견인의 경우와 마찬가지로 한정후견종료의 심판을 할 경우에 피한정후견인의 정신상태에 관하여 의사에게 감정을 시킬 수 있다(가소규 제38조).

한정후견종료의 심판이 있으면 피한정후견인은 제한받고 있던 행위능력을 회복하게 된다. 그 시기는 심판이 내려진 때부터 장래에 향하여 효력이 있고 과거에 소급하지 않는다.

5. 피특정후견인

(1) 피특정후견인의 의의

피즉정후견인이란 질병 · 장애 · 노령 · 그 밖의 사유로 인한 정신적 제약으로 일시적 후원 또는 특정한 사무에 관한 후원이 필요한 사람으로서 일정한 자의 청구에 의하여 가정법원으로부터 특정후견의 심판을 받은 사람을 말한다(제14조의 2 제1항). 이 제도는 민법을 개정하면서 도입한 새로운 것이다. 즉 피특정후견인은 1회적 또는 특정한 경우에만 보호를 받는 경우를 대비하여 신설한 것으로서 지속적 · 포괄적으로 보호를 받는 피성년후견인 · 피한정후견인과 구별된다. 따라서 정신적 제약이 미약한 정도이거나 정신적 제약이 크기는 하지만 여러 여건상 1회적으로나 또는 특정한 사무에 관하여만 보호를 받으면 충분한 경우에 이 제도를 활용할 수 있도록 한 것이다. 특정후견도 후견등기부에 공시하도록 하고 있다('견등기에 관한 법률'참조).

(2) 특정후견 심판의 요건

1) 정신적 제약과 일시적 또는 특정한 사무에 대한 후원의 필요

피특정후견인이 될 사람은 질병 · 장애 · 노령 · 그 밖의 사유로 인한 정신적 제약으로 일시적 후원 또는 특정한 사무에 관한 후원이 필요한 사람이어야 한다. 정신적 제약이 있는 것은 성년후견이나 한정후견과 동일하지만 사무처리능력이 결여되어 있거나 부족한 경우가 아니라 다만 일시적이거나 특정사무에 관한 후원이 필요한 경우이다. 따라서 피특정후견인은 일시적 · 특정적으로 보호를 받는다는 점에서 지속적 · 포괄적으로 보호를 받는 피성년후견인 · 피한정후견인과 다르다.

특정후견인의 심판을 하는 가정법원은 의사나 그 밖에 전문지식이 있는 사람의 의견을 들어야 하고, 이 경우 의견을 말로 진술하게 하거나 진단서 또는 이에 준하는 서면으로 제출하게 할 수 있다(가소 45조의 2 제2항).

2) 일정한자의 청구

본인 · 배우자 · 4촌 이내의 친족 · 미성년후견인 · 미성년후견감독인 · 검사 또는 지방자치단체의 장의 청구가 있어야 한다. 미성년후견인과 미성년후견감독인이 청구권자로 규정되어 있는 것으로 보아 미성년자는 미성년자로서 보호되는 것은 유지한 채 별도로 특정후견인을 필요로 하는 경우도 있는 때를 상정한 것으로 볼 수 있다.

3) 본인의사의 존중

특정후견은 본인의 의사에 반하여 할 수 없다(제14조의 2 제2항). 그렇다고 하여 본인의 적극적인 동의가 있어야만 하는 것은 아니다.

(3) 특정후견 심판의 내용

가정법원이 특정후견의 심판을 하는 경우에는 특정후견의 기간 또는 사무의 범위를 정하여야 한다(제14 조의 2 제3항). 특정후견은 일시적·특정적 보호제도이므로 후견의 개시와 종료를 별도로 심판할 필요가 없으며 그 후견으로 처리되어야 할 사무의 성질에 의하여 그 존속기간이 정해진다. 그리고 가정법원은 피특정후견인의 후원을 위하여 필요한 처분을 명할 수 있다(제959의 8). 이 경우 그 처분으로 피특정 후견인을 후원하거나 대리하기 위한 특정후견인을 선임할 수 있다(제959의 9 제1항). 또한 피특정후견인의 후원을 위하여 필요하다고 인정하면 가정법원은 기간이나 범위를 정하여 특정후견인에게 대리권을 수여하는 심판을 할 수 있다(제959의 11 제1항). 이 경우 특정후견인은 피특정후견인의 법정대리인이 된다.

(4) 피특정후견인의 행위능력

특정후견의 심판이 있는 경우에도 피특정후견인의 행위능력에 제한을 받지 않는다. 특정한 법률행위를 위하여 특정후견인이 선임되고 법정대리권이 부여된 경우에도 그 법률행위에 관하여 피특정후견인의 행위능력은 제한되지 않는다. 따라서 피특정후견인은 특정후견의 기간이나 사무의 범위 내에서 그 행위를 특정후견인의 동의 없이 직접 할 수도 있다.

(5) 피특정후견인에 대하여 성년후견개시 등의 심판을 하는 경우

특정후견에서는 특정후견 종료심판제도는 없지만, 가정법원이 피특정후견인에 대해서 성년후견개시의 심판을 하거나 한정후견개시의 심판을 할 때에는 종전의 특정후견의 종료심판을 한다(제14조의 3 제1항 · 제2항).

6. 제한능력자의 상대방의 보호

(1) 상대방보호의 필요성

제한능력자의 법률행위는 일정한 경우에 취소할 수 있는데, 그 취소권은 제한능력자측만이 가지기 때문에 거래의 상대방은 매우 불안한 상태에 놓이게 된다. 또한 취소의 효과는 법률행위 성립 시부터 무효인 것으로 하는 소급효가 있으므로(제141조) 상대방 이외의 제3자도 불안한 지위에 놓이게 된다.

취소의 상대방이 불안한 지위에 있는 것은 모든 취소에 있어서 공통된 현상이다. 이에 민법은 모든 취소에 대하여 ① 취소권의 단기소멸제도(제146조, 취소권은 추인할 수 있는 날부터 3년, 법률행위를 한 날부터 10년 내에 행사하지 않으면 소멸함)와, ② 법정추인제도(제145조, 취소할 수 있는 법률행위에 대하여 이행, 이행의 청구, 경개, 담보의 제공, 권리의 양도, 강제집행이 있으면 추인한 것으로 봄)를 두고 있으나, 전자는 그 기간이 장기간이고, 후자는 예외적 현상이어서 제한능력자의 상대방을 보호하기에 미흡하다.

그리하여 민법은 제한능력자와 거래한 상대방을 보호하기 위하여 특칙을 두고 있는데, 상대방의 확답촉구권(제15조), 철회권 · 거절권(제16조), 제한능력자의 취소권의 배제(제17조)에 관한 규정이 그것이다.

(2) 상대방의 확답촉구권[111]

1) 의 의

제한능력자의 상대방이 가지는 확답촉구권은 제한능력자측에 대하여 취소할

---

111) 상대방의 확답촉구권(確答促求權)은 2011.3.7일의 민법개정 전의 최고권(催告權)에 해당한다.

수 있는 행위를 추인할 것인지 여부에 대한 확답을 촉구하고, 유예기간 내에 이에 대한 응답이 없으면 취소 또는 추인의 효과를 발생시키는 권리를 말한다.

확답촉구는 의사를 표명한다는 점에서 의사표시와 유사하다. 그러나 그에 대한 효과는 촉구자의 의사와는 상관없이 법률의 규정에 의하여 주어진다는 점에서 의사표시와 다르다. 확답촉구의 법적 성질은 준법률해위의 하나인 의사의 통지이며 형성권의 일종이다(통설).

2) 확답촉구의 요건

제한능력자의 상대방이 확답촉구권을 행사하기 위해서는, ① 문제의 취소할 수 있는 행위를 적시하고, ② 1개월 이상의 유예기간을 정하여,[112] ③ 제한능력자가 능력자가 된 후에는 본인에게 그리고 아직 능력자로 되지 못한 경우에는 법정대리인에게, ④ 추인하겠는지 여부에 대한 확답을 구해야 한다(제15조 제1항).

3) 확답촉구의 상대방

확답촉구의 상대방은 확답촉구를 수령할 능력자이며(제112조 참조), 취소나 추인을 할 수 있는 자이어야 한다(제140조 · 제143조 참조). 따라서 제한능력자는 그가 능력자로 된 후에만 확답촉구의 상대방이 될 수 있고(제15조 제1항), 그가 아직 능력자로 되지 못한 경우에는 그의 법정대리인이 상대방이 된다(제15조 제2항). 확답촉구의 상대방이 아닌 자에 대한 확답촉구는 무효이다.

4) 확답촉구의 효과

확답촉구를 받은 자가 유예기간 내에 취소 또는 추인의 확답을 하면 각각 그에 따른 효과(법률행위는 취소할 수 없는 것으로 확정 또는 소급하여 무효)가 생긴다. 이는 취소 또는 추인의 의사표시의 효과이고 확답촉구 자체의 효과는 아니다. 확답촉구의 효과는 유예기간 내에 확답이 없는 경우에 발생한다.

제한능력자측에서 취소 또는 추인의 확답을 하지 않은 경우를 대비하여 민법은 다음의 규정을 두고 있다. ① 제한능력자가 능력자로 된 후에 확답촉구를 받고 확답을 발송하지 않으면, 그 행위를 추인한 것으로 본다(제15조 제1항).[113] ② 법정

112) 만약 상대방이 유예기간을 1개월 미만으로 정하여 확답촉구를 했을 경우 확답촉구의 효력은 부인된다. 그 이유는 민법이 유예기간을 1개월 이상으로 정한 것은 최소한 1개월의 숙고기간을 보장해 줌으로써 제한능력자를 충분히 보호하기 위한 것이기 때문이다. 마찬가지로 유예기간을 정하지 않고 확답촉구를 한 경우에도 그 확답촉구는 무효이다.

대리인이 확답촉구를 받은 후 확답을 발하지 않으면, 법정대리인이 단독으로 추인할 수 있는 경우에는 추인한 것으로 보고(제15조 제2항), 친족회의 동의 등 특별한 절차[114]를 요하는 경우에는 그 행위를 취소한 것으로 본다(제15조 제3항).

(3) 상대방의 철회권과 거절권

1) 제도의 취지

제한능력자의 상대방에게 확답촉구권이 있더라도 1월 이상의 유예기간이 필요하고 취소할 수 있는 행위의 효력은 제한능력자측의 확답에 의하여 좌우되므로, 상대방이 적극적으로 행위의 효력발생을 원하지 않는 경우에는 전혀 유용하지 않다. 이에 민법은 상대방이 제한능력자와 한 행위의 효력발생을 적극적으로 부인하여 법적 구속으로부터 벗어날 수 있도록 하기 위하여 상대방에게 계약에 대한 철회권과 단독행위에 대한 거절권을 인정하고 있다. 철회권은 계약에 관한 것이고, 거절권은 단독행위에 관한 것이다.

2) 계약의 철회권

제한능력자와 체결한 계약은 제한능력자 쪽에서 추인하기 전에는 상대방이 그의 의사표시를 철회할 수 있다(제16조 제1항 본문). 그러나 상대방이 계약 당시에 제한능력자임을 알았을 때에는 철회권이 인정되지 않는다(제16조 제1항 단서). 철회는 확답촉구와는 달리 제한능력자의 법정대리인에 대하여 뿐만 아니라 수령능력 없는 제한능력자 본인에 대하여도 할 수 있다(제16조 제3항).

상대방의 철회가 있으면 계약이 처음부터 성립하지 않았던 것으로 된다. 따라서 제한능력자 측에서 추인을 하지 못한다. 그 계약에 기하여 이미 이행이 된 경

---

113) 민법상 도달주의 원칙(제111조 참조)의 예외규정이다. 즉 확답촉구를 받은 상대방은 유예기간 내에 확답을 발송하면 되고, 그것이 유예기간 내에 도달할 필요는 없다. 그런데 확답이 유예기간 내에 발송되었으나 상대방에게 도달되지 않은 경우에 확답촉구의 효과는 어찌되는가? 여기에 대한 견해가 나누어지고 있다. 통지의 발송이 없었던 경우와 동일하게 다루어야 한다는 견해(김주수, 165면)와, 제한능력자의 확답의 발송에 대하여 증명된 경우에는 제한능력자보호를 위하여, 그리고 상대방을 크게 불이익하게 하게 하지도 않기 때문에 확답에 따른 효과가 생긴다고 보는 견해(지원림, 87면; 송덕수, 218면 이하)가 있다.

114) 이 특별한 절차가 필요한 행위라는 것은 법정대리인인 후견인이 제950조 제1항에 열거된 법률행위에 관하여 추인하는 경우이다. 이때에는 후견감독인이 있으면 그의 동의를 받아야 한다(제950조 제1항 및 제956조의 6 참조).

우에는 계약의 취소에 준하여 처리하여야 한다(제141조 단서 참조).

3) 단독행위의 거절권

제한능력자의 단독행위에 대하여서는 역시 제한능력자 측의 추인이 있기 이전에 상대방이 거절할 수 있다(제16조 제2항). 의사표시를 수령할 때 이미 제한능력자임을 알고 있었더라도 거절할 수 있다고 보는 것이 통설이다. 상대방의 거절이 있으면 단독행위는 무효로 된다. 이 경우에도 제한능력자의 법정대리인 외에 제한능력자 본인에 대하여도 거절할 수 있다(제16조 제3항).

여기서의 단독행위는 성질상 당연히 채무면제 · 상계와 같은 상대방 있는 것에 국한된다.

(4) 취소권의 배제

1) 제도의 취지

제한능력자가 상대방으로 하여금 자기를 능력자로 믿게 하려고 하거나, 법정대리인의 동의가 있는 것으로 믿게 하려고 속임수를 쓴 경우에는 제한능력자를 보호할 필요가 없어 제한능력자 측의 취소권을 박탈하고 있다.

제한능력자가 속임수를 쓴 경우에 제한능력자의 상대방은 사기를 이유로 의사표시를 취소하거나(제110조), 불법행위에 의한 손해배상(제750조)을 청구할 수도 있다. 그러나 이러한 방법으로는 상대방이 그 행위 본래의 효과를 거둘 수 없어서 상대방보호에 충분하지 않다. 이에 민법은 상대방이 본래 의도하였던 행위의 효과를 얻을 수 있도록 하기 위하여 속임수를 쓴 제한능력자의 취소권 자체를 박탈하고 있다(제17조).

2) 요 건

① **제한능력자가 자신을 능력자로 믿게 하려고 하였거나**(제17조 제1항), **법정대리인의 동의가 있는 것으로 믿게 하려고 하였어야 한다**(제17조 제2항). 전자의 경우에는 모든 제한능력자가 포함되나, 후자의 경우에는 피성년후견인이 포함되지 않는다. 왜냐하면 피성년후견인은 원칙적으로 법정대리인의 동의가 있어도 단독으로 유효한 법률행위를 하지 못하기 때문이다.

② **제한능력자가 속임수를 썼어야 한다.** 속임수가 적극적인 것이어야 하는지에 관하여는 견해가 대립하고 있다.

㉠ **적극설** 제한능력자가 상대방으로 하여금 자신이 능력자임을 믿게 하기 위하여 가족관계등록부를 변조하거나 법정대리인의 동의서를 위조하는 것처럼 적극적으로 속임수를 쓰는 경우와 같은 적극적인 기망수단이 그에 해당한다고 한다. 그리고 단순히 자기가 능력자라고 칭하는 것만으로는 속임수가 아니라고 하는 입장으로서 소수설[115]이며 판례[116]의 입장으로서 제한능력자의 보호의 입법취지를 살리는 견해이다.

㉡ **소극설** 속임수의 의미를 넓게 해석하여 적극적으로 부정한 방법을 쓰는 경우는 물론이고, 타인을 잘못 믿게 할 목적으로 보통사람을 오신케 할 만한 방법으로 오신을 유발하게 하거나 오신을 강하게 하는 것도 포함하며, 경우에 따라서는 단순히 자기가 능력자라고 말하거나 단순한 침묵도 속임수에 해당한다고 보는 입장으로서 다수설이며 상대방의 보호 및 거래의 안전을 보다 중요시하는 견해이다.

㉢ **사 견** 상황에 따라서는 단순한 침묵이나 묵비도 강력한 속임수가 될 수 있기 때문에 속임수가 반드시 적극적인 것이어야 할 필요가 없다는 점에서 다수설이 타당하다고 본다. 그러나 주의해야 할 것은 거래안전만을 고려하여 속임수를 넓게 인정한다면 제한능력자보호라는 원래의 입법취지를 무력하게 하는 것이어서 이 또한 비판의 여지가 있다. 따라서 구체적이며 개별적인 사안을 검토하고 제반사정을 고려하여 적극적인 속임수가 없었더라도 취소권을 배제함이 적절한 경우에는 소임수의 요건을 갖춘 것으로 보아야 할 것이다.

③ 제한능력자의 속임수에 의하여 상대방이 그 제한능력자를 능력자라고 믿었거나 법정대리인의 동의(또는 허락)**가 있다고 믿었어야 한다.**

④ 상대방이 그러한 오신에 근거하여 제한능력자와 법률행위를 하였어야 한다.

3) 효 과

제한능력자는 물론 그의 법정대리인이나 그 밖의 취소권자도 제한능력을 이유

115) 이은영, 184면.

116) **대판** 1971.12.14, 71**다**2045 "가. 본조에 이른바 "무능력자가 사술로써 능력자로 믿게 한 때"에 있어서의 사술을 쓴 것이라 함은 적극적으로 사기수단을 쓴 것을 말하는 것이고 단순히 자기가 능력자라 사언함은 사술을 쓴 것이라고 할 수 없다. 나. 미성년자와 계약을 체결한 상대방이 미성년자의 취소권을 배제하기 위하여 본조 소정의 미성년자가 사술을 썼다고 주장하는 때에는 그 주장자인 상대방 측에 그에 대한 입증책임이 있다."

로 그 법률행위를 취소하지 못한다(제17조 제1항 · 제2항). 이러한 경우까지 제한능력자를 보호할 필요가 없기 때문이다.

제2관 주 소

Ⅰ. 서 설

1. 사람과 장소와의 관계

사람의 사회적 활동은 특정의 장소를 중심으로 하여서 이루어지므로 법률생활의 안정을 위하여서는 일상생활에 있어서 생겨나는 법률관계에 관하여 어느 정도의 고정적인 장소적 중심을 정하는 것이 필요해진다. 이러한 요구에 부응하여 민법은 모든 사람에게 공통적으로 문제되는 장소에 관하여 주소와 거소에 관하여만 일반적으로 규정하고 있다.

2. 주소에 관한 입법주의

(1) 형식주의와 실질주의

주소를 정하는 표준에 관하여 입법주의는 형식주의(형식적 표준에 의하여 주소를 획일적으로 정하는 입법주의)와 실질주의(생활의 실질적 관계에 의하여 주소를 정하는 입법주의)로 나누어진다.

(2) 의사주의와 객관주의

주소 결정과 관련하여 의사주의(주소를 정함에 있어 정주(定住)의 사실 외에 정주의 의사를 요건으로 하는 입법주의)로 독일 · 프랑스 · 스위스 민법에서 취하고 있다. 그리고 객관주의(주소를 정함에 있어 정주의 사실만을 요건으로 하는 입법주의)로 우리 민법에서 취하고 있다.

(3) 단일주의와 복수주의

주소의 개수와 관련하여 단일주의(주소를 하나만 인정하는 입법주의)와 복수주의(복수의 주소를 인정하는 입법주의)가 있다.

Ⅱ. 민법상 주소

1. 주소의 의의

주소는 사람의 생활의 근거가 되는 곳이다(제18조 제1항). 생활의 근거가 되는 곳이란 사람의 생활관계의 중심적 장소를 말한다. 그것은 등록기준지일 수도 있고, 주민등록지일 수도 있다. 그러나 등록기준지는 가족관계의 등록 등에 관한 법률상의 개념이고, 주민등록지는 주민등록법상의 개념일 뿐, 민법상의 주소지와는 다른 개념이다.[117] 다만, 주민등록지는 주소로 인정될 수 있는 중요한 자료가 되며, 반증이 없는 한 주소로 추정될 수 있다. 주소는 자연인뿐만 아니라 법인에서도 문제가 된다(제36조). 법인의 주소가 그것의 법률관계에 영향을 미치는 경우도 자주 있다. 우리 민법은 주소와 관련하여 실질주의 · 객관주의 · 복수주의를 취하고 있다.

2. 주소의 법률상의 효과

주소가 법률관계에 영향을 주는 사항 가운데 중요한 것을 들어보면 다음과 같다.

(1) 민법이 규정하고 있는 사항

1) 부재 및 실종의 표준(제22조 · 제27조)

2) 변제의 장소(제467조 제2항)

3) 상속개시의 장소(제998조)

---

117) • 등록기준지 : 원래 친족법상의 가(家)의 소재지를 호적(戶籍)이라 하고, 호적을 가(家)의 구성원인 호주(戶主)와 가족(家族)의 입장에서 본적(本籍)이라 하였다. 그러나 2005.3.31.의 민법 개정(2008.1.1. 시행)으로 家 제도가 폐지되었고, 아울러 本籍 개념도 사라지게 되었다. 그리고 본적 대신에 「등록기준지」 개념을 신설하여 2008년부터 사용하고 있다(가족 제9조 제2항 · 제10조). 그런데 이 등록기준지는 재외국민 등록사무의 처리지, 가족관계등록부의 검색, 비송사건의 관할법원의 결정 등의 기능을 위한 것이며 재산관계에서는 거의 의미가 없다.

• 주민등록지 : 30일 이상 거주할 목적으로 일정한 장소에 주소 또는 거소를 가진 자(주민)가 주민등록법에 의하여 등록한 장소이다(주민등록법 제6조 · 제10조). 주민등록지는 공법상의 개념으로 민법상의 주소와 다르나, 반증이 없는 한 주소로 추정된다.

(2) 민법 이외의 법률이 규정하고 있는 사항

1) 어음행위의 장소(어음법 제2조 · 제4조 · 제21조 · 제22조 · 제27조 · 제76조, 수표법 제8조)

2) 재판관할의 표준(민소 제3조 · 가소 제13조 · 제22조 · 제26조 · 제30조 · 제44조 · 제46조, 비송법 제2조 · 제39조, 채무자회생법 제3조)

3) 민사소송법상의 부가기간(민소 제172조 제2항)

4) 국제사법상 준거법을 결정하는 표준(국제사법 제3조 제2항 · 제4조 · 제14조 · 제26조 제2항)

5) 귀화요건(국적법 제5조 · 제7조 제1항)

6) 주민등록 대상자의 요건(주민등록법 제6조 제1항)

Ⅲ. 거소 · 현재지 · 가주소

1. 거 소(居所)

거소는 사람이 다소의 기간 계속하여 거주하는 장소로서 그 장소와의 밀접한 정도가 주소보다 못한 장소를 말한다. 주소를 알 수 없을 때와 국내에 주소가 없는 자에 대하여는 각각 거소를 주소로 본다(제19조 · 제20조).

2. 현재지(現在地)

현재지는 장소와의 관계가 거소보다 엷은 곳을 말한다. 민법은 현재지에 대하여 특별한 법적 효과를 부여하고 있지 않으며, 민법 제19조와 제20조의 거소는 현재지를 포함하는 것으로 해석되고 있다.[118]

3. 가주소(假住所)

가주소는 당사자의 의사에 기하여 거래의 편의상 설정되는 것으로서, 당사자는 어떤 거래(행위)에 관하여 일정한 장소를 선정하여 가주소로 할 수 있으며, 이 때의 가주소는 그 거래관계에 있어서는 주소로서의 효과를 가진다(제21조). 이러

118) 그러나, 민소 제3조에서의 거소는 현재지를 제외하는 것으로 보고 있다.

한 가주소는 당사자의 의사에 의하여 거래의 편의상 설정된 것이고 생활의 실질과는 관계가 없으므로 엄격한 의미에서는 주소가 아니다.

제3관 부재와 실종

Ⅰ. 부재와 실종에 관한 민법의 태도

종전의 주소나 거소를 떠나 쉽사리 돌아올 가능성이 없는 자(부재자)가 있을 때에는 그의 잔여재산이나 그 배우자 등의 이익을 보호하기 위하여 어떠한 조치를 강구할 필요가 있다. 그래서 민법은 제1단계조치로서 부재자가 생존하고 있는 것으로 추측하여 그의 재산을 관리해주면서 돌아오기를 기다리는 부재자의 재산관리제도를 두고, 이어서 제2단계의 조치로서 부재자의 생사불명상태가 오랫동안 계속되어 사망의 가능성이 높을 경우에는 그 자를 사망한 것으로 보고 법률관계를 확정 · 종결시키는 실종선고제도를 두고 있다.

Ⅱ. 부재자의 재산관리

1. 부재자의 의의

부재자란 종래의 주소나 거소를 떠나 용이하게 돌아올 가능성이 없어서 종래의 주소나 거소에 있는 그의 재산을 관리할 필요가 있는 자를 말한다. 예컨대 납북어부나 집을 나가 오랜 동안 소식을 알 수 없는 자 등은 부재자라 할 것이다. 그러나 유학생은 일반적으로 부재자가 아니다.[119]

부재자는 생사가 불분명할 필요는 없다. 생존이 분명한 자도 부재자일 수 있고, 생사가 불분명한 자도 실종선고를 받을 때까지는 부재자이다. 부재자는 자연인에 한하며 부재자가 제한능력자이어서 법률상 당연히 그의 재산을 관리할 법정대리인이 있는 경우에는 부재자에 관한 규정이 적용될 여지가 없다. 부재자의 재산관리는 가정법원의 전속관할 사항이다(가소 제2조 제1항 제2호 가목 2) · 제44조 제2호). 부재자의 재산관리에 관한 규정은 친족 · 상속법상의 재산관리에 준용된다(제

119) 대판 1960.4.21, 4292민상252 참조.

918조 · 제1023조 · 제1044조 · 제1047조 · 제1053조 등).

2. 부재자의 재산관리

민법은 부재자가 스스로 재산관리인을 둔 경우(또는 부재자에게 법정대리인이 있는 경우)와 재산관리인을 두지 않은 경우로 구분하여, 전자의 경우에는 본인의 의사를 존중하여 부득이한 경우에만 법원이 간섭하도록 하고, 후자의 경우에는 부재자의 재산관리에 법원이 전면적으로 관여하도록 하고 있다.

(1) 부재자가 재산관리인을 두지 않은 경우

1) 재산관리에 필요한 처분

부재자에게 재산관리인이 없는 경우에는 가정법원은 이해관계인이나 검사의 청구에 의하여 재산관리에 필요한 처분을 명하여야 한다(제22조 제1항 제1문).

이해관계인이란 부재자의 재산관리에 법률상 이해관계를 가지는 자로서 배우자 · 추정상속인 · 채권자 · 보증인 · 부양청구권자 등이 이에 해당한다. 검사를 청구권자로 한 것은 공익에 관한 사항이기 때문이다.

재산관리에 필요한 처분은 재산관리인의 선임(가소규 제41조), 경매에 의한 재산의 매각(가소규 제49조) 등이 있으나, 대표적인 것은 재산관리인의 선임이다. 민법과 가사소송규칙은 이에 관한 자세한 규정을 두고 있다(민법 제23조 내지 제26조, 가소규 제41조 내지 46조).

2) 재산관리인

① 지 위 이해관계인이나 검사의 청구에 의하여 법원이 선임한 재산관리인은 성질상 부재자의 법정대리인으로서의 지위를 가진다. 재산관리인은 언제든지 사임할 수 있다(가소규 제42조 제2항). 법원도 법원의 자유재량에 따라 재산관리인을 개임(바꿈)할 수 있다(가소규 제42조 제1항).[120]

② 권 한 재산관리인은 법원의 명령이 없는 경우에는 부재자의 재산에

---

120) **대판** 1986.8.28, 86스1 "부재자 재산관리인의 선임이나 해임이 법원의 재량행위라 하더라도 부재자 재산관리제도의 취지에 비추어 부재자들과 그 재산의 공유관계에 있는 기히 선임된 재산관리인에 대하여 그 부적성을 나타내주는 사유가 있다는 등 재산관리인을 바꾸어야 할 상황에 있다고 볼만한 특별한 사정이 엿보이지 않음에도 불구하고 별다른 조사과정도 없이 쉽사리 그 재산관리인을 개임한 것은 재량권을 매우 벗어난 것으로 위법하다."

관하여 제118조가 정하는 관리행위를 자유롭게 할 수 있으나, 재산의 처분과 같은 행위를 하려면 가정법원의 허가를 얻어야 한다(제25조 제1문).[121] 법원의 허가 없이 한 부재자의 재산처분행위는 무효이다.[122] 관리인은 그의 선임결정이 취소되지 않는 한, 설사 부재자에 대한 실종선고기간이 만료되거나 또는 부재자의 사망이 확인된 후에도 소멸하지 않는다.[123]

---

121) 가정법원의 허가 없이 관리행위를 할 수 있는 경우로, 소유권이전등기 말소등기절차 이행청구나 인도청구(대판 1964.7.23, 64다108), 부재자 재산에 대한 소송상의 보존행위를 하기 위하여 한 소송행위의 추완신청(대판 1960.9.8, 4292민상885), 부재자 재산에 대한 임료청구 또는 불법행위로 인한 손해배상청구(대결 1957.10.14, 4290민재상104) 등이 있다. 한 편 가정법원의 허가가 있어야 할 수 있는 경우로, 부재자 재산의 처분(대판 1970.1.27, 69다1820), 재판상 화해[대판 1968.4.30, 67다2117, 그러나 부재자의 권리 보존에 전적으로 이익이 되는 재판상 화해는 허가가 필요하지 않다고 한다(대판 1962.11.1, 62다582)] 등이 있다.

122) **대판** 1977.3.22, 76**다**1437 "부재자가 6.25사변 전부터 가사 일체와 재산의 관리 및 처분의 권한을 그 모(母)인 "갑"에 위임하였다 가정하더라도 "갑"이 부재자의 실종 후 법원에 신청하여 동 부재자의 재산관리인으로 선임된 경우에는 부재자의 생사가 분명하지 아니하여 민법 제23조의 규정에 의한 개임이라고 보지 못할 바 아니므로 이때부터 부재자의 위임에 의한 "갑"의 재산관리 처분권한은 종료되었다고 봄이 상당하고, 따라서 그 후 "갑"의 부재자 재산처분에 있어서는 민법 제25조에 따른 권한 초과 행위 허가를 받아야 하며 그 허가를 받지 아니하고 한 부재자의 재산매각은 무효이다."; 그러나 법원의 허가 없이 처분행위를 한 후에 법원의 허가를 얻고서 추인을 한 경우에는 앞의 허가 없이 한 처분행위는 추인으로 유효하게 된다고 한다.; **대판** 1982.12.14, 80**다**1872 · 1873 "가. 부재자의 모가 적법한 권한 없이 원고와 사이에 부재자소유 부동산에 관한 매매계약을 체결하였으나, 그 후 소외 (갑)이 부재자의 재산관리인으로 선임된 후에 위 매매계약에 기한 소유권이전등기를 위하여 자기의 인감증명서를 원고에게 교부하였다면 위 매매계약을 추인한 것으로 볼 것이다. 나. 부재자의 재산관리인에 의한 부재자소유 부동산매각행위의 추인행위가 법원의 허가를 얻기 전이어서 권한 없이 행하여진 것이라고 하더라도, 법원의 재산관리인의 초과행위 결정의 효력은 그 허가받은 재산에 대한 장래의 처분행위뿐만 아니라 기왕의 처분행위를 추인하는 행위로도 할 수 있는 것이므로 그 후 법원의 허가를 얻어 소유권이전등기절차를 경료케 한 행위에 의하여 종전에 권한 없이 한 처분행위를 추인한 것이라 할 것이다."; **대판** 2002.1.11, 2001**다**41971 "부재자 재산관리인의 부재자 소유 부동산에 대한 매매계약에 관하여 부재자 재산관리인이 권한을 초과하여서 체결한 것으로 법원의 허가를 받지 아니하여 무효라는 이유로 소유권이전등기절차의 이행 청구가 기각되어 확정되었다고 하더라도, 패소판결의 확정 후에 위 권한초과행위에 대하여 법원의 허가를 받게 되면 다시 위 매매계약에 기한 소유권이전등기청구의 소를 제기할 수 있다."

123) **대판** 1981.7.28, 80**다**2668 "부재자 재산관리인으로서 권한초과행위의 허가를 받고 그 선임결정이 취소되기 전에 위 권한에 의하여 이루어진 행위는 부재자에 대한 실종선고기간이 만료된 뒤에 이루어졌다고 하더라도 유효하다."; **대판** 1991.11.26, 91**다**11810 "사망한 것으로 간주된 자가 그 이전에 생사불명의 부재자로서 그 재산관리에 관하여 법원으로부터 재산관리인이 선임되어 있었다면 재산관리인은 그 부재자의 사망을 확인했다고 하더라도 선임결정이 취소되지 아니하는 한 계속하여 권한을 행사할 수 있다 할 것이므로 재산관리

③ **권리와 의무** 관리인은 보수청구권이 있다(제26조 제2항). 즉 가정법원은 관리인에게 부재자의 재산에서 상당한 보수를 지급할 수 있다.[124] 그리고 관리인은 재산관리를 위하여 지출한 필요비와 그 이자, 과실 없이 받은 손해의 배상 등을 청구할 수 있다(제688조 · 제24조 제4항 참조).

한편 관리인은 선량한 관리자의 주의로써 직무를 처리하여야 한다(제681조 참조). 따라서 관리인은 수임인과 동일한 지위에 있게 되며 관리인은 관리할 재산의 목록을 작성하고(제24조 제1항, 가소규 제47조 · 제48조 참조), 부재자의 재산의 보존을 위하여 가정법원이 명하는 처분을 수행(제24조 제2항, 가소규 제44조 제1항 참조)하며, 법원이 명하는 담보를 제공(제26조 제1항, 가소규 제45조 · 제46조 참조)해야 할 의무를 진다.

3) 재산관리의 종료

부재자가 후에 재산관리인을 정한 경우에는 법원은 부재자 본인 · 재산관리인 · 이해관계인 또는 검사의 청구에 의하여 처분에 관한 명령을 취소하여야 한다(제22조 제2항). 그리고 부재자가 스스로 재산관리를 할 수 있게 되었을 경우 또는 부재자의 사망이 분명하거나 실종선고가 있는 경우에는 부재자 본인 또는 이해관계인의 청구에 의하여 그 명한 처분을 취소하여야 한다(가소규 제50조).

가정법원의 처분명령 취소는 장래에 향하여만 효력이 생기며 소급하지 않는다.[125]

인에 대한 선임결정이 취소되기 전에 재산관리인의 처분행위에 기하여 경료된 등기는 법원의 처분허가 등 모든 절차를 거쳐 적법하게 경료된 것으로 추정된다."; 그러나 소송 중에 실종선고가 내려진 경우 또는 사망한 경우에는 재산관리인은 그의 지위를 잃는다; **대판** 1987.3.24, 85**다카**1151 "부재자의 재산관리인에 의하여 소송절차가 진행되던중 부재자 본인에 대한 실종선고가 확정되면 그 재산관리인으로서의 지위는 종료되는 것이므로 상속인등에 의한 적법한 소송수계가 있을 때까지는 소송절차가 중단된다."

124) **대결** 1971.2.26, 71**스**3 "가사심판법 제2조 제1항1, 갑류 나 및 가사심판규칙 제32조에 의하여 민법 제26조 제2항에서 말하는 법원이라 함은 가정법원을 지칭한다 할 것이므로 가정법원이 선임한 부재자재산관리인에 대한 보수는 그 가정법원이 부재자의 재산으로 상당한 보수를 지급할 수 있다고 보아야 한다."

125) **대판** 1970.1.27, 69**다**719 "법원에 의하여 일단 부재자의 재산관리인 선임결정이 있었던 이상, 가령 부재자가 그 이전에 사망하였음이 위 결정 후에 확실하여졌다 하더라도 법에 정하여진 절차에 의하여 결정이 취소되지 않는 한 선임된 부재자재산관리인의 권한이 당연히는 소멸되지 아니한다 함이 당원의 판례로 하는 견해이며 위 결정 이후에 이르러 취소된 경우에도 그 취소의 효력은 장래에 향하여서만 생기는 것이며 그간의 그 부재자재산관리인의 적법한 권한행사의 효과는 이미 사망한 그 부재자의 재산상속인에게 미친다

(2) 부재자가 재산관리인을 둔 경우

1) 원 칙

부재자가 재산관리인을 둔 경우는 원칙적으로 법원은 부재자의 재산관리에 간섭하지 않는다. 이 경우의 재산관리인은 수임인이자 임의대리인으로서 관리인의 권한과 관리의 방법 등은 부재자와 재산관리인 사이의 계약에 의하여 결정된다(제680조 이하). 관리인에게 재산처분권까지 위임된 경우에는 그 관리인이 그 재산을 처분함에 있어서 법원의 허가를 받을 필요도 없다.[126] 만약 권한이 계약으로 정해지지 않은 때에는 제118조가 적용된다.

2) 예 외 - 법원이 개입하는 경우

다음 두 경우에는 예외적으로 법원이 간섭을 하는 것으로 하고 있다.

첫째, 재산관리인의 권한이 본인의 부재 중 소멸한 경우에는 처음부터 관리인을 두지 않은 것과 동일하게 법원이 개입한다(제22조 제1항 제2문).

둘째, 부재자의 생사가 불명한 경우에는 가정법원은 재산관리인 · 이해관계인 또는 검사의 청구에 의하여 재산관리인을 개임하거나, 개임하지 않고 감독만 할 수 있다(제23조, 가소규 제41조).

관리인을 교체하는 경우의 관리인의 권한 · 관리방법 등은 본인이 관리인을 두지 않은 때와 같다. 관리인을 그대로 두고 감독만 하는 경우에 가정법원은 관리인에게 재산목록의 작성 · 재산보존에 필요한 처분을 명할 수 있고(제24조 제3항, 가소규 제47조 · 제48조 · 제44조), 관리인이 권한을 넘는 행위를 할 때 허가를 주고(제25조 2문), 상당한 담보를 제공하게 할 수 있으며(제26조 제3항), 또한 부재자의 재산에서 상당한 보수를 지급할 수 있다(제26조 제3항).[127]

할 것이다."; **대판** 1960.2.4, 4291**민상**636 "부재자재산관리인이 권한초과처분허가를 얻어 부동산을 매매한 후 그 허가결정이 취소되었다 할지라도 위 매매행위 당시는 그 권한초과처분허가처분이 유효한 것이고 그 후에 한 동 취소결정이 소급하여 효력을 발생하는 것이 아니다."

126) **대판** 1973.7.24, 72**다**2136 "부재자로부터 재산처분권까지 위임받은 재산관리인은 그 재산을 처분함에 있어 법원의 허가를 요하는 것은 아니다."

127) **대판** 1977.3.22, 76**다**1437 "부재자가 6.25사변 전부터 가사 일체와 재산의 관리 및 처분의 권한을 그 모인 "갑"에 위임하였다 가정하더라도 "갑"이 부재자의 실종 후 법원에 신청하여 동 부재자의 재산관리인으로 선임된 경우에는 부재자의 생사가 분명하지 아니하여 민법

Ⅲ. 실종선고

1. 의 의

종래의 주소를 떠나 그 생사를 알 수 없는 사람을 사망의 증명이 없다고 하여 언제까지나 살아있는 것으로 다룬다면 상속이 되지 않고 남아있는 배우자는 재혼하지 못하게 된다. 이러한 불이익을 제거하기 위하여, 부재자의 생사불명상태가 일정기간 계속되어 사망의 개연성은 크나 사망의 확증이 없는 경우에, 일정한 요건 하에서 법원의 선고에 의하여 일정 시기를 기준으로 하여 사망과 동일한 법률효과를 생기게 하는 제도가 실종선고이다.

2. 실종선고의 요건

다음의 네 가지 요건이 갖추어지면 법원은 반드시 실종선고를 하여야 한다(제27조 제1항). 이 실종선고도 부재자의 재산관리와 마찬가지로 가정법원의 전속관할에 속한다(가소 제2조 제1항 제2호 가목 3)·제44조 제1호).

(1) 부재자의 생사불명

부재자의 생사가 일정기간 불분명하여야 한다. 생사가 불분명하다는 것은 부재자에 대하여 생존의 증명도, 사망의 증명도 할 수 없는 상태를 말한다. 생사의 불명은 모든 사람에게 절대적으로 불명이어야 하는 것은 아니며, 실종선고 청구권자와 법원이 부재사의 생사에 대하여 분명하지 못하면 된다.[128)]

제23조의 규정에 의한 개입이라고 보지 못할 바 아니므로 이때부터 부재자의 위임에 의한 "갑"의 재산관리 처분권한은 종료되었다고 봄이 상당하고, 따라서 그 후 "갑"의 부재자 재산처분에 있어서는 민법 제25조에 따른 권한 초과 행위 허가를 받아야 하며 그 허가를 받지 아니하고 한 부재자의 재산매각은 무효이다."

128) **대결** 1997.11.27, 97스4 "호적부의 기재사항은 이를 번복할 만한 명백한 반증이 없는 한 진실에 부합하는 것으로 추정되고, 특히 호적부의 사망기재는 쉽게 번복할 수 있게 해서는 안 되며, 그 기재내용을 뒤집기 위해서는 사망신고 당시에 첨부된 서류들이 위조 또는 허위조작된 문서임이 증명되거나 신고인이 공정증서원본불실기재죄로 처단되었거나 또는 사망으로 기재된 본인이 현재 생존해 있다는 사실이 증명되고 있을 때, 또는 이에 준하는 사유가 있을 때 등에 한해서 호적상의 사망기재의 추정력을 뒤집을 수 있을 뿐이고, 그러한 정도에 미치지 못한 경우에는 그 추정력을 깰 수 없다 할 것이므로, 호적상 이미 사망한 것으로 기재되어 있는 자는 그 호적상 사망기재의 추정력을 뒤집을 수 있는 자료가 없는 한 그 생사가 불분명한 자라고 볼 수 없어 실종선고를 할 수 없다."

(2) 실종기간의 경과

생사불명이 일정기간 계속되어야 하는데, 이를 실종기간이라 한다. 즉 실종기간이 경과한 후에 비로소 청구할 수 있다. 그 기간은 실종이 보통실종인가 특별실종인가에 따라 다르다.

1) 보통실종의 경우 실종기간은 5년이다(제27조 제1항). 그 기간의 기산점은 부재자의 생존을 증명할 수 있는 최후의 시점이다.

2) 특별실종의 경우 사망의 가능성이 매우 높은 재난으로 인한 실종이다. 민법상 특별실종기간은 1년이다. 민법은 특별실종으로 전쟁실종(전지에 임한 자), 선박실종(침몰한 선박 중에 있던 자), 항공기실종(항공기실종), 기타 위난실종(기타 사망의 원인이 될 위난을 당한 자)의 네 가지를 규정하고 있는데, 각각의 실종기간의 기산점은 전쟁실종의 경우에는 전쟁이 종지된 때(사실상 전쟁이 끝난 때, 즉 항복선언 또는 정전 · 휴전선언이 있는 때),[129] 선박실종의 경우에는 선박이 침몰한 때, 항공기실종의 경우에는 항공기가 추락한 때, 기타 위난실종의 경우에는 위난이 종료한 때이다(제27조 제2항).[130]

(3) 이해관계인이나 검사의 청구

실종선고는 이해관계인(부재자의 배우자 · 추정상속인 · 유증의 수증자 · 연금채무자 · 추정상속인의 채권자 · 법정대리인 · 부재자의 재산관리인 · 생명보험금 수취인 등과 같이 실종선고를 구하는데 법률상의 이해관계를 가지는 자)이나 검사로부터 실종선고의 청구가 있어야 한다.[131]

---

129) 전쟁실종은 전쟁에 참가한 군인에 대하여만 인정되는 것은 아니다. 즉 우편 · 운송 · 간호 · 의료를 위하여 전쟁터에 있었던 자, 군인을 위한 목사 · 승려, 취재 등을 위하여 전쟁터에 간 종군기자 · 화가 · 사진사 등에 대하여도 전쟁실종이 인정될 수 있고, 단순히 전쟁터에 있었던 일반인은 전쟁실종의 대상이라고 할 수 없다(송덕수, 581면/ 반대 : 김학동, 146면; 백태승, 184면 ; 이영준, 892면 ; 이은영, 197면)

130) 여기의 「위난」에는 제27조에 열거된 4 가지 이외에 모든 특별실종을 포괄한다. 즉 지진 · 화재 · 홍수 · 산사태 · 눈사태 · 폭동 · 화산폭발 등 모든 재난이 여기에 해당한다. ; **대결 2011.1.31, 2010스165** "민법 제27조의 문언이나 규정의 체계 및 취지 등에 비추어, 그 제2항에서 정하는 "사망의 원인이 될 위난"이라고 함은 화재 · 홍수 · 지진 · 화산 폭발 등과 같이 일반적 · 객관적으로 사람의 생명에 명백한 위험을 야기하여 사망의 결과를 발생시킬 가능성이 현저히 높은 외부적 사태 또는 상황을 가리킨다."

131) 여기의 이해관계인은 사실상 이해관계를 가지는 자는 해당되지 않는다. 즉 추정상속인이

(4) 공시최고

실종선고의 청구를 받은 가정법원은 위의 세 요건을 갖추면 6월 이상의 기간을 정하여 그 기간 내에 부재자 본인이나 부재자의 생사를 아는 자에 대하여 신고하도록 공시최고를 하고(가소규 제53조·제54조·제55조·제26조), 공시최고 기간이 지나도록 신고가 없을 때에 비로소 실종선고를 하게 된다.

3. 실종선고의 효과

실종선고가 있게 되면 실종선고를 받은자(실종자)는 실종기간이 만료한 때에 사망한 것으로 본다(제28조).

(1) 사망으로 간주

실종선고를 받은 자는 사망한 것으로 보기 때문에 상속이 개시되고, 배우자는 재혼할 수 있게 된다. 실종선고는 제3자에 대하여도 절대적인 효력이 생기고, 본인의 생존 기타의 반증을 들어 선고의 효과를 다투지 못하며, 선고의 효과를 뒤집으려면 실종선고를 취소하여야 한다.[132)]

(2) 사망으로 보는 시기

실종자는 실종기간의 만료 시에 사망한 것으로 본다(제28조). 따라서 실종선고의 청구시기에 따라 사망시기가 달라질 우려가 없다는 장점이 있는 반면, 사망시

아닌 친족·추정상속인의 내연의 처·부재자의 친구나 이웃·부재자의 채권자 또는 채무자 등은 여기의 이해관계인이 아니다.; **대결** 1980.9.8, 80스27 "본조 소정의 실종선고를 청구할 수 있는 이해관계인이라 함은 법률상뿐만 아니라 경제적, 신분적 이해관계인이어야 할 것이므로 부재자의 제1순위 재산상속인이 있는 경우에 제4순위의 재산상속인은 위 부재자에 대한 실종선고를 청구할 이해관계인이 될 수 없다."; **대결** 1992.4.14, 92스4·5·6 "가. 부재자에 대하여 실종선고를 청구할 수 있는 이해관계인은 그 실종선고로 인하여 일정한 권리를 얻고 의무를 면하는 등의 신분상 또는 재산상의 이해관계를 갖는 자에 한한다고 할 것이다. 나. 부재자의 종손자로서, 부재자가 사망할 경우 제1순위의 상속인이 따로 있어 제2순위의 상속인에 불과한 청구인은 특별한 사정이 없는 한 위 부재자에 대하여 실종선고를 청구할 수 있는 신분상 또는 경제상의 이해관계를 가진 자라고 할 수 없다."; 부재자의 처와 딸이 있는 경우에 부재자의 친형은 이해관계인이 아니다(대결 1961.12.19, 4294민재항649).

132) **대판** 1995.2.17, 94다52751 "민법 제28조는 "실종선고를 받은 자는 민법 제27조 제1항 소정의 생사불명기간이 만료된 때에 사망한 것으로 본다."고 규정하고 있으므로 실종선고가 취소되지 않는 한 반증을 들어 실종선고의 효과를 다툴 수는 없다."

기가 실종선고 시부터 실종기간 만료 시까지 소급되므로 부재자와 거래한 제3자의 보호가 문제된다.[133)]

예컨대 A가 1985년 3월 1일에 행방불명이 되어, 1995년 7월 1일에 실종선고의 청구가 있었으며, 1996년 4월 1일에 실종선고가 있었다면, 실종기간은 1990년 3월 1일에 만료되므로, 3월 1일 밤 12시에 사망한 것으로 된다. 즉, 실종선고일은 1996년 4월 1일이라고 하더라도 실종자는 1990년 3월 1일의 종료와 동시에 사망한 것으로 된다.

(3) 사망의 효과가 생기는 범위

실종선고는 실종자의 종래의 주소 또는 거소를 중심으로 하는 실종기간 만료 시의 사법적 법률관계만을 종료케 할뿐 실종자의 권리능력을 박탈하는 것은 아니므로, 실종자가 살아 있는 동안 다른 주소지에서 맺은 법률관계나 살아서 돌아온 후의 법률관계 및 공법상의 법률관계[134)]에는 사망의 효과가 미치지 않는다.

---

133) **대판** 1982.9.14, **82다**144 "소외망인이 1951.7.2 사망하였으며, 그의 장남인 소외 (갑)은 1970.1.30 서울가정법원의 실종선고에 의하여 소외망인 사망 전인 1950.8.1생사 불명기간 만료로 사망 간주된 사실이 인정되는 사안에 있어서 소외 (갑)은 소외 망인의 사망이전에 사망한 것으로 간주되었으므로 소외망인의 재산상속인이 될 수 없다고 한 원심의 판단은 실종선고로 인하여 사망으로 간주되는 시기에 관하여 실종 기간 만료시기설을 취하는 우리 민법 하에서는 정당하다."; **대판** 1992.7.14, **92다**2455 " 실종선고의 효력이 발생하기 전에는 실종기간이 만료된 실종자라 하여도 소송상 당사자능력을 상실하는 것은 아니므로 실종선고 확정 전에는 실종기간이 만료된 실종자를 상대로 하여 제기된 소도 적법하고 실종자를 당사자로 하여 선고된 판결도 유효하며 그 판결이 확정되면 기판력도 발생한다고 할 것이고, 이처럼 판결이 유효하게 확정되어 기판력이 발생한 경우에는 그 판결이 해제조건부로 선고되었다는 등의 특별한 사정이 없는 한 그 효력이 유지되어 당사자로서는 그 판결이 재심이나 추완항소 등에 의하여 취소되지 않는 한 그 기판력에 반하는 주장을 할 수 없는 것이 원칙이라 할 것이며, 비록 실종자를 당사자로 한 판결이 확정된 후에 실종선고가 확정되어 그 사망간주의 시점이 소 제기 전으로 소급하는 경우에도 위 판결 자체가 소급하여 당사자능력이 없는 사망한 사람을 상대로 한 판결로서 무효가 된다고는 볼 수 없다."; **대판** 2008.6.26, 2007**다**11057 "부재자의 생사가 분명하지 아니한 경우, 부재자는 법원의 실종선고가 없는 한 사망자로 간주되지 아니하며, 부재자의 재산관리인이 부재자의 대리인으로서 소를 제기하여 그 소송계속 중에 부재자에 대한 실종선고가 확정되어 그 소 제기 이전에 부재자가 사망한 것으로 간주되는 경우에도, 실종선고의 효력이 발생하기 전에는 실종기간이 만료된 실종자라 하여도 소송상 당사자능력을 상실하는 것은 아니므로, 실종선고가 확정된 때에 소송절차가 중단되어 부재자의 상속인 등이 이를 수계할 수 있을 뿐이고, 위 소 제기 자체가 소급하여 당사자능력이 없는 사망한 자가 제기한 것으로 되는 것은 아니다(대법원 1983.2.22. 선고 82사18 판결, 대법원 1992.7.14. 선고 92다2455 판결 등 참조)."

134) 납세의무 · 허가받는 자격 · 피선거권 · 선거권 등 에는 사망의 효과가 미치지 않는다.

4. 실종선고의 취소

실종선고에 의하여 실종자는 사망한 것으로 간주되므로, 실종자의 생존 기타의 반증이 있어도 선고의 효과를 뒤집기위해서는 가정법원에서 실종선고의 취소가 있어야한다(제29조, 가소 제2조 제1항 제2호 가목 3)·제44조 제1호).

(1) 취소의 요건

1) 실질적 요건으로, ① 실종자가 생존하고 있는 사실(제29조 제1항 본문), ② 실종기간이 만료한 때와 다른 시기에 사망한 사실(제29조 제1항 본문), ③ 실종기간의 기산점 이후의 어떤 시기에 생존 하고 있었던 사실 중 어느 하나의 증명이 있어야 한다. 여기의 ③ 요건은 민법에 규정되어 있지 않으나 실종기간의 기산점이 달라져서 사망의제 시기가 달라지므로 상속관계 등에 영향을 미치기 때문에 이 경우에도 선고가 취소되어야 한다.

2) 절차상 요건으로, 본인·이해관계인 또는 검사의 청구가 있어야 한다(제29조 제1항 본문). 여기의 이해관계인도 법률상 이해관계인이다.[135]

3) 공시최고는 요건이 아니다.

4) 요건이 갖추어지면 가정법원은 반드시 실종선고취소를 하여야 한다(제29조

---

135) **대결 2008.8.28, 2008스20** "원심은, 구 민법(1958. 2. 22. 법률 제471호로 제정되어 1960. 1. 1. 시행된 것, 이하 구 민법이라고 한다) 부칙 제25조 제1항, 조선민사령(명치 45년 3. 18. 제령 제7호) 제11조에 의하여 구 민법 시행 전에 개시된 상속에 관하여는 관습에 의하고, 구 관습에 의하면 호주가 사망한 경우에 재산상속은 호주상속에 수반하여 호주상속의 순위에 따라 재산상속이 이루어지는데, 호주가 상속할 남자 없이 사망한 때에는 모(모), 처(처), 딸이 존비의 순서에 따라 사망한 호주의 사후양자가 선정될 때까지 일시 호주 및 재산상속을 하고, 그 후 여호주가 출가한 후 호주상속을 할 자가 없고 상당한 시간이 지나도록 사후양자가 선정되지도 않은 경우에는 구 가(가)는 절가(절가)되고 그 유산은 근친자에게 귀속된다고 전제한 다음, 청구인의 주장대로 이 사건 실종선고 사건본인으로서 호주인 사건본인이 1938. 3. 23. 사망하였다고 하더라도 그 당시 사건본인의 처인 온양 ○씨가 생존해 있었고 자식이 없었으므로 사건본인의 제1순위 상속인은 온양 ○씨라고 할 것이고, 온양 ○씨가 사건본인이 사망 전에 사건본인과 이혼을 하였다거나 사건본인의 사망 후에 재혼을 하였음을 인정할 증거가 없으므로, 사건본인의 조카로서 후순위 상속인에 불과한 청구인은 사건본인의 실종선고취소(원심판시의 '실종선고'는 '실종선고취소'의 오기로 보인다)를 청구할 이해관계인이 될 수 없다고 판단하여, 이 사건 실종선고취소청구를 각하한 제1심 결정을 그대로 유지하였다."

제1항 본문).

(2) 취소의 효과

1) 소급적 무효

실종선고가 취소되면 처음부터 실종선고가 없었던 것과 마찬가지의 효과가 생긴다. 즉 실종선고로 생긴 법률관계는 소급적으로 무효가 된다. 따라서 실종선고로 재산을 상속받은 자는 재산을 반환하여야 하며, 전혼은 부활한다.

즉 ① 실종자의 생존을 이유로 취소된 때에는 그의 가족관계와 재산관계는 선고 전의 상태로 회복하게 되고, ② 선고에 의한 사망시기와 다른 시기에 사망하였음을 이유로 취소된 때에는, 그 시점을 표준으로 하여 다시 사망에 기한 법률관계가 확정되며, ③ 실종기간 기산점 이후의 생존을 이유로 하는 경우에는, 역시 일단 선고 전의 상태로 회복하고, 만일에 이해관계인이 원하면 다시 새로운 실종선고를 청구할 수 있다.

2) 소급효의 제한

실종선고를 원인으로 하여 이미 생긴 법률행위를 일률적으로 무효로 한다면 실종선고를 신뢰한 선의의 상속인, 배우자 등에게는 뜻하지 않는 손해를 줄 우려가 있다. 그래서 민법은 일정한 경우에는 실종선고의 취소의 소급효를 제한하고 있다.

① 실종선고 후 그 취소 전에 선의로 한 행위의 효력에 영향을 미치지 않는다(제29조 제1항 단서). 예를 들면, 선의로 한 상속인의 상속재산 처분행위나 남은 배우자의 재혼 등은 실종선고가 취소되어도 그대로 유효하다. 이는 실종선고를 믿고 행위를 한 배우자 · 상속인 · 기타 이해관계인으로 하여금 예측하지 못한 불이익을 입지 않게 하기 위한 것이다. 그 결과 실종선고 후 그 취소 전에 선의로 한 행위와 양립할 수 없는 구 관계는 부활하지 않는다고 해석된다. 즉 배우자가 재혼한 경우에 그 배우자와 실종자와의 구 혼인관계와 같은 것은 부활하지 않는다.

이에 의하여 보호받으려면,

㈎ 법률행위가 '실종선고 후 취소 전에' 행해졌어야 한다. 아무리 '실종기간이 만료되었다'고 하더라도 선고 전에 행하여 진 행위는 보호대상이 아니다.

㈏ 그 행위가 '선의'로 행해졌어야 한다. 여기서의 '선의'란 실종선고가 사실에

반함을 알지 못하는 것이다. 선의인데 무과실 필요는 없다고 한다. 선의의 증명책임은 선의를 주장하는 행위자 측에 있다.

여기에서 '선의'는 행위의 당사자 쌍방에게 요구되는 것인가? 단독행위에 대하여 논란이 있고 계약에는 양 당사자가 있기 때문이다.

우선 '단독행위'의 경우에는 행위자가 선의이면 실종선고가 취소되더라도 효력에 영향을 받지 않는다고 한다(통설).

다음으로 '계약인 재산행위'의 경우에는 (i) 계약에서는 당사자 쌍방이 선의이어야 하고 일방 당사자만이 선의이면 영향을 미친다는 견해(다수설),[136] (ii) 일률적으로 결정하지 않고 선의자에 대하여는 유효라고 하고 악의자에 대하여는 무효라고 하여 상대적으로 효력을 결정하자는 견해,[137] (iii) 실종선고를 직접원인으로 하여 재산을 취득한 자(B)로부터 그것을 양수한 자(C)가 선의이면, B와 C 쌍방이 선의인 경우는 물론이고 C만인 선의인 경우에도 B · C 사이의 양도행위는 유효하고, 따라서 그 후의 전득자(D)가 악의라도 권리를 취득한다고 하며, 다만 악의자인 D가 책략을 써서 C를 도구로 사용하여 중간에 개재시켰을 경우에는 예외로 할 것이라고 하는 견해,[138] (iv) 쌍방 모두의 선의가 필요하되 어느 한 단계에서 양 당사자가 선의이면 그 이후의 전득자는 설사 악의라고 하더라도 반환청구를 당하지 않는다는 견해[139]가 대립한다. 사견으로는 (i)의 견해와 마찬가지로 쌍방당사자가 선의이어야 보호를 받는다고 하는 것이 법률관계를 복잡하지 않게 해결할 수 있을 것이다.

실종자의 배우자가 다른 자와 재혼한 후에 실종선고가 취소되는 경우는 어떻게 해결하는가? 이에는 다음의 세 가지의 견해가 대립한다. (i) 혼인의 경우에는 쌍방이 선의이어야 한다는 견해로, 재혼 당사자 중 하나라도 악의인 경우에는 구 혼인관계가 부활하는데, 그 부활한 혼인관계는 제840조 제1호의 이혼원인이 되고, 신 혼인관계는 중혼이 되어 취소할 수 있다고 한다.[140] (ii) 신 혼인관계의 배우자(즉 실종자선고를 받은 자의 배우자의 상대방)가 선의인 경우에는 실종선고의 취소가

136) 곽윤직, 116면; 김상용, 199면; 김학동, 152면; 이영준, 897면.
137) 김용한, 143면
138) 고상용, 106면; 김주수, 187면; 김준호, 122면; 명순구, 150면.
139) 송덕수, 589면.
140) 곽윤직, 116면; 김상용, 199면; 김용한, 144면; 김주수, 187면; 김학동, 153면은 일방이라도 악의이면 재혼은 무효라고 한다.

신 혼인관계에 영향을 미치지 않으며, 신 혼인관계의 배우자가 악의인 경우에는 구 혼인관계가 부활하고 신 혼인관계는 중혼이 되어 취소할 수 있게 된다는 견해,[141] (iii) 제29조 제1항 단서의 행위에 가족행위는 포함되지 않으며, 실종선고가 취소되면 구 혼인관계가 부활하고 신 혼인관계는 선의·악의를 묻지 않고 언제나 중혼이 된다는 견해이다. 이 때 어느 혼인을 유지할 것인가는 그들의 협의에 맡겨야 할 것이나 협의가 이루어지지 않을 경우에는 혼인해소의 가사심판에 의하여 해결할 수 있을 것이라고 한다.[142] (iv) 가족행위의 경우에도 양 당사자가 선의인 때에만 실종선고의 취소에도 불구하고 유효하다고 하여야 한다고 하면서, 결국 실종자의 배우자가 재혼한 경우 실종선고가 취소되면 재혼의 당사자 쌍방이 모두 선의인 경우에는 구 혼인관계는 부활하지 않는 반면, 신 혼인관계의 당사자 중 일방이라도 악의인 경우에는 구 혼인관계가 부활한다고 한다. 그런데 이 때 신 혼인관계는 무효라고 하지는 않아야 하며, 구 혼인관계의 부활로 중혼관계가 생겨 취소할 수 있는 혼인으로 된다고 새김으로써, 전혼은 이혼할 수 있는 혼인이 되어 실종선고의 취소를 받은 자의 이혼청구가 가능하다고 한다. 이 경우의 이혼사유는 '기타 혼인을 계속하기 어려운 중대한 사유가 있을 때'(제840조 제6호)에 해당한다고 한다. 왜냐하면 실종자의 배우자가 악의인 때에는 '배우자의 부정한 행위'라고 할 수 있지만, 상대방만이 악의인 때에는 '배우자의 부정행위'라고 할 수 없어 제840조 제1호를 이혼사유로 하는 것은 부정확하기 때문이라고 한다.

사견으로는, 가족행위의 경우에도 양 당사자가 선의인 경우에는 실종선고의 취소에도 불구하고 유효하다고 해야 하며, 그 중 일방 당사자가 하나라도 악의인 경우에는 구 혼인관계가 부활하여 신 혼인관계는 중혼이 되어 취소할 수 있게 된다. 그러나 어느 혼인관계를 유지할 것인가는 실종선고취소를 받은 자(전 배우자)와 신 혼인관계의 배우자 사이에 있는 일방 당사자의 선택에 맡겨야 할 것이다. 혼인의사를 기교적으로 또는 타율적으로 결정하기보다 누구를 배우자로 선택하여 자신의 삶을 영위할 것인가에 대한 의사를 존중하는 것이 더 합리적이기 때문이다.

② 위의 요건이 갖추어지면 그 법률행위는 그대로 유효하다. 그래서 그것과 양립할 수 없는 구 관계는 부활하지 않는다.

---

141) 이은영, 208면.
142) 고상룡, 108면; 정기웅, 164면.

③ 실종선고가 취소되면 실종선고를 직접원인으로 하여 재산을 취득한 자가 선의인 경우에는 그 받은 이익이 현존하는 한도에서 반환할 의무가 있고, 악의인 경우에는 그 받은 이익에 이자를 붙여서 반환하고, 손해가 있으면 이를 배상하여야 한다(제29조 제2항). 따라서 실종자는 소유권에 기하여 반환청구권을 행사할 수 있고, 재산취득자가 재산을 처분한 경우에도, 그는 그 대가를 보유할 법률상의 원인이 없으므로 그것을 부당이득으로서 실종자에게 반환하여야 한다. 다만 그 이득 전부를 반환하게 하면 선의의 취득자에게 예측하지 못한 손해를 주게 되므로 제29조 제2항에서 그가 선의인지 악의인지에 따라 반환범위를 달리 규정하고 있다.

여기에서 「실종선고를 직접원인으로 하여 재산을 취득한 자」로는 실종자의 상속인, 실종자로부터 유증 또는 사인증여를 받은 자, 생명보험금 수익자 등을 들 수 있다. 그러나 이들로부터 법률행위에 의하여 재산을 취득한 전득자는 그에 해당되지 않는다.

여기에서 반환의무는 성질상 부당이득의 반환이고, 반환범위도 부당이득에서와 동일하다(제748조 참조). 그리고 그 반환청구권은 부당이득반환청구권이므로 실종선고 취소 때부터 10년의 소멸시효에 걸린다. 나아가 실종선고에 의하여 직접 재산을 취득한 표현상속인이나 그의 전득자에 대하여 재산회복청구를 하는 경우에 상속회복청구권의 제척기간 규정(제999조)이 적용되지 않는다고 해야 할 것이다.[143] 왜냐하면 상속회복청구는 유효하게 상속이 개시되는 것을 전제로 하여 문제되는 것이기 때문에 상속개시가 부정되는 실종선고 취소의 경우에는 제척기간 규정의 적용이 없다고 보기 때문이다.

실종자의 이익반환청구권은 재산취득자가 재산을 그대로 보유하고 있든 이미 처분하였든 언제나 인정된다. 그리고 처분한 경우 상대방이 악의이어서 재산을 반환청구할 수 있는 때에도 역시 인정된다. 그 때에는 실종자는 상대방에 대한 재산반환청구권과 여기의 이익반환청구권을 선택적으로 행사할 수 있다. 한 편 쌍방이 선의이어서 상대방에게 반환청구를 할 수 없는 경우에는 이익반환청구권만 가진다.

제29조 제2항에 의한 이익반환청구권은 실종선고가 취소된 때부터 10년의 시효에 걸린다.

143) 김상용, 200면; 송덕수, 591면.

④ 재산취득자에게 취득시효(제245조 · 제246조 · 제248조) · 선의취득(제249조) · 매장물발견(제254조) · 부합(제256조 · 제257조) 등의 다른 권리취득원인이 있을 때에는, 실종선고의 취소가 있어도 그의 소유권에는 영향이 없다.

제3절 법 인

제1관 총 설

Ⅰ. 법인제도의 의의

법인이라 함은 자연인 이외의 것으로서 법에 의하여 법인격(권리능력)이 인정되어 법률상 권리 · 의무의 주체가 될 수 있는 것을 말한다. 현행법상 일정한 목적과 조직 하에 결합된 사람의 단체(사단법인)와 일정한 목적에 바쳐진 재산(재단법인)이라는 실체에 대하여 법인격이 부여되면 법인이 된다.

법인에 있어서 권리는 구성원(사원)이나 관리자(이사) 개인에게 귀속되는 것이 아니라 사단 또는 재단 자체에 귀속된다. 재산은 사단 또는 재단 자체의 명의로 소유하고, 부동산인 경우에는 그 이름으로 등기할 수 있다. 그리고 사단과 재단 자체의 이름으로 제3자와 거래행위를 하며, 소송의 당사자가 되기도 한다.

의무에 있어서도 사단과 재단의 의무는 모두 사단 · 재단에만 귀속되고, 법률행위를 한 대표자나 구성원은 의무를 지지 않는다. 이 의무에 대한 책임도 사단 · 재단의 재산에만 한정되고, 구성원과 대표자의 개인재산에는 미치지 않는다.

Ⅱ. 법인의 존재이유

사람의 단체와 재산의 집합 등 각종의 단체는 이를 구성하는 개인의 증감변동과는 관계없이 사회 속에서 독립된 통일체로 나타나 개인보다도 훨씬 강대한 힘으로 개인이 도저히 달성하지 못하는 목적을 달성하고, 인류의 사회와 문화의 발전에 공헌하고 있다. 법은 사회생활 속의 이러한 단체의 실체를 인정하여 이들이 법률상 독립된 권리의무의 주체가 될 수 있도록 하는 한편, 일정한 기준을 정하여 단체에 관한 법률관계를 명확하게 할 필요가 있다. 이러한 목적에 부응하기 위하여 만들어진 제도가 법인제도이다.

민법이 법인제도를 규정한 구체적인 이유를 좀 더 구체적으로 살펴보면 다음과 같다.

(1) 법인으로 하여금 그 구성원 또는 재산출연자(및 관리자)와는 별개의 법률주체로서 법률행위를 할 수 있도록 하기 위해서이다. 즉 법인제도를 이용함으로써 사단법인은 그 대표자가 구성원과 상관없이 간단하게 법률행위를 할 수 있게 되고, 재단법인은 출연자와 별도로 법률행위를 할 수 있게 된다.

(2) 사단법인의 재산과 구성원의 재산 그리고 재단법인의 재산과 출연자의 재산을 각각 분리함으로써 법인의 독자성을 확보하기 위해서이다.

(3) 법인이 외부의 제3자에 대하여 책임을 져야 할 경우 그 구성원이나 출연자의 고유재산에 대하여는 강제집행을 하지 못하도록 하여 당해 법인 자체의 재산에 대하여만 책임을 물을 수 있게 하여야 할 필요가 있기 때문이다.[144)]

---

144) 법인제도의 존재이유와 관련하여 법인격이 법인제도의 본래 취지와 달이 이용되는 경우(예, 법인 이름으로 금전을 차용하여 빼돌리는 경우, 세금을 포탈하거나 재산을 은닉할 목적으로 법인을 이용하는 경우 등)에는 법인격을 부인하여야 한다는 법인격부인론(영미), 실체파악이론(독일), 법인격형해론(法人格形骸論; 일본) 등의 이론이 선진외국에서 개발되었으며 우리나라에서도 법인격부인론이라고 하여 학자들 사이에 논하여 지고 있으며 판례에서도 이를 채용하고 있다.; **대판** 2011.5.13, 2010**다**94472 "기존회사가 채무를 면탈할 목적으로 기업의 형태 · 내용이 실질적으로 동일한 신설회사를 설립하였다면, 신설회사 설립은 기존회사의 채무면탈이라는 위법한 목적달성을 위하여 회사제도를 남용한 것이므로, 기존회사의 채권자에게 위 두 회사가 별개의 법인격을 갖고 있음을 주장하는 것은 신의성실 원칙상 허용될 수 없다 할 것이어서 기존회사의 채권자는 위 두 회사 어느 쪽에 대하여서도 채무 이행을 청구할 수 있고, 이와 같은 법리는 어느 회사가 채무를 면탈할 목적으로 기업의 형태 · 내용이 실질적으로 동일한 이미 설립되어 있는 다른 회사를 이용한 경우에도 적용된다."; **대판** 2016.4.28, 2015**다**13690 "회사가 외형상으로는 법인의 형식을 갖추고 있으나 법인의 형태를 빌리고 있는 것에 지나지 아니하고 실질적으로는 완전히 그 법인격의 배후에 있는 타인의 개인기업에 불과하거나 그것이 배후자에 대한 법률적용을 회피하기 위한 수단으로 함부로 이용되는 경우에는, 비록 외견상으로는 회사의 행위라 할지라도 회사와 그 배후자가 별개의 인격체임을 내세워 회사에게만 그로 인한 법적 효과가 귀속됨을 주장하면서 배후자의 책임을 부정하는 것은 신의성실의 원칙에 위반되는 법인격의 남용으로서 심히 정의와 형평에 반하여 허용될 수 없고, 회사는 물론 그 배후자인 타인에 대하여도 회사의 행위에 관한 책임을 물을 수 있다고 보아야 한다. 여기서 회사가 그 법인격의 배후에 있는 타인의 개인기업에 불과하다고 보려면, 원칙적으로 문제가 되고 있는 법률행위나 사실행위를 한 시점을 기준으로 하여, 회사와 배후자 사이에 재산과 업무가 구분이 어려울 정도로 혼용되었는지, 주주총회나 이사회를 개최하지 아니하는 등 법률이나 정관에 규정된 의사결정절차를 밟지 아니하였는지, 회사 자본의 부실 정도, 영업의 규모 및 직원의 수 등에 비추어 볼 때, 회사가 이름뿐이고 실질적으로는

Ⅲ. 법인의 본질

법인의 실체는 무엇인가, 왜 자연인 이외의 존재에 권리능력을 주어야 하는가의 문제(법인본질론에 관한 문제)는 로마법적 의제설과 게르만법적 실재설 간의 100년에 걸친 논쟁사라고 한다. 역사적으로 보면 법인의제설의 입장에서 법인실재설의 입장으로 그 중점이 변해왔다.

1. 논의의 실익

민법상 법인의 본질을 논하는 실익은 다음의 세 가지에 있다.

① 법인의 권리능력(제34조)에 관하여, 의제설은 법인의 목적에 속하는 행위를 엄격히 한정하려고 하고, 실재설은 법인의 사회적 작용을 역설하여 상당한 범위로 확장하려고 한다.

② 법인의 불법행위능력(제35조)에 관하여, 의제설은 법인의 손해배상책임을 부정하고 그 규정을 하나의 편의적 규정으로 보고, 실재설은 법인의 불법행위능력을 긍정하고 그 배상책임에 관한 규정을 당연한 것으로 본다.

개인 영업에 지나지 아니하는 상태로 될 정도로 형해화되어야 한다. 또한 이와 같이 법인격이 형해화될 정도에 이르지 아니하더라도 회사의 배후에 있는 자가 회사의 법인격을 남용한 경우 회사는 물론 그 배후자인 타인에 대하여도 회사의 행위에 관한 책임을 물을 수 있으나, 이 경우 채무면탈 등의 남용행위를 한 시점을 기준으로 하여, 회사의 배후에 있는 자가 회사를 자기 마음대로 이용할 수 있는 지배적 지위에 있고 그와 같은 지위를 이용하여 법인제도를 남용하는 행위를 할 것이 요구되며, 이와 같이 배후자가 법인제도를 남용하였는지는 앞서 본 법인격 형해화의 정도 및 거래 상대방의 인식이나 신뢰 등 제반 사정을 종합적으로 고려하여 개별적으로 판단하여야 한다(대법원 2008.9.11. 선고 2007다90982 판결, 대법원 2011.6.10. 선고 2010다31785 판결 등 참조)."; **대판** 2010.2.25, 2007**다**85980 "특수목적회사(SPC)는 일시적인 목적을 달성하기 위하여 최소한의 자본출자요건만을 갖추어 인적·물적 자본 없이 설립되는 것이 일반적이다. 따라서 특수목적회사가 그 설립목적을 달성하기 위하여 설립지의 법령이 요구하는 범위 내에서 최소한의 출자재산을 가지고 있다거나 특수목적회사를 설립한 회사의 직원이 특수목적회사의 임직원을 겸임하여 특수목적회사를 운영하거나 지배하고 있다는 사정만으로는 특수목적회사의 독자적인 법인격을 인정하는 것이 신의성실의 원칙에 위배되는 법인격의 남용으로서 심히 정의와 형평에 반한다고 할 수 없으며, 법인격 남용을 인정하려면 적어도 특수목적회사의 법인격이 배후자에 대한 법률적용을 회피하기 위한 수단으로 함부로 이용되거나, 채무면탈, 계약상 채무의 회피, 탈법행위 등 위법한 목적달성을 위하여 회사제도를 남용하는 등의 주관적 의도 또는 목적이 인정되는 경우라야 한다(대법원2006.8.25. 선고 2004다26119 판결 참조)."

③ 법인격을 부여받지 못한 사단 · 재단에 관하여, 의제설은 독자적인 법률적 지위를 인정함에 부정적이고, 실재설은 이들에 대하여서도 되도록 독자적인 법률적 지위를 주려고 한다.

2. 학 설

(1) 법인실재설

이 설은 법인을 자연인과 동일하게 권리주체로서의 실질을 가지는 사회적 실체라고 주장하는 학설이다. 법인실재설에는, ① 법인의 실체를 사회적 유기체라고 보는 견해(유기체설 Gierke), ② 권리주체임에 적합한 법률상의 조직체라고 보는 견해(조직체설 Michoud · Saleilles)가 있다.

(2) 법인의제설

이 설은 권리 · 의무의 주체가 될 수 있는 것은 자연인에 한한다는 전제하에, 법인은 법률이 자연인에 의제한 것이라고 한다(Savigny). 따라서 법인 자체의 독립성을 부인한다.

(3) 법인부인설

법인의제설을 관철하게 되면 법인의 실체로 남는 것은 결국 개인 또는 재산이고, 따라서 법인의 실체는 법인 이외에서 찾아야 한다는 입장이다. 구체적으로는 일정한 목적에 바쳐진 재산(목적재산설, Brinz), 법인으로부터 이익을 얻는 다수의 개인(수익자주체설, Jhering), 현실적으로 법인재산을 관리하는 자(관리자주체설, Binder)를 법인의 본체라고 한다.

(4) 판 례

우리 판례는 실재설을 취하는 것으로 보인다.[145)]

---

145) **대판** 1978.2.28, 77누155 "원판결판단 취지는 피고가 원고법인의 설립허가를, 공익을 해하는 행위를 함으로써 그 설립허가조건의 위반한 사유로 취소한 처분은 뒷받침이 인정된다는 것이다. 즉, 원고법인은 기독교의 선교를 내세웠으면서도 이사장, 이사, 감사들의 목사, 전도사를 겸하면서 원설시 개인을 하나님으로 신격화하여 개인숭배를 일삼으며 말세에 살아남아 "왕의 씨앗"이 되려면 그들이 표방하는 하나님께 돈을 많이 바쳐야 한다고 속여 금품을 걷어 올리고 사전에 책임량을 할당할 뿐 아니라 사전에 정한 책임점수

Ⅳ. 법인의 종류

1. 공법인과 사법인

적용받는 법이 공법인지 사법인지에 따라 공법인(公法人)과 사법인(私法人)으로 구분된다. 민법상 법인과 상법상 회사는 모두 사법인이고, 국가나 지방자치단체 기타 특정한 국가적 목적을 위하여 설립된 각종 공사 등은 공법인이다. 공법인은 법인의 설립이나 관리에 국가의 공권력이 관여하는 것이고, 그 이외의 법인은 사법인이다. 이에는 국가나 지방자치단체가 있다. 그런데 공법인과 사법인의 중간적인 법인도 있다. 이에는 한국은행 · 한국토지주택공사 · 농업협동조합 등이 있다.

2. 영리법인과 비영리법인

법인의 영리활동여부에 따라 영리법인과 비영리법인으로 구분된다. 영리법인은 영리를 목적으로 하는 법인으로서 민사회사와 상법상 각종의 회사가 이에 해당하고, 모두 상법의 회사에 관한 규정이 적용되고 그 내용은 상당히 기술적이고 복잡하다. 법인의 구성원인 사원이 있는 사단법인만이 영리법인이 될 수 있으며,

---

미달자들은 "초달"이라는 명목으로 곤봉 찜질까지를 가하여 겁주는 식으로 신도들로부터 갈취하는 행위를 자행하였음이 인정되며 이는 기관을 통한 원고의 행위로서 인정된다고 판시하고 있다. 논지는 범법행위는 이를 저질은 개인의 책임이지 법인의 행위로 볼 수 없다고 하나, 법인은 하나의 실재로서 고유의 의사에 따라 대표기관에 의하여 행동하는 주체이므로 법인은 독자의 의사를 지니고 이로써 의사를 결정하고 법적 효력 있는 행위를 하기위한 기관을 가졌다고 하는 것이 법인에 행위능력이 있다는 것이 되나니, 이와 같이 법인은 기관에 의하여 독자의 행위를 할 수 있는 실재체이므로 기관의 행위는 즉 법인 자체의 행위가 되고, 다만 법인의 기관은 법인의 목적범위내의 행위어야 된다는 제한이 있을 따름이다. 이와 같이 법인의 목적범위내의 행동이란 그 기관의 행위는 즉 법인의 행위이므로 그 목적수행의 과정에서 하여 전 행위가 적법이냐 위법이냐는 문제가 안 된다. 법인이 적법행위를 함을 목적으로 설립되었다는 것과 그 목적수행 과정에서 위법행위를 했다함도 역시 딴 문제이다. 이 사건에서 원판결이 앞 설시의 이사들(이사장, 이사들)이 한 행위(목사, 전도사의 자격을 겸하고 한)를 법인의 행위로 판단한데에는 소론 위법이 없고 논지는 당원이 따르지 않은 법인의제설위에서 법인의 의사가 있을 수 없다는 전제에서 펴는 것이어서 채용할 길이 없으며 목적재산을 요소, 기반으로 존재하는 법적주체인 원고법인은 기관인 이사의 행위를 통하여 고유의 의사를 행동할 수 있으니 앞 설시한 이사장, 이사들의 행위가 즉 원고법인의 행위라고 인정한 점에 위법이 없고 그들 외에 딴 이사가 있다거나 신도가 논지 주장대로의 인원수에 달한다는 사실은 원심의 원고행위 인정에 아무 소장이 없다."

재단법인은 이익을 분배받을 사원이 없기 때문에 이론상 영리법인이 될 수 없다. 민법도 영리 재단법인을 인정하지 않는다(제32조 · 제39조 참조).

비영리법인은 학술 · 종교 · 자선 · 기예 · 사교 기타 영리 아닌 사업을 목적으로 하는 사단법인 또는 재단법인을 말하고(제32조 참조), 민법상의 법인에 관한 규정은 비영리법인에 관한 것으로서 이해관계가 적으므로 그 대강만을 규정하고 나머지는 정관에 위임하고 있다. 그러나 비영리법인도 목적을 달성하기 위하여 본질에 반하지 않는 정도의 영리행위는 할 수 있다. 예를 들면 전시회에 입장료를 받거나 병원에서 입원비를 받는 경우를 들 수 있다.

사단법인은 영리법인과 비영리법인 어느 것이나 될 수 있는 반면, 재단법인은 항상 비영리법인만 가능하다. 그리고 비영리법인은 비공익 또는 공익을 목적으로 할 수 있다. 그런데 비영리법인 가운데 공익법인에 대하여는 「공익법인의 설립 · 운영에 관한 법률」이라는 특별법을 제정하여 규율하고 있다.

3. 사단법인과 재단법인

민법상의 비영리법인에는 사단법인과 재단법인이 있다. 사단법인은 일정한 목적을 위하여 결합한 사람의 단체로서 권리능력이 부여된 것이고, 재단법인은 일정한 목적에 바쳐진 재산의 집합체로서 권리능력이 부여된 것이다. 사단법인은 사원을 요소로 하는 데 대하여, 재단법인은 재산을 요소로 한다. 또 사단법인은 사원총회에 의하여 그 의사를 자율적으로 결정함에 대하여, 재단법인은 재산 출연자의 의사에 의하여 타율적으로 운영된다. 민법상의 법인은 반드시 사단법인과 재단법인 가운데 어느 하나에 속하여야 하며 중간적 법인은 인정하지 않고 있다.

제2관 법인의 설립

Ⅰ. 법인설립에 관한 입법주의

법인의 설립에 관한 입법주의는 여러 가지가 있지만, 법인은 자연인과는 달리 반드시 법률에 의해서만 성립한다(제31조). 민법은 비영리법인의 설립에 관하여 주무관청의 허가를 요건으로 하는 허가주의를 취하고 있다.

1. 특허주의

법인을 설립하기 위해서는 그에 따르는 특별한 법률의 제정을 필요로 하는 것으로서 특허주의는 정책적으로 일정한 국영기업을 설립하는 때에 사용하는 경우가 많다. 한국은행, 한국석탄공사, 대한주택공사, 한국전력공사, 한국산업은행, 한국수출입은행, 주소기업은행, 한국가스공사, 한국관광공사, 한국석유공사, 한국수자원공사, 한국도로공사, 한국방송공사, 한국조폐공사, 한국철도공사, 한국토지주택공사, 한국과학기술원, 한국사학진흥재단, 한국연구재단, 한국항공사, 한국전력공사, 한국마사회 등이 이에 속한다.

2. 허가주의

법인의 설립에 관하여 주무관청의 자유재량에 의한 허가를 얻어야 하는 것으로, 민법은 비영리법인에 관하여 허가주의를 취하고 있고(제32조), 사립학교법인(사립학교법) · 의료법인(의료법 제48조)이 이에 속한다.

3. 인가주의

법인의 설립에 관하여 주무장관 기타 관할 행정관청의 인가를 필요로 하지만 법률이 정한 일정한 요건을 갖추어 인가를 신청하면 인가권자는 반드시 인가하여야 한다. 이 점에서 허가주의와 다르다. 인가주의에 의하여 설립된 법인에는 농업협동조합(농협법 제15조), 수산업협동조합(수협법 제16조), 축산업협동조합(농협법 제107조 · 제15조), 농업협동조합 중앙회(농협법 제121조), 중소기업협종조합(중기협법 제32조), 여객자동차 운수사업조합(여운조합법 제53조), 한국해운조합(한해조합법 제9조), 법무법인(변호사법 제41조), 상공회의소(상회의법 제6조) 등이 있다.

4. 준칙주의

법인설립에 관한 요건을 미리 정해 놓고, 그 요건을 갖춘 때에는 당연히 법인이 설립하는 것으로서 행정관청의 허가나 인가 없이도 법인의 성립이 가능하다. 준칙주의에서는 조직내용의 공시를 위하여 등기 · 등록 또는 신고를 요구하는 경우가 많다. 각종의 회사(상법 제172조), 노동조합(노동조합 및 노동관계조정법 제6조) 등이 이에 속한다.

5. 자유설립주의

법인의 실질만 갖추면 법인을 인정하자는 주의이다. 그런데 우리 민법은 법률규정에 의해서만 법인설립을 인정한다(제31조).

6. 강제주의

법인의 설립을 국가가 강제하는 것이다. 그런데 강제주의에 의한 법인에는 강제주의와 함께 허가주의나 인가주의가 가미된 경우가 있다. 즉 의사회 등은 보건복지부장관의 허가를 받아야 하고(의료법 제29조), 지방변호사외와 대한변호사협회는 법무부장관의 인가를 받아야 하며(변호사법 제65조 · 제79조), 대한약사회 · 대한한약사회는 보건복지부장관의 인가를 받아야 한다(약사법 제13조).

한편 강제주의의 일종으로 볼 수 있는 경우로, 일부의 상공회의소가 대한상공회의소를 설립한 경우 다른 상공회의소도 당연히 그 회원이 되어야 하는 데(상공회의소법 제37조 제1항) 이는 가입강제에 해당한다.

강제주의에 해당하는 법인으로, 의사회 · 치과의사회 · 한의사회 · 조산사회 · 간호사회(의료법 제28조), 지방변호사회(변호사법 제64조), 대한변호사협회(변호사법 제78조), 대한약사회(약사법 제11조) 등이 있다.

Ⅱ. 비영리사단법인의 설립

1. 설립요건

(1) 목적의 비영리성

사단법인은 학술 · 종교 · 자선 · 기예 · 사교 기타의 영리 아닌 사업을 목적으로 하여야 한다(제32조). 영리 아닌 사업이라 함은 개개의 구성원의 이익을 목적으로 하지 않는 사업을 말하며, 반드시 공익 즉 사회일반의 이익을 목적으로 할 필요는 없다.

비영리사업과 아울러 영리사업을 하는 때에는, 그 목적은 영리성을 띠게 된다.

그러나 비영리사업의 목적을 달성하기 위하여 필요한 한도에서 그의 본질에 반하지 않는 정도의 영리행위를 하는 것은 상관없다. 그러한 영리행위로 인한 수익은 언제나 목적사업의 수행에 충당되어야 하고, 어떠한 형식으로든지 구성원에게 분배하여서는 안 된다.

(2) 설립행위(정관의 작성)

1) 설립행위의 의의

비영리사단법인을 설립하려면, 2인 이상의 설립자가 법인의 내부조직에 관한 근본규칙을 정하여 이를 서면에 기재하고 기명날인하여야 한다(제40조). 이 서면을 정관이라 하고, 이러한 정관을 작성하는 행위가 사단법인의 설립행위이다(통설).

2) 설립행위의 성질

사단법인의 설립행위의 성질에 관해서는 합동행위설(다수설)과 특수계약설로 그 견해가 나누어져 있다. 전자는 사단법인의 설립행위는 2인 이상의 설립자의 의사를 요하지만, 계약처럼 상호대립적인 것이 아니라, 서로 합동하여 법인설립이라는 공동목적에 협력하는 관계라는 점에서 계약과는 구별되는 합동행위라고 한다.[146] 이에 대해 후자는 사단이라는 단체법적 효과의 발생을 목적으로 하는 특수한 계약이라고 한다.[147]

생각건대 사단법인의 설립행위의 법적 성질은 합동행위인가 계약인가는 이론상 그렇게 나눌 수 있겠으나 해석상 같은 결론에 이르게 된다. 따라서 사견은 전통적 계약개념에 관한 이해에 따라 사단법인의 설립행위는 합동행위로 본다.[148]

---

146) 고상룡, 186면; 곽윤직, 133면; 김상용, 218면; 김용한, 158면; 김준호, 134면; 정기웅, 189면

147) 김학동, 175면; 이영준, 935면; 이은영, 258면.

148) 참고로 대법원판례는 「사단법인의 정관의 법적 성질은 계약이 아니고 자치법규」라고 한다. **대판** 2000.11.24, 99**다**12437 "[1] 사단법인의 정관은 이를 작성한 사원뿐만 아니라 그 후에 가입한 사원이나 사단법인의 기관 등도 구속하는 점에 비추어 보면 그 법적 성질은 계약이 아니라 자치법규로 보는 것이 타당하므로, 이는 어디까지나 객관적인 기준에 따라 그 규범적인 의미 내용을 확정하는 법규해석의 방법으로 해석되어야 하는 것이지, 작성자의 주관이나 해석 당시의 사원의 다수결에 의한 방법으로 자의적으로 해석될 수는 없다 할 것이어서, 어느 시점의 사단법인의 사원들이 정관의 규범적인 의미 내용과 다른 해석을 사원총회의 결의라는 방법으로 표명하였다 하더라도 그 결의에 의한 해석은 그 사단법인의 구성원인 사원들이나 법원을 구속하는 효력이 없다. [2] 사단법인의 정관에 회장의 중임을 금지하는 규정만 두고 있을 뿐 전임자의 궐위로 인하여 선임된 이른바 보선회장을 특별히 중임제한 대상에서 제외한다는 규정을 두고 있지

3) 정관의 기재사항

(a) **의 의** 정관에 반드시 기재하여야 할 사항을 필요적 기재사항이라고 하고 반드시 기재하여야 하는 것은 아니지만 기재할 수 있는 사항을 임의적 기재사항이라고 한다. 필요적 기재사항 중 어느 한 사항이라도 빠진 경우에는 정관은 무효가 된다. 그리고 임의적 기재사항이라도 일단 정관에 기재되면 필요적 기재사항과 효력에 있어서 차이가 없으며, 따라서 그것을 변경하려면 정관변경절차에 의하여 해야 한다(제42조).

(b) **필요적 기재사항**(제40조) 정관의 필요적 기재사항은 다음과 같다.

① 목 적

② 명 칭 그 명칭에는 특별한 제한이 없다. 다만 회사는 그 종류에 따라 합명회사 · 합자회사 · 유한책임회사 · 주식회사 또는 유한회사의 명칭을 사용하여야 한다(상법 제19조).

③ 사무소의 소재지 사무소가 둘 이상 있을 때에는 이를 모두 기재하고 주된 사무소를 정하여야 한다(제36조).

④ 자산에 관한 규정 자산의 종류 · 구성 · 관리 · 운용방법 · 회비 등에 관한 사항 등을 기해하여야 한다.

⑤ 이사의 임면에 관한 사항 임면방법에 제한은 없으므로(상법 제382조 이하 참조), 총회에 의하지 않는 선임방법을 정하거나 회원이 아닌 자를 이사에 임명할 수 있도록 하여도 무방하다.

⑥ 사원자격의 득실에 관한 규정 사원자격의 취득 · 상실에 관한 사항, 즉 사단의 가입 · 사퇴 · 제명 등을 기재하여야 한다.

⑦ 존립시기나 해산사유를 정한 때에는 그 시기 또는 사유가 그것이다(제40조).

(c) **임의적 기재사항** 정관에는 위의 필요적 기재사항 이외에도 사단법인의 근본규칙이 될 수 있는 사항을 기재할 수 있다. 이러한 사항을 임의적 기재사항 이라하며, 이에 관해서는 특별한 제한은 없다. 즉 민법이, 정관에 특별히 규정하고 있지 않으면 효력이 없다거나 또는 정관에서 특별히 정하고 있는 경우에는 민법의 규정을 적용하지 않는다고 하는 경우에, 그것들도 모두 임의적 기재사

않은 경우, 중임이 제한되는 회장에는 보선회장도 포함되는 것으로 해석함이 상당하다고 한 사례."

항이다.[149)]

(3) 주무관청의 허가

사단법인의 설립을 위해서는 주무관청의 허가가 있어야 한다(제32조). 주무관청이란 법인의 목적사업을 주관하는 행정관청을 말한다. 예컨대 학술 · 종교 · 기예에 대해서는 교육과학기술부장관이 되고, 자선 · 보건위생에 대해서는 보건복지부장관이 된다.

법인의 목적이 두 개 이상의 행정관청의 소관사항인 때에는, 그들 모두가 주무관청이며, 그들 모두의 허가를 받아야 한다. 예컨대 학술과 자선을 목적으로 하는 경우에는 교육과학기술부장관과 보건복지부장관의 허가를 얻어야 한다.

사단법인의 설립을 위한 주무관청의 허가는 자유재량행위라고 한다. 따라서 불허가처분은 행정소송의 대상이 되지 않는다 할 것이다.[150)]

(4) 설립등기

주된 사무소의 소재지에서 설립등기를 하여야 비로소 법인이 성립한다(제33조). 설립등기는 법인의 다른 등기와는 달리 법인격을 취득하기 위한 성립요건이다.

---

149) 민법 제41조 · 제42조 제1항 · 제58조 제2항 · 제59조 제1항 · 제62조 · 제66조 · 제68조 · 제70조 제2항 · 제71조 · 제72조 · 제73조 제3항 · 제75조 제1항 · 제80조 제2항 · 제82조 참조. 한편 정관이나 기타의 내부규정은 어떤 경우에 무효인가에 대한 대법원의 입장을 살펴본다. **대판 1992.11.24, 91다29026** "법인의 정관이나 그에 따른 세부사업을 위한 규정 등 단체내부의 규정은 특별한 사정이 없는 한 그것이 선량한 풍속 기타 사회질서에 위반되는 등 사회관념상 현저히 타당성을 잃은 것이거나 결정절차가 현저히 정의에 어긋난 것으로 인정되는 경우 등을 제외하고는 이를 유효한 것으로 시인하여야 한다."

150) 곽윤직, 132면; 김상용, 221면; 김용한, 160면; 이용준, 936면; **대판 1996.9.10, 95누18437** "민법은 제31조에서 "법인은 법률의 규정에 의함이 아니면 성립하지 못한다."고 규정하여 법인의 자유설립을 부정하고 있고, 제32조에서 "학술, 종교, 자선, 기예, 사교 기타 영리 아닌 사업을 목적으로 하는 사단 또는 재단은 주무관청의 허가를 얻어 이를 법인으로 할 수 있다."고 규정하여 비영리법인의 설립에 관하여 허가주의를 채용하고 있으며, 현행 법령상 비영리법인의 설립허가에 관한 구체적인 기준이 정하여져 있지 아니하므로, 비영리법인의 설립허가를 할 것인지 여부는 주무관청의 정책적 판단에 따른 재량에 맡겨져 있다. 따라서 주무관청의 법인설립 불허가처분에 사실의 기초를 결여하였다든지 또는 사회관념상 현저하게 타당성을 잃었다는 등의 사유가 있지 아니하고, 주무관청이 그와 같은 결론에 이르게 된 판단과정에 일응의 합리성이 있음을 부정할 수 없는 경우에는, 다른 특별한 사정이 없는 한 그 불허가처분에 재량권을 일탈 · 남용한 위법이 있다고 할 수 없다."

설립등기는 주무관청의 허가가 있는 때부터 3주간 내에 주된 사무소 소재지에서 하여야 한다(제49조 제1항). 설립등기사항은 따로 규정한다(제49조 제2항).

2. 설립중의 사단법인

사단법인의 설립과정을 살펴보면, ① 설립자(발기인)들 상호간에 법인을 설립하자는 약정을 하여 결합(법률관계를 맺고)하고, ② 정관을 작성하고 구성원을 확정하는 등 법인의 실체를 갖춘 후, ③ 주무관청의 허가를 얻어 설립등기를 함으로써 법인이 성립한다.

①의 단계가 설립자(발기인)조합에 해당하고, ②의 단계에 있는 것을 설립 중의 사단법인이라고 한다.

①의 단계에서 조합은 법인설립에 필요한 정관의 원안 작성 · 사무소의 임차 등 여러 가지 준비행위를 하게 되는데, 이 행위는 설립중의 행위와 구별된다. 이러한 행위는 조합자체가 그 책임을 지게 된다.[151]

설립(발기인)조합이 조합계약의 이행행위로서 정관을 작성하고 법인의 최초의 구성원을 확정하면 그 때부터는 설립중의 사단법인으로 된다. 설립 중의 사단법인은 권리능력 없는 사단으로 보는 견해가 통설이다. 또한 설립 중의 사단법인은 후에 설립한 법인과 실질적으로 동일하므로 설립 중의 사단법인의 행위는 후에 성립한 법인의 행위로 된다. 그런데 설립 중의 사단법인의 행위는 어느 범위까지 후에 성립한 법인에 귀속되는가가 문제이다. 이에 대하여 학설은 설립 중의 사단법인의 모든 행위가 후에 성립한 법인에 귀속된다는 견해[152]와 목적범위 내 행위만이 후에 성립한 법인의 행위로 된다는 견해[153]가 대립한다. 판례는 법인의 설립

---

151) **대판** 1998.5.12, 97**다**56020 "설립중의 회사로서의 실체가 갖추어지기 이전에 발기인이 취득한 권리의무는 구체적인 사정에 따라 발기인 개인 또는 발기인 조합에 귀속되는 것으로서, 이들에게 귀속된 권리의무를 설립 후의 회사에게 귀속시키기 위하여는 양수나 계약자 지위인수 등의 특별한 이전행위가 있어야 한다."; **대판** 2007.9.7, 2005**다**18740 "설립중의 회사로서의 실체가 갖추어지기 이전에 발기인이 취득한 권리 · 의무는 구체적 사정에 따라 발기인 개인 또는 발기인 조합에 귀속되는 것인바(대법원 1990.12.26. 선고 90누2536 판결, 대법원 1998.5.12. 선고 97다56020 판결 등 참조), 발기인이 개인 명의로 금원을 차용한 경우 이는 그 발기인 개인에게 귀속됨이 원칙이고, 위 채무가 발기인 조합에게 귀속되려면 위 금원의 차용행위가 조합원들의 의사에 기해 발기인 조합을 대리하여 이루어져야 한다고 할 것이다."

152) 곽윤직, 134면; 김상용, 222면.

자체를 위한 행위에 대하여만 법인에게 책임을 지우고 있다.[154)]

Ⅲ. 재단법인의 설립

1. 설립요건

(1) 목적의 비영리성

비영리 사단법인과 동일하다. 영리 아닌 사업을 목적으로 하여야 한다(제32조).

(2) 설립행위

1) 설립행위의 의의와 법적 성질

재단법인의 설립행위는 정관의 작성이외에 재산의 출연으로 이루어지며(제43조), 재단법인 설립행위는 생전처분으로 할 수 있음은 물론이고 유언으로도 할 수 있다(제47조 참조).

재단법인 설립행위는 재산출연(급부)이 있어야 성립하는 행위이며 서면에 일정한 사항을 기재하여 행해야 하는 요식행위이다. 그리고 그 법적 성질은 상대방 없는 단독행위이다(통설). 판례도 같다.[155)] 설립자가 2인 이상일 때에도 통설은 단독행위의 경합으로 본다.

---

153) 이영준, 938면; 송덕수, 626면도 같은 취지이다. 다만 설명이 충분치 못하다고 한다.

154) **대판 1965.4.13, 64다1940** "피고조합은 그 조합원의 가구의 공동생산, 공동가공, 공동소비를 목적으로 하여 설립된 조합인 바 피고조합이 설립되기 전의 설립중인 피고조합 발기인들이 관청에서 하는 부당한 가구 등의 도급수의계약체결을 방지하는데 공동노력하기로 하고 그에 필요한 비용을 차입한 금원은 특별한 사정이 없는 한 설립중인 위 조합의 설립자체를 위한 비용이라고 볼 수 없는 것을 그 조합의 목적사업을 위한 비용이라 하여 설립 후의 조합에게 변제할 책임이 있다고 판단하였음은 설립중인 법인의 행위에 대하여서의 설립 후의 법인의 책임에 관한 법리를 오해한 위법이 있다고 할 것이다."

155) **대판 1999.7.9, 98다9045** "민법 제47조 제1항에 의하여 생전처분으로 재단법인을 설립하는 때에 준용되는 민법 제555조는 "증여의 의사가 서면으로 표시되지 아니한 경우에는 각 당사자는 이를 해제할 수 있다."고 함으로써 서면에 의한 증여(출연)의 해제를 제한하고 있으나, 그 해제는 민법 총칙상의 취소와는 요건과 효과가 다르므로 서면에 의한 출연이더라도 민법 총칙규정에 따라 출연자가 착오에 기한 의사표시라는 이유로 출연의 의사표시를 취소할 수 있고, 상대방 없는 단독행위인 재단법인에 대한 출연행위라고 하여 달리 볼 것은 아니다"

2) 재산의 출연

① **증여와 유증에 관한 규정의 준용** 재산의 출연(자기의 재산을 감소시키어 타인의 재산을 증가하게 하는 행위)은 재단법인설립행위의 기본적 요소이다. 재산출연행위는 무상행위이므로 증여 및 유증과 비슷하다. 그래서 민법은 생전처분(生前處分)으로 재단법인을 설립하는 때에는 증여에 관한 규정을 준용하고, 유언으로 하는 경우에는 유증에 관한 규정을 준용한다(47조 제2항). 증여에 관한 규정을 준용하는 경우에 계약에 기초한 규정은 준용되지 않으며 제557조 및 제559조 등이 주요 준용규정이다. 그리고 유증에 관한 규정을 준용하는 경우에 유언의 방식에 관한 규정(1060조 · 제065조 · 제1072조), 유언의 효력에 관한 규정(제1078조 내지 제1085조 · 제1087조 · 제1090조) 등이 주요 준용규정이다.

② **출연재산의 법인에의 귀속시기** 위에서 본 바와 같이, 재단법인은 설립자가 일정한 재산을 출연해야 하는데 그 출연재산이 어느 시점에 그 재단법인에 귀속되는지가 문제이다. 이에 관하여 민법은 제48조에서 다음과 같이 규정하고 있다. 즉 생전처분으로 재산을 출연하는 때에는 법인이 성립된 때(즉 설립등기를 한 때)에 법인의 재산으로 되고(제48조 제1항), 유언으로 재산을 출연하는 때에는 유언자가 사망한 때 법인의 재산으로 된다(제48조 제2항).

㉠ **문제점** 우리 민법이 법률행위에 의한 물권변동에 관하여 성립요건주의를 취하고 있고(제186조 · 제188조 제1항), 지시채권의 양도에는 증서의 배서 · 교부를 요구하고(제508조), 무기명채권의 양도에는 증서의 교부를 요구하고 있다(제523조). 여기에서 문제가 발생한다. 즉 재산출연행위가 법률행위이므로, 출연재산이 부동산이나 동산인 경우, 법인 명의의 부동산의 등기(제186조)나 법인에의 동산의 인도(제188조) 등 공시방법이 있어야 비로소 법인의 재산으로 된다. 그리고 지시채권이나 무기명채권을 출연하는 경우에는 증서의 배서 · 교부가 있는 때에 법인에 귀속하게 된다. 그렇다면 제48조가 정하는 시기와 그 귀속시기가 다르게 된다는 결론이다.

이러한 문제점을 어떻게 해결해야 하는가에 대한 논의를 출연재산이 물권인 경우와 채권인 경우를 나누어 살펴보기로 한다.

㈎ **출연재산이 물권인 경우** (a) 제48조의 규정에 따라 법인성립 시에 재단법인에 귀속한다고 보는 견해이다. 즉 제48조는 제187조의 '기타 법률의 규정'에

해당한다는 점을 논거로 하여 제48조가 정하는 시기(생전처분으로 재단법인을 설립하는 경우에는 법인이 성립하는 때 · 유언으로 재단법인을 설립하는 경우에는 유언자가 사망한 때)에 출연재산이 재단법인에 귀속한다고 한다.[156)]

(b) 권리이전에 형식을 요하지 않는 재산권은 법인의 성립 또는 설립자의 사망 시에 당연히 법인에 귀속되지만, 부동산물권과 같이 그 이전에 등기를 요하는 것은 법인의 성립 또는 설립자의 사망 시에 법인은 출연 부동산에 대한 이전청구권이 생길 뿐이고 제186조에 따라 등기가 되어야 출연부동산이 비로소 재단법인에 귀속된다는 견해이다. 제48조는 구민법의 규정을 그대로 답습한 규정이고, 제48조가 정한 시기에 등기청구권이 생기므로 재산이 없는 재단법인이 생길 수 없다는 것을 논거로 한다.[157)]

(c) 판례의 태도에는 변화가 있다. 과거에는 (a)의 견해를 취했으나[158)] 그 후 태도를 바꾸어 물권관계가 당사자 사이의 관계와 제3자에 대한 관계에서 상대적으로 적용한다. 즉 출연자와 법인 사이에서는 법인 성립 시에 출연재산이 법인에 귀속하게 되나, 제3자에 대한 관계에서는 출연행위가 법률행위이므로 제186조에 따라 법인의 성립 외에 등기를 필요로 한다고 한다.[159)] 그리고 그 법리를 유언으로 재단법인을 설립하는 경우에도 그대로 적용하고 있다.[160)]

---

156) 곽윤직, 136면; 김상용, 225면; 김용한, 165면; 김주수, 219면; 송덕수, 630면; 정기웅, 193면.

157) 김학동, 180면; 백태승, 238면; 이영준, 941면; 이은영, 267면.

158) **대판** 1976.5.11, 75다653 참조.

159) **대판(전) 1979.12.11, 78다481, 482** "재단법인의 설립함에 있어서 출연재산은 그 법인이 성립된 때로부터 법인에 귀속된다는 민법 제48조의 규정은 출연자와 법인과의 관계를 상대적으로 결정하는 기준에 불과하여 출연재산이 부동산인 경우에도 출연자와 법인 사이에는 법인의 성립 외에 등기를 필요로 하는 것은 아니지만, 제3자에 대한 관계에 있어서, 출연행위는 법률행위이므로 출연재산의 법인에의 귀속에는 부동산의 권리에 관한 것일 경우 등기를 필요로 한다."

160) **대판 1993.9.14, 93다8054** "가. 민법 제48조는 재단법인 성립에 있어서 재산출연자와 법인과의 관계에 있어서의 출연재산의 귀속에 관한 규정이고, 이 규정은 그 기능에 있어서 출연재산의 귀속에 관하여 출연자와 법인과의 관계를 상대적으로 결정함에 있어서의 기준이 되는 것에 불과하여, 출연재산은 출연자와 법인과의 관계에 있어서 그 출연행위에 터잡아 법인이 성립되면 그로써 출연재산은 민법의 위 조항에 의하여 법인성립 시에 법인에게 귀속되어 법인의 재산이 되는 것이고, 출연재산이 부동산인 경우에 있어서도 위 양당사자간의 관계에 있어서는 위 요건(법인의 성립) 외에 등기를 필요로 하는 것이 아니나, 제3자에 대한 관계에 있어서는 출연행위가 법률행위이므로 출연재산의 법인에의 귀속에는 부동산의 권리에 관해서는 법인성립 외에 등기를 필요로 한다. 나. 유언으로 재단법인을 설립하는 경우에도 제3자에 대한 관계에서는 출연재산이 부동산인 경우는

(나) **출연재산이 채권인 경우** 출연재산이 채권인 경우에는 두 가지의 경우로 나누어 살펴보아야 한다. 첫째로 그 채권이 지명채권인 때에는 채권양도에 특별한 요건이 필요 없기 때문에 제48조가 정하는 시기에 법인에 귀속하게 된다.[161] 둘째로 지시채권과 무기명채권은 그 양도에 증서의 배서·교부 또는 교부를 요구하고 있어서 출연재산이 물권인 때와 같은 문제가 발생한다. 이에 관한 학설은 위의 경우와 같이 제48조를 제508조 또는 제523조의 예외규정으로 보아 제48조가 정하는 시기에 재단법인에 귀속한다는 견해와 지시채권의 경우에는 제508조에 의하여 증서의 배서·교부가, 무기명채권의 경우에는 제523조에 의하여 증서의 교부가 있어야 법인에 귀속한다는 견해가 대립한다.[162]

3) 정관의 작성과 정관의 보충

설립자는 일정한 사항을 기재한 정관을 작성하여 기명날인하여야 한다(제43조). 정관의 기재사항은 사단법인의 정관과 동일하나, 사원자격의 득실에 관한 규정과 법인의 존립시기, 해산사유는 필요적 기재사항이 아니다. 유언으로 재단법인을 설립하는 경우에는 유언의 방식(제1065조 이하)에 따라야 한다(제47조 제2항 참조).

필요적 기재사항 중 설립자가 목적과 자산만을 정하고 사망하였을 때에는, 설립자의 의사를 존중하는 뜻에서 이해관계인 또는 검사의 청구에 의하여 법원이 나머지 사항을 보충토록 함으로써 정관을 유효한 것으로 할 수 있다(제44조). 사단법인의 경우는 사원 스스로가 보충할 수 있기 때문에 이러한 조치는 필요가 없다.

그 법인에의 귀속에는 법인의 설립 외에 등기를 필요로 하는 것이므로, 재단법인이 그와 같은 등기를 마치지 아니하였다면 유언자의 상속인의 한 사람으로부터 부동산의 지분을 취득하여 이전등기를 마친 선의의 제3자에 대하여 대항할 수 없다."

161) 제490조에서 규정하고 있는 양도통지 및 승낙은 채권양도를 가지고 대항하기 위한 요건일 뿐이다.

162) 참고로 **대판 1984.9.11, 83누578** "출연자가 자기의 채권을 재단법인의 목적재산으로 일단 출연한 이상 그 채권은 재단법인에 귀속되는 것이고 그 채권에 대한 당사자의 평가액 여하에 따라 출연의 효과가 좌우되는 것은 아니라고 할 것이며, 다만 그 채권이 변제 기타 사유로 이미 소멸하여 존재하지 아니하거나 회수가 불가능한 것이어서 실질적인 재산가치가 전혀 없는 경우에만 재산의 출연이 있다고 볼 수 없을 것이다.…민법 제48조 제2항의 규정에 의하면, 유언으로 재단법인을 설립하는 때에는 출연재산은 유언의 효력이 발생한 때 즉 출연자가 사망한 때로부터 법인에 귀속한다고 되어 있다. 이것은 출연자의 재산상속인 등이 출연자 사망 후에 출연자의 의사에 반하여 출연재산을 처분함으로써 법인재산이 일실되는 것을 방지하고자 출연자가 사망한 때로 소급하여 법인에 귀속하도록 한 것이므로 출연재산은 재산상속인의 상속재산에 포함되지 않는 것으로서 재산상속인의 출연재산처분행위는 무권한자의 행위가 될 수밖에 없다."

(3) 주무관청의 허가와 설립등기

주무관청의 허가가 있어야 한다(제32조). 그 구체적인 내용은 비영리 사단법인과 동일하다.

2. 설립중의 재단법인

재단법인 설립자가 재산을 출연하고 정관을 작성하면 설립중의 재단법으로서 법인 아닌 재단이 된다. 재단법인의 설립자는 설립허가를 받기 위한 준비행위를 할 수 있고, 이를 위하여 재산의 증여를 받거나 그 등기의 명의신탁을 할 수도 있으며, 그러한 법률행위의 효과는 법인의 성립과 동시에 법인에게 당연히 승계된다.[163]

제3관 법인의 능력

Ⅰ. 법인의 권리능력

"법인은 법률의 규정에 좇아 정관으로 정한 목적의 범위 내에서 권리와 의무의 주체가 된다."라고 한다. 즉 법인의 권리능력은 법률과 목적에 의하여 제한을 받는다. 그 밖에 명문으로 규정하고 있지는 않지만, 법인의 성질상 자연인과는 다른 제한이 있다.

1. 성질에 의한 제한

법인은 생명권 · 친권 · 부권(父權) · 신체적인 자유권 · 상속권 · 배우자의 권리 · 정조권 등 자연인을 전제로 하는 권리를 가질 수 없다. 그러나 재산권 · 성명권 · 명예권[164] · 신용권 · 정신적 자유권은 법인도 가질 수 있다. 민법이 상속인을 사람에

---

163) **대판** 1973.2.28, 72다2344 · 2345.

164) **대판** 1997.10.24, 96다17851 "민법 제764조에서 말하는 명예라 함은 사람의 품성, 덕행, 명예, 신용 등 세상으로부터 받는 객관적인 평가를 말하는 것이고 특히 법인의 경우에는 그 사회적 명예, 신용을 가리키는 데 다름없는 것으로 명예를 훼손한다는 것은 그 사회적 평가를 침해하는 것을 말하고 이와 같은 법인의 명예가 훼손된 경우에 그 법인은 상대방에 대하여 불법행위로 인한 손해배상과 함께 명예 회복에 적당한 처분을 청구할 수 있고(대법

한정시키고 있기 때문에(제1000조 내지 제1004조 참조) 법인은 상속권을 가질 수 없다. 그러나 법인은 유증을 받을 수 있으므로 포괄유증을 받음으로써 상속과 동일한 효과를 얻을 수 있다.

2. 법률에 의한 제한

법인의 권리능력은 법률에 의하여 부여되는 것이므로 법인은 권리능력의 범위도 제한할 수 있다. 그러나 현행법상 일반적으로 법인의 권리능력을 제한하는 법률은 없으며 개별적인 제한이 있을 뿐이다(제81조, 상법 제173조, 채무자회생법 제328조 등). 법인의 권리능력은 법률에 의해서만 제한할 수 있을 뿐이고 명령에 의해서는 제한할 수 없다.[165)]

3. 목적에 의한 제한

민법은 법인은 정관으로 정한 목적의 범위 내에서만 권리능력을 갖는다(제34조)고 한다. 여기서 제34조의 '목적의 범위 내'의 의미에 관하여 학설의 대립이 있다. 즉 목적을 달성하는 데 필요한 범위 내라고 보는 견해[166)]와, 목적에 위반되지 않는 범위 내라고 보는 견해[167)]로 나뉘어 있다. 한편 판례는 '목적사업을 수행하는데 있어 직접·간접으로 필요한 행위'가 모두 목적범위 내의 행위라고 본다.[168)]

원 1988.6.14. 선고 87다카1450 판결 참조), 종중과 같이 소송상 당사자능력이 있는 비법인사단 역시 마찬가지라고 할 것인바(대법원 1990.2.27. 선고 89다카12775 판결 참조), 사람(종중 등의 경우에도 마찬가지이다.)이 갖는 이와 같은 명예에 관한 권리는 일종의 인격권으로 볼 수 있는 것으로서, 그 성질상 일단 침해된 후에는 금전배상이나 명예 회복에 필요한 처분 등의 구제수단만으로는 그 피해의 완전한 회복이 어렵고 손해 전보의 실효성을 기대하기 어려우므로, 이와 같은 인격권의 침해에 대하여는 사전 예방적 구제수단으로 침해행위의 정지·방지 등의 금지청구권이 인정될 수 있다고 보아야 할 것이다(대법원 1996.4.12. 선고 93다40614, 40621 판결 참조)."

165) 의용민법 제43조는 명령에 의해서도 제한할 수 있다고 하였다.

166) 김주수, 227면.

167) 곽윤직, 140면; 김상용, 230면; 김용한, 173면; 김학동, 189면; 송덕수, 635면.

168) **대판 2007.1.26, 2004도1632** "법인의 권리능력 혹은 행위능력은 법인의 설립근거가 된 법률과 정관상의 목적에 의하여 제한되나, 그 목적 범위 내의 행위라 함은 법률이나 정관에 명시된 목적 자체에 국한되는 것이 아니라 그 목적을 수행하는 데 있어 직접, 간접으로 필요한 행위는 모두 포함한다."; **대판 2009.12.10, 2009다63236** "회사의 권리능력은 회사의 설립근거가 된 법률과 회사의 정관상의 목적에 의하여 제한되나 그 목적범위 내의 행위라 함은 정관에 명시된 목적 자체에 국한되는 것이 아니라 그 목적을 수행하는

Ⅱ. 행위능력

(1) 법인은 자연인과 달리 과연 법인 자신의 행위능력과 관련하여 법인 자신의 행위를 인정할 수 있는가? 법인의제설을 취하는 경우에는 법인은 외부의 대리인에 의하여 행위를 할 수밖에 없기 때문에 법인 자신의 행위를 인정할 수 없다. 반면에 법인실재설을 취하는 경우에는 법인 자신의 행위가 인정된다. 법인실재설을 취하게 되면 어떤 자연인이 법인의 행위를 하게 되는 데 그 자연인이 법인의 대표기관으로서 법인의 목적 범위 내에서 행위를 하는 때에 법인의 행위로 인정된다.[169)]

법인의 대표기관은 법인의 내부조직에 의하여 정해진다. 비영리법인에서는 이사 · 임시이사 · 특별대리인 · 청산인 · 직무대행자 등이 대표기관이 된다. 법인의 대표기관인 대표와 법인과의 관계는 실질적으로 대리와 유사하므로 법인의 대표에는 대리에 관한 규정을 준용한다(제59조 제2항).

(2) 민법은 법인의 행위능력에 관하여는 권리능력에 대해서와 같은 규정을 두고 있지 않다. 법인은 관념적 존재일 뿐이고 자연인과 같이 의사능력이나 판단능력이 문제되지 않기 때문에, 법인이 직접 자유로운 의사활동에 의하여 법률행위를 할 수 없고 자연인에게 인정되는 행위무능력자제도도 법인에게는 있을 수 없다. 법인은 권리능력이 있는 모든 범위에서 행위능력을 가진다고 본다(통설). 그러므로 대표기관이 법인의 행위능력을 벗어난 범위의 행위를 한 경우에 그 행위는 법인의 행위로 인정되지 않으며, 그것은 대표기관 개인의 행위로 될 뿐이다. 따라서 이 경우에는 표현대리규정은 적용될 여지가 없다.

데 있어 직접, 간접으로 필요한 행위는 모두 포함되고 목적수행에 필요한지의 여부는 행위의 객관적 성질에 따라 판단할 것이고 행위자의 주관적, 구체적 의사에 따라 판단할 것은 아니다."

169) **대판** 1978.2.28, 77누155 "법인은 기관에 의하여 독자의 행위를 할 수 있는 실재체이므로 기관의 행위는 각 법인 자체의 행위가 되고 다만 법인의 기관은 법인의 목적범위내의 행위이어야 하나 그 목적수행의 과정에서 행하여진 행위가 상법이냐 위법이냐는 문제가 안되므로, 원고법인의 이사장, 이사들이 목사, 전도사의 자격으로 그 소속 신도들로부터 금품을 갈취한 행위를 원고법인의 행위로 인정한 점에 위법이 없고 따라서 원고법인이 공익을 해하는 행위를 함으로써 그 설립허가조건에 위배한 것으로 보아 그 법인설립허가를 취소하였음은 상법하다."

Ⅲ. 법인의 불법행위능력

1. 의 의

법인은 이사 기타 대표자가 그 직무에 관하여 타인에게 가한 손해를 배상할 책임이 있다. 즉 대표기관이 직무에 관하여 제3자에게 가한 불법행위에 대하여 법인 스스로가 그 배상책임을 진다. 민법은 법인의 배상책임 이외에 대표기관 개인의 배상책임도 인정한다.

민법이 법인에게 불법행위능력을 인정하여 법인 자신의 손해배상책임을 인정하고 있는데 그 이유는 어디에 있는가? 학설은 제35조의 규정은 법인실재설의 입장에서, 법인 자신의 불법행위에 대하여 배상책임을 인정한 것으로서 당연한 규정이라는 입장[170]과 정책적으로 둔 규정이라는 입장[171]으로 대립하고 있다. 판례는 전자의 입장에 서 있는 듯하다.[172]

제35조는 민법상의 모든 법인에 적용된다. 권리능력 없는 사단에도 제35조가 유추적용된다.[173] 영리법인인 회사에 관하여는 상법에서 특별규정을 마련하고 있

170) 김상용, 232면; 김용한, 177면; 김학동, 192면; 송덕수, 637면.

171) 고상룡, 208면; 백태승, 245면.

172) **대판** 1978.3.14, 78다132 "학교법인의 대표자였던 자에 의한 차금행위가 불법행위가 된다면 이는 민법상 사용자의 배상책임이 아니고 민법 제35조 에 의한 법인자체의 불법행위가 되어 배상책임이 있다."

173) **대판 1994.4.12, 92다49300** "종중의 대표자가 종중 소유의 부동산을 개인 소유라 하여 매도하고 계약금과 중도금을 지급받은 후 잔대금지급 이전에 매수인이 종중 소유임을 알고 항의하자 종중의 결의가 없는데도 종중 대표자로서 그 이전을 약속하고 종중총회 결의서 등을 위조하여 등기이전을 해 주고 잔금을 받았는데 그 후 종중이 소송으로 부동산을 되찾아간 경우 종중의 불법행위를 인정하고 매수인이 지급한 잔대금 상당액을 배상할 의무가 있다."; **대판 1994.3.25, 93다32828 · 32835** "노동조합의 간부들이 불법쟁의행위를 기획, 지시, 지도하는 등으로 주도한 경우에 이와 같은 간부들의 행위는 조합의 집행기관으로서의 행위라 할 것이므로 이러한 경우 민법 제35조 제1항 의 유추적용에 의하여 노동조합은 그 불법쟁의행위로 인하여 사용자가 입은 손해를 배상할 책임이 있고, 한편 조합간부들의 행위는 일면에 있어서는 노동조합 단체로서의 행위라고 할 수 있는 외에 개인의 행위라는 측면도 아울러 지니고 있고, 일반적으로 쟁의행위가 개개 근로자의 노무정지를 조직하고 집단화하여 이루어지는 집단적 투쟁행위라는 그 본질적 특징을 고려하여 볼 때 노동조합의 책임 외에 불법쟁의행위를 기획, 지시, 지도하는 등으로 주도한 조합의 간부들 개인에 대하여도 책임을 지우는 것이 상당하다."; **대판 2003.7.25. 2002다27088** "주택조합과 같은 비법인사단의 대표자가 직무에 관하여 타인에게 가한 손해를 가한 경우 그 사단은 민법 제35조 제1항 의 유추적용에 의하여 그 손해를 배상할 책임이 있으며, 비법인사단의 대표자의 행위가 대표자 개인의 사리를 도모하기

다(상법 제210조 · 제269조 · 제389조 제3항 · 제567조).

법인의 대표기관이 아닌 피용자가 불법행위를 한 경우에는 제35조가 적용되지 않고 제756조가 적용된다. 이 경우에 피용자가 가해행위를 함으로 불법행위책임을 지는 법인은 법인 자신의 책임이 아니고 사용자로서 지는 것이며, 일정한 요건이 갖추어지면 제756조 단서에 의하여 면책이 인정된다.

공무원이 그 직무를 집행함에 있어서 타인에게 손해를 가한 경우에는 국가배상법 제2조가 적용된다.

2. 법인의 불법행위의 요건

법인의 불법행위가 성립되려면 세 요건이 충족되어야 한다(제35조 제1항).

(1) 대표기관의 행위가 있을 것

법인이 불법행위책임을 지기 위해서는 대표기관의 행위로 인한 것이어야 한다. 대표기관으로는 이사(제57조), 임시이사(제63조), 특별대리인(제64조), 직무대행(제52조의 2 · 제60조의 2), 청산인(제82조 · 제83조) 등이 있다.[174)]

위한 것이었거나 혹은 법령의 규정에 위배된 것이었다 하더라도 외관상, 객관적으로 직무에 관한 행위라고 인정할 수 있는 것이라면 민법 제35조 제1항 의 직무에 관한 행위에 해당한다."

174) 판례는 노동조합의 간부들의 행위를 법인의 대표기관의 행위로 보아 제35조 제1항을 유추적용 한다(대판 1994.3.25, 93다32828) ; **대판 2011.4.28, 2008다15438** "[3] 민법 제35조 제1항 은 "법인은 이사 기타 대표자가 그 직무에 관하여 타인에게 가한 손해를 배상할 책임이 있다"라고 정한다. 여기서 '법인의 대표자'에는 그 명칭이나 직위 여하, 또는 대표자로 등기되었는지 여부를 불문하고 당해 법인을 실질적으로 운영하면서 법인을 사실상 대표하여 법인의 사무를 집행하는 사람을 포함한다고 해석함이 상당하다. 구체적인 사안에서 이러한 사람에 해당하는지는 법인과의 관계에서 그 지위와 역할, 법인의 사무 집행 절차와 방법, 대내적 · 대외적 명칭을 비롯하여 법인 내부자와 거래 상대방에게 법인의 대표행위로 인식되는지 여부, 공부상 대표자와의 관계 및 공부상 대표자가 법인의 사무를 집행하는지 여부 등 제반 사정을 종합적으로 고려하여 판단하여야 한다. 그리고 이러한 법리는 주택조합과 같은 비법인사단에도 마찬가지로 적용된다. [4] 甲 주택조합의 대표자가 乙에게 대표자의 모든 권한을 포괄적으로 위임하여 乙이 그 조합의 사무를 집행하던 중 불법행위로 타인에게 손해를 발생시킨 데 대하여 불법행위 피해자가 甲 주택조합을 상대로 민법 제35조 에서 정한 법인의 불법행위책임에 따른 손해배상청구를 한 사안에서, 甲 주택조합의 등기부상 대표자는 조합 설립 시부터 乙에게 대표자로서의 모든 권한을 일임하여 乙이 조합의 도장, 대표자의 신분증 등을 소지하면서 조합 대표자로서 사무를 집행한 점, 甲 주택조합의 등기부상 대표자는 乙로부터 월급을 받는 직원에 지나지 아니하여 乙의 사무집행에 관여할 지위에 있지 않았고, 실제로도 일절 대표자로서의 사무를

대표기관이 아닌 기관, 예컨대 사원총회와 감사의 행위에 관하여는 법인의 불법행위가 성립하지 않는다.[175)]

이사에 의하여 선임된 대리인(지배인 · 임의대리인 등)의 행위에 대하여 법인의 불법행위책임이 생기는가? 학설은 대립한다. 즉 법인의 사용자책임만 생긴다는 견해[176)]와 법인의 불법행위책임이 생긴다는 견해[177)]이다.

(2) 대표기관이 '직무에 관한 행위'로 타인에게 손해를 가했을 것

대표기관이 직무에 관한 행위로 인하여 타인에게 손해를 가하여야 한다. 대표기관이 직무에 관하여 한 행위만이 법인의 행위가 되고, 이러한 행위에 대하여만 법인의 불법행위책임이 발생한다.

대표기관의 어떠한 행위가 직무행위에 해당하는지는 행위의 외형을 기준으로 하여 객관적으로 판단된다. 즉 행위의 외형상 대표기관의 직무수행 행위라고 볼 수 있는 행위 및 직무행위와 사회관념상 관련성을 가지는 행위를 의미하는 것으로 넓게 해석하는 것이 학설과 판례의 입장이다(통설 및 판례).[178)] 그리고 직무에

집행하지 않은 점 등 여러 사정에 비추어 볼 때, 乙은 甲 주택조합을 실질적으로 운영하면서 법인을 사실상 대표하여 법인의 사무를 집행하는 사람으로서 민법 제35조 에서 정한 '대표자'에 해당한다고 보아야 함에도, 乙이 甲 주택조합의 적법한 대표자 또는 대표기관이라고 볼 수 없다는 이유로 甲 주택조합에 대한 법인의 불법행위에 따른 손해배상청구를 배척한 원심판결에는 법리오해의 위법이 있다고 한 사례."

175) **대판** 2005.12.23, 2003**다**30159 "민법 제35조에서 말하는 '이사 기타 대표자'는 법인의 대표기관을 의미하는 것이고 대표권이 없는 이사는 법인의 기관이기는 하지만 대표기관은 아니기 때문에 그들의 행위로 인하여 법인의 불법행위가 성립하지 않는다."

176) 고상용, 209면; 곽윤직, 142면; 김상용, 232면; 김용한, 177면; 김준호, 150면; 송덕수, 639면.

177) 이영준, 948면; 이은영, 286면.

178) **대판** 1990.3.23, 89**다카**555 "상호신용금고의 대표이사인 갑이 을로부터 일정한 금원을 예탁금으로 입금 처리하여 줄 것을 의뢰받고 당시 공동대표이사인 병의 개인자금을 조달할 목적으로 위 금원을 차용하면서도 외관상으로만 위 금원을 위 금고의 차입금으로 입금처리 하는 양 가장하여 을을 속이고 실제로는 차입금원장 등 대장에도 기장하지 아니한 채 위 금고용차입금증서가 아닌 병 개인명의로 발행된 약속어음을 을에게 교부하여 주었다면 이는 실질적으로는 갑의 개인적인 융통행위로서 위 금고의 차용행위로서는 무효라 하겠으나 그의 행위는 위 금고 대표이사로서의 직무와 밀접한 관련이 있을 뿐만 아니라 외형상으로는 위 금고 대표이사의 직무범위내의 행위로 보아야 할 것이고 을의 처지에서도 위 금고와의 거래로 알고 있었던 것이므로 위 금고는 그 대표이사 갑의 직무에 관한 불법행위로 인하여 을이 입은 손해를 배상할 책임이 있다."; **대판** 2004.2.27, 2003**다**15280 "법인이 그 대표자의 불법행위로 인하여 손해배상의무를 지는 것은 그 대표자의 직무에 관한 행위로 인하여 손해가 발생한 것임을 요한다 할 것이나, 그 직무에 관한 것이라는 의미는 행위의 외형상 법인의 대표자의 직무행위라고 인정할 수 있는 것이라면

관한 행위는 보통 제34조가 정하는 '정관으로 정한 목적의 범위 내의 행위'와 일치할 것이지만 이사의 대표권이 제한된 경우에는 그 범위가 좁을 것이다.

(3) 대표기관의 행위가 일반 불법행위의 요건을 갖출 것

대표기관의 행위가 불법행위에 관한 일반적 요건을 갖추어야 한다. 제35조 제1항은 제750조를 전제로 하는 특별 규정이기 때문이다. 따라서 ① 대표기관의 가해행위, ② 고의 · 과실, ③ 책임능력, ④ 가해행위의 위법성, ⑤ 손해의 발생, ⑥ 가해행위와 손해의 발생 간에 인과관계 등의 요건을 충족해야 한다.

3. 효 과

(1) 법인의 손해배상책임

법인의 불법행위에 대하여 법인은 피해자에게 그 손해를 배상하여야 한다(제

설사 그것이 대표자 개인의 사리를 도모하기 위한 것이었거나 혹은 법령의 규정에 위배된 것이었다 하더라도 위의 직무에 관한 행위에 해당한다고 보아야 한다."; **대판** 2004.3.26, 2003**다**34045 "[1] 대표이사의 대표권한 범위를 벗어난 행위라 하더라도 그것이 회사의 권리능력의 범위 내에 속한 행위이기만 하면 대표권의 제한을 알지 못하는 제3자가 그 행위를 회사의 대표행위라고 믿은 신뢰는 보호되어야 하고, 대표이사가 대표권의 범위 내에서 한 행위는 설사 대표이사가 회사의 영리목적과 관계없이 자기 또는 제3자의 이익을 도모할 목적으로 그 권한을 남용한 것이라 할지라도 일단 회사의 행위로서 유효하고, 다만 그 행위의 상대방이 대표이사의 진의를 알았거나 알 수 있었을 때에는 회사에 대하여 무효가 되는 것이며, 이는 민법상 법인의 대표자가 대표권한을 남용한 경우에도 마찬가지이다. [2] 법인의 대표자의 행위가 직무에 관한 행위에 해당하지 아니함을 피해자 자신이 알았거나 또는 중대한 과실로 인하여 알지 못한 경우에는 법인에게 손해배상책임을 물을 수 없다고 할 것이고, 여기서 중대한 과실이라 함은 거래의 상대방이 조금만 주의를 기울였더라면 대표자의 행위가 그 직무권한 내에서 적법하게 행하여진 것이 아니라는 사정을 알 수 있었음에도 만연히 이를 직무권한 내의 행위라고 믿음으로써 일반인에게 요구되는 주의의무에 현저히 위반하는 것으로 거의 고의에 가까운 정도의 주의를 결여하고, 공평의 관점에서 상대방을 구태여 보호할 필요가 없다고 봄이 상당하다고 인정되는 상태를 말한다."; **대판** 2009.11.26, 2009**다**57033 "법인의 대표자의 행위가 직무에 관한 행위에 해당하지 아니함을 피해자 자신이 알았거나 또는 중대한 과실로 인하여 알지 못한 경우에는 법인에게 손해배상책임을 물을 수 없다고 할 것이고, 여기서 중대한 과실이라 함은 거래의 상대방이 조금만 주의를 기울였더라면 대표자의 행위가 그 직무권한 내에서 적법하게 행하여진 것이 아니라는 사정을 알 수 있었음에도 만연히 이를 직무권한 내의 행위라고 믿음으로써 일반인에게 요구되는 주의의무에 현저히 위반하는 것으로 거의 고의에 가까운 정도의 주의를 결여하고, 공평의 관점에서 상대방을 구태여 보호할 필요가 없다고 봄이 상당하다고 인정되는 상태를 말한다(대법원 2004. 3. 26. 선고 2003다34045 판결 등 참조)."

35조 제1항). 그 밖에 법인은 사용자의 자격으로 사용자책임(제756조)을 지기도 한다. 즉 양 책임은 경합한다.

(2) 기관 개인의 책임

1) 법인의 불법행위가 성립하는 경우

법인의 불법행위가 성립하는 경우에는 가해행위를 한 대표기관 개인은 법인과 함께 피해자에 대하여 배상책임을 진다(제35조 제1항 후단). 따라서 피해자는 법인 또는 대표기관에 대하여 선택적으로 손해배상을 청구할 수 있다. 다만 법인이 피해자에게 손해를 배상한 경우에는 법인은 대표기관 개인에게 구상권을 행사할 수 있다. 그 때에는 대표기관이 선량한 관리자의 주의의무를 다하지 못하여 임무를 게을리 하였기 때문이다(제61조 · 제65조 참조).

2) 법인의 불법행위가 성립하지 않는 경우

법인의 대표기관이 직무에 관한 행위 이외의 행위 또는 다른 이유로 인하여 법인의 불법행위가 성립하지 않는 경우에는 법인은 그에 대하여 책임을 지지 않으며, 대표기관 개인만이 제750조에 의한 불법행위책임을 지는 것이 원칙이다. 다만, 민법에서는 피해자를 두텁게 보호하기 위하여 그 사항의 의결에 찬성하거나 그 의결을 집행한 사원, 이사 및 기타 대표기관이 연대하여 배상책임을 지도록 하고 있다(제35조 제2항).[179]

---

179) **대판** 1964.12.29, 64**다**1321 "법인자체에 대하여 불법행위상의 책임을 물을 수 있는 것은 법인자체의 대표자가 그 직무에 관하여 타인에 대하여 불법행위를 가한 경우에만 한정한다는 것이 본조 제1항의 취지이며 구 농업협동조합법(61.7.29. 법률 제670호) 제3조, 제2조, 제111조 에 의하면 군농업협동조합이라는 법인의 목적달성을 위한 사업 중에는 신용사업이 있으나 그 신용사업수행을 위하여 자금차입을 하는 경우에는 반드시 농업협동조합중앙회로부터서만 이를 함을 요하는 것으로 법률상 명백히 규정하고 있으니 자금차입에 관한 군농업협동조합 자체의 불법행위 책임은 그 조합의 대표권자가 위 중앙회로부터 자금차입을 하는데 관하여 타인에게 불법행위를 가한 경우에만 한정된다 할 것인바 농업협동조합의 지소장이 그 개인적인 사업자금조달을 위하여 개인으로부터 자금을 차입하여 타인에게 손해를 가하였다 하더라도 이는 위 조합의 목적범위 내에서 타인에게 불법행위를 가한 경우라고 볼 수 없어 위 조합자체의 불법행위가 된다고 볼 수 없다."

제4관 법인의 기관

Ⅰ. 총 설

(1) 법인은 독립된 권리주체이기는 하지만 자연인처럼 그 자체가 활동할 수는 없으므로 법인이 목적사업을 수행하기 위하여 법인의 의사를 결정하고 내부적으로 법인의 사무를 처리하며 외부적으로 법인을 대표하는 자연인으로 구성되는 조직이 필요하다. 이러한 법인의 조직을 법인의 기관이라고 한다.[180)]

(2) 법인의 기관으로는 의사결정기관 · 업무집행기관 · 감독기관이 있을 수 있다. 법인의 종류에 따라 차이가 있기도 하다. 또한 필요기관(필수기관)과 임의기관이 있다.

(3) 민법상의 법인의 구체적인 기관으로는 이사 · 사원총회 · 감사 등이 있다. 이사는 대표기관이면서 업무집행기관으로서 모든 법인에 반드시 두어야 하는 필요기관이다. 사원총회는 법인의 최고 의사결정기관인데, 자율적인 법인인 사단법인의 경우에는 필요기관인 데 비하여, 사원이 없는 타율적인 법인인 재단법인의 경우에는 사원총회가 있을 수 없다. 감사는 감독기관으로서 민법상 법인에서는 임의기관이다. 다만, 공익법인에서는 감사가 필요기관이다.[181)]

Ⅱ. 이 사

1. 의 의

이사는 대외적으로는 법인을 대표하고(대표기관), 대내적으로는 법인의 업무를 집행하는(업무집행기관) 상설적인 필요기관(필수기관)이다. 즉 사단법인이든 재단법인이든, 법인은 반드시 이사를 두어야 한다(제57조).

이사의 수와 임기에 관하여 특별한 제한은 없고(제58조 제2항), 정관에서 임의로

---

180) 법인의 기관에 대하여 의제설에 따르면 기관은 법인과 구별되는 존재로서 법인의 대리인이라고 한다. 한편 실재설에 따르면 기관은 법인의 구성부분이라고 한다.

181) 공익법인법 제5조 제1항 참조. 한편 상법에 의하면 주식회사에서는 감사가 필요기관(상법 제312조 · 제409조 이하)이며, 유한회사에서는 임의기관(상법 제568조)이다.

정할 수 있다(제40조 · 제43조 참조). 기관의 성격상 이사가 될 수 있는 자는 자연인에 한하지만, 자격상실이나 자격정지의 형을 받은 자는 이사가 될 수 없다(형법 제43조).

2. 이사의 임면

이사의 임면에 관한 사항은 정관의 필요적 기재사항이다(제40조, 제43조). 따라서 이사의 선임 · 해임 · 퇴임에 관한 내용은 정관에 정하여진다. 이사의 성명 · 주소는 등기사항이며(제49조 제2항), 등기하지 않으면 이사의 선임 · 해임 · 퇴임을 가지고 제3자에게 대항할 수 없다(제54조 제1항).

(1) 선 임

이사선임행위의 법적 성질은 일종의 위임계약으로 본다. 따라서 이사는 이 계약에 의하여 법인의 기관으로서의 지위를 갖게 되며, 이러한 위임관계에 따라 이사는 그 직무를 선량한 관리자의 주의로써 행해야 한다(제61조 · 제681조 참조). 이사의 유임이나 중임을 특히 금지하는 정관의 규정이 따로 없는 경우에는 경우에 따라서는 묵시적으로 선임행위가 행해진 것으로 해석해야 할 때도 있다.[182)]

이사의 선임행위에 흠결이 있는 경우에는 이해관계인은 선임행이의 무효 또는 취소의 소를 제기할 수 있으며, 그 본안판결이 있기 전이라도 이사의 직무집행정지 또는 직무대행자 선임의 가처분을 신청할 수 있다. 따라서 가처분으로 직무집행이 정지된 이사가 한 직무집행행위는 절대적으로 무효이다. 그리고 가처분을 명하는 결정이 있거나 가처분의 변경이나 취소가 있는 때에는, 주사무소와 분사무소가 있는 곳의 등기소에서 이를 등기해야 한다(제52조의 2).

(2) 해임 · 퇴임

이사의 해임 및 퇴임은 정관에 의한다. 정관에 규정이 없거나 충분하지 못한 때에는 대리규정(제59조 제2항 · 제127조)이나 위임에 관한 규정을 유추적용해야 한

---

182) **대판 1970.9.17, 70다1256** "가. 법인 대표자의 유임 내지 중임을 금지하는 규약이 없는 이상, 임기만료 후에 대표자 개임이 없었다면 그 대표자를 묵시적으로 다시 대표자로 선임하였다고 해석할 것이며, 나. 피고에게 목적물의 반환의무가 인정되면 그 목적물의 멸실 등 이유로 현물인도의 이행이 불능하다는 것을 피고가 주장하지 않는 이상 법원은 그 목적물의 현존여부를 심리할 것 없이 인도판결을 하면 족하다."

다(제690조 · 제691조). 따라서 이사의 임기가 만료되거나 이사직을 사임한 경우에도 후임이사가 선임될 때까지 계속해서 이사의 직무를 수행할 수 있다.[183] 한편 법인의 정상적인 활동이 가능한지는 그 이사의 임기만료시를 기준으로 판단해야 하며, 그 이후의 사정까지 고려할 수는 없다.[184]

법인과 이사의 법률관계는 위임 유사의 관계이므로 이사는 정관에 특별한 제한이 없는 한 언제든지 사임할 수 있으며(제689조 제1항 참조), 사임행위는 상대방 있는 단독행위이다. 따라서 사임의 의사표시는 수령권한 있는 기관에 도달하면 효력이 생기고 이사회의 결의 · 관할관청의 승인 또는 법인의 승인은 필요하지 않다.[185] 그러나 이와 달리 법인이 정관에 이사의 사임절차나 사임의 의사표시의 효

183) **대판** 2007.7.26, 2005**도**4072 "민법상 법인의 이사 전원 또는 그 일부의 임기가 만료하였다고 하더라도 후임 이사가 선임되지 않았거나 또는 후임 이사가 선임되었다고 하더라도 그 선임결의가 무효이고 임기가 만료하지 아니한 다른 이사만으로는 정상적인 법인의 활동을 할 수 없는 경우에는, 임기가 만료한 구 이사로 하여금 법인의 업무를 수행케 함이 부적당하다고 인정할 만한 특별한 사정이 없는 한, 구 이사는 후임 이사가 선임될 때까지 종전의 직무를 수행할 수 있다."

184) **대결** 2014.1.17, 2013**마**1801 "임기만료된 이사의 업무수행권은 이사에 결원이 있음으로써 법인이 정상적인 활동을 할 수 없는 사태를 방지하자는 데 취지가 있으므로, 이사 중 일부의 임기가 만료되었더라도 아직 임기가 만료되지 아니한 다른 이사들로 정상적인 활동을 할 수 있는 경우에는 임기만료된 이사로 하여금 이사로서 직무를 행사하게 할 필요가 없고, 이러한 경우에는 임기만료로서 당연히 퇴임하며, 법인의 정상적인 활동이 가능한지는 이사의 임기만료 시를 기준으로 판단하여야 하지 그 이후의 사정까지 고려할 수는 없다."; **대판** 2013.11.28, 2011**다**41741 "법인과 이사의 법률관계는 신뢰를 기초로 한 위임 유사의 관계로 볼 수 있는데, 민법 제689조 제1항 에서는 위임계약은 각 당사자가 언제든지 해지할 수 있다고 규정하고 있으므로, 법인은 원칙적으로 이사의 임기 만료 전에도 이사를 해임할 수 있지만,이러한 민법의 규정은 임의규정에 불과하므로 법인이 자치법규인 정관으로 이사의 해임사유 및 절차 등에 관하여 별도의 규정을 두는 것도 가능하다. 그리고 이와 같이 법인이 정관에 이사의 해임사유 및 절차 등을 따로 정한 경우 그 규정은 법인과 이사와의 관계를 명확히 함은 물론 이사의 신분을 보장하는 의미도 아울러 가지고 있어 이를 단순히 주의적 규정으로 볼 수는 없다. 따라서 법인의 정관에 이사의 해임사유에 관한 규정이 있는 경우 법인으로서는 이사의 중대한 의무위반 또는 정상적인 사무집행 불능 등의 특별한 사정이 없는 이상, 정관에서 정하지 아니한 사유로 이사를 해임할 수 없다."

185) **대판** 2003.1.10, 2001**다**1171 "학교법인의 이사는 법인에 대한 일방적인 사임의 의사표시에 의하여 법률관계를 종료시킬 수 있고, 그 의사표시는 수령권한 있는 기관에 도달됨으로써 바로 효력을 발생하는 것이며, 그 효력발생을 위하여 이사회의 결의나 관할관청의 승인이 있어야 하는 것은 아니다."; **대판** 2010.9.30, 2010**다**43580 "재단법인의 이사는 법인에 대한 일방적인 사임의 의사표시에 의하여 법률관계를 종료시킬 수 있고, 그 의사표시가 수령권한 있는 기관에 도달됨으로써 효력을 발생하는 것이며, 법인의 승낙 등이 있어야만 효력이 있는 것은 아니다(대법원 1992.7.24. 선고 92다749 판결 등 참조)"

력발생시기 등에 관하여 특별한 규정을 둔 경우에는, 이사의 사임의 의사표시가 법인의 대표자에게 도달한 것만으로 곧바로 사임의 효력이 발생하는 것이 아니고 정관에서 정한 바에 따라 사임의 효력이 발생한다. 따라서 이사가 사임의 의사표시를 하였더라도 정관에 따라 효력이 발생하기 전에는 그 사임의사를 자유롭게 철회할 수 있다.[186)]

(3) 등 기

이사의 성명 · 주소는 등기사항이며(제49조 제2항), 이를 등기하지 않으면 이사의 선임 · 해임 · 퇴임을 가지고 제3자에게 대항할 수 없다(제54조 제1항).

3. 직무권한

(1) 대내적 권한(법인의 사무집행권)

이사는 선량한 관리자의 주의의무로써 직무를 수행해야 하며(제681조 · 제61조), 이사가 이 의무에 위반하면 그는 법인에 대하여 채무불이행책임을 지고 손해배상을 하게 된다. 그런데 민법은 그 손해배상은 이사들 각자가 법인에 대하여 연대하여 손해의 전부를 배상하게 하는 연대책임으로 규정하고 있다(제65조).

이사는 법인의 사무를 집행한다(제58조 제1항). 한편 이사가 여러 명인 경우에

---

186) **대판** 2006.6.15, 2004**다**10909 "법인의 이사를 사임하는 행위는 상대방 있는 단독행위라 할 것이어서 그 의사표시가 상대방에게 도달함과 동시에 그 효력을 발생하고 그 의사표시가 효력을 발생한 후에는 마음대로 이를 철회할 수 없음이 원칙이나, 사임서 제시 당시 즉각적인 철회권유로 사임서 제출을 미루거나, 대표자에게 사표의 처리를 일임하거나, 사임서의 작성일자를 제출일 이후로 기재한 경우 등 사임의사가 즉각적이라고 볼 수 없는 특별한 사정이 있을 경우에는 별도의 사임서 제출이나 대표자의 수리행위 등이 있어야 사임의 효력이 발생하고, 그 이전에 사임의사를 철회할 수 있다."; **대판** 2008.9.25, 2007**다**17109 "법인과 이사의 법률관계는 신뢰를 기초로 한 위임 유사의 관계이므로, 이사는 민법 제689조 제1항 이 규정한 바에 따라 언제든지 사임할 수 있고, 법인의 이사를 사임하는 행위는 상대방 있는 단독행위이므로 그 의사표시가 상대방에게 도달함과 동시에 그 효력을 발생하고, 그 의사표시가 효력을 발생한 후에는 마음대로 이를 철회할 수 없음이 원칙이다. 그러나 법인이 정관에서 이사의 사임절차나 사임의 의사표시의 효력발생시기 등에 관하여 특별한 규정을 둔 경우에는 그에 따라야 하는바, 위와 같은 경우에는 이사의 사임의 의사표시가 법인의 대표자에게 도달하였다고 하더라도 그와 같은 사정만으로 곧바로 사임의 효력이 발생하는 것은 아니고 정관에서 정한 바에 따라 사임의 효력이 발생하는 것이므로, 이사가 사임의 의사표시를 하였더라도 정관에 따라 사임의 효력이 발생하기 전에는 그 사임의사를 자유롭게 철회할 수 있다."

는, 정관에 다른 규정이 없으면 법인의 사무집행은 이사의 과반수로써 결정한다(제58조 제2항). 이것을 위하여 실제에 있어서는 보통 이사회를 구성하여 운영하지만, 민법은 이사회에 관하여는 아무런 규정을 두고 있지 않다.

이사가 집행해야 할 사무는 ① 재산목록의 작성(제55조 제1항), ② 사원명부의 작성(제55조 제2항), ③ 사원총회의 소집(제69조, 제70조), ④ 총회의사록의 작성(제76조), ⑤ 파산신청(제79조), ⑥ 청산인이 되는 것(제82조), ⑦ 법인의 등기신청(제97조) 등이다.

(2) 대외적 권한(대표권)

1) 각자대표의 원칙

이사는 법인의 사무에 관하여 각자 법인을 대표한다(제59조 제1항). 즉 이사가 여러 명 있어도 각자 단독대표가 원칙이다. 대표하는 사무에는 제한이 없으며, 이사는 법인의 사무집행을 위하여 필요한 모든 사항에 관하여 재판상 또는 재판 외의 행위를 할 권한을 가진다.[187)]

법인의 대표에 관하여는 대리에 관한 규정이 준용되므로(제59조 제2항), 이사가 법인을 대표함에 있어서는 법인을 위한 것임을 표시하여야 한다(115조 참조). 그리고 무권대리 · 표현대리에 관한 규정도 준용된다.[188)]

---

187) **대판** 1958.6.26, 4290**민상**659.

188) **대판** 2004.1.15, 2003**다**56625 "[1] 구 신용협동조합법(1998.1.13. 법률 제5506호로 개정되기 전의 것) 제1조, 제2조, 제23조 제4항, 제27조, 제29조 제5호, 제31조 제1항 제2호 등의 각 규정을 종합하여 보면, 신용협동조합의 이사장은 조합의 사무를 통할하고 조합을 대표하는 권한을 가지며, 위 법이 신용협동조합의 조합원에 대한 대출에 관하여 이사회의 결의를 거치도록 규정한 것은, 비영리법인인 신용협동조합의 특수성을 고려하여 그 재산의 원활한 관리 및 유지 보호와 재정의 적정을 기함으로써 조합의 건전한 발달을 도모하고 조합으로 하여금 본래의 목적사업에 충실하도록 하기 위하여 그 대표자의 대표권을 제한한 취지이다. [2] 신용협동조합의 대출에 관한 대표자의 대표권이 이사회의 결의를 거치도록 제한되는 경우 그 요건을 갖추지 못한 채 무권대표행위에 의하여 조합원에 대한 대출이 이루어졌다고 하더라도 나중에 그 요건이 갖추어진 뒤 신용협동조합이 대출계약을 추인하면 그 계약은 유효하게 되는 것인데, 신용협동조합이 파산한 경우 파산재단의 존속 · 귀속 · 내용에 관하여 변경을 야기하는 일체의 행위를 할 수 있는 관리 · 처분권은 파산관재인에게 전속하고, 반면 파산한 신용협동조합의 기관은 파산재단의 관리 · 처분권 자체를 상실하게 되므로, 위와 같은 무권대표행위의 추인권도 역시 특별한 사정이 없는 한 파산관재인만이 행사할 수 있다고 보아야 한다.

2) 대표권의 제한

① **정관에 의한 제한** 이사의 대표권은 정관으로 제한할 수 있지만(제59조 제1항 단서). 이러한 제한은 정관에 기재하지 않으면 그 효력이 없고(제41조), 또 이를 등기하지 않으면 제3자에게 대항할 수 없다(제60조). 등기를 하지 않은 한, 제3자의 선의 · 악의를 불문하고 제3자에게 대항하지 못한다.[189] 대표권제한을 등기한 경우에는 모든 제3자에게 대항할 수 있다.

정관에 대표권에 대한 제한이 정해져 있다는 것과, 대표권의 제한에 관하여 등기가 되어 있다는 것은 모두 대표권의 제한을 주장하는 자가 주장 · 증명하여야 한다(제41조 · 제60조 참조).

② **사원총회의 의결에 의한 제한** 사단법인 이사의 대표권은 사원총회의 의결로 이사의 대표권을 제한할 수 있으나(제59조 제1항), 이 경우에도 대표권의 제한을 등기하여야 하며, 등기하지 않으면 제3자에게 대항하지 못한다(제60조).

③ **법인과 이사의 이익상반사항의 대표의 금지** 법인과 이사의 이익이 상반하는 사항에 관하여는 그 이사는 대표권이 없다. 예컨대 A법인이 그 법인의 대표이사 홍길동의 토지를 매수하는 경우에는 이해관계인이나 검사의 청구에 의하여 법원이 선임한 특별대리인이 그 사항에 한하여 법인을 대표한다(제64조 · 비송법 제33조 참조).

이사가 제64조에 위반하여 법인과 이사의 이익이 상반하는 사항에 관하여 특별대리인을 선임하지 않고 스스로 대표행위를 한 경우에는 그 행위는 무권대표행위가 되며 거기에는 무권대리에 관한 규정이 준용된다(제59조 제2항 · 제130조 이하).

---

189) **대판** 2014.9.4, 2011**다**51540 "도시 및 주거환경정비법(이하 '도시정비법'이라 한다)부칙(2002. 12.30.) 제10조 제1항 본문은 '조합의 설립에 관한 경과조치'라는 표제로 "종전 법률에 의하여 조합 설립의 인가를 받은 조합은 본칙 제18조 제2항의 규정에 의하여 주된 사무소의 소재지에 등기함으로써 이 법에 의한 법인으로 설립된 것으로 본다."라고 규정하고 있는데, 위규정의 내용과 취지에 비추어 보면 행정청이 종전 법률인 구 주택건설촉진법(2003.5.29.법률 제6916호 주택법으로 전부 개정되기 전의 것)에 의하여 재건축조합에 대하여 조합설립인가처분을 하였더라도 도시정비법이 시행되고 해당 재건축조합이 도시정비법 부칙(2002.12.30.)제10조 제1항에 따라 설립등기를 마친 후에는 그 재건축조합을 공법인으로 보게 된다. 나아가 이러한 재건축조합에는 도시정비법 제27조 에 의하여 민법 제60조 가 준용되므로, 재건축조합의 조합장이 조합원의 부담이 될 계약을 체결하기 위하여는 총회의 결의를 거치도록 조합규약에 규정되어 있다 하더라도 이는 법인대표권을 제한한 것으로서 그러한 제한은 등기하지 아니하면 제3자에게 그의 선의 · 악의에 관계없이 대항할 수 없다."

그 결과 법인이 추인하지 않는 한 그 행위의 효력이 법인에 미치지 않고(제130조), 상대방의 선택에 따라 이사가 계약의 이행 또는 손해배상을 해야 한다(제135조).

④ **복임권의 제한** 이사는 대표권을 직접 행사해야하기 때문에 원칙적으로 복임권이 없다. 다만 정관 또는 총회의 결의로 금지하지 않은 사항에 한하여 타인으로 하여금 특정의 행위를 대리하게 할 수 있다(제62조). 이사는 포괄적인 복임권은 없다는 것이 판례의 입장이다.[190)]

복임권은 대표권 있는 이사만 행사할 수 있으므로 정관상 특정한 이사만이 대표권을 갖는 경우에는 대표권 없는 다른 이사는 복임권이 없다. 복임권에 의하여 선임된 자는 법인의 기관이 아니고 대리인에 해당한다. 따라서 그 자의 불법행위에 대해서는 제35조가 적용되지 않고 제756조가 적용된다.

내리인의 사격에는 득별한 제한이 없으므로 복임권을 갖지 않은(대표권이 없는) 다른 이사도 대리인으로 선임될 수 있다.

4. 이 사 회

이사가 여러 명인 경우에는 정관에 다른 규정이 없으면 법인의 사무집행은 이사의 과반수로써 결정한다(제58조 제2항). 이사회는 정관에 의하여 집행기관으로 정할 수 있다. 민법은 이사회를 필요기관으로 규정하고 있지 않다.[191)] 다만, 공익법인(공익법인법 제6조)과 학교법인(사립학교법 제15조)의 경우에는 이사회가 필요기관이다.

이사회의 소집 · 결의 · 의사록의 작성 등에 관하여는 정관에 특별한 규정이 없는 한 사원총회에 관한 규정(제71조 내지 제76조)을 유추적용 한다.

이사회의 결의에 하자가 있는 경우에 대하여는 민법이 별도의 규정을 하고 있지 않다. 따라서 이사회에 무효사유가 있는 경우에 이해관계인은 무효를 주장할 수 있고, 그 무효주장이 무효확인소송의 승소판결로 확정이 난 경우에 그 기판력은 소송당사자 사이에서만 발생하는 것이고 대세적 효력은 없다.[192)]

190) **대판** 1989.5.9, 87**다카**2407 "사립학교법 제27조, 민법 제62조 에 의하면 학교법인의 이사는 특정한 행위를 다른 이사에게 대리하게 할 수 있으나 학교법인의 제반사무처리를 포괄적으로 위임할 수는 없다."

191) 반면 상법은 주식회사의 이사회를 필요기관으로 한다(상법 제390조 이하 참조).

192) **대판** 2003.4.25, 2000**다**60197 "민법상 법인의 이사회의 결의에 부존재 혹은 무효 등 하자가 있는 경우 법률에 별도의 규정이 없으므로 이해관계인은 언제든지 또 어떤 방법에 의하든지

5. 임시이사

이사가 없거나 결원이 있는 경우에 이로 인하여 손해가 생길 염려가 있는 때에는 법원은 이해관계인이나 검사의 청구에 의하여 임사이사를 선임하여야 한다(제63조). 여기서 '이사가 없거나 결원이 있는 경우'란 이사가 전혀 없거나 정관에 정한 인원수에 부족이 있는 경우이고, '이로 인하여 손해가 생길 염려가 있는 때'란 통상의 이사 선임절차에 따라 이사가 선임된다면 법인이나 제3자에게 손해가 생길 우려가 있는 것을 의미한다.[193] 또한 여기의 '이해관계인'이란 임시이사가 선임되는 것에 관하여 법률상 이해관계를 가지는 자이며, 이에는 법인의 다른 이사 · 사원 · 채권자 등이 포함된다.[194]

그 무효를 주장할 수 있다."; **대결** 2005.5.18, 2004마916 "사회복지법인의 이사회가 특정 이사에게 적법한 소집통지를 하지 아니하여 그 이사가 출석하지 아니한 채 개최되었다면 그와 같이 개최된 이사회의 결의는 무효이고(대법원 1994.9.23. 선고 94다35084 판결 참조), 사회복지법인의 정관에 이사회의 소집통지시 '회의의 목적사항'을 명시하도록 정하고 있음에도, 일부 이사가 참석하지 않은 상태에서 소집통지서에 회의의 목적사항으로 명시한 바 없는 안건에 관하여 이사회가 결의하였다면, 적어도 그 안건과 관련하여서는 불출석한 이사에 대하여는 정관에서 규정한 바대로의 적법한 소집통지가 없었던 것과 다를 바 없으므로 그 결의 역시 무효라 할 것이다."; **대판** 2009.4.9, 2008다1521 "민법 제74조 는 사단법인과 어느 사원과의 관계사항을 의결하는 경우 그 사원은 의결권이 없다고 규정하고 있으므로, 민법 제74조 의 유추해석상 민법상 법인의 이사회에서 법인과 어느 이사와의 관계사항을 의결하는 경우에는 그 이사는 의결권이 없다. 이 때 의결권이 없다는 의미는 상법 제368조 제4항, 제371조 제2항 의 유추해석상 이해관계 있는 이사는 이사회에서 의결권을 행사할 수는 없으나 의사정족수 산정의 기초가 되는 이사의 수에는 포함되고, 다만 결의 성립에 필요한 출석이사에는 산입되지 아니한다고 풀이함이 상당하다."

193) **대결(전)** 2009.11.19, 2008마699 "민법 제63조 에서 임시이사 선임의 요건으로 정하고 있는 '이사가 없거나 결원이 있는 경우'라 함은 이사가 전혀 없거나 정관에서 정한 인원수에 부족이 있는 경우를 말하고,'이로 인하여 손해가 생길 염려가 있는 때'라 함은 통상의 이사선임절차에 따라 이사가 선임되기를 기다릴 때에 법인이나 제3자에게 손해가 생길 우려가 있는 것을 의미한다."

194) **대결(전)** 2009.11.19, 2008마699 "[1] 민법 제63조 는 법인의 조직과 활동에 관한 것으로서 법인격을 전제로 하는 조항이 아니고, 법인 아닌 사단이나 재단의 경우에도 이사가 없거나 결원이 생길 수 있으며,통상의 절차에 따른 새로운 이사의 선임이 극히 곤란하고 종전 이사의 긴급처리권도 인정되지 아니하는 경우에는 사단이나 재단 또는 타인에게 손해가 생길 염려가 있을 수 있으므로, 민법 제63조 는 법인 아닌 사단이나 재단에도 유추 적용할 수 있다. [2]임시이사의 선임을 신청할 수 있는 '이해관계인'이라 함은 임시이사가 선임되는 것에 관하여 법률상의 이해관계가 있는 자로서 그 법인의 다른 이사, 사원 및 채권자등을 포함한다. [3] 민법 제63조 에서 임시이사 선임의 요건으로 정하고 있는 '이사가 없거나 결원이 있는 경우'라 함은 이사가 전혀 없거나 정관에서 정한 인원수에 부족이 있는 경우를 말하고, '이로 인하여 손해가 생길 염려가 있는 때'라 함은 통상의 이사선임절차에

임시이사는 정식의 이사가 선임될 때까지는 이사와 동일한 권한을 갖는 법인의 기관이다.[195]

(1) 특별대리인

법인과 이사의 이익이 상반하는 사항에 관하여는 이사는 대표권이 없고, 이

따라 이사가 선임되기를 기다릴 때에 법인이나 제3자에게 손해가 생길 우려가 있는 것을 의미한다. [4] 헌법 제20조 는 종교의 자유를 보장하고 종교와 국가기능의 엄격한 분리를 선언하고 있으므로, 종교의 자유에 속하는 종교적 집회 · 결사의 자유는 그 성질상 일반적인 집회 · 결사의 자유보다 광범위한 보장을 받으며, 이에 따라 종교적 집회 · 결사의 자유를 실현하기 위하여 설립된 종교단체에 대하여는 그 조직과 운영에 관한 자율성이 최대한 보장되어야 한다. 따라서 법원이 종교단체에서 이사의 결원으로 발생하는 장해를 방지하기 위하여 임시이사의 형태로 그 조직과 운영에 관여하게 될 때에도 헌법상 종교단체에 보장되는 종교활동의 자유와 자율성이 침해되지 않도록 그 선임요건과 필요성을 인정함에 신중을 기하여야 하며, 특히 그 선임요건으로 '손해가 생길 염려가 있는 때'를 판단할 때에는, 이사의 결원에 이르게 된 경위와 종교단체가 자율적인 방법으로 그 결원을 해결할 수 있는지 여부를 살피고, 아울러 임시이사의 부재(不在)로 인하여 혼란이 초래되어 임시이사를 선임하지 아니하는 것이 현저히 정의관념에 반하고 오히려 자유로운 종교활동을 위한 종교단체의 관리 · 운영에 심각한 장해를 초래하는지 여부 등의 사정을 종합적으로 참작하여야 한다. [5]종교단체에서 임시이사의 선임요건에 관한 심사 결과 당해 종교단체에 장래 발생이 염려되는 손해를 방지하기 위한 조치로서 임시이사의 선임이 불가피한 경우에도, 결원이 된 당해 이사가 지니는 지위, 권한 및 직무내용과 임시이사가 실제로 수행하여야 하는 업무나 역할 등 당해 종교단체에 관한 구체적 사정에 따라서는 종교단체의 종교적인 활동 및 그 자율성에 장해를 주지 않도록 선임자격이나 그 구체적 권한 내지 직무내용을 제한함이 상당하다. 특히, 교의의 통일 등을 위하여 단위 종교단체의 상위 단체로 조직한 포괄적인 종교단체인 종단의 대표자는 법률적으로 종단을 대표하는 권한을 가지고, 종단의 규약이 정한 임명권 등을 통하여 종단의 업무 조직을 구성하는 포괄적인 권한을 가지는 한편, 종교적 권능을 통하여 대내외적으로 당해 종단의 정체성을 표창하고 신도들의 신앙적 일체감을 지지(支持) · 통합하는 구심점인 역할을 수행하는 지위에 있다. 이와 같이 종교적인 영역에서 차지하는 종단 대표자의 지위나 역할의 중요성을 감안하면 그 종단의 신도가 아니어서 신앙적 동일성이 인정되지 않는 외부의 제3자로 하여금 신앙공동체인 종단의 대표자 업무를 담당하도록 하는 것은 특별한 사정이 없는 한 종교단체의 자율성과 본질에 어긋나므로 원칙적으로 허용되지 않는다. 다만, 종단 내부의 종제적 분규와 선제적 내립 양상으로 인하여 당해 종단의 신도중에서는 중립적인 지위에서 종단의 대표자 업무를 적정하게 수행할 수 있는 적임자를 도저히 찾을 수 없는 예외적 사정이 존재하는 경우에는 신도 아닌 사람도 임시이사로 선임할 수 있으나, 이 경우에도 그 직무범위나 권한을 비종교적(非宗敎的)영역 내에서 선임의 필요성에 상응한 최소한의 범위로 제한함으로써, 종단의 정체성을 보존하고 그 자율적 운영에 대한 제약도 최소화될 수 있도록 하여야 한다."

195) **대판** 1963.3.21, 62**다**800 "법원이 선임한 임시이사도 일반 이사와 동일한 결의권이 있다." ; **대판(전)** 2007.5.17, 2006**다**19054 "종전이사들은 구 사립학교법상의 임시이사들이 정식이사를 선임하는 내용의 이사회 결의에 대하여 법률상의 이해관계를 가진다고 할 수 있으므로 그 무효 확인을 구할 소의 이익이 있다."

경우에는 법원은 이해관계인이나 검사의 청구에 의하여 특별대리인을 선임하여야 한다(제64조 · 제65조). 이 특별대리인은 임시이사의 경우처럼 법인의 대리인이 아니고 일시적인 기관이다.

(2) 직무대행자

이사의 선임행위에 흠이 있는 경우에 이해관계인의 신청에 의해 법원이 가처분으로 선임하는 임시적 기관이다. 직무대행자는 가처분명령에 다른 정함이 없는 한 법인의 통상 사무에 속하는 행위만을 할 수 있다(제60조의 2 제1항 본문). 다만, 법원의 허가를 얻은 경우에는 통상사무가 아닌 행위도 할 수 있다(제60조의 2 제1항 단서).[196]

(3) 청 산 인

법인이 청산한 때에는, 파산의 경우를 제외하고는, 이사가 청산인이 된다(제82조).

Ⅲ. 감 사

법인은 정관 또는 총회의 결의로 감사를 둘 수 있다(제66조). 감사는 민법상의 법인에서는 임의기관이며 이사와 같은 필요기관이 아니다.[197] 감사의 수에는 제

---

196) **대판** 2006.10.27, 2004**다**63408 “가처분결정에 의하여 재단법인의 이사의 직무를 대행하는 자를 선임한 경우에 그 직무대행자는 단지 피대행자의 직무를 대행할 수 있는 임시의 지위에 놓여 있음에 불과하므로, 가처분명령에 다른 정함이 있는 경우 외에는 재단법인을 종전과 같이 그대로 유지하면서 관리하는 한도 내의 재단법인의 통상업무에 속하는 사무만을 행할 수 있다. 그런데 가처분결정에 의하여 선임된 직무대행자가 항소를 취하하는 것은 재단법인의 통상업무에 속하지 않는다고 보아야 할 것이므로, 그 가처분결정에 다른 정함이 있거나 관할법원의 허가를 얻지 아니하고서는 이를 할 수 없다고 보아야 할 것이다(대법원 2006.1.26. 선고 2003다36225 판결 참조).”; **대판** 2008.12.11, 2006**다**57131 “재단법인의 정관에서 “이사장의 유고시에는 이사 중 최연장자가 그 직무를 대행한다.”고 규정하고 있는 경우에 이사장의 유고란 이사장의 임기가 만료하기 전에 이사장이 사망, 질병 등 기타 부득이한 사정으로 그 직무를 집행할 수 없는 경우를 말한다. 하지만 이사장의 임기가 만료한 후 후임 이사장이 취임하기 전에 임기만료한 이사장에 대하여 법원의 직무집행정지 가처분결정이 확정됨으로써 임기만료한 이사장이 그 직무를 계속 수행할 수 없는 사정이 발생한 경우에도, 이사장의 유고에 준하는 상황이 발생하였다고 보아야 한다.”

197) 반면에 공익법인에서는 필요기관이다(공익법인법 제3조 · 제5조 참조).

한이 없다. 1인일 수도 있고 여러 명일 수도 있다. 감사의 임면은 이사와 동일하며 그의 성명·주소는 등기사항이 아니다.

감사의 직무는 ① 법인의 재산상황과 이사의 업무집행상황에 대한 감사, ② 감사결과 부정 또는 불비함을 발견한 때에는 이를 총회 또는 주무관청에의 보고, ③ 보고를 하기 위하여 필요한 때에는 총회의 소집 등이다(제67조). 감사도 이사와 마찬가지로 선관주의로써 사무를 처리하여야 하며(제68조 참조), 이에 위반하면 채무불이행을 이유로 손해배상책임을 진다(제65조 참조; 감사가 여럿인 경우라도 연대배상책임이 아니다).[198]

Ⅳ. 사원총회

1. 의 의

사단법인에는 최고의 의사결정기관으로 사원총회가 있다. 사원총회는 사단법인을 구성하는 사원 전원으로써 구성되는 의결기관이며, 반드시 두어야 하는 필요기관이므로 정관으로도 폐지할 수 없다. 재단법인에는 사원이 없으므로 사원총회가 있을 수 없고, 최고의사는 정관에 정하여져 있다.

2. 총회의 종류

사원총회는 통상총회와 임시총회로 구분한다.

(1) 통상총회는 적어도 1년에 1회 이상 소집되는 사원총회를 말한다(제69조).[199] 소집시기는 보통 정관에서 정하고, 정관에 규정이 없으면 총회의 의결로, 총회의

---

198) **대판 2006.4.27, 2005도8875** "민법상 법인의 이사나 감사 전원 또는 그 일부의 임기가 만료되었음에도 불구하고 그 후임 이사나 감사의 선임이 없거나 또는 그 후임 이사나 감사의 선임이 있었다고 하더라도 그 선임결의가 무효이고, 임기가 만료되지 아니한 다른 이사나 감사만으로는 정상적인 법인의 활동을 할 수 없는 경우, 임기가 만료된 구 이사나 감사로 하여금 법인의 업무를 수행케 함이 부적당하다고 인정할 만한 특별한 사정이 없는 한, 구 이사나 감사는 후임 이사나 감사가 선임될 때까지 종전의 직무를 수행할 수 있다."

199) 사원총회의 소집시기와 관련하여 상법 제365조 제1항에서 말하는 주식회사의 정기총회와 달리 민법상 사단법인의 통상총회는 반드시 '일정한 시기'에 소집될 필요는 없다고 본다(송덕수, 663면).

결정도 없으면 이사가 임의로 결정할 수 있다. 통상총회의 소집권자는 사단법인의 이사이다(제69조).

(2) 임시총회는 이사가 필요하다고 인정하는 때(제70조 제1항), 감사가 필요하다고 인정하는 때(제67조 제4호) 또는 총 사원의 5분의 1 이상(정관으로 증감이 가능하다)으로부터 회의의 목적사항을 제시하여 청구하는 때(제70조 제2항 전단) 열리는 사원총회를 말한다. 총 사원의 5분의 1이상이 회의의 목적사항을 제시하여 청구하는 때에 있어서 5분의 1이라는 수는 정관에서 증감할 수 있으나(제70조 제2항 후단), 이 소수사원의 총회소집권(소수사원권)은 박탈하지 못한다. 소수사원들의 소집청구가 있음에도 불구하고 2주간 내에 이사가 총회소집의 절차를 밟지 않은 때에는, 청구한 사원은 법원의 허가를 얻어서 스스로 총회를 소집할 수 있다(제70조 제3항).

3. 총회의 소집절차

총회의 소집은 이사 등의 소집권자가 1주간 전에 그 회의의 목적사항을 기재한 통지를 발송하고,[200] 기타 정관에 정한 방법에 의하여야 한다(제71조). 여기의 1주간의 기간은 단축하지는 못하지만 정관에서 연장할 수는 있다고 본다.

사원총회 소집방법으로 일반적으로 정관에서 개별통지 · 신문광고 · 기관잡지에의 기재 등을 정하고 있다. 그런데 정관에 규정이 없으면 모든 사원들에게 알릴 수 있는 적당한 방법을 이사가 선택할 수 있다고 한다.

소집절차가 법률 또는 정관의 규정에 위반한 경우의 효과에 관하여 민법에 규정이 없으나 치유될 수 있는 하자가 아닌 한 총회의 결의가 무효라고 하여야 한다.[201]

200) 민법 제111조 도달주의 원칙의 예외이다.

201) 상법 제376조 · 제380조 등 참조; **대판** 1994.1.11, 92**다**40402 "소집권한 없는 자에 의한 총회소집이라고 하더라도 소집권자가 소집에 동의하여 그로 하여금 소집하게 한 것이라면 그와 같은 총회소집을 권한 없는 자의 소집이라고 볼 수 없으나 단지 소집권한 없는 자에 의한 총회에 소집권자가 참석하여 총회소집이나 대표자선임에 관하여 이의를 하지 아니하였다고 하여 이것만 가지고 총회가 소집권자의 동의에 의하여 소집된 것이라거나 그 총회의 소집절차상의 하자가 치유되어 적법하게 된다고는 할 수 없다."; **대판** 2005.7.15, 2003**다**61689 "종중의 대표 자격이 있는 연고항존자가 직접 종회를 소집하지 아니하였더라도 그가 다른 종중원의 종회 소집에 동의하여 그 종중원으로 하여금 소집케 하였다면 그와 같은 종회 소집을 전혀 권한 없는 자의 소집이라고 볼 수도 없다(대법원 2002.5.14. 선고 2000다42908 판결 등)."

4. 총회의 권한

사원총회는 사단법인의 최고기관이므로, 정관으로 이사 기타의 임원에게 위임된 사무를 제외하고는 법인의 사무 전부에 관하여 결정권을 가진다(제68조). 그러나 강행법규 · 사회질서 · 법인의 본질 등에 반하는 사항은 결의할 수 없다. 그리고 정관의 규범적인 의미 내용과 다른 해석을 사원총회의 결의라는 방법으로 할 수도 없다. 총회는 집행기관이 아니어서 대외적인 대표권이나 내부적인 업무집행권이 없다.

정관의 변경(제42조) 및 임의해산(제77조 제2항)은 총회의 전권사항으로서 정관에 의하여서도 이 권한을 박탈할 수 없다.

소수사원권과 사원의 결의권과 같은 사원의 고유권은 총회의 결의에 의하여서도 박탈하지 못한다. 이는 다수결원칙의 한계로부터 인정되는 것이기 때문이다.[202)]

5. 총회의 결의

(1) 총회의 성립정족수에 대한 규정이 민법에는 없다. 따라서 총회성립을 위한 정족수에 대한 것을 정하여야 하지만, 총회의 의사정족수는 정관에 특별한 규정이 없으면 2인 이상의 사원의 출석으로 성립한다고 해야 할 것이다(다수설).

(2) 총회에서 결의할 수 있는 사항은 정관에 다른 규정이 없는 한 총회를 소집할 때 미리 통지한 사항에 한정된다(제72조). 그리고 일반적으로 총회의 권한 내의 사항이어야 하고, 사회질서나 강행법규에 위반하지 않는 것이어야 한다.

(3) 각 사원은 원칙적으로 평등한 결의권을 가지나(제73조 제1항),[203)] 정관으로 변경할 수 있다(제73조 제3항). 결의권은 정관에 다른 규정이 없는 한, 서면 또는

---

202) **대판** 2009.12.24, 2009**다**26367 "종중은 공동선조의 분묘수호와 제사 그리고 종원 상호간의 친목도모 등을 목적으로 하는 자연발생적인 관습상의 종족 집단체로서 그 공동선조의 후손은 그 의사와 관계없이 성년이 되면 당연히 그 구성원(종원)이 되는 것이고, 종중의 규약이나 관습에 따라 선출된 대표자 등에 의하여 대표되는 정도로 조직을 갖추고 지속적인 활동을 하고 있다면 비법인 사단으로서의 단체성이 인정된다. 이와 같은 종중의 성격과 법적 성질에 비추어 종중이 그 구성원인 종원에 대하여 그가 가지는 고유하고 기본적인 권리의 본질적인 내용을 침해하는 처분을 하는 것은 허용되지 않는다(대법원 2006.10.26. 선고 2004다47024 판결 등 참조)."

203) 주식회사의 경우 1주마다 1개의 결의권이 있다(상법 369조 제1항 참조).

대리인에 의하여 행사할 수 있으며, 서면 또는 대리인에 의하여 결의권을 행사하는 사원은 출석한 것으로 간주된다(제75조 제2항). 어느 사원과 법인과 관계되는 사항에 대하여 의결하는 경우에는 그 사원은 결의권이 없다(제74조). 사원의 결의권은 고유권이어서 제한할 수는 있지만 완전히 박탈할 수는 없다.

(4) 총회의 결의는 정관에 다른 규정이 없으면 사원 과반수의 출석과 출석사원의 결의권의 과반수로써 한다(제75조 제1항). 다만, 정관에 다른 규정이 없으면 정관변경은 총 사원의 3분의 2 이상, 임의해산은 총 사원의 4분의 3 이상의 동의가 있어야 한다(제42조 제1항 · 제78조). 총회의 결의의 경우 서면이나 대리인에 의하여 결의권을 행사하는 사원은 출석한 것으로 본다(제75조 제2항).[204]

(5) 총회의 이사에 관하여는 의사록을 작성하여 주된 사무소에 비치해야 한다(제76조).

6. 사 원 권

사원권이라 함은 사단의 구성원인 사원이 사단에 대하여 가지는 권리를 통틀

---

204) **대판** 2011.10.27, 2010**다**88682 "[1] 민법상 사단법인 총회 등의 결의와 관련하여 당사자 사이에 의사정족수나 의결정족수 충족 여부가 다투어져 결의의 성립 여부나 절차상 흠의 유무가 문제되는 경우로서 사단법인 측에서 의사의 경과, 요령 및 결과 등을 기재한 의사록을 제출하거나 이러한 의사의 경과 등을 담은 녹음 · 녹화자료 또는 녹취서 등을 제출한 때에는, 그러한 의사록 등이 사실과 다른 내용으로 작성되었다거나 부당하게 편집, 왜곡되어 증명력을 인정할 수 없다고 볼 만한 특별한 사정이 없는 한 의사정족수 등 절차적 요건의 충족 여부는 의사록 등의 기재에 의하여 판단하여야 한다. 그리고 위와 같은 의사록 등의 증명력을 부인할 만한 특별한 사정에 관하여는 결의의 효력을 다투는 측에서 구체적으로 주장 · 증명하여야 한다. [2] 사단법인인 대한의사협회의 대의원총회에서 회장 선출방식을 직접 선출방식에서 간접 선출방식으로 변경하는 내용의 정관 개정 안건을 가결하였는데, 그 결의가 협회정관에 따른 의사정족수를 충족하였는지 문제된 사안에서, 총회 속기록에는 총회 당시 위 안건에 대한 제안, 토론 및 표결이 이루어진 과정과 위 안건에 대한 표결 당시 의사정족수 충족 여부를 확인하는 과정 등이 매우 구체적으로 상세하게 기록되어 있는 반면, 증명력을 부정할 만한 특별한 사정에 관하여 결의의 효력을 다투는 측이 별다른 주장 · 증명을 하지 못하고 있는데도, 정당한 이유 없이 속기록의 기재 등만으로는 의사정족수 충족 사실을 인정하기 부족하다고 하여 위 결의를 무효라고 본 원심판결에는 결의의 무효사유가 되는 절차상 흠의 존부에 관한 채증법칙을 위반한 잘못이 있다고 한 사례. [3] 민법상 사단법인 총회의 표결 및 집계방법에 관하여는 법령에 특별한 규정이 없으므로, 정관에 다른 정함이 없으면 개별 의안마다 표결에 참석한 사원의 성명을 특정할 필요는 없고, 표결에 참석한 사원의 수를 확인한 다음 찬성 · 반대 · 기권의 의사표시를 거수,기립,투표 기타 적절한 방법으로 하여 집계하면 된다."

어서 사원권이라고 한다. 즉 사원은 법인의 사업에 참여함에 있어서 각종의 권리와 의무를 갖게 되는데, 이것을 총괄한 사원의 지위를 사원권이라고 한다. 사원은 사단법인의 구성요소이나 기관은 아니다. 사원권은 정관의 규정에 따라 취득한다(제40조 제6호).

사원권은 크게 공익권(결의권, 소수사원권, 사무집행권, 감독권 등)과 자익권(이익배당청구권, 잔여재산분배청구권, 시설이용권 등)으로 나눌 수 있는데, 비영리법인에서는 공익권이, 영리법인에서는 자익권이 중심을 이룬다. 이러한 차이에서 사원권의 양도·상속이 영리법인의 경우에는 허용되나(상법 제335조), 비영리법인의 경우에는 부인된다(제56조). 그러나 사원권의 양도·상속을 부인하는 민법규정(제56조)은 강행규정이 아니므로, 정관이나 관습에 의하여 양도나 상속이 될 수 있다고 할 것이다.[205]

제5관 법인의 활동

Ⅰ. 법인의 주소

법인의 주소는 그 주된 사무소의 소재지에 있는 것으로 한다(제36조). '주된 사무소'란 법인을 통솔하는 최고수뇌부가 있는 장소를 가리킨다. 사무소가 여러 곳에 있는 경우에는 중심이 되는 사무소가 '주된 사무소'이다. 그런데 정관에 '주된 사무소'로 기재된 사무소와 사실상 '주된 사무소'로 기능하는 사무소가 다를 때에는 주된 사무소가 전자에서 후자로 이전되었다고 볼 것이다(다수설).

법인설립에 있어서는 주된 사무소의 소재지에서 등기를 하여야 한다(제49조 제

205) **대판** 1997.9.26, 95다6205 "사단법인의 사원의 지위는 양도 또는 상속할 수 없다고 규정한 민법 제56조 의 규정은 강행규정이라고 할 수 없으므로, 비법인사단에서도 사원의 지위는 규약이나 관행에 의하여 양도 또는 상속될 수 있다."; **대판** 2003.9.26, 2001다64479 "도시재개발법상 재개발조합에서 대지 또는 건축시설을 분양받은 조합원이 그 대지 또는 건축시설을 제3자에게 양도 등 처분하는 경우에는 도시재개발법 및 정관에서 특별한 정함이 없는 이상 조합원의 지위 역시 당연히 제3자에게 자동승계되는 것은 아니라 할 것이고 따로 종전 조합원과 제3자 사이에 조합원의 지위승계에 관한 개별특약을 하고 제3자가 조합에 대하여 조합원으로서의 지위를 승계한 사실을 신고하는 등 조합원으로서의 지위의 승계취득에 관한 의사를 표시하고 조합이 이를 승낙한 경우라야 조합으로서는 그 제3자를 조합원으로 취급할 수 있게 될 것이다."

1항). 사무소를 이전하면 이를 등기해야 제3자에게 대항할 수 있다(제54조 제1항). 그 밖의 주소의 효과는 자연인의 경우와 동일하다.

Ⅱ. 정관의 변경

법인의 조직은 정관에 의하여 정해지기 때문에 법인의 조직변경은 곧 정관의 변경이하고 할 수 있다. 즉 정관의 변경이란 법인의 동일성을 유지하면서 그 조직을 변경하는 것을 말한다.

자율적 법인인 사단법인은 필요에 따라 정관을 변경할 수 있다. 그러나 타율적 법인인 재단법인은 원칙적으로는 정관변경을 할 수 없고 일정한 경우에 한하여 할 수 있다.

1. 사단법인의 정관변경

(1) 요 건

사단법인의 정관을 변경하기 위해서는 사원총회의 결의(정관에 다른 규정이 없는 한, 총사원의 3분의 2 이상의 동의)와 주무관청의 허가가 필요하다(제42조 제1항). 한편 변경사항이 등기사항(제49조)인 경우에는 그 변경사항을 등기하여야 제3자에게 대항할 수 있다(제54조).

정관에 그 정관변경을 할 수 없다는 규정이 있더라도, 사단법인의 본질상 총사원의 동의를 얻어 변경할 수 있다(통설). 법인의 목적도 비영리를 유지하는 범위에서는 제42조가 정하는 보통의 정관변경의 절차에 따라 변경할 수 있다(통설).

사단법인의 본질에 반하는 정관변경은 허용되지 않는다.[206)]

---

206) **대판** 1978.9.26, 78**다**1435 "종원 일부만이 참석한 종중회합에서 종중원의 일부를 종원으로 취급하지도 않고 또 일부 종원에 대하여는 영원히 종원으로서의 자격을 박탈하는 것으로 규약을 개정한 것은 종중의 원래의 설립목적과 종중으로서의 본질에 반하는 것으로서 그 규약개정의 한계를 넘은 무효이다."; **대판** 1981.2.10, 80**다**516 "특정지역 내에 거주하는 일부 종중원에 한하여 의결권을 주고 그밖의 지역에 거주하는 종중원에 대하여는 의결권을 주지 아니하는 방법으로 일부 종중원의 의결권을 박탈할 개연성이 많은 종중규약은 종중의 본질에 반하여 무효이다."; **대판** 2008.9.25, 2006**다**37021 "사단법인은 일정한 목적을 위해 결합한 사람의 단체에 법인격이 인정된 것을 말하고, 사단법인에 있어 사원 자격의 득실변경에 관한 사항은 정관의 기재사항이므로(민법 제40조 제6호), 어느 사단법인과 다른 사단법인이 동일한 것인지 여부는 그 구성원인 사원이 동일한지 여부에 따라 결정됨이

2. 재단법인의 정관변경

재단법인은 원칙적으로 그 정관을 변경하지 못한다. 원래 재단법인은 그 목적과 조직을 설립 시에 확정되어 있는 타율적인 법인이기 때문이다. 그러나 예외적으로 정관변경이 인정되는 경우가 있다. 다음과 같다.

① 설립자가 정관에 그 변경사항을 정한 때(제45조 제1항),[207] ② 재단법인의 목적달성 또는 그 재산의 보전을 위하여 명칭 또는 사무소의 소재지를 변경하고자 할 때(제45조 제2항),[208] ③ 재단법인의 목적을 달성할 수 없어 설립자나 이사가 주무관청의 허가[209]를 얻어 설립의 취지를 참작하여 그 목적 기타 정관의 규정을 변경하고자 할 때(제46조)에 한하여 정관변경을 할 수 있다.[210]

원칙이다. 다만, 사원 자격의 득실변경에 관한 정관의 기재사항이 적법한 절차를 거쳐서 변경된 경우에는 구성원이 다르더라도 그 변경 전후의 사단법인은 동일성을 유지하면서 존속하는 것이고, 이러한 법리는 법인 아닌 사단에 있어서도 마찬가지이다."

207) 이는 본래의 의미에 있어서의 정관변경이 아니고 정관내용의 실행에 지나지 않는다. 이러한 정관변경도 주무관청의 허가가 있어야 변경의 효력이 발생한다(제45조 제3항). 변경된 사항이 등기사항일 경우 등기해야 제3자에게 대항할 수 있다(제54조 제1항 · 제49조 제2항).

208) 이 경우에도 주무관청의 허가나 등기를 해야 하는 것은 앞의 예와 같다.

209) 주무관청의 허가의 법적 성질에 관한 대법원의 입장은 다음의 판례가 있다. **대판(전) 1996.5.16, 95누4810** "민법 제45조 는 제1항에서 재단법인의 정관은 그 변경방법을 정관에 정한 때에 한하여 변경할 수 있다. 제2항에서 재단법인의 목적달성 또는 그 재산의 보전을 위하여 적당한 때에는 전 항의 규정에 불구하고 명칭 또는 사무소의 소재지를 변경할 수 있다. 제3항에서 제42조 제2항 (정관의 변경은 주무관청의 허가를 얻지 아니하면 그 효력이 없다)의 규정은 전 2항의 경우에 준용한다고 규정하고, 같은 법 제46조 는 재단법인의 목적을 달성할 수 없는 때에는 설립자나 이사는 주무관청의 허가를 얻어 설립의 취지를 참작하여 그 목적 기타 정관의 규정을 변경할 수 있다고 규정하고 있는바, 여기서 말하는 재단법인의 정관변경 "허가"는 법률상의 표현이 허가로 되어 있기는 하나, 그 성질에 있어 법률행위의 효력을 보충해 주는 것이지 일반적 금지를 해제하는 것이 아니므로, 그 법적 성격은 인가라고 보아야 할 것이다."

210) 이 경우의 정관변경의 요건은 다음과 같다. ① 재단법인의 목적을 달성할 수 없게 되었어야 한다. ② 주무관청의 허가를 얻어야 한다. 이 때 주무관청은 될 수 있는 한 법인의 동일성을 유지할 수 있도록 그 법인의 설립취지를 참작해야 할 것이다. ③ 변경범위는 목적을 비롯하여 정관의 모든 규정이다. ④ 설립의 취지를 참작해야 한다. 즉 재단법인의 본질에 반하는 조직이나 영리목적의 법인으로 변경할 수 없다. ④ 변경을 할 수 있는 자는 설립자나 이사이다. 사단법인과 달리 사원이 없어 사원총회의 결의로 변경할 수도 없기 때문에 설립자나 법인의 관리책임자인 이사가 하도록 하는 것이다. ⑤ 정관변경은 등기해야 제3자에게 대항할 수 있다(제54조 제1항).

3. 기본재산의 편입 · 처분과 정관의 변경

재단법인에 있어 기본재산은 그 실체인 동시에 정관의 필요적 기재사항이 된다(제43조). 따라서 재단법인에의 기본재산의 편입이나 재단법인의 기본재산의 처분은 모두 정관의 변경을 가져오는 것들이다. 그러므로 기본재산의 편입 · 처분에는 주무관청의 허가가 있어야 유효하게 된다.[211] 이 점은 경매절차에 의한 매각의 경우에도 같다.[212] 한편 주무관청의 허가는 보통 사전에 받는 것이지만, 사후에 받아도 무방하다고 할 것이다. 단 그 경우에는 허가가 있기 전까지는 계약이나 경매가 효력이 생기지 않고 있다가 허가를 받으면 비로소 유효하게 된다.[213]

---

211) **대판** 1974.6.11, 73**다**1975 "재단법인의 기본재산의 처분은 정관변경을 요하는 것이므로 주무관청의 허가가 없으면 그 처분행위는 물권계약으로 무효일 뿐 아니라 채권계약으로서도 무효이다."

212) **대결** 2007.6.18, 2005**마**1193 "사회복지사업법 제23조 제3항 제1호 의 규정에 의하면 사회복지법인이 기본재산을 매도하기 위하여는 보건복지부장관의 허가를 받아야 하고, 이는 경매절차에 의한 매각의 경우에도 마찬가지인바, 사회복지법인의 기본재산에 대하여 실시된 부동산경매절차에서 최고가매수신고인이 그 부동산 취득에 관하여 보건복지부장관의 허가를 얻지 못하였다면 민사집행법 제121조 제2호 에 정한 '최고가매수신고인이 부동산을 매수할 자격이 없는 때'에 해당하므로 경매법원은 그에 대한 매각을 불허하여야 한다. 그리고 이는 사회복지법인이 보건복지부장관의 허가를 받아 토지 및 건물에 대하여 공동근저당권을 설정하였다가 건물을 철거하고 새 건물을 신축하여, 민법 제365조 의 '저당지상 건물에 대한 일괄경매청구권'에 기하여 위 신축건물에 대한 경매가 진행된 경우라도 마찬가지이므로, 위 신축건물의 매각에 관하여 별도로 보건복지부장관의 허가가 없다면 최고가매수신고인에 대한 매각은 허가될 수 없다."

213) **대판** 1998.7.24, 96**다**27988 "[1] 구 사립학교법(1990.4.7. 법률 제4226호로 개정되기 전의 것) 제28조 제1항 의 취지는 학교법인의 기본재산에 관한 거래계약 자체를 규제하려는 것이 아니라 사립학교를 설치 · 운영하는 학교법인의 재정적 기초가 되는 기본재산을 유지 · 보전하기 위하여 감독청의 허가 없이 그 기본재산에 관하여 타인 앞으로 권리이전되거나 담보권 · 임차권이 설정되는 것을 규제하려는 것이라고 할 것이므로, 반드시 기본재산의 매매 등 계약 성립 전에 감독청의 허가를 받아야만 하는 것은 아니고, 매매 등 계약 성립 후에라도 감독청의 허가를 받으면 그 매매 등 계약이 유효하게 된다. [2] 학교법인이 감독청의 허가 없이 기본재산인 부동산에 관한 매매계약을 체결하는 한편 그 부동산에서 운영하던 학교를 당국의 인가를 받아 신축교사로 이전하고 준공검사까지 마친 경우, 위 매매계약이 감독청의 허가 없이 체결되어 아직은 효력이 없다고 하더라도 위 매매계약에 기한 소유권 이전등기절차 이행청구권의 기초가 되는 법률관계는 이미 존재한다고 볼 수 있고 장차 감독청의 허가에 따라 그 청구권이 발생할 개연성 또한 충분하므로, 매수인으로서는 미리 그 청구를 할 필요가 있는 한, 감독청의 허가를 조건으로 그 부동산에 관한 소유권이전등기절차의 이행을 청구할 수 있다."

Ⅲ. 법인의 등기

1. 의 의

명확한 외형을 가지는 자연인에 비해, 법인의 존재나 내용은 일반 제3자가 용이하게 이를 알 수가 없다. 여기서 거래의 안전을 위하여 법인의 조직이나 내용을 공시하는 것이 요청되는데, 이것이 법인등기이다.

법인등기의 절차는 비송사건절차법에 규정되어 있다. 한편 등기한 사항은 법원이 지체 없이 공고하여야 한다(제54조 제2항).

2. 법인등기의 태양

(1) 설립등기

법인설립의 허가가 있는 때에는, 3주간 내에 주된 사무소 소재지에서 설립등기를 하여야 한다(제49조 제1항). 3주간의 기간은 주무관청의 허가서가 도착한 날로부터 이를 기산한다(제53조). 법인은 설립등기를 함으로써 성립한다(제33조).

설립등기사항은 ① 목적, ② 명칭, ③ 사무소, ④ 설립허가의 년원일, ⑤ 존립시기나 해산사유를 정한 때의 그 시기 또는 사유, ⑥ 자산의 총액, ⑦ 출자의 방법을 정한 때의 그 방법, ⑧ 이사의 성명과 주소, ⑨ 이사의 대표권을 제한한 때의 그 제한 등이다(제49조 제2항).

(2) 변경등기

설립등기 이외의 기타의 등기로서, 민법은 분사무소설치의 등기(제50조), 사무소이전의 등기(제51조), 변경등기(제52조), 해산등기(제85조), 청산종결의 등기(제94조)를 규정한다. 이들 등기는 모두 제3자에 대한 대항요건이다(제54조 제1항). 즉 등기를 하지 아니하면, 그 내용을 제3자에게 대항하지 못한다.

(3) 분사무소 설치의 등기

법인이 분사무소를 설치한 때에는, 주사무소 소재지에서는 3주간 내에 분사무소를 설치한 것을 등기해야 하고, 그 분사무소 소재지에서는 역시 3주간 내에 제49조 제2항의 사항(설립등기사항)을 등기하여야 하며, 다른 분사무소 소재지에서는 그 기간 내에 분사무소를 설치한 것을 등기해야 한다(제50조 제1항). 그런데 주사무소 또는 분사무소의 소재지를 관할하는 등기소의 관할구역 내에 분사무소를 설치한 때에는, 3주간 내에 분사무소를 설치한 것만 등기하면 되고, 설립등기사항을 등기할 필요는 없다(제50조 제2항). 여기의 3주간의 기간은 등기사항이 관청의 허가를 요하는 것이면 그 허가서가 도착한 날부터 기산한다(제53조). 이 분사무소 설치의 등기는 제3자에 대한 대항요건이다(제54조 제1항).

(4) 해산등기

청산인은 파산의 경우를 제외하고 취임 후 3주간 내에 해산의 사유 및 연월일, 청산인의 성명 및 주소, 청산인의 대표권을 제한한 때에는 그 제한을 주된 사무소 및 분사무소 소재지에서 등기해야 한다(제85조 제1항). 이 경우의 등기기간의 기산점과 등기의 효력은 분사무소 설치의 등기의 경우와 같다(제53조 · 제54조 제1항 참조).

(5) 직무집행정지 등 가처분의 등기

이사의 직무집행을 정지하거나 직무대행자를 선임하는 가처분을 하거나 그 가처분을 변경 · 취소하는 경우에는 주사무소와 분사무소가 있는 곳의 등기소에서 이를 등기해야 한다(제52조의 2). 이 등기도 대항요건으로 본다(제54조 제1항).

3. 등기의 효력

법인의 등기 가운데 설립등기는 법인의 성립요건이다(제33조). 그 외에 모든 등기는 대항요건이다(제54조 제1항).[214)]

---

214) **대판** 2000.1.28, 98**다**26187 "민법 제54조 제1항 에 의하면 설립등기 이외의 법인등기는 대항요건으로 규정되어 있으므로 이사 변경의 법인등기가 경료되었다고 하여 등기된 대로의 실체적 효력을 갖는 것은 아니다."; **대판** 1984.9.25, 84**다카**493 "민법 제54조 제1항, 제85조 제1항 의 규정에 따르면 법인이 해산한 경우에 청산인은 파산의 경우를 제외하고 해산등기를 하여야 하고 해산등기를 하기 전에는 제3자에게 해산사실을 대항할 수 없다."

Ⅳ. 법인의 감독 및 벌칙

1. 법인의 감독

주무관청은 법인의 사무에 관하여 검사·감독을 한다(제37조). 감독의 내용은 법인의 사무 및 재산상황의 검사·설립허가의 취소 등이다(제37조·제38조·제67조 제3호).

법인의 해산 및 청산은 법원이 검사·감독한다(제95조). 해산 및 청산은 법인의 목적과는 관계가 없을뿐더러 제3자의 이해관계에 영향을 크게 미치기 때문이다. 감독의 내용으로는 필요한 검사, 그리고 청산인의 선임·해임이다(제95조·제83조·제84조).

2. 벌 칙

법인의 감독의 실효를 거두기 위하여 일정한 사항에 대해 이사·감사 또는 청산인이 그 직무를 게을리 한 때에는 500만원 이하의 과태료에 처하는 벌칙규정을 두고 있다(제97조).[215]

과태료의 처분을 할 수 있는 사항으로는, ① 법인에 관한 등기를 게을리한 때(제97조), ② 재산목록 또는 사원명부의 작성·비치의무를 위반하거나 이들에 부정기재를 한 때(제97조 제2호·제55조), ③ 주무관청 또는 법원의 검사·감독을 방해한 때(제97조 제3호·제37조·제95조), ④ 주무관청 또는 총회에 대하여 사실이 아닌 신고를 하거나 사실을 은폐한 때(제97조 제4호), ⑤ 총회 의사록의 작성·비치의무를 위반하거나 청산인이 채권신고기간 내에 변제를 한 때(제97조 제5호·제76조·제90조), ⑥ 이사나 청산인이 파산선고의 신청을 게을리 한 때(제97조 제6호·제79조·제93조), ⑦ 청산인이 채권신고의 공고나 파산선고 신청의 공고를 게을리 하거나 부정한 공고를 한 때(제97조 제7호·제88조·제93조) 등이다.

215) 과태료는 일종의 질서벌이다. 즉 형사벌이 아니다. 따라서 형사소송법에 따르지 않고 비송사건절차법에 따른다(비송법 제247조 이하 참조).

제6관 법인의 소멸

Ⅰ. 의 의

법인의 소멸이란 법인이 권리능력을 상실하는 것을 말하며, 자연인의 사망에 해당한다. 그런데 법인에는 자연인의 경우와 달라 상속이라는 것이 없으므로 법인의 소멸은 일정한 절차를 거쳐 단계적으로 행하여진다. 즉 우선 해산에 의하여 법인의 본래의 활동을 정지하고, 이어서 재산을 정리하는 청산의 단계로 들어간다. 법인이 완전히 소멸하는 시점은 바로 이 청산이 종료한 때이다.

따라서 법인은 해산 후에도 청산이 종결될 때까지는 제한된 범위에서 권리능력을 가지며, 그러한 법인을 청산법인이라고 한다. 청산법인은 해산 전의 법인과 동일성을 가진다.

Ⅱ. 법인의 해산

법인의 해산이란 법인이 본래의 목적수행을 위한 적극적인 활동을 정지하고 청산절차(잔무의 처리 및 재산의 정리)에 들어가는 것을 의미한다. 법인의 해산사유에는 사단법인 및 재단법인에 공통한 것과 사단법인만의 특유한 것이 있다.

1. 사단법인 및 재산법에 공통된 해산사유

사단법인과 재단법인에 공통된 해산사유는 ① 존립기간의 만료 기타 정관에 정한 해산사유의 발생, ② 법인의 목적달성 또는 달성불능,[216] ③ 설립허가가 취소된 경우,[217] ④ 법인이 채무를 완전히 변제하지 못하게 된 때이다.[218]

---

216) 법인의 목적이 달성되었는지의 여부는 사회관념에 따라서 판단하여야 하며 목적달성불능일지라도 정관을 변경하여 계속 존재하는 것은 가능하다(제42조 · 제46조).

217) 설립허가의 취소는 제38조에 규정된 경우에 한정된다. 예컨대 목적달성 불능은 취소사유가 아니다(대판 1982.10.26, 81누363 참조). 이때의 취소는 장래를 향하여 법인의 존재를 부인하는 것으로 해석된다.

218) 이 경우 이사는 지체 없이 파산을 신청해야 한다(제79조). 법인의 파산원인은 단순한 채무초과로 충분하고(채무자회생법 제306조), 자연인과 같이 지급불능(유무형의 재산 · 노무 · 신용에 의하여 지급할 수 없는 상태)을 요하지 않는다(채무자회생법 제305조 참조). 참고로 채무자회생법에 의하면 이사 외에 채권자도 신청권자로 규정하고 있다(동법

사단법인에만 특유한 해산사유로는 ① 사원이 1명도 없게 된 경우와 ② 총회의 해산 결의가 있는 경우이다.

2. 사단법인에 특유한 해산사유

사원이 없게 된 경우, 즉 사원이 1명도 없게 된 경우에 법인은 해산한다(제77조 제2항). 그 결과 복수의 사원의 존재는 사단법인의 성립요건이기는 하지만 그것이 존속요건은 아니라고 볼 수 있다.

총회의 결의에 의하여 해산을 할 수 있다(제77조 제2항). 해산결의는 총사원의 4분의 3 이상의 동의를 요하나, 그 정족수는 정관에서 다르게 정할 수 있다(제78조). 해산결의를 기한부나 조건부를 하는 것은 제3자를 해할 염려가 있으므로 허용되지 않아야 한다(다수설).

Ⅲ. 법인의 청산

1. 의 의

법인의 청산이란, 해산한 법인이 잔무를 처리하고 재산을 정리하여 완전히 소멸할 때까지의 절차를 말한다. 청산절차에는 두 가지가 있다. 하나는 파산으로 해산하는 경우이며, 이때에는 파산법이 정하는 절차에 따라 청산을 하게 된다. 다른 하나는 기타의 원인에 의한 해산이며, 이때에는 민법이 정하는 절차에 따라 청산을 하게 된다. 제3자의 이해관계에 중대한 영향을 미치기 때문에, 양자 모두 강행규정이며 정관에서 달리 정하고 있다 하더라도 그것은 무효이다.[219]

제294조).

219) **대판 2000.12.8, 98두5279** "민법 제80조 제1항, 제81조 및 제87조 등 청산절차에 관한 규정은 모두 제3자의 이해관계에 중대한 영향을 미치는 것으로서 강행규정이므로, 해산한 법인이 잔여재산의 귀속자에 관한 정관규정에 반하여 잔여재산을 달리 처분할 경우 그 처분행위는 청산법인의 목적범위 외의 행위로서 특단의 사정이 없는 한 무효이고, 한편 민법 제58조, 제59조, 제87조 및 제96조 등에 의하면 이사 또는 청산인은 법인의 사무에 관하여 정관에 규정한 취지에 위반할 수 없으므로, 정관에 법인 재산의 처분에 관하여 이사회 또는 청산인회의 심의의결을 거치도록 규정되어 있는 경우에도, 해산한 법인이 잔여재산의 귀속자에 관한 민법 및 정관의 규정에 따라 구체적으로 확정된 잔여재산이전의무의 이행으로서 그 귀속권리자에게 잔여재산을 이전하는 것은, 위 이사회 또는 청산인회의 심의의결을 요하는 재산의 처분에 해당한다고 볼 수 없다."

2. 청산법인의 능력

해산한 법인은 청산법인으로 모습을 바꾸게 된다. 청산법인은 청산의 목적범위 내에서만 권리가 있고 의무를 부담한다(제81조). 즉 법인으로서 원래 가지고 있었던 권리능력 내지 행위능력은 청산이란 목적범위 내로 감축되는 것이다.[220] 따라서 해산 전의 본래의 적극적인 사업을 행할 수 없다. 그 밖의 경우에는 해산 전의 법인과의 동일성은 그대로 유지된다.[221]

3. 청산법인의 기관

법인이 해산하면 청산인이 이사에 갈음하여 집행기관으로 된다. 그러나 감사·사원·총회 등의 다른 기관은 청산법인의 기관으로서 계속하여 권한을 행사한다.

청산인은 청산법인의 집행기관이다. 청산인은 청산법인의 능력의 범위 내에서 대내적으로 청산사무를 집행하고 대외적으로 청산법인을 대표한다(제87조 제2항). 청산인의 지위는 이사와 동일하다. 따라서 이사에 관한 여러 규정을 청산인에 준용한다(제96조).

청산인으로 되는 자는, 우선 정관에서 정한 자이고, 그 다음 총회 결의로 선임된 자이며, 이들이 없으면 해산 당시의 이사이다(제82조). 그러나 해산 당시에 이사까지도 없는 경우 법원이 직권으로 또는 이해관계인이나 감사의 청구에 의하여 청산인을 선임할 수 있으며, 후에 청산인에 결원이 생겨 손해가 발생할 염려가 있는 경우에도 같다(제83조). 중요한 사유가 있는 때에는 법원은 직권으로 또는 이

---

220) **대판** 1957.1.11, 4289**행상**70 참고; **대판** 1980.4.8, 79**다**2036 "민법 제80조, 제81조, 제87조와 같은 청산절차에 관한 규정은 모두 제3자의 이해관계에 중대한 영향을 미치기 때문에 소위 강행규정이라고 해석되므로 만일 그 청산법인이나 그 청산인이 청산법인의 목적범위 외의 행위를 한 때는 무효라 아니할 수 없다."; **대판** 1995.2.10, 94**다**13473 " 민법상의 청산절차에 관한 규정은 모두 제3자의 이해관계에 중대한 영향을 미치기 때문에 이른바 강행규정이라고 해석되므로 이에 반하는 잔여재산의 처분행위는 특단의 사정이 없는 한 무효라고 보아야 한다."

221) **대판** 1992.10.9, 92**다**23087 "법인 아닌 사단에 대하여는 사단법인에 관한 민법규정 가운데서 법인격을 전제로 하는 것을 제외하고는 이를 유추적용하여야 할 것인바, 사단법인에 있어서는 사원이 없게 된다고 하더라도 이는 해산사유가 될 뿐 막바로 권리능력이 소멸하는 것이 아니므로 법인 아닌 사단에 있어서도 구성원이 없게 되었다 하여 막바로 그 사단이 소멸하여 소송상의 당사자능력을 상실하였다고 할 수는 없고 청산사무가 완료되어야 비로소 그 당사자능력이 소멸하는 것이다."

해관계인이나 검사의 청구에 의하여 청산인을 해임할 수 있다(제84조). 법원이 해임할 수 있는 청산인은 법원이 선임한 자에 한하지 않고(제83조), 보통의 방법(제82조)으로 선임된 자도 포함된다.

4. 청산사무

청산인은 자신의 직무권한 범위 내에서 다음의 청산사무를 집행해야 한다(제85조 참조).

(1) 해산의 등기와 신고

청산인은 취임 후 3주간 내에 해산의 사유 및 연월일, 청산인의 성명 및 주소, 그리고 대표권을 제한한 때에는 그 제한을 주된 사무소 및 분사무소의 소재지에서 등기하고(제85조 제1항), 이를 주무관청에 신고해야 한다(제86조 제1항).

등기한 사항에 변경이 생기면 3주간 내에 변경등기를 해야 한다(제85조 제2항 · 제52조). 청산인이 앞의 등기를 게을리 한 경우 또는 주무관청에 사실이 아닌 신고를 하거나 사실을 은폐한 경우에는, 500만 원이하의 과태료처분을 받는다(제97조 제1호 · 제4호).

파산에 의한 청산의 경우에는 법원이 등기를 촉탁하고 주무관청에 통지하기 때문에(채무자회생법 제23조 · 제314조), 청산인은 이를 할 필요가 없다.

(2) 현존사무의 종결

여기의 종결이란 법인의 해산 전부터 계속되고 있는 완결되지 않은 모든 사무의 종결이다(제87조 제1항 제1호).

(3) 채권의 추심 및 채무의 변제

법인이 아직 변제받지 못한 채권이나 조건부 채권은 적당한 방법, 양도 또는 기타의 환가방법으로 환가 하는 수밖에 없다(민사집행 제241조 참조).

청산인은 취임하는 날로부터 2개월 내에 3회 이상의 공고로 일반채권자에 대하여 일정한 기간 내에 자신의 채권을 신고할 것을 최고해야 한다(제88조 제1항 1문). 신고기간은 2개월 이상이어야 한다(제88조 제1항 단서). 이 공고에는 채권자가 기간 내에 신고하지 않으면 청산에서 제외된다는 것을 표시하여야 한다(제88조 제

3항). 청산인이 이 공고를 게을리 하거나 부정한 공고를 하면 500만 원 이하의 과태료의 처분을 받는다(제97조 제7호). 청산인이 알고 있는 채권자에 대해서는 개별적으로 채권을 신고하라고 최고해야 한다(제89조 제1문).

청산인은 채권 신고기간 내에는 채권자에게 변제하지 못한다(제90조 본문). 그러나 법인은 지연손해배상을 해야 한다(제90조 단서).

청산중의 법인은 변제기에 이르지 않은 채권에 대해서도 변제할 수 있다(제91조 제1항). 그 경우에 조건부 채권, 존속기간이 불확정한 채권, 기타 가액이 불확정한 채권에 관하여는 법원이 선임한 감정인의 평가에 의하여 변제해야 한다(제91조 제2항).

채권을 신고하지 않아 청산으로부터 제외된 채권자는 법인의 채무를 완전히 변제한 뒤 귀속권리자에게 인도하지 않은 재산에 대해서만 변제를 청구할 수 있다(제92조).

(4) 잔여재산의 인도

법인의 청산절차를 거친 후에 잔여재산이 있는 경우에는, 이를 정관으로 지정한 자에게 인도한다(제80조 제1항). 그러나 정관에 그에 관한 정함이 없는 때에는, 청산인은 주무관청의 허가를 얻어 그 법인의 목적에 비슷한 목적을 위하여 처분할 수 있다(제80조 제2항 본문). 이상의 방법에 의하여도 처분되지 아니한 재산은 국고에 귀속하여야 한다(제80조 제3항).[222]

그 어느 경우에 있어서나, 구성원에게 당연히 분배되지 않는 점에 비영리법인

222) **대판** 1995.2.10, 94**다**13473 "민법 제80조 제1항 과 제2항의 각 규정 내용을 대비하여 보면, 법인 해산시 잔여재산의 귀속권리자를 직접 지정하지 아니하고 사원총회나 이사회의 결의에 따라 이를 정하도록 하는 등 간접적으로 그 귀속권리자의 지정방법을 정해 놓은 정관 규정도 유효하다."; **대판** 2000.12.8, 98**두**5279 "민법 제80조 제1항, 제81조 및 제87조 등 청산절차에 관한 규정은 모두 제3자의 이해관계에 중대한 영향을 미치는 것으로서 강행규정이므로, 해산한 법인이 잔여재산의 귀속자에 관한 정관규정에 반하여 잔여재산을 달리 처분할 경우 그 처분행위는 청산법인의 목적범위 외의 행위로서 특단의 사정이 없는 한 무효이고, 한편 민법 제58조, 제59조, 제87조 및 제96조 등에 의하면 이사 또는 청산인은 법인의 사무에 관하여 정관에 규정한 취지에 위반할 수 없으므로, 정관에 법인 재산의 처분에 관하여 이사회 또는 청산인회의 심의의결을 거치도록 규정되어 있는 경우에도, 해산한 법인이 잔여재산의 귀속자에 관한 민법 및 정관의 규정에 따라 구체적으로 확정된 잔여재산이전의무의 이행으로서 그 귀속권리자에게 잔여재산을 이전하는 것은, 위 이사회 또는 청산인회의 심의의결을 요하는 재산의 처분에 해당한다고 볼 수 없다."

의 특색이 있다. 반면, 주식회사에 있어서는 언제나 출자액에 따라 주주에게 분배된다(상법 제538조 참조).

(5) 파산신청

청산 중에 법인의 재산이 그의 채무를 완전히 변제하기에 부족하다는 것(채무초과)이 분명하게 된 때에는, 청산인은 지체 없이 파산선고를 신청하고 이를 공고해야 한다(제93조 제1항). 청산인이 이 파산선고의 신청을 게을리 하거나(제97조 제6호), 또는 공고를 게을리 하거나 부정한 공고를 한 때에는 500만 원 이하의 과태료의 처분을 받는다(제97조 제7호).

법인의 파산으로 파산관재인이 정해지면 청산인은 파산관재인에게 그의 사무를 인계함으로써 그의 임무를 종료한다(제93조 제2항). 그러나 파산재단에 속하는 권리 · 의무에 관해서만 그러하며, 그 이외의 사항에 관해서는 청산인의 임무는 존속한다.

(6) 청산종결의 등기와 신고

청산이 종결된 때에는 청산인은 3주간 내에 이를 등기하고 주무관청에 신고해야 한다(제94조). 그러나 청산등기가 경료 되었을지라도 청산사무가 종료되지 않은 경우에는 청산법인은 존속한다.[223] 또한 청산법인으로서 여전히 당사자 능력도 가진다.[224]

---

223) **대판** 2003.2.11, 99**다**66427 · 73371 "법인에 대한 청산종결등기가 경료되었다고 하더라도 청산사무가 종결되지 않는 한 그 범위 내에서는 청산법인으로서 존속한다고 볼 것이어서, 청산사무 종결 전에 발생한 인정상여소득에 대한 사업양도인의 납세의무는 여전히 존속되고 있다고 할 것이고, 사업양수인의 세금납부에 의하여 사업양도인이 원래 부담하여야 할 조세채무의 발생이 확정적으로 소멸된 이상 사업양도인은 동 금액 상당에 대한 부당이득 반환의무를 진다."

224) **대판** 1997.4.22, 97**다**3408 "법인에 관하여 청산종결등기가 경료된 경우에도 청산사무가 종료되었다고 할 수 없는 경우에는 청산법인으로서 당사자능력이 있다."

제7관 권리능력 없는 사단과 재단

Ⅰ. 권리능력 없는 사단

1. 의 의

단체의 실질은 사단임에도 불구하고 법인격을 취득하지 못한 것을 「권리능력 없는 사단」[225)]이라고 한다. 현행법상 권리능력 없는 사단이 생기는 이유는 민법이 사단법인의 설립에 관하여 허가주의를 취하고 있기 때문에 실체는 사단이면서도 주무관청으로부터 허가를 얻지 못하여 권리능력 없는 사단으로서 존재하거나(제32조 참조), 주무관청으로부터의 간섭을 피하기 위하여 권리능력 없는 사단으로 남기 때문이다.

이와 같은 권리능력 없는 사단이 현실적으로 활동함에 있어서 전개되는 복잡한 법률관계에 대하여 어떠한 법규범을 적용하여야 할 것인지 문제 된다.

이에 관하여 민법은 재산귀속관계를 총유로 한다는 규정을 두고 있을 뿐이고(제275조), 그 밖에는 아무런 규정을 두고 있지 않다. 결국 이 문제는 학설과 판례에 맡겨져 있다고 할 수 있는데, 통설은 권리능력 없는 사단에 관하여는 사단법인에 관한 규정가운데서 법인격을 전제로 하는 것(예, 법인등기)을 제외하고는 모두 유추적용 되어야 하고, 조합에 관한 규정을 준용할 것이 아니라고 한다.

2. 성립요건

(1) 권리능력 없는 사단이기 위해서는 비록 법인격을 부여받지는 못하였다 하더라도 사단으로서의 실체를 갖추어야 한다. 즉 단체로서의 조직을 갖추고, 구성원의 변경에 관계없이 단체가 존속하며, 그 조직에 있어서 다수결의 원칙, 대표의 방법, 총회의 운영, 재산의 관리 등 주요한 점이 정관이나 규칙으로 갖추어져 있을 것을 요한다고 한다.[226)]

---

225) 이를 「법인 아닌 사단」·「비법인 사단」·「인격 없는 사단」·「법인격 없는 사단」이라고도 한다. 그러나 민법 제275조, 민사소송법 제52조, 부동산등기법 제26조에서는 「법인 아닌 사단」이라는 용어를 사용하고 있다.

226) **대판** 1997.9.12, 97**다**20908 "종중 또는 문중과 같이 특별한 조직행위 없이도 자연적으로 성립하는 예외적인 사단이 아닌 한, 법인 아닌 사단이 성립하려면 사단으로서의 실체를

판례가 권리능력 없는 사단으로 보는 것 중 대표적인 것으로는 문중 또는 종중(성 또는 본을 같이 하는 혈연단체),[227] 교회(기독교의 교도들이 교리의 탐구 · 예배 등의

갖추는 조직행위가 있어야 하는바, 만일 어떤 단체가 외형상 목적, 명칭, 사무소 및 대표자를 정하고 있다고 할지라도 사단의 실체를 인정할 만한 조직, 그 재정적 기초, 총회의 운영, 재산의 관리 기타 단체로서의 활동에 관한 입증이 없는 이상 이를 법인이 아닌 사단으로 볼 수 없다."; **대판 1999.4.23, 99다4504** "민법상의 조합과 법인격은 없으나 사단성이 인정되는 비법인사단을 구별함에 있어서는 일반적으로 그 단체성의 강약을 기준으로 판단하여야 하는바, 조합은 2인 이상이 상호간에 금전 기타 재산 또는 노무를 출자하여 공동사업을 경영할 것을 약정하는 계약관계에 의하여 성립하므로 어느 정도 단체성에서 오는 제약을 받게 되는 것이지만 구성원의 개인성이 강하게 드러나는 인적 결합체인데 비하여 비법인사단은 구성원의 개인성과는 별개로 권리 · 의무의 주체가 될 수 있는 독자적 존재로서의 단체적 조직을 가지는 특성이 있다 하겠는데, 어떤 단체가 고유의 목적을 가지고 사단적 성격을 가지는 규약을 만들어 이에 근거하여 의사결정기관 및 집행기관인 대표자를 두는 등의 조직을 갖추고 있고, 기관의 의결이나 업무집행방법이 다수결의 원칙에 의하여 행하여지며, 구성원의 가입, 탈퇴 등으로 인한 변경에 관계없이 단체 그 자체가 존속되고, 그 조직에 의하여 대표의 방법, 총회나 이사회 등의 운영, 자본의 구성, 재산의 관리 기타 단체로서의 주요사항이 확정되어 있는 경우에는 비법인사단으로서의 실체를 가진다고 할 것이다."; **대판 2008.5.29, 2007다63683** "어떤 단체가 고유의 목적을 가지고 사단적 성격을 가지는 규약을 만들어 이에 근거하여 의사결정기관 및 집행기관인 대표자를 두는 등의 조직을 갖추고 있고, 기관의 의결이나 업무집행방법이 다수결의 원칙에 의하여 행하여지며, 구성원의 가입, 탈퇴 등으로 인한 변경에 관계없이 단체 그 자체가 존속되고, 그 조직에 의하여 대표의 방법, 총회나 이사회 등의 운영, 자본의 구성, 재산의 관리 기타 단체로서의 주요사항이 확정되어 있는 경우에는 비법인사단으로서의 실체를 가진다고 할 것이고(대법원 1999.4.23. 선고 99다4504 판결 등 참조), 당사자능력이 있는지 여부는 사실심의 변론종결일을 기준으로 하여 판단되어야 할 성질의 것이다(대법원 1991.11.26. 선고 91다30675 판결 참조)."; **대판 2009.1.30, 2006다60908** "민사소송법 제52조 가 비법인사단의 당사자능력을 인정하는 것은 법인이 아니라도 사단으로서의 실체를 갖추고 그 대표자 또는 관리인을 통하여 사회적 활동이나 거래를 하는 경우에는 그로 인하여 발생하는 분쟁은 그 단체가 자기 이름으로 당사자가 되어 소송을 통하여 해결하도록 하기 위한 것이므로, 여기서 말하는 사단이라 함은 일정한 목적을 위하여 조직된 다수인의 결합체로서 대외적으로 사단을 대표할 기관에 관한 정함이 있는 단체를 말한다."

227) **대판 1991.8.27, 91다16525** "종중은 공동선조의 분묘수호와 제사 그리고 종중원 상호간의 친목 등을 목적으로 하는 자연발생적인 관습상의 종족집단체로서 특별한 조직행위를 필요로 하거나 성문의 규약을 필요로 하는 것이 아니고 그 공동선조의 후 손 중 성년 이상의 남자는 당연히 그 구성원(종원)이 되는 것이며, 종중의 규약이나 관습에 따라 선출된 대표자 등에 의하여 대표되는 정도로 조직을 갖추고 지속적인 활동을 하고 있다면 비법인사단으로서의 단체성이 인정되는 것이다."; **대판 1997.9.12, 97다20908** "민사소송법 제48조 가 비법인의 당사자능력을 인정하는 것은 법인이 아닌 사단이나 재단이라도 사단 또는 재단으로서의 실체를 갖추고 대표자 또는 관리인을 통하여 사회적 활동이나 거래를 하는 경우에는, 그로 인하여 발생하는 분쟁은 그 단체의 이름으로 당사자가 되어 소송을 통하여 해결하게 하고자 함에 있다 할 것이므로 여기서 말하는 사단이라 함은

목적으로 구성한 단체) 등이 있다. 그 밖에 판례는, 아파트입주자대표회의에 대하여도 권리능력 없는 사단으로 인정한 바 있다.[228] 또한 자연부락,[229] 동,[230] 리,[231]

일정한 목적을 위하여 조직된 다수인의 결합체로서 대외적으로 사단을 대표할 기관에 관한 정함이 있는 단체를 말한다고 할 것이고, 종중 또는 문중과 같이 특별한 조직행위 없이도 자연적으로 성립하는 예외적인 사단이 아닌 한, 법인 아닌 사단이 성립하려면 사단으로서의 실체를 갖추는 조직행위가 있어야 하는바, 만일 어떤 단체가 외형상 목적 명칭 사무소 및 대표자를 정하고 있다고 할지라도 사단의 실체를 인정할 만한 조직, 그 재정적 기초, 총회의 운영, 재산의 관리 기타 단체로서의 활동에 관한 입증이 없는 이상 이를 법인이 아닌 사단으로 볼 수 없다."

228) **대판** 2007.6.15, 2007**다**6307 "공동주택의 입주자대표회의는 동별세대수에 비례하여 선출되는 동별대표자를 구성원으로 하는 법인 아닌 사단이고, 그 동별대표자는 각 동별 입주자가 선출하는 것이므로, 동별대표자가 적법하게 선출되어 입주자대표회의가 적법하게 구성된 이후에 있어서는, 후임 동별대표자를 선출하는 것은 비법인사단으로서의 입주자대표회의가 동일성을 잃지 아니한 채 그대로 존속하면서 단순히 그 구성원을 변경하는 것에 지나지 아니하므로, 새로운 동별대표자의 선출절차가 위법하여 효력이 없다면 그 동별대표자는 입주자대표회의 구성원으로서의 지위를 취득할 수 없고 종전의 동별대표자가 여전히 입주자대표회의 구성원으로서의 지위를 가지고, 동별대표자 또는 입주자대표회의의 회장 등이 변경될 때마다 종전과는 별개, 독립의 새로운 비법인사단이 구성, 성립되는 것으로 볼 것은 아니며, 입주자대표회의가 비법인사단인 이상 그 존속기간의 정함이 있는 것으로 볼 수도 없다."; **대판** 2008.9.25, 2006**다**86597 "공동주택의 입주자대표회의는 동별 세대수에 비례하여 선출되는 동별 대표자를 구성원으로 하는 법인 아닌 사단이므로, 동별 대표자의 선출결의의 무효확인을 구하는 것은 결국 입주자대표회의의 구성원의 자격을 다투는 것이어서 입주자대표회의는 그 결의의 효력에 관한 분쟁의 실질적인 주체로서 그 무효확인 소송에서 피고적격을 가진다. 또한, 입주자대표회의의 구성원은 그 임기가 만료되더라도 특별한 사정이 없는 한 필요한 범위 내에서 새로운 구성원이 선출될 때까지 직무를 수행할 수 있으므로, 입주자대표회의 구성원의 임기가 만료되었다는 사정만으로는 그 구성원이 무효인 동별 대표자의 선출결의를 다툴 확인의 이익이 없는 것이라고 보기 어렵다."

229) **대판** 1991.7.26, 90**다카**25765; **대판** 1993.3.9, 92**다**39532; **대판** 2008.1.31, 2005**다**60871; **대판** 2009.1.30, 2008**다**71469 참조.

230) **대판** 1990.12.7, 90**다카**25895; **대판** 2004.1.29, 2001**다**1775.

231) **대판** 2012.10.25, 2010**다**75723 "[1] 어떠한 임야가 일정 아래의 임야조사령에 의하여 동이나 이(리)의 명의로 사정되었다면, 그 동·리는 다른 특별한 사정이 없는 한 단순한 행정구역을 가리키는 것이 아니라 그 행정구역 안에 거주하는 주민들로 구성된 법인 아닌 사단으로서 행정구역과 같은 명칭을 사용하는 주민공동체를 가리킨다고 보아야 한다. 이러한 주민공동체는 그 주민 전부가 구성원이 되어서 다른 지역으로부터 입주하는 사람은 입주와 동시에 당연히 그 구성원이 되고 다른 지역으로 이주하는 사람은 이주와 동시에 당연히 회원의 자격을 상실하는 불특정 다수인으로 조직된 영속적 단체로서, 행정구역의 변동으로 그 주민공동체가 자연 소멸되지 아니한다. [2] 갑 임야가 임야조사령에 따라 '은곡리' 명의로 사정되었는데, 임야의 사정명의인인 '은곡리'와 행정구역인 은곡1리, 은곡2리의 주민들로 구성된 '은곡리마을회'의 동일성이 문제 된 사안에서, 사정 당시 은곡리에는 현재의 행정구역인 은곡1리와 은곡2리에 위치한 자연부락만이 존재하고 있었으므로 갑

등록된 일반적인 사찰,[232] 재건축조합,[233] 연합주택조합,[234] 구 주택건설촉진법에 의한 주택조합,[235] 불교신도회,[236] 회사의 채권자들로 구성된 청산위원회,[237] 법인 아닌 어촌계,[238] 사단법인의 산하단체나 하부조직,[239] 아파트 부녀회,[240] 지방향교[241] 등은 권리능력 없는 사단(법인 아닌 사단)이라고 한다.

(2) 사회 일반에서 사단과 유사한 사회적 실체로 조합이 있다. 조합은 그 단체성에서 사단보다 강도가 약한 반면, 사단은 단체가 구성원의 개성을 초월한다. 즉 조합은 단체가 구성원으로부터 독립한 존재이기는 하나 단체로서의 단일성보다 구성원 개개인의 개성이 강하게 나타난다. 조합에서는 단체의 행동은 구성원 전원 또는 그들로부터 대리권이 주어진 자에 대하여 행해지고, 그 법률효과는 구성원 모두에게 돌아간다. 단체의 자산과 부채도 마찬가지이다. 반면 사단에서는 단체의 행동은 그의 기관에 의하여 행해지고, 그 법률효과는 단체 자체에 귀속하며 그 구성원에게 돌아가지 않는다. 또한 단체의 자산이나 부채도 단체에 속하여 구성원 각 개인은 단체의 채무에 대하여 책임을 지지 않는다.

임야는 사정 당시 은곡1리와 은곡2리에 존재하고 있던 자연부락에 거주하는 주민들 전부로 구성된 주민공동체의 총유에 속하고, 제반 사정에 비추어 임야의 사정명의인인 '은곡리'와 행정구역인 은곡1리, 은곡2리의 주민들로 구성된 주민공동체인 '은곡리마을회'는 서로 동일한 것으로 봄이 타당하다는 이유로, 이와 달리 본 원심판결에 주민공동체와 비법인사단에 관한 법리오해의 위법이 있다고 한 사례."; **대판** 2013.10.24, 2011**다**110685 "동 · 리의 행정구역 내에 조직된 동 · 리회는 다른 특별한 사정이 없는 한 그 주민 전부가 구성원이 되어서 다른 지역으로부터 입주하는 사람은 입주와 동시에 당연히 그 회원이 되고 다른 지역으로 이주하는 사람은 이주와 동시에 당연히 회원의 자격을 상실하는 불특정 다수인으로 조직된 영속적 단체라고 할 것이고, 이와 달리 그 동 · 리회를 특정 주민만을 회원으로 하는 단체로 보기 위하여는 그 재산 취득 당시 어느 정도 유기적인 조직을 갖추어 법인 아닌 사단으로서 존재하고 있었다는 점과 동 · 리회 명의 재산을 소유하게 된 과정이나 내용 등이 증명되어야 할 것이다."

232) **대판** 1999.9.3, 98**다**13600.
233) **대판** 2006.7.4, 2004**다**7408.
234) **대판** 2003.5.13, 2000**다**50688.
235) **대판** 1999.11.9, 99**다**34420.
236) **대판** 1996.7.12, 96**다**6103.
237) **대판** 1996.6.28, 96**다**16582.
238) **대판** 2003.6.27, 2002**다**68034.
239) **대판** 2008.10.23, 2007**다**7973 ; **대판** 2009.1.30, 2006**다**60908.
240) **대판** 2006.12.21, 2006**다**52723.
241) **대판** 2010.5.27, 2006**다**72109.

(3) 이렇게 사단법인의 기초가 될 수 있는 사회적 실체 중 사단과 조합 가운데 사단을 법인이 될 수 있도록 하고, 조합은 법인으로 하지 않고 구성원 사이의 계약관계로 하고 있는 것이 우리의 민법이다 (제703조). 그러나 이론상 사단만을 법인으로 하고 조합은 법인으로 할 수 없는 것은 아니다. 즉 조합의 실질을 가졌음에도 불구하고 이에 법인격을 부여할 수도 있다. 상법상의 합명회사(상법 제178조 이하)와 최근에 발효된 협동조합 기본법(2012.1.26, 법률 제11211호)상의 협동조합이 그 예이다. 그러나 조합이라는 명칭을 사용하고 있다고 하여 모두 그 실체가 조합인 것은 아니다. 조합이라는 명칭을 사용하고 있는 것 중에는 사단으로서의 실질을 가지고 있는 것이 있다. 즉 농업협동조합 · 축산업협동조합 · 수산업협동조합 등은 사단의 실질을 가지는 특수법인(농협 제4조 · 수협 제4조)이며, 노동조합도 그 실체는 사단이다(노동조합 및 노동관계조정법 제6조 참조).

사단과 조합을 단순히 그 명칭만 가지고 구별하지 않아야 한다. 어떤 단체가 사단인가 조합인가는 그 실질에 의하여 판단하여야 한다. 따라서 조합의 명칭을 가지고 있더라도 실질적으로 사단으로서의 요건을 갖추고 있으면 법인 아닌 사단이라고 해야 한다.[242)]

---

242) **대판** 1992.7.10, 92**다**2431 "민법상의 조합과 법인격은 없으나 사단성이 인정되는 비법인사단을 구별함에 있어서는 일반적으로 그 단체성의 강약을 기준으로 판단하여야 하는바, 조합은 2인 이상이 상호간에 금전 기타 재산 또는 노무를 출자하여 공동사업을 경영할 것을 약정하는 계약관계에 의하여 성립하므로(민법 제703조) 어느 정도 단체성에서 오는 제약을 받게 되는 것이지만 구성원의 개인성이 강하게 드러나는 인적 결합체인 데 비하여 비법인사단은 구성원의 개인성과는 별개로 권리의무의 주체가 될 수 있는 독자적 존재로서의 단체적 조직을 가지는 특성이 있다 하겠는데 민법상 조합의 명칭을 가지고 있는 단체라 하더라도 고유의 목적을 가지고 사단적 성격을 가지는 규약을 만들어 이에 근거하여 의사결정기관 및 집행기관인 대표자를 두는 등의 조직을 갖추고 있고, 기관의 의결이나 업무집행방법이 다수결의 원칙에 의하여 행해지며, 구성원의 가입, 탈퇴 등으로 인한 변경에 관계없이 단체 그 자체가 존속되고, 그 조직에 의하여 대표의 방법, 총회나 이사회 등의 운영, 자본의 구성, 재산의 관리 기타 단체로서의 주요사항이 확정되어 있는 경우에는 비법인사단으로서의 실체를 가진다고 할 것이다."; **대판** 2008.5.29, 2007**다**63683 "어떤 단체가 고유의 목적을 가지고 사단적 성격을 가지는 규약을 만들어 이에 근거하여 의사결정 기관 및 집행기관인 대표자를 두는 등의 조직을 갖추고 있고, 기관의 의결이나 업무집행방법이 다수결의 원칙에 의하여 행하여지며, 구성원의 가입, 탈퇴 등으로 인한 변경에 관계없이 단체 그 자체가 존속되고, 그 조직에 의하여 대표의 방법, 총회나 이사회 등의 운영, 자본의 구성, 재산의 관리 기타 단체로서의 주요사항이 확정되어 있는 경우에는 비법인사단으로서의 실체를 가진다고 할 것이고(대법원 1999.4.23. 선고 99다4504 판결 등 참조), 당사자능력이 있는지 여부는 사실심의 변론종결일을 기준으로 하여 판단되어야 할 성질의 것이다(대법원 1991.11.26. 선고 91다30675 판결 참조). 원심은, 그 채용 증거들에

3. 법률관계

(1) 민법은 법인 아닌 사단(권리능력 없는 사단)의 사원이 집합체로서 물건을 소

의하여 그 판시와 같은 사실을 인정한 후, 원고는 이 사건 쓰레기매립장 설치에 따른 주민들의 권익을 보장받기 위하여 안민동 및 천선동에 주택을 소유하거나 거주하는 자(다만, 이 사건 합의 이후 ○○아파트 및 상가 주민 제외)를 구성원으로 하는 단체로서, 이 사건 쓰레기매립장 설치 계획이 확정되자 일찍이 그 대표기구를 구성하고 위의 목적을 위한 활동을 개시하여 피고와 사이에 이 사건 합의를 체결하였을 뿐만 아니라, 피고시의회의 조례 제정에 따라 안민복합상가운영회를 조직하여 그 정관을 마련하고, 그에 기하여 의사결정기관인 주민총회와 집행기관인 공동대표제를 두는 등의 조직을 갖추고 다수결에 의한 의사결정을 하여 왔고, 구성원의 가입·탈퇴와 무관하게 현재까지도 그 목적을 위하여 존속하고 있으며, 대표의 방법, 총회나 이사회 등의 운영, 자본의 구성, 재산의 관리 기타 단체로서의 주요사항이 확정되어 있었다 할 것이고, 그렇지 않더라도 원고는 2006.2.6. 개최된 마을전체회의에서 정관을 개정하여 단체명과 구성원을 확정하고, 의사결정기구로서의 주민전체회의 및 집행기관으로서의 회장과 기타 임원을 두었으며, 나아가 단체법이 요구하는 제반 사항을 구비하였다고 할 것이므로, 원고는 그 구성원의 개인성과는 별도의 권리·의무의 주체가 될 수 있는 독자적 존재로서의 실체를 가진 단체로서 당사자능력이 있다고 판단하여, 이를 다투는 피고의 본안전 항변을 배척하고, 원고가 비법인사단으로서의 실체를 갖추지 못하여 당사자능력이 없다는 이유로 이 사건 소를 각하한 제1심판결을 취소하였다. 앞서 본 법리에 비추어 기록을 살펴보면, 원고는 사실심 변론종결일을 기준으로 할 때, 그 주장하는 바와 같이, ○○시 ○○동 및 안민동에 거주하는 주민들 중 자가주택 소유자 및 그 세입자들을 구성원으로 하여, 의사결정기관으로서의 총회와 그 집행기관을 갖추고, 이 사건 쓰레기매립장 설립에 따른 주민들의 권익보호를 위하여 독자적인 활동을 하는 비법인사단으로서의 실체를 갖추어 당사자능력이 있음이 분명하므로, 원심이 원고의 당사자능력을 인정한 조치는 같은 취지로서 정당하고, 거기에 상고이유에서 주장하는 바와 같은 채증법칙 위배로 인한 사실오인 또는 당사자능력에 관한 법리오해 등의 위법이 있다고 할 수 없다. 그리고 당사자의 능력 유무를 판단함에 있어서는 당사자가 내세우는 단체의 목적, 조직, 구성원 등 단체를 사회적 실체로서 규정짓는 요소를 갖춘 단체가 실재하는지의 여부만을 가려 그와 같은 의미의 단체가 실재한다면 그로써 소송상 당사자능력은 충족되는 것이고, 그렇지 아니하다면 소를 부적법한 것으로서 각하하면 족한 것이며, 당사자의 주장과는 전혀 다른 단체의 실체를 인정하여 당사자능력을 인정하는 것은 소송상 무의미할 뿐 아니라 당사자를 변경하는 결과로 되어 허용될 수 없음은 피고의 상고이유에서의 주장과 같으나(대법원 1997.12.9. 선고 94다41249 판결 등 참조), 원심이 앞서 본 바와 같은 원고의 실체를 인정한 것은 원고의 주장에 따른 단체의 실체를 인정한 것으로서 그 주장과 다른 단체의 실체를 인정한 것이 아니고, 원고가 원심에 이르러 그 구성원에 관하여 제1심과 달리 자가주택의 세입자들을 추가로 포함하여 주장하였다고 하더라도, 원고의 실체가 이 사건 쓰레기매립장 설립에 따른 주민들의 권익보호를 위하여 안민동 및 천선동 주민들 중 일부로 결성되어 독자적인 활동을 하는 비법인사단이라고 하는 사실관계의 기본적 동일성까지 상실되게 한 것은 아니라고 볼 것이므로, 원고의 주장이 임의적 당사자변경에 해당하여 허용되지 않는다고 볼 것도 아니다(대법원 2002.4.12. 선고 2000다16800 판결 참조). 이를 다투는 취지의 상고이유의 주장도 받아들일 수 없다."

유할 때에는 총유로 한다고 규정하고 있다(제275조 · 제278조). 총유는 물권법에서 다루어지는 공동소유형태의 하나인데(공동소유자의 결합 형태에 따라 공유 · 합유 · 총유로 나누어짐), 권리능력 없는 사단이 실체는 사단이라 하더라도 법인격이 없기 때문에 사원 전원의 공동소유형태로 구성할 수밖에 없다. 한편 소송상의 당사자능력을 인정하는 민사소송법 규정(민소 52조)과 능기능력을 인정하는 부동산등기법 규정(부등법 제26조)이 있다.

(2) 이렇게 권리능력 없는 사단의 재산귀속관계 · 소송상의 당사자능력 · 등기능력 등에 관한 법률규정은 존재하지만 권리능력 없는 사단에 관한 그 밖의 법률관계에 관해서는 별도의 규정을 없어 해석으로 해결해야 한다.

이에 관하여 학설은 권리능력 없는 사단에 대해서는 사단법인에 관한 규정 가운데에서 법인격을 전제로 하는 것을 제외하고는 모두 이를 유추적용 해야 한다는 데 그 의견의 일치[243]를 보고 있고 판례[244]도 같은 입장이다.

재산귀속관계의 공시방법에 관해서는, 부동산에 한하여 부동산등기법에 특별규정이 있다. 동법 제26조 제1항은 종중 · 문중 기타 대표자나 관리인이 있는 법인 기타 사단이나 재단에 속하는 부동산의 등기에 관하여서는 그 사단 또는 재단을 등기권리자 또는 등기의무자로 한다고 하고, 동조 제2항에서는 전항의 등기는 그 사단 또는 재단의 명의로 그 대표자 또는 관리인이 이를 신청한다고 규정하고 있다. 따라서 권리능력 없는 사단도 사단의 명의로 등기를 할 수 있고, 도 다른 자에

243) 곽윤직, 126면; 김학동, 166면; 백태승, 209면; 이은영, 247면; 정기웅, 246면 등.

244) **대판 2003.11.14, 2001다32687** "비법인사단에 대하여는 사단법인에 관한 민법규정 중 법인격을 전제로 하는 것을 제외한 규정들을 유추적용하여야 할 것이므로 비법인사단인 교회의 교인이 존재하지 않게 된 경우 그 교회는 해산하여 청산절차에 들어가서 청산의 목적범위 내에서 권리 · 의무의 주체가 되며, 이 경우 해산 당시 그 비법인사단의 총회에서 향후 업무를 수행할 자를 선정하였다면 민법 제82조 제1항 을 유추하여 그 선임된 자가 청산인으로서 청산 중의 비법인사단을 대표하여 청산업무를 수행하게 된다."; **대판 2006.2.23, 2005다19552** "주촉법에 의하여 설립된 재건축조합은 민법상 비법인사단으로서 민법의 법인에 관한 규정 중 법인격을 전제로 하는 조항을 제외한 나머지 조항이 원칙적으로 준용되므로(대법원 1996.10.25. 선고 95다56866 판결 참조), 원고 조합의 창립총회에서는 민법 제75조 제1항에 따라 사원 과반수의 출석과 출석사원 결의권의 과반수로써 유효한 결의를 할 수 있다고 할 것이고, 이때 개의정족수 산정을 위한 조합원 수를 산정함에 있어서 재건축조합의 조합원이 될 자격이 있는 재건축사업 대상구역 내의 모든 구분소유자를 당연히 조합원으로 볼 것은 아니고 재건축에 동의하여 그 조합에 가입의사를 밝힌 구분소유자들만을 재건축조합원으로 계산하여야 할 것이다."

게 등기를 넘겨 줄 수도 있다(부등규칙 제48조 참조).

그러나 그 밖의 재산(동산, 채권 등)에 대한 공시방법에 관하여는 규정이 없다. 예금채권 등에 관하여는 대표자의 성명에 사단대표자임을 표시하거나 동산에 관하여는 사단의 대표자가 점유하는 수밖에 없을 것이다.

법인 아닌 사단의 채무는 그 구성원에게 총유적으로 귀속한다. 즉 총사원이 준총유 한다.

따라서 그 채무에 대해서는 사단재산만을 가지고 책임을 지며, 구성원은 부담금이나 회비의 납부의무만 있을 뿐 그의 고유재산으로 책임을 질 필요는 없다(통설).

4. 법인 아닌 사단이 법인의 설립등기를 한 경우의 법률관계

법인 아닌 사단이 설립등기를 하여 법인이 되면 그 사단의 권리 · 의무는 법인에 이전된다. 왜냐하면 설립 중의 법인이 등기를 한 경우에 설립 중의 법인의 권리 · 의무가 당연히 등기를 한 법인으로 이전되는 것과 같은 법리이기 때문이다.

Ⅱ. 권리능력 없는 재단

1. 의 의

실체는 재단이면서도 법인격을 취득하지 못한 것을 권리능력 없는 재단(법인격 없는 재단 · 법인 아닌 재단)이라고 한다.[245]

권리능력 없는 재단이 성립하려면, 일정한 목적을 위하여 출연된 재산이 사회적으로 독립한 존재를 가지고 있어야 한다. 또한 관리기구를 갖추어야 한다. 권리능력 없는 재단의 발생원인도 권리능력 없는 사단에 있어서와 같다.

2. 법률관계

권리능력 없는 재단의 그 법적 지위에 관해서는 재단법인에 관한 규정가운데

245) 권리능력 없는 재단(법인 아닌 재단)에서 「재단」은 일정한 목적을 위해서 출연된 재산이다. 이 점에서 어떤 자의 개인적인 소유에 속하는 재산을 채권자나 기타의 제3자의 권리를 보호할 목적으로 법률상 그 어떤 자의 다른 재산과 구별하여 취급하는 경우의 재산과 구별해야 한다. 여기에는 파산재단, 각종의 재단저당의 목적이 되는 재단, 한정승인을 한 상속재산, 상속인 없는 상속재산 등이 있다.

법인격을 전제로 하지 않는 것을 유추적용 하여야 한다는 것이 통설이다. 그 밖에 권리능력 없는 재단도 그 자체가 소송당사자가 될 수 있고(민사소송법 제52조), 부동산등기명의인이 될 수 있다(부동산등기법 제26조).[246]

246) 여기에서 알아두어야 할 다음 세 가지의 것을 살펴본다. ① 부동산의 등기 : 부동산등기법 제26조에 따라 권리능력 없는 재단의 능기능력이 인정됨으로써 등기를 필요로 하는 부동산에 관한 권리는 직접 권리능력 없는 재단의 단속소유에 귀속한다(부등규칙 제48조 참조). 예컨대 **대판 1994.12.13, 93다43545** "종래부터 존재하여 오던 사찰의 재산을 기초로 구불교재산관리법(1987.11.28. 법률 제3974호 전통사찰보존법 시행으로 폐지)에 따라 불교단체등록을 한 사찰은 권리능력 없는 재단으로서의 성격을 가지고 있다고 볼 것이므로, 비록 그 신도들이 그 사찰의 재산을 조성하는 데 공헌을 하였다 할지라도 그 사찰의 재산은 신도와 승려의 총유에 속하는 것이 아니라 권리능력 없는 사찰 자체에 속한다."; **대판 1999.9.3, 98다13600** "개인사찰로 관리·운영되어 오던 사찰이 종단 소속 사찰로 등록되어 종단으로부터 주지 임명을 받은 후 관할 관청에 종단 소속으로 사찰등록 및 주지등록을 하고 사찰 부지에 관하여 사찰 명의로 소유권이전등기를 경료한 경우, 명목상으로만 그 사찰을 종단에 소속시키고 구 불교재산관리법(1987.11.28. 법률 제3974호 전통사찰보존법에 의하여 폐지)에 의하여 관할 관청에 종단 소속 사찰로 사찰등록 및 주지등록을 한 것이라는 등의 특별한 사정이 없는 한, 그 사찰은 종단 소속 불교단체 내지는 법인 아닌 사단 또는 재단으로서의 실체를 갖춘 독립된 사찰로 보아야 한다." ② 기타의 재산에 대해서는 어떠한 규정도 없다. 이에 관하여 학설은 신탁법리로 설명하거나(곽윤직, 129면; 김학동, 169면), 이것도 역시 권리능력 없는 재단에 귀속하는 것으로 설명한다(고상용, 264면; 김상용, 276면; 이영준, 933면). ③ 권리능력 없는 재단의 채무도 재단에 귀속하고 재단의 재산으로만 책임을 진다고 설명한다(송덕수, 619명; 이영준, 933면).

제4장

권리의 객체

제1절 총 설

권리란 일정한 이익을 누릴 수 있도록 법에 의하여 권리주체에게 주어진 법률상의 힘을 말하므로 권리는 일정한 이익을 그 내용 또는 목적으로 한다. 그런데 이러한 권리의 내용 또는 목적이 실현되기 위해서는 일정한 대상이 있어야 하는데 이러한 대상이 권리의 객체이다.[247)]

권리의 객체는 각종의 권리에 따라 다르나, 민법은 그 가운데서 물건에 관하여서만 통칙적 규정을 두어 물권의 객체로 물건을 명시하고 있다. 그 이외의 채권에 있어서는 특정인(채무자)의 행위(급부), 권리 위의 권리에 있어서는 권리, 형성권에 있어서는 법률관계, 지식재산권에 있어서는 정신적 · 지능적 창조물, 인격권에 있어서는 생명 · 신체 · 자유 · 명예 등의 인격적 이익, 친족권에 있어서는 친족법상의 지위, 상속권에 있어서는 상속재산을 그 객체로 이해한다. 사람은 물권의 객체는 될 수 없지만 인격권 · 가족권과 같은 다른 권리의 객체로 될 수는 있다(통설).

247) 강학 상 이러한 권리의 객체의 의미를 민법전에서는 「권리의 목적」이라고 표현하고 있다(제372조 이하 참조).

제2절 물 건

Ⅰ. 물건의 의의

제98조(물건의 정의) "본법에서 물건이라 함은 유체물 및 전기 기타 관리할 수 있는 자연력을 말한다."고 하여 민법상 어떤 사물이 물건으로 인정된다는 것은 민법상 권리의 객체로 인정된다는 것을 의미한다.

Ⅱ. 물건의 요건

1. 유체물이거나 관리할 수 있는 자연력일 것

유체물이라 함은 공간의 일부를 차지하고, 사람의 오감에 의하여 지각할 수 있는 형태를 가지는 물질, 즉 고체·액체·기체를 말한다. 유체물에 대하여 전기·열·빛·음향·향기·에너지 등의 자연력과 같이 어떤 형체는 없고, 다만 사고상의 존재에 지나지 않는 것은 무체물이다. 권리도 무체물의 일종이다.

민법은 물건에 유체물뿐만 아니라 무체물도 포함시키고 있으나, 모든 무체물이 물건에 포함되는 것은 아니고, 관리할 수 있는 자연력만을 물건에 포함시키고 있다.

2. 관리가 가능할 것

유체물이든 무체물이든 물건이 되기 위해서는 관리가 가능하여야 한다. 관리가 가능하다는 것은 배타적 지배가 가능하다는 것을 의미한다. 지배 내지 관리할 수 없는 물건은 이를 법률상 사용·수익·처분할 수 없으므로 권리의 객체가 될 수 없기 때문이다. 해·달·별 등은 유체물이지만 지배할 수 없는 것이기 때문에 물건이 되지 못한다. 바다는 배타적 지배를 할 수 없어 물건이 아니지만 인위적으로 일정한 범위를 정하여 배타적으로 지배할 수 있게 하는 경우에는 어업권의 객체가 된다.

결국 민법상의 물건은 법률상 배타적 지배가 가능한 유체물과, 무체물 중 자연력이라고 할 수 있다.

3. 외계의 일부일 것(비인격성)

인격절대주의를 취하는 근대법에서는 인격을 가지는 사람에 대한 배타적 지배를 인정하지 않는다. 타인의 신체에 대한 물권을 인정하는 것은 노예를 인정하는 것이므로 허용될 수 없다. 자기의 신체에 대하여도 인격권이 성립될 뿐이고, 소유권은 성립되지 않는다. 따라서 인체의 일부는 물건이 아니다. 인위적으로 인체에 부착된 의치 · 의안 · 의수 · 의족 · 가발 등도 인체에 고착되어 있는 한, 인체의 일부이며 물건이 아니다.

그러나 인체의 일부라고 하더라도 생체로부터 분리된 것, 예컨대 모발 · 치아 · 혈액 등은 물건이며, 분리당한 사람의 소유에 속한다. 인체의 일부를 분리시키는 채권계약(예, 손 · 발을 절단하기로 하는 수술계약)이나 절단된 물건의 처분행위(예, 분리된 인체를 병원에 양도하는 것)는 사회질서에 반하지 않는 한 유효한 것으로 해석되고 있다.

시체가 물건이라는 데에는 대체로 학설이 일치하나, 소유권의 객체가 되느냐에 관하여는 ① 특수한 소유권의 대상이라는 설과 ② 관습법상의 관리권의 대상이라는 설이 대립되어 있다.

시체는 보통의 소유권과 같이 이를 사용 · 수익 · 처분할 수는 없고, 오로지 매장 · 제사 · 공양 등을 할 수 있는 권능과 의무가 따르는 특수한 소유권의 대상이라고 보는 것이 통설이다.[248] 이 경우 소유권은 제사를 주재하는 자, 즉 상주에게 귀속된다고 본다(다수설).[249] 시체의 처분행위는 사회질서에 반하여 무효이다. 또

248) 곽윤직, 169면 ; 김용한, 216면 ; 김주수, 270면 ; 김학동, 233면 ; 이은영, 301면.

249) **대판(전) 2008.11.20, 2007다27670** "[1] [다수의견] 제사주재자는 우선적으로 망인의 공동상속인들 사이의 협의에 의해 정하되, 협의가 이루어지지 않는 경우에는 제사주재자의 지위를 유지할 수 없는 특별한 사정이 있지 않은 한 망인의 장남(장남이 이미 사망한 경우에는 장남의 아들, 즉 장손자)이 제사주재자가 되고, 공동상속인들 중 아들이 없는 경우에는 망인의 장녀가 제사주재자가 된다. [대법관 박시환, 대법관 전수안의 반대의견] 제사주재자는 우선 공동상속인들의 협의에 의해 정하되, 협의가 이루어지지 않는 경우에는 다수결에

한 사망한 자가 생전에 자신의 유해를 처분하는 의사를 표명하였을지라도[250] 시체의 귀속권자는 그에 구속되지 않는다.

의해 정하는 것이 타당하다. [대법관 김영란, 대법관 김지형의 반대의견] 민법 제1008조의3에 정한 제사주재자라 함은 조리에 비추어 제사용 재산을 승계받아 제사를 주재하기에 가장 적합한 공동상속인을 의미하는데, 공동상속인 중 누가 제사주재자로 가장 적합한 것인가를 판단함에 있어서 공동상속인들 사이에 협의가 이루어지지 아니하여 제사주재자의 지위에 관한 분쟁이 발생한 경우에는 민법 제1008조의3의 문언적 해석과 그 입법취지에 충실하면서도 인격의 존엄과 남녀의 평등을 기본으로 하고 가정평화와 친족상조의 미풍양속을 유지 · 향상한다고 하는 가사에 관한 소송의 이념 및 다양한 관련 요소를 종합적으로 고려하여 개별 사건에서 당사자들의 주장의 당부를 심리 · 판단하여 결정하여야 한다. [2] [다수의견] (가) 사람의 유체 · 유골은 매장 · 관리 · 제사 · 공양의 대상이 될 수 있는 유체물로서, 분묘에 안치되어 있는 선조의 유체 · 유골은 민법 제1008조의3 소정의 제사용 재산인 분묘와 함께 그 제사주재자에게 승계되고, 피상속인 자신의 유체 · 유골 역시 위 제사용 재산에 준하여 그 제사주재자에게 승계된다. (나) 피상속인이 생전행위 또는 유언으로 자신의 유체 · 유골을 처분하거나 매장장소를 지정한 경우에, 선량한 풍속 기타 사회질서에 반하지 않는 이상 그 의사는 존중되어야 하고 이는 제사주재자로서도 마찬가지이지만, 피상속인의 의사를 존중해야 하는 의무는 도의적인 것에 그치고, 제사주재자가 무조건 이에 구속되어야 하는 법률적 의무까지 부담한다고 볼 수는 없다. [대법관 박시환, 대법관 전수안의 반대의견] 피상속인의 유체 · 유골은 제사용 재산인 분묘와 함께 제사주재자가 이를 승계한다고 본 다수의견에는 찬성한다. 그러나 제사주재자가 피상속인의 유체 · 유골에 대한 관리 · 처분권을 가지고 있다고 하여 정당한 사유 없이 피상속인의 의사에 반하여 유체 · 유골을 처분하거나 매장장소를 변경하는 것까지 허용된다고 볼 수는 없다. [대법관 안대희, 대법관 양창수의 반대의견] (가) 장례의 방식이 다양화하여 분묘 없는 장례가 빈번하게 되고 또한 매장 또는 분묘개설을 강행할 근거가 없는 이상, 유체의 귀속은 분묘의 귀속과 분리하여 처리되어야 한다. (나) 망인이 자신의 장례 기타 유체를 그 본래적 성질에 좇아 처리하는 것에 관하여 생전에 종국적인 의사를 명확하게 표명한 경우에는, 그 의사는 법적으로도 존중되어야 하며 일정한 법적 효력을 가진다고 함이 타당하다. 나아가 망인의 의사대로 이미 장례나 분묘개설 기타 유체의 처리가 행하여진 경우에는, 다른 특별한 사정이 없는 한 유체의 소유자라고 하더라도 그 소유권에 기하여 그 분묘를 파헤쳐 유체를 자신에게 인도할 것을 청구할 수 없다. [3] 어떤 경우에 제사주재자의 지위를 유지할 수 없는 특별한 사정이 있다고 볼 것인지에 관하여는, 제사제도가 관습에 바탕을 둔 것이므로 관습을 고려하되, 여기에서의 관습은 과거의 관습이 아니라 사회의 변화에 따라 새롭게 형성되어 계속되고 있는 현재의 관습을 말하므로 우리 사회를 지배하는 기본적 이념이나 사회질서의 변화와 그에 따라 새롭게 형성되는 관습을 고려해야 할 것인바, 중대한 질병, 심한 낭비와 방탕한 생활, 장기간의 외국 거주, 생계가 곤란할 정도의 심각한 경제적 궁핍, 평소 부모를 학대하거나 심한 모욕 또는 위해를 가하는 행위, 선조의 분묘에 대한 수호 · 관리를 하지 않거나 제사를 거부하는 행위, 합리적인 이유 없이 부모의 유지(유지) 내지 유훈(유훈)에 현저히 반하는 행위 등으로 인하여 정상적으로 제사를 주재할 의사나 능력이 없다고 인정되는 경우가 이에 해당하는 것으로 봄이 상당하다."

250) 자신의 시체의 처분 등에 관한 의사는 법률이 정한 유언사항이 아니기 때문에 유언으로 할 수 없다.

4. 독립한 물건일 것

권리의 객체인 물건은 하나의 독립된 존재를 가지는 것이어야 한다. 독립된 하나의 물건이냐 아니냐를 정하는 특별한 표준은 없으며, 물리적 형태로 결정되는 것이 아니고, 거래관념 또는 사회통념에 따라 결정되어야 할 것이다. 예를 들면 아파트 · 오피스텔과 같은 집합건물의 경우 물리적으로는 독립되어 있지 않지만 독립된 물건으로서 다루어진다.

하나의 물건에 관하여 하나의 물권을 인정하는 일물일권주의의 원칙상 물건의 일부는 원칙적으로 권리의 객체가 되지 못한다. 그러나 물건의 일부에 대한 물권을 인정해야 할 필요성이나 실익이 있고, 어느 정도 공시가 가능하거나 공시와 관계가 없을 때에는 그 범위 안에서 예외가 인정된다. 부동산(토지와 건물)의 일부는 용익물권의 객체가 되며, 미분리의 천연과실과 수목의 집단은 명인방법이라는 관습법상의 공시방법을 갖춘 때에는 독립한 물건으로 다루어져 소유권의 객체가 된다.

Ⅲ. 물건의 분류

민법이 총칙편에서 규정하고 있는 물건의 분류는 동산 · 부동산, 주물 · 종물, 원물 · 과실의 세 가지이다. 이하에서는 민법에 따른 분류는 뒤에 다시 논하기로 하고 여기에서는 다음의 분류를 보기로 한다.

1. 융통물 · 불융통물

사법상 거래의 객체가 될 수 있는 물건을 융통물이라고 하고, 거래의 객체가 될 수없는 물건을 불융통물이라 한다. 불융통물에는 다음과 같은 것이 있다.

(1) 공용물(公用物)

국가 · 공공단체의 소유에 속하며, 국가나 공공단체에 의하여 공적목적에 사용되는 물건이 공용물이다. 예를 들면 관공서의 청사, 국공립학교의 건물 등이 있다.

국유재산법상의 행정재산이 이에 속하며, 사법상의 거래가 허용되지 않으나, 공용폐지 후에는 거래의 객체 즉 융통물이 된다.

(2) **공공용물**(公共用物)

공중의 일반적 사용에 제공되는 물건이 공공용물이다. 도로 · 하천 · 항만 · 공원 등이 이에 속한다. 공공용물은 사인의 소유에 속할 수도 있다(예, 도로부지 ; 도로법 제4조 참조). 공공용물도 공용폐지가 있을 때까지는 사법상 거래의 객체가 되지 않는다(국유재산법 제27조 · 제40조, 공유재산 및 물품관리법, 제11조 · 제19조).

(3) **금제물**(禁制物)

법령의 규정에 의하여 거래가 금지되는 물건을 말하며, 이에는 소유 또는 소지가 금지되는 것(아편 및 아편흡식기구(형법 제198조 이하)) · 음란한 문서 도화 기타의 물건(형법 제243조 · 제244조) · 위조 변조한 통화와 그 유사물(형법 제207조 이하)과 거래만 금지 또는 제한되는 것[251]이 있다.

2. 가분물 · 불가분물

물건의 성질 또는 가격을 현저하게 손상하지 않고도 분할할 수 있는 물건이 가분물이며, 그렇지 못한 물건이 불가분물이다. 금전 · 곡물 · 토지 등은 전자의 예이고, 소 · 말 · 건물 등은 후자의 예이다.

보통은 물건의 객관적 성질에 의한 구별이나, 가분물이 당사자의 거래 목적에 따라서 주관적으로 불가분물로서 다루어지는 수도 있다(제409조 참조).

가분물 · 불가분물의 구별은 공유물의 분할(제269조 참조), 다수당사자의 채권관계(제408조 이하 참조)에서 의미가 있다.

3. 대체물 · 부대체물

일반 거래에서 물건의 개성이 중요시되느냐 않느냐에 의한 일반적 · 객관적인 구별이다.

대체물은 물건의 개성이 중요시되지 않고, 단순히 종류 · 품질 · 수량에 의하여 정하여지며, 동종 · 동질 · 동량의 물건으로 바꾸어도 당사자에게 영향을 주지 않

---

251) 국유문화재(문화재보호법 제60조)가 이에 속한다. 주의 할 것은 기타의 국보 · 보물 · 천연기념물 · 중요 민속문화재는 수출 또는 국외반출만 금지되어 있고(문화재보호법 제39조 · 제60조) 매도는 허용된다.

는 물건이다. 부대체물은 그러한 대체성이 없는 물건이다. 예를 들면 금전 · 서적 · 곡물 등은 전자의 예이고, 서화 · 골동품 · 소 · 말 · 건물 등은 후자의 예이다.

대체물 · 부대체물의 구별은 소비대차(제598조 이하) · 소비임치(제702조 이하) 등에서 실익이 있다.

4. 특정물 · 불특정물

구체적인 거래에 있어서 당사자가 물건의 개성을 중요시하여 동종의 다른 물건으로 바꿀 수 없게 한 물건이 특정물이고, 다른 물건으로 바꿀 수 있게 한 물건이 불특정물이다.

대체물 · 불대체물이 객관적인 구별인 데 대하여, 특정물 · 불특정물의 구별은 당사자의 의사에 기한 주관적 구별이므로 엄격히 말한다면 물건의 구별이라기보다는 거래 방법의 구별이라고 할 수 있다.

특정물 · 불특정물의 구별은 채권의 목적물의 보관의무(제374조) · 채무변제의 장소(제467조) · 매도인의 담보책임(제570조 이하) 등에서 실익이 있다.

5. 소비물 · 비소비물

물건의 성질상 그 용도에 따라 1회 사용하면 다시 같은 용도로 사용할 수 없는 물건이 소비물이며, 물건의 용도에 따라 반복해서 사용 · 수익할 수 있는 물건이 비소비물이다. 물 · 술 · 곡식 등은 전자의 예이고, 서적 · 건물 · 토지 등은 후자의 예이다.

금전은 반복해서 사용할 수 있으나, 한 번 사용하면 그 주체에 변경이 생기고 전(前) 사용자가 다시 사용할 수 없기 때문에 소비물로 다루어진다.

이러한 구별의 실익은 소비대차(제598조 이하), 소비임치(제702조 이하), 사용대차(제609조 이하), 임대차(제618조 이하)에서 나타난다. 소비대차 및 소비임치에서는 소비물만을 대상으로 하고,[252] 사용대차 및 임대차는 비소비물만을 대상으로 한다. 금전은 소비물로 다루어지기 때문에 원칙적으로 소비대차의 목적물로 되고, 사용대차나 임대차의 목적물로 될 수 없다(제598조 참조).

---

252) 그러나 소비물이 예외적으로 사용대차나 임대차의 목적물이 될 수도 있다. 소비물을 소비 이외의 목적으로 사용하고 반환하기로 한 경우가 그 예이다.

제3절 동산과 부동산

Ⅰ. 동산 · 부동산의 구별의 이유

현행 민법은 토지 및 그 정착물은 부동산이라고 하고, 부동산 이외의 물건은 동산이라고 하여 물건을 부동산과 동산으로 구별한다(제99조 참조).

이렇게 부동산과 동산을 구별하는 이유는

① 부동산은 동산에 비하여 그 경제적 가치가 훨씬 크고, 특히 토지는 양적으로 제한되어 있으므로 특별한 법적 보호를 필요로 한다는 것이다. 그러나 이는 연역적 이유에 지나지 않으며, 오늘날에는 동산도 부동산보다 경제적 가치가 큰 경우가 많이 있으므로(예, 자동차 · 선박 · 항공기 등) 그 의의를 거의 상실하고 있다.

② 공시방법의 차이이다. 부동산은 가동성이 없기 때문에 쉽게 그 장소가 변하지 않으므로 동일성을 확인하기 쉽다. 따라서 부동산 위의 권리관계는 이를 공적 장부 등에 의하여 공시하는 데 적합하다. 반면, 동산은 그 가동성 때문에 쉽게 장소가 변경될 수 있으므로 공적 장부에 의한 공시방법은 적합하지 않다.

근대법이 부동산에 관하여 모두 등기부제도를 채용하여 등기를 부동산 물권의 공시방법으로 하는 데 비하여, 동산에 관하여는 사실적 지배, 즉 점유로 동산의 물권을 공시하고 있는 것은 이 때문이다.

그러나 오늘날에는 자동차 · 선박 · 항공기 · 건설기계 등 동산이면서도 등기 또는 등록이라는 공적 장부에 의하여 공시하는 것이 증대되어 가고 있다.[253]

253) 자동차관리법 제5조 이하 · 자동차 등 특정동산 저당법, 제5조, 자동차 등 특정동산 저당법, 제5조 · 상법 제743조, 항공법 제3조 이하, 건설기계관리법 제3조 이하 참조. 참고로 현행법에서 동산과 부동산을 다르게 다루고 있는 중요한 것을 열거하면 다음과 같다. ㉠ 부동산은 등기, 동산은 점유 내지 인도라는 공시방법을 달리한다. ㉡ 동산거래에서는 공신의 원칙이 적용되고(제249조 참조), 부동산거래에서는 공신의 원칙이 적용되지 않는다. ㉢ 주인이 없는 동산의 소유권은 먼저 점유한 자에게 귀속하는 반면 주인이 없는 부동산은 국유이다(제252조). ㉣ 부합의 법률효과가 동산과 부동산에서 다르다(제256조 · 제257조). ㉤ 용익물

Ⅱ. 부 동 산[254)]

1. 토 지

토지라 함은 일정한 범위의 지면과, 지면에 정당한 이익이 있는 범위 안에서의 지상(공중)·지하를 포함한다(제212조 참조). 따라서 토지의 구성물(암석·토사·지하수 등)은 토지의 일부분에 지나지 않는다. 그런데 토지에 부존되어 있는 미채굴의 광물은 국가가 이를 채굴·취득하는 권리(광업권)를 부여할 권능을 가지고 있기 때문에(광업법 제2조), 토지소유자의 소유권은 그것에 미치지 않는다. 여기서 미채굴의 광물의 법적 성격이 문제된다. 학설은 미채굴광물은 독립한 부동산이라는 견해[255)]와 국가의 배타적 채굴취득허가권의 객체라는 견해[256)]로 나뉘어져 있다.

토지는 연속하고 있으나, 그 지표에 인위적으로 선을 그어서 경계로 삼고 구획되며, 지적공부(토지대장, 임야대장)에 등록된다.[257)] 등록된 각 구역은 독립성이 인

권과 저당권은 부동산에만 설정될 수 있다. ㉥ 취득시효의 요건이 다르다(제245조·제246조). ㉦ 부동산에 대해서만 재판관할에 관하여 특별규정이 있고(민소 제20조), 동산과 부동산의 강제집행절차 및 방법이 다르다(민사집행법 제78조 이하·제188조 이하 참조).

254) 무엇을 부동산으로 할 것인가는 각 나라가 입법정책에 따라 다르게 정의한다. 토지를 부동산으로 하는 것은 모든 입법례가 공통적으로 따르고 있으나, 토지의 정착물, 특히 건물을 토지와 별개의 부동산으로 할 것인지에 대하여는 입법례에 따라 다르다. 로마법의 "superficies solo cedit(지상물은 토지에 따른다)"는 법언에서 보여주는 바와 같이 토지만을 부동산으로 하고 토지의 정착물이나 지상물을 토지로부터 독립한 부동산으로 하고 있지 않다. ①독일민법 제94조에 따르면 물건을 동산과 토지(부동산)로 나눈다. 건물과 수목과 같은 토지의 정착물은 토지의 '본질적 구성부분'으로 규정한다. 따라서 토지의 정착물은 토지의 일부이어서 권리의 목적이 되지 못한다. ②프랑스민법 제518조 내지 제523조에 따르면 토지와 그 토지에 정착되어 일체를 이루는 건물·수목 등은 '성질에 의한 부동산'이다고 하며, 토지에 종속하는 물건을 그 성질에 의하면 동산이지만 그 용도로 보면 부동산에 종속된 것이어서 이를 부동산으로 다루는 '용도에 의한 부동산'이라고 하며, 부동산을 객체로 하는 소유권 이외의 권리는 '권리의 객체에 의한 부동산'이라고 한다(프랑스 민법 제526조). 프랑스민법은 건물 기타의 지상물은 토지와 별개의 부동산으로 다루지 않는다. ③스위스민법은 토지소유권의 객체는 토지이고 토지소유권은 법률상의 제한을 제외하고 모든 건축물과 식물 및 원천(Quelle)을 포함한다고 규정한다(스위스민법 제655조·제667조). 스위스민법도 독일이나 프랑스와 같이 건물 기타의 지상물을 토지와 별개의 부동산으로 다루지 않고 있다.

255) 미채굴광물의 법적 성격을 미채굴광물은 국유에 속하는 독립한 부동산이라는 설이다(곽윤직, 175면; 김상용, 288면; 송덕수, 299면).

256) 미채굴광물의 법적 성격을 미채굴광물은 토지의 구성부분이어서 토지소유자의 소유에 속하기는 하지만 국가의 배타적인 채굴취득허가권의 객체라는 설이다(김용한, 277면; 김주수, 277면; 김학동, 240면; 백태승, 299면; 이영준, 993면).

정되며, 지번으로 표시되고, 그 개수는 필로써 계산된다.[258] 1필의 토지를 여러 개의 필로 분할하거나, 또는 수필의 토지를 1필로 합병하려면, 분필 또는 합필의 절차를 밟아야 한다.[259] 분필절차를 밟기 전에는 토지의 일부를 양도하거나, 제한물

257) 공간정보의 구축 및 관리 등에 관한 법률 제2조 제19호 · 제64조 · 제66조 · 제71조 참조.

258) **대판 1995. 6.16, 94다4615** "[1] 토지의 개수는 지적법에 의한 지적공부상의 토지의 필수를 표준으로 하여 결정되는 것으로서 1필지의 토지를 수필의 토지로 분할하여 등기하려면 지적법이 정하는 바에 따라 먼저 지적공부 소관청에 의하여 지적측량을 하고 그에 따라 필지마다 지번, 지목, 경계 또는 좌표와 면적이 정하여진 후 지적공부에 등록되는 등 분할의 절차를 밟아야 되고, 가사 등기부에만 분필의 등기가 이루어졌다고 하여도 이로써 분필의 효과가 발생할 수는 없다. [2] 일정한 토지가 지적공부에 1필의 토지로 등록된 경우, 그 토지의 소재지번, 지목, 지적 및 경계는 일응 그 등록으로써 특정되고 그 토지의 소유권의 범위는 지적공부상의 경계에 의하여 확정된다. [3] 등기부상만으로 어떤 토지 중 일부가 분할되고 그 분할된 토지에 대하여 지번과 지적이 부여되어 등기되어 있어도 지적공부 소관청에 의한 지번, 지적, 지목, 경계확정 등의 분필절차를 거친 바가 없다면 그 등기가 표상하는 목적물은 특정되었다고 할 수는 없으니, 그 등기부에 소유자로 등기된 자가 그 등기부에 기재된 면적에 해당하는 만큼의 토지를 특정하여 점유하였다고 하더라도, 그 등기는 그가 점유하는 토지부분을 표상하는 등기로 볼 수 없어 그 점유자는 등기부취득시효의 요건인 "부동산의 소유자로 등기한 자"에 해당하지 아니하므로 그가 점유하는 부분에 대하여 등기부시효취득을 할 수는 없다."; **대판 1998.2.24, 96다54263** "[1] 일정한 토지가 지적공부에 일필의 토지로 복구 등록된 경우, 그 토지의 소재 · 지번 · 지목 · 지적 및 경계는 지적공부의 복구 제재과정에서 관계 공무원이 사무착오로 지적공부를 잘못 작성하였다는 등의 특별한 사정이 없는 한, 지적복구 전 토지의 소재 · 지번 · 지목 · 지적 및 경계가 그대로 복구된 것으로 추정되고, 지적공부가 관계 공무원의 사무착오로 잘못 작성되었다는 등의 특별한 사정에 대한 입증책임은 이를 주장하는 당사자에게 있다. [2] 임야의 일부에 선조의 분묘가 설치되어 있다거나 소유권보존등기를 경료하였다는 사정만으로는 임야 전체를 배타적으로 점유 · 관리하여 왔다고 볼 수 없다."; **대판 2001.11.9, 2001다37699** "구 지적법(1975. 12. 31. 법률 제2801호로 개정되기 전의 것) 제3조 내지 제7조 및 제15조 내지 제20조 의 규정으로 보아 어떤 특정한 토지가 지적공부에 1필의 토지로 등록되었다면, 그 토지의 소재, 지번, 지목, 지적 및 경계는 다른 특별한 사정이 없는 한 이 등록으로써 규정되었다고 할 것이므로 그 토지의 소유권의 범위는 지적공부상의 경계에 의하여 확정되어져야 하는 것이나 특별한 사정이 있는 경우에는 지적공부와 달리 토지의 위치, 지번, 지목, 지적 및 그 경계 등을 확정할 수 있다. "

259) 공간정보의 구축 및 관리 등에 과한 법률 제79조 · 제80조, 부동산등기법 제75조 내지 제80조; **대판 1997.9.9, 95다47664** "[1] 1952. 10. 15.자 대법원장 의 멸실회복등기의 실시요강에 의하면 부동산소유권등기에 대한 회복등기신청에는 전등기(前登記)의 등기필증을 첨부하여야 하나, 이를 제출할 수 없는 때에는 멸실 직전의 등기부등본이나 초본, 토지대장등본 기타 권리를 증명하는 공문서를 첨부할 수 있도록 되어 있으므로, 멸실회복등기는 등기공무원이 멸실회복등기의 실시요강에 따라 전등기의 권리를 증명할 공문서가 첨부된 등기신청서에 의하여 적법하게 처리한 것으로 추정할 것이므로, 특별한 사정이 없다면 1필지로 멸실회복등기가 된 임야는 지적공부 멸실 이전에 회복등기명의자의 소유로서 아직 분할되지 않은 상태로 있었다고 보는 것이 타당하다. [2] 분할 전 임야가 등기부상으로만 분필되고, 그에 터잡아 소유권이전등기들이 마쳐졌다 하더라도 그 전제가 되는 임야대

권을 설정하거나, 시효취득하지 못한다. 왜냐하면 물권의 변동은 등기를 하여야 하는데(제186조), 1필의 토지의 일부에 대하여는 원칙적으로 등기를 할 수 없기 때문이다. 그러나 용익물권은 분필절차를 밟지 않더라도 1필의 토지의 일부 위에 설정할 수 있는 예외가 인정되어 있다(부동산등기법 제69조 제6호 · 제70조 제5호 · 제72호 제1항 제6호 참조).[260)]

장과 임야도상의 분할이 이루어져 있지 않기 때문에 분할의 효력은 발생하지 아니하고, 분할 후의 임야들에 대한 등기부상의 소유자 명의의 각 소유권이전등기는 특별한 사정이 없는 한 1부동산 1용지주의 원칙에 위배되어 무효인바, 따라서 분할 전 임야는 의연히 한 필지의 임야로 존재하고, 그 소유자는 여전히 회복등기명의자라고 보아야 한다."; 1990.12.7, 90다카25208 "토지의 개수는 지적법상에 의한 지적공부상의 토지의 필수를 표준으로 하여 결정되는 것으로 1필지의 토지를 수필로 토지로 분할하여 등기하려면 먼저 위와 같이 지적법이 정하는 바에 따라 분할의 절차를 밟아 지적공부에 각 필지마다 등록이 되어야 하고 지적법상의 분할절차를 거치지 아니하는 한 1개의 토지로서 등기의 목적이 될 수 없는 것이며 설사 등기부에만 분필의 등기가 실행되었다 하여도 이로써 분필의 효과가 발생할 수 없는 것이므로 결국 이러한 분필등기는 일부동산일부등기용지의 원칙에 반하는 등기로서 무효라 할 것이다."

260) [참고] 바다 · 하천 · 도로에 대한 소유권의 객체에 대하여 알아본다. 첫째, 바다는 사적 소유권의 객체로는 할 수 없다. 그러나 어업권(수산업법 제18조 이하) · 공유수면 점용사용권(공유수면 관리 및 매립에 관한 법률 제8조 이하) · 공유수면매립권(공유수면 관리 및 매립에 관한 법률 제28조 이하)등의 이용권이 성립할 수는 있다. '공유수면 관리 및 매립에 관한 법률'에 의하면 바다는 '공간정보의 구축 및 관리 등에 관한 법률' 제6조 제1항 제4호(해안선은 해수면이 약최고고조면(일정기간 조석을 관측하여 분석한 결과 가장 높은 해수면)에 이르렀을 때의 육지와 해수면과의 경계로 표시한다)에 따른 해안선으로부터 '배타적 경제수역법'에 따른 배타적 경제수역 외측 한계까지의 사이이고(같은 법 제2조 제1호 가목), 바닷가는 '공간정보의 구축 및 관리 등에 관한 법률'제6조 제1항 제4호에 따른 해안선으로부터 지적공부에 등록된 지역까지의 사이를 가리킨다(같은 법 제2조 제1호 나목). 한편 바다 · 바닷가 등과 같은 공유수면을 매립면허취득자가 매립하여 준공검사 확인증을 받은 경우에는 국가, 지방자치단체 또는 매립면허취득자가 법률이 정한 바에 따라 매립지의 소유권을 취득한다(공유수면 관리 및 매립에 관한 법률, 제46조 참조). 둘째, 하천은 과거에는 국유였지만(구 하천법 제3조) 지금은 하천법이 개정되어 하천은 더 이상 국유가 아니다(2007.4.6. 개정 2008.4.7. 시행). 하천을 구성하는 사유의 토지 등에 대하여는 원칙적으로 사권을 행사할 수 없도록 하고, 소유권 이전 및 저당권 설정 등 일부 사권 행사만을 허용하고 있다(같은 법 제4조 제2항). 그리고 개정법은 국가하천으로 지정된 사유 토지의 소유자가 하천관리청에 그 토지의 매수를 청구할 수 있는 매수청구제를 규정하고 있다(같은 법 제79조 내지 제81조). 그 밖에 하천의 점용은 여전히 인정하고 있다(같은 법 제33조). 셋째, 도로에 대해서는 사적 소유권과 저당권 설정은 인정하나, 그 외의 사권 행사는 금지하고 있다(도로법 제4조).

2. 토지의 정착물

토지의 정착물이라 함은 토지에 고정적으로 고착되어 쉽게 이동할 수 없는 물건으로서 그러한 상태로 사용되는 것이 그 물건의 거래상의 성질로 인정되는 것을 말한다. 예를 들면 건물·수목·교량·돌담·도로의 포장 등이 이에 속한다. 반면에 판자집·가식의 수목·토지나 건물에 충분히 고착되어 있지 않은 기계 등은 토지의 정착물이 아니라 동산이다.

토지의 정착물은 모두 부동산이지만, ① 토지와는 별개의 독립된 부동산이 되는 것과(건물), ② 그것이 정착되어 있는 토지의 일부에 지나지 않는 것(다리·돌담·도로의 포장)이 있다.

현행법상 토지와는 별개의 독립한 부동산으로 다루어지는 정착물에는 다음과 같은 것들이 있다.

(1) 건 물

건물은 토지와는 별개로 권리의 객체가 되며, 건물에 관한 권리의 득실변경은 원칙적으로 등기하여야 효력이 생긴다. 토지등기부와 별도로 건물등기부를 두고 있는 이유이다(부등법 제14조 제1항). 건물은 토지와는 달리 등록에 의하여 독립성을 갖는 것은 아니다.[261] 건축 중에 있는 건물이 언제부터 독립한 건물이 되느냐 하는 것은 사회통념에 따라 정하는 수밖에 없다. 즉 독립한 건물인 경우에는 그 건물에 관하여 등기하여야 물권을 취득하고(제186조), 정착되지 않은 건축자재에 불과하다면 동산이어서 인도한 때에 소유권이 이전된다(제188조). 그리고 압류방법도 동산과 부동산에서 차이가 있다.

판례에 따르면 독립된 부동산으로서의 건물이라고 하기 위해서는 최소한의 기

261) **대판** 1997.7.8, 96다36517 "건물은 일정한 면적, 공간의 이용을 위하여 지상, 지하에 건설된 구조물을 말하는 것으로서, 건물의 개수는 토지와 달리 공부상의 등록에 의하여 결정되는 것이 아니라 사회통념 또는 거래관념에 따라 물리적 구조, 거래 또는 이용의 목적물로서 관찰한 건물의 상태 등 객관적 사정과 건축한 자 또는 소유자의 의사 등 주관적 사정을 참작하여 결정되는 것이고, 그 경계 또한 사회통념상 독립한 건물로 인정되는 건물 사이의 현실의 경계에 의하여 특정되는 것이므로, 이러한 의미에서 건물의 경계는 공적으로 설정 인증된 것이 아니고 단순히 사적관계에 있어서의 소유권의 한계선에 불과함을 알 수 있고, 따라서 사적자치의 영역에 속하는 건물 소유권의 범위를 확정하기 위하여는 소유권확인소송에 의하여야 할 것이고, 공법상 경계를 확정하는 경계확정소송에 의할 수는 없다."

둥과 지붕 그리고 주벽이 이루어지면 된다고 한다.[262] 한편 건물의 소유권은 건물이 되는 시점에 당시의 건축주가 등기 없이 당연히 소유권을 원시취득한다.[263]

독립한 건물의 개수는 동(棟)으로 표시하며 사회통념에 의하여 결정한다.[264] 건물의 경우에는 1동의 건물의 일부가 독립하여 소유권의 객체가 될 수 있으며, 이를 구분소유라고 한다(제215조). 그리고 건물의 구분소유를 합리적으로 규율하기 위하여 '집합건물의 소유 및 관리에 관한 법률'을 제정하였다.

등기부상 1동의 건물로 등기되어 있는 것의 일부는 구분 또는 분할의 등기를 하지 않는 한 처분하지 못한다. 다만, 임차권이나 전세권은 건물의 일부에 대해서도 설정할 수 있다(부등법 제72조 제1항 제6호 참조).

(2) 입목에 관한 법률에 의한 입목

1필의 토지 또는 1필의 토지의 일부에 사라고 있는 수목의 집단으로서 "입목에 관한 법률"(이하 '입목법'이라 한다)에 의한 등기를 갖춘 입목(立木)[265]은 토지로부터 완전히 독립한 부동산이 된다(입목법 제3조 제1항). 입목의 소유자는 입목을 토지와 분리하여 양도하거나 이를 저당권의 목적으로 할 수 있다(입목법 제3조 제2항). 그리고 토지의 소유권 또는 지상권의 처분은 입목에 영향을 미치지 않는다(입목법 제3조 제3항). 여기의 수목은 그 수종에 제한이 없다(입목법 시행령 제1조).

---

262) **대판** 2001.1.16, 2000다51872.

263) **대판** 2002.4.26, 2000다16350 "건축주의 사정으로 건축공사가 중단되었던 미완성의 건물을 인도받아 나머지 공사를 마치고 완공한 경우, 그 건물이 공사가 중단된 시점에서 이미 사회통념상 독립한 건물이라고 볼 수 있는 형태와 구조를 갖추고 있었다면 원래의 건축주가 그 건물의 소유권을 원시취득하고, 최소한의 기둥과 지붕 그리고 주벽이 이루어지면 독립한 부동산으로서의 건물의 요건을 갖춘 것이라고 보아야 한다."

264) **대판** 1997.7.8, 96다36517 "건물은 일정한 면적, 공간의 이용을 위하여 지상, 지하에 건설된 구조물을 말하는 것으로서, 건물의 개수는 토지와 달리 공부상의 등록에 의하여 결정되는 것이 아니라 사회통념 또는 거래관념에 따라 물리적 구조, 거래 또는 이용의 목적물로서 관찰한 건물의 상태 등 객관적 사정과 건축한 자 또는 소유자의 의사 등 주관적 사정을 참작하여 결정되는 것이고, 그 경계 또한 사회통념상 독립한 건물로 인정되는 건물 사이의 현실의 경계에 의하여 특정되는 것이므로, 이러한 의미에서 건물의 경계는 공적으로 설정 인증된 것이 아니고 단순히 사적관계에 있어서의 소유권의 한계선에 불과함을 알 수 있고, 따라서 사적자치의 영역에 속하는 건물 소유권의 범위를 확정하기 위하여는 소유권확인소송에 의하여야 할 것이고, 공법상 경계를 확정하는 경계확정소송에 의할 수는 없다."

265) 입목법 제2조 제1항 제1호에 따라 소유권보존등기를 받은 수목의 집단을 입목(立木)이라고 한다.

(3) 입목에 관한 법률의 적용을 받지 않는 수목의 집단

입목법의 적용을 받지 않는 수목의 집단은 「명인방법」(明認方法)[266]이라는 관습법상의 공시방법을 갖춘 때에 독립한 부동산으로서 거래의 목적이 된다고 하는 것이 판례에 의하여 인정되고 있다.[267] 그러나 토지로부터 분리된 수목은 언제나 동산에 지나지 않는다.

이러한 수목의 집단은 등기할 방법이 없기 때문에 오직 소유권의 객체가 될 수 있어 양도담보가 가능하고, 저당권과 같은 다른 권리의 목적이 될 수는 없다. 한편 집단이 아닌 개개의 수목도 거래의 가치가 있는 것은 명인방법을 갖추면 독립한 부동산으로 다루는 것이 가능할 것이다.

(4) 미분리의 과실

미분리의 과실(과일 · 뽕잎 · 잎담배 · 입도)은 원래는 수목의 일부에 지나지 않으나, 명인방법을 갖춘 때에 독립된 물건으로서 거래의 목적으로 할 수 있다.

독립성이 인정되는 미분리과실은 부동산이라고 하는 견해[268]와 동산이라고 보는 견해[269]가 대립되고 있다.[270]

(5) 농 작 물

토지에서 재배 · 경작되는 각종의 농작물은 토지의 정착물로서 토지의 일부에

---

266) 수목의 집단 또는 미분리 된 과실의 소유권이 누구에게 귀속되고 있는지를 제3자가 명백하게 인식(明認)할 수 있도록 공시하는 방법을 말한다. 수목의 집단인 경우에는 수피를 깎아서 거기에 소유자의 성명을 묵서(墨書)한다든지, 미분리 과실의 경우에는 논 · 밭의 주위에 새끼줄을 둘러치고 소유자의 성명을 표시한 목찰 등을 세우는 등의 방법 등을 말한다.

267) **대결 1998.10.28, 98마1817** "경매의 대상이 된 토지 위에 생립하고 있는 채무자 소유의 미등기 수목은 토지의 구성 부분으로서 토지의 일부로 간주되어 특별한 사정이 없는 한 토지와 함께 경매되는 것이므로 그 수목의 가액을 포함하여 경매 대상 토지를 평가하여 이를 최저경매가격으로 공고하여야 하고, 다만 입목에 관한 법률에 따라 등기된 입목이나 명인방법을 갖춘 수목의 경우에는 독립하여 거래의 객체가 되므로 토지 평가에 포함되지 아니한다."

268) 김상용, 292면 ; 김용한, 226면 ; 김학동, 243면 ; 백태승, 304면 ; 송덕수, 707면 ; 이영준, 997면.

269) 고상룡, 283면 ; 곽윤직, 179면 ; 김주수, 282면.

270) 주의할 것은 민사집행법 제189조(채무자가 점유하고 있는 물건의 압류) 제2항 제2호 토지에서 분리하기 전의 과실로서 1월 이내에 수학할 수 있는 것은 유체동산이라고 본다. 이렇게 법률에서 편의상 동산으로 다루어지는 경우가 있다는 사실이다.

지나지 않으며, 독립된 부동산으로 다루어지지 않는다. 타인의 토지에서 경작·재배되는 때에도 같다(제256조 본문). 다만, 정당한 권원[271]에 의거하여 타인의 토지에서 경작·재배한 경우에는, 그 농작물은 토지에 부합되지 않고 토지로부터 독립한 별개의 부동산인 것과 같이 다루어진다(제256조 단서).

그러나 판례는 농작물의 경우, 소유자의 승낙을 얻어 경작하는 때는 물론이고, 남의 땅에서 아무런 권원 없이 위법하게 경작·재배하였다 하더라도 그 농작물의 소유권은 언제나 경작자에 있다고 한다.[272]

사견으로는 판례의 태도에 전혀 동의할 수 없다. 아마 우리 사회가 농경사회를 근간으로 발전하였으며 농지가 부족한 상태에서 휴경지를 경작함으로써 농산물생산을 진작시키고자 하는 사회상을 반영한 것으로 이해는 한다. 그러나 우리 민법의 원칙을 근간에서 흔드는 것으로 도저히 이해할 수 없다. 즉 우리 민법의 기본원칙인 소유권 존중의 원칙을 부정하고 또한 부합의 이론에 관한 민법규정(제256조)에 반하는 것이다.

Ⅲ. 동 산

부동산 이외의 물건은 모두 동산이다(제99조 제2항). 토지에 부착되어 있는 물건이라도 정착물이 아니면 동산이다. 전기 기타 관리할 수 있는 자연력도 동산이다. 동산이지만 부동산처럼 다루어지는 것이 있다. 즉 선박·자동차·항공기·일정한 건설기계가 그것이다. 한편 의용민법은 무기명채권을 동산으로 의제하였다(같은법 제86조 제3항). 그러나 현행민법은 무기명채권을 동산으로 의제하지 않고

271) 어떤 행위를 적법 내지 정당하게 하는 법률상의 원인이다.

272) **대판** 1963.2.21, 62**다**913 "토지에 대한 소유권이 없는 사가 권원 없이 경작한 입도라 하더라도 성숙하였다면 그에 대한 소유권은 경작자에게 귀속된다."; **대판** 1968.3.19, 67**다**2729 "「정당한 권한 없이 타인의 농지를 경작한 자라 하여도 그 경작으로 인한 입도에 대하여서의 소유권은 그 농지에 대한 소유권과는 별도로 그 경작자의 소유에 귀속된다」(1965.7.20. 선고 65 다 874 판결 참조)"; **대판** 1979.9.28, 79**다**784 "적법한 경작권 없이 타인의 토지를 경작하였더라도 그 경작한 입도가 성숙하여 독립한 물건으로서의 존재를 갖추었으면 입도의 소유권은 경작자에게 귀속한다."; 참조 : **대판** 1996,2,23, 95**도**2754 "물권변동에 있어서 형식주의를 채택하고 있는 현행 민법 하에서는 소유권을 이전한다는 의사 외에 부동산에 있어서는 등기를, 동산에 있어서는 인도를 필요로 함과 마찬가지로 이 사건 쪽파와 같은 수확되지 아니한 농작물에 있어서는 명인방법을 실시함으로써 그 소유권을 취득한다."

따로 채권편에 규정하였다(제523조 내지 제526조). 백화점 상품권 · 철도 승차권 · 극장의 입장권 · 무기명 국채 · 시중은행의 양도성 예금증서 등의 무기명채권은 물건이 아니어서 동산이 아니다.[273)]

금전은 대체로 재화의 교환을 매개하고, 그 가치를 측정하는 일반적 기준으로서 가치 그 자체에 해당하기 때문에, 동산에 적용되는 규정 가운데는 금전에는 적용되지 않는다고 해석해야 할 것이 적지 않다. 금전에 있어서는 소유와 점유가 일치한다. 즉 금전의 점유는 언제나 그 소유의 권원이 된다. 그러나 예외적으로 금전이 물건으로 다루어지는 경우가 있다.[274)]

273) '무기명채권'은 특정한 채권자를 지정함이 없이 증서(증권)의 소지인에게 변제하여야 하는 증권적 채권이다. 예를 들면 무기명사채 · 백화점 상품권 · 철도 승차권 · 극장의 입장권 · 시중은행의 양도성 예금증서 등이다. 이러한 무기명채권은 채권이 증서(증권)에 화채되어서 그 채권의 성립 · 존속 · 행사 등에 증권이 필요하다. 그 채권을 양도하려면 증서(증권)의 교부가 있어야 한다(제523조).

274) 예를 들면 특정금전(조선시대의 상평통보, 88올림픽 기념주화 등)을 수집의 목적으로 매매하는 경우 등이다.

제4절 주물과 종물

Ⅰ. 주물 · 종물의 의의

어떤 물건의 소유자가 그 물건의 일상적인 사용에 도움을 받으려고 자기소유인 다른 물건을 그 어떤 물건에 부속하게 한 때에는, 그 어떤 물건을 주물(主物)이라고 하고 주물에 부속시킨 소유자의 다른 물건을 종물(從物)이라고 한다(제100조 제1항).[275)]

민법은 법적인 명확성과 거래의 안전을 확보할 수 있게 하기 위하여 물건에 대하여 단일물을 중심으로 규율하고 있다. 주물과 종물처럼 각각 독립한 복수의 물건임에도 일정한 범위에서 하나의 물건처럼 다루는 것이다. 이렇게 민법은 주물과 종물의 구분은 종물을 주물의 처분에 따르게 함으로써 그것들의 법률적 운명을 함께 하도록 하여 사회경제적인 효용을 높이고자 한다.

[주물·종물 관계 판례]

㉠ **대판 1967.3.7, 66누176** "다른 특별한 사정이 없는 한 본 건 양수장시설은 종물로서 주물인 그 몽리 농지의 수분배자인 원고를 비롯한 그 외의 농지수분배자들의 소유에 귀속되었다."

㉡ **대판 1991.5.14, 91다2779** "본채에서 떨어져 축조되어 있기는 하나 위 ㉻부분은 넓이가 3.1평방미터에 불과하고, 구소는 방으로 되어 있으나 사람이 거주하지는 않으며 그 안에는 낡은 물건들이 보관되어 있어 사실상 낡은 가재도구 등의 보관장소로 사용되고 있는 것으로 보이고 (갸)부분은 연탄창고이며 (냐)부분은 점유자들의 공동변소로 사용되고 있음을 인정할 수 있는바 위 인정사실에 의하면 위 부분들이 본채와 독립하여 독립된 효용을 가진 건물이라고 보기 보다는 본채를 점유하고 있는 자들의 필요에 따라 주된 건물의 경제적 효용을 보조하기 위하여 계속적으로 이바지하는 종물이라

275) 예를 들면 어떤 사람의 시계몸체와 시계 줄, 나룻배(船)와 노(櫓), 주유소와 주유기, 자물통과 열쇠 등이 주물과 종물의 예이다.

고 함이 합리적이라 할 것이다."

㉢ **대판 1993.2.12, 92도3234** "횟집으로 사용할 점포 건물에 거의 붙여서 횟감용 생선을 보관하기 위하여 즉 위 점포 건물의 상용에 공하기 위하여 신축한 수족관 건물은 위 점포 건물의 종물이라고 해석할 것이다."

㉣ **대판 1993.8.13, 92다43142** "백화점 건물의 지하 2층 기계실에 설치되어 있는 전화교환설비가 건물의 원소유자가 설치한 부속시설이며, 위 건물은 당초부터 그러한 시설을 수용하는 구조로 건축되었고, 위 시설들은 볼트와 전선 등으로 위 건물에 고정되어 각 층, 각 방실까지 이어지는 전선 등에 연결되어 있을 뿐이어서 과다한 비용을 들이지 않고도 분리할 수 있고, 분리하더라도 독립한 동산으로서 가치를 지니며, 그 자리에 다른 것으로 대체할 수 있는 것이라면, 위 전화교환설비는 독립한 물건이기는 하나, 그 용도, 설치된 위치와 그 위치에 해당하는 건물의 용도, 건물의 형태, 목적, 용도에 대한 관계를 종합하여 볼 때, 위 건물에 연결되거나 부착하는 방법으로 설치되어 위 건물인 10층 백화점의 효용과 기능을 다하기에 필요불가결한 시설들로서, 위 건물의 상용에 제공된 종물이라 할 것이다."

㉤ **대판 1985.3.26, 84다카269** "저당권의 효력이 미치는 저당부동산의 종물이라 함은 민법 제100조가 규정하는 종물과 같은 의미로서 종물이기 위하여는 주물의 상용에 이바지되어야 하는 관계가 있어야 하는바 여기에서 주물의 상용에 이바지 한다함은 주물 그 자체의 경제적 효용을 다하게 하는 작용을 하는 것을 말하는 것으로서 주물의 소유자나 이용자의 상용에 공여되고 있더라도 주물 그 자체의 효용과는 직접 관계없는 물건은 종물이 아닌 것이라 할 것이다. ~중략~ 그러나 기록에 의하면 같은 제4목록 기재물건 중에는 위 호텔의 각 방실에 시설된 텔레비죤, 전화기, 호텔세탁실에 시설된 세탁기, 탈수기, 드라이크리닝기, 호텔주방에 시설된 냉장고 제빙기, 호텔방송실에 시설된 브이티알(비데오), 앰프 등이 포함되어 있는 사실이 인정되는 바 위 사실관계에 의하면 적어도 위에 적시한 물건들에 관한 한 위 물건들이 위 호텔의 경영자나 이용자의 상용에 공여됨은 별론으로 하고 주물인 같은 제1,2목록 기재부동산 자체의 경제적 효용에 직접 이바지 하지 아니함은 경험칙 상 명백하므로 위 부동산에 대한 종물이라고는 할 수 없다."

㉥ **대판 1988.2.23, 87다카600** "건물이 증축된 경우에 증축부분이 기존 건물에 부합된 것으로 볼 것인가 아닌가 하는 점은 증축부분이 기존건물에 부착된 물리적 구조뿐만 아니라 그 용도와 기능의 면에서 기존건물과 독립한 경제적 효용을 가지고 거래상 별개의 소유권의 객체가 될 수 있는지의 여부 및 증축하여 이를 소유하는 자의 의사 등을 종합하여 판단하여야 할 것이고(당원 1985.11.12 선고 85다카246 판결 참조), 또한 어느 건물이 주된 건물의 종물이기 위하여는 주된 건물의 경제적 효용을 보조하기 위하여 계속적으로 이바지되어야 하는 관계가 있어야 하는 바(당원 1985.3.26선고 84다카269 판결 참조)"

㉦ **대판 1993.12.10, 93다42399** "정화조는 건축법시행령 제47조, 오수, 분뇨 및 축산폐수

의 처리에 관한법률 제2조 제5호에 따라 수세식 화장실에서 배출하는 오수의 정화처리를 위하여 필수적으로 설치되어야 하고, 또 기록에 의하면, 이 사건 정화조가 위 3층 건물의 대지가 아닌 인접한 다른 필지의 지하에 설치되어 있기는 하지만 위 3층 건물 화장실의 오수처리를 위하여 위 건물 옆 지하에 바로 부속하여 설치되어 있음을 알 수 있어 독립된 물건으로서 종물이라기보다는 위 3층 건물의 구성부분으로 보아야 할 것이다."

ⓞ **대판 1994.6.10, 94다11606** "가. 건물이 증축된 경우에 증축부분의 기존건물에 부합 여부는 증축부분이 기존건물에 부착된 물리적 구조뿐만 아니라, 그 용도와 기능의 면에서 기존건물과 독립한 경제적 효용을 가지고 거래상 별개의 소유권의 객체가 될 수 있는지의 여부 및 증축하여 이를 소유하는 자의 의사 등을 종합하여 판단하여야 한다. 나. 저당권의 효력이 미치는 저당부동산의 종물이라 함은 민법 제100조가 규정하는 종물과 같은 의미로서, 어느 건물이 주된 건물의 종물이기 위하여는 주물의 상용에 이바지되어야 하는 관계가 있어야 하는바, 여기에서 주물의 상용에 이바지한다 한은 주물 그 자체의 경제적 효용을 다하게 하는 것을 말하는 것이며, 주물의 소유자나 이용자의 상용에 공여되고 있더라도 주물 그 자체의 효용과는 직접 관계없는 물건은 종물이 아니다."

ⓩ **대판 1995.6.29, 94다6345** "가. 주유소의 지하에 매설된 유류저장탱크를 토지로부터 분리하는 데 과다한 비용이 들고 이를 분리하여 발굴할 경우 그 경제적 가치가 현저히 감소할 것이 분명하다는 이유로, 그 유류저장탱크는 토지에 부합되었다고 본 사례. 나. 주유소의 주유기가 비록 독립된 물건이기는 하나 유류저장탱크에 연결되어 유류를 수요자에게 공급하는 기구로서 주유소 영업을 위한 건물이 있는 토지의 지상에 설치되었고 그 주유기가 설치된 건물은 당초부터 주유소 영업을 위한 건물로 건축되었다는 점 등을 종합하여 볼 때, 그 주유기는 계속해서 주유소 건물 자체의 경제적 효용을 다하게 하는 작용을 하고 있으므로 주유소건물의 상용에 공하기 위하여 부속시킨 종물이라고 본 사례."

ⓒ **대판 1997.10.10, 97다3750** "종물은 주물의 상용에 이바지하는 관계에 있어야 하고, 주물의 상용에 이바지한다 함은 주물 그 자체의 경제적 효용을 다하게 하는 것을 말하는 것으로서 주물의 소유자나 이용자의 상용에 공여되고 있더라도 주물 그 자체의 효용과 직접 관계가 없는 물건은 종물이 아니다(신·구 폐수처리시설이 그 기능면에서는 전체적으로 결합하여 유기적으로 작용 함으로써 하나의 폐수처리장을 형성하고 있지만, 신 폐수처리시설이 구 폐수 처리시설 그 자체의 경제적 효용을 다하게 하는 시설이라고 할 수 없으므로 종물이 아니라고 한 사례).

ⓚ **대판 2007.12.13, 2007도7247** "저당권의 효력이 미치는 저당부동산의 종물은 민법 제100조가 규정하는 종물과 같은 의미인바, 어느 건물이 주된 건물의 종물이기 위하여는 주물의 상용에 이바지하는 관계에 있어야 하고 이는 주물 자체의 경제적 효용을 다하게 하는 것을 말하는 것이므로, 주물의 소유자나 이용자의 사용에 공여되고 있더

라도 주물 자체의 효용과 관계없는 물건은 종물이 아니다."

Ⅱ. 종물의 요건

1. 주물의 상용에 이바지할 것

종물은 주물의 상용(常用)에 이바지하여야 한다(제100조 제1항 참조). 상용에 이바지한다는 것은 사회 관념상 계속해서 주물의 경제적 효용을 다하게 하는 작용을 하는 것을 말한다. 따라서 일시적으로 어떤 물건의 효용을 돕고 있는 것은 종물이 아니며, 또한 주물의 소유자의 상용에 공여되고 있다고 하더라도 주물 그 자체의 효용과 직접 관계가 없는 물건, 예를 들어 식기 · 침구 · 난로 · 책상 등은 가옥의 종물이 아니다. 이에 관하여는 판례와 학설이 일치하여 같은 입장을 취하고 있다.[276)]

또한 종물은 주물에 부속시킨 것으로 장소적으로도 주물과 밀접한 위치에 있어야 한다.

2. 주물로부터 독립된 물건일 것

종물은 주물의 일부이거나 구성부분[277)]이 아니며 주물의 경제적 효용을 돕기

---

276) **대판** 1997.10.10, 97**다**3750 "종물은 주물의 상용에 이바지하는 관계에 있어야 하고, 주물의 상용에 이바지한다 함은 주물 그 자체의 경제적 효용을 다하게 하는 것을 말하는 것으로서 주물의 소유자나 이용자의 상용에 공여되고 있더라도 주물 그 자체의 효용과 직접 관계가 없는 물건은 종물이 아니다(신 · 구폐수처리시설이 그 기능면에서는 전체적으로 결합하여 유기적으로 작용함으로써 하나의 폐수처리장을 형성하고 있지만, 신폐수처리시설이 구폐수처리시설 그 자체의 경제적 효용을 다하게 하는 시설이라고 할 수 없으므로 종물이 아니라고 한 사례) ; **대판** 2007.12.13, 2007**도**7247 "저당권의 효력이 미치는 저당부동산의 종물은 민법 제100조가 규정하는 종물과 같은 의미인바, 어느 건물이 주된 건물의 종물이기 위하여는 주물의 상용에 이바지하는 관계에 있어야 하고 이는 주물 자체의 경제적 효용을 다하게 하는 것을 말하는 것이므로, 주물의 소유자나 이용자의 사용에 공여되고 있더라도 주물 자체의 효용과 관계없는 물건은 종물이 아니다."

277) **대판** 1993.12.10, 93**다**42399 "정화조는 건축법시행령 제47조, 오수, 분뇨 및 축산폐수의 처리에 관한법률 제2조 제5호에 따라 수세식 화장실에서 배출하는 오수의 정화처리를 위하여 필수적으로 설치되어야 하고, 또 기록에 의하면, 이 사건 정화조가 위 3층 건물의 대지가 아닌 인접한 다른 필지의 지하에 설치되어 있기는 하지만 위 3층 건물 화장실의

위하여 부속되어 있는 물건이므로 법률상 독립한 물건이어야 한다.

독립한 물건이면 동산이든 부동산이든 종물이 될 수 있다.[278)]

3. 주물과 종물 모두 동일한 소유자에게 속할 것

주물과 종물 모두 동일한 소유자에게 속한 것이어야 한다. 다른 소유자에게 속하는 물건 사이에서 주물·종물의 관계를 인정하면, 종물이 주물과 운명을 같이 하는 결과, 주물의 처분으로 제3자의 권리가 침해될 염려가 있기 때문이다.[279)] 그렇다면 제3자를 해하지 않는 범위 내에서 각각 다른 소유자에게 속하는 물건 사이에서는 주물과 종물의 관계를 인정하여도 상관없다고 할 것이 된다. 판례는 언제나 주물과 종물은 동일한 소유자에게 속하여야 한다고 한다.[280)]

Ⅲ. 종물의 효과

1. 처분에 있어서의 수반성

종물은 주물의 처분에 따른다(제100조 제2항). 여기서 처분이라 함은 소유권 양도나 제한물권의 설정과 같은 물권적 처분뿐만 아니라, 매매·임대차와 같은 채권적 처분도 포함하는 넓은 의미이므로 결국 종물은 주물과 그 법률적 운명을 같이 한다는 뜻이다(제356조 참조).

다만 제100조 제2항은 강행규정이 아니므로 당사자가 이와 반대되는 특약을 하는 것은 무방하다고 해석된다.[281)] 그러나 주물만을 처분하기로 한 경우에는 이

오수처리를 위하여 위 건물 옆 지하에 바로 부속하여 설치되어 있음을 알 수 있어 독립된 물건으로서 종물이라기보다는 위 3층 건물의 구성부분으로 보아야 할 것이다."

278) **대판** 1993.2.12, 92**도**3234 "횟집으로 사용할 점포 건물에 거의 붙여서 횟감용 생선을 보관하기 위하여 즉 위 점포 건물의 상용에 공하기 위하여 신축한 수족관 건물은 위 점포 건물의 종물이라고 해석할 것이다."

279) 곽윤직, 181면.

280) **대판** 2008.5.8, 2007**나**36933·26940 "종물은 물건의 소유자가 그 물건의 상용에 공하기 위하여 자기 소유인 다른 물건을 이에 부속하게 한 것을 말하므로(민법 제100조 제1항) 주물과 다른 사람의 소유에 속하는 물건은 종물이 될 수 없다."

281) **대판** 2012.1.26, 2009**다**76546 "종물은 주물의 처분에 수반된다는 민법 제100조 제2항은 임의규정이므로, 당사자는 주물을 처분할 때에 특약으로 종물을 제외할 수 있고 종물만을 별도로 처분할 수도 있다."

를 주장하는 자가 그 사실을 입증하여야 한다.

2. 저당권의 효력이 미치는 범위

주물 위에 저당권이 설정된 경우, 원칙적으로 저당권 설정 당시의 종물은 물론 설정 후의 종물에 대하여도 저당권의 효력이 미친다(제358조).

Ⅳ. 종물이론의 준용

주물 · 종물의 이론은 물건 상호간의 관계에 관한 것이나, 그와 같은 결합관계는 권리 상호간에도 성립한다. 예컨대 건물이 양도되면 그 건물을 위한 대지의 지상권[282)]이나 임차권[283)]도 건물의 양수인에게 이전하며, 원본채권이 양도되면

---

282) **대판** 1996.4.26, 95**다**52864 "저당권의 효력이 저당부동산에 부합된 물건과 종물에 미친다는 민법 제358조 본문을 유추하여 보면 건물에 대한 저당권의 효력은 그 건물에 종된 권리인 건물의 소유를 목적으로 하는 지상권에도 미치게 되므로, 건물에 대한 저당권이 실행되어 경락인이 그 건물의 소유권을 취득하였다면 경락 후 건물을 철거한다는 등의 매각조건에서 경매되었다는 등 특별한 사정이 없는 한, 경락인은 건물 소유를 위한 지상권도 민법 제187조의 규정에 따라 등기 없이 당연히 취득하게 되고, 한편 이 경우에 경락인이 건물을 제3자에게 양도한 때에는, 특별한 사정이 없는 한 민법 제100조 제2항의 유추적용에 의하여 건물과 함께 종된 권리인 지상권도 양도하기로 한 것으로 봄이 상당하다."; **대판** 2013.9.12, 2013**다**43345 "동일한 소유자에 속하는 대지와 그 지상건물이 매매 등에 의하여 각기 그 소유자가 달라지게 된 경우에는 특히 그 건물을 철거한다는 조건이 없는 한 건물소유자는 그 대지 위에 그 건물을 위한 관습법상의 법정지상권을 취득하는 것이고, 한편 건물 소유를 위하여 법정지상권을 취득한 사람으로부터 경매에 의하여 그 건물의 소유권을 이전받은 매수인은 매수 후 건물을 철거한다는 등의 매각조건하에서 경매되는 경우 등 특별한 사정이 없는 한 건물의 매수취득과 함께 위 지상권도 당연히 취득한다. 그리고 지료액 또는 그 지급시기 등 지료에 관한 약정은 이를 등기하여야만 제3자에게 대항할 수 있는 것이므로, 지료의 등기를 하지 아니한 이상 토지소유자는 구 지상권자의 지료연체 사실을 들어 지상권을 이전받은 자에게 대항하지 못한다(대법원 1985.2.26. 선고 84다카1578,1579 판결, 대법원 1996.4.26. 선고 95다52864 판결 등 참조)."; **대판** 2014.12.24, 2012**다**73158 "저당권설정 당시 동일인의 소유에 속하고 있던 토지와 지상 건물이 경매로 인하여 소유자가 다르게 된 경우에 건물소유자는 건물의 소유를 위한 민법 제366조의 법정지상권을 취득한다. 그리고 건물 소유를 위하여 법정지상권을 취득한 사람으로부터 경매에 의하여 건물의 소유권을 이전받은 매수인은 매수 후 건물을 철거한다는 등의 매각조건하에서 경매되는 경우 등 특별한 사정이 없는 한 건물의 매수취득과 함께 위 지상권도 당연히 취득하는데, 이러한 법리는 사해행위의 수익자 또는 전득자가 건물의 소유자로서 법정지상권을 취득한 후 채무자와 수익자 사이에 행하여진 건물의 양도에 대한 채권자취소권의 행사에 따라 수익자와 전득자 명의의 소유권이전등기가 말소된 다음 경매절차에서 건물이 매각되는 경우에도 마찬가지로 적용된다."

이자채권도 원본채권과 운명을 같이한다고 해석하여야 한다. 또한 구분건물의 전유부분에 대한 소유권보존등기만 행하여지고 대지지분에 대한 등기가 되기 전에 전유부분만에 대하여 내려진 가압류결정의 효력은 그 대지권에까지 미친다.[284)]

283) **대판** 1993.4.13, 92다24950 "건물의 소유를 목적으로 하여 토지를 임차한 사람이 그 토지 위에 소유하는 건물에 저당권을 설정한 때에는 민법 제358조 본문에 따라서 저당권의 효력이 건물뿐만 아니라 건물의 소유를 목적으로 한 토지의 임차권에도 미친다고 보아야 할 것이므로, 건물에 대한 저당권이 실행되어 경락인이 건물의 소유권을 취득한 때에는 특별한 다른 사정이 없는 한 건물의 소유를 목적으로 한 토지의 임차권도 건물의 소유권과 함께 경락인에게 이전된다."

284) **대판** 2006.10.26, 2006다29020.

제5절 원물과 과실

Ⅰ. 원물 · 과실의 의의

물건으로부터 생기는 경제적 이익을 과실(果實)이라고 하고, 과실을 생기게 하는 물건을 원물(元物)이라고 한다. 민법은 물건의 과실에 관한 개념을 규정(제101조 참조)하고 제102조에서는 그 과실의 귀속 및 범위를 규정하고 있다.

과실에는 천연과실과 법정과실이 있는데 이 둘은 물건으로부터 생기는 수익(과실)이라는 점에서만 같은 뿐이고 그 본질에 있어서는 다르기 때문에 이 둘을 따로 규율한다. 또한 민법은 물건의 과실만 인정할 뿐이고, 권리의 과실이라는 관념은 이를 인정하지 않는다. 따라서 주식의 배당금, 특허권의 사용료, 노동의 사용 대가 등은 과실이 아니다.

Ⅱ. 천연과실

1. 의 의

물건의 용법에 의하여 수취하는 산출물이 천연과실(天然果實)이다(제101조 제1항). '물건의 용법에 의하여'라 함은 원물의 경제적 용도 · 사명에 따라서 수취되는 물건을 의미한다. 산출물이라 함은 ① 자연적 · 유기적으로 생산되는 물건(사과 등 과일 · 곡물 · 가축의 새끼 · 우유 · 계란 등)뿐만 아니라, ② 인공적 · 무기적으로 수취되는 물건(모래 · 자갈 · 흙 · 석재 등)도 원물이 곧 소모되지 않고 경제적 견지에서 원물의 수익이라고 인정될 수 있는 한 모두 포함한다.

2. 천연과실의 귀속

천연과실의 관념은 원물로부터 분리하는 때에 누구의 권리에 속하느냐를 결정하는 데에 그 실익이 있다. 천연과실은 그 원물로부터 분리하는 때에 이를 수취할 권리자에게 속하기 때문이다(제102조 제1항).

따라서 원칙적으로 수취권을 가지는 자는 원물의 소유자인 것이 보통이다(제211조 참조).[285] 그러나 예외적으로 ① 선의의 점유자(제201조), ② 지상권자(제279조), ③ 전세권자(제303조), ④ 유치권자(제323조), ⑤ 질권자(제343조), ⑥ 저당권자(제359조), ⑦ 매도인(제587조), ⑧ 사용차주(제609조), ⑨ 임차인(제618조), ⑩ 친권자(제923조), ⑪ 유증의 수증자(제1079조)도 천연과실의 수취권자가 될 수 있다.

그리고 동산의 양도담보설정자도 천연과실의 수취권을 갖는다.[286] 또한 가등기담보법이 적용되지 않는 부동산양도담보의 경우에도 설정자가 천연과실의 수취권을 갖는다. 그 외에 가등기담보법이 적용되는 부동산양도담보의 경우에 설정자는 소유자로서 당연히 천연과실의 수취권을 갖는다. 소유권유보부매매에 있어서 매수인도 천연과실의 수취권이 있다.

이 규정은 강행규정이 아니므로 당사자의 합의로써 천연과실의 수취권자를 따로 정할 수 있다.

미분리의 천연과실은 그 자체가 독립한 물건은 아니고, 원물의 일부에 불과하므로 민법 제102조의 적용이 없으나, 명인방법에 의하여 공시방법을 갖추는 때에

---

285) **대판 2007.7.26, 2006다83796** "상속개시 후에 인지되거나 재판이 확정되어 공동상속인이 된 자도 그 상속재산이 아직 분할되거나 처분되지 아니한 경우에는 당연히 다른 공동상속인들과 함께 분할에 참여할 수 있을 것이나, 인지 이전에 다른 공동상속인이 이미 상속재산을 분할 내지 처분한 경우에는 인지의 소급효를 제한하는 민법 제860조 단서가 적용되어 사후의 피인지자는 다른 공동상속인들의 분할 기타 처분의 효력을 부인하지 못하게 되는바, 민법 제1014조는 그와 같은 경우에 피인지자가 다른 공동상속인들에 대하여 그의 상속분에 상당한 가액의 지급을 청구할 수 있도록 하여 상속재산의 새로운 분할에 갈음하는 권리를 인정함으로써 피인지자의 이익과 기존의 권리관계를 합리적으로 조정하는 데 그 목적이 있는 것이다. 따라서 인지 이전에 공동상속인들에 의해 이미 분할되거나 처분된 상속재산은 민법 제860조 단서가 규정한 인지의 소급효 제한에 따라 이를 분할 받은 공동상속인이나 공동상속인들의 처분행위에 의해 이를 양수한 자에게 그 소유권이 확정적으로 귀속되는 것이며, 상속재산의 소유권을 취득한 자는 민법 제102조에 따라 그 과실을 수취할 권능도 보유한다고 할 것이므로, 피인지자에 대한 인지 이전에 상속재산을 분할한 공동상속인이 그 분할 받은 상속재산으로부터 발생한 과실을 취득하는 것은 피인지자에 대한 관계에서 부당이득이 된다고 할 수 없다."

286) **대판 1996.9.10, 96다25463** "양도담보목적물로서 원물인 돼지가 출산한 새끼 돼지는 천연과실에 해당하고 그 천연과실의 수취권은 원물인 돼지의 사용수익권을 가지는 양도담보설정자인 위 송무남에게 귀속되는 것이므로, 달리 원·피고 사이에 특별한 약정이 없는 한 천연과실인 위 새끼 돼지에 대하여는 양도담보의 효력이 미치는 것이라고 할 수 없다."

는 독립성이 인정되고, 그 위에 타인의 물권이 성립될 수 있다.

Ⅲ. 법정과실

1. 의 의

물건의 사용대가로 받는 금전 기타의 물건이 법정과실(法定果實)이다(제101조 제2항). 물건의 사용대가는 타인에게 물건을 사용케 하고, 사용 후에 원물 그 자체 또는 동종·동질·동량의 것을 반환하여야 할 법률관계(예, 임대차·소비대차)가 있는 경우에 인정된다. 건물이나 토지의 사용에 따른 사용료(임차료·지료 등)[287]나 금전소비대차에 따른 이자[288] 등이 그 예이다.

노동의 대가 또는 권리사용의 대가 등은 과실이 아니다. 왜냐하면 원물과 과실이 모두 물건이어야 하기 때문이다(통설).

2. 법정과실의 귀속

법정과실은 수취할 권리의 존속기간 일수의 비율로 취득한다(제102조 제2항). 임대중인 건물이 매매된 경우에 그 임대료는 가옥의 소유권이 이전된 날을 기준으로 하여 임대인들, 즉 가옥의 매도인과 매수인 사이에 그 차임이 나누어진다. 이 규정도 임의규정이므로 당사자가 다른 약정을 하는 것은 상관없다.[289]

---

287) **대판** 2001.12.28, 2000**다**27749 "자연공원법(1995.12.30. 법률 제5122호로 개정된 것) 제26조 및 제33조의 규정내용과 입법목적을 종합하여 보면, 국립공원의 입장료는 토지의 사용대가라는 민법상 과실이 아니라 수익자 부담의 원칙에 따라 국립공원의 유지·관리비용의 일부를 국립공원 입장객에게 부담시키고자 하는 것이어서 토지의 소유권이나 그에 기한 과실수취권과는 아무런 관련이 없고, 국립공원의 유지·관리비는 원칙적으로 국가가 부담하여야 할 것이지만 형평에 따른 수익자부담의 원칙을 적용하여 국립공원 이용자에게 입장료를 징수하여 국립공원의 유지·관리비의 일부에 충당하는 것도 가능하다고 할 것이며, 징수된 공원입장료 전부가 자연공원법 제33조 제2항에 의하여 국립공원의 관리와 국립공원 안에 있는 문화재의 관리·보수를 위한 비용에만 사용되고 있는 점 등에 비추어 국립공원 내 토지소유자에게 입장료 수입을 분배하지 않고 공원관리청에 전부 귀속되도록 규정한 자연공원법 제33조 제1항이 헌법상의 평등권이나 재산권 보장을 침해하는 규정이라고 볼 수 없다."

288) 김상용, 298면; 김주수, 288면에서 '이자'는 법정과실이 아니지만 법정과실로 다룰 것이라고 한다.

289) 법정과실수취권의 귀속과 관련하여 참고로 **대판** 1996.1.26, 95**다**44290 "민법 제201조 제1항에 의하면 선의의 점유자는 점유물의 과실을 취득한다고 규정하고 있는바, 건물을

원물을 그대로 이용하는 경우(어떤 건물에 거주하며 이용하는 경우)에 그 사용이익은 법정과실이 아니다. 그러나 과실의 수취에 준하여 다루어야 한다(통설). 판례도 같다.[290] 이에 의하면 타인의 토지를 선의로 점유한 때에는 점유 · 사용으로 인한 이익을 반환할 의무가 없게 된다(제201조 제1항 참조).

사용함으로써 얻는 이득은 그 건물의 과실에 준하는 것이므로, 선의의 점유자는 비록 법률상 원인 없이 타인의 건물을 점유 · 사용하고 이로 말미암아 그에게 손해를 입혔다고 하더라도 그 점유 · 사용으로 인한 이득을 반환할 의무는 없다."

290) **대판** 1987.9.22, 86**다카**1996 · 1997 "민법 제201조 제1항 에 의하면 선의의 점유자는 점유물의 과실을 취득한다고 규정하고 있고, 한편 토지를 사용함으로써 얻는 이득은 그 토지로 인한 과실과 동시할 것이므로 선의의 점유자는 비록 법률상 원인없이 타인의 토지를 점유사용하고 이로 말미암아 그에게 손해를 입혔다 하더라도 그 점유사용으로 인한 이득을 그 타인에게 반환할 의무는 없다."; **대판** 1995.5.12, 95**다**573 "토지를 사용함으로써 얻는 이득은 그 토지로 인한 과실과 동시할 것이므로, 민법 제201조 제1항 에 의하여 선의의 점유자는 비록 법률상 원인 없이 타인의 토지를 점유 · 사용하고 이로 말미암아 그에게 손해를 입혔다 하더라도 그 점유 · 사용으로 인한 이득을 그 타인에게 반환할 의무는 없다."

제5장

권리의 변동

제1절 총 설

Ⅰ. 권리변동의 의의

모든 사람(법인)은 사회생활을 위한 활동을 하게 되며, 다른 사람과 관계를 맺는다. 여기서 항상 새로운 사회생활관계가 발생하고, 이미 존재하고 있는 사회생활관계는 변경되거나 소멸해 간다. 즉 사람의 사회생활관계는 발생 · 변경 · 소멸이라는 과정과 모습으로 끊임없이 변동하고 있다.

이러한 사람의 사회생활관계 중에서 법에 의해 규율되는 관계를 법률관계라 하는데, 법률관계 또한 발생 · 변경 · 소멸에 의해 변동된다.

그런데, 법률관계는 권리 · 의무의 관계이고, 우리 민법은 권리본위로 되어 있으므로 법률관계의 변동은 결국 권리의 발생 · 변경 · 소멸이라는 권리의 변동으로 나타난다.

법률관계의 변동, 즉 권리의 변동은 일정한 원인에 의하여 발생한다. 이러한 법률관계의 변동(권리변동)의 원인이 되는 것을 법률요건이라고 하고, 그 결과 발생하는 권리변동을 법률효과라고 한다.

결국 권리변동은 일정한 원인(법률요건)이 있을 때에 그 결과로서 생기는 법률효과이고, 권리의 발생 · 변경 · 소멸이라는 모습으로 나타난다.

권리의 변동을 권리의 주체를 중심으로 해서 말한다면 권리의 득실변경(취득 · 상실 · 변경)이 된다.

Ⅱ. 권리변동(법률효과)의 모습

1. 권리의 취득(발생)

(1) 원시취득(절대적 발생)

타인의 권리에 기초함이 없이 원시적으로 취득하는 것이다. 다시 말해 전에 없었던 권리가 새로 발생(절대적 발생)하는 것이다. 예컨대 건물의 신축에 의한 소유권취득, 선의취득(제249조 이하)에 의한 소유권취득, 선점(제252조), 유실물습득(제253조), 매장물발견(제254조), 첨부(제256조 이하), 취득시효(제245조 이하),[291] 인격권·가족권의 취득 등이 있다.

(2) 승계취득

타인의 권리를 취득하는 것으로서 취득자는 그 타인이 가지고 있었던 권리 이상의 것을 취득하지 못한다. 즉 타인이 무권리자이면 권리를 취득할 수 없고, 그 권리에 제한이나 하자가 있으면 이를 그대로 승계한다. 승계취득은 다시 다음과 같이 나뉜다.

1) 이전적 승계 · 설정적 승계

이전적 승계란 구 권리자에게 속하고 있었던 권리가 그 동일성을 유지하면서 그대로 신 권리자에게 이전되는 것을 말한다. 예컨대 매매·상속에 의한 취득 등이 있다.

설정적 승계란 어느 누구의 소유권에 기초하여 지상권·전세권·저당권을 설정하는 경우처럼, 구 권리자는 그대로 그의 권리를 보유하면서 신 권리자는 그 소유권이 가지는 권능(사용·수익·처분) 중 일부를 취득하는 것을 말한다. 따라서 설정적 승계가 있으면 구 권리자의 권리는 신 권리자가 취득한 권리에 의하여 제한을 받게 된다. 예컨대 소유권 위에 지상권·저당권 등의 제한물권이 설정되거나 임차권이 취득되는 경우가 그 예이다.

2) 특정승계 · 포괄승계

특정승계란 매매의 경우처럼 개개의 권리가 각각의 취득 원인에 의하여 취득되는 것을 말한다.

포괄승계란 하나의 취득원인에 의하여 다수의 권리가 일괄해서 취득되는 것을 말한다. 예컨대 상속, 포괄유증, 회사의 합병 등에 의한 취득 등이 있다.

2. 권리의 상실(소멸)

권리의 상실에는 목적물이 멸실되는 경우처럼 권리가 절대적으로 소멸하는 경

291) 취득시효에 대하여는 승계취득설도 있다.

우와 권리의 이전적 승계의 경우처럼 권리가 구 권리자로부터 이탈하여 상대적으로 소멸하는 경우가 있다.

3. 권리의 변경

권리가 그 동일성을 잃지 않으면서 그 주체 · 내용 · 작용에 변경이 생기는 것이다. 첫째, 주체의 변경은 다른 면에서 보면 권리의 이전적 승계취득에 해당된다. 둘째, 내용(객체)의 변경은 권리의 내용이 질적으로 또는 양적으로 변경되는 것이다. 물건의 인도를 목적으로 하는 채권이 채무불이행을 이유로 손해배상채권으로 변하는 것(제390조 참조)은 전자의 예이고, 물건 위에 제한물권(지상권 · 저당권)이 설정되거나 이미 설정된 제한물권이 소멸하는 것은 소유권의 내용이 감소되거나 증가되는 점에서 후자에 해당한다. 셋째, 작용의 변경은 권리의 작용(효력)에 관하여 변경이 있는 것으로서, 선순위저당권의 소멸로 인한 저당권 순위의 승진, 부동산임차권의 등기에 의하여 대항력을 가지게 되는 것(제621조) 등이 그 예이다.

Ⅲ. 권리변동의 원인

1. 법률요건

권리의 변동이라는 법률효과를 발생케 하는 원인을 법률요건이라 하는데, 그 발생원인에 따라 둘로 나누어진다.

① 당사자의 의사표시 내지 법률행위이다. 민법의 기본토대를 이루는 사적 자치는 의사표시를 수단으로 하여 현실화되고, 그 완성된 단위가 법률행위이다.

② 법률행위 이외의 모든 경우로서 보통 법률의 규정이라고 부른다.

예컨대 소멸시효, 취득시효, 사무관리, 부당이득, 불법행위, 상속 등 그 규정에 따라 일정한 요건이 충족되면 당사자의 의사와는 무관하게 권리를 취득하거나 잃게 되는 효과가 발생한다.

채권의 발생원인은 계약, 사무관리, 부당이득, 불법행위의 4가지가 있는데, 계약은 법률행위에 의한 채권의 발생 원인이고, 나머지는 법률의 규정에 의한 채권의 발생 원인이다.

이러한 법률요건은 하나 또는 여러 개의 법률사실로 구성된다.

2. 법률사실

(1) 법률사실의 의의

법률요건을 구성하는 개개의 사실을 법률사실이라 한다. 법률요건은 하나의 법률사실로 구성되는 경우도 있고, 여러 개의 법률사실이 합쳐져서 구성되는 경우도 있다.

유언·취소·해제 등은 전자의 예이고, 매매·증여·교환·임대차·사단법인 설립행위 등은 후자의 예이다.

하나 또는 여러 개의 법률사실이 결합해서 법률요건을 구성하고, 그 법률요건을 원인으로 하여 법률효과가 발생하는데 그 법률효과가 바로 권리변동이다.

(2) 법률사실의 유형

1) 사람의 정신작용에 기한 법률사실(용태)

사람의 정신작용에 기초한 법률사실(용태)에는 작위·부작위의 행위를 가리키는 외부적 용태와 내심적 의식에 불과한 내부적 용태가 있다.

① **외부적 용태**(행위) 외부적 용태는 의사가 외부에 표현되는 용태이며 행위를 가리킨다. 이에는 작위뿐만 아니라 부작위도 포함된다. 그러나 법률상의 행위는 법률사실로서 가치가 있는 것이어야 하므로 산책이나 의례적인 이야기 등은 여기의 행위가 아니다. 외부적 용태(행위)는 법적 평가에 따라 적법행위와 위법행위로 나누어진다.

㉠ 적법행위

적법행위는 법률이 가치가 있는 것으로 평가하여 허용하는 행위이다. 적법행위는 다시 의사표시와 준법률행위(법률적 행위)로 나누어진다. 또한 준법률행위는 표현행위와 비표현행위(사실행위)로 나누어지고, 표현행위는 의사의 통지·관념의 통지·감정의 표시로 세분된다.

㉮ 의사표시 법률효과의 발생을 목적으로 하는 의사의 표시행위이다. 법률행위의 불가결의 요소이다.

㉯ 준법률행위 행위자가 원하는 바의 법률효과가 아니라, 법률의 규

정에 의한 효과가 발생한다.

ⓐ 표현행위

i) 의사의 통지 　각종의 최고(제15조, 제88조, 제131조)와 확답의 촉구(제15조), 거절(제16조 제2항) 등이 있다.

ii) 관념의 통지 　사원총회의 소집통지(제71조), 채권양도의 통지나 승낙(제450조), 소멸시효중단사유인 채무의 승인(제168조 제3호), 공탁의 통지(제488조) 등이 있다.

iii) 감정의 표시 　증여자의 용서(제556조 제2항), 이혼사유인 부정행위에 대한 용서(제841조) 등이 있다.

ⓑ 비표현행위(사실행위)

i) 순수사실행위 　주소의 설정(제18조), 매장물의 발견(제254조), 가공(제259조) 등이 있다.

ii) 혼합사실행위 　점유의 취득(제192조), 유실물의 습득(제253조), 무주물의 선점(제252조) 등이 있다.

ⓛ 위법행위 　채무불이행(제390조), 불법행위(제750조)가 있다.

② **내부적 용태**(의식)

㉠ 관념적 용태 　선의(제108조 제2항, 제109조 제2항, 제110조 제3항 등), 악의, 정당한 대리인이라는 신뢰(제126조) 등이 있다.

ⓛ 의사적 용태 　소유의 의사(제197조), 제3자의 변제에 있어서 채무자의 의사(제469조), 사무관리에 있어서 본인의 의사(제734조) 등이 있다.

2) 사람의 정신작용에 기하지 않는 법률사실(사건)

사건은 사람의 정신작용에 기초하지 않는 법률사실이다. 사람의 출생과 사망, 실종, 물건의 자연적인 발생과 소멸, 부당이득, 시간의 경과, 혼동 등이 이에 속한다.

그리고 물건의 파괴, 천연과실의 분리, 부합 · 혼화와 같이 사람의 정신작용에 의하는 것이라도 정신작용을 문제 삼지 않고 오직 결과의 발생만을 문제로 삼아서 일정한 법률효과를 부여하는 법률사실도 사건에 포함시킨다(통설). 그러나 사람의 정신작용에 기초한 것은 사건이 아니라고 하여야 한다.

제2절 법률행위

Ⅰ. 서 설

1. 법률행위의 의의

법률행위는 일정한 법률효과의 발생을 목적으로 하는 하나 또는 수개의 의사표시를 불가결의 요소로 하는 법률요건이다.

(1) 사적자치원칙의 실현 수단

사적자치의 원칙은 근대 민법의 기본원리로서 개인은 자기의 의사에 의하여 자신의 법률관계를 스스로 형성할 수 있다는 원칙이므로, 이 원칙에서 가장 중요한 요소는 개인의 의사이며, 이러한 자기의사에 의한 자기결정을 통하여 법률관계를 형성할 수 있게 된다. 즉 의사의 표시에 의하여 사적자치의 원칙이 실현되는 것이고, 의사표시를 구성요소로 하는 법률요건이 법률행위이므로, 이러한 사적자치를 실현하는 수단이 바로 법률행위인 것이다.

(2) 추상화 개념

법률행위의 개념은 실존하는 개념이 아니다. 오히려 실존하는 것은 매매, 채권양도, 소유권양도, 혼인, 유언 등 개개의 행위유형이다. 그런데 이들 행위유형에는 의사표시를 요소로 한다는 공통분모가 있기 때문에 이를 중심으로 위 행위유형 전부를 총괄하는 집합개념 내지 추상화 개념으로 만들어진 것이 법률행위의 개념이다.

(3) 목적적 행위

의사표시를 요소로 하는 법률행위는 법률관계의 발생 · 변경 · 소멸이라는 권리의 변동을 원하는 당사자의 의사 내지 목적대로 그 효과가 발생하므로 목적적

행위이다.

2. 법률행위와 의사표시와의 관계

법률행위는 의사표시를 불가결의 요소로 한다. 그러나 의사표시가 곧 법률행위는 아니다. 물론 유언과 같이 하나의 의사표시만으로 법률행위가 성립하는 경우에는 그 유언의 의사표시가 곧 법률행위가 된다. 그러나 매매계약에서 매도인의 청약은 의사표시이기는 하지만, 청약의 의사표시만으로 법률행위가 성립하지 않고 그에 대응하는 매수인의 승낙의 의사표시가 있어야 계약으로서의 법률행위가 성립한다.

그런데 법률행위가 성립한 경우에는 법률행위의 효과는 결국 의사표시에서 비롯되는 것이다. 따라서 의사표시에 관하여 무효·취소의 사유가 있는 경우에는 법률행위 전체가 무효·취소의 영향을 받게 된다.

3. 의사표시

(1) 의사표시의 의의

의사표시란 일정한 법률효과의 발생을 목적으로 하는 내심의 의사를 외부에 표시하는 행위이며, 법률행위의 불가결의 요소가 되는 법률사실이다.

이러한 의사표시가 단독으로 또는 다른 법률사실과 결합해서 하나의 법률행위를 이루게 되면 표의자가 원한대로의 법률효과가 발생하게 된다.

의사표시는 사법상의 효과를 지향하는 점에서 공법상의 효과를 발생하는 행정청의 공법상의 행위(행정행위)와 구분된다. 또한 헌법상 인정된 참정권의 내용인 선거권의 행사로써 자기의 의사를 표시(투표하는 행위)하는 것과도 구분된다.

의사표시는 법적효과를 지향하는 점에서 친분에 의한 단순한 호의표시 내지 약속과도 구분된다.

(2) 의사표시의 구성요소

의사표시를 하는 과정을 살펴보면, ① 어떤 동기에 의해 일정한 법률효과의 발생을 목적으로 하는 의사(효과의사, Erfolgswille; Rechtsfolgewille)를 결정하고, ② 이 의사를 외부에 알리기 위하여 발표하려는 의사(표시의사, Erklärungswille; Erklä rungsbewußtsein)를 가지고, ③ 어떤 행위를 한다는 인식(행위의사, Handlungswille)을 하여, ④ 효과의사를 외부에 표시하는 행위(표시행위, Erklärungshandlung; Äußerung)를 함으로써 의사표시가 완성된다.

1) 효과의사

효과의사는 일정한 법률효과의 발생을 의욕 하는 의사이다. 효과의사에 따라 법적효과가 발생하려면 효과의사가 외부에 표시되어야 한다. 예컨대 A가 X의 건물을 매입하고자 하는 의사가 효과의사이다.

효과의사의 본질이 표시행위로부터 추단되는 의사인 '표시상의 효과의사'인지 표의자가 가지고 있는 실제의 의사인 '내심의 효과의사'인지에 대하여 학설의 대립이 있으나, 판례는 표시상의 효과의사를 의사표시의 요소로 보고 있다.[292)]

2) 표시의사

표시의사란 효과의사를 외부에 발표하려는 의사로서 효과의사와 표시행위를 매개하려는 의사를 말한다. 예컨대 포도주 경매장에서 경매를 구경하던 A가 친구 B에게 인사하기 위해 손을 흔들었다면 A는 경매응찰행위를 한다는 표시의사를 가지고 있지 않다.

표시의사가 의사표시의 구성요소인지에 대하여 학설의 대립이 있는데, 다수설은 표시의사는 의사표시의 구성요소가 아니라고 본다.

3) 행위의사

행위의사란 어떤 행위를 한다는 인식을 말한다. 행위의사가 결여된 행위는 행위를 한다는 인식 자체가 없으므로 의사표시는 존재하지 않는다. 예컨대 의식불명상태 · 수면상태 · 최면상태에서 하는 행위는 행위의사가 존재하지 않는다.

4) 표시행위

표시행위는 효과의사를 외부에 표현하는 행위로서 표의자의 효과의사가 추단될 수 있는 외부적인 행위가 있는 경우에 그 존재가 인정된다.

---

292) **대판** 2002.6.28, 2002**다**23482 "의사표시 해석에 있어서 당사자의 진정한 의사를 알 수 없다면, 의사표시의 요소가 되는 것은 표시행위로부터 추단되는 효과의사 즉, 표시상의 효과의사이고 표의자가 가지고 있던 내심적 효과의사가 아니므로, 당사자의 내심의 의사보다는 외부로 표시된 행위에 의하여 추단된 의사를 가지고 해석함이 상당하다."

표시행위는 ① 언어 · 문자 등으로 표의자의 효과의사가 분명히 표시되는 명시적 표시행위와, ② 법률행위의 제반 사정에 비추어 볼 때 의사표시가 있었다고 볼 수 있는 묵시적 표시행위를 포함한다. 예컨대 버스에 승차하는 경우, 유료주차장에 자신의 차를 주차시키는 경우, 특별한 사정이 있는 경우의 침묵도 표시행위가 될 수 있다.[293)]

Ⅱ. 법률행위의 요건

법률행위가 그 효과를 발생하려면 먼저 법률행위로서 성립하여야 하고, 이어서 성립된 법률행위가 유효한 것이어야 한다. 예컨대 매매는 청약과 승낙의 의사표시로 성립하지만, 그것이 사회질서에 위반되는 경우에는 무효가 된다.

법률행위의 성립요건은 법률행위의 효과를 주장하는 자가 증명하여야 하고, 그 효력요건의 부존재는 그 무효를 주장하는 자가 증명하여야 한다.

1. 법률행위의 성립요건

(1) 일반성립요건

법률행위의 성립에 일반적으로 요구되는 요건으로서, ① 당사자, ② 법률행위의 내용(목적), ③ 의사표시(계약의 경우에는 의사표시의 합치)의 세 가지가 존재하여야 한다.[294)]

(2) 특별성립요건

개별적인 법률행위에서 법률이 그 성립에 관해 특별히 추가적으로 더 요구되는 성립 요건이다. 이러한 요건은 대부분 법률에 규정되어 있으나, 당사자의 약정

293) **대판 1999.1.29, 98다48903** "청약이 상시 거래관계에 있는 자 사이에 그 영업부류에 속한 계약에 관하여 이루어진 것이어서 상법 제53조가 적용될 수 있는 경우가 아니라면, 청약의 상대방에게 청약을 받아들일 것인지 여부에 관하여 회답할 의무가 있는 것은 아니므로, 청약자가 미리 정한 기간 내에 이의를 하지 아니하면 승낙한 것으로 간주한다는 뜻을 청약 시 표시하였다고 하더라도 이는 상대방을 구속하지 아니하고 그 기간은 경우에 따라 단지 승낙기간을 정하는 의미를 가질 수 있을 뿐이다."

294) 이러한 전통적인 일반적 성립요건에 대하여 다른 견해도 있다. 즉 당사자와 목적은 의사표시 안에 포함되므로 의사표시 외에 당사자와 목적을 열거하는 것은 필요 없다고 한다(송덕수, 162면 참조; 김상용, 340면; 백태승, 331면 참조).

(예, 요식행위의 약정 등)에 의하여 요구될 수도 있다. 예컨대 질권설정계약에서 물건의 인도(제330조), 대물변제에서 물건의 인도(제466조), 혼인에서 신고(제812조) 등이 있다. 또한 요물계약에서의 목적물의 인도 기타의 급부 등을 들 수 있다.

2. 법률행위의 효력요건

(1) 일반적 효력요건

일반적 효력요건은 모든 법률행위에 공통적으로 요구되는 효력요건이다.

1) 당사자의 권리능력 · 의사능력 · 행위능력

당사자가 제한능력자인 경우에는 그 법률행위를 취소할 수 있고, 의사무능력자이거나 권리능력이 없는 경우에는 그 법률행위는 무효가 된다.

2) 법률행위의 목적의 확정성 · 가능성 · 적법성 · 사회적 타당성

법률행위를 통하여 달성하고자 하는 법률효과인 법률행위의 목적이 ① 확정할 수 있어야 하고, ② 실현 가능하여야 하며, ③ 강행법규에 위반하지 않아야 하고, ④ 선량한 풍속 기타 사회질서에 위반하지 않아야 한다(제103조, 제104조). 이 네 가지 중 하나라도 갖추지 못한 경우에는 그 법률행위는 무효이다.

3) 의사와 표시가 일치하고 의사표시에 하자가 없을 것

법률행위는 의사표시에 의하여 구성되는데, 의사표시가 그 효과를 발생하기 위해서는 의사와 표시가 일치하는 것이어야 한다. 여기서 민법은 의사와 표시가 일치하지 않는 경우를 규율한다. 즉 비진의표시를 상대방이 알거나 알 수 있었던 경우(제107조 제1항 단서)나 통정허위표시(제108조)는 무효이고, 착오의 의사표시(제109조)는 표의자가 이를 취소할 수 있다.

한편 의사표시는 표의자의 자유로운 의사결정에 의한 것이어야 한다. 따라서 타인의 부당한 간섭, 즉 사기나 강박에 의하여 의사표시를 한 때에는 하자있는 의사표시로서 표의자가 이를 취소할 수 있다(제110조).

(2) 특별효력요건

일정한 법률행위에 특유한 효력요건으로서, 예컨대 대리행위에서 대리권의 존재(제114조 내지 제136조), 조건부 · 기한부 법률행위에서 조건의 성취 또는 기한의 도래(제147조 내지 제154조), 유언에서 유언자의 사망 및 수증자의 생존(제1073조, 제1089조)이 이에 해당한다.

Ⅲ. 법률행위의 종류

1. 재산행위 · 신분행위

법률행위에 의하여 발생되는 효과가 재산상의 법률관계에 관한 것인지 또는 신분상의 법률관계에 관한 것인지에 따른 분류이다.

매매 · 임대차 · 소유권양도 · 채권양도 등은 재산행위의 예이고, 혼인 · 입양 · 약혼 · 인지 · 유언 등은 신분행위의 예이다.

2. 단독행위 · 계약 · 합동행위

(1) 단독행위

하나의 의사표시만으로 성립하는 법률행위로서, 여기에는 상대방 있는 단독행위와, 상대방 없는 단독행위가 있다. 동의 · 채무면제 · 상계 · 추인 · 취소 · 해제 · 해지 등은 전자의 예이고, 유언 · 재단법인의 설립행위 · 권리의 포기 등은 후자의 예이다.

단독행위는 하나의 의사표시만으로 법률효과가 생기고, 특히 상대방 있는 단독행위에서는 그에 따라 상대방의 권리의무에 일방적으로 영향을 미치게 되므로 누가 어느 경우에 이를 행사할 수 있는지는 법률로 정한다(제5조, 제110조, 제406조, 제544조 참조).

(2) 계 약

계약에는 넓은 의미와 좁은 의미의 두 가지가 있다. 넓은 의미의 계약이라 함은 두 개 이상의 서로 대립되는 의사표시의 합치에 의하여 성립하는 법률행위로서, 의사표시가 둘 이상이라는 점에서 단독행위와 다르고, 그 복수의 의사표시의 방향이 평행적 · 구심적이 아니고 대립적 · 교환적인 점에서 합동행위와 구별된다. 이에는 채권계약뿐만 아니라 물권계약 · 준물권계약 · 가족법상의 계약 등도 포함된다. 좁은 의미의 계약은 채권의 발생을 목적으로 하는 계약만을 의미한다.

이러한 채권계약과 구별하기 위하여 다른 계약을 '합의'라는 표현을 사용하기도 한다. 물권적 합의 · 혼인의 합의 등이 있다. 민법은 채권계약과 관련하여서만 계약이라는 용어를 사용한다.

민법에는 매매 · 증여 · 임대차 · 소비대차 · 사용대차 · 여행계약 등 15가지의 전형적인 채권계약을 규정하고 있다(제554조 이하).

(3) 합동행위

평행적 · 구심적으로 방향을 같이하는 두 개 이상의 의사표시가 합치하여 성립하는 법률행위로서, 둘 이상의 의사표시가 필요하다는 점에서 계약과 유사하지만, 그 의사표시가 계약에서처럼 상호 대립적인 것이 아니라 공동목적을 위한 평행적 · 구심적이라는 점에 특색이 있다. 예컨대 사단법인 설립행위가 대표적이다.

3. 요식행위 · 불요식행위

법률행위의 자유에는 방식의 자유를 포함하기 때문에 불요식행위가 원칙이다. 다만, 법률은 행위자로 하여금 신중하게 행위를 하게 하거나, 법률관계를 명확하게 하기 위하여 일정한 방식(서면 · 신고 등)을 요구하는 경우가 있는데 이를 요식행위라 한다. 법인의 설립행위(제40조, 제43조) · 혼인(제812조) · 인지(제859조) · 입양(제 878조) · 유언(제1060조) 등은 요식행위의 예이다.

4. 채권행위 · 물권행위 · 준물권행위

채권 · 채무의 발생을 목적으로 하는 법률행위가 채권행위이고, 물권의 변동을 목적으로 하는 법률행위가 물권행위이다. 그리고 물권 이외의 권리를 종국적으로 변동시키고 이행이라는 문제를 남기지 않는 법률행위가 준물권행위이다. 매매 · 증여 · 임대차 · 소비대차 등은 채권행위의 예이고, 소유권의 이전 · 저당권의 설정 등은 물권행위의 예이며, 채권양도 · 채무면제 · 지적소유권의 양도 등은 준물권행위의 예이다.

5. 생전행위 · 사후행위

행위자의 사망으로 그 효력이 생기는 법률행위가 사후행위 또는 사인행위이고, 그 밖의 보통의 행위가 생전행위이다. 보통의 법률행위는 생전행위이다. 유언(제1060조 이하) · 사인증여(제562조)는 사후행위의 예이다.

6. 주된 행위 · 종된 행위

법률행위가 유효하게 성립하기 위하여 다른 법률행위의 존재를 전제로 하는 법률행위를 종된 행위라 하고, 그 전제가 되는 행위를 주된 행위라고 한다. 보증계약이나 저당권설정계약은 금전소비대차계약의 종된 계약이고, 부부재산계약은 혼인의 종된 계약이다. 종된 행위는 주된 행위와 법률상 운명을 같이 하는 점에 특색이 있다.

7. 신탁행위 · 비신탁행위

신탁이란 신탁을 설정하는 자(위탁자)와 신탁을 인수하는 자(수탁자) 간의 신임관계에 터하여 위탁자가 수탁자에게 특정의 재산(영업이나 지적재산권의 일부를 포함)을 이전하거나 담보권의 설정 또는 그 밖의 처분을 하고 수탁자로 하여금 일정한 자(수익자)의 이익 또는 특정의 목적을 위하여 그 재산의 관리 · 처분 · 운용 · 개발 그 밖에 신탁의 목적달성을 위하여 필요한 행위를 하게 하는 법률관계를 말한다(신탁법 제2조 참조). 이러한 신탁을 설정하는 계약(위 · 신탁자 사이의), 신탁선언(위탁자가 자신을 수탁자로 정한 선언, 단독행위이다) 등이 신탁행위이다(신탁법 제3조 제1항).

한편 민법의 학리상 '신탁행위'란 어떤 경제적인 목적을 달성하기 위하여 당사자 일방이 상대방에게 그 목적달성에 필요한 정도를 넘는 권리를 이전하면서, 상대방으로 하여금 그 이전받은 권리를 당사자가 달성하려고 하는 경제적 목적의 범위 안에서만 행사하게 하는 법률행위이다. 동산의 양도담보 · 추심을 위한 채권양도가 그 예이다

Ⅳ. 법률행위의 해석

1. 법률행위 해석의 의의

법률행위의 해석이란 법률행위의 내용을 명확하게 확정하는 것을 말한다. 어느 법률행위에 대하여 그 효과를 부여하기 위해서는 먼저 그 법률행위의 내용이

명확히 확정되어야 한다. 불명확한 내용을 토대로 그 효과를 부여할 수는 없기 때문이다.

그런데 실제에서는 법률행위의 내용으로서 당사자가 표시한 것이 논리성을 결여하거나, 용어가 불명확하거나(예, 홍콩에서 매매계약을 하면서 단순히 $로만 표시하여 이것이 HK$인지 US$인지 알 수 없는 경우) 또는 중요한 사항을 빠뜨리는 경우(예, 상가건물의 임대차에서 건물 외벽에 광고물을 부착할 수 있는지 여부의 약정이 빠진 경우) 등이 있어 법률행위의 내용이 명확하지 않는 경우가 많다. 이에 법률행위를 내용을 명확히 확정하는 작업이 필요한데 이것이 법률행위의 해석이다.

그런데, 의사표시가 법률행위의 요소를 이루고 있으므로 법률행위의 해석은 결국은 의사표시의 해석으로 귀결된다.

2. 법률행위 해석의 대상

법률행위는 당사자의 의사대로 법률효과를 주는 것을 본질로 하기 때문에, 법률행위 해석의 기본목표는 당사자의 의사를 밝히는 것에 있다. 그러나 그것은 당사자의 내심의 의사를 탐구하자는 것은 아니며(그것을 객관적으로 탐구한다는 것은 실제로 불가능하다) 그 의사의 객관적 의미를 밝히는 수밖에 없다.[295]

3. 법률행위 해석의 방법

(1) 의 의

상대방 없는 의사표시에서는 상대방에 대한 신뢰보호의 문제가 없으므로 표의자의 진정한 의사를 탐구하는 쪽으로 해석하여야 한다. 이에 대하여 상대방 있는 의사표시에서는 표시를 신뢰한 상대방의 이익이 문제되므로 일정한 방법에 의한 해석이 요청된다.

그러한 해석방법으로 자연적 해석, 규범적 해석, 보충적 해석의 3가지가 인정된다. 그 해석의 순서는, ① 우선 자연적 해석을 하여야하고, ② 그 일치 여부가

---

295) **대판** 1995.3.17, 93**다**46544; **대판** 1996.10.25, 96**다**16049; **대판** 2017.4.26, 2017**다**200771; 법률행위의 유형과 특성을 고려하여 특히 표의자의 진의가 중시되는 경우에는 표의자의 진의를 탐구하고, 상대방의 신뢰보호가 요구되는 경우에는 표시의 객관적 의미를 탐구하여야 한다고 하는 견해도 있다(김학동, 284면; 송덕수, 178면).

확정되지 않는 때에는 표시행위의 객관적 · 규범적 의미를 밝히는 규범적 해석을 하여야 하며, ③ 그 해석의 결과 법률행위에 흠결이 발견되면 마지막으로 보충적 해석이행하여진다.

(2) 자연적 해석

법률행위의 해석은 표시행위가 가지는 의미를 객관적으로 밝히는 것이다. 그런데 표시는 표의자의 의사를 외부에 표현하는 수단이므로 설사 표시가 잘못되었다고 하더라도 그 표시의 의미에 대하여 당사자 간에 의사의 합치가 있다고 한다면, 표시 본래의 목적은 달성된 것이고, 따라서 그 의사에 따른 효과가 주어져야 한다.[296)]

(3) 규범적 해석

자연적 해석에 의해 법률행위의 내용을 확정하지 못하는 때에는 규범적 해석이 행하여진다. 이것은 표시행위의 객관적 · 규범적 의미를 탐구하는 것인데, 어떤 규범적 해석을 하여야 할지는 구체적인 경우에 따라 다르며, 여러 해석의 수단을 동원하여 각 경우에 따라 합리적으로 결정하여야 한다.[297)]

(4) 보충적 해석

법률행위 특히 주로 계약에서 당사자가 정하지 않은 사항에 관하여 분쟁이 생기는 수가 흔히 있다. 이러한 분쟁은 보통 임의규정(제105조)을 보충적으로 적용하여 해결되지만, 경우에 따라서는 임의규정이 없는 수가 있다. 이 경우 당사자가

296) **대판 1993.10.26, 93다2629 · 2636** "계약의 해석에 있어서는 형식적인 문구에만 얽매여서는 아니 되고 쌍방 당사자의 진정한 의사가 무언가를 탐구하여야 하는 것이므로, 부동산의 매매계약에 있어 쌍방 당사자가 모두 특정의 갑토지를 계약의 목적물로 삼았으나 그 목적물의 지번 등에 관하여 착오를 일으켜 계약을 체결한 경우, 즉 계약서에 그 목적물을 갑토지가 아닌 을토지를 표시하였다 하여도, 위 갑토지에 관하여 이를 매매의 목적물로 한다는 쌍방 당사자의 의사합치가 있은 이상, 위 매매계약은 갑토지에 관하여 성립한 것으로 보아야 할 것이고 을토지에 관하여 매매계약이 체결된 것으로 보아서는 안 될 것이며, 만일 을토지에 관하여 위 매매계약을 원인으로 하여 매수인 명의로 소유권이전등기가 경료 되었다면 이는 원인이 없이 경료된 것으로서 무효이다."

297) **대판 1993.5.11, 93다1503** "회사와 노동조합 사이에 쟁의행위 중에 발생한 구속 및 고소, 고발자에 대하여 "징계를 하지 않는다."라는 문구 대신 "최대한 선처하겠다."라고 합의한 경우, 이는 회사가 구속자에 대한 형사처벌이 감경되도록 노력하겠다는 취지로 해석되고 구속자들을 징계하지 않겠다는 내용의 합의로는 볼 수 없다."

법률행위의 흠결을 알았다면 정하였을 내용, 즉 당사자의 가정적 의사를 통하여 보충할 수 있다는 것이 보충적 해석이다.[298)]

4. 법률행위 해석의 표준

우리 민법은 법률행위의 해석의 표준에 대하여 명문의 규정은 두고 있지 않지만, 학설과 판례는 일반적으로 ① 당사자가 의도하는 목적, ② 사실인 관습, ③ 임의규정, ④ 신의성실의 원칙 등을 법률행위 해석의 표준으로 들고 있다.

(1) 당사자가 의도하는 목적

법률행위의 해석은 먼저 표시행위의 문자나 표현에 구애받지 않고 당사자가 달성하고자 하는 목적을 따라 해석하여야 한다.

(2) 사실인 관습

법령중의 선량한 풍속 기타 사회질서에 관계없는 규정과 다른 관습이 있는 경우에 당사자의 의사가 명확하지 아니한 때에는 그 관습에 의한다(제106조).

강행규정에 반하지 않고 또한 임의규정과 다른 관습이 있는 경우에 당사자의 의사가 명확하지 아니한 때에는 그 관습은 임의규정에 우선하여 법률행위를 해석하는 기준이 된다.

법률행위는 일반적으로 그것이 행해지는 장소와 그 당시의 관습이나 거래관행에 따라 행해지므로 당사자의 의사가 명확하지 않은 경우에 사실인 관습이 해석의 표준으로 된다.[299)]

---

298) **대판** 1997.4.11, 97**다**423 "불법행위로 인한 손해배상에 관하여 가해자와 피해자 사이에 피해자가 일정한 금액을 지급받고 그 나머지 청구를 포기하기로 합의가 이루어진 때에는 그 후 그 이상의 손해가 발생하였다 하여 다시 그 배상을 청구할 수 없는 것이나, 다만 그 합의가 손해발생의 원인인 사고 후 얼마 지나지 아니하여 손해의 범위를 정확히 확인하기 어려운 상황에서 이루어진 것이고, 후발손해가 합의 당시의 사정으로 보아 예상이 불가능한 것으로서 당사자가 후발손해를 예상하였더라면 사회통념상 그 합의금액으로는 화해하지 않았을 것이라고 보는 것이 상당할 만큼 그 손해가 중대한 것일 때에는 당사자의 의사가 이러한 손해에 대해서까지 그 배상청구권을 포기한 것이라고 볼 수 없으므로 다시 그 배상을 청구할 수 있다고 보아야 한다."

299) **대판** 1983.6.14, 80**다**3231 "① 관습법이란 사회의 거듭된 관행으로 생성한 사회생활규범이 사회의 법적 확신과 인식에 의하여 법적 규범으로 승인·강행되기에 이른 것을 말하고, 사실인 관습은 사회의 관행에 의하여 발생한 사회생활규범인 점에서 관습법과 같으나

(3) 임의규정

법률행위의 당사자가 '법령 중의 선량한 풍속 기타 사회질서에 관계없는 규정', 즉 임의규정과 다른 의사를 표시한 때에는 그 의사가 임의규정에 우선하는 법률행위의 해석기준이 된다(제105조 참조).

그러므로 특별한 의사표시가 없는 경우에는 임의규정이 법률행위의 해석기준으로 된다.

(4) 신의성실의 원칙

위의 기준들에 의하여도 법률행위의 내용을 확정할 수 없는 경우에는 공공복리의 행동원리인 신의성실의 원칙 또는 사회상규인 조리에 따라서 법률행위를 해석하게 된다.

V. 법률행위의 내용(목적)

1. 서 설

당사자가 법률행위에 의하여 그 효과를 발생시키려고 하는 것이 법률행위의 내용 내지 목적이다. 법률행위의 내용이 그 효과를 발생하기 위해서는 확정·가능·적법·사회적 타당의 4가지 요건을 갖추어야 한다. 법률행위의 내용이 유효요건을 갖추지 못한 경우에는 그 법률행위는 처음부터 무효이며, 그 무효는 절대

사회의 법적 확신이나 인식에 의하여 법적 규범으로서 승인된 정도에 이르지 않은 것을 말하는 바, 관습법은 바로 법원으로서 법령과 같은 효력을 갖는 관습으로서 법령에 저촉되지 않는 한 법칙으로서의 효력이 있는 것이며, 이에 반하여 사실인 관습은 법령으로서의 효력이 없는 단순한 관행으로서 법률행위의 당사자의 의사를 보충함에 그치는 것이다. ② 법령과 같은 효력을 갖는 관습법은 당사자의 주장 입증을 기다림이 없이 법원이 직권으로 이를 확정하여야 하고 사실인 관습은 그 존재를 당사자가 주장 입증하여야 하나, 관습은 그 존부자체도 명확하지 않을 뿐만 아니라 그 관습이 사회의 법적 확신이나 법적 인식에 의하여 법적 규범으로까지 승인되었는지의 여부를 가리기는 더욱 어려운 일이므로, 법원이 이를 알 수 없는 경우 결국은 당사자가 이를 주장 입증할 필요가 있다. ③ 사실인 관습은 사적 자치가 인정되는 분야 즉 그 분야의 제정법이 주로 임의규정일 경우에는 법률행위의 해석기준으로서 또는 의사를 보충하는 기능으로서 이를 재판의 자료로 할 수 있을 것이나 이 이외의 즉 그 분야의 제정법이 주로 강행규정일 경우에는 그 강행규정 자체에 결함이 있거나 강행규정 스스로가 관습에 따르도록 위임한 경우 등 이외에는 법적 효력을 부여할 수 없다.

적인 것이어서 선의의 제3자에게도 대항할 수 있다.

2. 내용의 확정

법률행위가 유효하기 위해서는 법률행위의 해석을 거쳐 그 내용을 확정할 수 있어야 한다. 그 해석에 의해서도 그 내용을 확정할 수 없는 경우에는 그 법률행위는 무효이다. 법률행위의 해석은 그 내용을 확정하기 위한 수단이고, 그 내용의 확정을 토대로 나머지 법률행위의 가능 · 적법 · 사회적 타당성의 여부가 결정된다.

3. 내용의 실현가능성

(1) 의 의

법률행위의 내용은 그 실현이 가능한 것이어야 한다. 내용의 실현이 불가능한 경우에는 그 법률행위는 무효이다. 실현 불가능에 관하여 민법은 '불능'이라는 표현을 사용한다(제535조).

(2) 가능 · 불능의 표준

법률행위 내용의 가능 · 불능 여부는 사회관념에 의해 정해진다. 즉 물리적으로 절대 불가능한 것은 물론이며, 비록 물리적으로는 가능하더라도 사회관념상 불가능한 경우에는 그것은 불능에 속한다. 예컨대 한강에 빠진 반지를 찾아주기로 하는 약정은 불능으로 본다.

그리고 불능은 확정적인 것이어야 하며, 일시적으로 불능이더라도 가능하게 될 가능성이 있는 것은 불능이 아니다.

(3) 불능의 분류

1) 원시적 불능 · 후발적 불능

불능의 종류 중에서 가장 중요한 것으로서, 법률행위가 성립할 당시부터 목적의 실현이 불가능한 경우를 원시적불능이라 하고, 법률행위 성립당시에는 그 목적의 실현이 가능했지만 성립이후에 불능으로 된 경우를 후발적 불능이라 한다. 건물에 대하여 매매계약을 체결하였는데, 그 건물이 계약 성립 전에 이미 소실된 경우가 원시적 불능, 계약 성립 후 이행이 있기 전에 소실된 경우가 후발적 불능이다.

이 중 법률행위의 내용이 무효로 되는 것은 원시적 불능에 한한다. 후발적 불능의 경우에는 매매계약은 유효하고, 다만 그 불능에 채무자의 귀책사유가 있는지 여부에 따라 손해배상(제390조 참조) 내지는 쌍무계약에서의 위험부담(제537조, 제538조 참조)의 문제로 처리된다.

2) 전부불능 · 일부불능

법률행위 내용의 전부가 불능인 경우가 전부불능이고, 법률행위 내용의 일부만이 불능인 경우가 일부불능이다.

전부불능의 경우에는 법률행위 전부가 무효가 된다. 일부불능의 경우에도 그 법률행위 전부가 무효가 되는 것이 원칙이지만, 그 무효부분이 없더라도 법률행위를 하였을 것이라고 인정될 때에는 나머지 부분은 무효가 되지 않고 유효하다(제137조).

3) 법률적 불능 · 사실적 불능

법률행위의 목적의 실현이 법률상 허용되지 않는 경우를 법률적 불능이라고 하고, 법률행위의 목적의 실현이 자연적 · 물리적으로 불가능한 경우를 사실적 불능이라고 한다. 마약의 매매계약(형법 제198조 참조) · 살인을 하기로 하는 계약(형법 제250조 참조)은 전자의 예이고, 부동산질권의 설정계약은 후자의 예이다.

4) 객관적 불능 · 주관적 불능

법률행위의 목적의 실현이 모든 사람에게 불능인 경우가 객관적 불능이고, 당해당사자에게만 목적의 실현이 불능인 경우가 주관적 불능이다. 예컨대 타인 소유의 주택에 대한 매매계약을 체결한 경우와 같이 매매계약을 체결한 당시에는 주택의 소유권이 매도인에게 속하지 않은 경우에도 매도인이 그 권리를 취득하여 매수인에게 이전해 줄 수 있기 때문에 이는 주관적 불능일 뿐이다. 법률행위를 무효로 하는 것은 객관적 불능에 한한다. 주관적 불능의 경우에는 이행기까지 그 이행(주택의 소유권을 취득하여 이전하는 것)이 가능한 이상 그 법률행위는 유효하고, 다만 그 이행을 못한 경우에는 담보책임(제570조)을 부담하는 문제가 발생할 뿐이다.

4. 내용의 적법

(1) 의 의

법률규정은 사법상의 법률효과에 의하여 강행법규(강행규정)와 임의법규(임의규정)로 나누어진다. 이 가운데 강행법규는 당사자의 의사에 의하여 배제 또는 변경할 수 없는 규정이고, 임의법규는 당사자의 의사에 의하여 배제 또는 변경할 수 있는 규정이다. 민법 제105조에서의 '법령 중의 선량한 풍속 기타 사회질서에 관계없는 규정'이 임의법규(임의규정)이고, 관계있는 규정이 강행법규(강행규정)이다.

강행규정은 법률이 사회질서 유지의 차원에서 강제적으로 그 내용을 정한 것이기 때문에 여기에는 사적 자치가 허용되지 않으며 그에 위반하는 내용의 법률행위는 무효가 된다. 따라서 법률행위의 내용이 유효하기 위해서는 적법하여야 하는데, 여기서의 '법'은 강행규정(강행법규)을 의미하는 것이다.

(2) 강행규정의 판정의 표준

강행규정 · 임의규정의 구별의 표준에 관한 일반원칙은 없으며, 각 규정마다 그 성질 · 입법목적 등을 고려하여 이를 개별적으로 정하는 수밖에 없다.

민법 중 물권법과 가족법의 규정은 대부분 강행규정이고, 채권법의 규정은 대부분 임의규정이다. 민법에서 강행규정으로 볼 수 있는 중요한 것으로 다음과 같은 것이 있다.

- 법률질서의 기본구조에 관한 규정(권리능력 · 행위능력 · 법인제도 등)
- 물건을 중심으로 한 제3자의 이해관계와 거래질서에 관한 규정(물권편의 규정)
- 거래의 안전을 위한 규정(유가증권제도)
- 경제적 약자의 보호를 위한 사회 정책적 규정(제104조 · 제608조 · 제652조 등, 대부분의 민사관계특별법의 규정 등)
- 혼인 · 가족과 같은 사회관계의 질서유지에 관한 규정(친족 · 상속편의 규정)

강행규정은 법률행위의 당사자 쌍방에 적용되는 것이 원칙이다. 그런데 경우에 따라서는 법률행위의 일방 당사자에게 불리한 경우에만 이를 무효로 하는 것이 있는데, 이를 편면적 강행규정이라고 한다. 이에는 제289조 · 제625조, 주택임대차보호법 제10조 등이 있다.

(3) 강행규정과 단속규정과의 관계

민법상 강행규정에 위반하는 내용의 법률행위는 무효이다. 그런데 행정법규 중에는 국가가 일정한 행위를 금지 내지 제한하는 내용의 규정인 단속규정이 많이 있다. 이러한 단속규정도 개인의 의사에 의하여 배제할 수 없다는 점에서는 강행규정으로서의 성격을 가진다.

1) 단속규정에 위반한 행위의 효력

문제는 개인이 그 단속규정에서 정하고 있는 금지 내지 제한을 위반하여 다른 개인과 거래를 하였을 경우에 그 효력 여하이다.

이에 관하여 단속규정의 체계와 내용에 대하여는 학설의 대립이 있다. 다수설은 강행규정은 효력규정과 단속규정으로 다시 나누어지며, 전자는 그 규정에 위반하는 행위의 사법상의 효과가 부정되는 것이고, 후자는 그에 위반하여도 벌칙의 적용이 있을 뿐이고 행위 자체의 사법상의 효과에는 영향이 없다고 본다.

2) 효력규정과 단속규정의 구별 표준

어느 것이 효력규정인지 또는 단속규정인지를 구별하는 표준에 관하여 일반원칙은 없다. 행정법규 중 일정한 행위를 하는 데 허가 등을 요하게 한 것은 대부분 단속규정이며, 그에 위반하여 한 거래행위는 원칙적으로 무효가 되지 않는다. 예컨대 무허가 음식점의 음식물 판매행위, 안정성 평가를 받지 않은 유전자재조합 농·축·수산물의 판매행위(식품위생법), 신고 없이 숙박업 등을 하는 행위(공중위생관리법), 허가 없이 총포화약류를 제조·판매하는 행위(총포·도검·화약류 등 단속법) 등이 이에 속한다.[300]

이에 반하여 법률이 특히 엄격한 표준을 정하여 일정한 자격을 갖춘 자에게만 행위를 허용하는 경우에는 그것은 효력규정이고, 따라서 금지된 행위를 하는 것은 무효이다. 예컨대 광업권자나 어업권자가 그의 광업권이나 어업권의 명의를 빌려

---

300) **대판** 1993.1.26, 92**다**39112 "부동산등기특별조치법상 조세포탈과 부동산투기 등을 방지하기 위하여 위 법률 제2조 제2항 및 제8조 제1호에서 등기하지 아니하고 제3자에게 전매하는 행위를 일정 목적범위 내에서 형사 처벌하도록 되어 있으나 이로써 순차매도한 당사자 사이의 중간생략등기합의에 관한 사법상 효력까지 무효로 한다는 취지는 아니다."

주는 광업권 또는 어업권의 대차계약(德大契約; 광업법 제8조 · 제11조)은 무효이다.

(4) 강행규정 위반의 모습

1) 직접적 위반

강행규정 자체를 정면으로 위반으로 경우이며, 그 법률행위는 무효이다. 만약 행위의 일부만이 효력규정에 위반되는 경우에는 일부무효의 법리(제137조)가 적용된다.

2) 간접적 위반(탈법행위)

강행규정(효력규정)에 정면으로 위반하지 않는 형식을 갖추었으나, 강행규정이 금지하고 있는 내용을 회피수단에 의하여 실질적으로 실현하는 행위를 탈법행위라고 한다.

예컨대 공무원의 연금수령권을 법률상 금융기관 이외에 담보로 제공하는 것이 금지되어 있는데(공무원연금법 제32조), 이 규정을 직접 위반하는 것을 피하기 위하여 채권자에게 연금증서를 교부하면서 연금추심의 대리권을 주고 추심한 연금을 채권의 변제에 충당하기로 약정을 하고 모든 원금과 이자의 변제가 있을 때까지 추심위임을 해제하지 않는다는 특약을 한다면, 그것은 실질적으로 연금을 받을 권리를 담보로 제공하는 것과 같은 결과가 된다.

이러한 탈법행위는 직접 강행법규에 위반하는 것은 아니지만 법규의 정신에 반하고 법률이 인정하지 않는 결과의 발생을 목적으로 하기 때문에 무효이다.[301)]

---

301) 용어상 주의해야 할 것이 있다. 즉 법률이 금지하는 것을 회피수단을 써서 달성하는 행위 모두가 탈법행위는 아니라는 것이다. 회피행위 가운데 무효로 되는 것만을 탈법행위라고 한다. 회피행위를 하였을 경우 탈법행위인지 아닌지를 구별하는 방법은, 강행법규의 취지가 그것의 위반행위에 의한 결과를 절대로 인정하지 않으려 할 경우에는 그 회피행위는 탈법행위이고, 단지 특정의 수단 · 형식에 의하여 어떤 결과가 생기지 않게 하려는 것일 때에는 그 회피행위는 탈법행위가 아니고 유효하다고 한다. 예컨대 동산양도담보의 경우에 동산의 소유자가 자신이 그 동산을 점유 · 사용하면서 동산의 소유권을 채권자에게 양도하는 방법으로 채권을 담보하는 것인데, 이는 형식적으로는 동산 위에 질권을 설정하려면 목적물을 질권자에게 인도하여야 한다는 제332조와 채무불이행의 경우에 유질계약을 금지하는 제339조의 강행법규를 회피하는 것이 된다. 그러나 현재 이용되고 있는 동산양도담보는 탈법행위가 아니라고 보는 것이 학설의 입장이다. 경제적 약자 보호를 목적으로 하는 강행법규의 회피수단은 탈법행위로 보고, 거래의 안전 보호를 목적으로 하는 강행법규의 회피수단은 대체로 유효한 것으로 본다. ; **대판 1988.11.22, 88다카7306 ; 대판 1992.9.14, 92다17754 ; 대판 1997.6.27, 97다9529.**

(5) 강행법규 위반의 효과

강행규정에 위반하는 법률행위는 무효이다. 그 무효는 확정적 · 절대적이고, 사후 추인에 의하여 유효한 것으로 할 수 없다. 한편 그 기준이 되는 강행규정은 법률행위 당시의 것이며, 그 후에 강행규정이 개정되더라도 유효한 것으로 되지는 않는다.

법률행위의 일부만이 강행규정에 위반하는 경우에는 일부무효(제137조)의 법리에 따라 처리하여야 한다.

5. 내용의 사회적 타당성

제103조가 "선량한 풍속 기타 사회질서에 위반한 사항을 내용으로 하는 법률행위는 무효로 한다."라고 규정하여 법률행위가 유효하려면 사회적 타당성이 있어야 함을 천명하고 있다. 따라서 법률행위는 그것이 개별적인 강행법규에 위반하지 않을지라도 경우에 따라서 사회적 타당성이 없다는 이유로 무효로 될 수도 있다. 여기의 '선량한 풍속 기타 사회질서'는 강행법규와 함께 사적 자치의 한계를 이루고 있다.

(1) 반사회적 법률행위

1) 민법 제103조의 의의

법률행위의 목적은 사회적 타당성이 있어야 하고 사회적 타당성이 없는 법률행위는 사회질서 위반의 법률행위로서 무효이다. 민법 제103조는 '선량한 풍속 기타 사회질서에 위반한 사항을 내용으로 하는 법률행위는 무효로 한다.'고 규정하고 있는데, 법률행위의 내용이 강행규정에 위반하지 않더라도 그 내용이 선량한 풍속 기타 사회질서에 위반하는 경우에는 사회적으로 타당성이 없어서 무효가 된다는 것이다.

2) 선량한 풍속 기타 사회질서의 의미

'선량한 풍속'과 '사회질서'와의 관계에 대하여, ① 선량한 풍속은 사회질서의 일종이고 사회질서에 포함되므로 사회질서가 중심개념이고 상위개념이라는 견해,[302] ② 선량한 풍속은 사회의 일반적인 윤리 · 도덕개념이고, 사회질서는 국가 · 사회의 일반적 이익 내지 공공의 질서를 의미하므로 양자는 별개의 개념이고 병존관계에 있다는 견해,[303] ③ 양자를 구별할 필요도 실익도 없으며 양자를 포괄하여 사회적 타당성으로 이해하여야 한다는 견해[304] 등이 있다.

사회질서의 개념은 시대에 따라 변천하는 불확정개념이며 또 추상적 개념으로서, 이는 전체 법질서에 내재하는 윤리적 가치이며 그 시대의 지배적인 윤리관이다. 이 점에서 민법 제103조는 일반조항으로서의 성격을 가지며, 선량한 풍속 기타 사회질서의 구체적인 내용은 판례를 통하여 구체화된다.[305]

3) 사회질서 위반여부의 판단기준시기

① 당사지의 인식여부

어떤 법률행위가 사회질서에 반한다고 평가되려면, 법률행위의 내용이 사회질서에 반하는 것 외에 법률행위가 사회질서에 반한다는 것을 당사자가 인식할 필요가 있지가 문제된다. 사회질서는 일반시민이 당연히 지켜야 할 일반규범으로서 누구나 이미 인식하고 있다고 보아야 한다. 그러므로 법률행위 자체가 사회질서에 반하는 경우에는 당사자의 인식 여부와 관계없이 무효라고 보아야 한다.

② 동기의 불법

법률행위의 동기란 법률행위를 하게 한 이유를 말한다. 그런데 법률행위에서 이러한 동기가 사회질서에 반하는 경우에도 언제나 법률행위가 무효로 되는지가 문제이다. 예컨대 살인을 위하여 독극물을 매수하거나, 도박하기 위하여 금전을 차용하거나, 매춘행위를 위해 주택을 임차하는 경우에 그 매매, 금전소비대차, 임대차라는 법률행위는 제103조에 의하여 무효가 되는지가 문제된다. 즉 표의자가 의사표시를 하게 된 동기가 불법인 경우에 문제가 된다.

이에 관하여 학설은, ㉠ 거래의 안전상 동기가 표시된 경우에 한하여 그 법률행위가 무효라는 견해와,[306] ㉡ 동기가 표시되지 않았더라도 상대방이 그 동기를

---

302) 곽윤직, 215면; 김용한, 260면.
303) 김상용, 384면; 이영준, 232면.
304) 고상룡, 334면; 김학동, 310면.
305) **대판** 2005.7.28, 2005다23858 "민법 제103조에 의하여 무효로 되는 반사회질서 행위는 법률행위의 목적인 권리의무의 내용이 선량한 풍속 기타 사회질서에 위반되는 경우뿐만 아니라, 그 내용 자체는 반사회질서적인 것이 아니라고 하여도 법률적으로 이를 강제하거나 법률행위에 반사회질서적인 조건 또는 금전적인 대가가 결부됨으로써 반사회질서적 성질을 띠게 되는 경우 및 표시되거나 상대방에게 알려진 법률행위의 동기가 반사회질서적인 경우를 포함한다."

알고 있거나 알 수 있었을 경우에는 그 법률행위는 무효라는 견해,[307] ㉢ 동기가 상대방에게 표시되거나 알려져 상대방이 그 불법동기의 실현에 가담할 때 반사회성을 인정한다는 견해[308]로 나뉘어 있다. 이에 관하여 판례는 '표시되거나 상대방에게 알려진 법률행위의 동기가 반사회질서적인 경우'도 사회질서 위반행위라고 하고 있다.[309]

③ **사회질서 위반 여부의 판단기준시기**

법률행위가 사회질서에 위반하는지의 여부의 판단은 어느 시기를 기준으로 판단하느냐에 관하여 ㉠ 법률행위 시를 기준으로 한다는 견해,[310] ㉡ 법률행위의 효력이 발생하는 시기를 기준으로 한다는 견해[311]의 대립이 있으나, 판례는 법률행위 시를 기준으로 한다는 입장을 취하고 있다.[312]

---

306) 곽윤직, 219면; 지원림 204면.

307) 김상용, 392면; 김용한, 265면; 김준호, 249면; 김학동, 312면.

308) 백태승, 370면; 민법주해(2), 223면(민일영).

309) **대판** 1984.12.11, 84**다카**1402 "민법 제103조 에 의하여 무효로 되는 반사회질서행위는 법률행위의 목적인 권리의무내용이 선량한 풍속 기타 사회질서에 위반되는 경우뿐만 아니라 그 내용자체는 반사회질서적인 것이 아니라고 하여도 법률적으로 이를 강제하거나 그 법률행위에 반사회질서적인 조건 또는 금전적 대가가 결부됨으로써 반사회 질서적 성질을 띠게 되는 경우 및 표시되거나 상대방에게 알려진 법률행위의 동기가 반사회질서적인 경우를 포함한다."; **대판** 2002.9.10, 2002**다**21509 "민법 제103조 에 의하여 무효로 되는 반사회질서 행위는 법률행위의 목적인 권리의무의 내용이 선량한 풍속 기타 사회질서에 위반되는 경우뿐 아니라, 그 내용 자체는 사회질서에 반하는 것이 아니라고 하여도 법률적으로 이를 강제하거나 그 법률행위에 사회질서에 반하는 조건 또는 금전적 대가가 결부됨으로써 반사회질서적 성격을 띠는 경우 및 표시되거나 상대방에게 알려진 법률행위의 동기가 반사회질서적인 경우를 포함하지만, 이상의 각 요건에 해당하지 아니하고 단지 법률행위의 성립 과정에서 불법적 방법이 사용된 데 불과한 때에는, 그 불법이 의사표시의 형성에 영향을 미친 경우에는 의사표시의 하자를 이유로 그 효력을 논의할 수는 있을지언정, 반사회질서의 법률행위로서 무효라고 할 수는 없다."; **대판** 2002.12.27, 2000**다**47361 "민법 제103조 에 의하여 무효로 되는 반사회질서 행위는 법률행위의 목적인 권리·의무의 내용이 선량한 풍속 기타 사회질서에 위반되는 경우뿐 아니라 그 내용 자체는 반사회질서적인 것이 아니라고 하여도 법률적으로 이를 강제하거나 법률행위에 반사회질서적인 조건 또는 금전적 대가가 결부됨으로써 반사회질서적 성질을 띠게 되는 경우 및 표시되거나 상대방에게 알려진 법률행위의 동기가 반사회질서적인 경우를 포함하니, 이상의 각 요건에 해당하지 아니하고 단지 법률행위의 성립과정에 강박이라는 불법적 방법이 사용된 데에 불과한 때에는 강박에 의한 의사표시의 하자나 의사의 흠결을 이유로 효력을 논의할 수는 있을지언정 반사회질서의 법률행위로서 무효라고 할 수는 없다."

310) 김상용, 393면; 김준호, 249면; 이영준, 257면.

311) 김학동, 313면.

법률행위 시에 사회질서에 반하는 것으로 인정되면 후에 사회질서의 관념이 바뀌어도 그 행위가 유효로 되지 않으며, 법률행위 시에 사회질서에 반하지 않는 것으로 인정되면 후에 사회질서에 반하게 하는 사정이 생기더라도 무효로 되지 않는다.

4) 반사회적 법률행위의 유형

어떠한 법률행위가 사회질서에 위반하는가는 시대와 장소에 따라 변하므로 그 구체적인 내용은 사안에 따라 개별적으로 판단할 수밖에 없고, 결국 판례에 의하여 구체화된다. 판례에 나타난 반사회적 법률행위의 유형은 다음과 같다.

① 범죄 기타 불법행위를 권하거나 이에 가담하는 법률행위는 무효이다. 살인청부계약, 도박이나 밀수를 위한 소비대차계약은 무효이다.[313)]

② 범죄행위를 하지 않을 것을 조건(그 사항 자체는 사회질서에 반하지 않으나)으로 금전을 지급하기로 함으로써 사회질서에 반하는 계약은 무효이다. 명예훼손행위를 하지 않는다는 조건으로 통상적인 수준을 넘어 금전을 주기로 한 약정은 무효이다.[314)]

③ 윤리적 질서에 반하는 행위는 무효이다. 자녀가 부모와 동거하지 않겠다고 하는 행위는 윤리적 질서에 반하는 행위로서 무효이다. 또한 첩계약[315)]은 반사회질서행위로서 무효이다. 첩계약은 본처의 사전승인이 있었더라도 무효라고 한다.[316)] 혼인 외의 성관계를 유지하기 위한 증여나 유증, 현재의 처가 사망하거나 처와 이혼하면 혼인한다는 계약도 무효이다.[317)]

---

312) **대판** 2001.11.9, 2001**다**44987 "매매계약체결 당시에 정당한 대가를 지급하고 목적물을 매수하는 계약을 체결하였다면, 비록 그 후 목적물이 범죄행위로 취득된 것을 알게 되었다고 하더라도, 계약의 이행을 구하는 것 자체가 선량한 풍속 기타 사회질서에 위반하는 것으로 볼 만한 특별한 사정이 없는 한, 그러한 사유만으로 당초의 매매계약에 기하여 목적물에 대한 소유권이전등기를 구하는 것이 민법 제103조 의 공서양속에 반하는 행위라고 단정할 수 없다."

313) **대판** 1956.1.26, 4288**민상**96.

314) **대판** 1994.3.11, 93**다**40522 ; **대판** 1999.4.13, 98**다**52483.

315) 妻있는 남자가 다른 여자와 부첩관계를 유지하고자 하는 계약이다.

316) **대판** 1967.10.6, 67**다**1134.

317) **대판** 1955.7.14, 4288**민상**156 ; 그러나 참고할 판례로 **대판** 1980.6.24, 80**다**458 "피고가 원고와의 부첩관계를 해소하기로 하는 마당에 그동안 원고가 피고를 위하여 바친 노력과 비용 등의 희생을 배상 내지 위자하고 또 원고의 장래 생활대책을 마련해 준다는 뜻에서 금원을 지급하기로 약정한 것이라면 부첩관계를 해소하는 마당에 위와 같은 의미의

④ 개인의 정신적 · 신체적 · 경제적 자유를 심하게 제한하는 행위는 무효이다. 즉 인신매매 · 매춘행위 등은 사회질서에 반하여 무효이다.[318] 어떤 일이 있어도 이혼하지 않겠다는 각서를 써주었다고 하더라도 그와 같은 의사표시는 신분행위의 의사결정을 구속하는 것으로서 무효로 본다.[319] 그러나 부정행위를 용서받는 대가로 처에게 부동산을 양도하되, 부부관계가 유지되는 동안에는 처가 임의로 처분할 수 없다는 제한을 붙인 약정은 사회질서에 반하지 않는다고 한다.[320]

사용자와 근로자 사이에 경업금지약정이 존재한다고 하더라도, 그와 같은 약정이 헌법상 보장된 근로자의 직업선택의 자유와 근로권 등을 과도하게 제한하거나 자유로운 경쟁을 지나치게 제한하는 경우에는 민법 제103조에 정한 선량한 풍속 기타 사회질서에 반하는 법률행위로서 무효라고 보아야 하며, 이와 같은 경업금지약정의 유효성에 관한 판단은 보호할 가치 있는 사용자의 이익, 근로자의 퇴직 전 지위, 경업 제한의 기간 · 지역 및 대상 직종, 근로자에 대한 대가의 제공 유무, 근로자의 퇴직 경위, 공공의 이익 및 기타 사정 등을 종합적으로 고려하여야 하고, 여기에서 말하는 '보호할 가치 있는 사용자의 이익'이라 함은 「부정경쟁방지 및 영업비밀보호에 관한 법률」 제2조 제2호에 정한 '영업비밀'뿐만 아니라 그 정도에 이르지 아니하였더라도 당해 사용자만이 가지고 있는 지식 또는 정보로서 근로자와 이를 제3자에게 누설하지 않기로 약정한 것이거나 고객관계나 영업상의 신용의 유지도 이에 해당한다.[321] 한편 해외파견된 근로자가 귀국일로부터 일정기간 소속회사에서 근무하여야 한다는 사규나 약정은 사회질서에 반하지 않는다고 한다.[322] 당사자 일방이 그의 독점적 지위 내지 우월적 지위를 악용하여 자기는 부당한 이득을 얻고 상대방에게는 과도한 반대급부 또는 기타의 부담을 과하는 법률행위는 무효라고 한다.[323]

⑤ 생존의 기초가 되는 재산의 처분행위는 무효이다. 어떤 사람이 자신이 장차 취득할 재산을 모두 양도한다는 계약, 또는 사찰이 그 존립에 필요불가결한 재산

금전지급약정은 공서양속에 반하지 않는다고 보는 것이 상당하다."가 있다.

318) **대판** 2004.9.3, 2004다27488 · 27495.

319) **대판** 1969.8.19, 69므18.

320) **대판** 1992.10.27, 92므204 · 211.

321) **대판** 2010.3.11, 2009다82244.

322) **대판** 1982.6.22, 82다카90.

323) **대판** 1996.4.26, 94다34432.

인 임야를 증여하는 행위는 생존을 불가능하게 하는 행위로서 무효이다.[324]

⑥ 지나치게 사행적(射倖的)인 행위는 무효이다. 예컨대 도박계약이 그 예이다. 그러나 각종의 복권이나 승마투표권(마권) 등은 법률이 허가하고 있어 반사회성이 없다.[325] 도박을 한다는 것을 알면서 도박자금을 빌려주는 행위, 도박으로 인한 채무의 변제를 위하여 토지를 양도하는 계약, 노름빚을 토대로 하여 그 노름빚을 변제하기로 약정한 계약은 모두 무효이다. 이렇게 무효가 된 이유는 사행계약이기 때문이 아니고, 동기가 불법하고 그 동기를 상대방이 알고 있었기 때문이다.[326]

⑦ 부동산의 2중 매매 기타의 2중 양도의 경우, 부동산 매도인의 배임행위에 적극 가담하여 이루어진 토지의 2중 매매는 사회정의관념에 위배된 반사회적인 법률행위로서 무효이다.[327]

5) 반사회적 법률행위의 효과

사회질서에 위반한 사항을 내용으로 하는 법률행위는 무효이다(제103조).

그 무효는 절대적인 것이어서 누구도 사회질서 위반행위의 유효를 주장할 수 없다. 그가 선의의 제3자라도 마찬가지이다.

반사회질서행위가 채권행위인 경우에는, 반사회적 법률행위는 무효이므로 아직 그 이행이 안 된 상태에서는 그 이행을 할 필요가 없고 또 상대방도 그 이행을 청구할 수 없다. 반사회적 법률행위에 기하여 이미 이행이 된 경우에는 무효의 일반원칙에 따라 그 반환을 청구할 수 있어야 한다. 그러나 이것을 긍정하게 되면, 반사회적 법률행위를 무효로 하면서도 그것을 행한 자에 대하여 결과적으로 법률이 그를 보호해 주게 되는 자기모순에 빠지게 된다.[328] 그래서 민법 제746조

---

324) **대판** 1970.3.31, 69**다**2293.

325) 복권 및 복권기금법 제2조 · 제3조, 한국마사회법 제6조 이하 참조.

326) **대판** 1995.7.14, 94**다**40147.

327) **대판** 1994.3.11, 93**다**55289 "부동산의 이중매매가 반사회적 법률행위로서 무효가 되기 위하여는 매도인의 배임행위와 매수인이 매도인의 배임행위에 적극 가담한 행위로 이루어진 매매로서, 그 적극가담하는 행위는 매수인이 다른 사람에게 매매목적물이 매도된 것을 안다는 것만으로는 부족하고, 적어도 그 매도사실을 알고도 매도를 요청하여 매매계약에 이르는 정도가 되어야 한다."; **대판** 1981.1.13, 80**다**1034; **대판** 1998.2.27, 97**다**45532; **대판** 1978.4.11, 78**다**274; **대판** 1983.4.26, 83**다카**57; **대판** 2002.3.15, 2001**다**77352 · 77369; **대판** 2002.9.6, 2000**다**41820; **대판** 1985.11.26, 85**다카**1580; **대판** 1992.6.9, 91**다**29842 등 참조.

328) 곽윤직, 220면; 김상용, 398면; 김준호, 253면; 백태승, 372면; 그러나 송덕수, 251면은

는 '불법의 원인으로 인하여 재산을 급여하거나 노무를 제공한 때에는 그 이익의 반환을 청구하지 못한다. 그러나 그 불법원인이 수익자에게만 있는 때에는 그러하지 아니하다'고 규정하여 그 반환청구를 원칙적으로 허용하지 않는다.

부동산의 2중매매의 경우에서 판례는 "부동산의 제2매수인이 매도인의 배임행위에 적극 가담하여 제2매매계약이 반사회적 법률행위에 해당하는 경우에는 제2매매계약은 절대적으로 무효이므로, 당해 부동산을 제2매수인으로부터 다시 취득한 제3자는 설사 제2매수인이 당해 부동산의 소유권을 유효하게 취득한 것을 믿었다고 하더라도 제2매매계약이 유효하다고 주장할 수 없다."[329]고 하고, 그러한 법리는 담보권설정계약에서도 동일하다고 한다.[330]

나아가 사회질서 위반행위는 추인을 하여도 추인의 효과가 생기지 않으며, 무효임을 알고 추인하여도 새로운 법률행위를 한 효과가 생기지 않는다고 한다.[331]

(2) 불공정한 법률행위(폭리행위)

1) 의 의

불공정한 법률행위란 상대방의 궁박 · 경솔 또는 무경험을 이용하여 자기의 급부에 비하여 현저하게 균형을 잃은 반대급부를 하게 함으로써 부당한 재산적 이익을 얻는 행위를 말하며 폭리행위라고도 한다.

통설 · 판례는 불공정한 법률행위는 제103조의 반사회적 법률행위의 일종이고, 제104조는 제103조의 예시에 지나지 않는 것으로 해석한다. 따라서 불공정한 법률행위에 관하여는 우선 제104조가 적용되겠지만, 그 요건에 해당하지 않는다고 하더라도 그것이 사회질서에 위반하는 내용의 것인 때에는 제103조에 의하여 무효가 될 수도 있다.

'2중매매가 사회질서에 반하여 무효인 경우에, 이미 이행을 한 때에는, 특별한 사정이 없는 한 당사자 쌍방이 모두 그 반환을 청구할 수 있다.'고 한다. 이밖에 제103조의 불법이 제746조의 불법에 해당하지 않는 경우가 있어 그 때에는 반환청구가 인정된다는 견해(김용한, 268면; 김주수, 342면)도 있다.

329) **대판** 2008.3.27, 2007다82875.

330) **대판** 2008.3.27, 2007다82875.

331) **대판** 1973.5.22, 72다2249.

2) 요 건

① **객관적 요건**

㉠ **급부와 반대급부 사이에 현저한 불균형** 어느 정도의 급부의 차이가 있어야 현저한 불균형이 되는지에 대한 판단은 구체적인 사안에 따라 사회질서의 기준에 의해 정할 수밖에 없다. 판례가 현저한 불균형이 있다고 판단한 경우는, 정상적으로 받을 수 있는 손해배상액의 8분의 1을 받고 합의서를 작성해 준 경우,[332] 시가 700만원 상당의 가옥을 167만원에 매도한 경우,[333] 건물을 시가의 3분의 1에도 미달하는 가격으로 매매한 경우[334] 등이다.

㉡ **불균형의 판단시기** 불균형을 판정하는 시기는 법률행위 시를 표준으로 하여야 한다는 것이 통설과 판례[335]의 견해이다. 그리고 불균형 여부의 판단은 당사자의 주관적 가치가 아니고 객관적 가치에 의하여야 한다.[336]

② **주관적 요건**

㉠ 폭리행위가 되려면 피해자의 궁박 · 경솔 또는 무경험을 이용하였어야 한다. 즉 피해자의 궁박 · 경솔 또는 무경험이 있어야 하고, 폭리행위자가 이를 이용하였어야 한다.

㉡ **피해자의 궁박 · 경솔 또는 무경험** '궁박'이란 벗어날 길이 없는 어려운 상태를 말하며, 반드시 경제적인 것에 한정하지 않는다. '경솔'이란 의사를 결정할 때에 그 행위의 결과나 장래에 관하여 보통 일반인이 가지는 고려를 하지 않는 경우를 말한다. '무경험'은 일반적인 생활경험이 불충분한 것을 말한다. 이러한 궁박 · 경솔 · 무경험은 모두 구비하여야 하는 것은 아니고, 이중 어느 하나만 있으면 된다. 판례는 매도인의 대리인이 매도한 경우에 경솔 · 무경험은 그 대리인을 기준으로 판단하여야 하지만, 궁박 상태 여부는 본인의 입장에서 판단하여야 한다고 한다.[337] 폭리자가 피해자에게 위와 같은 사정이 있음을 알고서 이를 이용하려는 의사, 즉 악의가 있어야만 비로소 불공정한 법률행위가 성립한다.[338]

---

332) **대판** 1979.4.10, 78**다**2457.
333) **대판** 1979.4.10, 79**다**275.
334) **대판** 1973.5.22, 73**다**231.
335) **대판(전)** 2013.9.26, 2013**다**26746.
336) **대판** 2010.7.15, 2009**다**50308.
337) **대판** 2002.10.22, 2002**다**38927.

그러한 악의가 없는 때에는 설사 과실이 있다고 하더라도 불공정한 법률행위는 성립하지 않는다.

③ **증명책임**

어느 법률행위가 불공정한 법률행위에 해당하여 무효라고 주장하는 자는, ㉠ 그가 궁박·경솔 또는 무경험의 상태에 있었다는 사실, ㉡ 상대방이 이 사실을 알고 있었다는 사실, ㉢ 급부와 반대급부 간에 현저한 불균형이 있다는 사실을 모두 증명하여야 한다는 것이 통설·판례[339]이다. 급부와 반대급부가 현저히 균형을 잃었다 하여 법률행위가 곧 궁박·경솔 또는 무경험으로 인하여 이루어진 것으로 추정되지는 않으며,[340] 생활이 곤란하여 목적물을 염가에 매각하였다 하더라도 그것만으로 위 매매가 매도인의 궁박·경솔 또는 무경험에 편승하여 이루어진 것이라고 추정할 것이 아니다.

3) 효 과

불공정한 법률행위는 무효이다(제104조). 그 무효는 절대적 무효이며, 추인에 의하여 유효하게 될 수도 없다.[341] 따라서 아직 급부를 이행하지 않은 때에는 쌍방 모두 이행할 필요가 없다.

이미 이행한 경우에는 불공정한 법률행위도 반사회적 법률행위의 일종이므로, 제746조(불법원인급여)가 적용된다. 다만, 불법의 원인이 폭리행위자에게만 있으므로 상대방, 즉 피해자는 제746조 단서에 의하여 이행한 것의 반환을 청구할 수 있는데 비하여, 폭리행위자는 제746조 본문에 의하여 자기가 이행한 것의 반환을 청구할 수 없다는 것이 통설의 견해이다.

위 무효는 절대적 무효로서, 목적부동산이 제3자에게 이전된 경우에 제3자가 설사 선의라 하여도 그 소유권을 취득하지 못한다.

338) **대판** 2011.1.27, 2010다53457.
339) **대판** 1991.5.28, 90다19770.
340) **대판** 1977.12.13, 76다2179.
341) **대판** 1994.6.24, 94다10900.

제3절 의사표시

Ⅰ. 총 설

법률행위에는 대표적으로 단독행위와 계약이 있다. 그런데 이들에 공통되는 법률사실은 표시된 의사, 즉 의사표시이다. 의사표시의 문제를 다루는 것은, 법률행위 모두를 그 공통요소인 의사표시의 개념을 중심으로 이를 체계적 · 포괄적으로 규율하려는데 있다.

1. 의사표시의 구성요소

표시된 의사가 의사표시이므로, 기본적으로는 의사와 표시가 의사표시의 요소를 이룬다. 예를 들어 A가 토지를 매수하기 위해 청약의 의사표시를 하는 데에는 보통 다음의 단계를 거치게 된다. ① 투자의 목적이나 집을 지을 목적으로 토지를 매수하려는 동기를 가지고(동기), ② 그 동기에 기초하여 토지를 매수하려는 의사를 가지며(효과의사), ③ 그 의사를 토지의 소유자에게 알리려는 의사 하에(표시의사), ④ 마지막으로 매수의 의사를 문서나 구두로 상대방에게 표시한다(표시행위).

여기에서 동기, 효과의사, 표시의사, 표시행위가 모두 의사표시의 요소를 이루는 것은 아니고 동기는 효과의사에, 표시의사는 표시행위에 흡수되는 것으로 파악하는 것이 일반적인 견해이다.

(1) 효과의사

효과의사란 위 예에서 "② 토지를 매수한다."는 일정한 효과의 발생을 원하는 의사이다.

효과의사란 표의자가 가지고 있었던 실제의 의사(내심적 효과의사)인가, 아니면 그 의사를 객관적으로 알 수 없으므로 표시행위를 통하여 추단(추측)되는 의사(표시상의 효과의사)로 보아야 하는가에 대하여는 통설적 견해는 후자로 해석한다.

(2) 표시행위

표시행위(표시)는 효과의사를 외부에 표명하는 행위이다. 이것은 표의자의 효과의사가 추단될 수 있는 외부적인 행위가 있는 경우에 인정된다.

의사표시의 방식에는 ① 명시적 의사표시(표의자의 효과의사가 언어나 문자 등에 의하여 분명히 표현된 경우)와, ② 묵시적 의사표시(법률행위의 제반사정에 비추어 의사표시가 있었다고 인정되는 경우)가 있다.

의사는 명시적 표시에 의하여 표시될 수 있을 뿐만 아니라 머리를 끄덕이거나, 손을 들거나, 슈퍼에서 물건을 바구니에 담는 등의 이른바 추단적 행위, 즉 그 행위로부터 어떤 의사를 추측케 하는 행위에 의해서도 표시될 수 있다. 이러한 추단적행위에 의하여 의사가 표시되는 경우가 묵시적 의사표시이다.

2. 의사표시의 본질

의사표시는 단계적으로 여러 과정을 거치지만, 그중 법률적으로 문제되는 것은 의사와 표시의 두 가지로 모아진다. 그런데 각 개인의 의사에 따라 법률관계를 형성할 수 있다는 것이 사적 자치의 원칙이고, 이것을 실현하는 수단이 바로 법률행위이다. 따라서 적어도 이념적으로는 자유롭게 형성된 의사와 이 의사의 표시가 완전히 일치하는 때에만, 당사자의 의사에 따른 법률효과가 발생한다고 할 것이다.

그러나 의사표시에서 의사와 표시가 일치하지 않는 때가 있다. 이 경우 어떠한 법률효과를 부여할 것인가는 의사표시의 본질을 무엇으로 이해하느냐에 따라 그 결과가 달라진다.

(1) 의시주의

의사주의는 의사표시의 본체를 표의자의 내심의 효과의사(진의)로 이해하며 표시는 그 외피에 불과하다고 보는 입장이다.

의사주의에서는 표시행위가 있더라도 그에 대응하는 의사가 존재하지 않으면 그 의사표시는 불성립하거나 무효가 된다. 따라서 의사와 표시가 불일치한 경우에 의사주의는 표의자의 이익을 두텁게 보호하는 입장이다.

(2) 표시주의

표시주의는 의사표시의 본체를 표시행위로 파악하는 입장이다.

표시주의에서는 표시행위에 대응하는 내심의 의사가 존재하지 않더라도 표시행위로부터 추단되는 효과의사가 존재하는 것으로 보아, 표시행위대로 법률효과가 발생한다. 따라서 의사와 표시가 불일치한 경우에 표시주의는 표의자의 이익보다는 표시행위를 신뢰한 상대방이나 거래의 안전을 강하게 보호 하는 입장이다.

(3) 절충주의

절충주의는 의사표시에 따른 법률효과를 부여함에 있어서 표의자의 내심의 의사와 표시행위의 어느 하나만을 기준으로 삼지 않고 의사주의 또는 표시주의에 다른 입장을 가미하여 법률효과를 발생하게 한다는 입장이다.

(4) 민법의 입장

우리 민법은 의사와 표시가 일치하지 않는 경우에 의사주의나 표시주의의 어느 하나에 치우치지 않고 양자를 적절히 채택하는 절충주의를 취하고 있는 것으로 일반적으로 평가되고 있다.

즉 의사와 표시가 불일치한 경우로서 ① 진의 아닌 의사표시에서는 표의자가 진의 아님을 알고 표시를 한 경우에는 그 표시한대로 효과를 발생시킨다(제107조 제1항 본문). 그러나 상대방이 그 사실을 안 경우에는 의사로 돌아가 무효로 한다(제107조 제1항 단서).

② 허위표시에서는 표의자가 상대방과 합의하여 진의 아닌 의사표시를 하는 점에서 이를 무효로 한다(제108조 제1항).

③ 착오에서는 의사와 표시의 불일치를 표의자가 모르는 점에서 표의자가 이를 취소할 수 있는 것으로 하되, 상대방의 이익을 고려하는 차원에서 그 취소의 요건을 제한하고 있다(제109조).

또한 의사와 표시가 일치는 하지만 의사의 형성과정에 하자가 있는 경우인 하자있는 의사표시로서 사기 · 강박에 의한 의사표시는 취소할 수 있는 것으로 하고 있다(제110조).

Ⅱ. 의사와 표시의 불일치

1. 진의 아닌 의사표시(비진의표시)

(1) 의 의

진의 아닌 의사표시(비진의표시)는 표의자가 자기가 하는 표시행위의 객관적인 의미가 자신의 내심의 진의와는 다르다는 것을 알면서 한 의사표시이다. 표의자가 단독으로 하고, 상대방이 있는 경우에도 그와 통정하는 일이 없다는 점에서 통정허위표시와 다르다.

(2) 요 건

1) 의사표시가 존재하여야

우선 일정한 효과의사를 추단할 만한 의사표시가 있어야 한다. 사교적인 명백한 농담, 배우의 무대 위에서의 대사처럼 법률관계의 발생을 원하지 않는다는 것이 명백한 경우에는 그것은 의사표시가 아니며 따라서 비진의표시의 문제도 생기지 않는다.

2) 진의(의사)와 표시가 일치하지 않음

표시행위의 의미(표시상의 효과의사)에 대응하는 의사(내심적 효과의사)가 존재하지 않아야 한다. 즉 진의와 표시가 일치하지 않아야 한다.

여기서 진의는 내심적 효과의사이지 표의자가 궁극적으로 가지고 있는 의도가 아니다. 판례도 진의는 특정한 내용의 의사표시를 하고자 하는 표의자의 생각을 말하는 것이지 표의자가 진정으로 마음속에서 바라는 사항을 뜻하는 것은 아니라고 한다.[342)]

3) 표의자가 진의와 표시의 불일치를 알고 있어야 함

표의자가 자신의 표시행위가 진의 아님을 알고 있어야 비진의표시로 된다. 표의자가 그러한 행위를 하는 이유나 동기는 묻지 않는다. 표의자가 상대방이나 제3자를 속이려는 경우이든, 자신의 말이 진의가 아니라는 것을 이해할 것이라는 기

342) 대판 2002.12.27, 2000다47361 ; 대판 2003.4.25, 2002다11458 ; 대판 1991.7.12, 90다11554 ; 대판 1992.8.14, 92누909 ; 대판 1980.7.8, 80다639 ; 대판 1997.7.25, 97다8403.

대 하에 한 경우이든 모두 비진의표시가 된다.[343] 상대방이 자신의 말이 진의가 아니라는 것을 당연히 이해할 것이라는 기대를 가지고 한 경우에도 비진의표시가 성립된다. 이 점에서 비진의표시는 허위표시와 같고 착오와 다르다.

진의 아닌 의사표시의 무효를 주장하는 자가 그에 대한 증명책임을 진다.[344] 대리행위에서는 진의와 표시의 불일치를 알고 있어야 하는 표의자는 본인이 아니고 대리인이다(제116조).

(3) 효 과

1) 원 칙

진의 아닌 의사표시는 상대방 있는 의사표시이든 상대방 없는 의사표시이든 표시한대로 그 효과가 발생한다(제107조 제1항 본문).[345] 민법은 거래의 안전과 표시를 신뢰한 상대방을 보호하기 위하여 이러한 원칙을 천명하고 있다. 예컨대 사직할 의사가 없으면서 고용주에 대한 자신의 신임의 정도를 알아보기 위하여 사직서를 제출하는 경우에는 사직으로서의 효과가 발생한다. 표의자를 보호할 필요가 없기 때문에 표시주의를 취한 것이다. 즉 상대방이 선의·무과실인 한 의사표시의 무효를 상대방에게 주장할 수 없고 거짓으로 표시한 것에 대한 책임을 묻겠다는 것이다.

2) 예 외

상대방이 표의자의 진의 아님을 알았거나(악의) 이를 알 수 있었을 경우(과실로

---

343) **대판** 1988.5.10, 87**다카**2578 "근로자가 회사의 경영방침에 따라 사직원을 제출하고 회사가 이를 받아들여 퇴직처리를 하였다가 즉시 재입사하는 형식을 취함으로써 근로자가 그 퇴직전후에 걸쳐 실질적인 근로관계의 단절이 없이 계속 근무하였다면 그 사직원제출은 근로자가 퇴직을 할 의사 없이 퇴직의사를 표시한 것으로서 비진의 의사표시에 해당하고 재입사를 전제로 사직원을 제출케 한 회사 또한 그와 같은 진의 아님을 알고 있었다고 봄이 상당하다 할 것이므로 위 사직원제출과 퇴직처리에 따른 퇴직의 효과는 생기지 아니한다."; **대판** 1991.7.12, 90**다**11554도 같은 취지이다.

344) **대판** 1992.5.22, 92**다**2295; 즉 요건 가운데 의사표시의 존재는 그 법률효과를 발생시키려는 자(상대방)가 주장·증명하여야 한다. 그러나 나머지의 요건들은 모두 그 의사표시를 무효화하려는 자(표의자)가 주장·증명하여한다.

345) 상대방 있는 의사표시에서는 표시행위를 신뢰한 상대방을 보호할 필요가 크기 때문에 표시주의에 의해 유효로 인정하는 것이고, 상대방 없는 의사표시에서는 표시에 대한 신뢰의 문제가 없으므로 내심의 의사(진의)로 돌아가 무효로 하는 것이 타당한 것처럼 보이지만 우리 민법은 이 경우에도 표시한 대로 그 효과를 발생시킨다.

알지 못한 경우)에는 그 비진의표시는 무효이다(제107조 제1항 단서).

상대방이 진의 아님을 알았거나 알 수 있었음은 상대방이 그 의사표시를 안(了知) 때를 기준으로 판단하여야 한다.[346)]

상대방의 악의 또는 과실은 당해 의사표시의 무효를 주장하는 자가 주장·증명하여야 한다.[347)]

3) 제3자에 대한 관계

비진의표시가 예외적으로 무효가 되는 경우에도 그 무효는 선의의 제3자에게는 대항하지 못한다(제107조 제2항).

① '선의'라 함은 의사와 표시가 일치하지 않는다는 것을 제3자가 알지 못하는 것을 말한다.

② '제3자'란 일반적으로 당사자와 그의 포괄승계인 이외의 모든 사람을 가리키지만 제107조 제2항의 제3자는 위와 같은 제3자 중에서 비진의표시를 기초로 하여 법률상 새로운 이해관계를 맺은 자만을 의미한다.

③ '대항하지 못한다.'는 것은 비진의표시의 무효를 주장할 수 없다는 것을 의미한다. 따라서 당사자 사이에서 비진의표시가 무효일지라도 선의의 제3자에 대한 관계에서는 표시된 대로 효력이 발생하게 된다.

(4) 적용범위

1) 재산상 법률행위

진의 아닌 의사표시는 계약뿐만 아니라 단독행위에도 적용된다. 다만 상대방 없는 단독행위에는 민법 제107조 제1항 단서가 적용될 여지가 없고 제1항 본문만 적용되므로 비진의표시가 상대방 없는 단독행위인 경우에는 항상 유효하다.[348)]

2) 가족법상 법률행위

가족법상 법률행위는 당사자의 진의를 절대적으로 필요로 하므로 제107조가 적용되지 않고 언제나 무효이다.[349)]

---

346) 곽윤직, 232면; 김용한, 284면; 백태승, 409면; 송덕수, 267면 이하.

347) **대판 1992.5.22, 92다22995.**

348) 곽윤직, 233면; 김준호, 268면; 송덕수, 269면.

349) 혼인과 입양에 관하여는 이에 대한 명문으로 규정하고 있다(제815조 제1호·제883조 제1호).

3) 기 타

주식인수의 청약(상법 제302조 제3항), 어음행위, 공법행위,[350] 소송행위에는 제107조가 적용되지 않고 표시된 대로 효과가 발생한다.

2. 통정한 허위의 의사표시(허위표시)

(1) 의 의

상대방과 통정하여 하는 진의 아닌 의사표시를 허위표시라고 한다. 진의 아닌 의사표시임을 표의자뿐만 아니라 그 상대방도 안다는 점에서, 즉 상대방과 합의하여 하는 점에서 표의자만이 아는 비진의 표시와 다르다. 허위표시는 상대방과 통정하고 있다는 점에서 통정허위표시라고도 한다.

채무자가 채권자로부터의 강제집행을 면하기 위하여 타인과 상의하여 그 타인에게 자기 소유의 부동산에 대하여 매도한 것처럼 가장하여 부동산의 등기명의를 이전하는 경우, 세금을 적게 내기 위하여 매매계약서상의 매매대금을 실제보다 적게 기입하거나, 은행이 실제의 예금주는 甲인 것을 알면서도 편의상 乙 명의로 해두는 경우가 그 예이다. 그리고 채권자가 주택임대차보호법상의 대항력을 취득하는 방법으로 기존 채권을 우선변제받을 목적으로 주택임대차계약의 형식을 빌려 기존 채권을 임대차보증금으로 하기로 하고 주택의 인도와 주민등록을 마침으로써 주택임대차로서의 대항력을 취득한 것처럼 외관을 만들었을 뿐 실제 주택을 주거용으로 사용·수익할 목적을 갖지 아니한 계약은 주택임대차계약으로서는 통정허위표시에 해당되어 무효라고 한다.[351]

허위표시를 요소로 하는 법률행위를 가장행위(假裝行爲)라고 한다.

---

350) **대판** 1992.8.14, 92**누**909 "일괄사표를 제출하였다가 선별 수리하는 형식으로 의원면직되었다고 하더라도 공무원들이 임용권자 앞으로 일괄사표를 제출한 경우 그 사직원의 제출은 제출 당시 임용권자에 의하여 수리 또는 반려 중 어느 하나의 방법으로 처리되리라는 예측이 가능한 상태에서 이루어진 것으로서 그 사직원에 따른 의원면직은 그 의사에 반하지 아니하고, 비록 사직원제출자의 내심의 의사가 사직할 뜻이 아니었다 하더라도 그 의사가 외부에 객관적으로 표시된 이상 그 의사는 표시된 대로 효력을 발하는 것이며, 민법 제107조는 그 성질상 사인의 공법행위에 적용되지 아니하므로 사직원제출을 받아들여 의원면직 처분한 것을 당연 무효라고 할 수 없다."; **대판** 1994.1.11, 93**누**10057; **대판** 1997.12.12, 97**누**13962.

351) **대판** 2002.3.12, 2000**다**24184·24191.

(2) 요 건

1) 의사표시가 있어야 함

정확히 말하면 유효한 의사표시가 있는 것과 같은 외관이 있어야 한다. 보통은 증서의 작성 또는 등기 등에 의하여 제3자가 보아서 의사표시가 있다고 인정할 만한 외형이 만들어진다.

2) 진의와 표시가 일치하지 않아야 함

당사자의 진의와 표시가 일치하지 않아야 한다. 즉 표시행위에 대응하는 표의자의 의사가 존재하지 않아야 한다.[352)]

3) 표의자가 진의와 표시의 불일치를 알고 있어야 함

허위표시로 되려면 표의자 스스로 그의 진의와 표시행위의 의미가 일치하지 않는다는 것을 알고 있어야 한다.

4) 진의와 다른 표시를 하는 것에 관하여 상대방과 통정하였어야 함

통정이란 상대방이 단순히 이를 인식하고 있는 것만으로는 부족하고 진의 아닌 의사표시의 외형을 형성함에 상대방과 합의하여야 한다.[353)]

5) 허위표시를 하게 된 동기는 불문함

허위표시는 대부분 제3자를 기망하려는 동기에서 행하여지나 반드시 그러한 동기나 목적이 있어야 하는 것은 아니다.[354)]

---

352) [주의] 신탁행위에서는 당사자의 의사가 존재하는 한, 의사표시의 법률적 효과와 그것에 의하여 달성하려고 하는 경제적 목적이 서로 모순될지라도, 그것이 곧 허위표시로 되지는 않는다. ; **대판** 2003.6.24, 2003**다**7357 ; **대판** 2008.6.12, 2008**다**7772 · 7789 ; **대판** 2002.10.11, 2001**다**7445 ; 또한 실질적인 당사자는 전면에 나서지 않고 제3자를 당사자(허수아비; Stromann)로 내세워 제3자의 명의로 법률행위를 하는 허수아비행위(Stromanngeschäft)가 있다. 이를 간접대리라고도 한다. 이는 결국 명의신탁방법을 이용하는 것으로 계약명의신탁에 해당되기 때문에 부동산실명법 제4조 제2항 단서에 의해 상대방이 알았으면 무효이고, 몰랐으면 유효가 된다.

353) **대판** 1998.9.4, 98**다**17909.

354) **대판** 1978.4.25, 78**다**226 "특별한 사정없이 동거하는 부부간에 있어 남편이 처에게 토지를 매도하고 그 소유권이전등기까지 경료한다 함은 이례에 속하는 일로서 가장매매라고 추정하는 것이 경험칙에 비추어 타당하다."; **대판** 1988.4.25, 86**다카**1124 "근로자가 실제로는 동일한 사업주를 위하여 계속 근무하면서 일정기간 동안 특별히 고액의 임금이 지급되는 사업을 담당하기 위하여 형식상 일단 퇴직한 것으로 처리하고 다시 임용되는 형식을

6) 증명책임

의사표시가 존재함은 법률효과를 발생시키려는 표의자가 주장 · 증명하여야 한다. 그 이외의 요건들은 모두 의사표시가 허위표시로서 무효라고 주장하는 자가 이를 주장 · 증명하여야 한다.

(3) 효 과

허위표시는 원칙적으로 무효이다(제108조 제1항). 당사자 사이에서는 물론 제3자에 대한 관계에서도 무효임은 마찬가지이다. 다만, 민법상 허위표시의 무효를 가지고 선의의 제3자에게 대항하지는 못하는 것뿐이다(제108조 제2항).[355)]

1) 당사자 간의 효력

① 허위표시는 당사자 간에는 언제나 무효이다(제108조 제1항). 표의자가 비진의표시를 하였지만 상대방도 그 사정을 아는 점에서, 즉 표시에 대한 상대방의 신뢰가 존재하지 않는 점에서 무효로 정한 것이다.

② 허위표시에 의한 가장행위는 무효이므로 아직 이행을 하지 않고 있으면 이행할 필요가 없고, 이행한 후이면 부당이득을 이유로 반환청구를 할 수 있다. 이때 허위표시 그 자체는 불법이 아니므로 불법원인급여에 관한 민법 제746조는 적용되지 않는다.

③ 허위표시에 의한 가장행위가 민법 제406조의 채권자취소권의 대상이 되는 사해행위의 요건을 갖추면 허위표시를 한 채무자의 채권자가 채권자취소권을 행사할 수 있는지가 문제되는데, 통설과 판례는 채무자의 법률행위가 허위표시에 의한 경우에도 채권자취소권의 대상이 된다는 입장이다.[356)]

취하였다 하더라도 그 퇴직의 의사표시는 통정한 허위표시로서 무효라 할 것이다."

355) **대판** 2001.5.8, 2000**다**9611 "허위의 근저당권에 대하여 배당이 이루어진 경우, 통정한 허위의 의사표시는 당사자 사이에서는 물론 제3자에 대하여도 무효이고 다만, 선의의 제3자에 대하여만 이를 대항하지 못한다고 할 것이므로, 배당채권자는 채권자취소의 소로써 통정허위표시를 취소하지 않았다 하더라도 그 무효를 주장하여 그에 기한 채권의 존부, 범위, 순위에 관한 배당이의의 소를 제기할 수 있다."

356) **대판** 1998.2.27, 97**다**50985 "채무자의 법률행위가 통정허위표시인 경우에도 채권자취소권의 대상이 되고, 한편 채권자취소권의 대상으로 된 채무자의 법률행위라도 통정허위표시의 요건을 갖춘 경우에는 무효라고 할 것이다."

2) 제3자에 대한 효력

허위표시의 무효는 선의의 제3자에게 대항하지 못한다(제108조 제2항). 본 규정은 선의취득이 인정되지 않는 거래분야, 특히 부동산거래에 있어서 사실상 공신의 원칙을 인정하는 것이 되기 때문에 중요한 의미를 갖는다.

① 여기서의 '선의'라 함은 당해 의사표시가 허위표시임을 알지 못하는 것을 말한다. 제3자가 대리인을 통하여 이해관계를 맺은 경우에는 선의 여부는 대리인을 표준으로 하여 결정하여야 한다(제116조 제1항). 그리고 제3자의 선의 · 악의를 결정하는 표준이 되는 시기는 법률상 새로운 이해관계를 맺은 때이다. 통설과 판례는 제3자가 선의이면 족하고 무과실은 요하지 않는다고 본다.[357]

제3자의 선의 · 악의의 주장 · 증명책임은 제3자의 악의를 주장하는 자가 이를 증명하여야 한다.[358]

② '제3자'라 함은 일반적으로 당사자와 그의 포괄승계인(예, 상속인 · 합병회사 등) 이외의 모든 사람을 가리키지만, 제108조 제2항의 제3자는 위와 같은 제3자 중에서 허위표시를 기초로 하여 법률상 새로운 이해관계를 맺은 자만을 의미한다.[359] 여기서 '새로운 이해관계'를 맺었는지는 실질적으로 검토하여야 한다.[360]

여기의 제3자에 해당하는 자로는, 가장매매의 매수인으로부터 그 부동산을 다시 매수한 자,[361] 가장 전세권에 대하여 저당권을 설정 받은 자,[362] 가장매매의 매수인에 대한 압류채권자, 임대차 보증금반환채권이 양도된 후 양수인의 채권자가 임대차 보증금반환채권에 대하여 채권압류 및 추심명령을 받았는데 임대차 보증금반환채권 양도계약이 허위표시로서 무효인 경우에 압류 등을 한 그 채권자,[363] 가장 소배대차에 기한 채권의 양수인, 파산자가 가장채권을 보유하고 있다가 파산이 선고된 경우의 파산관재인[364] 등이 그 예이다.

③ 여기서 '대항하지 못한다.'는 것은 허위표시의 무효를 주장할 수 없다는 것

357) **대판** 2006.11.10, 2004**다**10299 ; **대판** 2006.3.10, 2002**다**1321.
358) **대판** 1970.9.29, 70**다**446 ; **대판** 2006.3.10, 2002**다**1321.
359) **대판** 2000.7.6, 99**다**51258.
360) **대판** 2003.3.28, 2002**다**72125 ; **대판** 2014.4.10, 2013**다**59753.
361) **대판** 1960.2.4, 4291**민상**636.
362) **대판** 2008.3.13, 2006**다**29372 · 29389.
363) **대판** 2014.4.10, 2013**다**59753.
364) **대판** 2010.4.29, 2009**다**96083.

이다. 따라서 선의의 제3자에 대한 관계에서는 허위표시는 그 표시된 대로 효력이 생긴다. 그러나 선의의 제3자가 허위표시의 무효를 주장하는 것은 무방하다.[365]

(4) 적용범위

1) 재산상 법률행위

허위표시는 상대방과의 통정에 의하여 성립하므로 계약인 경우가 일반적이지만 상대방 있는 단독행위(예, 채무면제)도 허위표시의 대상이 된다.

다만 상대방 없는 단독행위에도 허위표시가 인정될 것인가에 대하여는 학설의 대립이 있다.[366]

2) 가족법상 법률행위

혼인, 입양과 같은 가족법상 법률행위는 당사자의 진의를 절대적으로 필요로 하므로 제108조가 적용되지 않는다.[367] 그러나 상속재산분할의 합의(제1013조), 상속재산의 포기(제1041조)와 같이 재산법적 요소가 포함된 가족법상 행위에 대한 제108조의 적용에 대하여는 학설의 대립이 있다.

3) 기 타

공법행위, 소송행위에는 제108조가 적용되지 않는다.

3. 착오에 의한 의사표시

(1) 의 의

착오에 의한 의사표시의 의미를 어떻게 파악할 것인가에 대하여 학설의 대립이 있는데, 이는 동기의 착오를 민법 제109조의 착오에 포함시킬 수 있을 것인가에 따른 견해의 대립이다.

① 제1설에 의하면, 착오에 의한 의사표시란 내심의 효과의사(진의)와 표시로부터 추단되는 의사(표시상의 효과의사)가 일치하지 않는 의사표시로서 그 불일치를 표의자 자신이 알지 못하는 것이라고 본다.[368]

---

365) **대판 1996.4.26, 94다12074.**

366) 적용 부정설로는 곽윤직, 236면; 김준호, 275면; 백태승, 418면, 적용 인정설로는 고상룡, 409면; 김상용, 450면; 김용한, 294면; 송덕수, 285면.

367) 가장혼인이나 가장입양은 명문의 규정으로 무효이다(제815조 제1호 · 제883조 제1호).

② 제2설에 의하면, 착오에 의한 의사표시란 표의자가 의사표시에 이르는 과정 또는 의사표시 자체에 있어서 스스로가 모르고 사실과 일치하지 않는 인식 또는 판단을 하고 이에 의거하여 의사표시를 한 경우라고 본다.[369]

③ 제3설에 의하면, 착오에 의한 의사표시는 진의와 표시의 불일치라고 하면서, 여기서 진의라는 것은 표의자가 진정으로 의도하였던 의사, 즉 착오가 없었더라면 가졌을 것으로 생각되는 의사라고 한다.[370]

④ 제4설에 의하면, 민법상 착오는 내심적 효과의사와 표시행위와의 불일치라고 하면서, 거래에 있어서 중요한 동기의 착오에 관하여 제109조를 유추적용하자고 한다. 그러면서 그 의의에서는 제1설과 같고, 결과에서는 제2설과 같다고 한다.[371]

⑤ 판례는 착오를 전체의 착오와 법적으로 고려되는 착오의 두 가지로 나누어 정의하고 있는 것처럼 보인다. 즉 전체의 착오는 표의자의 인식과 그 대조사실이 어긋나는 경우이고,[372] 그 중 법적으로 고려되는 착오는 의사와 표시가 불일치하고 그 불일치를 표의자 자신이 모르는 경우[373]이다.

생각건대, 우리 민법은 법률행위의 내용에 착오가 있는 경우에만 착오가 고려되고(제109조), 동기의 착오는 고려대상이 아니어서 착오에는 넓은 의미의 착오(동기의 착오를 포함하는)와 좁은 의미의 착오(동기를 제외하고 법률행위의 내용에 착오가 있는)로 나눌 수 있다. 여기서 넓은 의미의 착오는 '표의자의 관념과 실제의 무의식적인 불일치'라고 할 수 있고, 좁은 의미의 착오는 '의사(내심적 효과의사)와 표시(표시행위의 의미)의 무의식적인 불일치'라고 할 수 있다. 여기서 중요한 것은 우리 민법상 법률행위의 내용의 착오가 있는 경우에만 착오가 법적으로 고려되기 때문에 좁은 의미의 착오에 해당하기만 하면 어떠한 방식으로 발생한 착오이든 간에 효과에 있어서는 차이가 없다.

368) 김주수, 368면; 김학동, 339면; 백태승, 426면.
369) 김용한, 295면; 정기웅, 387면.
370) 곽윤지, 237면.
371) 김상용, 457면; 이영준, 399면.
372) **대판** 2010.5.27, 2009**다**94841.
373) **대판** 1985.4.23, 84**다카**890.

(2) 착오의 취소 요건

1) 서 설

착오에 의한 의사표시가 취소되기 위한 요건은 제109조 제1항이 규정하는 것처럼 의사표시가 존재해야 하고 그 표의자의 착오가 존재하여야 한다. 그 밖의 요건으로 법률행위의 내용에 착오가 있어야 하고, 그 법률행위의 중요부분에 착오가 있어야 하며, 그리고 표의자에게 중대한 과실이 없을 것을 요건으로 한다.

이 중에서 법률행위의 내용의 착오와 법률행위의의 중요부분의 착오에 대하여 살펴본다.

2) 법률행위 내용의 착오

우리 민법은 독일민법(제119조 · 제120조)이나 스위스 채무법(제24조)에서와는 달리 착오의 개별적 유형을 규정하고 있지 않다. 착오의 유형은 여러 가지 기준에 의하여 분류될 수 있으나 전통적 · 일반적인 분류방법은 의사표시의 과정에 따라서 구분하는 것이다.

의사표시의 과정은 동기 · 효과의사 · 표시행위의 단계를 거치므로 착오도 그것이 어느 단계에서 발생하였느냐에 따라 동기의 착오, 효과의사(내용)의 착오, 표시행위(표시상)의 착오로 나누어질 수 있다.

① 동기의 착오 동기의 착오는 의사형성의 과정에서 일어나는 착오이다. 동기의 착오란 표시에 대응하는 내심의 의사 자체는 존재하지만 그 내심의 의사를 결정할 때의 동기 또는 목적이 사실과 일치하지 않는 인식에 근거하는 경우를 말한다. 내용의 착오와 표시상의 착오를 착오로 다루는 데에는 이견이 없으나, 동기의 착오에 관하여는 이를 착오로 다룰 것인지 여부에 대하여 학설의 대립이 있다.[374)]

374) ① 표시설은 동기가 표시되고 상대방이 알고 있는 경우에는 그 동기는 의사표시의 내용이 되므로 그 범위 내에서 동기의 착오는 표시행위의 내용의 착오가 되지만, 동기가 표시되지 않은 경우에는 착오의 문제가 일어나지 않는다는 견해(곽윤직, 238면), ② 표시불문설은 동기의 착오도 동기가 표시여부를 불문하고 다른 유형의 착오와 같이 일반요건에 따라서 제109조가 적용되어야 할 것이라는 견해(김용한, 297면; 정기웅, 390면), ③ 유추적용설은 동기의 착오는 우리 민법상 통상의 착오와 동일하게 취급될 수 없으나, 다만 동기의 착오 중 '거래에 있어서 중요한 사람 또는 물건의 성질에 관한 착오 및 이에 준하는 착오'에 대하여는 제109조를 유추적용할 것이라는 견해(백태승, 430면; 이영준, 407면), ④ 불고려설은 동기의 착오는 비록 동기가 표시되었더라도 취소사유가 되지 않으며,

판례는 '동기를 당해 의사표시의 내용으로 삼을 것을 상대방에게 표시할 것'을 요구한다.[375] 그런데 다른 한편으로 판례는, 표의자의 착오를 상대방이 부정한 방법으로 유발한 경우, 동기가 상대방으로부터 제공된 경우에는 표시를 묻지 않고 중요부분의 착오라고 한다.[376]

② **내용의 착오** 내용의 착오란 표의자가 표시하고자 한 바(의사를 표시하기 위한 부호)를 표시했지만 그 표시의 법적 의미를 잘못 이해하는 것으로서 의미의 착오라고도 한다. 내용상의 착오도 법률행위의 내용의 착오에 해당한다.

예컨대 파운드(£)가 프랑을 의미한다고 오신하여 100£라고 쓰고서 100프랑을 의미한다고 믿은 경우, 자기가 알고 있는 사람(A)과 同名異人(B)을 원래 자기가 알고 있는 사람(A)이라고 믿고 그(B)에게 전화로 사무를 위임하는 경우 등이 내용(의미)의 착오가 존재한다.

③ **표시상의 착오** 표의자가 올바른 표시부호를 표명하려고 하였으나, 정작 표명하는 단계에서 그에게 착오가 있는 경우이다. 즉 표시행위 자체를 잘못하여 진의와 표시가 불일치하는 경우로서 1억 원으로 기재할 것을 잘못하여 10억 원으로 기재한 경우(오기), '매도'한다고 말할 것을 '매수'한다고 잘못 말한 경우(오담) 등이 이에 속한다. 표시상의 착오는 법률행위의 내용의 착오에 해당한다.

④ **표시기관의 착오** 표시기관의 착오란 사자를 통해 의사를 전달하거나

다만 동기가 상대방에 의하여 유발된 경우에는 신의칙상 취소를 인정할 것이라는 견해(김학동, 343면; 송더수, 293면) 등이 있다.

375) **대판** 2000.5.12, 2000**다**12259 "동기의 착오가 법률행위의 내용의 중요부분의 착오에 해당함을 이유로 표의자가 법률행위를 취소하려면 그 동기를 당해 의사표시의 내용으로 삼을 것을 상대방에게 표시하고 의사표시의 해석상 법률행위의 내용으로 되어 있다고 인정되면 충분하고 당사자들 사이에 별도로 그 동기를 의사표시의 내용으로 삼기로 하는 합의까지 이루어질 필요는 없지만, 그 법률행위의 내용의 착오는 보통 일반인이 표의자의 입장에 섰더라면 그와 같은 의사표시를 하지 아니하였으리라고 여겨질 정도로 그 착오가 중요한 부분에 관한 것이어야 한다."; **대판** 2015.5.28, 2014**다**24327 · 24334 · 24341 · 24358 · 24365 · 24372.

376) **대판** 1991.3.27, 90**다카**27440 "시가 산업기지개발사업을 실시하기 위해 토지를 취득함에 있어 일부가 그 사업대상토지에 편입된 토지는 무조건 잔여지를 포함한 전체 토지를 협의매수하기로 하여 지주들에게는 잔여지가 발생한 사실 등을 알리지 아니한 채 전체토지에 대한 손실보상협의요청서를 발송하고 매수협의를 진행함에 따라 지주들이 그 소유토지전부가 사업대상에 편입된 것 등으로 잘못 판단하고 시의 협의매수에 응한 것에 대하여 그 의사표시의 동기에 착오가 있었음을 이유로 취소할 수 있다."

우체국 등을 통해 의사표시를 하는 경우에 중개자(표시기관)가 잘못하여 표의자의 표시와는 달리 표시한 경우이다. 이때에는 표시기관에 의하여 전해지는 것이 표시행위가 되므로 이는 표시상의 착오가 된다. 표시기관의 착오는 전달의 착오라고도 한다. 예컨대 사장이 비서에게 싱글 침대 방 두 개를 예약하도록 지시했는데, 비서가 더블 침대 방 하나를 예약한 경우이다. 표시기관의 착오는 표시상의 착오의 일종이다.[377)]

3) 법률행위 내용의 중요부분에 착오

① **중요부분의 착오의 의미** 법률행위의 내용의 중요부분에 착오가 있다는 것은 의사표시에 의하여 달성하려고 한 법률효과의 중요한 부분에 착오가 있는 것을 의미한다. 무엇을 중요부분으로 보아야 할 것인가는 이를 추상적 · 획일적으로 정할 수 없으므로 각개의 법률행위를 구체적으로 살펴보아야 할 것이지만, 사람 · 목적 · 법률행위 등에 대한 착오가 중요부분의 착오에 해당될 수 있을 것이다.

그런데 그것을 판단하는 기준으로, 법률행위 내용의 중요부분에 착오가 있기 위해서는 표의자가 그러한 착오가 없었더라면 그 의사표시를 하지 않았으리라고 생각될 정도로 중요한 것이어야 하고(주관적 요건), 보통 일반인도 표의자의 입장에 섰더라면 그러한 의사표시를 하지 않았으리라고 생각될 정도로 중요한 것이어야 한다(객관적 요건).[378)]

판례도 앞의 주관적 · 객관적 요건을 갖추었을 때 법률행위 내용의 중요부분에 착오가 있는 것으로 보는 입장이다.[379)]

법률행위의 중요부분의 착오가 되려면 착오자가 착오가 없었더라면 표시를 하지 않았을 것이거나 또는 그런 내용으로 하지 않았을 것이어야 한다(주관적 현저성). 따라서 착오가 없었다 할지라도 표의자가 표시를 하였을 것이라고 인정되는 경우에는 중요부분의 착오가 아니다.[380)] 또한 법률행위의 중요부분의 착오로 되

---

377) 주의를 요하는 점은, 표의자가 의사표시를 서면으로 작성하여 사자(전달자, 심부름꾼)에게 단지 그 서면을 배달하도록 한 경우에 그 사자는 표시 자체의 사자가 아니기 때문에 그 경우에는 배달이 잘못되었을지라도 의사표시의 부도달이 문제될 뿐이고 전달의 착오는 문제가 되지 않는다는 것이다.

378) 곽윤직, 240면; 김상용, 471면; 백태승, 436면; 이영준, 417면.

379) **대판 1997.8.26, 97다6063 ; 대판 1999.4.23, 98다45546.**

380) **대판 1986.8.19, 86다카448** "일반적으로 근저당권설정계약 또는 보증계약을 맺음에 있어서

려면 착오가 객관적으로도 현저하여야 한다. 즉 보통인도 착오자의 입장이었다면 그러한 의사표시를 하지 않았을 것이라고 인정되어야 한다. 이때는 착오자의 모든 개별적인 사정을 고려하여 현저성을 판단하되, 착오자의 고집 · 괴벽 · 주관적 기분 · 어리석은 관렴과 같은 자의를 떠나서 합리적인 제3자의 입장에서 판단하여야 한다.[381)]

② **중요부분의 유형**

㉠ 법률행위에 관계하는 사람(법인 포함) 또는 객체의 동일성에 관하여 착오가 있는 경우이다.

동일성의 착오는 그 법적 성질을 중요한 내용의 착오로 보아 제109조를 직접 적용하여야 한다(다수설).

㉡ **사람에 대한 착오**

㉮ **사람의 동일성에 대한 착오**　증여 · 임대차 · 위임 · 고용 등 계약의 당사자가 누구인지가 중요한 법률행위에서는 사람의 동일성에 대한 착오는 중요부분의 착오가 된다. 그러나 현실매매, 현실증여와 같이 상대방이 누구이냐를 중요하게 보지 않는 법률행위의 경우에는 사람의 동일성에 관한 착오는 법률행위의 중요부분의 착오가 아니다.

사람의 직업 · 신분 · 경력 · 자산상태 · 약력 등에 관한 착오는 그러한 것이 중요한 의미를 가지는 법률행위에 관하여는 중요부분의 착오가 된다. 여기의 사람에는 법률행위의 당사자뿐만 아니라 그 법률행위에 관계되는 제3자도 포함되는 개념이다. 예컨대 법률효과의 수익자를 잘못 지정한 경우, 근저당권설정계약의

채무자가 누구인가에 관한 착오는 일응 의사표시의 중요부분에 관한 착오라고 못 볼 바 아니나 근저당권 설정자 또는 보증인이 그 계약서에 나타난 채무자가 마음속으로 채무자라고 본 사람의 이름을 빌린 것에 불과하여 계약당시에 위 두 사람이 같은 사람이 아닌 것을 알았더라도 그 계약을 맺을 것이라고 보여지는 등 특별한 사정이 있는 경우에는 형식상 사람의 동일성에 관한 착오가 있는 것처럼 보이더라도 이를 가지고 법률행위의 중요부분에 관한 착오라고는 볼 수 없다."; **대판** 1995.12.22, 95**다**37087 "갑이 채무자란이 백지로 된 근저당권설정계약서를 제시받고 그 채무자가 을인 것으로 알고 근저당권설정자로 서명날인을 하였는데 그 후 채무자가 병으로 되어 근저당권설정등기가 경료 된 경우, 갑은 그 소유의 부동산에 관하여 근저당권 설정계약상의 채무자를 병이 아닌 을로 오인한 나머지 근저당설정의 의사표시를 한 것이고, 이와 같은 채무자의 동일성에 관한 착오는 법률행위 내용의 중요부분에 관한 착오에 해당한다."

381) **대판** 1998.9.22, 98**다**23706; **대판** 1999.2.23, 98**다**47924; **대판** 2009.4.23, 2008**다**96291 · 96307.

담보를 제공하는 자는 주채무자가 누구인가에 대한 착오는 일반적으로 법률행위의 중요부분에 대한 착오가 된다.[382)]

㉯ **사람의 성질에 관한 착오** 사람의 성질에 관한 착오도 경우에 따라서는 법률행위의 중요부분에 대한 착오가 될 수 있다. 예컨대 보증인으로서는 주채무자의 신용상태가 대단히 중요한 문제가 될 수 있다. 그러나 일반적으로는 보증인이 주채무자의 변제자력 또는 다른 담보가치에 관하여 착오하였더라도 이는 동기의 착오에 불과할 뿐이어서 보증의사표시를 취소할 수 없다고 한다.[383)]

그런데 판례 중에는 신용보증기금이 주채무자의 보증을 설 때 채권자(은행 등)가 주채무자의 신용상태(연체사실 등)를 잘못 알려준 경우 이를 믿고 보증서를 발급해 준 사안에서 법률행위의 중요부분에 대한 착오를 인정하여 취소할 수 있다고 한다.[384)] 또한 기업의 실질적 경영주가 금융부실거래자로 규제되어 있어서 타인 명의로 사업자등록을 한 후 그의 명의로 신용보증을 신청하자 신용보증기금이 확인 끝에 위 기업의 경영주가 신용 있는 자라고 착각하고 신용보증을 한 경우에도 취소를 인정하였다.[385)]

일정한 자격을 갖춘 자인지 여부도 중요부분의 착오가 될 수 있다. 예컨대 재건축조합이 설계용역계약을 체결함에 있어서 상대방(건축연구소를 개설·운영하고 있는 건축학 교수)에게 건축사 자격이 있다고 오신한 경우는 중요부분의 착오라고 한다.[386)]

---

382) **대판** 1995.12.22, 95**다**37087 "갑이 채무자란이 백지로 된 근저당권설정계약서를 제시받고 그 채무자가 을인 것으로 알고 근저당권설정자로 서명날인을 하였는데 그 후 채무자가 병으로 되어 근저당권설정등기가 경료된 경우, 갑은 그 소유의 부동산에 관하여 근저당권설정계약상의 채무자를 병이 아닌 을로 오인한 나머지 근저당설정의 의사표시를 한 것이고, 이와 같은 채무자의 동일성에 관한 착오는 법률행위 내용의 중요부분에 관한 착오에 해당한다."

383) **대판** 1998.7.24, 97**다**35276.

384) **대판** 1989.1.17, 87**다카**1271 ; **대판** 1992.2.25, 91**다**38419 ; **대판** 1996.7.26, 94**다**25964.

385) **대판** 2005.5.12, 2005**다**6228.

386) **대판** 2003.4.11, 2002**다**70884 "법률행위 내용의 중요 부분에 착오가 있다고 하기 위하여는 표의자에 의하여 추구된 목적을 고려하여 합리적으로 판단하여 볼 때 표시와 의사의 불일치가 객관적으로 현저하여야 하는바, 재건축아파트 설계용역에서 건축사 자격이 가지는 중요성에 비추어 볼 때, 재건축조합이 건축사 자격이 없이 건축연구소를 개설한 건축학 교수에게 건축사 자격이 없다는 것을 알았더라면 재건축조합만이 아니라 객관적으로 볼 때 일반인으로서도 이와 같은 설계용역계약을 체결하지 않았을 것으로 보이므로, 재건축조합측의 착오는 중요 부분의 착오에 해당한다."

상대방의 권원 또는 권한에 관한 착오도 법률행위의 중요부분에 대한 착오가 될 수 있다. 광업권자가 아닌 자와의 조광권계약이나 온천여관의 매매에서 온천공의 단독사용권 행사 여부[387] 등은 특단의 사정이 없는 한 매매계약의 중요부분의 착오에 해당된다고 할 것이다.

ⓒ 법률행위의 객체에 대한 착오

㉮ 객체의 동일성에 대한 착오 매매목적 토지를 100번지를 101번지로 착오하거나, 매매목적물인 점포를 다른 점포로 오인하는 것처럼 객체의 동일성에 대한 착오는 동기의 착오가 아니라 내용의 중요부분에 대한 동일성의 착오에 해당한다.[388]

㉯ 객제의 성질에 대한 착오

ⓐ 토지의 현황·경계에 관한 착오처럼 객체의 성질에 대한 착오는 대체로 매매계약의 중요부분에 대한 착오인 경우가 많다. 예컨대 구입한 농지의 상당 부분이 하천부분인 경우,[389] 외형적인 담장을 기준으로 하여 甲, 乙 사이에 인접한 토지에 관한 교환계약이 이루어졌으나 그 경계가 실제의 경계와 일치하지 아니함으로써, 결국 乙이 그 소유대지와 교환으로 제공받은 甲의 대지 또한 그 대부분이 乙의 소유인 것으로 판명되었다면, 이는 토지의 경계(소유권의 귀속)에 관한 착오로서 특단의 사정이 없는 한 법률행위의 중요부분에 관한 착오라고 할 수 있다.[390]

ⓑ 목적물의 수량에 차이가 있는 경우도 법률행위의 중요부분의 착오가 될 수 있다. 판례는 "전문건설공제조합이 도급금액이 허위로 기재된 계약보증신청서를 믿고서 조합원이 수급할 공사의 도급금액이 조합원의 도급한도액 내인 것으로 잘못 알고 계약보증서를 발급한 것이 법률행위의 중요부분의 착오에 해당한다." 고 한다.[391] 그러나 목적물에 지분이 근소한 부족이 있는 경우에는 법률행위의 중요부분의 착오가 아니라고 한다.[392] 또한 시가에 관한 착오는 중요부분의 착오가

387) **대판** 1987.4.14, 86**다카**1065.

388) **대판** 1997.11.28, 97**다**32772·32789.

389) **대판** 1974.4.23, 74**다**54.

390) **대판** 1993.9.28, 93**다**31634·31641 "외형적인 경계(담장)를 기준으로 하여 갑, 을 사이에 인접토지에 관한 교환계약이 이루어졌으나 그 경계가 실제의 경계와 일치하지 아니함으로써, 결국 을이 그 소유대지와 교환으로 제공받은 갑의 대지 또한 그 대부분이 을의 소유인 것으로 판명되었다면, 이는 토지의 경계(소유권의 귀속)에 관한 착오로서 특단의 사정이 없는 한 법률행위의 중요부분에 관한 착오라 봄이 상당하다."

391) **대판** 1997.8.22, 97**다**13023.

아니라고 한다.[393)]

4) 표의자에게 중대한 과실이 없어야 한다.

법률행위의 내용의 중요부분에 착오가 있는 경우에도 표의자에게 중대한 과실이 있는 때에는 그 의사표시를 취소하지 못한다(제109조 제1항 단서). '중대한 과실'이란 표의자의 직업 · 행위의 종류 · 목적 등에 비추어 보통 요구되는 주의를 현저하게 결여한 것을 말한다(통설, 판례).[394)] 즉 구체적인 과실이 아니고 추상적인 과실, 그리하여 추상적인 중과실이 문제된다. 한편 표의자의 착오를 상대방이 인식한(알고 이용한) 경우에는 표의자는 그에게 중과실이 있더라도 취소할 수 있다고 하여야 한다.[395)] 그러한 경우에는 상대방보다 표의자를 보호하는 것이 마땅하기 때문이다. 과실의 존재에 대한 증명책임은 표의자로 하여금 의사표시를 취소하지 못하게 하려는 상대방이 부담한다.[396)]

(3) 효 과

1) 의사표시의 취소

① 법률행위의 소급적 무효 착오의 요건을 갖춘 경우에는 표의자는 그 법률행위를 취소할 수 있다(제109조 제1항).[397)] 취소를 하면 그 법률행위는 소급하여 무효인 것으로 되며(제141조 본문), 따라서 아직 이행하지 않은 급부에 대하여는 이행할 필요가 없고, 이미 이행한 것이 있으면 상호간에 부당이득반환의무가 생긴다(제741조).[398)]

---

392) **대판** 1984.4.10, 83**다카**1328 · 1329 "계약의 내용이 피고의 지분등기와 본건 건물 및 그 부지를 현 상태대로 매매한 것인 경우 위 부지(4평)에 관하여 0.211평(계산상 0.201평)에 해당하는 피고의 지분이 부족하다 하더라도 그러한 근소한 차이만으로써는 매매계약의 중요부분에 착오가 있었다거나 기망행위가 있었다고는 보기 어렵다."

393) **대판** 1992.10.23, 92**다**29337 "부동산 매매에 있어서 시가에 관한 착오는 부동산을 매매하려는 의사를 결정함에 있어 동기의 착오에 불과할 뿐 법률행위의 중요부분에 관한 착오라고 할 수 없다."

394) **대판** 2003.4.11, 2002**다**70884 ; **대판** 2007.8.23, 2006**다**52815.

395) **대판** 2014.11.27, 2013**다**49794.

396) **대판** 2005.1.17, 2007**다**6228.

397) **대판** 1996.12.6, 95**다**24982.

398) 제109조에서는 '의사표시를 취소할 수 있다.'고 규정하고, 제141조에서는 '법률행위를 취소할 수 있다.'고 규정하고 있어 일관성을 잃고 있다. 그래서 학설은 착오를 이유로 취소하는 대상이 의사표시(제109조)인지 아니면 법률행위(제141조)에 대하여 나뉘어 있

② **일부착오의 경우** 가분적 법률행위의 일부에 관하여 착오가 있는 경우 일부만을 취소할 수 있는가? 이는 법률행위의 일부무효의 원칙(제137조)로 돌아가 전부무효가 되는 것이 원칙이다. 다만 그 법률행위가 가분적이거나 그 목적물의 일부가 특정될 수 있고, 나머지 부분만이라도 유지하려는 당사자의 가정적 의사가 있을 경우에는 그 의사표시의 일부만의 취소도 가능하고, 이 경우 그 일부의 취소는 법률행위의 일부에 관하여 효력이 생긴다.[399]

③ **착오와 계약해제의 경합** 매도인이 매수인의 중도금 지급채무불이행을 이유로 매매계약을 적법하게 해제한 후라도 매수인으로서는 상대방이 한 계약해제의 효과로서 발행하는 손해배상책임을 지는 불이익(제548조 · 제551조)을 피하기 위해 착오를 이유로 취소권을 행사하여 위 매매계약 전체를 무효로 돌릴 수 있나.[400]

2) 표의자의 배상책임

법률행위를 취소한 착오자에게 손해배상책임을 인정해야 하는가? 독일민법 제122조는 표의자가 착오를 이유로 취소를 한 경우에 표의자가 상대방에 대하여 신뢰이익에 대한 배상의무를 지도록 규정한다. 그러나 우리 민법은 여기에 관한 명문의 규정을 두고 있지 않다. 학설은 나뉘어 있다.[401] 판례는 과실 있는 착오자의 불법행위책임을 부정한다.[402]

3) 제3자에 대한 효력

착오에 의한 의사표시의 취소는 선의의 제3자에게 대항하지 못한다(제109조 제2항). 여기의 '선의', '제3자', '대항하지 못한다.'의 의미에 대하여는 허위표시에서 설명한 것과 동일하다. 따라서 '선의'는 착오로 인한 의사표시임을 알지 못하는 것

다. 그 어느 것을 취하더라도 결과에 있어서는 같다. 그러나 논리적으로 보면 착오에 의해 표시한 의사표시를 취소함으로써 그 의사표시를 전제로 한 법률행위의 효과가 소급하여 소멸하는 것으로 보아야 할 것이다(같은 취지 : 백태승, 441면; 오시영, 465면; 이영준, 433면; 지원림, 268면. 반대 : 김상용, 476면; 송덕수, 308면).

399) **대판** 1998.2.10, 97**다**4473.

400) **대판** 1991.8.27, 91**다**11308.

401) 착오자에게 경과실이 있는 경우만은 계약체결상의 과실책임을 인정하여야 한다는 견해(김상용, 480면; 김주수, 380면; 송덕수, 310면; 이은영, 533면; 정기웅, 394면)와 착오자의 배상책임을 부인하는 견해(고상룡, 436면; 김학동, 351면)가 있다.

402) **대판** 1997.8.22, 97**다**13023.

이다. 그리고 '제3자'는 당사자 및 그의 포괄승계인 이외의 자 가운데에서 착오에 의한 의사표시로 생긴 법률관계에 기하여 새로운 이해관계를 맺은 자만을 가리킨다. '대항하지 못한다.'는 것은 표의자가 착오를 이유로 한 취소를 가지고 주장할 수 없다는 것이다. 그러나 선의의 제3자가 그 취소의 효과를 주장하는 것은 상관없다.

(4) 적용범위

1) 원 칙

제109조는 원칙적으로 모든 종류의 의사표시 내지 법률행위에 적용된다.[403) 따라서 착오에 관한 규정은 재산상의 모든 법률행위에 적용되므로 계약뿐만 아니라 단독행위에도 적용된다.[404)

2) 가족법상의 법률행위

가족법상의 법률행위에 있어서는 당사자 본인의 의사가 절대적으로 존중되어야 하기 때문에 민법 제109조의 적용은 없다. 민법은 착오에 의한 혼인과 착오에 의한 입양을 무효로 하고 있다(제815조 제1호 · 제883조 제1호). 그러나 그와 같은 특별규정이 없는 협의이혼이나 그 밖의 가족법상의 행위에 관하여도 착오로 인한 의사표시는 무효라고 하여야 한다.

3) 정형적인 거래행위

재산상 법률행위에 있어서도 행위의 외관을 신뢰하여 신속하게 행하여지는 정형적 거래행위나 단체적 행위에 있어서는 특별히 거래의 안전이 요구되므로 민법 제109조의 적용이 제한되는 경우가 있다. 자동판매기에의 동전투입이나 버스에 승차하는 경우가 그 예이다. 특히 상법은 주식인수인이 회사의 성립 후에는 착오를 이유로 주식인수를 취소할 수 없도록 하고 있다(상법 제320조 제1항).

---

403) **대판** 2014.11.27, 2013다49794 "민법 제109조 는 의사표시에 착오가 있는 경우 이를 취소할 수 있도록 하여 표의자를 보호하면서도, 착오가 법률행위 내용의 중요 부분에 관한 것이 아니거나 표의자의 중대한 과실로 인한 경우에는 취소권 행사를 제한하는 한편, 표의자가 의사표시를 취소하는 경우에도 취소로 선의의 제3자에게 대항하지 못하도록 하여 거래의 안전과상대방의 신뢰를 아울러 보호하고 있다. 이러한 민법 제109조 의 법리는 적용을 배제하는 취지의 별도 규정이 있거나 당사자의 합의로 적용을 배제하는 등의 특별한 사정이 없는 한 원칙적으로 모든 사법(私法)상 의사표시에 적용된다."

404) **대판** 1999.7.9, 98다9045.

4) 화해계약

화해계약은 원칙적으로 착오를 이유로 취소하지 못한다. 그러나 화해당사자의 자격 또는 화해의 목적인 분쟁 이외의 사항에 착오가 있는 때에는 취소할 수 있다(제733조).[405]

5) 기타의 행위

① 판례는 공법행위(행정행위)의 취소에는 제109조의 적용이 없다고 한다.[406]

② 소송행위에도 그 절차의 안정과 명확성이 요청되기 때문에 사기 또는 착오를 원인으로 하여 소송행위를 취소할 수 없다고 한다.[407]

③ 사기를 당한 경우에 대부분 표의자가 의사표시의 결정을 함에 있어 착오에 빠지게 된다. 따라서 동일한 사실이 착오와 사기의 요건을 모두 충족시키는 경우가 생길 수 있다. 이 경우에는 표의자는 어느 쪽이든 그 요건을 증명하여 취소할 수 있다. 그 착오가 동기의 착오인가 행위내용의 착오인가는 묻지 않는다. 따라서 표의자는 그 착오가 법률행위의 내용의 중요부분에 관한 것인 때에는 착오 또는 사기를 원인으로 한 의사표시의 취소권을 선택적 또는 경합적으로 행사할 수 있다.[408]

④ 매도인의 담보책임과 착오가 경합하는 경우에 대하여 학설은 담보책임이 성립하는 범위에서 착오에 관한 제109조의 적용이 배제된다는 견해[409]와 양자를

---

405) **대판** 1991.1.25, 90다12526 "민법상 화해에 있어서는 착오를 이유로 취소하지 못하는 것이지만 화해의 목적인 분쟁 이외의 사항, 즉 분쟁의 대상이 아니고 분쟁의 전제 또는 기초되는 사항으로 양 당사자가 예정한 것이어서 상호 양보의 내용으로 되지 않고 다툼이 없는 사실로서 양해된 사항에 착오가 있는 때에는 화해계약을 취소할 수 있다. 환자가 의료과실로 사망한 것으로 전제하고 의사가 유족들에게 손해배상금을 지급하기로 하는 합의가 이루어졌으나 그 사인이 진료와는 관련이 없는 것으로 판명되었다면 위 합의는 그 목적이 아닌 망인의 사인에 관한 착오로 이루어진 화해이므로 착오를 이유로 취소할 수 있다."

406) **대판** 1962.11.2, 62다655.

407) **대판** 1997.10.24, 95다11740 "소의 취하는 원고가 제기한 소를 철회하여 소송계속을 소멸시키는 원고의 법원에 대한 소송행위이고 소송행위는 일반 사법상의 행위와는 달리 내심의 의사보다 그 표시를 기준으로 하여 효력 유무를 판정할 수밖에 없는 것인바, 원고 소송대리인으로부터 소송대리인 사임신고서 제출을 지시받은 사무원은 원고 소송대리인의 표시기관에 해당되어 그의 착오는 원고 소송대리인의 착오라고 보아야 하므로, 사무원의 착오로 원고 소송대리인의 의사에 반하여 소를 취하하였다고 하여도 이를 무효라고 볼 수는 없다."

408) **대판** 1969.6.24, 68다1749.

409) 고상룡, 438면; 김용한, 302면; 정기웅, 396면.

경합적으로 인정하는 것이 타당하다는 견해[410]로 대립하고 있다.

Ⅲ. 하자있는 의사표시(詐欺·强迫에 의한 의사표시)

1. 서 설

의사표시가 유효하기 위해서는 그것이 표의자의 자유로운 의사에 기하여 결정된 것이어야 한다. 그런데 타인으로부터 부당한 간섭을 받아 그에 기초하여 의사표시를 하는 수가 있다. 이러한 의사표시를 하자 있는 의사표시라고하고, 이에는 사기에 의한 의사표시와 강박에 의한 의사표시가 있다.

'사기'라 함은 고의로 타인을 속여서 착오에 빠지게 하는 위법행위를 말하고, '강박'이라 함은 고의로 타인에게 해악을 주겠다고 위협하여 공포심을 일으키게 하는 위법행위를 말한다.

사기나 강박이라는 위법행위에 대하여 민법상 구제수단은 민법 제110조에 의하여 사기·강박에 의한 의사표시를 취소할 수 있고, 민법 제750조에 의하여 불법행위에 의한 손해배상을 청구할 수 있다.

2. 사기에 의한 의사표시

(1) 의 의

사기에 의한 의사표시란 타인(제3자 포함)의 고의적인 기망행위로 인하여 착오에 빠지고 착오에 빠진 상태에서 한 의사표시를 말한다. 여기서 사기(詐欺)란 고의로 사람을 기망하여 착오에 빠지게 하는 위법행위를 말한다.

사기에 의한 의사표시는 의사와 표시는 일치하고, 의사의 형성과정(의사표시의 동기)에 착오가 있는 것에 불과하므로 고유한 의미의 착오에 의한 의사표시와 구별되지만, '착오'에 의한 의사표시라는 점에서 민법 제109조의 착오에 의한 의사표시와 같다.

다만 사기에 의한 의사표시는 표의자가 타인의 기망행위에 의하여 착오에 빠진 것이기 때문에 착오에 의한 의사표시와 달리 법률행위의 중요부분에 착오가

410) 김상용, 482면; 김주수, 383면; 이은영, 526면.

없는 경우에도 표의자는 보호된다.

(2) 요 건

1) 사기자의 고의

사기자(기망행위자)에게 표의자를 기망하여 착오에 빠지게 하려는 고의와 다시 그 착오에 기하여 표의자로 하여금 의사표시를 하게 하려는 고의가 있어야 한다. 즉 2단의 고의를 필요로 한다. 모조품을 진품인 진주목걸이라고 자랑만 한 경우는 여기의 사기에 해당하지 않는다.

2) 기망행위(사기)

기망행위란 표의자에게 사실과 다른 그릇된 관념이나 판단을 가지게 하거나, 그러한 관념을 강화 또는 유지하게 하는 모든 행위를 말한다.

적극적으로 허위의 사실을 날조하는 것이 보통 이에 해당한다. 부작위, 즉 침묵도 신의칙 및 거래관념에 비추어 어떤 상황을 고지할 법률상의 의무가 있음에도 불구하고 이를 고지하지 않음으로써 표의자에게 실제와 다른 관념을 야기 · 강화 · 유지하게 하는 경우에는 기망행위가 되는 것으로 해석된다.[411]

3) 기망행위의 위법성

기망행위가 위법한 것이어야 한다. 기망행위가 거래상 요구되는 신의칙에 반하는 것일 때에 위법한 것으로 평가된다. 따라서 시장노점에서 물건을 사는 경우와 전문점에서 사는 경우에 그 진술이 기망행위에 해당하는지 여부는 그 평가가

---

411) **대판** 2006.10.12, 2004**다**48515 "아파트 분양자는 아파트 단지 인근에 쓰레기 매립장이 건설예정인 사실을 분양계약자에게 고지할 신의칙상 의무를 부담한다. 이러한 고지의무 위반은 부작위에 의한 기망행위에 해당하므로 원고들로서는 기망을 이유로 분양계약을 취소하고 분양대금의 반환을 구할 수도 있고 분양계약의 취소를 원하지 않을 경우 그로 인한 손해배상만을 청구할 수도 있다."; **대판** 2007.6.1, 2005**다**5812 · 5829 · 5836. 그러나 **대판** 2010.2.25, 2009**다**86000 "분양자가 수분양자가 전매이익을 노리고 분양을 받으려는 것을 알면서 수분양자로 하여금 전매이익의 발생 여부나 그 액에 관하여 거래관념상 용납될 수 없는 방법으로 잘못 판단하게 함으로써 분양계약에 이르게 하였다는 등의 특별한 사정이 없는 한, 분양자에게 그 대립당사자로서 스스로 이익을 추구하여 행위하는 수분양자에 대하여 최초분양인지, 전매분양인지를 포함하여 수분양자의 전매이익에 영향을 미칠 가능성이 있는 사항들에 관하여 분양자가 가지는 정보를 밝혀야 할 신의칙상의 의무가 있다거나, 나아가 그러한 정보를 밝혀 고지하지 아니하면 그것이 부작위에 의한 기망에 해당하여 민법 제110조 제1항 에서 정하는 사기가 된다고 쉽사리 말할 수 없다."를 참고하기 바란다.

달라질 수 있다.[412]

4) 인과관계

표의자가 기망행위에 의하여 착오에 빠지고, 또 그 착오에 기하여 의사표시를 하였어야 한다. 즉 기망행위와 의사표시 사이에 인과관계가 있어야 한다. 이 인과관계는 표의자의 주관적인 것에 지나지 않아도 무방하므로 보통 일반인은 그러한 의사표시를 하지 않았으리라고 인정될 객관적인 요소는 필요하지 않다. 그리고 그 착오는 효과의사를 결정하는 동기에 관한 것으로 충분하므로 중요부준에 대한 착오가 아니어도 상관없다.

3. 강박에 의한 의사표시

(1) 의 의

강박에 의한 의사표시라 함은 표의자가 타인의 강박행위로 인하여 공포심을 가지게 되고 그 해악을 피하기 위하여 마음에도 없이 행한 의사표시를 말한다.

표의자의 착오가 없다는 점에서 사기에 의한 의사표시나 착오에 의한 의사표시와 다르다.

(2) 요 건

1) 강박자의 고의

표의자에게 공포심을 일으키려는 고의와 그 공포심에 의하여 의사표시를 하게 하려는 고의가 있어야 한다. 즉 2단의 고의가 필요하다.

2) 강박행위

강박행위란 상대방에게 해악을 고지하여 공포심을 일으키게 하는 행위로서, 그 방법이나 해악의 종류는 아무런 제한이 없다.[413] 객관적으로 실현될 수 없는 것이더라도 표의자에게 주관적으로 공포심을 일으킴으로써 의사표시를 하게 하는 것이면 강박행위가 된다.

---

412) **대판** 2001.5.29, 99**다**55601 · 55618 ; **대판** 2009.4.23, 2009**다**1313 ; **대판** 2014.1.23, 2012**다**84417 · 84424 · 84431.

413) **대판** 1962.2.28, 4294**민상**1295 ; **대판** 1972.1.31, 71**다**1688.

다만, 강박의 정도가 극심하여 표의자의 의사결정의 자유가 박탈될 정도인 경우에는 의사표시 자체가 성립되지 않는 것으로 보아 무효이다.[414)]

3) 강박행위의 위법성

강박행위가 위법한 것이어야 한다. 강박행위의 위법성 여부의 판단에는 두 가지의 요소를 고려하여야 하는데, 강박에 의하여 얻으려고 하는 목적이 정당한 것인지와 강박의 수단이 정당한 것인지를 고려하여야 한다.

따라서 정당한 권리행사라고 하더라도 그것이 부정한 이익을 얻으려는 목적이 있으면 위법성이 있으며, 정당한 권리행사로서 그 목적이 정당하더라도 그 수단이 현저하게 부당하면 위법성이 있게 된다. 예컨대 어떤 부정한 이익의 취득을 목적으로 불법행위를 한 자를 고발하겠다고 하는 것도 위법한 강박이 된다.[415)]

4) 인과관계

강박행위와 의사표시 사이에 인과관계가 있어야 한다. 그리하여 표의자가 강박의 결과 공포심을 가지게 되고, 또 그 공포심으로 말미암아 의사표시를 하였어야 한다.[416)]

4. 사기 · 강박에 의한 의사표시의 효과

(1) 상대방의 사기 · 강박

표의자의 상대방으로부터 사기나 강박을 당해 의사표시를 한 경우에는 표의자는 그 의사표시를 취소할 수 있다(제110조 제1항). 따라서 표의자가 자신의 법률행위를 취소하지 않는 한 그 법률행위는 유효하다.

---

414) **대판** 2003.5.13, 2002**다**73708 · 73715 "강박에 의한 법률행위가 하자 있는 의사표시로서 취소되는 것에 그치지 않고 나아가 무효로 되기 위하여는, 강박의 정도가 단순한 불법적 해악의 고지로 상대방으로 하여금 공포를 느끼도록 하는 정도가 아니고, 의사표시자로 하여금 의사결정을 스스로 할 수 있는 여지를 완전히 박탈한 상태에서 의사표시가 이루어져 단지 법률행위의 외형만이 만들어진 것에 불과한 정도이어야 한다."

415) **대판** 2000.3.23, 99**다**64049 "어떤 해악을 고지하는 강박행위가 위법하다고 하기 위해서는, 강박행위 당시의 거래관념과 제반 사정에 비추어 해악의 고지로써 추구하는 이익이 정당하지 아니하거나 강박의 수단으로 상대방에게 고지하는 해악의 내용이 법질서에 위배된 경우 또는 어떤 해악의 고지가 거래관념상 그 해악의 고지로써 추구하는 이익의 달성을 위한 수단으로 부적당한 경우 등에 해당하여야 한다."; **대판** 2010.2.11, 2009**다**72643.

416) **대판** 2003.5.13, 2002**다**73708 · 73715.

취소를 하면 그 법률행위는 소급하여 무효인 것으로 되며(제141조 본문), 따라서 아직 이행하지 않은 급부에 대하여는 이행할 필요가 없고, 이미 이행한 것이 있으면 상호간에 부당이득반환의무가 생긴다(제741조).

(2) 제3자의 사기 · 강박

상대방 없는 의사표시를 제3자의 사기나 강박으로 인하여 한 때에는 표의자는 언제든지 그 의사표시를 취소할 수 있다.

상대방 있는 의사표시를 제3자의 사기나 강박으로 인하여 한 때에는 상대방이 그 사실을 알았거나 알 수 있었을 경우에 한하여 표의자가 그 의사표시를 취소할 수 있다(제110조 제2항).

상대방 있는 의사표시가 제3자의 사기나 강박에 의하여 행하여진 경우에도 표의자를 보호할 필요가 있으나, 그 사실을 알지 못하는 상대방도 보호할 필요가 있기 때문에 제3자의 사기 · 강박에 의한 의사표시를 한 경우에는 상대방이 이를 알았거나 알 수 있었을 경우에 한하여 취소할 수 있도록 취소권을 제한하고 있다.

(3) 제3자에 대한 효력

사기 · 강박에 의한 의사표시의 취소는 선의의 제3자에게 대항하지 못한다(제110조 제3항). 구체적인 내용은 허위표시의 내용과 동일하다.

여기의 '제3자'는 법률행위의 당사자가 아닌 자로서 그 법률행위를 기초로 새로운 법률관계를 맺은 자로서, 취소 후 말소등기를 하기 전까지 사이에 상대방으로부터 권리를 취득한 제3자도 포함하고 있다.[417)]

5. 적용범위

(1) 재산법상 법률행위

재산법상의 법률행위에 대하여는 사기 · 강박에 의한 의사표시의 취소가 일반

---

417) **대판** 1975.12.23, 75다533 "사기에 의한 법률행위의 의사표시를 취소하면 취소의 소급효로 인하여 그 행위의 시초부터 무효인 것으로 되는 것이요 취소한 때에 비로소 무효로 되는 것이 아니므로 취소를 주장하는 자와 양립되지 아니하는 법률관계를 가졌던 것이 취소 이전에 있었든가 이후에 있었든가는 가릴 필요 없이 사기에 의한 의사표시 및 그 취소사실을 몰랐던 모든 제3자에 대하여는 그 의사표시의 취소를 대항하지 못한다고 보아야 할 것이고 이는 거래안전의 보호를 목적으로 하는 민법 110조 3항의 취지에도 합당한 해석이 된다."

적으로 인정되지만, 재산법상 행위라도 외형을 신뢰하여 신속·대량으로 행하여지는 정형적 거래행위에 있어서는 거래의 안전이 특히 요구되기 때문에 제110조의 적용이 제한된다. 예컨대 회사 성립 후에는 사기·강박에 의한 주식인수를 취소할 수 없다(상법 제320조 제1항).

(2) 가족법상 법률행위

가족법상 행위에 있어서는 당사자 본인의 의사가 절대적으로 필요하므로 민법 제110조의 적용은 없다. 다만 민법은 사기·강박에 의한 혼인과 입양을 취소할 수 있는 것으로 별도로 규정하고 있다(제816조 제3호·제823조·제838조·제854조).

(3) 불법행위와의 관계

사기나 강박에 의한 의사표시가 불법행위의 요건을 갖춘 경우에는 표의자는 사기나 강박을 이유로 한 취소권과 불법행위를 원인으로 한 손해배상청구권(제750조)을 모두 행사할 수 있다(권리의 경합).[418)]

Ⅳ. 의사표시의 효력발생

1. 총 설

상대방 없는 의사표시는 의사표시를 수령할 특정의 상대방이 없기 때문에 원칙적으로 표시행위가 완료된 때(표백주의)에 효력이 발생한다는 것이 통설이다. 민법은 이에 대하여 특별히 규정하고 있지 않다.

다만 일정한 법률행위에 한해서는 따로 그 효력발생시기를 정하고 있다. 예컨대 재단법인설립에 있어서는 주무관청의 허가가 있어야 효력이 발생하고(제32조), 상속포기는 상속의 개시 시로 소급하여 효력이 발생하며(제1042조), 유언은 유언자가 사망한 때에 효력이 발생한다(제1073조).

그런데 상대방 있는 의사표시(예, 계약의 청약·해제·해지·동의·추인·취소·상계 등)에 있어서는 그 의사표시를 상대방에게 알리는 것이 필요하므로, 어느 시점에 의사표시의 효력이 발생하는지가 문제된다.

---

418) **대판** 2007.4.12, 2004다62641.

상대방 있는 의사표시가 언제 효력을 발생하는가 하는 것은 의사표시의 부도달 또는 연착의 경우에 표의자와 상대방 중 누가 그에 따른 위험을 부담할 것인가와 관련이 있다.

2. 의사표시의 효력발생시기

(1) 입법주의

상대방 있는 의사표시(특히 멀리 떨어져 있는 자 사이의 의사표시)가 상대방에게 전달되는 과정을 보면 다음의 4단계로 나누어 볼 수 있다.

표의자가 의사를 표시(표백)하고, 이어서 표시한 의사를 발신하고, 상대방이 이를 수령(상대방에게 도달)하며, 마지막으로 상대방이 이를 요지(了知 : 깨달아 알다)하게 되는 과정을 거친다. 예컨대 표의자가 상대방에게 의사표시를 편지로 전달하는 경우, 편지를 작성한 때를 표백, 편지를 우체통에 투입한 때를 발신, 편지가 배달된 때를 도달, 상대방이 편지를 읽고 이해할 때를 요지하였다고 할 수 있다.

위의 각 단계의 어느 시점에서 의사표시의 효력이 발생하였다고 볼 것인가에 따라 4가지의 입법주의가 있을 수 있다. 즉 ① 의사표시가 성립한 때 효력이 발생한다는 표백주의, ② 의사표시가 상대방에게 발송된 때에 효력이 발생한다는 발신주의, ③ 의사표시가 상대방에게 도달한 때에 효력이 생긴다는 도달주의, 그리고 ④ 상대방이 의사표시의 내용을 안 때에 효력이 생긴다는 요지주의 등의 입법주의가 있다.

표백주의는 표의자의 보호에 치우친 입장이고, 요지주의는 상대방의 보호에 치우친 입장이어서, 이들을 취하는 입법례는 없다. 발신주의는 신속을 요하는 거래나 다수의 사람에게 동일한 통지를 할 경우에 적합하다. 도달주의는 쌍방의 이익을 조화할 수 있어서 많은 입법례가 취하고 있다.

우리 민법은 도달주의를 원칙으로 하고 있다. 관념의 통지와 같은 준법률행위에도 유추적용 된다는 것이 통설과 판례[419]의 입장이다. 그리고 이 규정은 법률에

---

419) **대판** 1983.8.23, 82**다카**439 "채권양도의 통지와 같은 준법률행위의 도달은 의사표시와 마찬가지로 사회관념상 채무자가 통지의 내용을 알 수 있는 객관적 상태에 놓여졌을 때를 지칭하고, 그 통지를 채무자가 현실적으로 수령하였거나 그 통지의 내용을 알았을 것까지는 필요하지 않다. 채권양도의 통지서가 들어 있는 우편물을 채무자의 가정부가 수령한 직후 한집에 거주하고 있는 통지인인 채권자가 그 우편물을 바로 회수해 버렸다면

특별한 규정이 없고 또 성질에 반하지 않는 경우에는 상대방 있는 공법행위에도 적용된다.420)

(2) 도달주의 원칙

우리 민법은 원칙적으로 도달주의를 취하고 있다(제111조 제1항). 다만, 이에 관한 민법의 규정은 임의규정이므로 당사자 사이의 특약으로 통지를 발송한 때에 그 효력이 생기는 것으로 정하는 것은 무방하다.

도달주의의 원칙은 대화자간이든 격지가간이든 묻지 않는다. 대화자간이냐 격지자간이냐의 구별은 거리적 · 장소적 개념이 아니라 시간적 개념이다. 예컨대 멀리 떨어진 상대방에게 전화로 의사표시를 하는 경우는 대화자간의 의사표시이다.

1) 도달의 개념

도달이라 함은 의사표시가 상대방의 사회적 지배권 내에 들어가 사회통념상 일반적 · 객관적으로 그 내용을 알 수 있는 상태에 이른 것을 말한다. 예컨대 편지가 우편수신함에 투입된 경우, 동거가족 등에게 교부된 때이다. 따라서 실제로 상대방이 그 내용을 알 필요까지는 없다.421)

그러나 슬그머니 수령자의 주머니 속에 넣거나 쉽게 발견될 수 없는 상태로 문서를 삽입한 상품을 송부한 경우에는 도달이 된 것으로 볼 수 없다.

의사표시가 상대방의 주소나 그 지정된 장소에서 그의 동거가족이나 피용인에

그 우편물의 내용이 무엇인지를 그 가정부가 알고 있었다는 등의 특별한 사정이 없었던 이상 그 채권양도의 통지는 사회관념상 채무자가 그 통지내용을 알 수 있는 객관적 상태에 놓여 있는 것이라고 볼 수 없으므로 그 통지는 피고에게 도달되었다고 볼 수 없을 것이다."; **대판** 2010.4.15, 2010**다**57.

420) **대판** 2009.11.12, 2009**두**11706; **대판** 1983.9.13, 83**누**320.

421) **대판** 1997.11.25, 97**다**31281 "채권양도의 통지는 채무자에게 도달됨으로써 효력을 발생하는 것이고, 여기서 도달이라 함은 사회관념상 채무자가 통지의 내용을 알 수 있는 객관적 상태에 놓여졌다고 인정되는 상태를 지칭한다고 해석되므로, 채무자가 이를 현실적으로 수령하였다거나 그 통지의 내용을 알았을 것까지는 필요로 하지 않는다. 우편법 소정의 규정에 따라 우편물이 배달되었다고 하여 언제나 상대방 있는 의사표시의 통지가 상대방에게 도달하였다고 볼 수는 없으며, 등기우편물에 기재된 사무소에서 본인의 사무원임을 확인한 후 우편물을 교부하였다는 우편집배원의 진술이나 우편법 등의 규정을 들어 그 등기우편물의 수령인을 본인의 사무원 또는 고용인으로 추정할 수는 없다. 채권양도통지서가 채무자의 주소나 사무소가 아닌 동업자의 사무소에서 그 신원이 분명치 않은 자에게 송달된 경우에는 사회관념상 채무자가 통지의 내용을 알 수 있는 객관적 상태에 놓여졌다고 인정할 수 없다."

게 교부된 경우, 그들이 상대방을 위하여 그것을 수령한다는 사실을 이해할 수 있는 사실상의 정신능력이 있는 한 도달의 효력이 생긴다. 즉 그 수령자가 그 수령에 관한 대리권이 있음을 필요로 하지 않는다. 구두로 의사표시를 하는 경우에도 마찬가지이다.

수령을 거절한 때에도 정당한 이유가 없는 한 도달은 있었던 것이 된다.[422)]

2) 증명책임

의사표시의 도달에 대한 증명책임은 그 도달을 주장하는 자(표의자)에게 있다.

판례는 내용증명우편과 등기취급의 방법으로 발송한 때에는 반송되지 않는 한 도달된 것으로 보지만,[423)] 보통우편으로 발송한 때에는 비록 반송된 사실이 없더라도 우편제도상 당연히 도달된 것으로 추정할 수 없다고 한다.[424)]

(3) 도달주의의 효과

1) 의사표시의 철회

의사표시는 상대방에게 도달한 때에 그 효력이 생기므로 발송 후이더라도 도달하기 전에는 그 의사표시를 철회할 수 있다. 그러나 철회의 의사표시는 늦어도 먼저 발송한 의사표시와 동시에 도달하여야 한다. 따라서 의사표시가 도달한 이후에는 상대방이 이를 요지하기 전이라도 표의자가 이를 철회하지 못한다.

2) 의사표시의 불착 · 연착

도달주의를 취하는 결과 의사표시의 불착 · 연착은 모두 표의자의 불이익으로 돌아간다.

3) 발신 후 표의자의 사망 등

상대방 있는 의사표시에서 의사표시의 도달은 이미 완성된 의사표시의 상대방

---

422) **대판** 2008.6.12, 2008다19973.

423) **대판** 1997.2.25, 96다38322 "최고의 의사표시가 기재된 내용증명 우편물이 발송되고 반송되지 아니하였다면 특별한 사정이 없는 한 이는 그 무렵에 송달되었다고 볼 것이다."; **대판** 2000.10.27, 2000다20052 ; **대판** 2007.12.27, 2007다51758 "우편물이 등기취급의 방법으로 발송된 경우에는 반송되는 등의 특별한 사정이 없는 한 그 무렵 수취인에게 배달되었다고 보아야 한다."

424) **대판** 2002.7.26, 2000다25002 "내용증명우편이나 등기우편과는 달리, 보통우편의 방법으로 발송되었다는 사실만으로는 그 우편물이 상당기간 내에 도달하였다고 추정할 수 없고 송달의 효력을 주장하는 측에서 증거에 의하여 도달사실을 입증하여야 한다."

에 대한 효력발생요건에 지나지 않으므로 의사표시자가 사망하거나 제한능력자가 되어도 그 효력을 인정하고 있다(제111조 제2항).

의사표시자가 사망한 경우라면 그 의사표시의 효과가 상속의 대상이면 상속인에게 승계되고, 제한능력자가 된 경우라면 그 의사표시의 효과는 표의자 본인에게 그대로 발생하고, 다만 그 후의 처리는 법정대리인에 의하여 행하여지게 된다.

(4) 도달주의에 대한 예외(발신주의)

1) 최고에 대한 확답

① 상대방의 확답촉구에 대한 무능력자측의 확답 제한능력자의 상대방의 확답촉구에 대하여 제한능력자측(능력자로 된 제한능력자와 그 법정대리인을 의미)이 최고기간 내에 확답(추인 또는 거절)을 발하면 그 확답의 내용대로 효과가 발생하고, 확답을 발하지 않고 침묵을 지킬 경우에는 추인한 것으로 본다(제15조).

② 상대방의 최고에 대한 본인의 확답 무권대리인의 무권대리행위에 대하여 그 상대방이 상당한 기간을 정하여 본인에게 그 추인 여부의 확답을 최고한 경우, 본인이 그 기간 내에 추인여부의 확답(추인 또는 거절)을 발하면 그 확답의 내용대로 효과가 발생하고, 확답을 발하지 않고 침묵을 지킬 경우에는 거절한 것으로 본다(제131조).

③ 채무인수에서 채무자 등의 최고에 대한 채권자의 확답 채무인수에서 채무인수 계약체결 당사자인 채무자와 제3자가 상당한 기간을 정하여 채권자에게 채무인수의 승낙여부를 최고한 경우, 채권자가 그 상당한 기간 내에 확답(승낙 또는 거절)을 발하면 그 확답의 의사대로 승낙 또는 거절의 효과가 발생하고, 확답을 발하지 않고 침묵을 지킬 경우 거절한 것으로 본다(제455조).

위 ①, ②, ③은 모두 일정한 기간 내에 그 확답을 발송하면 되는 발신주의를 취한다.

2) 격지자 간의 계약의 승낙

격지자(隔地者 : 멀리 떨어져 있는 자)간의 계약은 승낙의 통지를 발송한 때에 성립한다(제531조). 청약자는 스스로 계약의 성립을 유도한 점에서 발신주의를 취하여도 크게 문제될 것이 없으며, 또 승낙자가 승낙의 통지를 발송한 직후에 청약자가 계약의 이행준비를 안심하고 시작할 수 있도록 하기 위한 취지에서 발신주의를 취한 것이다.

3) 법인의 총회소집의 통지

법인의 총회의 소집은 1주간 전에 그 통지를 발송하여야 한다(제71조)고 규정하여 발신주의를 취하고 있다. 이 경우에도 도달주의를 취하면 1인 또는 수인에게 도달되지 않았다고 하여 총회 소집이 무효로 되는 불합리한 점이 있어 발신주의를 취한 것이다.

3. 의사표시의 공시송달

(1) 요 건

상대방 있는 의사표시는 그 통지가 상대방에 도달한 때에 효력을 발생하므로(제111조 제1항) 표의자가 상대방을 알 수 없거나 그의 소재를 알 수 없는 경우에는 그 의사표시의 효력을 발생하게 할 수 없다.

이러한 경우에 대비하여 민법 제113조는 표의자가 과실 없이 상대방을 알지 못하거나, 상대방의 소재를 알지 못하는 경우에는 민사소송법 공시송달의 규정에 의하여 송달할 수 있다고 규정하고 있다. 다만, 상대방의 소재가 불명이더라도 의사표시 수령의 권한이 있는 법정대리인을 알고 있는 경우에는 그에게 의사표시를 하면 되기 때문에 공시송달은 허용되지 않는다.

표의자가 상대방을 알지 못하거나 또는 상대방의 소재를 알지 못하는 데 대해 표의자에게 과실이 없어야 한다.

(2) 공시송달의 방법

의사표시의 공시송달의 방법은 민사소송법이 정하는 공시송달의 규정에 의한다(제113조).

민사소송법 제194조 이하에서 공시송달에 관하여 규정하고 있다. 즉 당사자의 주소 등 또는 근무 장소를 알 수 없는 경우, 외국에서 하는 송달의 방법에 따를 수 없거나 이에 따라도 효력이 없을 것으로 인정되는 경우에 재판장은 직권 또는 당사자의 신청으로 공시송달을 명할 수 있도록 하고 있다.

공시송달은 법원사무관 등이 송달할 서류를 보관하고 ① 그 사유를 법원게시판에 게시하거나, ② 그 밖에 대법원규칙이 정한 방법에 따라 관보·공보 또는 신문에 게재하거나, ③ 전자통신매체를 이용해 공시하는 등 세 가지 방법에 의하고 있다(민사소송법 제195조, 민사소송규칙 제54조).

현재는 대법원 홈페이지에 올리는 세 번째 방법이 많이 이용되고 있다.

(3) 효 과

공시송달에 의한 의사표시는 그 사유를 게시한 날로부터 2주일을 경과하면 그 효력이 생긴다(민사소송법 제196조 제1항). 다만, 동일 당사자에 대한 그 후의 공시송달은 게시한 다음 날로부터 그 효력이 생긴다(동법 제196조 제1항 단서). 외국에서 할 송달에 대한 공시송달의 경우에는 그 사유를 게시한 날로부터 2개월이 지나야 그 효력이 생긴다(동법 제196조 제2항).

위 기간은 연장할 수는 있지만 단축할 수는 없다(동법 제196조 제3항).

4. 의사표시의 수령능력

(1) 의 의

의사표시의 수령능력이라 함은 표의자의 의사표시를 수령한 상대방이 그 의사표시를 요지할 수 있는 능력을 말한다.

의사표시가 상대방에게 도달하였을 때에 그 효력이 발생한다는 것은 상대방이 그 의사표시의 내용을 이해할 수 있는 것을 전제로 하는 것이다. 의사표시를 수령한 상대방이 그 내용을 이해할 능력이 없으면, 비록 그 의사표시가 그의 지배권 내에 들어갔다고 하더라도 이를 도달로 보기는 어렵다.

민법 제112조는 의사표시의 상대방이 이를 받은 때에 제한능력자인 경우에는 의사표시자는 그 의사표시로써 대항하지 못한다고 규정하고 있다.

의사표시의 수령능력은 타인의 의사표시의 내용을 이해할 수 있는 능력으로서, 적극적으로 의사표시를 하는 능력인 행위능력에 비해서는 그 정신능력의 정도가 낮다고 볼 수 있다. 따라서 모든 제한능력자를 의사표시의 수령에 관한 능력이 없다고 할 필요는 없지만, 민법은 제한능력자를 우선적으로 보호하자는 취지에서 모든 제한능력자를 일률적으로 의사표시의 수령에 관한 무능력자로 정하고 있다(제112조).

(2) 제한능력자에 대한 의사표시의 효력

의사표시의 상대방이 의사표시를 받은 때에 제한능력자인 경우에는 의사표시자는 그 의사표시로써 대항하지 못한다(제112조 본문). 의사표시자가 의사표시의 도달, 즉 효력의 발생을 주장할 수 없다는 것이므로 제한능력자가 그 도달을 주장하는 것은 무방하다.

의사표시자는 상대방이 제한능력자이더라도 그의 법정대리인이 그 도달을 안 때에는 그 효력을 주장할 수 있다(제112조 단서). 다만 그 효력발생시기는 법정대리인이 그 도달을 안 때이고, 도달한 때로 소급하는 것은 아니다.

제112조는 특정의 상대방에 대한 의사표시의 도달을 전제로 하는 것이다. 따라서 상대방이 없는 의사표시, 발신주의에 의한 의사표시, 공시송달에 의한 의사표시에는 그 적용이 없다.

제4절 법률행위의 대리

제1관 총 설

Ⅰ. 대리제도의 의의

법률행위가 성립한 경우에 그 효과는 그 의사표시를 한 표의자에게 발생하는 것이 보통이다. 그런데 표의자가 아닌 다른 자에게 그 법률효과가 귀속되는 제도가 대리이다. 따라서 대리에서는 의사표시를 한 자와 그 법률효과를 받는 자가 분리되는 법현상이 일어난다. 예컨대 A가 주택을 사고 싶은데 거리상의 이유로 친척인 B에게 그 주택의 매수에 관한 권한(대리권)을 주고, B가 대리인의 자격에서 주택의 소유자인 C와 그 주택에 대해 매매계약을 체결하면, 그에 따른 법률효과, 즉 매수인으로서의 권리와 의무는 직접 A에게 귀속하는 것이 대리제도이다.

Ⅱ. 대리제도의 사회적 작용

1. 사적자치의 확장

자본주의 경제가 고도로 발전하고 거래관계가 전문화·광역화됨에 따라 개인은 모든 법률관계를 혼자의 힘으로 처리할 수 있게 되었다. 이 경우에 다인을 자기의 대리인으로 하여 그로 하여금 자기의 법률관계를 처리하도록 함으로써 개인의 활동범위를 확장할 수 있게 된다. 즉 대리제도는 사적자치를 확장해주는 작용을 한다.

2. 사적자치의 보충

권리능력자라 하더라도 제한능력자인 경우에는 스스로 법률행위를 통하여 권리를 취득하는 것이 제한되며, 제한능력자가 권리를 취득하기 위해서는 법정대리인의 동의를 얻어서 제한능력자가 스스로 법률행위를 하거나 법정대리인으로 하여금 법률행위를 대리하도록 함으로써 가능하게 된다. 이와 같이 대리제도는 제한능력자에 대한 능력을 보충해 주는 역할을 하게 된다. 즉 대리제도는 사적자치를 보충해 주는 작용을 한다.

Ⅲ. 대리의 법적 성질

1. 대리의 본질론

대리인이 한 법률행위의 효과가 대리인에게 귀속하지 않고 법률행위를 하지 않은 본인에게 직접 귀속하는 이론적 근거가 무엇이냐 하는 문제가 대리의 본질론 이다.

대리의 본질에 관하여 독일 보통법시대에 본인행위설, 대리인행위설, 공동행위설이 대립하고 있었고, 현재 우리나라에서는 대리인행위설, 행위 · 규율분리설, 통합요건설이 주장되고 있다.

(1) 대리인행위설

대리인을 행위당사자라고 하는 견해로서 대리인의 효과의사에 기하여 법률효과가 본인에게 귀속한다고 한다. 그리고 대리행위의 하자에 관한 규정(제116조 제1항)은 민법이 대리인행위설을 취하고 있는 실정법적 근거라고 한다.[425)]

(2) 행위 · 규율분리설

대리에서 행위로서의 법률행위는 대리인에 의하여 행하여지고, 규율로서의 법률행위는 대리인이 본인을 위하여 하는 행위임을 표시했고 그렇게 행위하는 권한을 본인으로부터 부여받았으므로 본인의 행위라는 견해이다.[426)]

(3) 통합요건설

본인의 수권행위와 대리인의 대리행위가 적법한 대리를 위한 통합요건이 되

425) 곽윤직, 254면; 김학동, 385면; 송덕수, 339면; 정기웅, 427면.
426) 이영준, 497면.

며, 이 양자로부터 대리효과가 본인에게 직접 귀속한다는 견해이다.[427]

2. 대리가 인정되는 범위

(1) 법률행위

대리는 사적자치와 관련되는 제도이므로 원칙적으로 의사표시를 요소로 하는 법률행위에 한하여 인정된다(제114조).

그러나 법률행위 중에서도 일정한 경우에는 대리가 허용되지 않는 경우가 있다. 이를 대리에 친하지 않은 행위라고 하는데, 본인의 의사결정을 절대적으로 필요로 하는 가족법상의 법률행위에 많이 있다. 예컨대 혼인 · 이혼 · 인지 · 유언 등이 있다.[428]

또한 재산법상의 법률행위인 경우에도 법률의 규정에 의하여 대리가 인정되지 않는 경우가 있다. 예컨대 근로계약(근로기준법 제67조 제1항)이 바로 그것이다.

대리에 친하지 않은 법률행위를 대리한 경우에는 그 대리행위는 무효이며, 추인에 의하여 유효로 되지 않는다.

(2) 준법률행위

준법률행위 중에서 의사의 통지(예, 최고)와 관념의 통지(예, 채권양도통지, 채무승인)에 관하여는 의사표시에 관한 규정이 유추적용되므로 대리도 가능하다는 것이 통설의 견해이다.

(3) 사실행위와 불법행위

사실행위에 대하여는 대리가 허용되지 않는다. 다만 대리인이 대리행위와 관련하여 본인이 하여야 할 사실행위를 보조할 수 있을 뿐이다.

불법행위도 법률행위가 아니므로 대리가 인정되지 않는다.

3. 대리와 기초적 법률관계

대리는 대리인이 본인에 대하여 일정한 법률행위를 하여야 할 계약상 또는 법

427) 김상용, 514면; 백태승, 470면; 이은영, 578면; 김주수, 400면.

428) 주의할 것은 가족법상의 행위이더라도 재산행위로서의 성질도 가지는 행위에 관하여는 원칙적으로 대리가 허용된다. 여기에 부양청구권의 행사가 있다.

률상 의무를 부담하는 경우에 그 의무의 이행수단으로 이용되는 일이 많다. 예컨대 A가 자기 재산의 관리를 B에게 위임한 경우에 B가 건물에 대한 임대차계약을 체결한다든가 차임을 수령한다든가 하는 일을 할 수 있는데 이러한 일을 하는 과정에서 B가 대리행위를 할 수 있다.

이 경우 위임계약처럼 타인을 위하여 일정한 행위를 해야 할 의무를 부담하기로 하는 본인과 대리인 사이의 법률관계를 기초적 법률관계라 한다. 예컨대 위임·고용·도급·조합 등이 있다.

기초적 법률관계와 대리관계는 이론적·개념적으로 별개의 행위이며 양자는 구별되어야 한다.

4. 대리와 구별하여야 할 개념

(1) 간접대리(間接代理)

간접대리라 함은 타인의 계산으로 그러나 자기 자신의 이름으로 법률행위를 하고 그 법률행위의 효과가 타인이 아닌 행위자 자신에게 발생하며, 다만 자신이 취득한 권리를 나중에 타인에게 이전하여야 하는 관계를 말한다. 위탁매매업(상법 제101조)이 그 예이다.

이에 대하여 대리는 본인을 위하여 법률행위를 한다는 대리인의 효과의사에 의하여 본인에게 직접 법률효과가 발생하는 점에서 간접대리와 다르며, 직접대리라고도 한다.

(2) 대 표(代表)

법인은 대표기관의 행위에 의하여 권리를 취득하고 의무를 부담하는데 법률행위의 효과가 행위자 자신이 아닌 타인에게 발생한다는 점에서 대표는 대리와 유사하다.

그러나 ① 대표는 법인과 독립한 인격이 아니라 그 내부기관일 뿐인데 대하여, 대리인은 본인과 독립한 인격이라는 점, ② 대표기관의 행위는 법인의 행위로 간주되는데 대하여, 대리인의 행위는 본인의 행위로 간주되지 않고 대리인의 법률행위에 의하여 법률효과가 본인에게 귀속될 뿐이라는 점, ③ 대표는 법률행위뿐만 아니라 사실행위나 불법행위에 대하여도 성립하는데 대하여, 대리는 법률행위에 한하여 인정된다는 점에서 양자는 다르다.

(3) 사 자(使者)

사자(使者)라 함은 본인이 결정한 효과의사를 상대방에게 표시하거나(표시기관으로서의 사자) 상대방에게 그대로 전달하여(전달기관으로서의 사자) 표시행위의 완성에 협력하는 자이다.

대리는 대리인 자신이 효과의사를 결정하는데 대하여, 사자는 본인에 의하여 효과의사의 결정이 이루어진다는 점에서 차이가 있다.

Ⅳ. 대리의 종류

1. 임의대리와 법정대리

대리권의 발생원인을 기준으로 대리권이 본인의 수권행위에 의하여 부여되는 임의대리와, 본인의 수권행위가 아닌 법률의 규정에 의하여 부여되는 법정대리로 구분된다.

임의대리와 법정대리는 대리권의 범위 · 복임권 · 대리권의 소멸 등에 있어서 차이가 있다.

2. 능동대리와 수동대리

대리행위의 모습을 기준으로 하여 대리인이 본인을 위하여 제3자에게 의사표시를 하는 능동대리와, 대리인이 본인을 위하여 제3자로부터 의사표시를 수령하는 수동대리로 구분된다.

특별한 사정이 없는 한 대리인은 능동대리권뿐만 아니라 수동대리권도 갖는다.

3. 유권대리와 무권대리

대리권의 유무를 기준으로 하여 대리인이 정당한 대리권을 가지고 있는 유권대리와, 대리인이 대리권을 가지고 있지 않는 무권대리로 구분된다.

제2관 대리의 3면관계

Ⅰ. 총 설

대리에서는 본인·대리인·상대방의 3당사자가 관여하며, 이들 사이에 ① 본인과 대리인 사이의 관계, ② 대리인과 상대방 사이의 관계, ③ 본인과 상대방 사이의 관계라는 3면관계가 형성된다.

먼저 ①의 관계에서 대리인에게 정당한 대리권이 있어야 하고, ②의 관계에서 대리인이 본인을 위한 것임을 표시하여 대리행위를 하여야 하며, 그 결과 ③의 관계에서 대리행위에 의한 법률효과가 본인에게 귀속하게 된다.

Ⅱ. 대리권(본인·대리인 사이의 관계)

1. 대리권의 의의

대리권은 타인(대리인)이 본인의 이름으로 의사표시를 하거나 제3자의 의사표시를 수령함으로써 직접 본인에게 그 법률효과를 귀속시킬 수 있는 법률상의 지위 또는 자격을 말한다.

2. 대리권의 발생원인

(1) 법정대리권(법률의 규정)

법정대리권은 본인의 의사와는 관계없이 직접 법률의 규정에 의하여 발생한다. 그 유형은 다음과 같다.

① 본인과 일정한 신분관계에 있는 자가 당연히 대리인이 되는 경우이다. 일상가사대리권을 가지는 부부(제827조), 친권자(제911조, 제920조) 등이다.

② 일정한 자의 지정으로 대리인이 되는 경우이다. 지정후견인(제931조), 지정유언집행자(제1093조, 제1094조) 등이다.

③ 법원에 의하여 선임된 자가 대리인이 되는 경우이다. 부재자재산관리인(제22조, 제23조), 상속재산관리인(제1023조, 제1040조, 제1044조, 제1047조, 제1053조) 등이다.

(2) 임의대리권(수권행위)

1) 의 의

임의대리에서는 본인이 대리인에게 대리권을 수여하는 행위를 통하여 대리권이 발생하는데, 이를 수권행위라 한다.

수권행위는 대리권의 발생을 목적으로 하는 법률행위로서 본인과 대리인 사이의 내부적 법률관계(예, 위임 · 고용 등)와는 개념상 구별된다.

2) 법적 성질

수권행위는 ① 대리인에게 일정한 지위 또는 자격을 부여하는 것에 불과하고 어떤 권리나 의무를 부여하는 것이 아닌 점, ② 대리인은 행위능력자임을 요하지 않는 점(제117조), ③ 수권행위를 본인이 철회할 수 있는 점(제128조 후문) 등을 이유로 상대방 있는 단독행위로 파악하는 것이 통설이다.

민법은 수권행위의 방식에 관하여 아무런 규정을 두고 있지 않다. 따라서 보통 위임장을 작성 · 교부하는 방식으로 행해지지만, 구두로도 할 수 있다. 또 명시적인 의사표시 이외에 묵시적인 의사표시로도 할 수 있다.

3) 수권행위의 독자성

수권행위는 본인과 대리인 사이의 기초적 법률관계와는 독립된 별개의 법률행위인데, 이를 수권행위의 독자성이라 한다. 통설과 판례는 수권행위의 독자성을 인정하고 있다.

수권행위의 독자성이 인정된다고 하여 수권행위가 기초적 법률관계를 발생시키는 행위와 항상 별도로 행해져야 한다는 것을 의미하는 것은 아니고 양자가 하나의 행위로 행해질 수도 있다. 오히려 실제의 거래계에서는 수권행위가 기초적 법률관계를 발생시키는 행위와 일체로 행하여지는 것이 보통이다.

4) 수권행위의 유인성 · 무인성

수권행위를 기초적 법률관계와 독립된 별개의 행위라고 하면 수권행위는 기초적 법률관계에 대하여 유인(有因)인지 무인(無因)인지가 문제된다. 구체적으로 대리권을 발생하게 한 기초적 법률관계로서의 위임계약 등이 무효이거나 취소된 경우에 수권행위도 이에 영향을 받아 소급적으로 그 효력을 잃는가 하는 문제가 발생한다.

① 무인설은 수권행위가 그 원인이 되는 기초적 법률행위와는 관념적으로 별개의 행위이므로 그 효력도 별개이어서 영향을 받지 않는다는 입장이다.

② 유인설은 기초적 법률관계가 무효이거나 취소된 경우에 수권행위도 그 영향을 받아 무효가 된다는 입장이다.

기초적 법률관계가 무효 · 취소 등에 의하여 실효되면 이미 대리인에 의하여 행하여진 대리행위의 효력이 어떻게 되는냐가 문제된다. 무인설에 따르면 이미 행하여진 대리행위는 기초적 법률관계에 영향을 받지 않기 때문에 유효하다. 유인설에 따르면 이미 행하여진 대리행위도 소급하여 무권대리로 된다고 보는 것이 이론적으로 타당하지만 거래의 안전상 유효하다고 본다.

3. 대리권의 범위

(1) 법정대리권

법정대리권의 범위는 법률의 규정에 의하여 정해진다. 예컨대 친권자 또는 후견인은 제한무능력자의 재산상의 법률행위에 관하여 대리할 권한을 가지며(제920조, 제949조), 유언집행자는 유증의 목적인 재산의 관리 기타 유언의 집행에 필요한 행위를 할 권한을 가진다.

(2) 임의대리권

1) 수권행위의 해석

임의대리권의 범위는 수권행위에 의하여 정해진다. 따라서 어느 행위가 대리권의 범위 내의 행위인지의 여부는 결국 수권행위의 해석을 통하여 결정된다.[429)]

429) **대판** 1994.2.8, 93**다**39379 "임의대리에 있어서 대리권의 범위는 수권행위(대리권수여행위)에 의하여 정하여지는 것이므로 어느 행위가 대리권의 범위 내의 행위인지의 여부는 개별적인 수권행위의 내용이나 그 해석에 의하여 판단할 것이나, 일반적으로 말하면 수권행위의 통상의 내용으로서의 임의대리권은 그 권한에 부수하여 필요한 한도에서 상대방의 의사표시를 수령하는 이른바 수령대리권을 포함하는 것으로 보아야 한다. 따라서 부동산의 소유자로부터 매매계약을 체결할 대리권을 수여받은 대리인은 특별한 사정이 없는 한 그 매매계약에서 약정한 바에 따라 중도금이나 잔금을 수령할 권한도 있다고 보아야 한다."; **대판** 1992.4.14, 91**다**43107 "부동산의 소유자로부터 매매계약을 체결할 대리권을 수여받은 대리인은 특별한 다른 사정이 없는 한 그 매매계약에서 약정한 바에 따라 중도금이나 잔금을 수령할 수도 있다고 보아야 하고, 매매계약의 체결과 이행에 관하여 포괄적으로 대리권을 수여받은 대리인은 특별한 다른 사정이 없는 한 상대방에

2) 민법의 보충규정

대리권이 있기는 하지만 수권행위의 해석을 통해서도 그 범위를 명백히 정할 수 없는 경우에 민법 제118조가 보충적으로 적용된다.

① **보존행위** 보존행위란 재산의 가치를 현상 그대로 유지하는 일체의행위를 말한다. 예컨대 가옥의 수선, 소멸시효의 중단, 미등기부동산의 등기, 기한이 도래한 채무의 변제, 부패하기 쉬운 물건의 처분 등에서 대리인은 보존행위를 제한 없이 할 수 있다.

② **이용행위 · 개량행위** 이용행위란 대리의 목적인 물건이나 권리를 사용 · 수익하는 행위이다. 예컨대 물건을 임대하는 행위, 금전을 이자부로 대여하는 행위 등과 같이 재산의 수익을 꾀하는 행위이다. 개량행위란 무이자의 금전대여를 이자부로 하는 행위와 같이 사용가치 또는 교환가치를 증가하게 하는 행위이다. 이러한 이용행위나 개량행위는 대리의 목적인 '물건이나 권리의 성질을 변하지 아니하는 범위'에서만 할 수 있으므로(제118조 제2호) 예금을 주식으로 바꾸거나 은행예금을 찾아 개인에게 빌려주는 것은 할 수 없다.

(3) 대리권의 제한

1) 공동대리

① **의 의** 대리인이 수인인 때에는 각자가 본인을 대리한다. 즉 각자대리가 원칙이다. 추정되는 본인의 의사와 거래의 편의를 고려한 규정이다. 그러나 법률(예, 제909조 제2항의 친권의 부모 공동행사) 또는 수권행위에서 수인의 대리인이 공동으로만 대리할 수 있는 것으로 정한 경우를 공동대리라고 한다. 공동대리는 대리인 각자의 입장에서는 대리행위를 할 때에 다른 대리인과의 합의를 요하므로 대리권의 제한이 된다.

② **공동의 의미** 공동대리에 있어서 공동은 의사결정의 공동인가, 표시행위의 공동인가에 대하여 학설의 대립이 있으나 통설은 의사결정의 공동으로 해석한다. 따라서 공동대리인 전원의 의사합치가 있는 한, 반드시 전원이 공동으로 표시행위를 할 필요는 없으며 공동대리인 중 일부가 해도 무방하다

③ **수동대리의 공동여부** 공동대리에 있어서 본인에 대한 의사표시의 수

대하여 약정된 매매대금지급기일을 연기하여 줄 권한도 가진다고 보아야 할 것이다."

령도 공동대리인이 공동으로 하여야 하는지 문제된다. 통설은 상대방 보호와 거래상의 편의를 위하여 각 대리인이 단독으로 수령할 수 있는 것으로 해석한다.

④ **위반의 효과** 공동대리의 제한에 위반하여 공동대리인 중의 1인이 단독으로 대리행위를 한 경우에는 권한을 넘은 무권대리가 된다.

2) 자기계약 · 쌍방대리의 금지

① **의의와 원칙적 금지** 자기계약이란 대리인이 한편으로는 본인을 대리하고 다른 한편으로는 자기 자신이 상대방이 되어 자기 혼자 본인과의 계약을 체결하는 것을 말한다. 예컨대 A로부터 부동산 매각의 대리권을 수여받은 B가 스스로 그 부동산의 매수인이 되는 경우이다.

쌍방대리란 대리인이 한편으로는 본인을 대리하고 다른 한편으로는 상대방의 대리인이 되어 본인과 상대방간의 계약을 체결하는 것을 말한다. 예컨대 B가 한편으로 매도인 A의 대리인으로서 다른 한편으로는 매수인 C의 대리인 자격에서 매매계약을 혼자서 체결하는 경우이다.

자기계약과 쌍방대리는 원칙적으로 금지된다(제124조). 그 이유는 대리인이 자기의 이익을 꾀하려고 본인의 이익을 해하거나, 어느 일방 당사자의 이익을 해할 염려가 있기 때문이다.

② **예외적으로 허용되는 경우** 자기계약과 쌍방대리가 금지되는 이유는 본인의 이익을 보호하는데 있으므로 다음과 같이 본인의 이익을 해할 염려가 없는 경우에는 자기계약과 쌍방대리는 허용된다.

㉠ **본인이 허락한 경우** 본인이 자기계약 또는 쌍방대리를 허락한 경우에는 그 대리행위는 유효하다(제124조 본문).

㉡ **채무의 이행의 경우** 이미 확정되어 있는 법률관계를 단순히 결제하는데 불과한 채무의 이행의 경우에는 자기계약 또는 쌍방대리가 허용된다(제124조 단서). 예컨대 주식의 명의개서에 관하여 매수인이 한편으로 매도인의 대리인으로 되는 경우, 법무사가 등기권리자와 등기의무자의 쌍방을 대리하여 등기를 신청하는 경우이다.

③ **위반의 효과** 제124조 규정에 위반한 행위는 무권대리가 된다는 것이 통설의 견해이다. 따라서 본인이 사후에 추인하면 유효한 대리행위로 된다.

④ **적용범위** 자기계약 · 쌍방대리 금지는 임의대리와 법정대리 모두에

적용된다. 그러나 일정한 경우에는 대리권이 제한되어 특별대리인을 선임하여야 한다.

예컨대 법정대리인인 친권자와 그 자(子) 사이에 이해상반되는 행위를 하는 경우(제 921조 제1항), 법정대리인인 친권자가 그 친권에 복종하는 수인의 자 사이에 이해상반되는 행위를 하는 경우(제921조 제2항)이다.

(4) 대리권의 남용

1) 대리권 남용의 의의

대리인이 외형적으로는 대리권의 범위 내에서 대리행위를 하였지만, 이를 본인의 이익을 위해서가 아니라 대리인 자신 또는 제3자의 이익을 위하여 한 경우, 그 법률효과가 본인에게 귀속하는지가 문제된다. 이것이 소위 대리권의 남용의 문제이다.

대리인이 대리권의 범위 내에서 대리행위를 한 경우에는, 설사 본인의 이익을 위한 것이 아니라 자기 자신 또는 제3자의 이익을 위한 경우라도 상대방의 보호를 위하여 본인에게 효력이 발생하는 것이 원칙이다. 그러나 그러한 대리인의 배임 의도를 상대방이 알고 있는 경우에도 본인에게 법률효과가 발생한다고 볼 것인가가 문제된다.

2) 학 설

이에 관하여 ① 대리인의 배임 의도를 상대방이 알았거나 알 수 있었을 경우에는 민법 제107조 제1항 단서를 유추적용하여 대리행위가 무효가 된다고 보는 제107조 제1항 단서 유추적용설,[430] ② 대리인의 배임적 대리행위에서는 상대방이 대리인의 배임행위를 알았거나 정당한 이유 없이 알지 못한 경우에는 대리권이 부정되어 대리인의 대리행위는 무권대리가 된다고 보는 무권대리설,[431] ③ 대리인의 권한남용의 위험은 원칙적으로 본인이 부담하여야 할 것이지만, 다만 상대방의 악의·중과실 등 주관적 태양에 따라 상대방의 권리행사가 신의칙에 반하는 사정이 있는 경우에는 상대방이 그러한 위험을 부담하도록 하는 것이 좋을 것

---

430) 곽윤직, 233면; 김상용, 544면; 김용한, 286면.

431) 김주수,419면; 김학동, 408면(여기서는 악의 또는 중과실을 요구한다); 백태승, 493면; 이영준, 555면; 지원림, 299면.

이라고 하는 신의칙설(권리남용설)[432] 등이 있다.

3) 판 례

판례는 대리인이 본인의 이익이나 의사에 반하여 자기 또는 제3자의 이익을 위한 배임적 대리행위를 한 경우에, 그 상대방이 그 사정을 알았거나 알 수 있었을 경우에는 비진의표시에 관한 제107조 제1항 단서를 유추하여 대리행위는 무효가 된다는 입장을 취하고 있다.[433]

(5) 대리권의 소멸

1) 법정대리 · 임의대리에 공통된 소멸원인

① **본인의 사망** 본인이 사망하면 대리권은 소멸한다(제127조 제1호). 법정대리에서는 본인의 사망으로 대리의 필요가 없게 된 점에서, 임의대리에서는 본인과 대리인간의 특별한 신임관계가 그 기초를 이루고 있는 점에서 각각 대리권은 소멸한다. 본인이 실종선고를 받은 경우에는 사망한 것으로 되므로(제28조) 역시 대리권은 소멸한다.

본인이 사망하면 대리권이 소멸한다는 원칙에는 예외가 있다. 첫째, 임의대리에 있어서 기초적 내부관계가 본인의 사망에도 불구하고 존속하는 때(위임에 관한

---

432) 고상룡, 501면; 명순구, 448면; 송덕수, 361면; 홍성재, 227면.

433) **대판** 2008.7.10, 2006**다**43767 "부분적 포괄대리권을 가진 상업사용인이 그 범위 내에서 한 행위는 설사 상업사용인이 영업주 본인의 이익이나 의사에 반하여 자기 또는 제3자의 이익을 도모할 목적으로 그 권한을 남용한 것이라 할지라도 일단 영업주 본인의 행위로서 유효하나, 그 행위의 상대방이 상업사용인의 진의를 알았거나 알 수 있었을 때에는 민법 제107조 제1항 단서의 유추해석상 그 행위에 대하여 영업주 본인에 대하여 무효가 되고, 그 상대방이 상업사용인의 표시된 의사가 진의 아님을 알았거나 알 수 있었는가의 여부는 표의자인 상업사용인과 상대방 사이에 있었던 의사표시 형성 과정과 그 내용 및 그로 인하여 나타나는 효과 등을 객관적인 사정에 따라 합리적으로 판단하여야 한다."; **대판** 1999.1.15, 98**다**39602 "예금자가 같은 교회 신도인 신용협동조합 이사장에게 신용협동조합에 예탁하여 달라면서 여러 번에 걸쳐 돈을 맡겼는데, 그 이사장이 예탁금으로서의 입금절차를 밟지 아니하고 자신이 경영하던 회사들의 운영자금으로 유용하고, 그에 대한 이자는 자신의 돈으로 신용협동조합의 금리보다 높은 이율로 계산하여 지급하면서, 위 예금자에게는 마치 예탁금 입금이 된 양 신용협동조합이 업무전산화를 한 이후에는 사용하지 않는 수기식 정기예탁금 증서를 작성하여 교부한 경우, 위 예금자로서는 통상의 주의를 기울였다면 위 신용협동조합 이사장의 예금계약 체결의 의사표시가 진의가 아니라는 것을 알 수 있었으므로, 위 예금자와 신용협동조합 사이의 예금계약이 성립되지 않는다."; **대판** 1987.10.13, 86**다카**1522; **대판** 2011.12.22, 2011**다**64669 참조.

제691조 참조)에는 그 범위에서 대리권도 존속한다고 하여야 한다. 둘째, 상법규정상 상인이 그 영업에 관하여 수여한 대리권은 본인의 사망으로 인하여 소멸하지 않는다(상법 제50조). 셋째, 임의대리에서 본인과 대리인 사이에 본인이 사망하더라도 대리인의 대리권이 소멸하지 않는다는 특약이 있었고 그것이 유효하다면 그 특약도 하나의 예외가 될 것이다. 그러나 그러한 특약을 유효하다고 하면 본인의 의사표시가 상속인의 의사결정권을 박탈하는 결과가 되므로 그러한 특약은 무효로 보는 것이 옳을 것이다.[434)]

② **대리인의 사망** 법정대리권은 일정한 자격 내지 직무에 수반하여 부여되는 것이고, 임의대리권은 본인의 대리인에 대한 특별한 신임을 기초로 수여되는 점에서 대리인이 사망하면 그의 대리권이 상속인에게 상속되지 않고 당연히 대리권은 소멸한다(제127조 제2호).

③ **대리인의 성년후견의 개시 또는 파산** 피성년후견인이나 파산자도 의사능력만 있으면 임의대리인이 될 수 있다(제117조 참조). 그러나 대리인이 된 자가 그 후에 성년후견이 개시되거나 파산선고를 받은 경우에는 처음과는 다른 사정의 변경이 생긴 것이고 당사자 간의 신임관계와 대리인의 경제적 신용이 소멸된다고 보아야 하므로 대리권도 소멸한다.

2) 임의대리에 특유한 소멸원인

① **원인된 법률관계의 종료** 대리관계는 기초적 법률관계로부터 독립된 별개의 것이므로 원인된 법률관계가 종료되더라도 당연히 대리권이 소멸하는 것은 아니다. 그러나 당사자 간에 원인된 법률관계를 형성하고 그에 수반하여 대리권을 수여하는 것이 보통이고, 양자의 법률적 운명을 함께 하도록 하는 것이 당사자의 의사에 부합하므로, 민법은 원인된 법률관계의 종료에 의하여 임의대리권이 소멸한다고 규정하고 있다(제128조 전문).

② **수권행위의 철회** 임의대리권은 원인된 법률관계로부터 독립된 수권행위에 의하여 발생하므로 원인된 법률관계가 종료하기 전이라도 본인이 수권행위를 철회하면 임의대리권은 소멸한다(제128조 후문). 제128조 후문은 본인이 언제

434) 대리권 불소멸에 관한 특약의 유효여부에 대한 학설의 대립이 있다. 즉 유효설(김용한, 357면; 김준호, 318면), 무효설(김상용, 553면; 송덕수, 364면), 절충설(고상룡, 507면; 김주수, 422면)이 있다.

든지 수권행위를 철회할 수 있음을 전제로 하는 규정으로 보아야 한다.

수권행위의 철회의 상대방은 대리인뿐만 아니라 대리행위의 상대방인 제3자라도 무방하다. 그리고 제128조 후문도 임의규정이어서, 원인된 법률관계가 종료되기 전에는 수권행위를 철회하지 않는다는 특약도 원칙적으로 유효하다(통설).

3) 법정대리에 특유한 소멸원인

이에 관하여는 법률에서 개별적으로 규정한다. 예컨대 법원의 선임의 취소 및 개임(제22조, 제23조), 친권상실선고 및 대리권상실선고(제924조, 제925조), 법원의 허가를 얻어서 하는 법정대리인의 사퇴(제927조, 제939조), 대리권 발생의 원인이 된 사실관계의 소멸(예, 본인의 성년) 등이 있다.

Ⅲ. 대리행위(대리인 · 상대방 사이의 관계)

1. 대리의사의 표시

(1) 현명주의(顯名主義)

대리인이 그 권한 내에서 한 의사표시가 직접 본인에게 그 효력이 생기려면 본인을 위한 것임을 표시하여야 하는데(제114조 제1항), 이를 현명주의라고 한다.

'본인을 위한 것'임을 표시하여야 한다는 것은 본인의 이름을 밝혀서, 즉 '본인의 이름으로' 법률행위를 하여 본인에게 법률효과를 귀속시키려는 것이고, 본인의 이익을 위하여서라는 뜻은 아니다.

따라서 대리인이 그 자신 또는 제3자의 이익을 위하여 권한을 남용해서 배임적 대리행위를 한 경우에도 대리의사는 있는 것이 되며, 그 행위는 대리행위로서 유효하게 성립한다. 대리권남용에 대하여 이미 앞에서 살펴보았다.

(2) 현명의 방식

본인을 위한 것이라는 의사, 즉 대리의사가 표시되었는지 여부는 결국 당해 의사표시의 해석의 문제로 귀착되며, 일반 법률행위의 해석이론에 따르게 된다.

현명의 방식에는 제한이 없고 서면이든 구두이든 상관없다.[435] 일반적으로 "A

435) 대판 1946.2.1, 4278민상205.

의 대리인 B"라고 표시하는 형식이 보통이지만, 반드시 그러한 형식을 갖추어야만 하는 것은 아니다. '대리인'임을 분명히 표시하지 않았더라도 법률행위 전체로 보아 대리인을 위한 행위가 아니고 본인을 위한 행위라는 것을 인식할 수 있는 정도의 표시가 있으면 대리관계의 표시로 인정할 수 있다. 예컨대 회사의 대표이사가 대표이사의 직명을 기재하여 행한 경우에는 회사를 위하여 행한 것으로 보아야 한다.[436] 또 본인의 이름이 구체적으로 명시되지 않아도 주위의 사정으로부터 본인이 누구인지를 알 수 있으면 된다. 예컨대 "건물소유자의 대리인 B"로 표시하는 경우 등이다.

대리인이 자기의 이름을 표시하지 않고 계약서에 본인의 이름만 적고 본인의 인장을 찍는 경우에도, 대리인에게 대리의사가 있는 것으로 인정되는 한 유효한 대리행위라고 볼 수 있다.

(3) 현명을 하지 않은 행위

대리인이 본인을 위한 것임을 표시하지 아니한 때에는 그 의사표시는 자기를 위한 것으로 본다(제115조 본문). 즉 대리인 자신이 확정적으로 법률효과를 받는다. 그 결과 본인은 그 행위의 효력이 자기에게 미친다는 것을 주장할 수 없다.

이 경우 대리인은 그의 내심의 의사와 표시가 일치하지 않음을 이유로 착오를 주장하지 못한다. 대리인 자신을 당사자로 믿은 상대방을 보호하기 위한 취지에서이다.

그러나 상대방을 보호할 필요가 없는 때, 즉 상대방이 대리인으로서 한 것임을 알았거나 알 수 있었을 때에는 그 의사표시는 대리행위로서 효력을 발생한다(제115조 단서).[437]

(4) 현명주의의 예외

상행위에서는 현명주의가 적용되지 않는다. 즉 상행위에서는 대리인이 본인을 위한 것임을 표시하지 않아도 그 행위의 효력이 본인에게 생긴다(상법 제48조 본

436) **대판** 1994.10.11, 94**다**24626.
437) **대판** 1982.5.25, 81**다**1349 "매매위임장을 제시하고 매매계약을 체결하는 자는 특단의 사정이 없는 한 소유자를 대리하여 매매해위하는 것이라고 보아야 하고 매매계약서에 대리관계의 표시 없이 그 자신의 이름을 기재하였다고 해서 그것만으로 그 자신이 매도인으로서 타인물을 매매한 것이라고 볼 수는 없다."

문). 그러나 상대방이 본인을 위한 것임을 알지 못한 때에는 대리인에 대하여도 이행의 청구를 할 수 있다(상법 48조 단서).

2. 대리행위의 흠(瑕疵)

대리에서 법률행위의 당사자는 어디까지나 대리인이고, 대리인은 자기의 결정에 따라 자기의 의사표시를 하는 것이므로, 의사표시에 관한 요건은 본인이 아니라 대리인을 표준으로 하여 정하여야한다. 즉 의사표시의 효력이 의사의 흠결, 사기 · 강박 또는 어느 사정을 알았거나 과실로 알지 못한 것으로 인하여 영향을 받을 경우에 그 사실의 유무는 대리인을 표준으로 결정하여야 한다(제116조 제1항).[438]

그러나 그 대리행위의 하자로 인하여 생기는 효과(무효 · 취소의 주장 등)는 역시 본인에게 귀속한다.

그리고 특정한 법률행위를 위임한 경우에 대리인이 본인의 지시에 좇아 그 행위를 한 때에는 본인은 자기가 안 사정 또는 과실로 인하여 알지 못한 사정에 관하여 대리인의 부지를 주장하지 못한다(제116조 제2항).

3. 대리인의 능력

대리인이 대리행위를 함에는 행위능력자임을 요하지 않는다(제117조). 따라서 제한능력자도 타인의 대리인이 될 수 있고 제한능력자가 타인의 대리인으로서 한 법률행위는 그 제한능력을 이유로 취소하지 못한다.

그 이유는 ① 대리에서는 법률효과가 대리인이 아닌 본인에게 귀속하기 때문에 제한능력자제도의 취지에 어긋나지 않는다는 점과, ② 본인이 적당하다고 인정하여 제한능력자를 대리인으로 선정한 이상 그에 따른 불이익은 본인이 이를

---

438) **대판** 1998.2.27, 97**다**45532 "대리인이 본인을 대리하여 매매계약을 체결함에 있어서 매매대상 토지에 관한 저간의 사정을 잘 알고 그 배임행위에 가담하였다면, 대리행위의 하자 유무는 대리인을 표준으로 판단하여야 하므로, 설사 본인이 미리 그러한 사정을 몰랐거나 반사회성을 야기한 것이 아니라고 할지라도 그로 인하여 매매계약이 가지는 사회질서에 반한다는 장애사유가 부정되는 것은 아니다." ; **대판** 2002.10.22, 2002**다**38927 "대리인에 의하여 법률행위가 이루어진 경우 그 법률행위가 민법 제104조의 불공정한 법률행위에 해당하는지 여부를 판단함에 있어서 경솔과 무경험은 대리인을 기준으로 하여 판단하고, 궁박은 본인의 입장에서 판단하여야 한다."

감수하는 것이 타당하다는 점에서이다.

그러나 대리인은 적어도 의사능력은 가지고 있어야 한다.

4. 대리인의 행위와 본인의 행위의 경합

임의대리의 경우에 본인이 수권행위를 하였다 하더라도 본인 자신이 법률행위를 할 수 없는 것은 아니다. 법정대리의 경우에도 본인 스스로가 법률행위를 하지 못하는 것은 아니며, 다만 그것이 취소될 수 있는 것에 불과할 뿐이다. 이처럼 대리인의 행위와 본인의 행위는 병존할 수 있으므로 두 개의 행위의 경합이 있을 수 있다.

처분행위의 경우 누가 먼저 등기 또는 인도를 갖추었느냐에 따라 결정하여야 한다. 대리인이 본인의 권리를 처분(예, 물권의 이전)한 이후에는 본인의 처분행위는 무효이다. 본인과 대리인이 각각 다른 자와 채권행위(예, 계약의 체결)를 한 경우에는 이 두 계약은 모두 유효하다. 다만, 본인은 하나의 계약만을 이행할 수 있으므로 이행할 수 없게 된 상대방에 대하여 채무불이행으로 인한 손해배상책임을 지게 된다.

Ⅳ. 대리의 효과(본인 · 상대방 사이의 관계)

1. 법률효과의 본인에의 귀속

대리인이 행한 의사표시의 효과는 모두 직접 본인에게 생긴다(제114조). 즉 대리행위에서 발생하는 권리 · 의무가 일단 대리인에게 귀속하였다가 내부적으로 본인에게 이전하는 것이 아니라 곧바로 본인에게 귀속한다.

또한 대리인의 의사표시의 하자로 인하여 발생한 계약해제권 · 법률행위의 취소권도 본인에게 귀속한다.

반면에 대리인이 불법행위를 한 경우에 그 효과는 본인에게 발생하지 않고 대리인에게 생긴다. 대리는 불법행위에 관해서는 인정되지 않기 때문이다. 다만, 본인과 대리인이 사용자 · 피용자 관계에 있는 때에는 그 내부관계에 의하여 본인이 사용자책임을 질 수는 있다(제756조 참조).

한편, 대리인은 대리행위의 결과로 상대방에 대하여 아무런 권리를 취득하지 않으며 아무런 의무도 지지 않는다.

2. 본인의 능력

대리행위의 효과는 본인에게 귀속하므로 본인은 최소한 권리능력은 가져야한다. 본인에게 권리능력이 없는 경우에는 그 대리행위는 불능을 목적으로 하는 법률행위로서 무효이다.

한편 본인은 스스로 의사표시를 하는 것이 아니므로 대리행위를 할 당시에 의사능력 또는 행위능력을 가져야할 필요는 없다.

본인은 수권행위(대리권을 수여하는 행위이며 대리행위가 아니다)를 하기 위해서는 행위능력이 있어야 한다(임의대리의 경우).

제3관 복 대 리

Ⅰ. 서 설

1. 복대리인의 의의

복대리인은 대리인이 그의 권한 내의 행위를 하도록 하려고 대리인 자신의 이름으로 선임한 본인의 대리인이다. 예컨대 A가 B에게 주택의 매각에 관하여 대리권을 주었는데, B가 그의 권한으로 C를 A의 대리인으로 선임하여 주택의 매각을 맡기는 경우 C가 복대리인이다.

대리인이 복대리인을 선임하더라도 대리인의 대리권은 소멸하는 것이 아니라 병존한다. 따라서 동일한 법률행위에 관하여 본인 · 대리인 · 복대리인의 행위가 경합될 수 있다.

복대리인을 선임할 수 있는 대리인의 권한을 복임권이라 하고, 복대리인 선임행위를 복임행위라고 한다.

2. 복대리인의 법적 성질

(1) 복대리인도 대리인이다.

복대리인은 대리인의 단순한 사자나 보조자가 아니라 역시 대리인이다.

(2) 복대리인은 대리인이 자신의 이름으로 선임한 자이다.

복대리인은 대리인이 본인의 이름으로 선임한 자가 아니다. 대리인이 본인의 이름으로 선임한 자는 복대리인이 아니라 단순한 본인의 대리인이다.

(3) 복대리인은 본인의 대리인이다.

복대리인은 대리인의 대리인이 아니다.

Ⅱ. 대리인의 복임권과 그 책임

1. 복임권의 의의

대리인이 복대리인을 선임할 수 있는 권한을 복임권이라 하는데, 이것은 대리인이 임의대리인이냐 또는 법정대리인이냐에 따라 그 복임권의 유무와 책임범위를 달리한다.

2. 임의대리인의 복임권

(1) 복대리인 선임의 제한

임의대리인은 원칙적으로 복대리인을 선임하지 못하며, 본인의 승낙이 있거나 부득이한 사유가 있는 경우에 한하여 예외적으로 복임권이 인정된다.

임의대리인은 본인의 신임에 의하여 선임된 대리인이고, 자기가 원하지 않으면 언제든지 사임할 수 있으며, 본인의 의사와 상관없이 대리인이 본인의 대리인을 선임하는 것은 임의대리제도의 취지에 맞지 않기 때문이다.

(2) 책 임

임의대리인이 복임권을 가져 그에 기하여 복대리인을 선임한 경우에는 복대리인의 선임·감독에 관하여만 책임을 진다(제121조 제1항). 따라서 적임이 아닌 자를 선임하거나 그 감독을 게을리 하여 본인에게 손해를 준 때에만 임의대리인이 그 책임을 진다.

대리인이 본인의 지명에 의하여 복대리인을 선임한 경우에는 대리인이 다시 복대리인의 자격에 관하여 조사할 필요는 없는 것이므로 이때에는 그 부적임 또는 불성실함을 알고 본인에 대한 통지나 그 해임을 태만히 한 때에 한하여 책임을 진다(제121조 제2항).

3. 법정대리인의 복임권

(1) 복대리인 선임의 자유

법정대리인은 언제든지 복임권을 가진다(제122조 본문). 법정대리인은 본인의 신임을 받아서 대리인이 된 것이 아니고, 임의로 사임할 수 없으며, 본인은 대부분 복대리인의 선임에 관하여 허락능력을 갖지 못하고 또 직무범위가 광범위하다는 점 등의 이유에서이다.

(2) 책 임

법정대리인에게 복대리인 선임의 자유를 주는 대신 그 책임은 가중된다. 즉 복대리인의 행위에 의하여 본인이 손해를 입은 경우에는 법정대리인에게 복대리인의 선임 · 감독에 관하여 아무런 과실이 없다 하더라도 그에 대하여 전적인 책임을 진다(제122조 본문). 이 점에서 그 책임의 성질은 법정의무과실책임이다.

다만, 부득이한 사유로 복대리인을 선임한 경우에는 책임이 경감되어 임의대리인의 책임과 동일하게 그 선임 · 감독상의 과실에 대하여만 책임을 진다.

Ⅲ. 복대리인의 지위

(1) 대리인에 대한 관계

복대리인은 대리인에 의하여 선임된 자이므로 대리인의 지휘 · 감독을 받을 뿐만 아니라, 복대리인의 대리권은 대리인의 대리권의 존재와 범위에 의존한다.

따라서 대리인의 대리권이 소멸하면 복대리인의 대리권도 소멸하고 복대리인의 대리권의 범위는 대리인의 그것보다 클 수는 없다.

한편, 대리인의 대리권은 복대리인의 선임에 의하여 소멸되는 것은 아니다. 그 밖의 문제는 양자의 내부관계(위임 등)에 의하여 처리된다.

(2) 상대방에 대한 관계

복대리인은 그 권한의 범위 내에서 직접 본인을 대리한다(제123조 제1항). 즉 상대방에 대한 관계에서는 대리인과 다를 바가 없다. 따라서 복대리인의 대리행위에 관하여는 대리의 일반원칙이 그대로 적용된다.

(3) **본인에 대한 관계**

복대리인은 본인에 대하여 대리인과 동일한 권리의무가 있다(제123조 제2항). 복대리인은 대외적으로는 본인의 대리인이지만, 실제로는 대리인에 의하여 선임된 것이어서 본인과는 아무런 관계가 없다. 그러나 본인은 복대리인의 대리행위에 의한 효과를 받기 때문에 본인 · 복대리인 사이에도 본인 · 대리인 사이와 마찬가지의 내부관계를 인정하는 것이 타당하다는 취지에서 마련한 규정이다.

Ⅳ. 복대리권의 소멸

① 복대리인은 본인의 대리인이므로 대리권 일반의 소멸원인, 즉 본인의 사망 또는 복대리인의 사망, 성년후견의 개시 · 파산에 의하여 복대리권이 소멸한다.

② 복대리권은 대리인이 수여한 것이므로 대리인과 복대리인 사이의 내부적 법률관계의 종료 및 대리인의 수권행위의 철회에 의하여도 소멸한다.

③ 복대리권은 대리인의 대리권을 전제로 하는 것이므로 대리권의 소멸에 의하여 복대리권도 소멸한다.

제4관 무권대리

Ⅰ. 서 설

무권대리라 함은 대리권 없이 행하여진 대리행위를 말한다. 따라서 원칙적으로 그 행위의 효과가 본인에게 발생하지 않을 뿐만 아니라 대리인도 대리의사를 가지고 한 것이기 때문에 대리인에게도 그 효과가 발생하지 않게 된다.

그러나 대리권은 관념적인 것으로서 그 존재나 범위를 제3자가 쉽게 알 수 없는 것이므로 위와 같은 원칙대로 한다면 대리제도의 신용은 유지될 수 없고 대리인과 거래하는 제3자의 지위는 현저하게 불안해진다.

그래서 민법은 본인의 이익을 침해하지 않으면서 한편으로 대리제도에 따르는

상대방의 위험을 최소화하는 차원에서 무권대리를 규율하고 있다.[439)]

Ⅱ. 표현대리

1. 의 의

표현대리라 함은 대리인에게 대리권이 없음에도 불구하고 마치 그것이 있는 것과 같은 외관이 존재하고, 본인이 그러한 외관 형성에 관여하였거나 그 밖에 본인이 책임져야 할 사정이 있는 경우에 그 무권대리행위에 대하여 본인이 책임지도록 하는 제도이다.

2. 법적 성질

표현대리는 본래 무권대리이지만 본인에게 책임 있는 사정에 의하여 대리권의 외관이 만들어진 경우에 거래안전을 보호하기 위하여 본인이 그 대리행위의 효과를 받도록 한 것이다.

그러나 본인에게 책임을 지울 특별한 사정이 있다고 하더라도 그것이 본인의 과실을 엄격하게 요구하는 것은 아니다. 따라서 대리권수여의 통지 · 대리권의 수여 · 대리권소멸의 방치라는 사실만으로 본인에게 법률의 규정에 의해 책임을 지우는 것이고 따로 본인의 고의나 과실을 엄격히 요구하는 것은 아니다(무권대리설 또는 외관책임설).

그런데 표현대리는 상대방에 대한 배려의 차원에서 본인이 그 효과를 받는 것으로 의제하는 것이지만, 기본적으로 대리권이 없는 점에서 무권대리이다. 따라서 무권대리에 포섭되는 성질을 내포하고 있는 것이므로 표현대리가 성립하는 경우에 표현대리에 관한 민법의 규정만이 적용되는 것이 아니라 무권대리에 관한

439) **[무권대리를 규율하는 민법의 태도]** ① 대리인에게 대리권이 있는 것으로 믿을 만한 외관이 있고, 그 외관형성에 관하여 본인에게도 책임을 물을 만한 사정이 있는 경우에는 본인에게 그 무권대리행위의 책임을 지는 것으로 규정하고 있다(제125조, 제126조 및 제129조). 이러한 경우를 **표현대리**라고 한다. ② 표현대리에 해당하지 않는 무권대리의 경우에도 본인이 추인을 하면 그 효과가 본인에게 귀속하도록 규정하고(제130조), 본인이 추인을 하지 않은 때에는 무권대리인 자신이 상대방에게 책임을 지는 것으로 규정하고 있다(제135조). 이러한 경우를 **협의의 무권대리**라고 한다. 표현대리와 협의의 무권대리를 포함하여 이를 광의의 무권대리라고 부른다.

규정(특히 제130조, 제131조, 제134조, 제135조)도 같이 적용될 수 있다.

3. 성립요건

표현대리가 성립하기 위해서는 다음의 요건이 존재하여야 한다.

① **대리인에게 대리권이 없음에도 불구하고 있는 것과 같은 외관이 존재하여야 한다.** 그러한 외관은 대리권의 성립(제125조)·범위(제126조)·존속(제129조)에 관하여 존재할 수 있다. 성립의 외관은 대리권이 수여되지 않았으나 수여된 것과 같은 외관이고(제125조의 대리권 수여의 표시에 의한 표현대리), 범위의 외관은 대리권의 범위를 넘었으나 그 범위 내인 것과 같은 외관이며(제126조의 권한을 넘는 표현대리), 존속의 외관은 대리권이 있다가 소멸하였으나 여전히 존속하는 것과 같은 외관이다(제129조의 대리권소멸 후의 표현대리).

② **이와 같은 외관의 형성에 관하여 본인에게 책임을 물을 만한 사정이 존재하여야 한다.** 그러한 사정은 어떤 사람에게 대리권을 수여하였다는 것을 타인에게 표시한 것(제125조), 배신행위를 하는 사람을 대리인으로 삼은 것(제126조), 대리인의 대리권이 소멸하였는데 그것을 방치한 것(제129조)이다.

③ **상대방이 대리권의 외관을 믿음에 있어 그 믿음(신뢰)을 보호할 만한 가치가 있어야 한다.** 민법이 상대방의 선의·무과실(제125조, 제129조) 혹은 정당한 이유(제126조)를 요구하는 것은 그러한 표현이다.

4. 표현대리의 3가지 유형

(1) 대리권 수여의 표시에 의한 표현대리(제125조의 표현대리)

1) 의 의

본인이 타인(표현대리인)에게 대리권을 실제로는 주지 않았으나 주었다는 의사를 제3자(상대방)에게 표시함으로써 대리권 성립의 외관이 존재하는 경우에 인정되는 표현대리이다. 예컨대 A가 그 소유건물의 매각에 관하여 B에게 대리권을 실제로는 주지 않았으면서 C에게는 '내 소유 건물을 매각하도록 B에게 대리권을 주었으니 그와 잘 말해보시오.'라고 하여 실제로 대리권을 B에게 준 것처럼 말하였다. 그 후 B가 C와 만나 A 소유건물의 매각에 관하여 대리행위를 하는 경우에 그 적용이 있다.

2) 요 건

① **대리권 수권사실의 표시**(통지) 본인이 대리행위의 상대방이 될 제3자에 대하여 어떤 자에게 대리권을 수여하였음을 표시(통지)하였어야 한다.

㉠ 표시의 방법에는 제한이 없다. 서면에 의하든 구두로 하든, 명시적으로 하든 묵시적으로 하든 무방하다. 제3자란 대리행위의 상대방으로서 특정의 제3자에게 하든 불특정 다수의 제3자에게 하든(예, 신문 광고) 상관없으며, 본인이 이를 직접 하지 않고 대리인이 될 자를 통하여 하더라도 무방하다. 대리인이라 칭하는 자가 실제의 수권이 없는 상태에서 본인으로부터 교부받은 위임장을 제시하여 타인과 거래한 경우가 수권표시의 통상적인 방법이다. 대리권 또는 대리인 등의 말이나 문자를 사용하여야 하는 것은 아니며 대리권의 존재를 제3자가 믿을 만한 직명을 대외적으로 사용하게 하는 경우, 자기 명의의 사용을 허락하거나 묵인하는 명의 대여관계도 대리권을 수여하는 표시에 해당한다.

㉡ 대리권 수여의 표시의 성질은 수권행위 자체가 아니라 대리권을 수여하였음을 제3자에게 알리는 관념의 통지에 해당한다.

② **표시된 대리권의 범위 내에서 한 행위** 표현대리인은 표시에 의하여 수여한 것으로 되어 있는 대리권의 범위 내에서 대리행위를 하였어야 한다. 그 범위를 넘은 행위를 한 경우에는 권한을 넘은 표현대리(제126조)가 문제된다.

③ **표시한 상대방과의 대리행위** 대리행위는 통지를 받은 상대방과의 사이에서 한 것이어야 한다. 통지를 불특정 다수인에게 한 경우에는 문제가 없으나, 특정인에게 한 때에는 그 특정인만이 표현대리에 의하여 보호를 받는 상대방이 된다.

④ **상대방의 선의·무과실** 상대방은 선의·무과실이어야 한다(제125조 단서). 즉 상대방은 표현대리인에게 대리권 없음을 알지 못하고 또 알지 못하는데 과실이 없어야 한다.[440]

3) 적용범위

"대리권을 수여함을 표시"한다는 규정의 문언 상 임의대리에만 가능한 규정이

---

440) **대판** 1984.11.13, 84**다카**1024 ; **대판** 1997.3.25, 96**다**51271.

므로, 제125조의 표현대리는 임의대리의 경우에만 성립하며 법정대리에는 그 적용이 없다는 것이 통설의 견해이다.[441)]

4) 효 과

① 앞의 요건이 갖추어진 경우에는 본인은 무권대리인의 대리행위에 대하여 책임이 있다(제125조 본문). 즉 그 무권대리행위의 효과는 본인에게 귀속한다. 그 결과 본인은 상대방에 대하여 채무를 이행할 의무를 부담하게 되고 동시에 채권이나 그 밖의 권리도 취득한다.

② 이러한 표현대리는 상대방이 이를 주장하는 때에 비로소 문제가 되며, 상대방이 주장하지 않는 한 본인 쪽에서 표현대리를 주장하지 못한다. 다만, 본인이 추인을 하여 표현대리의 법률효과를 발행시킬 수는 있다.

(2) 권한을 넘은 표현대리(제126조의 표현대리)

1) 의 의

대리인의 대리행위가 대리권의 범위를 넘었으나 그 범위 내의 것으로 믿을 만한 정당한 이유가 있는 경우에 성립하는 표현대리이다. 예컨대 건물에 대하여 담보설정의 대리권을 주었는데 그 건물을 매각하는 대리행위를 하는 경우, 1,000만원 차입의 대리권을 주었는데 3,000만원의 차입의 대리행위를 하는 경우 등이다.

2) 요 건

① **기본대리권이 존재할 것** 대리인에게 최소한 일정한 범위의 기본적

441) **대판** 2001.8.21, 2001**다**31264 "민법 제125조가 규정하는 대리권 수여의 표시에 의한 표현대리는 본인과 대리행위를 한 자 사이의 기본적인 법률관계의 성질이나 그 효력의 유무와는 관계가 없이 어떤 자가 본인을 대리하여 제3자와 법률행위를 함에 있어 본인이 그 자에게 대리권을 수여하였다는 표시를 제3자에게 한 경우에 성립하는 것이고, 이때 서류를 교부하는 방법으로 민법 제125조 소정의 대리권 수여의 표시가 있었다고 하기 위하여는 본인을 대리한다고 하는 자가 제출하거나 소지하고 있는 서류의 내용과 그러한 서류가 작성되어 교부된 경위나 형태 및 대리행위라고 주장하는 행위의 종류와 성질 등을 종합하여 판단하여야 할 것이다."; **대판** 1998.6.12, 97**다**53762 "민법 제125조가 규정하는 대리권 수여의 표시에 의한 표현대리는 본인과 대리행위를 한 자 사이의 기본적인 법률관계의 성질이나 그 효력의 유무와는 직접적인 관계가 없이 어떤 자가 본인을 대리하여 제3자와 법률행위를 함에 있어 본인이 그 자에게 대리권을 수여하였다는 표시를 제3자에게 한 경우에는 성립될 수가 있고, 또 본인에 의한 대리권 수여의 표시는 반드시 대리권 또는 대리인이라는 말을 사용하여야 하는 것이 아니라 사회통념상 대리권을 추단할 수 있는 직함이나 명칭 등의 사용을 승낙 또는 묵인한 경우에도 대리권 수여의 표시가 있은 것으로 볼 수 있다."

대리권이 존재하여야 한다. 따라서 처음부터 전혀 대리권이 없다면 본조의 적용이 없다.[442] 기본대리권은 법률행위의 대리권에 한하는가 사실행위에 관한 수권도 표함하는가에 관하여 학설의 대립이 있으나, 판례는 과거에 사실행위를 위한 사자의 경우에도 기본대리권의 존재를 긍정한 사례가 있으나 최근의 판례는 사실행위를 위한 권한은 기본대리권으로 인정할 수 없다는 입장을 취하고 있다.[443]

② **대리인이 그 권한을 넘는 대리행위를 하였을 것** 기본대리권이 있는 대리인이 그 권한을 넘는 사항에 관하여 대리행위를 하여야 한다. 대리행위 그 자체는 유효하여야 하므로 대리행위가 강행규정에 위반되거나 사회질서에 반하는 경우에는 표현대리의 성립이 문제되지 않는다. 권한을 넘는 행위가 기본대리권 범위 내의 행위와 동종이거나 유사한 종류일 필요는 없다.[444]

---

442) **대판** 1978.10.10, 78**다**75 "인감증명서는 인장사용에 부수해서 그 확인방법으로 사용되며 인장사용과 분리해서 그것 만으로서는 어떤 증명방법으로 사용되는 것이 아니므로 인감증명서만의 교부는 일반적으로 어떤 대리권을 부여하기 위한 행위라고 볼 수 없다."; **대판** 1998.3.27, 97**다**48982 "대리인이 사자 내지 임의로 선임한 복대리인을 통하여 권한 외의 법률행위를 한 경우, 상대방이 그 행위자를 대리권을 가진 대리인으로 믿었고 또한 그렇게 믿는 데에 정당한 이유가 있는 때에는, 복대리인 선임권이 없는 대리인에 의하여 선임된 복대리인의 권한도 기본대리권이 될 수 있을 뿐만 아니라, 그 행위자가 사자라고 하더라도 대리행위의 주체가 되는 대리인이 별도로 있고 그들에게 본인으로부터 기본대리권이 수여된 이상, 민법 제126조를 적용함에 있어서 기본대리권의 흠결 문제는 생기지 않는다."

443) **대판** 1992.5.26, 91**다**32190 "민법 제126조의 표현대리가 성립하기 위하여는 무권대리인에게 법률행위에 관한 기본대리권이 있어야 하는바, 증권회사로부터 위임받은 고객의 유치, 투자상담 및 권유, 위탁매매약정실적의 제고 등의 업무는 사실행위에 불과하므로 이를 기본대리권으로 하여서는 권한초과의 표현대리가 성립할 수 없다."

444) **대판** 2001.1.19, 99**다**67598 "종중으로부터 임야의 매각과 관련한 권한을 부여받은 갑이 임야의 일부를 실질적으로 자기가 매수하여 그 처분권한이 있다고 하면서 을로부터 금원을 차용하고 그 담보를 위하여 위 임야에 대하여 양도담보계약을 체결한 경우, 이는 종중을 위한 대리행위가 아니어서 그 효력이 종중에게 미치지 아니하고, 민법 제126조 의 표현대리의 법리가 적용될 수도 없다고 한 사례."; **대판** 1996.8.23, 94**다**38199 "증권회사 또는 그 임·직원의 부당권유행위를 금지하는 증권거래법 제52조 제1호는 공정한 증권거래질서의 확보를 위하여 제정된 강행법규로서 이에 위배되는 주식거래에 관한 투자수익보장약정은 무효이고, 투자수익보장이 강행법규에 위반되어 무효인 이상 증권회사의 지점장에게 그와 같은 약정을 체결할 권한이 수여되었는지 여부에 불구하고 그 약정은 여전히 무효이므로 표현대리의 법리가 준용될 여지가 없다."; **대판** 1978.3.28, 78**다**282·283 "기본대리권이 등기신청행위라 할지라도 표현대리인이 그 권한을 유월하여 대물변제라는 사법행위를 한 경우에는 표현대리의 법리가 적용된다."; **대판** 2002.6.28, 2001**다**49814 "민법 제126조의 표현대리는 대리인이 본인을 위한다는 의사를 명시 혹은 묵시적으로 표시하거나 대리의사를 가지고 권한 외의 행위를 하는 경우에 성립하고, 사술을 써서 위와 같은 대리행위의 표시를 하지 아니하고 단지 본인의 성명을 모용하여 자기가 마치 본인인 것처럼 기망하여

③ 제3자가 그 권한이 있다고 믿을 만한 정당한 이유가 있을 것 제3자란 대리행위의 직접의 상대방을 말한다. 그로부터 전득(轉得)한 자는 여기의 제3자에 해당하지 않는다. 정당한 이유란 무권대리행위가 행하여졌을 때에 존재한 여러 사정으로부터 객관적으로 보아 보통인이면 대리권이 있는 것으로 믿는 것이 당연하다고 볼 만한 경우, 즉 선의 · 무과실을 가리킨다고 한다(다수설).[445]

판례는 '상대방이 대리인에게 대리권이 있다고 믿을 만한 정당한 이유'란 선의 · 무과실로 이해하는 입장이다.[446]

④ 본인의 과실문제 그 밖에 본인의 과실은 묻지 않는다. 그리고 대리인이 권한을 넘어서 행위하는 것이 범죄로 된다고 하더라도 표현대리의 성립에는 지장이 없다.[447]

3) 법정대리에의 적용범위

권한을 넘은 표현대리는 본인의 과실이나 행위에 의할 것이 필요하지 않으므로 제126조는 임의대리와 법정대리에 모두 적용된다는 것이 통설[448]의 입장이다.

본인 명의로 직접 법률행위를 한 경우에는 특별한 사정이 없는 한 위 법조 소정의 표현대리는 성립될 수 없다. 처가 제3자를 남편으로 가장시켜 관련 서류를 위조하여 남편 소유의 부동산을 담보로 금원을 대출받은 경우, 남편에 대한 민법 제126조 소정의 표현대리가 성립하지 않는다."

445) 송덕수, 405면에서는 "제126조의 '권한이 있다고 믿을 만한 정당한 이유'에서 그 정당한 이유란 상대방의 선의 · 무과실로 이해새서는 안 되고, 제반사정에 비추어 볼 때 보통사람이라면 대리권이 존재하는 것으로 믿었을 것이 분명하다고 여겨지는 경우에 정당한 이유가 있다고 보아야 한다."고 한다. **대판** 1976.7.13, 76**다**1155 "채권자 "갑"에 대한 과거의 차용금 채무를 연대보증한 "을"이 동 채무의 변제기일연장에 필요하다는 요청에 따라 인감증명과 인감도장을 교부하였을 뿐 새로운 채무부담을 위한 근저당권설정이나 다른 새로운 채무까지 연대보증할 것을 승낙한 바 없었는데 채무자가 임의로 위 인감도장을 사용하여 새로이 "갑"으로부터 금원을 차용하면서 "을"을 대리하여 연대보증계약을 체결한 경우에는 표현대리가 성립되지 아니한다."; **대판** 1987.11.10, 87**다카**1325 "처 "을"이 부 "병"이 해외취업 중 "병"으로부터 경영권을 위임받아 공장을 경영하면서 공장운영자금의 조달을 위하여 금원을 차용하고 이를 담보하기 위한 가등기를 경료함에 있어 채권자 "갑"이 "을"로부터 "병"명의의 가등기설정용 인감증명서를 교부받고, "을"이 "병"의 인감을 소지하고 있는 것을 보았다면 "갑"이 "을"에게 "병"을 대리할 권한이 있다고 믿음에 정당한 이유가 있다고 할 것이다."

446) **대판** 1992.6.9, 92**다**11473 ; **대판** 1992.6.23, 91**다**14987 ; **대판** 2009.5.28, 2008**다**56392.

447) **대판** 1966.6.28, 66**다**845.

448) 곽윤직, 282면; 김상용, 606면; 김용한, 379면; 김주수, 467면; 백태승, 522면 ; **참고 [일상가사대리권과 민법 제126조의 표현대리]** 부부는 일상가사에 대하여 서로 대리권이 있다(제827조). 부부의 일상가사대리권의 법적 성질에 관하여는 법정대리권으로 보는 것이 다수설이

판례도 같은 입장이다.[449]

(3) 대리권 소멸 후의 표현대리(제129조의 표현대리)

1) 의 의

대리권 소멸 후의 표현대리는 대리인이 이전에 대리권을 가졌다는 점에 기인하여 현재도 대리권이 있다고 믿은 대리권존속의 외관이 존재하는 경우에도 표현대리가 성립한다. 즉 대리권을 이미 가지고 있던 자가 대리권이 소멸한 후에도 대리행위를 한 경우이다. 예컨대 법인의 이사직을 사임한 자가 그 후에 사임한 사실을 숨기고 법인의 이사로서 제3자와 법률행위를 하는 경우이다.

2) 요 건

① **존재하였던 대리권이 소멸하였을 것** 대리인이 이전에는 대리권을 가지고 있었으나 대리행위를 할 때에는 그 대리권이 이미 소멸하였어야 한다.[450]

② **대리행위가 소멸한 대리권의 범위 내에서 행하여졌을 것** 대리행위가 소멸한 대리권의 범위를 넘어서 행하여졌다면 권한을 넘은 표현대리가 문제된다. 여기서 주의해야 할 것은 제129조의 표현대리나 소멸한 대리권의 범위를 넘는 표현대리가 성립하려면 상대방이 과거에 대리인과 거래를 한 적이 있어야 한다는 점이다.[451]

③ **상대방은 선의·무과실일 것** 상대방이 과거의 대리권의 존재를 인식

다. 문제는 부부일방이 타인명의로 일상가사의 범위를 넘는 법률행위를 한 경 우민법 제126조를 적용할 수 있느냐이다. 이에 대하여 다수설은 일상가사대리권을 기본대리권으로 하여 제126조의 표현대리가 성립할 수 있다고 본다.; 그러나 판례는 구체적으로 구분하여 일상가사의 범위 내의 행위라고 오인될 수 있는 경우에 한하여 표현대리를 인정하고(대판 1970.10.30, 70다1812; 대판 1987.11.10, 87다카1325), 그 밖의 경우에 대해서는 상대방 배우자가 그 행위에 관한 대리권을 주었다고 믿었음을 정당화할 만한 객관적인 사정이 있었어야 한다고 하면서 표현대리를 인정하지 않는다(대판 1997.4.8, 96다54942; 대판 1998.7.10, 98다18988).

449) **대판 1997.6.27, 97다3828** "민법 제126조 소정의 권한을 넘는 표현대리 규정은 거래의 안전을 도모하여 거래상대방의 이익을 보호하려는 데에 그 취지가 있으므로 법정대리라고 하여 임의대리와는 달리 그 적용이 없다고 할 수 없고, 따라서 한정치산자의 후견인이 친족회의 동의를 얻지 않고 피후견인의 부동산을 처분하는 행위를 한 경우에도 상대방이 친족회의 동의가 있다고 믿은 데에 정당한 사유가 있는 때에는 본인인 한정치산자에게 그 효력이 미친다."

450) **대판 1967.9.5, 67다1355.**

451) 송덕수, 411면; **대판 1973.7.30, 72다1631** 참조.

하고 이에 기하여 대리행위 당시에도 대리권을 가진다고 믿은 데에 과실이 없어야 한다. 상대방의 악의 · 과실의 증명책임은 본인에게 있는 것으로 해석된다.

3) 적용범위

대리권 소멸 후의 표현대리는 임의대리와 법정대리에 모두 적용된다.452)

(4) 표현대리의 효과

표현대리의 3가지 유형(제125조·제126조·제129조)은 그 성립요건에서는 차이가 있지만 그 효과는 모두 동일하다.

1) 본인의 표현대리행위에 대한 책임

본인은 표현대리행위에 의한 효과를 받는다. 즉 본인은 무권대리라고 하여 그 효과를 거부할 수는 없다. 제125조와 제126조는 '책임이 있다.'고 규정하고, 제129조는 '선의의 제3자에게 대항하지 못한다.'고 규정하지만 그 취지는 동일한 것이다. 본인은 상대방에 대하여 무권대리를 주장할 수 없으며 그 표현대리행위에 따른 권리를 취득하고 의무를 부담한다.453)

2) 상대방의 표현대리의 주장

표현대리는 상대방이 이를 주장한 경우에 비로소 문제가 된다. 상대방이 주장하지 않는데 본인이 이를 주장할 수는 없다.

상대방이 유권대리를 주장한 경우에 그 주장 속에 표현대리의 주장도 포함되어 있다고 볼 것이냐에 관하여 학설의 대립이 있다. 판례는 유권대리주장 속에는 무권대리의 일종인 표현대리의 주장은 포함되어 있지 않다는 입장을 취하고 있

---

452) **대판** 1998.5.29, 97**다**55317 "표현대리의 법리는 거래의 안전을 위하여 어떠한 외관적 사실을 야기한 데 원인을 준 자는 그 외관적 사실을 믿음에 정당한 사유가 있다고 인정되는 자에 대하여는 책임이 있다는 일반적인 권리외관 이론에 그 기초를 두고 있는 것인 점에 비추어 볼 때, 대리인이 대리권 소멸 후 직접 상대방과 사이에 대리행위를 하는 경우는 물론 대리인이 대리권 소멸 후 복대리인을 선임하여 복대리인으로 하여금 상대방과 사이에 대리행위를 하도록 한 경우에도, 상대방이 대리권 소멸 사실을 알지 못하여 복대리인에게 적법한 대리권이 있는 것으로 믿었고 그와 같이 믿은 데 과실이 없다면 민법 제129조에 의한 표현대리가 성립할 수 있다."

453) **대판** 1996.7.12, 95**다**49554 "표현대리행위가 성립하는 경우에 그 본인은 표현대리행위에 의하여 전적인 책임을 져야 하고, 상대방에게 과실이 있다고 하더라도 과실상계의 법리를 유추적용하여 본인의 책임을 경감할 수 없다."

다.[454)]

한편 상대방이 표현대리의 주장을 하지 않는 동안에는 본인은 협의의 무권대리에 있어서와 마찬가지로 상대방이 의사표시를 철회하기 전에 무권대리행위를 추인할 수 있다. 반대로 본인이 무권대리행위의 추인을 거절하더라도 상대방이 표현대리를 주장하게 되면 그에 따른 효과가 발생한다.

또한 상대방은 표현대리를 주장하지 않고 본인이 추인하기 전이라도 철회권을 행사하여 법률행위를 소멸시킬 수 있다(제134조).

3) 상대방이 표현대리를 주장하지 않는 경우의 효과

표현대리는 무권대리에 속한다는 것이 통설적 견해이다. 즉 표현대리가 성립하여 본인에게 법률효과가 귀속한다고 할지라도 이는 법정책임일 뿐 유권대리로 되는 것은 아니며 여전히 무권대리이다.

표현대리가 성립하는 경우에도 상대방이 이를 주장하지 않는 동안에는 무권대리로서의 성격을 띠게 된다. 그 결과 상대방의 주장이 없는 표현대리의 상태에서는 표현대리에 관한 민법의 규정(제125조 제126조, 제129조) 이외에 무권대리에 관한 민법의 규정(제131조~제135조)이 아울러 적용될 수 있게 된다. 따라서 본인은 추인할 수 있고(제130조), 상대방은 본인에게 추인 여부의 확답을 최고할 수 있으며(제131조), 본인이 추인하기 전에는 철회할 수 있다(제134조). 본인의 추인이 없는 경우에는 상대방은 무권대리인에게 계약의 이행 또는 손해배상을 청구할 수 있다(제135조).

상대방이 표현대리를 주장하지 않고 또한 무권대리행위로서 철회하지도 않고서 제135조의 규정에 의한 무권대리인의 책임을 물을 수 있는지에 대하여 학설을 대립하고 있다.

---

454) **대판(전)** 1983.12.13, 83**다카**1489 "유권대리에 있어서는 본인이 대리인에게 수여한 대리권의 효력에 의하여 법률효과가 발생하는 반면 표현대리에 있어서는 대리권이 없음에도 불구하고 법률이 특히 거래상대방 보호와 거래안전유지를 위하여 본래 무효인 무권대리행위의 효과를 본인에게 미치게 한 것으로서 표현대리가 성립된다고 하여 무권대리의 성질이 유권대리로 전환되는 것은 아니므로, 양자의 구성요건 해당사실 즉 주요사실은 다르다고 볼 수밖에 없으니 유권대리에 관한 주장 속에 무권대리에 속하는 표현대리의 주장이 포함되어 있다고 볼 수 없다."

Ⅲ. 협의의 무권대리

1. 의 의

협의의 무권대리란 광의의 무권대리 중에서 표현대리에 해당하지 않는 것을 말한다. 표현대리에 해당하는 경우에도 상대방이 이를 주장하지 않는 동안은 그 것은 협의의 무권대리가 된다. 즉 대리인이 대리권 없이 대리행위를 하였고, 그 대리행위를 표현대리라고 인정할 만한 특별한 사정이 존재하지 않는 경우에 이를 협의의 무권대리라고 한다.

협의의 무권대리는 상대방이 대리의 효과를 본인에게 주장하지 못하고 무권대리인은 상대방에게 무거운 책임을 부담한다는 점에서 표현대리와 다르다.

협의의 무권대리는 계약 또는 단독행위에서 발생할 수 있는데 그 효과가 각각 다르기 때문에 협의의 무권대리를 계약에 관한 무권대리(제130조~제135조)와 단독행위에 관한 무권대리(제136조)로 나누어 규정하고 있다.

2. 계약의 무권대리

(1) 본인과 상대방 사이의 효과

1) 본인에 대한 효과

무권대리행위는 대리권 없이 한 행위이므로 본인에게 그 효력이 미치지 않는다. 그러나 본인이 스스로 그 효과를 받기를 원한다면 이를 막을 이유가 없다. 그리하여 무권대리를 확정적으로 무효로 하지 않고 본인이 추인 또는 추인거절을 하는 것에 따라 그 효과를 확정시키는 여지를 남겨두고 있다. 즉 본인의 추인으로 유효가 될 수 있는 소위 유동적 무효의 상태를 인정한 것이다.

① 본인의 추인권 본인은 무권대리인이 한 계약을 추인함으로써 그 효과를 자신이 받을 수 있다(제130조).

㉠ 추인의 법적 성질 추인은 무권대리가 있음을 알고 그 행위의 효과를 자기에게 직접 발생케 하는 것을 목적으로 하는 단독행위로서 사후의 대리권의 수여는 아니며 그 성질은 형성권에 속한다.[455]

---

455) **대판** 1995.11.14, 95**다**28090 "무권대리행위는 그 효력이 불확정 상태에 있다가 본인의

ⓛ **추인권자** 원칙적으로 추인은 본인이 할 수 있으며, 본인이 사망한 경우에는 그 상속인이 추인할 수 있고, 또 법정대리인이나 본인으로부터 특히 추인의 수권을 받은 임의대리인도 추인할 수 있다.

ⓒ **추인의 상대방** 추인의 의사표시는 상대방에게 하여야 하지만(제132조), 무권대리인에게 한 경우에도 그 사실을 상대방이 안 때에는 추인의 효력을 상대방에게 주장할 수 있다(제132조 단서). 따라서 그 사실을 상대방이 모른 경우에는 상대방은 무권대리인과 맺은 계약을 철회할 수 있다(제134조).

ⓔ **추인의 방법** 특별한 방식을 요하지 않는다. 따라서 구두 또는 문서로 할 수 있다. 명시적이든 묵시적이든 상관없다.[456] 재판상 또는 재판 외에서도 할 있다. 추인은 의사표시의 전부에 대하여 하여야 하고, 그 일부에 대하여 추인을 하거나 그 내용을 변경하여 추인을 한 때에는 상대방의 동의가 없는 한 무효이다.

ⓜ **추인의 효과** 추인이 있으면 무권대리는 계약시에 소급하여 그 효력이 생긴다(제133조 본문). 다만, 본인과 상대방 사이의 계약으로 장래에 향하여 효력이 있는 것으로 약정한 때에는 그 때부터 효력이 발생한다. 한편 추인의 소급효는 제3자의 권리를 해하지 못한다(제133조 단서).

② **본인의 추인거절** 무권대리는 본인이 이를 방치하더라도 본인에게 효력이 생기지 않지만, 본인은 적극적으로 추인의 의사가 없음을 통지하여 무권대리를 확정적으로 무효로 할 수 있다. 추인거절의 상대방과 방법은 추인에서와 같다(제132조). 본인의 추인거절이 있으면 무권대리행위는 무효인 것으로 확정되어 본인은 이제는 다시 추인할 수 없으며, 상대방도 최고권(제131조)이나 철회권(제134조)을 행사할 수 없게 된다.

추인 유무에 따라 본인에 대한 효력발생 여부가 결정되는 것인바, 그 추인은 무권대리행위가 있음을 알고 그 행위의 효과를 자기에게 귀속시키도록 하는 단독행위이다."

456) **대판** 1984.12.11, 83**다카**1531 "피고가 원고명의의 영수증을 받고 무권대리인인 갑이 체결한 임대차계약상의 차임의 일부를 위 갑에게 지급하였다면 피고는 위 금원을 지급할 때에 위 임대차계약의 임대인이 갑이 아니라 원고임을 알았으며 위와 같이 위 임대차계약상의 차임의 일부로 금원을 지급함으로써 위 갑이 대리인으로서 체결한 원고와의 위 임대차계약을 묵시적으로 추인하였다고 봄이 논리칙과 경험칙에 부합한다."; **대판 1995.12.22, 94다 45098** "처가 타인으로부터 금원을 차용하면서 승낙 없이 남편 소유 부동산에 근저당권을 설정한 것을 알게 된 남편이, 처의 채무 변제에 갈음하여 아파트와 토지를 처가 금전을 차용한 자에게 이전하고 그 토지의 시가에 따라 사후에 정산하기로 합의한 후 그 합의가 결렬되어 이행되지 않았다고 하더라도, 일단 처가 차용한 사채를 책임지기로 한 이상 남편은 처의 근저당권 설정 및 금원 차용의 무권대리 행위를 추인한 것이다."

③ 본인과 무권대리인의 지위가 동일인에게 귀속한 경우의 추인거절

㉠ 무권대리인이 본인을 상속한 경우 예컨대 아버지 명의의 토지를 아들이 대리권 없이 타인에게 팔았고 아버지가 추인하기 전에 사망하여 본인인 아버지의 지위를 무권대리인인 아들이 상속한 경우에, 아들은 무권대리인으로서 상대방에 대하여 제135조에 의한 책임을 지는 지위와 아버지의 상속인으로서 무권대리행위를 추인 또는 추인거절할 수 있는 지위를 동시에 가지게 된다. 이 경우 아들이 본인인 아버지의 지위에서 추인거절할 수 있는지가 문제된다. 이에 대하여 학설의 대립이 있으나 판례는 무권대리인이 본인을 단독상속한 경우에 추인거절권을 행사하는 것은 금반언의 원칙이나 신의칙에 반하여 허용될 수 없다는 입장을 취하고 있다.[457]

㉡ 본인이 무권대리인을 상속한 경우 반대로 아들 명의의 도지를 아버지가 대리권 없이 타인에게 팔았고 아버지가 사망하여 무권대리인인 아버지의 지위를 본인인 아들이 상속한 경우에, 본인인 아들이 추인거절할 수 있는지가 문제된다. 이 경우에는 무권대리인이 본인을 상속한 경우와는 달리, 아무런 잘못이 없는 본인이 무권대리인을 상속하였다고 하여 추인거절권이 부정된다고 하는 것은 타당하지 않다. 즉 상속인인 본인이 본인의 지위에서 추인을 거절하여도 신의칙에 반한다고는 할 수 없을 것이다. 다만 추인을 거절하여도 무권대리인의 지위도 함께 가지고 있으므로 제135조의 책임은 피할 수 없을 것이다.

2) 상대방에 대한 효과

무권대리는 본인의 추인 여부에 따라 그 효력이 좌우되므로 상대방은 그만큼 불안정한 지위에 놓이게 된다. 여기서 민법은 상대방을 보호하기 위하여 상대방에게 최고권과 철회권을 인정한다.

---

457) **대판 1994.9.27, 94다20617** "갑이 대리권 없이 을 소유 부동산을 병에게 매도하여 부동산소유권이전등기등에관한특별조치법에 의하여 소유권이전등기를 마쳐주었다면 그 매매계약은 무효이고 이에 터 잡은 이전등기 역시 무효가 되나, 갑은 을의 무권대리인으로서 민법 제135조 제1항의 규정에 의하여 매수인인 병에게 부동산에 대한 소유권이전등기를 이행할 의무가 있으므로 그러한 지위에 있는 갑이 을로부터 부동산을 상속받아 그 소유자가 되어 소유권이전등기이행의무를 이행하는 것이 가능하게 된 시점에서 자신이 소유자라고 하여 자신으로부터 부동산을 전전매수한 정에게 원래 자신의 매매행위가 무권대리행위여서 무효였다는 이유로 정 앞으로 경료된 소유권이전등기가 무효의 등기라고 주장하여 그 등기의 말소를 청구하거나 부동산의 점유로 인한 부당이득금의 반환을 구하는 것은 금반언의 원칙이나 신의성실의 원칙에 반하여 허용될 수 없다."

① **최 고 권**

㉠ **의의 및 법적 성질** 최고란 본인에 대하여 무권대리행위를 추인하느냐 않느냐의 확답을 구하는 행위이며, 최고의 효과가 본인의 의사와 관계없이 법률에 의해 정해진다는 점에서 의사의통지이다.

㉡ **요 건**

ⓐ 상대방은 본인의 추인 또는 추인거절이 없는 경우에 한하여 최고할 수 있다. 그리고 계약 당시 무권대리임을 상대방이 안 경우(악의인 경우)에도 최고할 수 있다.

ⓑ 최고는 상당기간을 정하여, 문제의 무권대리행위를 추인할 것인지 여부를 확답하라는 뜻을 표시하여, 본인에게 하여야 한다.

㉢ **효 과** 상대방의 최고에 의하여 본인이 추인을 하거나 추인을 거절하면 그 의사표시에 따른 효과가 발생한다. 최고의 효과(제131조의 효과)는 본인이 추인도 추인거절도 하지 않는 경우에 발생한다. 본인이 최고를 받고도 상당기간 내에 확답을 발송하지 않은 때에는 추인을 거절한 것으로 간주한다. 따라서 상당기간이 지난 후에는 본인이 추인을 하더라도 추인한 것으로 되지 않는다.

② **철 회 권**

제134조에서 "대리권 없는 자가 한 계약은 본인의 추인이 있을 때까지 상대방은 본인이나 그 대리인에 대하여 이를 철회할 수 있다. 그러나 계약당시에 상대방이 대리권 없음을 안 때에는 그러하지 아니하다."라고 하여 상대방에게 철회권을 인정하고 있다.

㉠ **의의 및 법적 성질** 철회라 함은 무권대리의 상대방이 적극적으로 본인에 대하여 무권대리인과의 사이에 계약을 없었던 것으로 하겠다는 의사표시이고, 이러한 철회권은 형성권의 일종이다.

㉡ **요 건**

ⓐ 철회는 본인의 추인(또는 추인거절)이 있기 전에 한하여 할 수 있다. 다만, 본인이 무권대리인에게 추인의 의사표시를 한 경우에는 상대방이 그 사실을 알지 못하는 한 본인이 상대방에게 추인의 효과를 주장하지는 못하므로(제132조 단서), 이 경우 상대방이 한 철회는 유효하다.

ⓑ 철회는 최고의 경우와는 달리 본인뿐만 아니라 무권대리인에 대하여도

할 수 있다.

ⓒ 철회는 무권대리의 사실을 몰랐던 선의의 상대방에게만 인정된다.

㉢ **효 과** 상대방이 철회를 하면 무권대리인과 맺은 계약은 확정적으로 무효가 된다. 상대방이 철회를 하면 본인은 무권대리를 추인할 수 없다.

(2) 무권대리인과 상대방 사이의 효과

1) 무권대리인의 책임의 근거와 법적 성질

무권대리인이 맺은 계약은 본인에게 그 효과가 미치지 않고, 무권대리인은 어디까지나 본인을 위하여 대리행위를 한 것이므로 그 계약의 효과가 대리인에게 미치는 것으로 할 수도 없다.

이 경우 계약 상대방은 현저하게 불리한 지위에 놓일 수밖에 없게 되므로, 상대방의 보호와 거래안전을 꾀하고 대리제도의 신용을 유지하기 위하여 일정한 요건 아래 무권대리인에게 무거운 책임을 묻도록 하고 있다.

이 경우 무권대리인의 책임은 과실을 요건으로 하지 않는 무과실책임이며, 법정책임이다(통설).

2) 책임의 요건

① **대리인이 대리권을 증명할 수 없을 것** 대리권의 존재에 대한 증명책임은 상대방이 부담하는 것이 아니라 무권대리인이 책임을 면하려면 자기에게 대리권이 있었음을 증명하여야 한다.

② **본인의 추인을 얻지 못하고, 표현대리도 성립하지 않을 것** 제135조 제1항의 '본인의 추인을 얻지 못한 때'라 함은 본인이 추인을 거절한 때로 해석된다(다수견해). 추인거절은 묵시적으로도 인정된다. 본인이 추인을 하거나 표현대리가 성립하는 경우에는 대리의 효과가 본인에게 생기므로 상대방은 무권대리인의 책임을 물을 수 없다.

③ **상대방이 선의 · 무과실일 것** 상대방이 대리인에게 대리권이 없음을 알았거나 알지 못함에 과실이 있는 경우에는 무권대리인의 책임이 발생하지 않는다. 무권대리인이 책임을 면하려면 상대방의 악의 또는 과실을 입증하여야 한다.

④ **무권대리인이 행위능력자일 것** 원래 대리인에게 행위능력을 요구하고 있지 않기 때문에(제117조) 무권대리인 중에도 제한능력자가 있을 수 있다. 그

러나 이 경우 제한능력자에게 제135조의 책임을 부과하는 것은 제한능력자보호제도의 취지에 어긋나기 때문에 무권대리인이 제한능력자인 경우에는 책임을 물을 수 없는 것으로 하고 있다(제135조 제2항).

3) 책임의 내용

무권대리인을 상대방의 선택에 좇아 이행 또는 손해배상의 책임을 진다.

상대방이 이행을 선택하면 무권대리인은 대리행위가 유효하였다면 본인이 상대방에게 부담하였을 것과 같은 내용을 이행하여야 한다(이행책임).

상대방이 손해배상을 선택하면 무권대리인은 이행에 갈음하는 손해인 이행이익의 손해를 배상을 하여야 한다.

제135조의 청구권의 소멸시효기간이 일반채권의 시효기간(제162조 제1항)처럼 10년이라고 하여야 하는지, 아니면 무권대리행위가 유권대리라면 상대방이 본인에게 가지는 청구권의 성질에 따라 10년 · 3년 · 1년 중 어느 것이 시효기간으로 되는지가 문제로 될 수 있다. 이 경우 선택채권으로서 선택채권에 관한 규정(제380조 내지 386조)이 유추 적용되며 그 청구권의 소멸시효기간은 상대방이 본인에게 가지는 청구권의 성질에 따라 시효기간이 정해지는 것으로 보는 것이 타당하다.

한편 계약이행 또는 손해배상청구권의 소멸시효는 그 선택권을 행사할 수 있는 때로부터 진행한다(제166조 제1항).[458] 여기서 선택권을 행사할 수 있는 때란 "대리권의 증명 또는 본인의 추인을 얻지 못한 때"라고 한다.[459]

(3) 본인과 무권대리인 사이의 효과

본인이 추인을 하지 않는 한 본인에게 아무런 효력이 생기지 않으므로 본인과 무권대리인 사이에는 아무런 법률관계가 생기지 않는다.

본인이 추인을 한 경우에는 무권대리인이 의무 없이 본인의 사무를 관리한 것이 되어 사무관리가 성립한다(제734조). 이 경우 무권대리인은 무권대리에 기하여

---

458) **대판 1965.8.24, 64다1156** "타인의 대리인으로 계약을 한 자가 그 대리권을 증명하지 못하고 또 본인의 추인을 얻지 못한 때에는 상대방의 선택에 좇아 계약의 이행 또는 손해배상의 책임이 있는 것인바 이 상대방이 가지는 계약이행 또는 손해배상청구권의 소멸시효는 그 선택권을 행사할 수 있는 때로부터 진행한다 할 것이고 또 선택권을 행사할 수 있는 때라고 함은 대리권의 증명 또는 본인의 추인을 얻지 못한 때라고 할 것이다."

459) **대판 1965.8.24, 64다1156.**

취득한 것을 인도하여야 하고(제738조, 제684조), 지출한 비용에 대하여 그 상환을 청구할 수 있다(제739조).

그 밖에 부당이득(제741조)이나 불법행위(제750조)가 성립할 수도 있다.

3. 단독행위의 무권대리

제136조는 "단독행위에는 그 행위당시에 상대방이 대리인이라 칭하는 자의 대리권 없는 행위에 동의하거나 그 대리권을 다투지 아니한 때에 한하여 전6조의 규정을 준용한다. 대리권 없는 자에 대하여 그 동의를 얻어 단독행위를 한 때에도 같다."라고 규정하여, 상대방 있는 단독행위의 경우 무권대리행위가 일정한 요건을 갖추고 있는 경우에 계약의 무권대리에 관한 규정(제130조 내지 제135조)을 준용하도록 규정하고 있다. 상대방 있는 경우의 단독행위의 상대방도 무권대리행위를 추인하는 것이 유리한 경우가 있을 수도 있기 때문이다.

(1) 상대방 있는 단독행위

상대방 있는 단독행위의 무권대리도 무효임이 원칙이다. 그러나 무권대리인에게 대리권이 있다고 믿은 상대방을 보호할 필요성이 있으므로 예외적으로 계약의 무권대리와 동일하게 다루는 경우가 있다.

1) 능동대리

상대방 있는 단독행위(예, 계약해제 · 채무면제)의 경우 무권대리의 상대방이 대리권 없는 자의 행위에 동의하거나 또는 그 대리권을 다투지 아니한 경우에는 계약의 무권대리에 관한 규정을 그대로 적용한다(제136조).

상대방이 대리권 없는 자의 행위에 동의하거나 그 대리권을 다투지 아니하여야 한다. '대리권을 다투지 아니한 때'라 함은 무권대리인이 한 단독행위를 상대방이 수령한 후 지체 없이 이의하지 아니한 경우를 의미한다. 예컨대 무권대리인이 본인을 대리하여 계약을 해제하거나 취소한 경우에 해제나 취소의 요건이 갖추어진 경우라면 상대방이 이를 수령한 후 이의하지 않고 있는 동안에 본인이 추인하면 계약해제나 취소의 효과가 발생한다.[460]

---

460) **대판** 1979.12.28, 79**다**1824 "원고와 피고 사이의 매매계약을 소외인이 자의로 해제한 후 반환받은 금원으로 매수한 대지의 등기관계서류를 원고가 위 소외인으로부터 교부받아

2) 수동대리

상대방이 대리권 없는 자의 동의를 얻어 그 자에게 단독행위를 한 경우에도 계약의 무권대리에 관한 규정이 적용된다. 따라서 무권대리인에게 한 상대방의 단독행위를 본인이 추인하면 본인과 상대방 사이에 효과가 발생하게 되고, 추인을 거절하면 상대방의 무권대리인에 대한 단독행위는 실효하게 된다.

본인이 추인을 거절하면 무권대리의 상대방은 제135조에 따라 무권대리인에게 손해배상의 책임은 물을 수 있을 것이지만 계약의 이행책임은 물을 수 없다.

(2) 상대방 없는 단독행위

소유권의 포기, 재단법인의 설립행위와 같은 상대방 없는 단독행위의 무권대리는 능동대리이든 수동대리이든 본인의 추인여부와 관계없이 언제나 절대적·확정적으로 무효이다.

본인의 추인에 의하여 상대방을 보호해야 할 여지가 전혀 없고, 그 추인 여부는 본인만의 이익에 편중하는 것이 되어 상대방 보호에 관한 규정(제131조, 제134조)이 적용될 여지가 없기 때문이다.

이를 자기 남편명의로 위 대지에 관한 소유권이전등기를 경료한 경우에는, 원고가 소외인이 한 매매계약의 해제행위를 추인한 것으로 볼 것이다."

제5절 법률행위의 무효와 취소

Ⅰ. 총 설

1. 법률행위의 효력체계

민법에서 법률행위의 성립요건이나 유효요건을 규정함에 있어 그들 요건을 구비하지 못한 법률행위에 대하여 무효 또는 취소할 수 있다고 한다.

민법상 법률행위가 무효가 되는 경우는 의사무능력자의 법률행위, 원시적 불능의 법률행위, 강행규정(효력규정)을 위반하는 법률행위, 반사회질서의 법률행위(제103조), 불공정한 법률행위(제104조), 상대방이 안 비진의 의사표시(제107조 제1항), 허위표시(제108조) 등이 있다.

법률행위를 취소할 수 있는 경우는 제한능력자의 법률행위(제5조 이하), 착오에 의한 법률행위(제109조), 사기 또는 강박에 의한 법률행위(제110조) 등이 있다.

어떠한 사유를 무효로 하고 어떠한 사유를 취소할 수 있는 것으로 할 것인지는 입법정책의 문제이다. 즉 절대적 원칙이 있는 것은 아니다. 대체로 법질서 전체의 이상에 비추어 도저히 허용할 수 없는 때에는 무효로 규정하고(예, 제103조 · 강행규정위반 법률행위 등), 효력의 부인을 특정인에게 맡겨도 무방한 때(예, 제한능력자와 같은 특정인의 보호를 목적으로 하는 경우 · 비교적 경미한 절차상의 하자가 있는 경우)에는 취소로 규정한다.

민법은 제137조에서 제146조까지 법률행위의 무효와 취소에 관한 일반적 통칙을 규정하고 있다.

2. 무효와 취소의 차이

무효와 취소는 다음 몇 가지 점에서 차이가 있다.

① **법률행위의 효력** 무효는 특정인의 주장을 필요로 하지 않고 당연히

그 효력이 처음부터 발생하지 않는 데 비하여, 취소는 일정한 취소권자가 취소권을 행사한 때에 한해 비로소 소급하여 무효로 되며 취소되기 전에는 그 법률행위의 효력에 아무런 영향을 받지 않는다.

② **무효 · 취소의 주장기간** 무효는 시간의 경과에 의하여 그 효력에 변동이 생기지 않고 언제나 주장이 가능하나, 취소는 취소권의 존속기간 내에 행사하지 않으면 더 이상 취소를 할 수 없고 그 결과 유효한 것으로 확정되게 된다. 그러나 법률행위를 취소하게 되면 소급해서 무효가 되므로(제141조) 취소를 한 다음에는 그 결과에 있어서 무효와 취소는 같게 된다.

③ **추인의 가부** 무효인 법률행위는 추인하여도 그 효력이 생기지 않는 것이 원칙이나(제139조), 취소할 수 있는 법률행위는 추인하면 그 이후에는 취소할 수 없고 유효한 법률행위로 확정된다(제143조 제1항).

3. 무효와 취소의 이중효

어떤 법률행위가 무효의 원인과 취소의 원인 모두 다 가지고 있는 경우는 각각의 요건을 입증하여 무효를 주장할 수도 있고 취소할 수도 있다. 예컨대 미성년자가 의사무능력인 상태에서 법정대리인의 동의 없이 단독으로 법률행위를 한 경우에는 각각의 요건을 증명하여 무효를 주장하거나 혹은 취소할 수 있다.

Ⅱ. 법률행위의 무효

1. 의 의

법률행위의 무효란 법률행위가 성립한 때부터 법률상 당연히 그 효력이 없는 것으로 확정된 것을 말한다.

법률행위의 무효는 법률행위가 성립된 것을 전제로 하는 것이어서 처음부터 법률행위가 성립하지 않은 법률행위불성립과 구별된다. 법률행위불성립의 경우에는 무효에 관한 일반규정(제137조 내지 제139조)이 적용될 여지가 없다. 즉 법률행위가 성립한 이후에야 비로소 그 법률행위의 유 · 무효 여부를 문제 삼게 기되 때문이다.

2. 무효의 종류

(1) 절대적 무효 · 상대적 무효

절대적 무효라 함은 법률행위를 한 당사자사이에서 뿐만 아니라 제3자에 대한 관계에서도 무효인 것을 말한다. 예컨대 의사무능력자의 법률행위 · 강행법규에 위반하는 법률행위 · 반사회적 법률행위가 있다.

상대적 무효라 함은 법률행위의 당사자 간에는 무효이지만 선의의 제3자에 대하여는 그 무효를 주장할 수 없는 것을 말한다. 예컨대 진의 아닌 의사표시(제107조), 허위표시의 법률행위(제108조)는 선의의 제3자에게는 주장할 수 없는 상대적 무효이다. 상대적 무효의 경우는 무효로써 선의의 제3자에게 대항하지 못하게 함으로써 거래의 안전을 도모하고 있다.

(2) 당연무효 · 재판상 무효

당연무효라 함은 법률행위를 무효로 하기 위하여 소송에 의한 주장을 필요로 하지 않는 무효를 말한다. 재판상무효를 제외한 모든 무효가 이에 속하며 무효는 원칙적으로 당연무효이다.

재판상 무효라 함은 무효의 주장을 소송을 통해서만 할 수 있는 무효를 말한다. 예컨대 회사설립의 무효(상법 제184조) · 회사합병의 무효(상법 제236조) · 혼인무효 · 이혼무효 등이 있다. 재판상 무효는 무효의 결과가 일반 제3자에게 중대한 영향을 미치게 되는 경우에 규정된다. 재판상 무효에는 원고적격과 출소기한이 제한된다.

(3) 전부무효 · 일부무효

법률행위의 내용 전부가 무효인 것이 전부무효이고, 법률행위의 일부가 무효인 것이 일부무효이다.

법률행위의 일부무효는 그 전부를 무효로 하는 것이 원칙이지만(제137조 본문), 그 일부가 무효임을 당사자 쌍방이 법률행위 당시에 알았더라도 나머지 부분만으로 법률행위를 하였을 것이라고 인정될 때에는 그 나머지 부분은 유효하다(제137조 단서).[461] 이 경우의 당사자의 의사를 '가정적 의사'라고 한다.[462]

---

461) **대결** 2005.11.8, 2005마541 "조건부 법률행위에 있어 조건의 내용 자체가 불법적인 것이어서

일부무효에 관하여는 민법이나 특별법이 개별적으로 특별규정을 두고 있는 경우도 있다(제385조 · 제591조 제1항 · 제651조 제1항 · 약관법 제16조). 이러한 경우에는 개별규정이 제137조에 우선하여 적용된다.[463)]

(4) 확정적 무효 · 유동적 무효

확정적 무효라 함은 법률행위가 성립한때로부터 확정적으로 무효로 되는 경우를 말한다. 무효인 법률행위는 원칙적으로 확정적 무효이며 추인하여도 그 효력이 생기지 않는다(제139조 본문).[464)]

무효일 경우 또는 조건을 붙이는 것이 허용되지 아니하는 법률행위에 조건을 붙인 경우 그 조건만을 분리하여 무효로 할 수는 없고 그 법률행위 전부가 무효로 된다. 주주총회에서 감사로 선임된 자에게 회사의 대표이사가 감사임용계약의 청약을 하면서 부가한 조건의 내용 자체가 무효이거나 조건을 부가하여 위 청약의 의사표시를 하는 것이 무효인 경우, 그 조건뿐만 아니라 청약의 의사표시 전체가 무효로 되는 것이므로 이에 대하여 피선임자가 승낙의 의사표시를 하였다 하더라도 감사임용계약이 성립된 것으로 볼 수 없다."

462) **대판** 1996.8.23, 94**다**38199 "주식투자가와 증권회사 사이에 주식매매거래계좌설정약정 및 투자수익보장약정, 일임매매약정이 일체로서 체결되었으나 그 중 투자수익보장이 무효인 경우, 약정 당시 고객이 투자수익보장약정이 무효임을 알았거나 알 수 있었다고 보여질 뿐 아니라 주식매매거래계좌설정약정 및 일임매매약정에 기하여 주식거래가 계속되어 새로운 법률관계가 계속적으로 형성되어 왔다면, 투자수익보장약정이 무효라고 하여 주식매매거래계좌설정약정이나 일임매매약정까지 무효가 된다고 할 수는 없다." ; **대판** 2010.3.25, 2009**다**41465 "복수의 당사자 사이에 어떠한 합의를 한 경우 그 합의는 전체로서 일체성을 가지는 것이므로, 그 중 한 당사자의 의사표시가 무효인 것으로 판명된 경우 나머지 당사자 사이의 합의가 유효한지의 여부는 민법 제137조 에 정한 바에 따라 당사자가 그 무효 부분이 없더라도 법률행위를 하였을 것이라고 인정되는지의 여부에 의하여 판정되어야 하고, 그 당사자의 의사는 실재하는 의사가 아니라 법률행위의 일부분이 무효임을 법률행위 당시에 알았다면 당사자 쌍방이 이에 대비하여 의욕 하였을 가정적 의사를 말하는 것이지만, 한편 그와 같은 경우에 있어서 나머지 당사자들이 처음부터 한당사자의 의사표시가 무효가 되더라도 자신들은 약정내용대로 이행하기로 하였다면 무효가 되는 부분을 제외한 나머지 부분만을 유효로 하겠다는 것이 당사자의 의사라고 보아야 할 것이므로, 그 당사자들 사이에서는 가정적 의사가 무엇인지 가릴 것 없이 무효 부분을 제외한 나머지 부분은 그대로 유효하다고 할 것이다."

463) **대판** 2004.6.11, 2003**다**1601 ; **대판** 2010.7.22, 2010**다**23425 ; **대판** 2013.4.26, 2011**다**9068.

464) **대판** 2010.6.10, 2009**다**96328 "[1] 국토의 계획 및 이용에 관한 법률상 토지거래계약 허가구역 내의 토지에 관하여 허가를 배제하거나 잠탈하는 내용으로 매매계약이 체결된 경우에는 같은 법 제118조제6항에 따라 그 계약은 체결된 때부터 확정적으로 무효이다. 그리고 이러한 허가의 배제 · 잠탈행위에는 토지거래허가가 필요한 계약을 허가가 필요하지 않은 것에 해당 도록 계약서를 허위로 작성하는 행위뿐만 아니라, 정상적으로는 토지거래허가를 받을 수 없는 계약을 허가를 받을 수 있도록 계약서를 허위로 작성하는 행위도 포함된다. [2] 국토의 계획 및 이용에 관한 법률상 토지거래계약 허가구역 내의 토지에 관한 매매계약

유동적 무효라 함은 현재는 무효이나 추후 허가(또는 추인)에 의해 소급적으로 유효한 것으로 될 수 있는 무효를 말한다. 예컨대 무권대리행위의 효력, 무권리자의 처분행위, 허가구역 내의 허가 없는 토지거래계약의 효력(국토의 계획 및 이용에 관한 법률 제118조 제6항) 등이다.[465)]

3. 무효의 일반적 효과

민법은 무효의 효과를 명문으로 규정하고 있지는 않지만, 그 법률효과는 법률상 당연히 확정적으로 발생하지 않는다고 할 것이다. 따라서 무효에 관하여는 법원은 당사자의 주장이 없더라도 직권으로 이를 조사하여 법률효과를 부인하여야 한다.

을 체결하면서 허가요건을 갖추지 못한 매수인이 허가요건을 갖춘 사람의 명의를 도용하여 매매계약서에 그를 매수인으로 기재한 것은 매매계약을 체결하면서 처음부터 토지거래허가를 잠탈한 경우에 해당하므로 위 매매계약은 처음 체결된 때부터 확정적으로 무효라고 한 사례."; 확정적 무효와 관련한 판례 중 참고할 만한 것으로는 다음의 것이 있다. **대판** 2011.6.30, 2011**도**614 ; **대판** 2010.8.19, 2010**다**31860 ; **대판** 1998.3.27, 97**다**36996 ; **대판** 2009.4.23, 2008**다**50615 ; **대판** 1997.7.25, 97**다**4357 · 4364 ; **대판** 1997.11.14, 97**다**36118 ; **대판** 2008.10.23, 2008**다**65877 ; **대판** 2011.6.24, 2011**다**11009 ; **대판** 2010.3.25, 2009**다**41465 ; **대판** 2009.5.14, 2009**도**926.

465) **대판(전)** 1991.12.24, 90**다**12243 "국토이용관리법상의 규제구역 내의 '토지 등의 거래계약' 허가에 관한 관계규정의 내용과 그 입법취지에 비추어 볼 때 토지의 소유권 등 권리를 이전 또는 설정하는 내용의 거래계약은 관할 관청의 허가를 받아야만 그 효력이 발생하고 허가를 받기 전에는 물권적 효력은 물론 채권적 효력도 발생하지 아니하여 무효라고 보아야 할 것인바, 다만 허가를 받기 전의 거래계약이 처음부터 허가를 배제하거나 잠탈하는 내용의 계약일 경우에는 확정적으로 무효로서 유효화될 여지가 없으나 이와 달리 허가받을 것을 전제로 한 거래계약(허가를 배제하거나 잠탈하는 내용의 계약이 아닌 계약은 여기에 해당하는 것으로 본다)일 경우에는 허가를 받을 때까지는 법률상 미완성의 법률행위로서 소유권 등 권리의 이전 또는 설정에 관한 거래의 효력이 전혀 발생하지 않음은 위의 확정적 무효의 경우와 다를 바 없지만, 일단 허가를 받으면 그 계약은 소급하여 유효한 계약이 되고 이와 달리 불허가가 된 때에는 무효로 확정되므로 허가를 받기까지는 유동적 무효의 상태에 있다고 보는 것이 타당하므로 허가받을 것을 전제로 한 거래계약은 허가받기 전의 상태에서는 거래계약의 채권적 효력도 전혀 발생하지 않으므로 권리의 이전 또는 설정에 관한 어떠한 내용의 이행청구도 할 수 없으나 일단 허가를 받으면 그 계약은 소급해서 유효화되므로 허가 후에 새로이 거래계약을 체결할 필요는 없다."; 유동적 무효와 관련하여 중요판례로는 다음의 판례가 있다. **대판** 2010.3.25, 2009**다**41465 ; **대판** 1997.11.11, 97**다**33218 ; **대판** 2000.10.27, 96**두**13492 ; **대판** 2013.12.26, 2012**다**1863 ; **대판** 2000.1.28, 99**다**40524 ; **대판** 2009.4.23, 2008**다**50615 ; **대판** 1998.3.27, 97**다**36996 ; **대판** 1996.10.25, 96**다**23825 ; **대판** 2009.4.23, 2008**다**62427 ; **대판** 1997.6.27, 97**다**9369 ; **대판** 1997.11.11, 97**다**36965 ; **대판** 1998.12.22, 98**다**44376 ; **대판** 1992.10.13, 92**다**16836.

무효인 법률행위가 물권행위인 때에는 물권변동이 발생하지 않고, 법률행위가 채권행위인 경우 그에 기한 채권·채무가 발생하지 않게 되어 이행의 문제가 발생할 여지가 없다. 그러나 이미 이행된 경우에는 법률상 원인이 없는 이득이 되어 원칙적으로 부당이득에 관한 규정(제741조 이하)에 의하여 반환되어야 한다.

법률행위가 무효인 경우에는 제3자에 대하여도 이를 주장할 수 있다. 그러므로 무효인 법률행위에 기하여 외형상 생긴 소유권 등의 권리를 양수한 자에 대하여도 법률행위의 무효를 주장할 수 있고 나아가서 사실상 물건을 취득한 제3자에 대하여도 권리 없음을 주장할 수 있다.

4. 무효행위의 전환

(1) 의 의

무효행위의 전환이라 함은 무효인 법률행위가 다른 법률행위의 요건을 구비하고 당사자가 그 무효를 알았더라면 다른 법률행위를 하는 것을 의욕 하였으리라고 인정될 때에는 다른 법률행위로서 효력을 인정하는 것을 말한다.

즉 무효행위의 전환이란 A라는 행위로서는 무효인 법률행위가 B라는 행위로서는 유효하고, 또 당사자가 그 무효를 알았더라면 B로서의 행위를 의욕 하였을 것으로 인정되는 경우(현실의 의사가 아닌 가정적 의사)에는 무효인 A행위를 B행위로서 그 효력을 인정하는 것이다.

(2) 요 건

무효행위의 전환이 인정되기 위해서는 다음과 같은 요건이 갖추어져야 한다.

① 무효인 법률행위가 있어야 한다. ② 그 행위가 다른 유효한 법률행위로서의 요건을 구비하고 있어야 한다. ③ 당사자가 그 무효를 알았더라면 다른 법률행위를 하는 것을 의욕 하였으리라고 가정적으로 인정되어야 한다.

(3) 효 과

① 계약의 경우에는 무효행위의 전환의 법리가 당연히 적용된다. ② 전환 후의 법률행위가 불요식인 경우에는 전환 전의 행위는 불요식행위 이거나 요식행위 이거나 상관없다. 예컨대 지상권설정계약으로서 무효인 것을 임대차계약으로서

유효성을 인정하는 경우, 어음 · 수표행위로서는 무효이지만 차용증서로서의 효력을 인정하는 경우 등이 있다. ③ 전환 전의 법률행위가 불요식행위이고 전환 후의 법률행위가 요식행위인 경우에는 전환이 인정될 가능성이 거의 없다. ④ 전환전후의 법률행위 모두가 요식행위인 경우에는 문제이다. 판례는 혼인 외의 출생자를 혼인중의 출생자로 출생신고를 한 경우에 그 신고는 친생자 출생신고로서는 무효이지만 인지신고(認知申告)로서는 유효하다고 판시하였다.[466)]

5. 무효행위의 추인

(1) 의 의

무효행위의 추인이라 함은 법률행위의 효과가 확정적으로 발생하지 아니하는 무효행위를 나중에 이를 유효하게 하는 의사표시를 말한다.

제139조 본문은 "무효인 법률행위는 추인하여도 그 효력이 생기지 아니한다." 라고 규정함으로써 법에 의하여 부인된 법률행위의 효력을 당사자의 의사로써 유효한 것으로 할 수 없다는 점을 분명히 하고 있다. 즉 원래 무효인 법률행위는 추인하여도 그 효력이 생기지 아니한다.

"그러나 당사자가 그 무효임을 알고 추인한 때에는 새로운 법률행위로 본다." (제139조 단서)를 어떻게 해석할 것인가에 대하여, 통설은 당사자가 그 무효임을 알고서, 즉 무효사유가 없어진 후에 이를 추인(追認)함으로써 동일한 내용의 진정한 법률행위를 반복하지 않더라도 당초 법률행위대로의 법률효과를 인정하겠다는 것으로 이해한다.

무효임을 알면서 추인하는 행위는 동일 내용의 법률행위를 반복하지 않으려는 당사자의 의사를 추정한 것이다.

---

466) 현재는 '가족관계의 등록 등에 관한 법률' 제57조에서 '부가 혼인 외의 자녀에 대하여 친생자출생의 신고를 한 때에는 그 신고는 인지의 효력이 있다.'고 규정하고 있다. ; **대판** 1971.11.15, 71**다**1983 "혼인신고가 위법하여 무효인 경우에도 무효인 혼인 중 출생한 자를 그 호적에 출생신고하여 등재한 이상 그 자에 대한 인지의 효력이 있다."; **대판(전)** 1977.7.26, 77**다**492 "당사자 사이에 양친자 관계를 창설하려는 명백한 의사가 있고 나아가 기타 입양의 성립요건이 모두 구비된 경우에는 요식성을 갖춘 입양신고 대신 친생자 출생신고가 있다면 형식에 다소 잘못이 있더라도 입양의 효력이 있다고 해석함이 타당하다."

(2) 적용범위

제139조의 단서는 법률행위의 효과가 확정적으로 무효인 경우에 그 무효사유가 해소된 경우에 적용된다. 따라서 불확정무효 또는 유동적 무효의 경우(예, 무권대리의 추인)에는 본인이 추인함으로써 소급하여 그 효과를 발생시킬 수 있다(제130조).

법률행위가 확정적으로 무효가 되는 경우로는, ① 원시적 불능의 법률행위, ② 강행법규 위반의 법률행위, ③ 반사회적 법률행위(제103조) 및 불공정법률행위(제104조), ④ 의사무능력자의 법률행위, ⑤ 상대방이 안 진의 아닌 의사표시(제107조 제1항 단서) 내지는 허위표시(제108조) 등이 있다.

여기서 ①, ②, ③, ④의 경우는 추인할 당시에도 무효원인이 소멸하지 않는 한 제139조의 본문이 적용되기 때문에 추인을 하더라도 무효이다. 그러나 ⑤의 경우는 비진의의사와 허위의사가 소멸된 후에는 무효행위의 추인이 가능하다.

(3) 효 과

당사자가 추인을 한 때에는 그 때부터 새로운 법률행위를 한 것으로 본다. 소급효가 없으며 장래에 향하여 효력이 발생한다. 소급효가 없는 것이 원칙이지만 통설은 당사자 사이에서는 특약으로 소급효를 인정한다. 예컨대 가장매매의 당사자가 그 무효인 매매를 추인하면 그 때부터 유효한 매매가 되지만, 허위표시로 부동산매매계약을 체결한 당사자 사이에서 행위 시부터 유효한 것으로 새롭게 약정함으로써 과실의 취득과 공과금의 부담 등에 관하여 행위 시부터 양수인에게 이전한 것으로 할 수 있다.

무효행위의 전환에 대한 판례로 "무효인 종전의 결의를 추인하였다면 같은 내용의 새로운 결의를 한 것으로 본다."[467]라고 하였고, "무효인 법률행위는 당사자가 무효임을 알고 추인할 경우 새로운 법률행위를 한 것으로 간주할 뿐이고 소급효가 없는 것이므로 무효인 가등기를 유효한 등기로 전용키로 한 약정은 그때부터 유효하고 이로써 위 가등기가 소급하여 유효한 등기로 전환될 수 없다."[468]라

467) **대판 1995.4.11, 94다53419** "어촌계가 적법한 절차에 따라 소집 · 의결한 임시총회에서(소집 또는 절차상의 하자가 있어 무효인) 손실보상금의 분배기준을 정한 종전의 결의를 그대로 추인하였다면, 이는 종전의 결의와 같은 내용의 새로운 결의를 한 것으로 볼 것이다."

468) **대판 1992.5.12, 91다26546.**

고 하였다. 또한 "친생자 출생신고 당시 입양의 실질적 요건을 갖추지 못하여 입양신고로서의 효력이 생기지 아니하였더라도 그 후에 입양의 실질적 요건을 갖추게 된 경우에는 무효인 친생자 출생신고는 소급적으로 입양신고로서의 효력을 갖게 된다고 할 것이나 민법 제139조 본문이 무효인 법률행위는 추인하여도 그 효력이 생기지 않는다고 규정하고 있음에도 불구하고 입양 등의 신분행위에 관하여 이 규정을 적용하지 아니하고 추인에 의하여 소급적 효력을 인정하는 것은 무효인 신분행위 후 그 내용에 맞는 신분관계가 실질적으로 형성되어 쌍방 당사자가 이의 없이 그 신분관계를 계속하여 왔다면, 그 신고가 부적법하다는 이유로 이미 형성되어 있는 신분관계의 효력을 부인하는 것은 당사자의 의사에 반하고 그 이익을 해칠 뿐만 아니라, 그 실질적 신분관계의 외형과 호적의 기재를 믿은 제3자의 이익도 침해할 우려가 있기 때문에 추인에 의하여 소급적으로 신분행위의 효력을 인정함으로써 신분관계의 형성이라는 신분관계의 본질적 요소를 보호하는 것이 타당하다는 데에 그 근거가 있다고 할 것이므로, 당사자 간에 무효인 신고행위에 상응하는 신분관계가 실질적으로 형성되어 있지 아니한 경우에는 무효인 신분행위에 대한 추인의 의사표시만으로 그 무효행위의 효력을 인정할 수 없다."[469]

6. 무권리자의 처분행위에 대한 권리자의 추인

권리 중에는 권리자이지만 처분권을 행사할 수 없는 경우(예, 부양청구권의 처분금지 : 제979조)가 있으며, 법률의 규정에 의하여 권리자 이외의 자(예, 부재자재산관리인 · 후견인 · 유언집행자 · 상속재산관리인 · 파산관재인 등)에게 처분권이 인정되는 경우가 있다.

이러한 처분권한이 없는 자의 처분에 대하여 처분 권한이 있는 자가 사후에 이를 추인하면 처분행위는 소급해서 유효하게 되는가? 우리 민법은 이에 관한 명문규정이 없다

그러나 이러한 무권리자 또는 처분권한이 없는 자의 처분행위에 대해 권리자가 추인하면 사적 자치의 원칙에 의해 그 처분행위는 소급해서 유효하다고 하는 것이 통설과 판례의 입장이다.[470]

469) **대판** 2000.6.9, 99므1633 · 1640 ; **대판** 2007.12.13, 2007므1676.
470) 본인이 그 처분행위를 인정하면 처분행위의 효력이 본인에게 미친다(대판 1992.9.8, 92다

Ⅲ. 법률행위의 취소

1. 취소의 의의

(1) 취소란 일단 유효하게 성립한 법률행위의 효력을 행위 시에 소급하여 무효로 하는 특정인(취소권자)의 의사표시이다(제140조 내지 제142조).

취소할 수 있는 법률행위는 이처럼 취소가 있을 때에 비로소 소급하여 무효가 되는 것이므로 취소하기까지는 그 법률행위는 그대로 유효한 것이며, 취소권자가 취소권을 포기 또는 추인(제143조 내지 제145조)하거나 행사기간의 경과로 취소권이 소멸(제146조)하게 되면 그 법률행위는 유효한 것으로 확정된다.

(2) 제140조 이하의 취소에 관한 규정은 제한능력 또는 의사표시의 하자(착오 · 사기 · 강박)를 이유로 취소하는 때에 한해 통칙으로 적용될 뿐이다. 이를 원칙적 취소라고 한다.

(3) 민법은 그 밖에 여러 곳(제11조 · 제14조 · 제22조 · 제29조 · 제38조 · 제406조 · 제816조 · 제828조 · 제838조 · 제861조 · 제884조 · 제978조 등)에서 취소라는 용어를 사용하고 있으나, 이 경우의 취소는 제한능력 또는 의사표시의 하자에 관한 것이 아니어서 소급효가 없기 때문에 본질은 철회라고 보아야 하므로, 제140조 이하의 취소에 관한 규정이 적용되지 않는다. 이 경우의 취소 가운데에는 취소대상이 법률행위인 때도 있으나, 법원선고나 행정처분인 때도 있다. 법원선고나 행정처분인 경우는 원칙적인 취소와 다름은 분명하지만 취소대상이 법률행위인 때에도 취소원인과 효과에 있어서 원칙적인 취소와 같지 않다.

(4) 원칙적인 취소와 구별되는 취소로, ① 재판 또는 행정처분의 취소로서 실종선고의 취소(제29조) · 부재자의 재산관리에 관한 명령의 취소(제22조 제2항) · 법인설립허가의 취소(제38조) 등이 그에 해당하며, 이들은 공법상의 취소로서 취소라는 용어만 같을 뿐 법률행위의 취소와는 관계가 없다. ② 완전히 유효한 법률행위

15550 ; 대판 2001.11.9, 2001다44291)고 하거나, 그러면서 일부 판결에서는 무권대리행위의 추인의 경우와 같이 취급되어야 한다고 하는가 하면(대판 1966.10.21, 66다1596 ; 대판 1981.1.13, 79다2151), 그것은 사적자치에 비추어 당연하다고 하기도 한다(대판 2001.11.9, 2001다44291).

의 취소로서 영업허락의 취소(제8조 제2항) · 부담부 유증의 취소(제1111조) 등이 있다. ③ 가족법상의 법률행위의 취소로서 혼인의 취소(제816조) · 이혼의 취소(제838조) · 친생자 승인의 취소(제854조) · 입양의 취소(제884조) · 인지의 취소(제861조) · 부양관계의 취소(제978조) 등이 있다.

2. 취소와 구별되는 개념

(1) 철 회

철회라 함은 법률행위 또는 의사표시의 효과가 확정적으로 발생하기 전에 행위자 자신이 그 효과의 발생을 원하지 않는 경우 그러한 법률행위나 의사표시가 없었던 것으로 하는 일방적 의사표시이다.

철회는 의사표시의 효과를 장래에 향하여 소멸시킨다는 점에서, 의사표시의 효과가 소급적으로 소멸되는 취소와 구별된다.

민법상 인정되는 철회는 두 가지 유형이 있다. ① 아직 효력이 생기지 않은 의사표시를 그대로 저지하여 장래 효과가 발생하지 않게 하는 것이다. 예컨대 제한능력자가 체결한 계약에 대하여 법정대리인 또는 능력을 회복한 제한능력자가 추인하기 전까지 상대방이 그 의사표시를 철회하는 경우(제16조 제1항), 무권대리인이 한 계약을 본인의 추인이 있을 때까지 상대방이 철회하는 경우(제134조), 유언자가 이미 한 유언을 생전에 유언을 철회하는 경우(제1108조)이다. ② 일단 의사표시가 발생하기는 하였지만 그것만으로는 권리의무를 생기게 하지 못할 때에 그것에 기하여 법률행위가 행하여질 때까지 그 의사표시의 효력을 장래에 향하여 소멸시키는 것이다. 예컨대 미성년자가 법률행위를 하기 전에 법정대리인이 동의와 허락을 철회(규정에는 '취소'라고 되어 있지만 이것은 철회의 의미임)하는 경우(제7조), 영업허락을 철회하는 경우(제8조 제2항)이다.

(2) 해 제

해제란 확정적으로 유효하게 성립된 계약이 사후에 당사자 일방의 채무불이행이 있는 경우 그 상대방이 계약을 소급적으로 소멸시키는 일방적 의사표시이다(제543조 이하 참조).

해제는 법률행위 중에서도 계약에만 특유한 것이며, 채무불이행을 원인으로 하는 점에서, 계약뿐만 아니라 단독행위에도 인정되고, 제한능력과 의사표시의 결합에 의해 법률행위의 성립과정에 하자가 있는 것을 원인으로 하는 취소와는 다르다.

3. 취 소 권

(1) 취소권자

제140조(법률행위의 취소권자) 취소할 수 있는 법률행위는 제한능력자, 착오로 인하거나 사기 · 강박에 의하여 의사표시를 한 자, 그의 대리인 또는 승계인만이 취소할 수 있다.

1) 제한능력자

취소도 법률행위이므로 제한능력자가 한 취소는 취소될 수 있는 것이지만, 여기에 예외를 두어 제한능력자가 단독으로 취소할 수 있다. 제한능력자가 취소를 한 경우에는 법률행위가 소급적으로 무효가 되기 때문에 다시는 제한능력을 이유로 취소의 의사표시를 취소하지 못한다.

2) 착오로 인하여 의사표시를 한 자

착오로 인하여 의사표시를 한 자(제109조)는 그가 한 법률행위를 취소할 수 있다. 전에는 입법상의 잘못으로 착오자를 취소권자에서 빠트려서 '하자 있는 의사표시를 한 자'에 착오자도 포함하는 것으로 해석하였으나, 2011. 3. 7. 민법을 개정하여 그 문제를 해결하였다.

3) 사기·강박에 의하여 의사표시를 한 자

사기 · 강박에 의하여 의사표시를 한 자(제110조)는 그가 한 법률행위를 취소할 수 있다.

4) 대 리 인

제한능력자나 착오·사기·강박에 의하여 의사표시를 한 자에 의하여 발생한 취소권의 행사를 수여 받은 임의대리인이나 그의 법정대리인이 이에 해당한다. 다만, 임의대리인이 행한 대리행위에 관하여 취소원인이 있는 경우에 그 취소권은 대리인이 아니고 본인에게 속하므로, 임의대리인이 취소를 하려면 다시 본인으로부터 그에 관하여 대리권이 수여되어야 한다(통설).

5) 승 계 인

제한능력자나 착오·사기·강박에 의하여 의사표시를 한 자에 의하여 발생한 취소권을 승계한 자이다. 포괄승계인(예, 상속인 · 합병회사)의 경우에는 특별히 문제가 없다. 그러나 특정승계인의 경우에는 취소권만의 승계는 인정되지 않으므로 취소할 수 있는 행위에 의하여 취득한 권리의 승계가 있는 경우에 한한다는 것이 일반적 견해이다. 예컨대 토지소유자가 사기를 당하여 지상권을 설정한 후에 그 토지를 양도한 경우에는, 그 토지의 양수인은 승계인으로서 지상권설정행위를 취소할 수 있다.

(2) 취소의 상대방

제142조에서 "취소할 수 있는 법률행위의 상대방이 확정한 경우에는 그 취소는 그 상대방에 대한 의사표시로 하여야 한다."라고 규정하고 있는데, 이 규정의 의미는 법률행위의 상대방이 특정되어 있는 경우, 즉 계약 또는 특정한 상대방에 대한 단독행위에 있어서는 취소의 의사표시는 그 특정되어 있는 상대방에 대하여 하여야 한다는 것이다. 상대방이 확정되어 있지 않은 경우 취소는 특정인에 대하여 할 필요가 없고 취소의 의사를 적당한 방법으로 외부에 객관화 하면 된다. 예컨대 미성년자 A가 B에게 매각한 부동산이 C에게 전매된 경우, A의 취소의 의사표시는 B에게 하여야 하고, 제3자 C의 사기에 의하여 A가 B에게 부동산을 매각한 경우에도 B에 대하여 하여야 한다.

(3) 취소의 방법

1) 취소의 의사표시

취소는 취소권자의 단독이 일방적인 의사표시로써 한다(제142조). 따라서 취소가 인정되려면 반드시 취소의 의사표시가 존재하여야 한다.[471] 채권자취소권과

471) **대판** 2002.9.24, 2002다11847 "원심판결 이유에 의하면, 원심은 갑 제34호증, 갑 제35호증, 갑 제38호증의 2 내지 4의 각 기재에 변론의 전취지를 종합하여, 원고와 소외 장원춘, 안영모는 1980. 11.경 원호처장에게 진정서(갑 제34호증, 갑 제38호증의 3)를 제출하였는데, 그 진정서에는 이 사건 분조합이 이 사건 부동산을 원고에게 명의신탁하여 취득한 경위와 증여의 의사표시를 하게 된 경위를 기재한 다음 "왜곡된 것을 사실규명하여 적정조치 있기를 바라마지 않습니다."라고 기재한 사실, 또한 원고 외 25명의 이 사건 분조합 조합원들

같이 특별히 재판상 행사하여야 하는 경우 이외에는 특별한 방식을 요하지 않는다. 반드시 명시적으로 하여야 하는 것도 아니며 의사표시의 해석을 통해 취소라고 인정될 수 있으면 된다. 즉 법률행위의 취소를 당연한 전제로 한 소송상의 이행청구(예, 소유권이전등기말소청구)나 이를 전제로 한 이행거절이 있으면, 그것에는 취소의 의사표시가 포함되어 있다고 볼 것이다.[472)]

그리고 어떤 계약을 체결한 당사자 쌍방이 각기 그 계약을 취소하는 의사표시를 하였더라도 그 취소사유가 없는 경우에는 그 계약은 효력을 잃게 되지 않는다.[473)]

은 1981. 5.경 대통령에게 탄원서(갑 제35호증, 갑 제38호증의 2)를 제출하였는데, 그 탄원서에는 이 사건 분조합의 결성경위, 재산헌납경위 등을 기재한 다음 "저희들 평생 소망사업의 자활터전으로 원상복구가 이루어지도록 관대하신 선처 있으시기를 간청하오며"라고 기재한 사실을 인정한 다음, 사정이 이러하다면 원고는 원호처장과 대통령에게 진정서 및 탄원서를 제출하면서 증여 의사표시의 취소를 전제로 이 사건 부동산에 관한 원상회복을 청구하였다고 선해할 수 있으므로 원고의 이 사건 부동산에 대한 증여의 의사표시는 위 진정서 및 탄원서의 제출로써 적법하게 취소되었다고 봄이 상당하다고 판단하였다. 그러나 이 사건과 같은 경우 강박을 이유로 증여의 의사표시를 취소함에 있어서는 그 상대방에 대하여 적어도 그 의사표시 자체에 하자가 있으므로 이를 취소한다거나 또는 강박에 의한 증여이니 그 목적물을 반환하라는 취지가 어느 정도 명확하게 표명되어야 할 것인바, 기록에 의하면, 위 진정서와 탄원서에는 원고가 강박(피고 산하 계엄사령부 합동수사본부의 수사관들에 의한 강박)을 당하여 피고에게 증여의 의사표시를 하게 되었다는 내용은 기재되어 있지 아니하고, 오히려 거기에는 피고 산하 원호처가 이 사건 분조합을 국가기관으로 잘못 해석함으로 인하여 그 전제 아래 수사가 이루어졌으니 왜곡된 것을 바로 잡는 조치가 있기를 바란다거나 또는 대통령에 대하여 원호처의 위와 같은 잘못을 시정하고 향후 관대한 선처가 있기를 간청한다는 취지가 기재되어 있을 뿐임을 알 수 있고, 여기에다가 원고가 위 진정서를 보낸 시점은 비상계엄이 해제된 1981. 1. 21. 이전으로서 당시 원고에 대한 강박상태가 계속되고 있었던 점, 원고는 전소에서 위 진정서나 탄원서의 존재나 내용을 잘 알면서도 이를 취소의 의사표시가 있었다는 것의 근거로 주장하거나 증거로 제출하지는 아니하였던 점 등의 제반 사정을 종합하여 보면, 원고가 이러한 진정서와 탄원서를 원호처장이나 대통령에게 보낸 것만으로는 위 증여의 의사표시가 적법하게 취소된 것으로 보기 어렵고, 갑 제38호증의 4의 기재와 변론의 전취지를 합하여 보아도 마찬가지라고 할 것이다. 그럼에도 불구하고, 원심이 위와 같은 이유를 내세워 이 사건 증여 의사표시가 위 진정서나 탄원서에 의하여 취소되었다고 판단한 것은 채증법칙을 위반하였거나 의사표시의 해석에 관한 법리를 오해함으로써 판결에 영향을 미친 위법을 저지른 것이라 아니할 수 없으므로, 이 점을 지적하는 상고이유의 주장은 이유 있다."

472) **대판** 1993.9.14, 93**다**13162.

473) **대판** 1994.7.29, 93**다**58431.

2) 취소원인의 진술여부

취소를 할 때에는 취소원인을 진술하여야 하는지가 문제이다. 여기에 관하여 학설은 다툼이 있다. 즉 필요하지 않다는 불필요설,[474] 원칙적으로는 필요하지 않으나 여러 개의 취소원인이 경합하는 경우에는 어떤 취소원인을 이유로 하는지가 상대방에게 인식가능하여야 할 것이라고 하는 제한적 필요설,[475] 그리고 취소원인을 진술하지 않더라도 적어도 상대방이 인식할 수 있게 하여야 한다는 필요설[476]이 있다. 판례는 불필요하다는 입장이다.[477]

3) 취소권의 경합

동일한 법률행위에 관하여 당사자 일방 또는 쌍방에게 복수의 취소권이 발생하는 경우가 있는데, 이러한 경우를 취소권의 경합이라고 한다.

① 두 개 이상의 취소원인의 경합

제한능력자가 상대방으로부터 사기를 당하여 법정대리인의 동의 없이 법률행위(계약체결)를 하였다면 법률행위자는 무능력(제5조)과 사기(제110조)를 이유로 하여 두 개의 취소권을 행사할 수 있다. 취소권자는 자기에게 보다 유리한 취소권을 선택하여 행사하면 된다. 이 때 하나의 취소권이 행사되면 법률행위가 소급해서 무효로 되기 때문에 다른 취소권을 행사할 필요가 없게 된다. 왜냐하면 제한능력을 이유로 취소한 경우에는 선의의 제3자에게도 대항할 수 있기 때문에 절대적 효력이 있고(제5조 제2항) 반환의 범위(현존이익만 반환)도 사기로 인한 취소에 비하여 제한능력자에게 유리하고, 사기를 이유로 한 취소의 경우에는 선의의 제3자에게 대항할 수 없어 상대적 효력만 있으므로(제110조 제2항) 취소의 효과도 다르다. 따라서 이미 제한능력자가 사기를 이유로 취소권을 행사했을지라도 나중에 제한능력을 이유로 다시 취소권을 행사할 수 있다고 보아야 한다(제110조 제3항 참조).

두 개 이상의 취소원인이 경합하고 있을 때 추인권의 행사는 어떻게 되는가? 예컨대 당사자 중 하나는 제한능력자의 상태에 있었고 다른 당사자는 착오에 빠

474) 김용한, 408면.
475) 김상용, 651면; 이영준, 724면.
476) 지원림, 373면; 송덕수, 452면도 '취소를 할 때에는 취소원인의 진술이 필요하다.'고 하여 이 입장인 것으로 보인다.
477) **대판** 2005.5.27, 2004다43824.

져 있었던 경우에 양 당사자 모두 각각의 취소권을 행사할 수 있다. 이 경우에도 마찬가지로 두 취소권 중 어느 하나가 행사되면 법률행위가 소급해서 무효로 되기 때문에 다른 당사자는 취소할 필요가 없다. 그러나 이 경우에도 취소의 효과가 달라서 필요하다면 나머지 취소권을 나중에 행사하여 취소할 수 있다고 보아야 할 것이다. 앞의 예에서 제한능력자의 상대 당사자가 취소한 뒤에 제한능력자가 취소를 가지고 선의의 제3자에게 대항하기 위하여 다시 취소할 수 있다.

② 동일한 취소원인으로 2인 이상의 취소권의 경합

제한능력자의 법률행위에 관하여 제한능력자와 그 법정대리인의 취소권이 존재하는 경우처럼 하나의 취소원인에 대하여 여러 명의 취소권이 경합하는 경우가 있다. 이 경우에는 여러 명의 취소권자 중 어느 하나가 추인하거나 취소하면 추인 또는 취소로서의 효력이 발행하여 다른 취소권자의 취소권은 소멸된다.

③ 당사자 쌍방에 취소권이 발행하는 경우

제3자로부터 사기를 당한 자가 제한능력자와 법률행위를 한 경우에는 당사자 쌍방에게 취소권이 발행한다. 이때에는 양 당사자는 각각 취소권을 행사할 수 있으므로 일방 당사자가 취소하면 그 법률행위는 효력을 잃게 되고 상대방의 취소권도 소멸된다. 그러나 일방 취소권자가 추인하여 그 법률효과를 유지하고자 하여도 상대방 취소권자의 취소권 행사를 막을 수 없기 때문에 상대방은 취소권을 행사함으로써 그 법률효과를 무효로 할 수 있다.

4) 법률행위의 일부취소

법률행위의 일부만을 취소할 수 있는가에 대하여 민법에 규정이 없다. 민법 제137조가 일부무효에 대하여 규정하고 있는 것과 달리 법률행위의 일부취소에 대한 규정이 없다고 하여도 거기에 일부무효의 법리를 적용하여 이를 인정하여야 할 것이다(이설 없음). 판례도 같은 입장이다.[478]

---

478) **대판** 1998.2.10, 97**다**44737 ; **대판** 2002.9.10, 2002**다**21509 "하나의 법률행위의 일부분에만 취소사유가 있다고 하더라도 그 법률행위가 가분적이거나 그 목적물의 일부가 특정될 수 있다면, 그 나머지 부분이라도 이를 유지하려는 당사자의 가정적 의사가 인정되는 경우 그 일부만의 취소도 가능하다고 할 것이고, 그 일부의 취소는 법률행위의 일부에 관하여 효력이 생긴다." ; **대판** 2013.5.9, 2012**다**115120.

5) 취소의 상대방

① 취소할 수 있는 법률행위의 상대방이 확정되어 있는 경우에는 그 취소는 그 특정 상대방에 대한 의사표시로 해야 한다(제142조).

취소는 취소할 수 있는 법률행위의 직접 상대방에 대하여 해야 하므로 그 법률행위에 의하여 취득된 권리가 타인에게 이전되어 있는 때에도 마찬가지이다. 즉 취소의 상대방은 전득자가 아니다. 예컨대 甲이 乙에게 사기를 당하여 그의 주택을 乙에게 아주 싼 값으로 팔았고, 그 후 乙 이 다시 丙에게 그 주택을 판 경우에 甲은 전득자인 丙이 아니고 처음의 매수인(상대방)인 乙에게 취소권을 행사하여야 한다.

② 상대방이 특정되어 있지 않은 상대방 있는 단독행위(예, 현상광고)나 상대방 없는 단독행위(예, 소유권의 포기)에서는 누가 취소의 상대방이 되어야 하는가?

현상광고와 같이 불특정 다수인에 대한 단독행위이든 소유권의 포기와 같은 상대방 없는 단독행위이든 그에 기하여 이해관계를 맺은 자가 있으면 취소는 그에 대하여 해야 하며, 그러한 자가 없는 때에는 전자의 경우에는 처음의 단독행위와 같은 방법(예, 신문광고 등)에 의해서 취소를 하고, 후자의 경우에는 취소의 의사를 적당한 방법으로 외부에 객관화하면 될 것이다.[479)]

(4) 취소의 효과

1) 소급적 무효

취소가 있으면 그 법률행위는 처음부터 무효인 것으로 본다(제141조 본문). 취소한 법률행위는 처음부터 무효인 것으로 간주되므로 그 후에는 추인에 의하여 다시 확정적으로 유효하게 할 수는 없고, 다만 무효인 법률행위의 추인이 될 수는 있다.

당사자의 제한능력을 이유로 취소하는 경우에는 모든 제3자에게 그 효과를 주장할 수 있어 절대적이다. 그러나 착오 · 사기 · 강박을 이유로 취소하는 경우에는 선의의 제3자에게 대항하지 못하기 때문에 상대적이다(제109조 제2항, 제110조 제3항).

2) 이행의 거절 및 부당이득반환의무

취소된 법률행위는 처음부터 무효가 되므로 이행을 하기 전이면 그 이행을 할

479) 송덕수, 455.

필요가 없고, 이행을 한 후이면 법률상 원인 없이 급부를 한 것이 되어 부당이득으로서 그 반환을 청구할 수 있다(제741조).

그러나 민법은 제한능력자의 보호를 위하여 법률행위를 취소한 경우에 제한능력자는 그 행위로 인하여 받은 이익이 현존하는 한도에서 상환할 책임을 진다는 특칙을 정하고 있다(제141조 단서).

'받은 이익이 현존하는 한도'라 함은 취소하는 행위에 의하여 사실상 얻은 이익이 그대로 있거나 그것이 변형되어 잔존하고 있는 것을 말한다. 따라서 소비한 경우에는 이익은 현존하지 않으나, 필요한 비용(예, 생활비)에 충당한 때에는 다른 재산의 소비를 면한 것이 되므로 그 한도에서 이익은 현존하는 것이 된다.[480]

4. 취소할 수 있는 법률행위의 추인

(1) 의 의

취소할 수 있는 법률행위의 추인이란 취소할 수 있는 법률행위를 취소하지 않겠다는 의사표시이다. 다시 말하면 취소권의 포기이다.

추인이 있으면 취소할 수 있는 행위는 더 이상 취소할 수 없고 확정적으로 유효한 것이 된다(제143조 제1항 후문).

(2) 추인권자 및 추인의 요건

① 추인은 취소권의 포기이므로 추인권자는 취소권을 가지는 자이다(제143조 제1항 전문). 제한능력자의 법률행위에 대하여 제한능력자와 그 법정대리인이 취소권을 가지는 경우 법정대리인이 추인을 하면 그 법률행위는 확정적으로 유효하게

---

480) **대판** 2005.4.15, 2003다60297 · 60303 · 60310 · 60327 "미성년자가 신용카드발행인과 사이에 신용카드 이용계약을 체결하여 신용카드거래를 하다가 신용카드 이용계약을 취소하는 경우 미성년자는 그 행위로 인하여 받은 이익이 현존하는 한도에서 상환할 책임이 있는바, 신용카드 이용계약이 취소됨에도 불구하고 신용카드회원과 해당 가맹점 사이에 체결된 개별적인 매매계약은 특별한 사정이 없는 한 신용카드 이용계약취소와 무관하게 유효하게 존속한다 할 것이고, 신용카드발행인이 가맹점들에 대하여 그 신용카드사용대금을 지급한 것은 신용카드 이용계약과는 별개로 신용카드발행인과 가맹점 사이에 체결된 가맹점 계약에 따른 것으로서 유효하므로, 신용카드발행인의 가맹점에 대한 신용카드이용대금의 지급으로써 신용카드회원은 자신의 가맹점에 대한 매매대금 지급채무를 법률상 원인 없이 면제받는 이익을 얻었으며, 이러한 이익은 금전상의 이득으로서 특별한 사정이 없는 한 현존하는 것으로 추정된다."

되고, 법정대리인의 취소권뿐만 아니라 제한능력자의 취소권도 소멸한다.

② 추인의 요건

㉠ 추인은 취소의 원인이 소멸된 후에 해야 한다. 따라서 제한능력자는 능력자가 된 후, 착오·사기·강박에 의한 의사표시는 그 상태를 벗어난 후에 추인할 수 있다. 그러나 법정대리인이나 후견인이 추인하는 경우에는 이러한 제한이 없다(제144조 제2항).

㉡ 추인은 취소권의 포기이므로 그 행위가 취소할 수 있는 것임을 알고서 하여야한다. 따라서 이를 알지 못한 채 취소할 수 있는 행위에 의하여 성립한 채무를 승인한다든지, 또는 그 채무에 관한 화해청약을 하더라도 그 승인이나 청약이 당연히 추인으로 되지 않는다. 판례도 같은 입장이다.[481]

(3) 추인의 방법

추인은 추인권자가 취소할 수 있는 법률행위의 상대방에 대한 의사표시로 한다(제143조 제2항, 제142조). 즉 취소에 있어서와 같다.

(4) 추인의 효과

취소할 수 있는 법률행위를 추인하면 확정적으로 유효하게 되어 다시는 취소할 수 없다(제143조 제1항).[482]

5. 법정추인

(1) 의 의

취소할 수 있는 법률행위의 추인은 묵시적으로 할 수 있다. 그러나 묵시적 추인의 경우에는 당사자 간에 다툼이 있을 수 있기 때문에 민법은 추인의 요건(제144조)을 갖춘 후에 당사자 간에 일정한 사유가 있으면 당연히 추인한 것으로 법률상 의제하는데 이것이 법정추인이다(제145조).

---

481) **대판** 1997.5.30, 97다2986 "추인은 취소권을 가지는 자가 취소원인이 종료한 후에 취소할 수 있는 행위임을 알고서 추인의 의사표시를 하거나 법정추인사유에 해당하는 행위를 행할 때에만 법률행위의 효력을 유효로 확정시키는 효력이 발생한다."

482) **대판** 1997.12.12, 95다38240.

(2) 법정추인의 요건

1) 법정추인으로 인정되기 위해서는 추인의 요건을 갖춘 후(취소의 원인이 종료한 후)에 다음 중 어느 하나의 사유가 존재해야 한다(제145조).

① **전부나 일부의 이행** 취소할 수 있는 행위로부터 생긴 채권에 대하여, 상대방에게 전부나 일부를 이행하였거나 상대방의 이행을 수령한 경우이다.

② **이행의 청구** 이는 취소권자가 상대방에게 취소할 수 있는 행위로부터 생긴 채무의 이행을 청구하는 경우이다.

③ **경개**(更改) 취소할 수 있는 행위에 의하여 생긴 채권 또는 채무를 소멸시키고 그에 대신하여 다른 채권이나 채무를 발생하게 하는 계약이다(제500조 이하). 취소권자가 경개를 채권자로서 하느냐 채무자로서 하느냐는 묻지 않는다.

④ **담보의 제공** 취소권자가 채무자로서 물적 담보 또는 인적 담보를 제공하거나, 채권자로서 담보의 제공을 받는 경우이다.

⑤ **취소할 수 있는 행위로 취득한 권리의 전부나 일부의 양도** 여기의 양도는 취소권자가 하는 경우에 한한다. 또한 취소할 수 있는 행위로 취득한 권리 위에 제한적 권리(예, 제한물권 · 임차권)를 설정하는 것도 포함된다. 그러나 취소함으로써 비로소 발생하게 될 장래의 채권(예, 부당이득반환청구권 · 불법행위로 인한 손해배상청구권)의 양도는 이에 포함되지 않는다.

⑥ **강제집행** 취소권자가 채권자로서 집행하는 경우나 채무자로서 집행을 받는 경우도 포함된다. 채무자로서도 소송상 이의를 할 수 있었기 때문이다.

2) 취소권자가 위의 행위를 함에 있어서 이의를 보류하지 않았어야 한다(제145조 단서).[483)]

3) 법정추인을 하는 자에게 추인에 대한 의사의 유무 또는 취소권의 존재에 대한 인식 여부는 묻지 않는다.

483) 여기의 '이의를 보류한다.'는 의미는 일반적으로 추인하는 것이 아니라는 것을 명시해서 변제하는 경우와 같이, 법률상 주어지는 법률효과, 즉 추인으로 간주되는 효과를 배제하는 것을 목적으로 하는 의사표시를 말한다고 한다(곽윤직, 302면).

6. 취소권의 단기소멸

(1) 단기소멸제도의 취지

민법은 취소할 수 있는 법률행위에 관하여 불확정한 법률관계를 신속히 확정하고 상대방으로 하여금 불안정한 지위에서 빨리 벗어날 수 있도록 하기 위하여 취소권의 단기소멸기간을 규정하고 있다.

따라서 취소권은 일정한 기간 내에 행사하여야 하고, 그 기간 내에 취소하지 않으면 취소권이 소멸되어 더 이상 취소할 수 없고 법률행위는 확정적으로 유효하게 된다.

(2) 취소권의 존속기간

취소권은 추인할 수 있는 날로부터 3년 내에 법률행위를 한 날로부터 10년 내에 행사하여야 한다(제146조). 3년 또는 10년 중 어느 것이든 먼저 만료하면 취소권은 소멸한다.

'추인할 수 있는 날'이라 함은 취소의 원인이 종료되어 취소권자가 취소할 수 있는 법률행위를 추인할 수도 취소할 수도 있는 상태가 된 때를 말한다. 예컨대 제한능력자가 능력자로 된 때, 사기에 의한 의사표시를 한 자가 그 사실을 안 때, 강박에 의해 의사표시를 한 자가 강박상태에서 벗어난 때 등을 말한다.[484)]

(3) 기간의 법적 성질

이 기간은 소멸시효기간이 아니라 제척기간으로서,[485)] 제척기간이 경과하였는지의 여부는 당사자의 주장에 관계없이 법원이 직권으로 조사하여 고려하여야할

484) **대판** 1979.11.27, 79나396 "진족회가 추인할 수 있는 날이란 친족회원이 매매사실을 안 날이 아니고 동인이 매매사실을 들은 후 지체 없이 친족회 소집절차를 밟았더라면 친족회 소집이 가능한 날이라고 보아야 하며 또한 친족회가 실제로 소집된 날로 볼 것도 아니다."; **대판** 1998.11.27, 98다7421 "민법 제146조 전단은 "취소권은 추인할 수 있는 날로부터 3년 내에 행사하여야 한다."고 규정하는 한편, 민법 제144조 제1항에서는 "추인은 취소의 원인이 종료한 후에 하지 아니하면 효력이 없다."고 규정하고 있는바, 위 각 규정의 취지와 추인은 취소권의 포기를 내용으로 하는 의사표시인 점에 비추어 보면, 민법 제146조 전단에서 취소권의 제척기간의 기산점으로 삼고 있는「추인할 수 있는 날」이란 취소의 원인이 종료되어 취소권행사에 관한 장애가 없어져서 취소권자가 취소의 대상인 법률행위를 추인할 수도 있고 취소할 수도 있는 상태가 된 때를 가리킨다고 보아야 한다."

485) **대판** 1996.9.20, 96다25371.

사항이다.[486]

문제는 위 기간 내에 취소권을 행사하면 부당이득반환청구권(제741조) 또는 현존이익의 반환청구권(제141조)이 생기는데, 그 청구권이 언제까지 존속하는지가 문제이다. 통설은 취소권의 단기소멸시효를 규정한 제146조의 취지상 취소권행사의 결과로 생기는 부당이득반환청구권도 위 기간 내에 행사되어야 한다고 한다. 판례는 환매권 행사에 관하여(취소권 행사에 관한 판결은 없다) 환매권을 행사한 때로부터 10년의 소멸시효에 걸린다고 한다.[487]

486) **대판** 1996.9.20, 96**다**25371.
487) **대판** 1992.4.24, 92**다**4673 ; **대판** 1992.10.13, 92**다**4666.

제6절 법률행위의 부관(조건과 기한)

Ⅰ. 총 설

법률행위가 성립하면 그 효력이 곧 생기는 것이 원칙이다. 그런데 당사자 쌍방 또는 일방의 의사에 의하여 법률행위를 하면서 그 효력의 발생 또는 소멸을 장래의 일정한 사실에 의존케 할 수 있고, 이것은 법률행위 자유의 원칙상 당연히 허용된다.

이처럼 법률행위의 효력의 발생이나 소멸에 관하여 이를 제한할 목적으로 법률행위의 당사자가 임의로 부과하는 약관이 있는데(좁은 의미의 법률행위의 부관), 장래의 일정한 사실의 발생이 불확실한 것이 조건이고, 확실한 것이 기한이다. 이러한 조건 또는 기한을 법률행위의 일부로서 부가된 것이라는 의미에서 강학상 법률행위의 부관(附款)이라고 부르기도 한다.[488]

Ⅱ. 조 건

1. 조건의 의의

조건이라 함은 법률행위의 효력의 발생 또는 소멸을 장래의 불확실한 사실에 의존케 하는 법률행위의 부관을 말한다.

① 조건은 법률행위의 효력의 발생이나 소멸에 관한 것이어야 한다.

② 장래의 일정한 사실이어야 한다. 따라서 과거의 어떤 사실은 조건이 될 수

488) [참고] 법률행위의 부관(附款)은 넓은 의미로는 법률행위에 부수하는 모든 약관(約款)을 의미하며, 그러한 부관에는 이자약관 · 담보약관 · 환매약관 · 면책약관 등이 있다. 주의할 점은, 여기의 '약관'은 보통거래약관과 관계가 없고, 계약 등에서 정해진 개별적인 조항(Klausel)을 뜻한다는 것이다. 일반적으로 '법률행위의 부관'이라고 할 때는 넓은 의미로 사용하지 않고 좁은 의미로 사용된다.

없다.

③ 그 사실의 실현여부가 불확실하여야 한다. 장래의 사실이라도 반드시 실현되는 것이면 그것은 비록 실현시기를 알 수 없다고 하더라도 기한이지 조건이 아니다. 즉 '甲이 죽는다면' 또는 '금년 10월 1일부터'가 기한의 예이다.

④ 당사자가 사적 자치에 의하여 임의로 부과한 것이어야 한다.[489] 따라서 법률에서 정하고 있는 법정조건은 조건이 될 수 없다.

⑤ 어느 법률행위에 어떤 조건이 붙어 있는지의 여부는 사실인정의 문제로서 그 조건의 존재를 주장하는 자가 이를 증명할 책임이 있다.[490]

2. 조건의 종류

(1) 정지조건 · 해제조건

법률행위의 효력의 「발생」을 장래의 실현여부가 불확실한 어떤 사실에 의존케 하는 것이 정지조건이고,[491] 법률행위의 효력의 「소멸」을 장래의 실현여부가

---

489) **대판** 2003.5.13, 2003**다**10797.

490) **대판** 1993.9.28, 93**다**20832 ; **대판** 2000.10.27, 2000**다**30349 ; **대판** 2002.9.27, 2002**다**29152 ; **대판** 2003.5.13, 2003**다**10797 ; **대판** 2006.10.13, 2004**다**21862 ; **대판** 2006.11.24, 2006**다**35766.

491) **대판** 1981.9.22, 80**다**2586 "사찰 또는 불교단체의 동산이나 부동산을 관할청의 허가를 받아 대여, 양도 또는 담보에 공하기로 하는 계약을 함에 있어서 반드시 그 계약체결 당시에 미리 관할청의 허가를 받아야 하는 것이라고는 볼 수 없으므로 그 허가를 받는 것을 조건으로 하여 계약이 체결되었다면 별다른 사정이 없는 한 그 계약체결 당시에 관할청의 허가가 없었다는 사유만으로 이를 무효라고 할 수 없다." ; **대판** 1990.11.13, 90**다카**24731 "임대인과 임차인이 임대차계약의 내용에 관하여 임대인이 제소전 화해신청을 하고 임차인은 반드시 위 화해에 응하여야 하며 제소전화해조서가 작성됨으로써 계약의 효력이 발생하기로 약정한 경우 위 임대차계약은 제소전화해조서가 작성됨을 조건으로 하여 효력이 발생 되도록 하는 정지조건부 계약이라고 풀이하여야 할 것이고, 이것이 해제조건부 계약이라고 볼 것이 아니다." ; **대판** 2010.2.11, 2009**다**93671 "동산의 매매에서 그 대금을 모두 지급할 때까지는 목적물의 소유권을 매도인이 그대로 보유하기로 하면서 목적물을 미리 매도인에게 인도하는 이른바 소유권유보약정이 있는 경우에, 다른 특별한 사정이 없는 한 매수인 앞으로의 소유권 이전에 관한 당사자 사이의 물권적 합의는 대금이 모두 지급되는 것을 정지조건으로 하여 행하여 진다고 해석된다. 따라서 그 대금이 모두 지급되지 아니하고 있는 동안에는 비록 매수인이 목적물을 인도받았어도 목적물의 소유권은 위 약정대로 여전히 매도인이 이를 가지고, 대금이 모두 지급됨으로써 그 정지조건이 완성되어 별도의 의사표시 없이 바로 목적물의 소유권이 매수인에게 이전된다. 그리고 이는 매수인이 매매대금의 상당부분을 지급하였다고 하여도 다를 바 없다. 그러므로 대금이 모두 지급되지 아니한 상태에서 매수인이 목적물을 다른 사람에게

불확실한 어떤 사실에 의존케 하는 것이 해제조건[492]이다(제147조 제1항, 제2항). 예컨대 "변호사 시험에 합격하면 자동차를 사주겠다."고 하는 경우는 전자(정지조건)의 예이고, 현재 자동차를 사주면서 "변호사 시험에 불합격하면 자동차를 돌려주어야 한다."고 하는 경우에는 후자(해제조건)의 예이다.

(2) 수의조건 · 비수의조건

조건의 성취여부가 당사자의 일방적 의사에만 의존하는 것이 수의조건(隨意條件)이고, 그렇지 않은 것이 비수의조건(非隨意條件)이다.

1) 수의조건 조건사실의 실현 여부가 당사자의 일방적인 의사에 의존하는 조건이다. 여기에는 순수수의조건(純粹隨意條件)과 단순수의조건(單純隨意條件)이 있다.

① 순수 수의조건 조건사실의 실현 여부가 당사자 일방의 의사에만 의존하는 조건이다. 예컨대 "내 마음이 내키면 자동차를 한 대 사주겠다."와 같이 조건의 성취여부가 당사자 일방의 의사에만 의존하는 조건을 순수수의조건이라

양도하더라도, 양수인이 선의취득의 요건을 갖추거나 소유자인 소유권유보매도인이 후에 처분을 추인하는 등의 특별한 사정이 없는 한 그 양도는 목적물의 소유자가 아닌 사람이 행한 것으로서 효력이 없어서, 그 양도로써 목적물의 소유권이 매수인에게 이전되지 아니한다."

492) **대판** 1983.8.23, 83**다카**552 "주택건설을 위한 원 · 피고간의 토지매매계약에 앞서 양자간의 협의에 의하여 건축허가를 필할 때 매매계약이 성립하고 건축허가 신청이 불허되었을 때에는 이를 무효로 한다는 약정 아래 이루어진 본건 계약은 해제조건부 계약이다." ; **대판** 1996.5.14, 96**다**5506 "약혼 예물의 수수는 약혼의 성립을 증명하고 혼인이 성립한 경우 당사자 내지 양가의 정리를 두텁게 할 목적으로 수수되는 것으로 혼인의 불성립을 해제조건으로 하는 증여와 유사한 성질을 가지므로, 예물의 수령자 측이 혼인 당초부터 성실히 혼인을 계속할 의사가 없고 그로 인하여 혼인의 파국을 초래하였다고 인정되는 등 특별한 사정이 있는 경우에는 신의칙 내지 형평의 원칙에 비추어 혼인 불성립의 경우에 준하여 예물반환의무를 인정함이 상당하나, 그러한 특별한 사정이 없는 한 일단 부부관계가 성립하고 그 혼인이 상당 기간 지속된 이상 후일 혼인이 해소되어도 그 반환을 구할 수는 없으므로, 비록 혼인 파탄의 원인이 며느리에게 있더라도 혼인이 상당 기간 계속된 이상 약혼 예물의 소유권은 며느리에게 있다." ; **대판** 1996.2.9, 95**다**47756 "다음과 같은 사실에 비추어 보면 이 사건 연대보증계약은 원심 판시 1993. 7. 21.자 경영정상화협의서 내용에 따른 투자가 이루어지지 않아 위 박문@가 소외 회사를 경영하지도 못하는 것, 결국 원고에 대한 관계에서는 원고가 위 경영정상화협의에서 약정한 금 200,000,000원을 투자하지 않을 것을 해제조건으로 하는 조건부 계약으로 봄이 상당하다고 할 것이다."

고 한다. 이와 같은 순수수의조건부 법률행위는 언제나 무효이다.[493)]

② **단순 수의조건** 종국에 가서는 당사자 일방의 의사에 의하여 결정되지만 그 조건을 성취시키려는 의사뿐만 아니라 그밖에 의사결정에 관한 사실상태의 성립이 있어야 하는 경우의 조건이다. "내가 미국에 여행하게 되면 곰인형을 선물로 사다주겠다."와 같이 조건의 성취여부가 당사자 일방의 의사에 의한 어떤 행위에 의존하는 조건을 단순 수의조건이라고 한다. 이와 같은 단순 수의조건부 법률행위는 유효하다.

2) **비수의조건** 조건사실의 실현 여부가 당사자의 일방적 의사에만 의존하지 않는 조건이다. 이에는 다음의 두 가지가 있다.

① **우성조건**(偶成條件) 조건사실의 실현 여부가 당사자의 의사와는 관계없이 자연적인 사실이나 제3자의 의사나 행위에 의존하는 조건이다. 예컨대 "내일 비가 온다면 우산을 주겠다." 등이 있다.

② **혼성조건**(混成條件) 조건사실의 실현 여부가 당사자 일방의 의사 외에 제3자의 의사에도 의존하는 조건이다. 예컨대 "네가 내 딸과 결혼한다면 아파트를 사주겠다." 등이 있다.

(3) 가장조건

1) 의 의

가장조건(假裝條件)이라 함은 형식적·외관상으로는 조건의 모습을 띠고 있지만 실질적으로는 조건으로서 인정되지 못하는 것을 총칭한다. 가장조건에는 법정조건, 불법조건, 기성조건 그리고 불능조건이 있다.

2) 종 류

① **법정조건** 법률행위의 효력이 발생하기 위해서는 법률이 특별히 요구

---

493) 그러나 다른 견해도 있다. 즉 순수 수의조건부 법률행위는 무효이나, 순수 수의 해제조건부 법률행위는 유효다다는 견해(김용한, 423면), 정지조건부 법률행위에서 그 조건이 채무자의 의사에만 의존하는 경우에는 무효이나, 나머지 경우는 모두 유효다다는 견해(고상룡, 631면; 김준호, 383면), 언제나 유효하다는 견해(이영준, 755면; 이은영, 724면), 순수 수의조건을 붙이는 것은 허용되지만 경우에 따라서는 구속력의 발생을 원하지 않는 것으로 인정되어 효력이 생기지 않거나 자연채무가 발생하는 것으로 새겨질 수도 있다는 견해(송덕수, 468면) 등이 있다.

하는 일정한 요건을 갖추어야 하는데 이렇게 법률의 규정에 의하여 부가된 요건을 법정조건이라고 한다. 예컨대 법인설립행위에서 주무관청의 허가(제32조), 유언에서 유언자의 사망 또는 수증자의 생존(제1073조 제1항, 제1089조 제1항), 특별법에 의하여 요구되는 일정한 토지나 임야 등의 매매에 대한 행정관청의 허가 등이 있다.

② **불법조건** 조건이 선량한 풍속 기타 사회질서에 위반한 것인 때에는 그 조건만이 무효가 아니라 그 법률행위 전부가 무효로 된다(제151조 제1항).[494]

③ **기성조건** 조건이 법률행위 성립 당시에 이미 실현된 경우가 기성조건이다. 기성조건이 정지조건이면 조건 없는 법률행위가 된다(제151조 제2항). 따라서 법률행위는 성립과 동시에 그 효력을 발생한다. 기성조건이 해제조건이면 그 법률행위는 무효가 된다(제151조 제2항).[495]

3) 불능조건

조건이 법률행위의 당시에 이미 실현 불가능한 경우가 불능조건이다. 불능조건이 해제조건이면 조건 없는 법률행위가 되고, 정지조건이면 그 법률행위는 무효가 된다(제151조 제3항).

3. 조건을 붙일 수 없는 법률행위

법률행위에 조건을 붙이면 그 효력의 발생이나 존속(소멸)이 불안정한 상태에 놓여지게 된다. 따라서 법률행위의 효력이 확정적으로 발생하거나 그 존속이 안정되어야 하는 법률행위에는 조건을 붙일 수 없다. 이것을 조건에 친하지 않는 법률행위라고 한다. 예컨대 혼인 · 이혼 · 입양 · 인지 · 상속의 포기 등 가족법상의 행위, 단독행위(제493조 제1항), 객관적 획일성이 요구되는 어음 · 수표행위(어음법 제1조 제2호, 제75조 제2호, 수표법 제1조 제2호), 근로계약 등이 있다.

그러나 조건을 붙이더라도 사회질서에 반하지 않거나 상대방에게 불이익을 주지 않는 경우에는 예외적으로 조건을 붙일 수 있다. 예컨대 유언은 가족법상의

494) **대결** 2005.11.8, 2005마541 "조건부 법률행위에 있어 조건의 내용 자체가 불법적인 것이어서 무효일 경우 또는 조건을 붙이는 것이 허용되지 아니하는 법률행위에 조건을 붙인 경우 그 조건만을 분리하여 무효로 할 수는 없고 그 법률행위 전부가 무효로 된다."

495) **대판** 1993.11.9, 93다25790 · 25806.

행위이지만 유언자의 사후의 재산처리를 목적으로 하는 것이므로 조건을 붙이는 것이 허용된다(제1073조 제2항). 단독행위에 관하여도 상대방이 동의를 하거나 상대방에게 불이익을 주지 않는 경우에는 조건을 붙일 수 있다.[496)]

조건을 붙일 수 없는 법률행위에 조건을 붙인 경우에는, 법률에서 따로 정한 경우(어음법 제12조, 수표법 제15조)를 제외하고 법률행위 전체가 무효가 된다.

4. 조건의 성취와 불성취

(1) 조건의 성취와 불성취의 의미

조건부 법률행위의 효력은 장래의 불확정한 사실의 성취 여부에 의존한다. 조건사실이 실현되는 경우가 조건의 성취이고, 실현되지 아니한 경우가 조건의 불성취이다.[497)]

(2) 조건의 성취의 의제

1) 요 건

① 조건의 성취로 인하여 불이익을 받을 당사자가 신의성실에 반하여 조건의 성취를 방해한 때에는 상대방은 그 조건이 성취된 것으로 주장할 수 있다(제150조

---

496) **대판 1970.9.29, 70다1508** "계약당사자의 일방이 다른 일방에게 대하여 일정한 기간을 정하여 그 채무의 이행을 최고함과 동시 그 기간 내에 이행이 없을 때에는 계약을 해제하겠다는 의사표시를 한 경우에는 위의 기간경과로 해제권은 발생됨과 동시에 그 계약은 해제된 것으로 해석하여야 할 것인바, 원심이 위와 같은 사실에 의하여 원고와 피고와의 사이의 자동차 지입계약은 해지되었다고 판단하였음에 위법이 있다고 할 수 없을 뿐아니라…"; **대판 1980.2.12, 79다2035** "매수인이 중도금을 약정한 일자에 지급하지 아니 하면, 계약이 해제된 것으로 한다는 특약이 있는 실권약관부 매매계약에 있어서는 매수인이 약정의 중도금 지급의무를 이행하지 아니하면, 그 계약은 그 일자에 자동적으로 해제된 것으로 보아야 하며, 매도인이 그 후에 중도금의 지급을 최고하였다 하더라도, 이는 은혜적으로 한번 지급의무를 이행할 기회를 준 것에 지나지 아니한다."

497) **대판 2000.10.24, 99다33458** "아직 이혼하지 않은 당사자가 장차 협의상 이혼할 것을 약정하면서 이를 전제로 하여 위 재산분할에 관한 협의를 하는 경우에 있어서는, 특별한 사정이 없는 한, 장차 당사자 사이에 협의상 이혼이 이루어질 것을 조건으로 하여 조건부 의사표시가 행하여지는 것이라 할 것이므로, 그 협의 후 당사자가 약정한대로 협의상 이혼이 이루어진 경우에 한하여 그 협의의 효력이 발생하는 것이지, 어떠한 원인으로든지 협의상 이혼이 이루어지지 아니하고 혼인관계가 존속하게 되거나 당사자 일방이 제기한 이혼청구의 소에 의하여 재판상 이혼(화해 또는 조정에 의한 이혼을 포함한다)이 이루어진 경우에는 위 협의는 조건의 불성취로 인하여 효력이 발생하지 않는다고 보아야 할 것이다."

제1항). 이 경우 조건이 성취된 것으로 간주되는 것은 아니며, 상대방이 주장한 때에 조건성취의 효과가 발생한다. 이 권리는 일종의 형성권이다.

② 여기의 '당사자'란 조건의 성취로 직접 불이익을 받게 되는 자만을 가리킨다.

③ 방해행위로 조건이 불성취로 되어야 한다. 방해행위는 제한이 없다. 따라서 작위 · 부작위 · 불법행위 · 사실행위 여부를 묻지 않는다.

④ 방해행위가 신의성실의 원칙에 반하는 것이어야 한다.[498]

2) 효 과

① 상대방은 조건이 성취된 것으로 주장할 수 있다. 즉 조건이 성취되는 것으로 간주하는 것이 아니라 상대방이 주장한 때에 조건성취의 효과가 발생한다. 일종의 형성권이다.

② 조건이 성취된 것으로 되는 시기는 상대방의 주장을 선제로 하여 신의성실에 반하는 행위가 없었다면 조건이 성취되었으리라고 추정되는 때이다.[499]

③ 조건성취를 방해하는 행위는 제148조 "조건 있는 법률행위 당사자는 조건의 성부가 미정한 동안에 조건의 성취로 인하여 생길 상대방의 이익을 해하지 못한다."는 규정을 위반하는 것으로서 그 때에는 상대방은 손해배상청구권도 가진다. 따라서 상대방은 조건성취와 손해배상청구 가운데 어느 하나를 선택적으로 행사할 수 있다.

④ 조건성취사실에 대한 증명책임은 조건의 성취로 인하여 법률행위의 효력이 확정되었음을 주장하는 자에게 있다.[500]

---

498) **대판** 1998.12.22, 98**다**42356 "상대방이 하도급 받은 부분에 대한 공사를 완공하여 준공필증을 제출하는 것을 정지조건으로 하여 공사대금채무를 부담하거나 위 채무를 보증한 사람은 위 조건의 성취로 인하여 불이익을 받을 당사자의 지위에 있다고 할 것이므로, 이들이 위 공사에 필요한 시설을 해주지 않았을 뿐만 아니라 공사장에의 출입을 통제함으로써 위 상대방으로 하여금 나머지 공사를 수행할 수 없게 하였다면, 그것이 고의에 의한 경우만이 아니라 과실에 의한 경우에도 신의성실에 반하여 조건의 성취를 방해한 때에 해당한다고 할 것이므로, 그 상대방은 민법 제150조 제1항의 규정에 의하여 위 공사대금채무자 및 보증인에 대하여 그 조건이 성취된 것으로 주장할 수 있다."

499) **대판** 1998.12.22, 98**다**42356 "조건의 성취로 인하여 불이익을 받을 당사자가 신의성실에 반하여 조건의 성취를 방해한 경우, 조건이 성취된 것으로 의제되는 시점은 이러한 신의성실에 반하는 행위가 없었더라면 조건이 성취되었으리라고 추산되는 시점이다."

500) **대판** 1984.9.25, 84**다카**967 "원고가 피고 교회의 담임 목사직을 자진 은퇴하겠다는 의사를 표명한데 대하여 피고 교회에서 은퇴위로금으로 이건 부동산을 증여하기로 한 것이라면 이 증여는 원고의 자진사임을 조건으로 한 증여라고 보아야 할 것이므로 원고가 위

(3) 조건의 불성취의 의제

조건의 성취로 인하여 이익을 받을 당사자가 신의성실에 반하여 조건을 성취시킨 때에는 상대방은 그 조건이 성취하지 아니한 것으로 주장할 수 있다(제150조 제2항). 예컨대 A가 B보험회사와 상해보험계약을 체결한 후 신체의 일부를 절단하는 자작극을 벌인 경우에는 B보험회사는 조건의 불성취를 주장하여 보험금의 지급을 거절할 수 있다.

이 요건이나 효과는 조건성취로 의제되는 경우에 준하여 생각하면 될 것이다.

5. 조건부 법률행위의 효력

(1) 조건의 성취·불성취 확정 전의 효력

1) 기대권으로서의 조건부 권리

조건부 법률행위가 성립한 경우에 당사자는 장래 조건의 성취로 일정한 이익을 얻게 될 기대를 가지게 된다. 민법은 이러한 기대 내지 희망을 조건부 권리(기대권)로 인정하여, 이를 보호하는 규정을 마련하고 있다.

2) 조건부 권리의 침해금지

조건 있는 법률행위의 당사자는 조건의 성부(成否)가 미정한 동안에 조건의 성취로 인하여 생길 상대방의 이익을 해하지 못한다(제148조). 예컨대 정지조건부로 증여한 건물을 증여자가 조건 성취 전에 제3자에게 매각하여 그 등기가 경료된 경우에 수증자는 조건의 성취를 전제로 증여자를 상대로 그 건물의 인도불능으로 발생한 손해배상을 청구할 수 있다.

이처럼 조건부 권리를 침해당한 자는 상대방에 대하여 손해배상을 청구할 수 있다.[501]

증여계약을 원인으로 피고에게 소유권이전등기를 구하려면 적어도 그 후 자진 사임함으로써 그 조건이 성취되었음을 입증할 책임이 있다."

501) **대판 1992.5.22, 92다5584** "해제조건부증여로 인한 부동산소유권이전등기를 마쳤다 하더라도 그 해제조건이 성취되면 그 소유권은 증여자에게 복귀한다고 할 것이고, 이 경우 당사자 간에 별단의 의사표시가 없는 한 그 조건성취의 효과는 소급하지 아니하나, 조건성취 전에 수증자가 한 처분행위는 조건성취의 효과를 제한하는 한도 내에서는 무효라고 할 것이고, 다만 그 조건이 등기되어 있지 않는 한 그 처분행위로 인하여 권리를 취득한 제3자에게 위 무효를 대항할 수 없다."

3) 조건부 권리의 처분 등

조건의 성취가 미정한 권리의무는 일반규정에 의하여 처분 · 상속 · 보존 또는 담보로 할 수 있다(제149조).

여기의 "일반규정에 의하여"라는 것은 조건의 성취에 의하여 취득할 권리와 같은 내용으로 처분 등을 할 수 있다는 의미이다. 따라서 조건부 권리도 처분할 수 있고, 상속의 대상이 된다. 그리고 조건부 권리의 현상을 유지하기 위하여 담보를 설정할 수 있고(제206조 참조), 부동산의 경우에는 이를 가등기할 수 있다(부동산등기법 제88조).[502]

(2) 조건의 성취 · 불성취 확정 후의 효력

정지조건 있는 법률행위는 조건이 성취한 때로부터 그 효력이 생기고(제147조 제1항),[503] 해제조건 있는 법률행위는 조건이 성취한 때로부터 그 효력을 잃는다(제147조 제2항).

조건성취의 효력은 그 성취 시부터 장래에 향하여 효력이 생기고 소급하지 않는 것이 원칙이지만, 당사자가 조건성취의 효력을 그 성취 전에 소급하게 할 의사를 표시한 때에는 그 의사에 의한다(제147조 제3항). 의사표시에 의하여 소급효를 인정하는 경우에, 그로 인하여 제3자의 권리를 해하지 못한다.

Ⅲ. 기 한

1. 기한의 의의

기한이라 함은 법률행위의 당사자가 그 효력의 발생 · 소멸 또는 채무의 이행을 장래에 발생하는 것이 확실한 사실에 의존케 하는 법률행위의 부관을 말한다.

---

502) **대판** 2000.8.22, 2000다25576 "장래의 이행을 청구하는 소는 미리 청구할 필요가 있는 경우에 한하여 제기할 수 있는바, 여기서 미리 청구할 필요가 있는 경우라 함은 이행기가 도래하지 않았거나 조건 미성취의 청구권에 있어서는 채무자가 미리부터 채무의 존재를 다투기 때문에 이행기가 도래되거나 조건이 성취되었을 때에 임의의 이행을 기대할 수 없는 경우를 말하고, 이행기에 이르거나 조건이 성취될 때에 채무자의 무자력으로 말미암아 집행이 곤란해진다던가 또는 이행불능에 빠질 사정이 있다는 것만으로는 미리 청구할 필요가 있다고 할 수 없다."

503) **대판** 2006.12.7, 2004도3319.

장래의 사실이라는 점에서는 조건과 같으나, 그 사실이 확실하게 발생하는 것인 점에서 조건과 다르다.

기한은 법률행위의 내용으로서 당사자가 임의로 정한 것이므로 법정기한(시효기간 · 제척기간 · 출소기간 등)은 여기서 말하는 기한이 아니다.

2. 기한의 종류

(1) 시기 · 종기

법률행위의 효력의 발생 또는 채무의 이행의 시기를 장래의 확정적 사실의 발생에 의존케 하는 기한이 시기이고(제152조 제1항), 법률행위의 효력의 소멸을 장래의 확정적 사실에 의존케 하는 기한이 종기이다(제152조 제2항).

임차권 · 지상권 · 전세권을 설정하는 경우에는 그 존속기간, 즉 시기와 종기를 약정하는 것이 보통이다. 만일 위의 권리 등을 등기하는 경우에는 그 기간도 등기하여야 한다(부동산등기법 제74조, 제69조, 제72조).

(2) 확정기한 · 불확정기한

기한의 내용인 사실이 발생하는 시기가 확정되어 있는 기한을 확정기한이라 하고, 확정되어 있지 않은 것을 불확정기한이라고 한다. 예컨대 '전시기간을 1월 1일부터 3월 30일까지로 한다.'는 것은 확정기한이고, 'A가 사망하는 때'는 불확정기한이다.

불확정기한은 발생하는 시기가 현재 확정되어 있지는 않지만 장래 어느 때고 발생할 것이 확실한 점에서 조건과 구별된다.[504)]

---

504) **대판** 2003.8.19, 2003**다**24215 "부관이 붙은 법률행위에 있어서 부관에 표시된 사실이 발생하지 아니하면 채무를 이행하지 아니하여도 된다고 보는 것이 상당한 경우에는 조건으로 보아야 하고, 표시된 사실이 발생한 때에는 물론이고 반대로 발생하지 아니하는 것이 확정된 때에도 그 채무를 이행하여야 한다고 보는 것이 상당한 경우에는 표시된 사실의 발생 여부가 확정되는 것을 불확정기한으로 정한 것으로 보아야 한다. 따라서 이미 부담하고 있는 채무의 변제에 관하여 일정한 사실이 부관으로 붙여진 경우에는 특별한 사정이 없는 한 그것은 변제기를 유예한 것으로서 그 사실이 발생한 때 또는 발생하지 아니하는 것으로 확정된 때에 기한이 도래한다."; **대판** 2009.5.14, 2009**다**16643 "재건축사업을 추진하던 자들과 사업 진행에 필요한 운전자금을 출자하고 사업상의 이익에 참여하기로 하는 등의 공동사업계약을 체결하고 그들에게 운전자금을 지급한 자가, 그 후 사업진행이 순조롭지 않자 공동사업관계에서 탈퇴하면서 '스폰서가 영입되거나

3. 기한을 붙일 수 없는 법률행위

법률행위에 시기를 붙이면 그 효과가 즉시 발생하지 않고 그 기한이 도래한 때로부터 생기기 때문에 그 효과가 즉시 발생할 것이 요구되는 경우에는 시기를 붙이지 못한다. 예컨대 혼인 · 이혼 · 입양 · 파양 등의 가족법상의 행위, 상속의 승인 · 포기, 취소, 상계(제493조 제1항 참조) 등이 있다.

다만, 어음(수표)행위에는 조건을 붙이지 못하지만 시기(지급일)를 붙이는 것은 허용된다.

4. 기한의 도래

기한의 내용이 되는 사실이 실현되는 것을 기한의 도래라고 한다(제152조 참조). 불확정한 사실이 발생한 때를 이행기한으로 정한 경우, 그 사실이 발생한 때는 물론 그 사실의 발생이 불가능하게 된 때에도 기한의 성질상 도래한 것으로 보아야 한다. 한편 기한의 이익을 포기하거나 상실한 때에도 그 때에 기한은 도래한 것으로 된다.

5. 기한부 법률행위의 효력

(1) 기한도래 전의 효력

조건부 권리가 보호를 받는 이상, 기한부 권리도 마찬가지로 보호를 받아야 한다. 그리하여 기한부 권리에도 조건부권리의 침해금지와 조건부권리의 처분 등에 관한 규정을 준용한다(제154조).

채무의 이행에 기한(이행기)이 붙은 경우에는 이미 채권 · 채무는 발생한 것이고 따라서 변제기 전의 채권의 효력이 문제될 뿐이며, 기한의 도래에 의하여 권리 · 의무가 발생하는 기한부 권리와는 다르다.

사업권을 넘길 경우나 사업을 진행할 때'에는 위 출자금을 반환받기로 하는 청산약정을 체결한 사안에서, 위 부관의 법적 성질을 거기서 정해진 사유가 발생하지 않는 한 언제까지라도 위 투자금을 반환할 의무가 성립하지 않는 정지조건이라기보다는 불확정기한으로 보아, 출자금반환의무는 위 약정사유가 발생하는 때는 물론이고 상당한 기간 내에 위 약정사유가 발생하지 않는 때에도 성립한다고 해석하는 것이 타당하다고 한 사례."

(2) 기한도래 후의 효력

시기 있는 법률행위는 기한이 도래한 때로부터 그 효력이 생기고(제152조 제1항), 종기 있는 법률행위는 기한이 도래한 때로부터 그 효력을 잃는다(제152조 제2항). 기한의 본질상 소급효는 없으며, 당사자의 특약에 의하여도 소급효를 인정할 수 없다.

6. 기한의 이익

(1) 의 의

기한의 이익이란 기한이 도래하지 않음으로써 그동안 당사자가 받는 이익을 말한다. 당사자 중 누가 기한의 이익을 가지는지는 법률관계에 따라 각기 다르다. 보통은 채무자가 기한의 이익을 가지는 경우가 많기 때문에 기한은 채무자의 이익을 위한 것으로 추정한다(제153조 제1항). 따라서 기한의 이익이 채권자에게 있다는 것은 채권자가 이를 증명하여야 한다.

(2) 기한의 이익의 포기

① 기한의 이익을 가지는 자는 그 이익을 포기할 수 있다(제153조 제2항 본문). 예컨대 무이자 소비대차에서 차주는 그 기한 전에 언제든지 반환할 수 있다. 무상임치에서 임치인은 기한 전에 그 반환을 청구할 수 있다.

그러나 상대방의 이익을 해하지 못한다(제153조 제2항 단서).

② 이자부 소비대차처럼 기한의 이익이 채권자 · 채무자 쌍방에게 있는 경우에도 기한의 이익을 포기할 수 있다. 다만, 그로 인하여 상대방의 이익을 해한 경우에는 이를 전보하여야 한다(제153조 제2항 단서). 즉 채무자는 변제기까지의 이자를 지급하여 변제기 전에 이를 변제할 수 있다.

(3) 기한의 이익의 상실

기한의 이익을 채무자에게 주는 것은 그를 신용하여 그에게 이행의 유예를 주려는 데 있다. 그러므로 채무자에게 신용상실의 사유가 발생한 때에는 기한의 이익을 상실케 하여 곧 변제하게 하는 것이 요청된다.

당사자 사이의 합의로 기한의 이익의 상실사유를 자유로이 약정할 수도 있지만, 법률은 ① 채무자가 담보를 손상 · 감소 · 멸실하게 하거나 담보제공의 의무를 이행하지 아니한 때(제388조)와 ② 채무자가 파산한 때(채무자회생 및 파산에 관한 법률 제425조)를 기한의 이익의 상실사유로 규정하고 있다.

이 경우에는 채무자가 기한의 이익을 주장하지 못하므로 채권자는 본래의 이행기까지 기다렸다가 청구할 수도 있고 또는 기한의 이익 상실을 주장하여 그 사유가 발생한 때부터 청구할 수도 있다.

제6장
기 간

Ⅰ. 총 설

1. 기간의 의의

기간(期間, Frist)이라 함은 「어느 시점에서 다른 어느 시점까지 계속된 시간적 간격(길이 · 총량)」을 말한다. 시간(時間)은 법률사실 중에서 사람의 정신작용과 관계없는 사건(事件)에 속한다. 시간만이 독립하여 법률요건이 되는 경우는 없으나, 다른 법률사실과 결합하여 법률요건이 되는 경우는 많다. 성년(제4조) · 최고기간(제15조 제1항) · 실종기간(제27조) · 통지기한(제71조) · 소멸시효기간(제162 조 이하) 등이 그 예이다.

「기일(期日)」은 기간과 구별되는 개념이다. 기일은 시간의 경과에 있어서 어느 특정의 시점을 가리키는 것으로서 계속의 관념이 없다. 그러나 기일이 반드시 순간을 의미하는 것은 아니며, 보통은 일(日)로 표시된다. 이때의 1일은 시간의 계속으로서가 아니고 통일된 불가분의 한 단위로서 계산되는 개념이다. 이행기(변제기)는 대체로 기일로 정해진다.

민법은 다른 법률에 특별한 규정이 없거나 당해 법률행위에 기간계산에 관한 당사자의 약정이 없는 경우에 보충적으로 적용될 수 있는 기간의 계산방법에 대하여 규정하고 있다(제155조).

2. 다른 법률관계에의 적용

민법에 기간의 계산방법에 관한 규정을 두고 있으나, 민법의 규정은 보충적 규정으로서, 다른 법령이나 재판상의 처분 또는 법률행위에서 기간의 계산방법에 대하여 따로 정하고 있으면 그것에 따르게 되며, 이를 정하고 있지 않은 경우에 민법의 규정에 의하게 된다(제155조).

행정법령 중에도 기간의 계산에 관하여 독자적인 규정을 두고 있는 것들이 있으나(국회법 제162조, 특허법 제14조, 공익사업을 위한 토지 등의 취득 및 보상에 관한 법률 제6조 및 동법시행령 제4조 등), 대부분의 행정법령들은 그와 같은 규정을 두고 있지 않으므로 규정이 없는 경우에는 역시 민법의 규정이 일반적으로 적용된다. 따라서 민법의 규정은 사법관계뿐만이 아니라 공법관계에도 적용된다고 할 것이다.[505]

Ⅱ. 기간의 계산방법

1. 의 의

기간의 계산방법에는 자연적인 시간의 흐름을 순간에서 순간까지 계산하는 「자연적 계산방법」과 역(曆; 태양역을 의미)에 따라 계산하는 「역법적 계산방법」 두 가지가 있다. 두 가지가 모두 장단점을 가지고 있다. 「자연적 계산방법」은 정확하지만 불편하고, 「역법적 계산방법」은 편리하지만 부정확하다. 민법은 단기간에 대해서는 「자연적 계산방법」을 취하고, 장기간에 대해서는 「역법적 계산방법」을 취하고 있다.

2. 기간을 시 · 분 · 초로 정한 때의 계산법

우리 민법은 "기간을 시 · 분 · 초로 정한 때에는 즉시로부터 기산한다."(제156조)고 하여 자연적 계산법을 채택하고 있다. 이 경우에는, 즉시를 기산점으로 하여 계산한다. 기간의 만료점은 그 정하여진 시 · 분 · 초가 종료한 때이다.

3. 일 · 주 · 월 · 년을 단위로 하는 기간의 계산

(1) 기간계산의 기산점

기간의 초일은 이를 산입하지 않는 것이 원칙이다(초일 불산입의 원칙, 제157조).[506] 그러나 기간이 오전 영시부터 시작하는 때(제157조 단서),[507] 연령의 계산

---

505) **대판 2009.11.26, 2009두12907** "민법 제155조는 "기간의 계산은 법령, 재판상의 처분 또는 법률행위에 다른 정한바가 없으면 본장의 규정에 의한다."고 규정하고 있으므로, 기간의 계산에 있어서는 당해 법령 등에 특별한 정함이 없는 한 민법의 규정에 따라야 하고, 한편 광업법 제16조 는 "제12조 에 따른 광업권의 존속기간이 끝나서 광업권이 소멸하였거나 제35조 에 따라 광업권이 취소된 구역의 경우 그 광업권이 소멸한 후 6개월 이내에는 소멸한 광구의 등록광물과 같은 광상에 묻혀 있는 다른 광물을 목적으로 하는 광업권설정의 출원을 할 수 없다."고 규정하고 있으나, 광업법에는 기간의 계산에 관하여 특별한 규정을 두고 있지 아니하므로, 광업법 제16조 에 정한 출원제한기간을 계산할 때에도 기간계산에 관한 민법의 규정은 그대로 적용된다."

506) **대판 1982.2.23, 81누204** "민법 제161조가 정하는, 기간의 말일이 공휴일에 해당한 때에는 기간은 그 익일로 만료한다는 규정의 취지는, 명문이 정하는 바와 같이 기간의 말일이 공휴일인 경우를 정하는 것이고, 이는 기간의 만료일이 공휴일에 해당함으로써 발생할 불이익을 막고자 함에 그 뜻이 있는 것이므로, 기간계산의 초일은 이에 적용이 없다고

에는 초일을 산입한다(제158조).

기간에 관한 민법규정은 모두 임의규정이다(제155조). 이는 초일을 산입하지 않는다고 규정하고 있는 제157조도 마찬가지이다. 그러므로 당사자가 기간의 초일을 산입하는 것으로 약정하면 그 약정이 초일 불산입의 원칙을 정하고 있는 제157조에 우선하여 적용된다. 판례도 같은 입장이다.[508)]

풀이하여야 할 것이다."; **대판 1989.4.11, 87다카2901** "근로기준법 제19조 제1항 전단은 평균임금이라 함은 이를 산정하여야 할 사유가 발생한 날 이전 3월간에 그 근로자에 대하여 지급된 임금의 총액을 그 기간의 총 일수로 제한 금액을 말한다 라고 규정하고 있는 바 위의 사유가 발생한 날 이전 3월간의 기산에 있어서 사유발생한 날인 초일은 산입하지 아니하여야 할 것이므로(민법 제157조) 이 사건에 있어서는 사유가 발생한 날의 전일 즉 1985.8.22.부터 소급하여 역일에 의한 3개월을 계산하여야 하는 것이다."

507) **대판 1988.9.10, 88수85** "국회의원선거법 제27조 제6항 소정의 "선거일 공시일로부터"라 함은 "선거일을 공고한 날의 오전 영시로부터"를 의미하는 것으로 해석되므로 민법 제157조 단서 에 해당되어 초일불산입을 규정한 같은 조 본문은 적용되지 않는다."; **대판 2014.12.22, 2014다229016** "1. '민사소송 등에서의 전자문서 이용 등에 관한 법률'제11조는 전자적 송달은 법원사무관 등이 송달할 전자문서를 전산정보처리시스템에 등재하고 그 사실을 송달받을 자에게 전자적으로 통지하는 방법으로 하며(제3항),이 경우 송달받을 자가 등재된 전자문서를 확인한 때에 송달된 것으로 보되, 그 등재사실을 통지한 날부터 1주 이내에 확인하지 아니한 때에는 등재사실을 통지한 날부터 1주가 지난날에 송달된 것으로 본다(제4항)고 규정하고, 민법 제157조 는 기간을 일,주,월 또는 연으로 정한 때에는 기간의 초일은산입하지 아니하되, 그 기간이 오전 영시로부터 시작하는 때에는 초일을 산입한다고 규정하며, 민사소송법 제170조 는 기간의 계산은 민법에 따르도록 규정하고 있다. 따라서 판결 선고 후 판결문을 전자문서로 전산정보처리시스템에 등재하고 그 사실을 전자적으로 통지하였지만 등록사용자가 판결문을 1주 이내에 확인하지 아니한 경우 판결문송달의 효력이 발생하는 시기는 등재사실을 등록사용자에게 통지한 날의 다음 날부터 기산하여 7일이 지난날의 오전 영시가 되고, 상소기간은 민법 제157조 단서에 따라 송달의 효력이 발생한 당일부터 초일을 산입해 기산하여 2주가 되는 날에 만료한다. 2. 기록에 의하면, 전자소송으로 진행된 이 사건 원심판결문의 전산정보처리시스템 등재사실이 2014.9.24.전자우편과 휴대전화번호로 상고인에게 통지되었으나, 그로부터 1주 이내에 상고인이 판결문을 확인하지 않은 사실, 상고인은 2014.10.16.이 되어서야 상고장을 원심법원에 제출한 사실을 알 수 있는바,원심판결문의 상고인에 대한 송달 효력이 발생한 시기는 전자우편 등으로 등재사실이 통지된 날의 다음 날부터 기산하여 7일이 지난 2014.10.2.의 오전 영시가 되고, 상고기간은 2014.10.2.당일부터 기산하여 14일이 되는 2014.10.15.만료하므로,2014.10.16.제출된 이 사건 상고장은 상고기간을 도과한 것으로서 그 흠결을 보정할 수 없다."

508) **대판 2007.8.23, 2006다62942** "민법 제157조는 "기간을 일, 주, 월 또는 년으로 정한 때에는 기간의 초일은 산입하지 아니한다."고 규정하여 초일 불산입을 원칙으로 정하고 있으나, 민법 제155조에 의하면 법령이나 법률행위 등에 의하여 위 원칙과 달리 정하는 것도 가능하다."; **대판 1982.2.23, 81누204** "민법 제161조가 정하는 기간의 말일이 공휴일에 해당한 때에는 기간은 그 익일로 만료한다는 규정의 취의는 명문이 정하는 바와 같이 기간의 말일이 공휴일인 경우를 정하는 것이고, 이는 기간의 만료일이 공휴일에 해당함으

(2) 만 료 점

기간을 일 · 주 · 월 · 년으로 정한 때에는 기간 말일의 종료로 기간은 만료된다(제159조). 그리고 이때의 기간은 일(日)로 환산하지 않고 역(曆)에 의하여 계산한다(제160조 제1항). 따라서 월이나 년의 일수의 장단은 문제 삼지 않는다. 주 · 월 · 년의 처음(일요일, 1일, 1월 1일 등)부터 계산하지 않을 때, 예컨대 6월 15일에 앞으로 1개월간이라고 하는 경우에는 6월 16일부터 기산하여(초일 불산입의 원칙) 역에 의하여 기산한 1개월이 지난 7월 15일 자정(오후 12시)에 기간이 만료된다. 즉 최후의 주 · 월 · 년에서 기산일에 해당하는 날의 전날로 기간은 만료된다(제160조 제2항). 그에 비하여 주 · 월 · 년의 처음부터 계산하는 때(예, 4월 30일에 앞으로 1개월이라고 한다면)에는 그 주 · 월 · 년의 말일의 종료로 기간이 만료한다(앞의 경우, 5월 31일 오후 12시가 만료점이 된다).

이와 같이 만료점을 계산하다보면 최후의 달에 해당일이 없는 수가 있게 되는데(2월, 윤년 등), 이때에는 그 달의 말일로써 기간의 말일로 한다(제160조 제3항). 예컨대 「3월 30일부터 3개월간」이라고 하면 '초일 불산입'으로 3월 31일부터 기산하여 3개월이 만료되는 날은 「6월 31일 자정」이 되어야 하는데, 6월에는 30일까지만 있기 때문에 문제가 된다. 이런 경우를 대비하여 민법은 "월 또는 연으로 정한 경우에 최종의 월에 해당일이 없는 때에는 그 월의 말일로 기간이 만료한다."고 규정하고 있는 것이다(제160조 제3항). 그러므로 앞의 경우 6월 30일 자정(오후 12시)에 기간이 만료하게 된다.

또한 기간의 말일이 토요일 또는 공휴일에 해당하는 때에는 그 기간은 그 익일로 만료한다(제161조). 원래는 공휴일만 규정되어 있었는데, 2007.12.21. 법률 제8720호로 "토요일"이 추가되었다.[509]

로써 발생할 불이익을 막자고 함에 그 뜻이 있는 것이므로 기간 기산의 초일은 이의적용이 없다고 풀이하여야 할 것인바,…"

509) **대판 1993.11.23, 93도662** "입법관행 및 자구해석상 "이전"이라 함은 기산점이 되는 일시를 포함하는 표현이고, 또, 민법 제159조 는 기간을 "일"로 정한 때에는 기간말일의 종료로 기간이 만료한다고 규정하여 기간의 말일에 관하여 초일의 경우와 마찬가지로 연장적 계산법을 채택하고 있으므로 어떤 행위를 하여야 하는 종기 또는 유효기간이 만료되는 시점을 "시행일" 또는 "공고일"이라고 하여 "일"로 정하였다면 그 기간의 만료점은 그날 오후 12시가 된다 할 것이고, 따라서, 위 고시 제91-21호 부칙 제2조 를 위 법리에 따라 해석하면 수입승인을 받은 자가 위 고시의 시행일인 1991. 5. 13. 24:00까지 신용장개설을 하지 아니하면 그날 24:00에 수입승인의 효력이 상실된다는 취지로 풀이된다."

4. 기간의 역산방법

민법의 기간 계산방법은 일정한 기산일부터 과거에 소급하여 계산하는 기간에도 준용되어야 한다고 해석된다.

민법 기타의 법령에는 기간의 역산이 필요한 경우가 있다. 예컨대 제71조(총회의 소집)의 총회소집기간은 총회 1주일 전에 통지하여야 한다고 할 때에, 총회일이 10월 19일이라고 한다면, 그 전날인 10월 18일을 기산점으로 하여 거꾸로 계산해서 12일이 만료일이 되고, 그날의 오전 영시에 기간이 만료된다. 따라서 늦어도 10월 11일 자정까지는 총회통지가 사원들에게 발송되어야 한다. 이는 발신주의의 경우이나, 도달주의의 원칙이 적용된다면, 그때까지 통지가 상대방에게 도달하여야 하는 것이 된다. 판례도 같다.[510]

---

510) **대판 1979.3.27, 79슈1** "통일주체국민회의 대의원 피선거권이 없는 자로서 동 대의원선거법 제11조 제7호에 규정된 '선거일전 3년간에 정당의 당원이었던 자'에서 말하는 '선거일전 3년간'이라 함은 선거일 전날 24:00을 기산점으로 하고 소급적하여 계산한 3년 사이를 의미한다."

제7장
소멸시효

Ⅰ. 총 설

1. 시효제도의 의의

(1) 개념과 유형

일정한 사실상태가 장기간(일정기간) 계속된 경우에 그 사실상태가 진실한 권리관계와 일치하는가를 묻지 않고 그 사실상태를 존중하여 일정한 법적 효과(권리의 취득 또는 소멸의 효과)를 부여하는 것을 시효제도(Verjährung ; prescription)라 한다. 따라서 시효는 권리의 취득 또는 소멸의 효과를 발생케 하는 법률요건이라 할 수 있다.

시효에는 소멸시효와 취득시효가 있다.

소멸시효라 함은 권리자가 권리를 행사할 수 있음에도 불구하고 일정한 기간 동안 그 권리를 행사하지 않는 상태(권리불행사의 상태)가 계속된 경우에 권리자의 권리를 소멸케 하는 제도이다.

취득시효라 함은 어떤 자가 정당한 권원이 없이 권리자인 것처럼 권리를 행사하고 있는 사실상태가 일정한 기간 동안 계속된 경우에 그가 진실한 권리자인가를 묻지 않고 처음부터 정당한 권리자이었던 것으로 인정하는 제도이다.

소멸시효는 민법 중 총칙편에서 규정하고, 취득시효는 물권편(제245조 이하)에서 규정하고 있다.

(2) 시효제도의 존재이유

시효제도를 인정하게 되면 실질적으로는 권리를 취득하였거나 의무를 이행하였는데도 불구하고 이를 증명하지 못하는 자가 보호받을 수 있다. 반면에 권리를 취득하지 않았거나 의무를 이행하지 않았음에도 불구하고 권리를 취득하거나 의무를 면하는 자도 생길 수 있다. 이렇게 후자의 경우처럼 진정한 권리자가 손해를 보도록 하면서, 당위로서의 권리 · 의무의 존재와 내용을 규정해야 할 민법이 사실상태의 존중을 이유로 실체상의 권리관계와 부합하지 않는 권리의 소멸 또는 취득을 인정하는 이유는 무엇인가?

민법이 시효제도를 두는 이유를 다음의 세 가지로 논하여 지고 있다.[511]

---

511) **대판(전)** 1992.3.31, 91다32053 "시효제도의 존재이유는 영속된 사실상태를 존중하고 권리

1) 권리행사의 태만에 대한 제재

권리자가 권리를 행사할 수 있음에도 불구하고 장기간 권리를 행사하지 않고 있는 자, 즉 권리위에 잠자는 자는 법률의 보호를 받을 자격이 없다는 것이다.

2) 사회질서의 안정

권리관계 여하에 불구하고 일정한 사실상태가 계속되면 그 사실 상태를 기초로 많은 새로운 법률관계가 쌓이는데, 정당한 권리관계를 위한다고 하여 이것을 뒤집어 버리면 그 위에 쌓인 법률관계가 모두 무너져버리므로 거래안전을 해치고, 사회질서를 혼란에 빠뜨릴 수 있게 된다. 따라서 일정한 기간 계속된 사실상태를 권리관계로 인정함으로써 사회질서를 안정시키고자 함이다.

3) 입증곤란의 구제

사실상태가 장기간 계속되면 그 동안의 정당한 권리관계에 관한 증거가 소멸되기 쉽다. 이와 같은 정당한 권리관계에 대한 증명의 곤란을 구제하기 위하여 사실상태를 그대로 법률상태로 인정할 필요가 있다는 점을 든다.

1)은 소멸시효를 두는 이유로, 2)와 3)은 취득시효를 두는 이유로 설명된다.

시효는 재산관계에 한하여 적용된다. 신분관계에서는 진실에 기하여 판단되어야 하므로 신분관계는 시효에 친하지 않는 법률관계이다.

시효제도를 두는 것은 사회적 · 공익적 필요성에 기인한 것이므로 그에 관한 규정은 강행규정이다. 따라서 소멸시효를 단축 또는 경감할 수는 있으나, 배제 · 연장 또는 가중할 수는 없다(제184조 제2항).

위에 잠자는 자를 보호하지 않는다는 데에 있고 특히 소멸시효에 있어서는 후자의 의미가 강하므로, 권리자가 재판상 그 권리를 주장하여 권리 위에 잠자는 것이 아님을 표명한 때에는 시효중단사유가 되는바, 이러한 시효중단사유로서의 재판상의 청구에는 그 권리 자체의 이행청구나 확인청구를 하는 경우만이 아니라, 그 권리가 발생한 기본적 법률관계에 관한 확인청구를 하는 경우에도 그 법률관계의 확인청구가 이로부터 발생한 권리의 실현수단이 될 수 있어 권리 위에 잠자는 것이 아님을 표명한 것으로 볼 수 있을 때에는 그 기본적 법률관계에 관한 확인청구도 이에 포함된다고 보는 것이 타당하다."; **대판(전) 1976.11.6, 76다148** "시효제도의 존재이유에 비추어 보아 부동산 매수인이 그 목적물을 인도받아서 이를 사용수익하고 있는 경우에는 그 매수인을 권리 위에 잠자는 것으로 볼 수도 없고 또 매도인 명의로 등기가 남아 있는 상태와 매수인이 인도받아 이를 사용수익하고 있는 상태를 비교하면 매도인 명의로 잔존하고 있는 등기를 보호하기 보다는 매수인의 사용수익상태를 더욱 보호하여야 할 것이므로 그 매수인의 등기청구권은 다른 채권과는 달리 소멸시효에 걸리지 않는다고 해석함이 타당하다(다수의견)."

2. 소멸시효와 유사한 제도(제척기간)

일정한 시간의 경과에 의하여 권리가 소멸한다는 점에서, 소멸시효와 유사하지만 소멸시효와는 다른 제도로서 '제척기간(除斥期間)'과 '권리의 실효(실효의 원칙)'가 있다. 권리의 실효에 관하여는 이미 앞에서 설명한 바 있으므로, 여기서는 '제척기간'만 설명하기로 한다.

(1) 제척기간의 의의

제척기간(Ausschlußfrist)[512]라 함은 법률관계를 조속히 확정시키기 위하여 법률이 예정하는 권리의 존속기간을 말한다. 제척기간이 만료하면 그 권리는 당연히 소멸하며,[513] 이러한 제척기간을 둘 필요성은 특히 형성권에 있어서 강하다.[514]

---

512) 이 제척기간의 개념을 여러 가지로 정의한다. 즉 '권리의 존속기간'(곽윤직, 319면; 김용한, 495면, 송덕수, 493면, 이영준, 786면 참조), 또는 '권리의 행사기간'(고상룡, 661면; 윤진수, 민법주해(3), 400면 참조)이라고 한다.

513) **대판** 1995.11.10, 94**다**22682 · 22699 "제척기간은 권리자로 하여금 당해 권리를 신속하게 행사하도록 함으로써 법률관계를 조속히 확정시키려는 데 그 제도의 취지가 있는 것으로서, 소멸시효가 일정한 기간의 경과와 권리의 불행사라는 사정에 의하여 권리 소멸의 효과를 가져오는 것과는 달리 그 기간의 경과 자체만으로 곧 권리 소멸의 효과를 가져오게 하는 것이므로 그 기간 진행의 기산점은 특별한 사정이 없는 한 원칙적으로 권리가 발생한 때이고, 당사자 사이에 매매예약 완결권을 행사할 수 있는 시기를 특별히 약정한 경우에도 그 제척기간은 당초 권리의 발생일로부터 10년간의 기간이 경과되면 만료되는 것이지 그 기간을 넘어서 그 약정에 따라 권리를 행사할 수 있는 때로부터 10년이 되는 날까지로 연장된다고 볼 수 없다."; **대판** 2015.1.29, 2013**다**215256 "제척기간은 권리자로 하여금 해당 권리를 신속하게 행사하도록 함으로써 법률관계를 조속히 확정시키려는 데 제도의 취지가 있는 것으로서, 기간의 경과 자체만으로 곧 권리 소멸의 효과를 가져오게 하는 것이다. 한편 의용 신탁법 제57조에 의하면 위탁자가 신탁이익의 전부를 향수하는 신탁은 위탁자 또는 그 상속인이 언제든지 해지할 수 있고, 제59조 에 의하면 신탁의 해지에 관하여 신탁행위에 특별히 정함이 있는 경우에는 위 규정에 불구하고 그 정함에 따르게 되어 있다. 규정의 내용과 입법 취지를 고려하면, 의용 신탁법 제57조 에 의한 해지권은 원래의 신탁계약이 존속하는 이상 언제든지 행사할 수 있는 것으로 법률관계의조속한 확정이 요구되는 것이 아니므로 제척기간의 대상이 된다고 할 수 없다. 그리고 의용 신탁법 제56조 에 의하면 신탁행위로 정한 사유가 발생한 때 또는 신탁의 목적을 달성하거나 달성할 수 없게 된 때에는 신탁이 종료하나, 이 경우는 신탁이절대적으로 종료하는 것이어서 종료 이후의 해지가 따로 문제 될 수 없다. 나아가 의용 신탁법 제63조 본문에 의하면 신탁이 종료한 경우에 신탁재산이 그 귀속권리자에게 이전할 때까지는 신탁은 존속하는 것으로 간주되나, 귀속권리자의 신탁재산반환청구권은 특별한 사정이 없는 한 원래의 신탁이 종료한 때로부터 이를 10년간 행사하지 아니하면 시효로 소멸하는 것이어서, 위 규정에 의한 법정신탁관계가 존속한다고 하여 제척기간의 대상이 되는 해지권이 따로 문제 될 수 없다."

제척기간의 개념 등에 관해서는 민법에 아무런 규정을 두고 있지 않으며 단지 개별조문에서 권리의 행사기간을 정해 두고 있을 뿐이다. 예컨대 제146조(취소권의 소멸)에서 「취소권은 추인할 수 있는 날로부터 3년 내에, 법률행위를 한 날로부터 10년 내에 행사하여야 한다」고 규정한다. 이때의 3년과 10년의 기간이 제척기간이다.

그러나 제척기간에 있어서 어떠한 사유가 있는가에 관계없이 그 제척기간의 경과로 권리가 소멸하는 것이 아니라 그 기간이 만료하기 전에 소를 제기하면(재판상 행사)[515] 권리는 소멸하지 않고 보전된다. 따라서 학설의 대립이 있으나 제척기간을 출소기간이라고 볼 수 있다(다수설).[516]

3. 제척기간과 소멸시효의 차이

제척기간과 소멸시효는 다 같이 기간의 만료로 권리가 소멸되나, 다음과 같이 차이가 있다.

(1) 기간 진행의 중단 · 정지의 인정 여부

제척기간에는 소멸시효의 경우와는 달리 속히 권리관계를 확립시키려는 것이

---

514) 청구권과 같은 다른 권리에 규정된 때도 있다.

515) 채권자취소권(제406조 제2항), 재판상 이혼권(제840조 내지 제842조), 친생부인권(제847조 내지 제851조), 입양취소권(제884조 · 체891조 내지 제897조), 재판상 파양권(제905조 · 제907조) 등은 반드시 제척기간 내에 재판을 통해 행사하여야 한다.

516) **대판** 1993.7.27, 92**다**52795 "미성년자 또는 친족회가 민법 제950조 제2항에 따라 제1항의 규정에 위반한 법률행위를 취소할 수 있는 권리는 형성권으로서 민법 제146조에 규정된 취소권의 존속기간은 제척기간이라고 보아야 할 것이지만, 그 제척기간 내에 소를 제기하는 방법으로 권리를 재판상 행사하여야만 되는 것은 아니고, 재판 외에서 의사표시를 하는 방법으로도 권리를 행사할 수 있다고 보아야 한다."; **대판** 2002.4.26, 2001**다**8097 · 8103 "민법 제204조 제3항과 제205조 제2항에 의하면 점유를 침탈당하거나 방해를 받은 자의 침탈자 또는 방해자에 대한 청구권은 그 점유를 침탈당한 날 또는 점유의 방해행위가 종료된 날로부터 1년 내에 행사하여야 하는 것으로 규정되어 있는데, 여기에서 제척기간의 대상이 되는 권리는 형성권이 아니라 통상의 청구권인 점과 점유의 침탈 또는 방해의 상태가 일정한 기간을 지나게 되면 그대로 사회의 평온한 상태가 되고 이를 복구하는 것이 오히려 평화질서의 교란으로 볼 수 있게 되므로 일정한 기간을 지난 후에는 원상회복을 허용하지 않는 것이 점유제도의 이상에 맞고 여기에 점유의 회수 또는 방해제거 등 청구권에 단기의 제척기간을 두는 이유가 있는 점 등에 비추어 볼 때, 위의 제척기간은 재판 외에서 권리 행사하는 것으로 족한 기간이 아니라 반드시 그 기간 내에 소를 제기하여야 하는 이른바 출소기간으로 해석함이 상당하다."

므로 중단이라는 것이 없다. 즉 제168조 이하의 '소멸시효의 중단'에 관한 규정은 제척기간에 대해서는 적용되지 않는다. 학설[517]과 판례[518]도 같은 입장이다. 따라서 제척기간 내에 권리자의 권리의 주장이나 의무자의 의무의 승인이 있으면 그대로 효과가 발생하기 때문에 이를 기초로 다시 기간이 갱신되지 않는다. 그러나 소멸시효에는 중단이 있어(제168조) 일정한 중단사유가 있으면 소멸시효가 일단 중단되었다가 중단사유가 종료된 때로부터 다시 진행한다.

제척기간에 관하여 소멸시효의 중단의 경우와 달리, 제179조 이하의 '소멸시효의 정지'에 관한 규정은 제척기간에도 유추 적용되어야 한다는 견해가 있다.[519]

(2) 소송상 주장이 필요한지 여부

제척기간이나 소멸시효나 모두 일정한 기간의 경과로 권리가 소멸하나, 소멸시효가 완성된 경우에는 변론주의의 결과 시효이익을 받을 당사자가 소송에서 공격·방어 방법으로 제출하지 않으면 이익이 무시되는 반면, 제척기간의 경우에는 당사자의 주장이 없어도 법원이 당연히 고려해야 한다.

517) 양창수, "매매예약 완결권의 제척기간의 기산점", 민법연구 제4권, 박영사, 1997/1, 264면.

518) **대판 2003.1.10, 2000다26425** "[2] 매매의 일방예약에서 예약자의 상대방이 매매예약 완결의 의사표시를 하여 매매의 효력을 생기게 하는 권리, 즉 매매예약의 완결권은 일종의 형성권으로서 당사자 사이에 그 행사기간을 약정한 때에는 그 기간 내에, 그러한 약정이 없는 때에는 그 예약이 성립한 때로부터 10년 내에 이를 행사하여야 하고, 그 기간을 지난 때에는 예약 완결권은 제척기간의 경과로 인하여 소멸한다. [3] 제척기간에 있어서는 소멸시효와 같이 기간의 중단이 있을 수 없다."; **대판 2004.7.22, 2004두2509** "제척기간에 있어서는 그 성질에 비추어 소멸시효와 같이 기간의 중단이나 정지는 있을 수 없다는 점과 헌법재판소의 심판대상과 범위 및 헌법불합치결정의 객관적 효력범위 등에 비추어 보면, 헌법재판소가 구 부동산 실권리자 명의 등기에 관한 법률(2002.3.30. 법률 제6683호로 개정되기 전의 것) 제5조 제1항의 헌법불합치결정을 하면서 일정한 시기까지 당해 법조항을 헌법불합치결정의 취지에 좇아 개정하지 아니하는 경우 당해 법조항이 실효됨을 선언함과 아울러 법원 기타 국가기관 및 지방자치단체에 대하여 개정입법 시까지 당해 법조항의 적용을 중지하도록 한 것만으로는 법률상의 근거도 없이 헌법불합치결정의 심판대상이 되지도 아니한 과징금부과처분의 제척기간에 관한 법조항의 적용이 헌법불합치결정시부터 개정입법 시까지의 기간 동안 배제된다거나 제척기간의 진행이 정지된다고 볼 수 없다고 해석함이 상당하다."

519) 이에는 다시 시효의 정지에 관한 규정이 전면적으로 유추 적용되어야 한다는 견해(김상용, 961면; 이은영, 787면)와 천재지변에 의한 시효의 정지를 규정한 제182조에 한하여 유추 적용되어야 한다는 견해(고상룡, 663면; 김주수, 386면)로 나누어진다.; 명문규정이 없으므로 시효의 정지에 관한 규정(제179조 내지 제182조)의 제척기간에 준용하는 것은 부정된다고 하는 견해도 있다(곽윤직, 321면; 송덕수, 497면).

(3) 시효이익의 포기

소멸시효에는 완성 후의 시효이익의 포기라는 제도가 있으나(제184조 참조), 제척기간에는 그러한 제도가 없다.

(4) 기간의 단축 · 경감

소멸시효에는 법률행위에 의하여 이를 단축 또는 경감할 수 있지만(제184조 제2항), 제척기간은 자유로이 단축할 수 없다.

(5) 권리소멸의 소급효 유무

소멸시효에 의한 권리소멸의 효과는 그 기산일에 소급하여 생기지만(제167조), 제척기간에 의한 권리소멸의 효과는 기간이 경과한 때로부터 장래에 향하여 생기며 소급하지 않는다.

4. 제척기간과 소멸시효의 구별

소멸시효와 제척기간은 많은 차이가 있다. 따라서 권리행사기간이 양자 중 어느 것에 해당하는지를 구별하는 것이 매우 중요하다. 학설은 일반적으로 조문의 문구에 "시효로 인하여" 또는 "시효로 인하여 소멸한다."라고 쓰고 있는 경우에는 소멸시효이고, 그렇지 않은 경우에는 제척기간이다(통설).[520]

Ⅱ. 소멸시효의 요건

1. 서 설

소멸시효는 권리를 행사할 수 있음에도 불구하고 권리불행사의 상태가 일정기간 계속됨으로써 권리가 소멸하는 제도이다.

따라서 시효로 권리가 소멸하려면, ① 권리가 소멸시효의 목적이 될 수 있는

---

520) 그러나 이러한 학설상의 구별법은 일응 표준이 될 수 있으나 권리의 성질, 규정의 취지 등을 고려하여 실질적으로 판단하여야 한다고 한다(송덕수, 497면; 오시영, 632면) ; 참고로 소멸시효기간인지 제척기간인지 학설상 대립되고 있는 것으로는 선의취득의 경우의 도품 · 유실물의 반환청구기간(제250조), 불법행위에서 10년의 손해배상청구기간(제766조), 상속의 승인 · 포기의 취소권(제1024조 제2항 단서), 유류분반환청구권의 10년의 행사기간(제1117조 후분) 등이 있다.

것이어야 하고(소멸시효의 대상적격), ② 권리자가 권리를 행사할 수 있음에도 불구하고 행사하지 않아야 하며(권리의 불행사), ③ 그 권리불행사의 상태가 일정기간(소멸시효기간) 계속(소멸시효의 진행)되어야 한다.

2. 소멸시효의 대상적격

(1) 소멸시효에 걸리는 권리

어떠한 권리를 소멸시효에 걸리는 것으로 할 것인지, 그리고 소멸시효를 채권과 같은 기본적인 권리에 관하여 규정할 것인지 아니면 그에 기한 청구권에 관하여 규정할 것인지 등은 입법정책의 문제이다.

우리 민법은 소멸시효에 걸리는 권리를 채권에 한정하지 않고, 소유권을 제외한 재산권 일반에 대하여 소멸시효의 적용을 인정하고 있다(제162조). 즉 우리 민법은 소멸시효의 객체는 소유권을 제외한 재산권 일반으로 보고 있다.

1) 채권 및 채권적 청구권

채권은 원칙적으로 10년간 행사하지 않으면 소멸시효가 완성되나, 3년과 1년의 단기소멸시효가 적용되는 채권도 있다. 채권적 청구권도 10년간 행사하지 아니하면 소멸시효에 걸린다.

2) 채권 및 소유권 이외의 재산권

채권과 소유권 이외의 재산권은 20년간 행사하지 않으면 소멸시효가 완성된다(제162조 제2항). 채권 및 소유권 이외의 재산권으로서는 용익물권과 담보물권이 있다. 담보물권 가운데 질권이나 저당권은 종된 권리로서 주된 권리인 피담보채권이 소멸하지 않는 한 독립하여 시효로 소멸하지 않는다. 유치권은 피담보채권이 소멸하거나 점유의 상실로 인하여 소멸한다(제328조).

결국 채권 및 소유권 이외의 재산권으로서 용익물권이 소멸시효의 대상이 된다.

용익물권 중 지역권은 20년간 행사하지 않으면 소멸시효에 걸린다(제296조).

지상권에 대해서는 지상권의 존속기간이 약정되어 있지 않아도 제280조에 규정되어 있는 최단존속기간으로 정해져 있기 때문에 소멸시효에 걸리지 않는다는 견해와, 존속기간이 소멸시효기간인 20년보다 긴 때에는 소멸시효에 걸린다는 견해가 대립한다.

전세권도 소멸시효에 걸린다는 견해와, 전세권의 존속기간은 최장 10년이기 때문에(제312조 제1항) 제162조 제2항에 해당하지 않는다는 견해가 대립한다.

(2) 소멸시효에 걸리지 않는 권리

1) 물권적 청구권

물권의 내용의 실현이 방해당하고 있을 때(또는 그 염려가 있을 때)에 반환·방해제거·방해예방을 청구할 수 있는 권리를 물권적 청구권(물상청구권)이라고 하는데, 이것은 물권이 있는 한 그로부터 유출하는 것이기 때문에 성질상 그 물권으로부터 독립하여 소멸시효에 걸리지 않는다는 견해[521]와, 소유권은 소멸시효에 걸리지 않기 때문에 소유권에 기한 물권적 청구권은 역시 소멸시효에 걸리지 않지만 기타의 물권은 소멸시효에 걸리기 때문에 그로부터 파생된 물권적 청구권 역시 소멸시효에 걸린다고 한다.[522]

판례는 소유권에 기한 물권적 청구권은 소멸시효의 대상이 아니라고 한다.[523]

2) 형 성 권

형성권의 경우 존속기간이 정하여져 있는 경우(예, 취소권)에는 이는 제척기간으로 보아야 하기 때문에 소멸시효의 대상이 되지 않는다는 견해(통설)와, 존속기

---

521) 김상용, 672면; 김준호, 408면; 송덕수, 500면.

522) 고상용, 672면; 곽윤직, 324면; 김용한, 459면; 백태승, 580면; 정기웅, 575면.

523) **대판 1982.7.27, 80다2968** "매매계약이 합의해제된 경우에도 매수인에게 이전되었던 소유권은 당연히 매도인에게 복귀하는 것이므로 합의해제에 따른 매도인의 원상회복청구권은 소유권에 기한 물권적 청구권이라고 할 것이고 이는 소멸시효의 대상이 되지 아니한다." ; **대판 1995.5.12, 94다18881** "매도인이 계약금만 지급받은 단계에서 매수인에게 소유권이전등기를 경료하여 주고 가등기를 경료받았는데 매수인이 대금지급의무를 이행하지 아니하자 판결에 의해 본등기를 경료한 사안에서, 계약이 적법하게 해제되면 그 계약의 이행으로 변동이 되었던 물권은 당연히 그 계약이 없었던 상태로 복귀하는 것이므로, 위 가등기 및 이에 기한 본등기가 미지급된 매매잔대금을 담보하기 위한 등기라고 하더라도 매수인이 계속하여 매매에 의한 채무를 이행하지 아니하여 매매계약이 적법하게 해제된 것이라면, 매도인으로부터 매수인에게 넘어갔던 소유권은 당연히 복귀하여 매도인이 그 소유자라 할 것임에도, 매수인의 계속적인 채무불이행으로 인하여 매매계약이 위 본등기 경료 이후 적법하게 해제되었는지 여부에 관하여 심리판단하지 아니한 채 가등기 및 본등기가 매매잔대금 지급을 담보하기 위한 등기로서 매도인이 그 본등기 경료일 무렵까지 매매계약을 해제한 바 없다는 점을 들어 그 매도인은 본등기를 경료하였다 하더라도 소유자가 아니라 담보권자에 불과하다고 판단한 원심판결을 법리오해 또는 심리미진을 이유로 파기한 사례."

간이 정해져 있지 않은 경우[524]에는 얼마 동안 행사할 수 있는가? 이에 대한 학설은 여러 가지로 견해가 대립한다. 즉 ① 10년의 제척기간이라고 보는 견해,[525] ② 20년 내에 행사해야 한다는 견해,[526] ③ 그 권리에 관하여는 행사기간의 제한이 없다고 할 것이지만 형성권이 일정한 채권관계의 존재를 전제로 하는 경우에는 그 채권관계가 소멸시효로 소멸하면 형성권도 소멸한다는 견해,[527] ④ 그 기초가 되는 법률관계에 의하여 정하고, 그것이 불가능할 때에는 신의칙 내지 실효의 원칙에 의하여 해결할 수밖에 없다는 견해[528] 등이다.

판례는 매매예약의 예약완결권[529]과 대물변제예약의 예약완결권[530]에 관하여, 그것들을 각각 형성권이라고 한 뒤, 그 권리의 행사기간의 약정이 없는 때에는 예약이 성립한 때(매매예약완결권의 경우) 또는 권리가 발생한 때(대물변제예약완결권의 경우)로부터 10년의 제척기간에 걸린다고 한다.

---

524) 지상권자 · 지상권설정자의 지상물매수청구권(제283조 제2항 · 제285조 제2항), 지상권 당사자의 지료증감청구권(제286조), 전세권설정자 · 전세권자의 부속물매수청구권(제316조 제1항 · 제2항), 유치권소멸청구권(제324조 제3항 · 제327조), 동산질권 소멸청구권(제343조 · 제324조), 계약의 해지권 · 해제권(제543조 이하), 매매예약완결권(제564조), 매매대금 감액청구권(제572조), 토지임차인 · 토지전차인의 지상시설매수청구권(제643조 · 제644조 제2항 · 제645조), 임차인 · 전차인의 부속물매수청구권(제646조 · 제647조), 임대차 당사자의 차임증감청구권(제628조) 등이 있다.

525) 고상룡, 673면; 곽윤직, 325면; 김상용, 696면; 김용한, 460면; 김주수, 550면; 백태승, 580면.

526) 이영준, 788면.

527) 김학동, 515면.

528) 송덕수, 502면; 주해(3), 428면(윤진수).

529) **대판** 2003.1.10, 2000**다**26425 "매매의 일방예약에서 예약자의 상대방이 매매예약 완결의 의사표시를 하여 매매의 효력을 생기게 하는 권리, 즉 매매예약의 완결권은 일종의 형성권으로서 당사자 사이에 그 행사기간을 약정한 때에는 그 기간 내에, 그러한 약정이 없는 때에는 그 예약이 성립한 때로부터 10년 내에 이를 행사하여야 하고, 그 기간을 지난 때에는 예약 완결권은 제척기간의 경과로 인하여 소멸한다."; **대판** 2017.1.25, 2016**다**42077 "민법 제564조가 정하고 있는 매매의 일방예약에서 예약자의 상대방이 매매예약 완결의 의사표시를 하여 매매의 효력을 생기게 하는 권리, 즉 매매예약의 완결권은 일종의 형성권으로서 당사자 사이에 행사기간을 약정한 때에는 그 기간 내에, 약정이 없는 때에는 예약이 성립한 때로부터 10년 내에 이를 행사하여야 하고, 그 기간을 지난 때에는 예약 완결권은 제척기간의 경과로 인하여 소멸한다. 한편 당사자 사이에 약정하는 예약 완결권의 행사기간에 특별한 제한은 없다."

530) **대판** 1997.6.27, 97**다**12488 "대물변제예약 완결권은 일종의 형성권으로 당사자 사이에 그 행사기간을 약정한 때에는 그 기간 내에, 그러한 약정이 없는 때에는 그 권리가 발생한 때로부터 10년 내에 이를 행사하여야 하고, 이 기간을 도과한 때에는 예약 완결권은 제척기간의 경과로 인하여 소멸한다."

형성권의 행사에 의하여 발생한 권리는 어느 기간 동안 행사할 수 있는지가 문제가 된다. 예컨대 의사표시의 착오를 원인으로 매매계약을 취소한 경우에 부당이득반환청구권을 얼마 어느 기간 동안 행사할 수 있는가?

이에 관하여 학설은 대립하고 있다. 즉 ① 형성권의 행사기간(제척기간) 내에 이들 권리도 행사해야 한다는 견해[531]와, ② 이들 권리의 시효기간은 형성권이 행사되어 이 권리가 행사될 수 있을 때부터 새로이 진행된다는 견해[532]이다.

이에 관하여 판례는 학설 중 뒤의 ② 견해를 취하는 것으로 보이다.[533]

주의해야 할 것은 형성권행사에 의해서 발생한 법률관계를 확정하는 것과 제척기간으로 그 형성권행사와 관련된 법률관계 자체의 가부의 확정을 신속히 하려는 것과 혼동하지 말아야 한다. 예컨대 3년의 제척기간이 있는 취소권을 3년이

---

531) 곽윤칙, 325면; 김상용, 696면; 김용한, 461면; 김학동, 516면.

532) 주해(3), 248면(윤진수).

533) **대판 1991.2.22, 90다13420** "[1] 징발재산정리에관한특별조치법 제20조 소정의 환매권은 일종의 형성권으로서 그 존속기간은 제척기간으로 보아야 할 것이며, 위 환매권은 재판상이든 재판외이든 위 기간내에 이를 행사하면 이로써 매매의 효력이 생기는 것이고 반드시 위 기간 내에 재판상 행사하여야 하는 것은 아니다. [2] 환매권의 행사로 발생한 소유권이전등기청구권은 위 기간 제한과는 별도로 환매권을 행사한 때로부터 일반채권과 같이 민법 제162조 소정의 10년의 소멸시효 기간이 진행되는 것이지, 위 제척기간 내에 이를 행사하여야 하는 것은 아니다."; **대판 1991.9.24, 91다8456** "[1] 징발재산정리에관한특별조치법상 국방부장관이 환매권자에게 환매의 통지나 공고를 하지 아니한 경우에는 환매권이 발생한 날 즉 징발재산이 군사상 필요없게 된 때로부터 10년이 경과하면 환매권은 소멸한다. [2] 징발재산정리에관한특별조치법 제2조 소정의 매수요건인 군사상 긴요하여 군이 계속 사용할 필요성은 주관적 요건이 아니라 객관적 요건이므로 그 필요성의 유무는 군의 주관적 의도보다도 군이 군사상 긴요하여 현재 사용하고 있고 앞으로도 계속 사용할 필요성이 객관적 상황에 의하여 인정되는지의 여부에 따라 결정되어야 한다. [3] 징발재산정리에관한특별조치법에 의하여 국가가 매수하던 당시부터 군이 사용하지 않고 있거나 기타 계속 사용의 필요성이 객관적 상황에 의하여 인정되지 않는 경우에는 피징발자는 위 특별조치 법 제7조 의 규정에 의하여 매수결정통지서가 송달된 날로부터 30일 이내에 이의신청을 하여 매수결정의 적법성을 다투거나, 이의신청기간을 도과하여 매수결정이 확정된 뒤에는 같은 법 제20조 의 규정에 의하여 군사상 계속사용의 필요성이 없음을 이유로 환매권을 행사할 수 있으므로 결국 매수결정이 확정된 때로부터 환매권 행사의 제척기간이 진행된다."; **대판 1992.10.13, 92다4666** "징발재산정리에관한특별조치법 제20조 소정의 환매권은 일종의 형성권으로서 위 환매권은 재판상이든 재판외이든 그 제척기간 내에 이를 일단 행사하면 그 형성적 효력으로 매매의 효력이 생기는 것이고 그 후 다시 환매의 의사표시를 하였다고 하더라도 이미 발생한 환매의 효력에는 어떠한 영향을 미치는 것이 아니고, 또한 위 환매권의 행사로 발생한 소유권이전등기청구권은 환매권을 행사한 때로부터 일반채권과 같이 민법 제162조 제1항 소정의 10년의 소멸시효 기간이 진행된다."

거의 다 되어 급히 취소를 하고, 이제 숨을 고르고 나서 취소에 기한 부당이득반환청구권을 행사하려고 하였는데 제척기간이 경과하였다 하여 그 부당이득반환청구권을 행사할 수 없다면 이는 타당하지 않은 것이다. 사견으로는 판례와 위의 ② 견해와 같은 입장이다.

3) 성질상 소멸시효에 걸리지 않는 권리

① 점유권은 사실상 지배가 있으면 인정되는 권리이고, 그것이 없으면 당연히 소멸하므로 성질상 소멸시효에 걸리지 않는다.

② 일정한 법률관계에 수반하는 권리(상린권 · 공유물분할청구권)는 기초가 되는 권리관계가 존속하는 동안은 독립하여 소멸시효에 걸리지는 않는다.

③ 담보물권(질권 · 저당권 등)은 채권을 담보하기 위한 권리로서 피담보채권에 종된 성질인 부종을 가지므로 피담보채권이 존속하는 한 담보물권이 독립하여 소멸시효에 걸리는 일은 없다. 다만, 근저당권설정등기청구권은 담보물권이 아니어서 그 피담보채권과는 별개의 소멸시효에 걸린다.534)

4) 소 유 권

소유권은 그 성질상 절대성 내지 항구성의 성질에 따라 소멸시효에 걸리지 않는다(다만, 타인이 취득시효로 인하여 소유권을 취득함으로써 소유권을 잃게 되는 경우는 있지만 이것은 소멸시효가 적용되어서가 아니라 취득시효의 효과 때문이다).

소유권과 같은 성질을 가지는 광업권 · 어업권 · 특허권도 소멸시효에 걸리지 않는 것으로 해석된다.

---

534) **대판** 2004.2.13, 2002다7213 "[1] 근저당권설정 약정에 의한 근저당권설정등기청구권이 그 피담보채권이 될 채권과 별개로 소멸시효에 걸린다고 한 사례, [2] 원고의 근저당권설정등기청구권의 행사는 그 피담보채권이 될 금전채권의 실현을 목적으로 하는 것으로서, 근저당권설정등기청구의 소에는 그 피담보채권이 될 채권의 존재에 관한 주장이 당연히 포함되어 있는 것이고, 피고로서도 원고가 원심에 이르러 금전지급을 구하는 청구를 추가하기 전부터 피담보채권이 될 금전채권의 소멸을 항변으로 주장하여 그 채권의 존부에 관한 실질적 심리가 이루어져 그 존부가 확인된 이상, 그 피담보채권이 될 채권으로 주장되고 심리된 채권에 관하여는 근저당권설정등기청구의 소의 제기에 의하여 피담보채권이 될 채권에 관한 권리의 행사가 있은 것으로 볼 수 있으므로, 근저당권설정등기청구의 소의 제기는 그 피담보채권의 재판상의 청구에 준하는 것으로서 피담보채권에 대한 소멸시효 중단의 효력을 생기게 한다고 봄이 상당하다."

5) 비재산권

재산권에 한하여 소멸시효의 대상이 되므로 가족권이나 인격권 같은 비재산권은 성질상 소멸시효에 걸리지 않는다. 다만, 친족법상의 권리는 제척기간의 적용을 받는 경우가 있다.

6) 등기청구권

부동산등기법 제23조 제1항은 "등기는 법률에 다른 규정이 없는 경우에는 등기권리자와 등기의무자가 공동으로 신청한다."라고 규정함으로써 등기청구에 이른바 "공동신청주의"를 취하고 있다. 따라서 「등기청구권」[535]이라 함은 등기권리자(예, 부동산 매수인)가 등기의무자(예, 부동산 매도인)에 대하여 등기신청에 협력할 것을 청구할 수 있는 권리이다.

이 등기청구권이 소멸시효에 걸리는지에 관하여 학설은 ① 그 권리는 채권적 청구권이며, 10년의 소멸시효에 걸린다는 견해[536]와 ② 그 권리가 채권적 청구권이라는 점에서는 똑 같지만, 매수하여 점유하고 있는 경우에는 그 등기청구권이 소멸시효에 걸리지 않는다고 하는 결론에서는 판례와 같은 견해[537]가 대립한다.

판례는 일관되게 채권적 청구권으로 이해하여 10년간 행사하지 않음으로써 소멸시효에 걸린다고 한다. 그러나 매수인이 그 부동산을 인도받아 점유하고 있는 경우에는 점유를 통해 채권적 청구권을 매일 행사하고 있기 때문에 권리불행사가

---

535) 여기의 「등기청구권」에서 물권적 성질의 「등기청구권」은 독립하여 소멸시효에 걸리지 않기 때문에 논의의 대상이 아니다. 예컨대 물권적 성질의 등기청구권에는 ① 매수인의 채무불이행으로 매매계약이 해제되면, 매수인에게 이전되었던 소유권은 법률상 당연히 매도인에게 원상회복되므로, 매도인이 매수인을 상대로 말소등기를 청구하는 것은 물권적 청구권으로서의 성질을 가진다(대판 1995.5.12, 94다18881 · 18898 · 18904). ② 부동산의 양도담보에서 피담보채무가 변제된 경우에는 채권자의 양도담보권은 소멸하고 소유권은 양도담보설정자에게 복귀하므로, 피담보채무 변제 이후에 양도담보설정자가 행사하는 등기청구권은 물권적 청구권의 설질을 가진다(대판 1979.2.13, 78다2412). ③ 부동산의 명의신탁자는 특별한 사정이 없는 한 언제든지 명의신탁을 해지하고 소유권에 기하여 신탁해지를 원인으로 한 소유권이전등기절차의 이행을 청구할 수 있는 것이므로, 명의신탁 해지에 따른 소유권이전등기청구권은 물권적 청구권으로서의 성질을 지닌다(대판 1991.11.26, 75다124).

536) 곽윤직, 324면에서 등기청구권을 채권적 청구권으로 보아 10년의 소멸시효에 걸린다고 한다; 송덕수, 500면.

537) 고상룡, 668면; 김상용, 698면; 이영준, 801면; 정기웅, 576면 ; 이에 대한 비판으로 이기용, "부동산이 이전등기 없이 양도된 경우의 등기청구권과 소멸시효" 성균관법학 제13권 1호, 성균관대학교 비교법학연구소, 2001/4, 274면 이하 참조.

아니라는 이유로 소멸시효에 걸리지 않는다고 한다.538)

---

538) **대판(전)** 1976.11.6, 76**다**148 "시효제도의 존재이유에 비추어 보아 부동산 매수인이 그 목적물을 인도받아서 이를 사용수익하고 있는 경우에는 그 매수인을 권리 위에 잠자는 것으로 볼 수도 없고 또 매도인 명의로 등기가 남아 있는 상태와 매수인이 인도받아 이를 사용수익하고 있는 상태를 비교하면 매도인 명의로 잔존하고 있는 등기를 보호하기 보다는 매수인의 사용수익상태를 더욱 보호하여야 할 것이므로 그 매수인의 등기청구권은 다른 채권과는 달리 소멸시효에 걸리지 않는다고 해석함이 타당하다(다수의견)."; **대판(전)** 1999.3.18, 98**다**32175 "[1] 시효제도는 일정 기간 계속된 사회질서를 유지하고 시간의 경과로 인하여 곤란해지는 증거보전으로부터의 구제를 꾀하며 자기 권리를 행사하지 않고 소위 권리 위에 잠자는 자는 법적 보호에서 이를 제외하기 위하여 규정된 제도라 할 것인바, 부동산에 관하여 인도, 등기 등의 어느 한 쪽만에 대하여서라도 권리를 행사하는 자는 전체적으로 보아 그 부동산에 관하여 권리 위에 잠자는 자라고 할 수 없다 할 것이므로, 매수인이 목적 부동산을 인도받아 계속 점유하는 경우에는 그 소유권이전등기청구권의 소멸시효가 진행하지 않는다. [2] [다수의견] 부동산의 매수인이 그 부동산을 인도받은 이상 이를 사용·수익하다가 그 부동산에 대한 보다 적극적인 권리 행사의 일환으로 다른 사람에게 그 부동산을 처분하고 그 점유를 승계하여 준 경우에도 그 이전등기청구권의 행사 여부에 관하여 그가 그 부동산을 스스로 계속 사용·수익만 하고 있는 경우와 특별히 다를 바 없으므로 위 두 어느 경우에나 이전등기청구권의 소멸시효는 진행되지 않는다고 보아야 한다. [반대의견] 부동산의 매수인이 매매목적물을 인도받아 이를 사용·수익하고 있는 동안에는 그 소유권이전등기청구권의 소멸시효가 진행하지 않는다고 보아야 할 것이나, 매수인이 목적물의 점유를 상실하여 더 이상 사용·수익하고 있는 상태가 아니라면, 매도인에 대한 관계에서 권리의 주장 내지 행사가 계속되고 있다고 볼 만한 사정이 없고, 비록 매수인이 그 부동산을 다른 사람에게 처분하고 인도하여 준 경우라고 하더라도 그 처분은 타인의 권리를 전매한 것에 불과할 뿐이고 그 소유권을 처분 내지 행사하였다고 볼 수는 없으며, 그 인도 또한 매수인이 새로운 매매계약에 따른 자신의 의무를 이행한 것에 지나지 아니할 뿐만 아니라 오히려 그 점유를 이전함으로써 목적물에 대한 사용·수익의 상태에서 벗어나게 된 것이어서 위 처분 내지 인도를 가리켜 매도인에 대한 관계에서 권리 행사라고 볼 수도 없는 것이므로, 점유의 상실원인이 무엇이든지 간에 점유 상실 시점으로부터 그 이전등기청구권의 소멸시효가 진행한다고 봄이 상당하나. [보충의견] 부동산의 매수인의 매도인에 대한 소유권이전등기청구와 인도청구는 일반적으로 그 자체가 채권이라고 이해되고 있으나 그 법률적 성질은 소유권을 이전받을 매수인의 채권에 기한 채권적 권리 행사인 것으로서 매수인이 이전등기청구를 하거나 또는 인도청구를 하는 것은 모두 매수채권을 행사하였다는 점에서 동일하고, 또한 매수인이 부동산을 인도받음으로써 인도에 관한 채권행사는 일단 완료된 것이고 그 이후 이를 점유·사용하는 것은 매수채권 행사 자체가 계속되는 것이 아니고 그 권리 행사 결과의 상태가 유지되는 것뿐이므로 목적물을 매수인 본인이 점유·사용하든지 또는 제3자에 양도하여 점유·사용하게 하든지 매수인이 인도청구권 행사의 결과에 따른 상태는 마찬가지로 유지되고 있어 권리 행사의 상태가 관건이 되는 시효 적용에서 이를 구별할 필요가 없다."; 또한 **대판** 2013.12.12, 2013**다**26647 ; **대판** 2010.2.11, 2008**다**16899 참조.

3. 권리의 불행사(소멸시효의 기산점)

(1) 원 칙

1) 소멸시효가 완성되려면 권리의 불행사라는 사실상태가 일정한 기간(소멸시효기간)동안 계속되어야 하는데, 권리의 불행사란 권리를 행사할 수 있는데도 불구하고 행사하지 않는 것을 말한다. 따라서 여기에서 문제로 되는 점은 언제부터 권리의 불행사로 되는지, 즉 소멸시효의 기산점이 언제인지이다.

소멸시효는 권리를 행사할 수 있는 때부터 진행한다(제166조 제1항). 권리가 발생하면 자동적으로 소멸시효가 진행하는 것이 아니고「권리를 행사할 수 있는 때」에 비로소 소멸시효의 진행이 시작된다. 따라서 소멸시효가 완성하려면 권리를 행사할 수 있음에도 불구하고 권리를 행사하지 않는 상태(권리불행사의 상태)가 일정기간 동안 계속되어야 한다. 이 일정기간을「소멸시효기간」이라고 한다.

2) 소멸시효의 기산점이 되는「권리를 행사할 수 있는 때」라 함은 권리불행사가 개시된 시점을 말하는데, 이는 권리자가 권리를 행사하는 데 있어서 법률상의 장애(예, 이행기의 미도래 · 정지조건의 미성취 등)가 없다는 뜻이다. 따라서 사실상의 장애(예, 권리자가 권리의 존재를 알지 못하거나 의무자를 알지 못한 경우 · 권리자의 개인적 사정이나 법률지식의 부족, 미성년[539] 등)의 경우에는 권리행사의 장애로 볼 수 없으므로 그러한 장애로 인하여 권리를 행사하지 못하였다고 하더라도 시효는 진행된다.[540]

---

539) **대판** 1965.6.22, 65**다**775 "채권은 이를 행사할 수 있는데 행사하지 않으면 소멸시효가 진행되는 것이고 권리자가 미성년자라든가 사실상의 고장 또는 법률지식의 부족으로 권리를 행사하지 못하였다 하여 진행하지 않는 것은 아니며 가해자의 형사책임이 확정된 후부터 민사책임에 대한 소멸시효가 진행하는 것이라고 볼 이유도 없다."

540) **대판** 1982.1.19, 80**다**2626 "소멸시효의 기산점인 '권리를 행사할 수 있는 때'라 함은 권리를 행사함에 있어서 법률상의 장애(예, 이행기 미도래, 정지조건미성취)가 없는 경우를 말하며, 권리자의 개인적 사정이나 법률지식의 부족, 권리존재의 부지 또는 채무자의 부재등 사실상 장애로 권리를 행사하지 못하였다 하여 시효가 진행하지 아니하는 것이 아니며, 이행기가 정해진 채권은 그 기한 이 도래한 때부터 소멸시효가 진행한다."; **대판(전)** 1992.3.31, 91**다**32053 "소멸시효는 객관적으로 권리가 발생하여 그 권리를 행사할 수 있는 때로부터 진행하고 그 권리를 행사할 수 없는 동안만은 진행하지 않는바, '권리를 행사할 수 없는' 경우라 함은 그 권리행사에 법률상의 장애사유, 예컨대 기간의 미도래나 조건불성취 등이 있는 경우를 말하는 것이고, 사실상 권리의 존재나 권리행사가능성을 알지 못하였고 알지 못함에 과실이 없다고 하여도 이러한 사유는 법률상 장애사유에

(2) 예 외

판례는 권리자가 권리의 존재나 발생을 알지 못하였다고 하더라도 소멸시효의 진행에 장애가 되지 않는다는 원칙에는 변함없다고 한다. 그러나 다음과 같은 예외를 인정한다. 즉 권리자가 권리의 발생 여부를 알기 어려운 객관적 사정이 있고 권리자가 과실 없이 이를 알지 못한 경우에는 원칙(소멸시효는 권리행사에 '법률상의 장애'가 없는 때부터 진행한다)에 예외를 인정하여 '사실상의 장애'에 불과한 경우라고 하더라도 소멸시효가 진행하지 않는다는 입장이다.[541)]

해당하지 않는다."; **대판** 2006.12.7, 2005**다**21029 "한편, 민법 제166조 제1항 은 "소멸시효는 권리를 행사할 수 있는 때로부터 진행한다."고 규정하고 있는바, 여기서 '권리를 행사할 수 있는 때'라 함은 권리를 행사함에 있어 이행기의 미도래, 정지조건부 권리에 있어서의 조건 미성취와 같은 법률상의 장애가 없는 경우를 말하는 것이므로(대법원 1982.1.19. 선고 80다2626 판결, 1992.12.22. 선고 92다28822 판결 등 참조), 청구의 이 사건 각 토지에 대한 소유권이전등기청구권의 소멸시효는 그 이행기가 도래한 때, 즉 위 각 토지에 대한 용도지역이 생산녹지지역에서 해제된 때부터 진행된다고 보아야 할 것이다."

541) **대판** 2008.11.13, 2007**다**19624 "보험금청구권은 보험사고가 발생하기 전에는 추상적인 권리에 지나지 않고 보험사고의 발생으로 인하여 구체적인 권리로 확정되어 그때부터 권리를 행사할 수 있게 되는 것이므로, 보험금청구권의 소멸시효는 특별한 다른 사정이 없는 한 보험사고가 발생한 때부터 진행하는 것이 원칙이지만, 보험사고가 발생하였는지 여부가 객관적으로 분명하지 아니하여 보험금청구권자가 과실 없이 보험사고의 발생을 알 수 없었던 경우에도 보험사고가 발생한 때부터 보험금청구권의 소멸시효가 진행한다고 해석하는 것은 보험금청구권자에게 가혹한 결과를 초래하게 되어 정의와 형평의 이념에 반하고 소멸시효제도의 존재이유에도 부합하지 않는다. 따라서 객관적으로 보아 보험사고가 발생한 사실을 확인할 수 없는 사정이 있는 경우에는 보험금청구권자가 보험사고의 발생을 알았거나 알 수 있었던 때부터 보험금청구권의 소멸시효가 진행한다."; **대판** 2003.4.8, 2002**다**64957 "소멸시효의 진행은 당해 청구권이 성립한 때로부터 발생하고 원칙적으로 권리의 존재나 발생을 알지 못하였다고 하더라도 소멸시효의 진행에 장애가 되지 않는다고 할 것이지만, 법인의 이사회결의가 부존재함에 따라 발생하는 제3자의 부당이득반환청구권처럼 법인이나 회사의 내부적인 법률관계가 개입되어 있어 청구권자가 권리의 발생 여부를 객관적으로 알기 어려운 상황에 있고 청구권자가 과실 없이 이를 알지 못한 경우에도 청구권이 성립한 때부터 바로 소멸시효가 진행한다고 보는 것은 정의와 형평에 맞지 않을 뿐만 아니라 소멸시효제도의 존재이유에도 부합한다고 볼 수 없으므로, 이러한 경우에는 이사회결의부존재확인판결의 확정과 같이 객관적으로 청구권의 발생을 알 수 있게 된 때로부터 소멸시효가 진행된다고 보는 것이 타당하다."; 참조할 판례로 2002.9.6, 2002**다**30206 "[1] 신원보증보험계약(특별약관 포함)상 보험사고로 인한 손해는 ① 보통약관상 피보증인의 범죄행위로 인하여 피보험자가 직접 입은 손해, ② 보통약관상 피보증인의 제3자에 대한 범죄행위로 인하여 피보험자가 제3자에 대하여 법률상 손해배상책임을 부담함으로써 입은 손해, ③ 특별약관상 피보증인의 중대한 과실 등 민사상 책임을 지는 행위로 인하여 피보험자가 직접 입은 손해 및 ④ 특별약관상 피보증인의 중대한 과실 등 민사상 책임을 지는 행위로 인하여 피보험자가 제3자에 대하여

제166조 제1항은 소멸시효기간의 기산점에 관한 일반규정이므로 그에 관한 특별규정이 있는 경우에는 당연히 그 특별규정이 우선 적용된다. 이 특별규정의 예로 제766조가 있다.

(3) 개별적 검토(소멸시효기산점이 언제나 문제되는 경우)

1) 부작위채권

부작위를 목적으로 하는 채권의 소멸시효는 채무자가 「위반행위를 한 때부터 진행된다」(제166조 제2항)는 특별규정을 두고 있다.[542] 그 이유는 만약 부작위채무

법률상 손해배상책임을 부담함으로써 입은 손해로 대별될 수 있음을 알 수 있고, 위 ①, ③항의 손해를 부보하는 보험부분은 통상의 손해보험에 해당하며, 위 ②, ④의 손해를 부보하는 보험 부분은 피보험자가 피보증인의 행위로 인하여 직접 입은 손해를 보상하는 것이 아니라 피보험자의 피용인인 피보증인의 행위로 인하여 제3자가 손해를 입게 된 결과 피보험자가 그 제3자에 대하여 법률상 손해배상책임을 부담함으로써 입은 손해를 보상하는 것을 그 내용으로 하고 있으므로 손해보험 중에서도 일종의 영업책임보험(상법 제721조)의 성격을 가지고 있다고 판단되므로, 신원보증보험계약의 보험금청구권의 발생요건 및 보험금청구권의 소멸시효의 기산점 등은 이러한 복합적인 성격을 가지고 있는 보험의 각 성격에 따라 구분하여 개별적으로 파악되어야 할 것이다. [2] 책임보험의 성질에 비추어 피보험자가 보험자에게 보험금청구권을 행사하려면 적어도 피보험자가 제3자에게 손해배상금을 지급하였거나 상법 또는 보험약관이 정하는 방법으로 피보험자의 제3자에 대한 채무가 확정되어야 할 것이고, 상법 제662조 가 보험금의 청구권은 2년간 행사하지 아니하면 소멸시효가 완성한다는 취지를 규정하고 있을 뿐, 책임보험의 보험금청구권의 소멸시효의 기산점에 관하여는 상법상 아무런 규정이 없으므로, "소멸시효는 권리를 행사할 수 있는 때로부터 진행한다."고 소멸시효의 기산점에 관하여 규정한 민법 제166조 제1항 에 따를 수밖에 없는바, 약관에서 책임보험의 보험금청구권의 발생시기나 발생요건에 관하여 달리 정한 경우 등 특별한 다른 사정이 없는 한 원칙적으로 책임보험의 보험금청구권의 소멸시효는 피보험자의 제3자에 대한 법률상의 손해배상책임이 상법 제723조 제1항 이 정하고 있는 변제, 승인, 화해 또는 재판의 방법 등에 의하여 확정됨으로써 그 보험금청구권을 행사할 수 있는 때로부터 진행된다고 봄이 상당하다. [3] 통상의 손해보험의 경우에는 피보증인이 피보험자에게 직접 손해를 가한 사고가 보험사고에 해당한다고 볼 것인데 보험사고가 발생한 것인지의 여부가 객관적으로 분명하지 아니하여 보험금청구권자가 과실 없이 보험사고의 발생을 알 수 없었던 특별한 사정이 없는 한 보험금청구권의 소멸시효는 원칙적으로 보험사고가 발생한 때로부터 진행한다고 볼 것이다."

542) BGB §198 [Regelmäßiger Verjährungsbeginn] Die Verjährung beginnt mit der Entstehung des Anspruchs. Geht der Anspruch auf ein Unterlassen, so beginnt die Verjährung mit der Zuwiderhandlung; 독일민법 제198조 [일반소멸시효의 기산점] 소멸시효는 청구권이 성립하는 때로부터 진행한다. 청구권이 부작위를 목적으로 하는 때에는 소멸시효는 위반행위를 한 때로부터 진행한다.; 현재의 우리 민법 제166조 제2항은 원래 구 의용민법에는 없었던 규정이다. 그러나 학설은 현재의 제166조 제2항과 같이 해석하고 있었고 독일민법

가 성립하여 이행기가 도래한 때부터 기산한다면, 예컨대 20년간 일정 장소에 건축을 하지 않는다는 채무에 있어서, 10년이 지나면 채무는 소멸하므로 그 후에는 건축을 해도 좋다는 부당한 결과가 되는 것을 피하기 위해서이다.

2) 시기부(始期附) 권리

始期附(期限附) 권리는 그 기한이 도래한 때가 기산점이 된다.

① 확정기한부인 경우 이 경우에는 소멸시효의 기산점은 그 정한 기한이 도래한 때이다. 기한이 도래한 후에 채권자가 채무자에 대하여 기한을 유예한 때에는 그 유예한 이행기일부터 다시 시효가 진행된다.[543]

② 불확정기한부인 경우 이 경우에는 기한이 객관적으로 도래한 때가 소멸시효의 기산점이 된다.[544] 채권자가 기한 도래의 사실을 알았는지 여부나 그에 대한 과실의 유무는 묻지 않는다. 다만 주의할 점은 이행지체의 책임은 채무자가 기한도래를 안 때부터(제387조 제1항)이기 때문에 소멸시효의 기산점과 다르다는 것이다.[545]

3) 기한이 없는 권리

① 기한의 정함이 없는 채권

이 경우, 채무자의 지체책임은 채권자가 이행청구를 한 때부터 발생한다(제387조 제2항). 그러나 채권자는 언제든지 자신의 권리를 행사할 수 있으므로 소멸시효의 기산점은 채권이 발행한 때라고 하여야 한다(이설 없다).[546]

제198조를 모범으로 하여 신설한 것이다.

543) **대판** 1992.12.22, 92**다**40211 "채권의 소멸시효는 이행기가 도래한 때로부터 진행되지만 이행기일이 도래한 후에 채권자가 채무자에 대하여 기한을 유예한 경우에는 유예시까지 진행된 시효는 포기한 것으로서 유예한 이행기일로부터 다시 시효가 진행된다."

544) 고상룡, 민법총칙, 제3판, 법문사, 2005, 676면 ; 곽윤직, 제7판, 박영사, 2004, 327면 ; 송덕수, 506면.

545) 예, '甲이 사망하면 변제하겠다.'고 약정한 경우에는 甲의 사망사실이 알려지지 않아 채권자가 그 사실을 모른 경우에도 소멸시효는 甲의 사망 시부터 진행된다. 그런데 이행지체책임은 채무자가 甲의 사망사실을 안 때에 비로소 발생한다.

546) **대판** 2001.11.9, 2001**다**52568 "민법 제163조 제2호 소정의 '의사의 치료에 관한 채권'에 있어서는, 특약이 없는 한 그 개개의 진료가 종료될 때마다 각각의 당해 진료에 필요한 비용의 이행기가 도래하여 그에 대한 소멸시효가 진행된다고 해석함이 상당하고, 장기간 입원 치료를 받는 경우라 하더라도 다른 특약이 없는 한 입원 치료 중에 환자에 대하여 치료비를 청구함에 아무런 장애가 없으므로 퇴원시부터 소멸시효가 진행된다고 볼 수는

② 채무불이행으로 인한 손해배상청구권

㉠ 일반적인 채무불이행으로 인한 손해배상청구권의 경우

이 경우의 손해배상청구권의 소멸시효의 기산점에 관한 학설은 i) 본래의 채권을 행사할 수 있는 때라는 견해,[547] ii) 채무불이행이 생긴 때라는 견해,[548] iii) 이행불능의 경우에는 이행불능의 때이고, 이행지체의 경우에는 본래의 채권을 행사할 수 있는 때라고 하는 견해[549]로 다투어지고 있다. i)설의 경우에는 손해배상청구권이 본래의 이행청구권의 변형물에 불과한 것이기 때문이라는 이유를 들고, ii)설은 손해배상청구권이 채무불이행 때에 비로소 성립한다는 점을 들고 있다. 또한 iii)설은 이행불능인 때에는 채권의 종류가 다르나 이행지체인 때에는 본래의 채권의 확장이라고 설명한다.

판례는 채무불이행으로 인한 손해배상청구권의 소멸시효기산점은 「채무불이행 시」라고 한다.[550]

생각건대 채무불이행으로 인한 손해배상청구권에 대한 소멸시효의 기산점은

없다."; **대판** 2007.1.15, 2006**다**68940 "계속적 물품공급계약에 기하여 발생한 외상대금채권은 특별한 사정이 없는 한 개별 거래로 인한 각 외상대금채권이 발생한 때로부터 개별적으로 소멸시효가 진행하는 것이지 거래종료일부터 외상대금채권 총액에 대하여 한꺼번에 소멸시효가 기산한다고 할 수 없는 것이고(대법원 1978.3.28. 선고 77다2463 판결, 1992. 1.21. 선고 91다10152 판결 등 참조), 각 개별 거래 시마다 서로 기왕의 미변제 외상대금에 대하여 확인하거나 확인된 대금의 일부를 변제하는 등의 행위가 없었다면, 새로이 동종 물품을 주문하고 공급받았다는 사실만으로는 기왕의 미변제 채무를 승인한 것으로 볼 수 없다(대법원 2005.2.17. 선고 2004다59959 판결 등 참조); **대판 1995.12.26, 95다**24609 "성공보수 약정이 제1심에 대한 것으로 인정되는 이상 보수금의 지급시기에 관하여 당사자 사이에 특약이 없는 한, 심급대리의 원칙에 따라 수임한 소송사무가 종료하는 시기인 제1심 판결을 송달받은 때로부터 그 소멸시효 기간이 진행 된다."

547) 곽윤직, 327면; 김증한 · 김학동, 521면 참조.

548) 고상룡, 677면; 이은영, 759면; 주해(3), 472면(윤진수).

549) 김상용, 701면; 김학동, 521면.

550) **대판** 1995.6.30, 94**다**54269; **대판** 2005.1.14, 2002**다**57119 "채무불이행으로 인한 손해배상청구권의 소멸시효는 채무불이행 시로부터 진행한다."; 이행불능의 경우에 이행불능 시가 기산점이라고 한 판례로, **대판** 1990.11.9, 90**다카**22513 "매매로 인한 부동산소유권이 전채무가 이행 불능됨으로써 매수인이 매도인에 대하여 갖게 되는 손해배상채권은 그 부동산소유권의 이전채무가 이행 불능 된 때에 발생하는 것이고 그 계약체결일에 생기는 것은 아니므로 위 손해배상채권의 소멸시효는 계약체결일 아닌 소유권이전채무가 이행불능된 때부터 진행한다."; **대판** 2005.9.15, 2005**다**29474 "소유권이전등기 말소등기의무의 이행불능으로 인한 전보배상청구권의 소멸시효는 말소등기의무가 이행불능 상태에 돌아간 때로부터 진행된다."

'채무불이행 때'라고 해야 할 것이다. 왜냐하면 아직 발생하지도 않은 손해배상청구권의 소멸시효가 진행한다는 것은 논리에 맞지 않기 때문이다.

ⓛ 의료과오에 기한 손해배상청구권의 경우

의료과오에 기한 신체장해로 인한 손해배상청구권의 경우에는, 의사의 진료채무 불이행의 시점과 환자의 손해발생의 시점 사이에 시간적 간격이 있는 경우가 많다. 그래서 일반원칙에 의하여 손해배상청구권의 소멸시효의 기산점을 '채무불이행의 때(손해배상청구권이 발생한 때)'라고 보게 되면 환자 측에 대단히 불리한 경우가 많게 된다. 이에 판례는 이러한 경우의 손해배상청구권의 소멸시효의 기산점은 '객관적 · 구체적으로 손해가 발생된 때'라고 보는 것이 타당하다고 하거나, 후유장해의 발생으로 인한 손해배상청구권에 대한 소멸시효는 '후유장해로 인한 손해가 발생한 때'로부터 진행한다 할 것이고, 그 발생시기는 소멸시효를 주장하는 자가 증명하여야 할 것이라고 한다.[551)]

③ **불법행위로 인한 손해배상청구권**

이에 관하여는 민법에서 특별규정을 두고 있다. 즉 민법 제766조에서 불법행위로 인한 손해배상청구권의 경우, 3년의 단기소멸시효에 걸리는 것으로 규정하는 동시에 그 소멸시효의 기산점을 "피해자나 그 법정대리인이 그 손해 및 가해자를 안 날"로 규정함으로써(동조 제1항), 소멸시효의 기산점을 "권리를 행사할 수 있는 날"로 규정한 제166조 제1항에 대한 중대한 예외를 인정하고 있다. 나아가 민법 제766조 제2항에서 "불법행위를 한 날"을 기산점으로 하여 10년의 제척기간을 두고 있다.

---

551) **대판** 1992.5.22, 91**다**41880 "[1] 신체의 상해로 인한 손해배상청구권은 일반적인 계약상의 채무불이행에 의한 손해와 달리서 그 손해의 내용, 태양 등을 미리부터 예상하기 어려울 뿐만 아니라 채무불이행의 시점과 손해발생의 시점 사이에 시간적 간격이 있는 경우가 많으므로 이러한 경우 민법 제166조 의 "권리를 행사 할 수 있는 때"란 객관적, 구체적으로 손해가 발생된 때라고 보는 것이 타당하다. [2] 피해자가 부상을 입은 때로부터 상당한 기간이 지난 뒤에 후유증이 나타나 그 때문에 수상시에는 의학적으로도 예상치 아니한 치료방법을 필요로 하고 의외의 출비가 불가피하였다면 위의 치료에 든 비용에 해당하는 손해에 대하여서는 그러한 사태가 판명된 시점까지 손해배상청구권의 시효가 진행하지 아니하고, 따라서 후유장해의 발생으로 인한 손해배상청구권에 대한 소멸시효는 후유장해로 인한 손해가 발생한 때로부터 진행된다고 할 것이고, 그 발생시기는 소멸시효를 주장하는 자가 입증하여야 한다."; **대전지방법원** 2004.7.9. **선고** 2003**가단**6534; **대판** 2013.7.12, 2006**다**17539 참조.

한편 판례는 제766조 제1항에서 "손해 및 가해자를 안 날"의 의미에 대하여 「민법 제766조 제1항은 "불법행위로 인한 손해배상의 청구권은 피해자나 그 법정대리인이 그 손해 및 가해자를 안 날로부터 3년간 이를 행사하지 아니하면 시효로 인하여 소멸한다."고 규정하고 있는 바, 여기서 말하는 '손해를 안 날'이라 함은 손해의 발생, 위법한 가해행위와 손해의 발생과의 사이에 상당인과관계가 있다는 사실 등 불법행위의 요건사실에 대하여 현실적이고도 구체적으로 인식하였을 때를 의미한다고 할 것이고, 손해의 액수나 정도를 구체적으로 알아야 할 필요까지는 없고 하더라고 그 피해자 등이 언제 불법행위의 요건사실을 현실적이고도 구체적으로 인식한 것을 볼 것인지는 개별적 사건에 있어서의 여러 객관적 사정을 참작하고 손해배상청구가 사실상 가능하게 된 상활을 고려하여 합리적으로 인정하여야 할 것이다.」[552]라고 한다. 그러나 「불법행위 당시 예견할 수 없었던 후유증 등으로 인하여 손해가 발생하거나 확대된 때에는 그러한 사유가 판명되었을 때에 비로소 그 손해를 알았다고 보아야 하므로, 그때부터 소멸시효가 진행된다.」[553]고 한다.

4) 최고 또는 해지통고 후 일정기간 · 상당기간 경과 후에 청구할 수 있는 채권

반환기한의 정함이 없는 소비대차에서의 최고(제603조 제2항), 기한의 약정이 없는 임대차의 해지통고(제635조), 기간을 3년 이상으로 약정한 고용계약의 3년 경과 후 해지통고(제659조), 기간약정 없는 고용계약의 해지통고(제660조) 등과 같이, 채권자가 이행청구 또는 해지통고를 한 후에 일정한 기간 또는 상당한 기간이 경과한 후에야 비로소 채무자의 이행을 청구할 수 있는 권리는 채권자가 이행청구 · 해지통고 · 반환의 최고를 한 후에 일정한 기간 또는 상당한 기간이 경과한 후에야 비로소 현실적인 청구가 가능하고 채무자의 지체책임이 발생한다.

그런데 만약 이러한 채권의 소멸시효의 기산점을 '현실적으로 이행을 청구할 수 있는 때'라고 해석 한다면, 현실적 이행청구 또는 지체책임의 발생요건인 이행청구나 해지통고를 한 경우보다 이행청구나 해지통고를 하지 않고 방치하는 것이 소멸시효가 진행하지 않게 되므로 더 유리해진다는 모순에 빠지게 된다.

이러한 모순을 해결하기 위해서, 이러한 경우에는 '현실적 이행청구의 전제가

552) 대판 1998.7.24, 97므18.

553) 대판 1988.12.27, 87다카2005 ; 대판 1995.11.10, 95다32228 등 참조.

되는 이행청구나 해지통고를 할 수 있는 때로부터 정해진 유예기간이 경과한 시점'부터 소멸시효가 진행한다고 해석한다.[554]

5) 할부거래 계약상의 채권

할부금채무(할부 · 연부 등)에서 1회라도 변제하지 않으면 잔액 전부를 일시에 변제하게 되어 있는 경우가 보통인데, 이 경우 1회의 변제불이행으로 채권자는 나머지 전액을 청구할 수 있으므로 시효는 당연히 1회의 변제 불이행 시부터 진행된다고 하는 것이 학설의 지배적 견해이다.[555]

반면 판례는 학설과 달리, 할부매매에서 1회의 채무불이행시 잔존채무 전액에 대하여 기한이익을 상실한다는 특약이 "형성권적 기한이익상실의 특약"으로 해석되어야 하는 경우에는, 기한이익 상실의 사유가 발생한 경우에도 채권자가 종전대로 할부금만을 청구하든지 나머지 전액의 변제를 청구하든지 자유롭게 선택할 수 있는 것이므로, 비록 1회의 불이행이 있더라도 각 할부금에 대해 그 각 변제기의 도래시마다 그 때부터 순차로 소멸시효가 진행하는 것이 원칙이며, 채권자가 특히 잔존 채무 전액의 변제를 구하는 취지의 의사를 표시한 경우에 한하여 전액에 대한 소멸시효가 진행한다고 한다.[556]

6) 정지조건부 권리

정지조건부 법률행위에서 정지조건이 성취되어 권리가 발생한 경우에는 정지조건이 성취된 때부터 소멸시효가 진행된다. 이에 학설[557]과 판례[558]가 일치된 견해를 보인다.

7) 선택채권

선택채권[559]은 선택권자의 선택에 의하여 비로소 급부가 확정되는 채권이므

---

554) 고상룡, 676면; 곽윤직, 328면 참조.

555) 곽윤직, 328면; 김상용, 701면; 백태승, 569면

556) **대판** 1997.8.29, 97다12990.

557) 곽윤직, 328면; 송덕수, 509면; 이영준, 809면.

558) **대판** 1992.12.22, 92다28822 "소멸시효는 권리를 행사할 수 있는 때로부터 진행하며 여기서 권리를 행사할 수 있는 때라 함은 권리행사에 법률상의 장애가 없는 때를 말하므로 정지조건부권리의 경우에는 조건 미성취의 동안은 권리를 행사할 수 없는 것이어서 소멸시효가 진행되지 않는다."; **대판** 2009.12.24, 2007다64556 참조.

559) 선택태권이라 함은 '선택의 대상이 되는 여러 개의 다른 급부가 선택적으로 하나의 채권의 목적이 되며, 선택에 의하여 어느 하나의 급부가 채권의 목적으로 확정되는 채권'이다.

로, 선택에 의하여 급부가 확정될 때까지는 채무자가 이행할 수 없고, 채권자도 강제집행을 하지 못한다. 따라서 선택채권의 소멸시효의 기산점은 선택권의 행사에 의하여 급부가 확정된 때라고 해석해야 한다. 그러나 이렇게 해석하는 경우 선택권자의 의사에 따라서 소멸시효의 기산점이 좌우되므로 채무자의 지위가 불안정하게 될 염려가 있다. 따라서 판례는 선택권자가 선택권을 행사할 수 있는 때부터 선택채권의 소멸시효가 진행된다고 해석한다.[560] 여기서 '선택권을 행사할 수 있는 때'라 함은 「채권자」가 선택권을 행사할 수 있을 때를 가리킨다. 따라서 선택채권에서 선택권자에 관하여 약정이 없어서 민법 제380조에 의하여 선택권이 채무자에게 귀속하게 되는 경우에는, 채권자는 상당한 기간을 정하여 채무자에게 선택을 최고하여야 하고, 그럼에도 불구하고 채무자가 그 기간 내에 선택하지 아니하면 비로소 채권자가 선택권을 행사할 수 있다(제381조). 따라서 앞의 경우에는 채권자의 선택에 의하여 특정된 채권의 소멸시효의 기산점은 채권자가 선택권을 행사할 수 있는 때, 즉 채무자가 선택할 수 있음에도 선택하지 아니한 때로부터 상당한 기간이 경과한 때라고 보아야 할 것이라고 한다.[561]

8) 동시이행항변권부 채권

동시이행의 항변권은 쌍무계약에서 인정된다. 즉 쌍무계약에서 양 당사자의 채무는 상대방의 이행제공이 없는 한 이행지체책임은 발생하지 않지만, 소멸시효는 이행기가 도래한 때부터 진행된다고 해석한다(이설없음). 왜냐하면 동시이행의 항변권은 법률상의 장애이지만 그 장애는 권리자의 의사에 의하여 제거될 수 있기 때문이다.

판례도 동시이행항변권이 인정되는 부동산매매에서 매수인은 매도인이 소유

---

560) **대판** 1965.8.24, 64**다**1156 "타인의 대리인으로 계약을 한 자가 그 대리권을 증명하지 못하고 또 본인의 추인을 얻지 못한 때에는 상대방의 선택에 좇아 계약의 이행 또는 손해배상의 책임이 있는 것인바 이 상대방이 가지는 계약이행 또는 손해배상청구권의 소멸시효는 그 선택권을 행사할 수 있는 때로부터 진행한다 할 것이고 또 선택권을 행사할 수 있는 때라고 함은 대리권의 증명 또는 본인의 추인을 얻지 못한 때라고 할 것이다."

561) **대판** 2000.5.12, 98**다**23195 "매립사업자가 매립공사 준공등기 후 매립지 중 일부를 즉시 양도하기로 약정하였으나 그 선택권의 소재에 관하여 약정이 없었던 경우, 매립지에 대한 매립사업자 명의의 소유권보존등기가 경료되고 도시계획결정 및 지적고시가 이루어져 그 소유토지의 위치와 면적이 확정된 때로부터 매립사업자의 선택권 행사에 필요한 상당한 기간이 경과한 날로부터 양수인의 소유권이전등기청구권의 소멸시효가 진행된다."

권이전등기의무의 이행제공을 할 때까지는 대금지급의무의 이행을 거절할 수 있고, 이행지체책임도 지지 않으나, 그렇다고 하여 대금지급의무의 소멸시효가 진행되지 않는 것은 아니라고 한다. 즉 매매대금지급청구권의 소멸시효의 기산일은 지급기일이라고 한다.[562)]

9) 민법부칙 제10조에 의한 소유권이전등기청구권

민법부칙 제10조 제1항은 "본법 시행일 전의 법률행위로 인한 부동산에 관한 물권의 득실변경은 본법 시행일로부터 6년 내에 등기하지 아니하면 그 효력을 잃는다."라고 한다. 본 민법부칙은 부동산물권변동에 관한 원칙을 「의사주의」에서 「형식주의(등기주의)」로 전환한 현행민법 시행을 위한 과도기적 조치로서, 민법시행 후 6년간의 유예기간을 두어 그 기간 동안 소유권이전등기를 하지 아니한 경우에는 그 부동산소유권을 소멸시키는 것을 내용으로 한 경과규정이다. 따라서 이 규정에 의하여 소유권이 소멸한 경우에 등기청구권은 어떻게 되는가?

이러한 경우에 판례는 '등기청구권은 원칙적으로 민법부칙에서 규정한 6년간의 유예기간이 만료한 다음 날인 1966.1.1.부터 소멸시효가 진행된다.'고 판시하고 있다.[563)]

10) 형성권의 행사로 인하여 발생한 채권

법률행위의 취소권이나 계약해제권과 같은 형성권의 행사로 인하여 발생하는 부당이득반환청구권 · 원상회복청구권 등과 같은 권리의 소멸시효는 제척기간과

---

562) **대판 1991.3.22, 90다9797** "부동산에 대한 매매대금 채권이 소유권이전등기청구권과 동시이행의 관계에 있다고 할지라도 매도인은 매매대금의 지급기일 이후 언제라도 그 대금의 지급을 청구할 수 있는 것이며, 다만 매수인은 매도인으로부터 그 이전등기에 관한 이행의 제공을 받기까지 그 지급을 거절할 수 있는데 지나지 아니하므로 매매대금 청구권은 그 지급기일 이후 시효의 진행에 걸린다."; **대판 1993.12.14, 93다27314** "점포의 임대차 청약을 하면서 청약금을 지급하고 점포에 입주하여 점유하였으나 임대차계약의 체결이 거절된 경우 점포임대차 청약금반환채권이 점포명도의무와 동시이행 관계에 있다 하더라도 청약금반환의무자는 청약자로부터점포명도의무의 이행제공을 받을 때까지 청약금의 지급을 거절할 수 있는데 지나지 아니하므로 청약금반환채권은 청약에 대한 거절이 확정된 때 이후부터 소멸시효가 진행한다."

563) **대판 1966.9.27, 66다1150** "본법 부칙 제10조에 의하여 소유권을 상실하였다 하더라도 그 원인관계로 인한 채권으로서 소유권이전등기청구권마저 상실되는 것은 아니고 위 소유권이전등기청구권은 종전에는 소멸시효의 대상이 될 수 없었으나 본법 부칙 제10조 제1항에 의하여 1966.1.1.부터 소멸시효의 대상이 되어 그날부터 시효기간이 진행된다."

는 별도로 소멸시효의 적용을 받는가, 아니면 제척기간 내에 이러한 권리도 행사되지 않으면 소멸되는가?

이에 대하여 학설은 법률관계를 신속하게 확정하기 위하여 권리의 존속기간을 정한 것이 제척기간이므로, 그 의미에 부합하도록 제척기간 중에 형성권의 행사로 인하여 생기는 채권도 행사하여야 한다고 한다(통설).[564]

11) 소유권 이외의 물권

소유권 이외의 물권은 소멸시효에 걸리는데(제162조 제2항), 그 소멸시효의 기산점은 권리가 발행한 때로부터 소멸시효가 진행한다.

(4) 소멸시효기간의 기산점과 변론주의

대법원은 이러한 경우에 "본래의 소멸시효의 기산일과 당사자가 주장하는 기산일이 서로 다른 경우에는 변론주의의 원칙상 법원은 당사자가 주장하는 기산일을 기준으로 소멸시효를 계산하여야 하며, 이는 당사자가 본래의 기산일보다 뒤의 날짜를 기산일로 하여 주장하는 경우는 물론이고 특별한 사정이 없는 한 그 반대의 경우에 있어서도 마찬가지이다."[565]라고 한다.

이에 대하여 학설은 판례를 지지하는 견해[566]와 판례를 반대하는 견해[567]가

---

564) 곽윤직, 325면; 김대정, 1240면; 장경학, 708면.

565) **대판 1995.8.25, 94다35886** "소멸시효의 기산일은 채무의 소멸이라고 하는 법률효과 발생의 요건에 해당하는 소멸시효 기간 계산의 시발점으로서 소멸시효 항변의 법률요건을 구성하는 구체적인 사실에 해당하므로 이는 변론주의의 적용 대상이고, 따라서 본래의 소멸시효 기산일과 당사자가 주장하는 기산일이 서로 다른 경우에는 변론주의의 원칙상 법원은 당사자가 주장하는 기산일을 기준으로 소멸시효를 계산하여야 하는데, 이는 당사자가 본래의 기산일보다 뒤의 날짜를 기산일로 하여 주장하는 경우는 물론이고 특별한 사정이 없는 한 그 반대의 경우에 있어서도 마찬가지이다."; **대판 2009.12.24, 2009다60244** "소멸시효의 기산일은 채권의 소멸이라고 하는 법률효과 발생의 요건에 해당하는 소멸시효기간 계산의 시발점으로서 시효소멸 항변의 법률요건을 구성하는 구체적인 사실에 해당하므로 이는 변론주의의 적용대상이라 할 것이고, 따라서 본래의 소멸시효 기산일과 당사자가 주장하는 기산일이 서로 다른 경우에는 변론주의의 원칙상 법원은 당사자가 주장하는 기산일을 기준으로 소멸시효를 계산하여야 하는데, 이는 당사자가 본래의 기산일보다 뒤의 날짜를 기산일로 하여 주장하는 경우는 물론이고, 특별한 사정이 없는 한 그 반대의 경우에 있어서도 마찬가지라고 보아야 할 것이다(대법원 1995.8.25. 선고 94다35886 판결 참조)."

566) 백태승, 594면; 이영준, 806면.

567) 민법주해(3), 475면(윤진수).

있다.

4. 소멸시효기간

소멸시효가 완성하기 위해서는 권리불행사의 상태가 일정기간(소멸시효기간) 계속되어야 한다. 민법은 채권의 일반적 소멸시효기간을 10년으로 정하고 있으나(제162조 제1항), 일정한 채권의 경우에는 3년 또는 1년의 단기 소멸시효가 적용되는 것이 있다(제163조 및 제184조).[568] 또한 상법은 상행위로 인한 상사채권의 일반적 소멸시효기간을 5년으로 규정하고 있으며, 다른 법령에 이보다 단기의 시효규정이 있는 경우에는 그 규정에 의하도록 하고 있다(상법 제64조).

(1) 채권의 소멸시효기간

행사하기가 쉽고 일상 빈번히 생기므로 속히 권리관계를 확정시키기 위하여 다른 권리보다 단기로 하고 있으나, 각종의 채권에 따라 다르다.

1) 보통의 채권

보통의 채권의 소멸시효기간은 10년(제162조 제1항)이다.[569] 다만, 상행위로 생

---

568) 참고로 법무부의 「2010년 민법개정안」은 채권의 소멸시효를 5년으로 단축할 것을 제안하고 있다(2010년 민법개정안, 제162조 제1항). 그리고 제163조와 제164조의 단기소멸시효제도를 폐지할 것을 제안하고 있다.

569) 판례는 다음의 경우를 모두 10년의 소멸시효기간이 적용되는 보통의 일반채권이라고 한다. ① 기존채무의 이행을 보장하기 위하여 약속어음을 발행한 경우(대판 1961.2.8, 61다816), ② 주식회사들 사이에 체결된 상행위인 건물임대차계약이 종료된 뒤 임차회사가 임차건물을 무단으로 점유·사용하는 경우에 임대 회사가 임차 회사에 대하여 가지는 부당이득 반환채권(대판 2012.5.10, 2012다4633), ③ 주식회사 이사의 임대해태로 인한 회사의 손해배상청구권(대판 1969.1.28, 68다305), ④ 신용협동조합 이사장의 임무해태로 인한 조합의 손해배상청구권(대판 2007.5.31, 2007다248), ⑤ 상인이 근로자에 대하여 가지는 근로계약상의 주의의무 위반으로 인한 손해배상청구권(대판 2005.11.10, 2004다22742), ⑥ 피해자에게 손해배상을 한 공동불법행위자 1인(이 때의 기산점은 공동면책행위를 한 날임) 또는 보험자대위를 하는 보험자의 다른 공동불법행위자에 대한 구상금채권(대판 1998.12. 22, 98다40466 ; 대판 1999.6.11, 99다3143), ⑦ 피해자에게 손해배상을 한 어느 공동불법행위자의 보증인이 그 동공불법행위자 또는 다른 공동불법행위자에 대하여 가지는 구상권(대판 2008.7.24, 2007다37530 ; 이 때 소멸시효기간의 기산점은 구상권이 발생한 시점, 즉 보증인이 현실로 피해자에게 손해배상금을 지급한 때라고 함), ⑧ 물상보증인의 채무자에 대한 구상권(대판 2001.4.24, 2001다6237), ⑨ 근로복지공단이 과오급한 보험급여를 환수할 권리(대판 2005.5.13, 2004다8630), ⑩ 부동산실명법 제11조의 유예기간이 경과한 후에도 실명화 등의 조치를 취하지 아니한 명의신탁자가 명의수탁자에 대하여

긴 채권은 5년(상법 제64조)이다.

2) 3년의 단기소멸시효에 걸리는 채권(제163조)

① **1년 이내의 기간으로 정한 정기급부 채권**(제1호) 여기서 '1년 이내의 기간으로 정한 채권'이란 매월지급하는 이자나 임금과 같이 1년 이내의 기간을 단위로 하여 정기적으로 지급되는 채권(정기적 급부채권)을 말하며, 변제기가 1년 이내의 채권이라는 의미가 아니다.[570)]

이자채권은 1년 이내의 정기로 지급하면 여기에 해당된다. 그러나 이자채권도 1년 이내의 정기에 지급하기로 한 것이 아니면 단기소멸시효에 걸리지 않는다고 본다.[571)]

급료채권 중 노역인과 연예인의 임금채권에 관하여는 1년의 단기소멸시효가 규정되어 있으며(제164조 제3호), 근로기준법상의 임금채권의 소멸시효기간은 3년이다(근로기준법 제49조).

② **의사 · 조산사 · 간호사 및 약사의 치료, 근로 및 조제에 관한 채권**(제2호)

여기의 의사에는 자격 있는 의사 · 치과의사 · 한의사 · 수의사 외에 치료 등을 행한 무자격자도 해당한다(이설 없음). 무면허 약사의 조제도 여기에 해당한다. 의

부당이득의 법리에 따라 가지는 소유권이전등기 청구권(대판 2009.7.9, 2009다23313 ; 대판 2010.2.11, 2008다16899), ⑪ 관습법상의 분재청구권(대판 2007.1.25, 2005다26284) 등 다수가 있다.

570) **대판 2013.7.12, 2013다20571** "민법 제163조 제1호 에서 3년의 단기소멸시효에 걸리는 것으로 규정한 '1년 이내의 기간으로 정한 채권'이란 1년 이내의 정기로 지급되는 채권을 말한다." ; 예컨대 정수기 대여계약에 기한 월 대여료채권(대판 2013.7.12, 2013다20571), 1개월 단위로 지급되는 집합건물의 관리비채권(대판 2007.2.22, 2005다65821) 등이 이에 속한다.

571) **대판 1996.9.20, 96다25302** "민법 제163조 제1호 소정의 '1년 이내의 기간으로 정한 금전 또는 물건의 지급을 목적으로 하는 채권'이란 1년 이내의 정기에 지급되는 채권을 의미하는 것이지, 변제기가 1년 이내의 채권을 말하는 것이 아니므로, 이자채권이라고 하더라도 1년 이내의 정기에 지급하기로 한 것이 아닌 이상 위규정 소정의 3년의 단기소멸시효에 걸리는 것이 아니다." ; **대판 2013.7.12, 2013다20571** "민법 제163조 제1호 에서 3년의 단기소멸시효에 걸리는 것으로 규정한 '1년 이내의 기간으로 정한 채권'이란 1년 이내의 정기로 지급되는 채권을 말한다." ; 대출금에 대한 변제기 이후의 지연손해금채권이나 금전채무의 이행지체로 인하여 발생하는 지연손해금채권(대판 1998.11.10, 98다42141)과 금융리스의 리스료(대판 2001.6.12, 99다1949)는 3년의 단기소멸시효의대상이 아니라고 한다. 또한 대출금에 대한 변제기 이후의 지연손해금채권에는 그 원본채권과 마찬가지로 상행위로 인한 채권에 5년의 소멸시효를 규정한 상법 제64조가 적용된다(대판 2008.3.14, 2006다2940).

료법인이나 대형개인병원에서는 의사와 직접 의료관계가 발생하는 것이 아니라 법인이나 병원과 체결되는 경우가 많은데도 이 규정을 적용하여야 한다.

약사의 조제는 의약품을 정하여진 분량대로 한데 섞어서 약제를 만드는 것을 의미하기 때문에 본호에 해당한다. 그러나 약의 판매로 인한 대금채권은 조제에 관한 채권이 아니기 때문에 제163조 제6호의 상인이 판매한 상품의 대가에 해당한다. 그러나 시효기간은 마찬가지로 3년이다.

장기간 입원치료를 받은 환자의 치료비 등에 관한 시효기간에 관하여 "민법 제163조 제2호 '소정의 의사의 치료'에 관한 채권에 있어서는, 특약이 없는 한 그 개개의 진료가 종료된 때마다 각각의 당해 진료에 필요한 비용의 이행기가 도래하여 그에 대한 소멸시효가 진행된다고 해석함이 상당하고, 장기간 입원 치료를 받는 경우라 하더라도 다른 특약이 없는 한 입원 치료 중에 환자에 대하여 치료비를 청구함에 아무런 장애가 없으므로 퇴원 시부터 소멸시효가 진행된다고 볼 수는 없다."[572]고 한다.

③ **도급받은 자, 기사(技師) 기타 공사의 설계 또는 감독에 종사하는 자의 공사에 관한 채권**(제3호) 여기의 도급을 받은 자의 공사에 관한 채권은 공사대금채권(공사수급인의 보수청구권)뿐만 아니라 그 공사에 부수되는 채권(비용상환청구권)이 이에 속한다.[573]

④ **변호사 · 변리사 · 공증인 · 회계사 · 사법서사에 대한 직무상 보관한 서류의 반환을 청구하는 채권**(제4호) 여기의 서류는 이들의 직무에 관한 서류를 말하며 당해 사건의 종료 후 즉시 반환되는 것이 보통이고, 이들이 직무상 보관하는 서류에 대하여 일반소멸시효가 적용되는 경우에는 의뢰인에게 서류를 반환할 때마다 수령증을 받고 이를 장기간 보관하여야 하므로, 이러한 불편을 감소시키기 위하여 이들이 직무상 보관한 서류의 반환청구권을 단기소멸시효에 걸리도록 한 것이다.

다만 변호사 등이 받은 서류의 소유권이 의뢰인에게 있는 것(예, 의뢰인의 등기필증 등)은 여기의 서류에 포함되지 않는다(이설 없음). 그러나 이를 분실 · 멸실 · 훼손

---

572) **대판** 2001.11.9, 2001다52568 ; 이에 대하여 하설은 특약 또는 관습이 없는 한 그 질병에 대한 의사와 환자 사이의 진료관계가 끝난 때라고 하는 견해(곽윤직, 330면; 김상용, 704면; 백태승, 587면)와 앞의 판례와 같은 견해(김주수, 557면; 이영준, 815면)가 대립한다.
573) **대판** 1994.10.14, 94다17185 ; **대판** 2009.11.12, 2008다41451.

및 반환의무 불이행으로 인한 손해배상청구권은 본호의 단기소멸시효에 걸린다.

⑤ **변호사 · 변리사 · 공증인 · 공인회계사 · 법무사의 직무에 관한 채권**(제5호) 여기의 채권은 이들의 수임료 등을 말한다. 본호에서 열거되지 않은 공인중개사의 소개료는 위임사무처리에 따른 약정보수금으로서 10년의 소멸시효에 걸린다고 한다.[574)]

⑥ **생산자 및 상인이 판매한 생산물 및 상품의 대가**(제6호) 이에 대한 채권은 상행위로 생긴 것이므로 상법상 소정의 상인으로 5년의 시효에 걸리는 것이 원칙이지만(상법 제64조 본문), 상법 64조 단서가 '다른 법령에 이보다 단기의 시효의 규정이 있으면 그에 따른다.'고 규정하고 있기 때문에 본호에 의해 3년의 시효에 걸리게 된다.[575)]

전기요금 · 도시가스요금 등이 이에 해당한다.[576)] 계속적 물품공급계약에 기하여 발생한 외상대금채권은 변제기에 관한 특약이 없는 한, 각 외상대금이 발생한 때부터 개별적으로 소멸시효가 진행한다.[577)] 농업협동조합법에 의하여 설립한 조합이 영위하는 사업의 일환으로 조합원이 생산하는 물자의 판매사업으로 판매한 물자의 판매대금 채권은 3년의 단기소멸시효에 걸리지 아니한다.[578)]

본 호는 생산자 등이 직접 판매한 경우에 적용되는 것이고, 일반인이 생산자 등에게 물건을 판매한 때에는 적용되지 않는다.

⑦ **수공업자 및 제조자의 업무에 관한 채권**(제7호) 여기의 수공업자는 자기의 일터에서 주문을 받아 그 주문자와 고용관계 없이 타인(주문자)을 위하여 일하는 자(예, 재봉사 · 이발사 · 세탁업자 등)이고, 제조자는 주문을 받아 물건을 가공하여 제조하는 자(표구사 · 구두제작자 · 가구제조자 등)를 말한다.

---

574) **대판** 1971.2.23, 70**다**2931.

575) **대판** 1966.6.28, 66**다**790.

576) **대판** 2014.10.6, 2013**다**84940.

577) **대판** 1978.3.28, 77**다**2463.

578) **대판** 2000.2.11, 99**다**53292 "농업협동조합법에 의하여 설립된 조합이 영위하는 사업의 목적은 조합원을 위하여 차별 없는 최대의 봉사를 함에 있을 뿐 영리를 목적으로 하는 것이 아니므로, 동 조합이 그 사업의 일환으로 조합원이 생산하는 물자의 판매사업을 한다 하여도 동 조합을 상인이라 할 수는 없고, 따라서 그 물자의 판매대금 채권은 3년의 단기소멸시효가 적용되는 민법 제163조 제6호 소정의 '상인이 판매한 상품의 대가'에 해당하지 아니한다."

3) 1년의 시효에 걸리는 채권(제164조)

① **여관 · 음식점 · 대석 · 오락장의 숙박료 · 음식료 · 대석료 · 입장료 · 소비물의 대가 및 체당금**(替當金)579)**의 채권**(제1호) 제 163조의 채권보다 더 일상적으로 발생하고, 그 청구나 지급을 즉시 하는 것이 보통이며 영수증을 발급하지 않기도 하는 채권에 관하여 1년의 최단기시효를 규정하고 있다.

이를 상세히 해석하면, 여관의 숙박료, 음식점의 음식료, 대석의 대석료, 오락장의 입장료 및 여관 · 음식점 · 오락장 등의 영업자가 공급한 소비물의 대가와 그들(영업자)이 이용객의 대가를 체당지급한 채권을 의미한다.

주의하여야 할 것은, 제164조는 그 각 호에서 개별적으로 정하여진 채권의 채권자가 그 채권의 발생 원인이 된 계약에 기하여 상대방에 대하여 부담하는 반대채무에 관하여는 적용되지 않는다. 따라서 그 채권의 상대방이 그 계약에 기하여 가지는 반대채권은 원칙으로 돌아가, 다른 특별한 사정이 없는 한 제162조 제1항에서 정하는 10년의 일반소멸시효기간의 적용을 받는다.580)

② **의복 · 침구**(寢具) **· 장구**(葬具) **등 동산의 사용료의 채권**(제2호) 동산의 사용료 채권은 본 호가 적용되어 1년의 소멸시효에 걸린다. 여기의 동산의 사용료 채권은 극히 짧은 기간의 동산임대차로 인한 임료채권을 말하고, 영업을 위하여 2개월에 걸친 중기의 임료채권은 이에 해당하지 않는다.581)

③ **노역인**(勞役人) **· 연예인의 대금 및 그에 공급한 물건의 대금채권**(제3호) 여기의 노역인은 사용자와 고용관계를 맺지 않고 주로 육체적 노동을 제공하는 자(예, 목수 · 미장이 · 정원사 등)를 말하고, 연예인은 대가를 받고 연예를 하는 것을 업으로 하는 자(예, 가수 · 배우 · 코미디언 · 마술사 · 악사 · 연극인 등)를 말한다.

그리고 '그에 공급한 물건의 대금채권'이란 노역인이나 연예인이 노역 또는 연예와 관련하여 공급한 물건의 대금채권, 예컨대 목수가 공급한 못의 대금채권 또

579) 타인에 갈음하여 행한 출연금을 말한다. 예컨대 기업 도산으로 일자리를 잃은 근로자를 보호하기 위해 국가가 사업주를 대신해 지급하는 임금을 말한다. 근로자가 회사 파산으로 임금을 받지 못한 채 퇴사한 경우 국가가 사업주를 대신해 임금 등을 체당금으로 지급해 준다. 도산한 기업의 직원들이 가압류 등 민사절차를 밟기 전에 정부가 미리 조성된 임금채권보장기금으로 미지급 임금 3개월분과 미지급 퇴직금 3년분을 보장해 주는 것이다. 체당금 제도는 외환위기 이듬해인 1998년 처음 도입됐으며 임금채권보장법에 규정돼 있다.

580) **대판** 2013.11.14, 2013다65178.

581) **대판** 1976.9.28, 76다1839.

는 연예인이 공급한 소품의 대금채권 같은 것을 말한다.[582)]

④ **학생 및 수업자의 교육 · 의식**(衣食) **· 유숙**(留宿)**에 관한 교주**(校主) **· 숙주**(塾主)[583)] **· 교사**(敎師)**의 채권**(제4호) 본 호는 널리 스승과 제자의 관계에서 스승이 제자에게 갖는 채권을 말한다고 볼 수 있다. 또한 본 호는 채권자로서 교주, 숙주, 교사만을 예로 들고 있어 자연인만을 말하는 것처럼 보이지만 법인이나 권리능력 없는 사단, 또는 재단이 학교를 경영하면서 취득한 채권에 관하여도 본 호가 적용되어야 한다.[584)] 국공립학교의 경우에도 금전채권인 한 1년의 단기소멸시효가 예산회계법 또는 지방재정법 소정의 5년의 소멸시효보다 단기이므로 본 호가 적용된다.[585)] 또한 교주, 숙주, 교수 등의 학생 및 수업자에 대한 채권에만 적용될 뿐 그 반대의 경우에는 적용되지 않는다.[586)]

4) 판결 등에 의하여 확정된 채권의 소멸시효(제165조)

시효 완성 전에 소를 제기해도 시효가 중단되는데, 확정판결 후 그대로 방치하면 그때부터 다시 시효가 진행되는 바(제178조 제2항), 위의 단기시효에 해당하는 채권이라도 판결에 의하여 확정된 경우에는 소멸시효기간을 10년으로 한다고 규정하고 있다(제165조 제1항). 즉 제165조 제1항의 규정은 확정판결이 있으면 그 소멸시효는 그 단기소멸시효가 아니라 10년으로 된다는 의미이며, 확정판결이 있다고 하여 20년의 시효에 걸리는 권리의 시효기간이 10년으로 단축된다거나, 본래 소멸시효에 걸리지 않는 권리가 확정판결을 받음으로써 10년의 소멸시효에 걸린다는 의미도 아니다.[587)]

파산절차에 의하여 확정된 채권, 재판상의 화해 · 조정 기타 판결과 동일한 효력이 있는 것(예, 인낙조서 · 확정된 지급명령)에 의하여 확정된 채권도 그 소멸시효는

---

582) 민법주해(III), 총칙(3), 453면.

583) 여기의 塾主(글방의 주인)는 현시대의 대학교 입시준비나 고등학교 입시준비 또는 각종 考試준비를 위한 학원의 主에 해당한다고 할 수 있다. 민법이 개정된다면 이들 용어를 현시대에 맞게 개정하여야 할 것이다.

584) 민법주해(III), 총칙(3), 454면.

585) 민법주해(III), 총칙(3), 454면.

586) 민법주해(III), 총칙(3), 454면.

587) **대판 1981.3.24, 80다1888 · 1889** "민법 제165조 의 규정은 단기의 소멸시효에 걸리는 것이라도 확정판결을 받은 권리의 소멸시효는 10년으로 한다는 뜻일 뿐 10년보다 장기의 소멸시효를 10년으로 단축한다는 의미도 아니고 본래 소멸시효의 대상이 아닌 권리가 확정판결을 받음으로써 10년의 소멸시효에 걸린다는 뜻도 아니다."

10년이다(제165조 제2항). 여기의 「판결」(이행판결 · 확인판결)이란 기판력(실체적 확정력)있는 확정판결을 의미한다. 따라서 미확정된 가집행선고부의 판결은 여기에 해당되지 않는다. 그리고 「판결과 동일한 효력이 있는 것」이란 '기판력'을 가지는 것을 의미한다. 민사소송법 제474조에서 지급명령에 대하여 이의신청이 없거나, 이의신청을 취하하거나, 각하결정이 확정된 때에는 지급명령은 확정판결과 같은 효력이 있는 것으로 하고 있다. 따라서 지급명령에서 확정된 채권은 단기의 소멸시효에 해당하는 것이라도 그 소멸시효기간이 10년으로 연장된다.[588]

다만, 판결확정 당시에 변제기가 도래하지 않은 채권(기한부채권에서 기한이 도래하기 전에 확정판결을 받은 경우)에는 시효가 10년이라는 위의 규정은 적용되지 않는다(제165조 제3항). 따라서 변제기가 도래하지 않은 채권은 그에 대하여 확정판결 등이 있어도 시효기간이 10년으로 연장되지 않으며, 본래의 변제기가 도래한 후 단기의 소멸시효로 소멸하게 된다.[589]

(2) 채권과 소유권 이외의 재산권의 소멸시효기간

채권과 소유권을 제외한 기타의 재산권(지상권, 지역권 등)은 소멸시효가 20년이다(제162조 제2항). 다만, 기간을 정하고 있지 않은 형성권의 경우는 10년이다.[590]

---

588) **대판 2009.9.24, 2009다39530.**

589) [주목할 점] 제165조 제1항 및 제2항과 관련하여 주목할 점이 있다. ① 판결에 의하여 확정된 채권, 판결과 동일한 효력이 있는 것에 의하여 확정된 채권은 단기의 소멸시효에 해당한 것이라도 그 소멸시효는 10년으로 한다고 규정하는 것은 '원칙적으로 판결의 효력은 소송의 당사자 사이에서만 미친다(확정의 인적범위)'는 것이다. 즉 채권자와 주채무자 사이의 확정판결에 의하여 주채무가 확정되어 그 소멸시효기간이 10년으로 연장되었다 할지라도, 그 보증채무까지 당연히 단기소멸시효의 적용이 배제되어 10년의 소멸시효기간이 적용되는 것은 아니고, 채권자와 연대보증인 사이에 있어서 연대보증채무의 소멸시효기간은 여전히 종전의 소멸시효기간에 따른다(대판 2006.8.24, 2004다26287 · 26294). ② 주채무자에 대한 확정판결에 의하여 제163조 각 호의 단기소멸시효에 해당하는 주채무의 소멸시효기간이 10년으로 연장된 상태에서 그 주채무를 보증한 경우에는, 특별한 사정이 없는 한 그 보증채무에 대하여는 제163조 각 호의 단기소멸시효가 적용될 여지가 없고, 그 성질에 따라 보증인에 대한 채권이 민사채권인 경우에는 10년, 상사채권인 경우에는 5년의 소멸시효기간이 적용된다(대판 2014.6.12, 2011다76105).

590) [소멸시효기간이 변론주의의 적용대상인가?] 판례는 소멸시효기간이 변론주의의 적용대상이 되지 아니하고 법원의 직권판단 대상이라고 한다(대판 2008.3.27, 2006다70929 · 70936; 대판 2013.2.15, 2012다68217).

Ⅲ. 소멸시효 완성의 장애(시효의 중단 · 시효의 정지)

1. 서 설

소멸시효의 진행을 방해하는 것을 소멸시효 완성의 장애라고 하고 여기에는 시효의 중단(中斷)과 시효의 정지(停止)가 있다.

소멸시효의 중단과 정지에 관한 규정은 취득시효에도 준용된다.[591]

2. 소멸시효의 중단

(1) 의 의

소멸시효의 중단은 소멸시효의 요건인 권리불행사라는 사실상태를 깨뜨리는 새로운 사실의 발생으로 소멸시효의 진행을 방해하고 일단 경과한 시효기간의 효력을 소멸시키는 것을 말한다.[592] 소멸시효가 중단되면 그 때까지 경과한 시효기간은 이를 산입하지 아니하고, 중단사유가 종료한 때로부터 새로이 진행한다(제178조 제1항).

민법은 제168조 이하에서 소멸시효의 중단에 관해 규정하고, 이를 취득시효의 중단에 관하여도 준용한다(제247조 제2항).

소멸시효의 중단에 관한 입증책임은 권리의 존속을 주장하는 권리자 측에

---

591) **대판 2003.6.13, 2003다17927 · 17934** "[1] 취득시효를 주장하는 자가 원고가 되어 소를 제기한 데 대하여 권리자가 피고로서 응소하고 그 소송에서 적극적으로 권리를 주장하여 그것이 받아들여진 경우에는 민법 제247조 제2항에 의하여 취득시효기간에 준용되는 민법 제168조 제1호, 제170조 제1항에서 시효중단사유의 하나로 규정하고 있는 재판상 청구에 포함된다. [2] 시효를 주장하는 자가 원고가 되어 소를 제기한 경우에 있어서, 피고가 응소행위를 하였다고 하여 바로 시효중단의 효과가 발생하는 것은 아니고, 변론주의 원칙상 시효중단의 효과를 원하는 피고로서는 당해 소송 또는 다른 소송에서의 응소행위로서 시효가 중단되었다고 주장하지 않으면 아니 되고, 피고가 변론에서 시효중단의 주장 또는 이러한 취지가 포함되었다고 볼 만한 주장을 하지 아니하는 한, 피고의 응소행위가 있었다는 사정만으로 당연히 시효중단의 효력이 발생한다고 할 수는 없는 것이나, 응소행위로 인한 시효중단의 주장은 취득시효가 완성된 후라도 사실심 변론종결 전에는 언제든지 할 수 있다."

592) **대판 1979.7.10, 79다569** "원래 시효는 법률이 권리 위에 잠자는 자의 보호를 거부하고 사회생활상 영속되는 사실상태를 존중하여 여기에 일정한 법적 효과를 부여하는 제도이므로 어떤 사실상의 상태가 계속 중 그 사실상의 상태와 상용할 수 없는 사정이 발생할 때는 그 사실상의 상태를 존중할 이유를 잃게 된다고 할 것이니 이미 진행한 시효기간의 효력을 상실케 하는 것이 이른바, 시효중단이다."

있다.

(2) 시효중단의 사유

1) 청 구(제168조 제1호)

여기의 청구라 함은 권리자가 시효의 목적인 사법상의 권리를 재판상 또는 재판 외에서 실행하는 행위이다.[593] 이러한 청구는 자유롭게 할 수 있다. 그러나 우리 민법은 시효의 효력을 발생시키는 청구는 ① 법원을 통한 행사로 재판상 청구(제170조)·파산절차참가(제171조)·지급명령(제172조)·화해를 위한 소환과 임의출석(제173조)과, ② 법원 외에서의 행사로 최고(제174조)로만 한정하고 있다.

(가) 법원을 통한 행사

① 재판상 청구(제170조)

㉠ 의 의

재판상 청구란 민사소송을 제기하는 것을 말한다. 이행(급부)의 소·확인의 소·형성의 소를 다 포함하며 본소이든 반소(민소 제269조)이든, 재심의 소[594]이든 불문하나, 행정소송·행정심판·형사소송[595] 등에는 시효중단의 효력이 없다. 시효가 중단되는 시기는 소장을 법원에 제출한 때(민사소송법 제265조)이다.

소의 제기에 흠이 있는 경우에도 소멸시효가 중단되는 것이 원칙이다. 재판상의 청구가 있더라도 소의 각하·기각[596]·취하[597]가 있으면 중단의 효력이 없으

---

593) **대판** 1979.2.13, 78**다**1500·1501.

594) **대판** 1998.6.12, 96**다**26961.

595) **대판** 1999.3.12, 98**다**18124 "형사소송은 피고인에 대한 국가형벌권의 행사를 그 목적으로 하는 것이므로, 피해자가 형사소송에서 소송촉진등에관한특례법에서 정한 배상명령을 신청한 경우를 제외하고는 단지 피해자가 가해자를 상대로 고소하거나 그 고소에 기하여 형사재판이 개시되어도 이를 가지고 소멸시효의 중단사유인 재판상의 청구로 볼 수는 없다."

596) 棄却이라 함은 원고의 청구(권리인 소송물)가 이유 없다는 법원의 최종적 판단이다. 그러므로 기각이 있게 되면 권리자(원고)가 주장하는 권리가 존재하지 않는 것으로 확정되게 된다. 따라서 권리 자체가 존재하지 않기 때문에 소멸시효의 중단이라는 문제가 생길 여지가 없다. 다만 원고의 채무부존재확인소송이 기각되었다면 반대로 피고의 채권이 존재한다는 의미가 되기 때문에 그런 의미에서는 기각에 시효중단의 효력이 예외적으로 있다고 할 수 있다. 그리고 1심 판결 선고 후 소를 취하하면 원심판결이 실효되며 다시는 재소할 수 없기(민소 제267조 제2항) 때문에 소멸시효 중단의 문제가 생길 여지가 없다. 이 경우 채권자의 권리는 자연채무로 남게 된다.

597) 1심 판결 선고 전까지 취하하는 경우만 해당되며, 1심 판결 선고 후 확정되기 전에 취하하게

나(제170조 제1항), 최고로서의 효력은 인정하여 6월 내에 다시 재판상의 청구, 파산절차참가, 압류 · 가압류 · 가처분을 하면 최초의 재판상의 청구로 인하여 중단된 것으로 간주된다(제170조 제2항). 이는 소제기가 있으면 그 소의 제기에 흠이 있더라도 제174조의 최고로서의 효력을 인정함으로써 최초의 재판상 청구로 인하여 시효가 중단된다는 것을 의미한다.598)

㉡ 청구의 종류

(a) 위에서 본 것처럼 재판상 청구이면 본소 · 반소 · 이행의 소 · 확인의 소 · 형성의 소 어느 소송이든 문제되지 않는다.

(b) 재심의 소를 제기한 경우에는 재심대상의 소를 제기한 때가 아니라 재심의 소를 제기한 때부터 시효가 중단되는 것으로 본다.599)

문제는 상대방이 제기한 소에 대하여 응소한 것도 재판상청구로 볼 것인가? 이에 대하여 학설600)과 판례601)는 긍정적으로 보고 있다.602) 그러나 피고가 응소

되면 다시는 재소(再訴)할 수 없는 제재를 받는다.

598) 그러나 흠이 중대하여 재판상의 청구로 볼 수 없는 경우에는 시효중단의 효력이 생기지 않는다고 하여야 한다는 견해가 있다(양창수, 민법연구(4), 90면 이하). 나아가 흠이 보정될 수 있는 것이고 또 실제로 보정된 경우에는 시효중단의 효력이 생긴다는 견해도 있다(송덕수, 민법총칙 3판, 522면).

599) **대판** 1998.6.12, 96**다**26961.

600) 송덕수, 민법총칙 3판, 522면.

601) **대판(전)** 1993.12.21, 92**다**47861 "민법 제 168조 제1호, 제170조 제1항 에서 시효중단사유의 하나로 규정하고 있는 재판상의 청구라 함은, 통상적으로는 권리자가 원고로서 시효를 주장하는 자를 피고로 하여 소송물인 권리를 소의 형식으로 주장하는 경우를 가리키지만, 이와 반대로 시효를 주장하는 자가 원고가 되어 소를 제기한 데 대하여 피고로서 응소하여 그 소송에서 적극적으로 권리를 주장하고 그것이 받아들여진 경우도 마찬가지로 이에 포함되는 것으로 해석함이 타당하다."; **대판** 2010.8.26, 2008**다**42416 "민법 제168조 제1호, 제170조 제1항 에서 시효중단사유의 하나로 규정하고 있는 재판상의 청구라 함은, 통상적으로는 권리자가 원고로서 시효를 주장하는 자를 피고로 하여 소송물인 권리를 소의 형식으로 주장하는 경우를 가리키지만, 이와 반대로 시효를 주장하는 자가 원고가 되어 소를 제기한 데 대하여 피고로서 응소하여 그 소송에서 적극적으로 권리를 주장하고 그것이 받아들여진 경우도 이에 포함되고, 위와 같은 응소행위로 인한 시효중단의 효력은 피고가 현실적으로 권리를 행사하여 응소한 때에 발생한다. 한편, 권리자인 피고가 응소하여 권리를 주장하였으나 그 소가 각하되거나 취하되는 등의 사유로 본안에서 그 권리주장에 관한 판단 없이 소송이 종료된 경우에도 민법 제170조 제2항 을 유추적용하여 그때부터 6월 이내에 재판상의 청구 등 다른 시효중단조치를 취하면 응소 시에 소급하여 시효중단의 효력이 있는 것으로 봄이 상당하다."; **대판** 2012.1.12, 2011**다**78606 도 같은 취지의 판결이다.

602) 그런데 직접 채무자에 대한 응소행위가 아닌 경우에는 여기의 재판상 청구에 해당되지

행위를 하였다고 하여 바로 시효중단의 효과가 발생하는 것은 아니고, 변론주의 원칙상 시효중단의 효과를 원하는 피고로서는 당해 소송 또는 다른 소송에서의 응소행위로써 시효가 중단되었다는 주장을 하여야 한다. 그리고 피고가 변론에서 시효중단의 주장 또는 이러한 취지가 포함되었다고 볼 만한 주장을 하지 않는 한, 피고의 응소행위가 있었다는 사정만으로 당연히 시효중단의 효력이 발생하지는 않는다.[603]

않아 소멸시효가 중단되지 않는다.; 예컨대 **대판** 2004.1.16, 2003**다**30890 "타인의 채무를 담보하기 위하여 자기의 물건에 담보권을 설정한 물상보증인은 채권자에 대하여 물적 유한책임을 지고 있어 그 피담보채권의 소멸에 의하여 직접 이익을 받는 관계에 있으므로 소멸시효의 완성을 주장할 수 있는 것이지만, 채권자에 대하여는 아무런 채무도 부담하고 있지 아니하므로, 물상보증인이 그 피담보채무의 부존재 또는 소멸을 이유로 제기한 저당권설정등기 말소등기절차이행청구소송에서 채권자 겸 저당권자가 청구기각의 판결을 구하고 피담보채권의 존재를 주장하였다고 하더라도 이로써 직접 채무자에 대하여 재판상 청구를 한 것으로 볼 수는 없는 것이므로 피담보채권의 소멸시효에 관하여 규정한 민법 제168조 제1호 소정의 '청구'에 해당하지 아니한다."; **대판** 2007.1.11, 2006**다**33364도 같은 취지이다.

603) 여기에 취득시효에 관한 판례를 소개한다. **대판** 2003.6.13, 2003**다**17927 · 17934 "[1] 취득시효를 주장하는 자가 원고가 되어 소를 제기한 데 대하여 권리자가 피고로서 응소하고 그 소송에서 적극적으로 권리를 주장하여 그것이 받아들여진 경우에는 민법 제247조 제2항 에 의하여 취득시효기간에 준용되는 민법 제168조 제1호, 제170조 제1항 에서 시효중단사유의 하나로 규정하고 있는 재판상 청구에 포함된다. [2] 시효를 주장하는 자가 원고가 되어 소를 제기한 경우에 있어서, 피고가 응소행위를 하였다고 하여 바로 시효중단의 효과가 발생하는 것은 아니고, 변론주의 원칙상 시효중단의 효과를 원하는 피고로서는 당해 소송 또는 다른 소송에서의 응소행위로서 시효가 중단되었다고 주장하지 않으면 아니 되고, 피고가 변론에서 시효중단의 주장 또는 이러한 취지가 포함되었다고 볼 만한 주장을 하지 아니하는 한, 피고의 응소행위가 있었다는 사정만으로 당연히 시효중단의 효력이 발생한다고 할 수는 없는 것이나, 응소행위로 인한 시효중단의 주장은 취득시효가 완성된 후라도 사실심 변론종결 전에는 언제든지 할 수 있다."; **대판** 2010.8.26, 2008**다**42416 "[2] 민법 제168조 제1호, 제170조 제1항 에서 시효중단사유의 하나로 규정하고 있는 재판상의 청구라 함은, 통상적으로는 권리자가 원고로서 시효를 주장하는 자를 피고로 하여 소송물인 권리를 소의 형식으로 주장하는 경우를 가리키지만, 이와 반대로 시효를 주장하는 자가 원고가 되어 소를 제기한 데 대하여 피고로서 응소하여 그 소송에서 적극적으로 권리를 주장하고 그것이 받아들여진 경우도 이에 포함되고, 위와 같은 응소행위로 인한 시효중단의 효력은 피고가 현실적으로 권리를 행사하여 응소한 때에 발생한다. 한편, 권리자인 피고가 응소하여 권리를 주장하였으나 그 소가 각하되거나 취하되는 등의 사유로 본안에서 그 권리주장에 관한 판단 없이 소송이 종료된 경우에도 민법 제170조 제2항을 유추적용하여 그때부터 6월 이내에 재판상의 청구 등 다른 시효중단조치를 취하면 응소 시에 소급하여 시효중단의 효력이 있는 것으로 봄이 상당하다. [3] 응소행위에 대하여 소멸시효중단의 효력을 인정하는 것은 그것이 권리 위에 잠자는 것이 아님을 표명한 것에 다름 아닐 뿐만 아니라 계속된 사실상태와 상용할 수 없는 다른 사정이

응소의 경우 소멸시효가 중단되는 시기는 피고가 응소한 때(준비서면을 보내거나 진술한 때)이며, 원고가 소를 제기한 때로 소급하지 않는다.[604)]

(c) 행정소송 및 행정심판은 위법한 행정처분의 취소·변경을 구하는 것이고 사권을 행사하는 것이 아니어서 일반적으로 시효중단사유가 되지 못하지만,[605)] 과오납한 조세에 대한 부당이득반환청구권을 실현하기 위한 수단이 되는 과세처분의 취소 또는 무효확인을 구하는 소는 행정소송이지만 그것이 사권으로서의 부당이득반환청구권을 행사하는 것과 표리관계에 있으므로 그 권리의 행사도 포함하는 것으로 봄이 타당하다는 이유로 부당이득반환청구권에 관한 재판상의 청구에 해당한다고 본다.[606)]

근로자가 사용자의 부당노동행위로 인하여 해고를 당한 경우, 근로자로서는 민사소송으로 해고의 무효확인 및 임금의 지급을 청구할 수 있으나 부당노동행위

발생한 때로 보아야 한다는 것에 기인한 것이므로, 채무자가 반드시 소멸시효완성을 원인으로 한 소송을 제기한 경우이거나 당해 소송이 아닌 전 소송 또는 다른 소송에서 그와 같은 권리주장을 한 경우이어야 할 필요는 없고, 나아가 변론주의 원칙상 피고가 응소행위를 하였다고 하여 바로 시효중단의 효과가 발생하는 것은 아니고 시효중단의 주장을 하여야 그 효력이 생기는 것이지만, 시효중단의 주장은 반드시 응소 시에 할 필요는 없고 소멸시효기간이 만료된 후라도 사실심 변론종결 전에는 언제든지 할 수 있다."; **대판** 2012.1.12, 2011**다**78606.

604) **대판** 2005.12.23, 2005**다**59383 "민법 제168조 제1호, 제170조 제1항 에서 시효중단사유의 하나로 규정하고 있는 재판상의 청구라 함은, 통상적으로는 권리자가 원고로서 시효를 주장하는 자를 피고로 하여 소송물인 권리를 소의 형식으로 주장하는 경우를 가리키지만, 이와 반대로 시효를 주장하는 자가 원고가 되어 소를 제기한 데 대하여 피고로서 응소하여 그 소송에서 적극적으로 권리를 주장하고 그것이 받아들여진 경우도 마찬가지로 이에 포함되는 것으로 해석함이 타당하고, 또한 응소행위로 인한 시효중단의 효력은 피고가 현실적으로 권리를 행사하여 응소한 때에 발생한다고 보는 것이 상당하다."

605) **대판** 1979.2.13, 78**다**1500·1501 "민법 제168조 제1항 에 규정된 시효중단사유인 청구라 함은 시효의 목적인 사법상의 권리를 재판상 및 재판 외에서 실행하는 행위를 말하므로 공법상의 구제수단으로서의 행정소송 따위는 위에서 본 재판상의 청구라 할 수 없다."

606) **대판(전)** 1992.3.31, 91**다**32053 "일반적으로 위법한 행정처분의 취소, 변경을 구하는 행정소송은 사권을 행사하는 것으로 볼 수 없으므로 사권에 대한 시효중단사유가 되지 못하는 것이나, 다만 오납한 조세에 대한 부당이득반환청구권을 실현하기 위한 수단이 되는 과세처분의 취소 또는 무효확인을 구하는 소는 그 소송물이 객관적인 조세채무의 존부확인으로서 실질적으로 민사소송인 채무부존재확인의 소와 유사할 뿐 아니라, 과세처분의 유효 여부는 그 과세처분으로 납부한 조세에 대한 환급청구권의 존부와 표리관계에 있어 실질적으로 동일 당사자인 조세부과권자와 납세의무자 사이의 양면적 법률관계라고 볼 수 있으므로, 위와 같은 경우에는 과세처분의 취소 또는 무효확인청구의 소가 비록 행정소송이라고 할지라도 조세환급을 구하는 부당이득반환청구권의 소멸시효중단사유인 재판상 청구에 해당한다고 볼 수 있다."

에 대하여 신속한 권리구제를 위하여 마련된 행정상 구제절차(근로기준법 제28조, 노동조합 및 노동관계조정법 제82조 내지 제86조)를 이용하여 노동위원회에 구제신청을 한 후 노동위원회의 구제명령 또는 기각결정에 대하여 행정소송에서 다투는 방법으로 임금청구권 등 부당노동행위로 침해된 권리의 회복을 구할 수도 있으므로, 근로자가 위 관계 법령에 따른 구제신청을 한 후 이에 관한 행정소송에서 그 권리관계를 다투는 것 역시 권리자가 재판상 그 권리를 주장하여 권리 위에 잠자는 것이 아님을 표명한 것으로서 소멸시효 중단사유로서의 재판상 청구에 해당한다.[607)]

(d) 대항요건을 갖추지 못하여 채무자에게 대항하지 못한다고 하더라도 채권의 양수인이 채무자를 상대로 재판상의 청구를 하였다면 이는 소멸시효중단사유인 재판상의 청구에 해당한다고 한다.[608)]

㉢ 시효중단의 범위

(a) 재판상 청구에 의하여 시효가 중단되는 경우, 재판상 청구한 소송물은 물론이고 재판상 청구를 통해 권리를 행사한 것으로 볼 수 있는 경우에도 시효가 중단된다고 한다(통설 · 판례).

ⓐ 기본적 법률관계에 관한 확인청구소송의 제기는 그 법률관계로부터 파생되는 개개의 권리에 대한 소멸시효의 중단사유가 된다.

예컨대 파면된 사립학교 교원이 학교법인을 상대로 파면처분 효력금지 가처분 및 무효확인의 소를 제기하여 승소한 경우에 복직이 되면 밀린 급여를 청구할 수 있을 것이기 때문에 파면된 이후의 보수금채권의 소멸시효가 문제된 사안에서, 파면(해지)처분 무효확인의 소(또는 고용관계 존재확인의 소)는 보수금(임금)채권을 실현하는 수단이라는 성질을 가지고 있으므로 보수금채권 자체에 관한 이행소송을 제기하지 않았다 하더라도 위 소의 제기에 의하여 보수금채권에 대한 시효는 중단된다.[609)] 그리고 소유권이 취득시효 중단으로 인정되는 재판상청구에는 소유권 확인청구뿐만 아니라 소유권의 존재를 전제로 하는 소유물반환청구 · 등기소멸청구 · 손해배상청구 · 부당이득반환청구 등의 다른 권리주장도 포함한다.[610)]

---

607) **대판** 2012.2.9, 2011**다**20034.
608) **대판** 2005.11.10, 2005**다**41818.
609) **대판** 1978.4.11, 77**다**2509.
610) **대판** 1979.7.10, 79**다**569.

원고의 근저당권설정등기 청구권의 행사는 그 피담보채권이 될 금전채권의 실현을 목적으로 하는 것으로서, 근저당권설정등기 청구의 소에는 그 피담보채권이 될 채권의 존재에 관한 주장이 당연히 포함되어 있는 것이고, 피고로서도 원고가 원심에 이르러 금전지급을 구하는 청구를 추가하기 전부터 피담보채권이 될 금전채권의 소멸을 항변으로 주장하여 그 채권의 존부에 관한 실질적 심사가 이루어져 그 존부가 확인된 이상, 그 피담보채권이 될 채권으로 주장되고 심리된 채권에 관하여는 근저당권설정등기 청구의 소의 제기에 의하여 피담보채권이 될 채권에 관한 권리의 행사가 있은 것으로 볼 수 있으므로, 근저당권설정등기 청구의 소의 제기는 그 피담보채권의 재판상의 청구에 준하는 것으로서 피담보채권에 대한 소멸시효 중단의효력을 생기게 한다고 한다.[611]

주의해야 할 것은 청구권이 경합하는 경우에 하나의 권리에 기한 소의 제기는 다른 권리에 대해서는 시효중단의 효력이 미치지 않는다는 것이 판례의 입장이다.[612] 또한 원인채권과 그 원인채권을 변제하기 위하여 발행한 어음·수표금채권의 청구도 서로 시효중단에 영향을 미치지 않는다.

예컨대 어음할인을 받기 위해 발행된 어음에 배서한 배서인에 대한 청구와 관련하여, 원인채권의 지급을 확보하기 위하여 어음이 수수된 경우 원인채권과 어음채권은 별개이므로 채권자는 그 선택에 따라 권리를 행사할 수 있기 때문에 원인채권에 기하여 청구를 하였더라도 어음채권을 행사한 것으로 볼 수 없어 어음채권의 소멸시효를 중단시키지 못한다.[613] 이와 반대로 어음채권의 행사는 원인채권에 대한 소멸시효를 중단시키는 효력이 있다고 한다.[614]

---

611) **대판** 2004.2.13, 2002**다**7213.

612) 예컨대 시외버스를 타고 가던 승객이 교통사고를 당한 경우 민법 제750조에 의한 손해비상청구권을 소로 주장하면 제390조의 채무불이행으로 인한 손해배상청구권은 주장한 바가 없기 때문에 시효중단이 되지 않는다는 것이다.

613) **대판** 1994.12.2, 93**다**59922 "어음할인의 원인채권에 관하여 소를 제기한 것만으로는 그 할인된 어음상의 채권 그 자체를 행사한 것으로 볼 수 없어 이는 어음채권에 관한 소멸시효 중단사유인 재판상 청구에 해당하지 않는다."

614) **대판** 1999.6.11, 99**다**16378 "[1] 원인채권의 지급을 확보하기 위한 방법으로 어음이 수수된 경우에 원인채권과 어음채권은 별개로서 채권자는 그 선택에 따라 권리를 행사할 수 있고, 원인채권에 기하여 청구를 한 것만으로는 어음채권 그 자체를 행사한 것으로 볼 수 없어 어음채권의 소멸시효를 중단시키지 못한다. [2] 원인채권의 지급을 확보하기 위한 방법으로 어음이 수수된 경우, 이러한 어음은 경제적으로 동일한 급부를 위하여 원인채권의 지급수단으로 수수된 것으로서 그 어음채권의 행사는 원인채권을 실현하기

ⓑ 판례는 "권리 중 일부만을 청구한 경우에 청구하지 아니한 나머지 부분에 대하여는 시효중단의 효력이 없다."[615]라고 한다. 그러면서 "일부만을 청구한 경우에도 그 취지로 보아 채권 전부에 관하여 판결을 구한 것으로 해석되는 때에는, 그 채권의 동일성의 범위 내에서 그 전부에 관하여 시효중단의 효력이 발생한다."고 한다.[616]

(b) 채권자(갑)가 채무자(을)를 대위하여 제3채무자(병)에게 채권을 대위행사한 경우(제404조)에는 채무자(을)의 제3채무자(병)에 대한 채권도 권리행사를 한 것으로 되므로 시효중단이 된다. 이 경우 채권자(갑)가 채무자(을)에게 채권자대위권 행사의 사실을 통지한 때(제405조)에는 채권자의 채무자에 대한 권리에 관하여도 시효중단의 효과가 생긴다고 한다(통설). 판례도 채무자(을)가 채권자(갑)의 대위권 행사를 알았거나 알 수 있었다면 판결의 효력, 즉 기판력이 채무자(을)에게 미친다고 한다.[617]

ⓒ 채권자가 동일한 목적을 달성하기 위하여 복수의 채권을 갖고 있는 경우에, 채권자로서는 그의 선택에 따라 권리를 행사할 수 있다. 그러나 그 중 어느 하나의 청구를 한 것만으로는 다른 채권 그 자체를 행사한 것으로 볼 수는 없으므로, 특별한 사정이 없는 한 그 다른 채권에 대한 소멸시효 중단의 효력은 없다.[618]

위한 것일 뿐만 아니라, 원인채권의 소멸시효는 어음금 청구소송에 있어서 채무자의 인적항변 사유에 해당하는 관계로 채권자가 어음채권의 소멸시효를 중단하여 두어도 채무자의 인적항변에 따라 그 권리를 실현할 수 없게 되는 불합리한 결과가 발생하게 되므로, 채권자가 원인채권에 기하여 청구를 한 것이 아니라 어음채권에 기하여 청구를 하는 반대의 경우에는 원인채권의 소멸시효를 중단시키는 효력이 있다고 봄이 상당하고, 이러한 법리는 채권자가 어음채권을 피보전권리로 하여 채무자의 재산을 가압류함으로써 그 권리를 행사한 경우에도 마찬가지로 적용된다."

615) **대판** 1967.5.23, 67**다**529, **대판** 1991.12.10, 91**다**17092.

616) **대판** 1992.12.8, 92**다**29924 ; **대판** 2001.9.28, 99**다**72521 ; **대판** 2006.1.26, 2005**다**60017. ; **[참고]** 우리 판례는 기본적으로 구소송물이론을 따르고 있으며 불법행위로 인한 손해배상청구도 3분설의 입장에서 적극적 손해, 소극적 손해, 위자료는 각각 독립된 별개의 권리로 보아 위자료만을 청구한 경우 적극적 손해나 소극적 손해(일실 이익)에 대한 시효중단의 효력이 없다고 본다(대판 1967.5.23, 67다529).

617) **대판** 1999.2.24, 97**다**46955.

618) **대판** 2002.6.14, 2002**다**11441 ; 예컨대 ① 원고가 피고를 상대로 공동불법행위자에 대한 구상금청구의 소를 제기하였다고 하여 이로써 원고의 이 사건 사무관리로 인한 비용상환청구권의 소멸시효가중단될 수는 없다(대판 2001.3.23, 2001다6145). ② 원고가 피고를 상대로 상법 제399조에 기한 손해배상청구의 소를 제기하였다고 하여 이로써 원고의 피고에 대한 일반 불법행위로 인한 손해배상청구권의 소멸시효가 중단될 수는 없다(대판 2002.

㉣ 재판상 청구권자

재판상의 청구가 시효중단의 사유가 되려면 그 청구가 채권자 또는 그 채권을 행사할 권능을 가진 자에 의하여 행해졌어야 한다.[619] 무권리자에 의한 제소에 의해서는 시효가 중단되지 않는다. 그런데 채권양도의 양수인은 비록 대항요건을 갖추지 못했다고 하더라도 그러한 양수인은 채권자이기 때문에 재판상 청구를 할 수 있다.[620]

㉤ 시효중단의 효과

(a) 재판상의 청구에 의한 시효중단의 효과는 소를 제기한 때, 즉 소장을 법원에 제출한 때, 또는 피고의 경정을 신청하는 서면, 청구취지의 변경을 신청하는 서면이나 중간확인의 소를 청구하는 서면을 법원에 제출한 때에 발생한다(민소 265조). 따라서 피고에게 소장부본이 송달되었는지는 상관없다. 이는 송달이 지연됨으로써 발생할 수 있는 시효중단의 효력이 불확실하게 되는 것을 막기 위함이다. 소제기에 흠이 있는 경우에도 마찬가지이다. 다만, 소제기에 의하여 행사되는 권리를 특정할 수 없는 경우에는 그 흠이 보정된 때에 비로소 시효가 중단된다고 하여야 한다.[621]

소송이 이송된 경우에 소멸시효의 중단 시기는 소송이 이송될 때가 아니고 이송한 법원(처음에 소가 제기된 법원)에 소가 제기된 때이다.[622]

(b) 판결에 의하여 확정된 채권을 단기소멸시효에 해당하는 권리인 경우에도 그 소멸시효는 10년으로 연장된다(제165조 제1항) 함은 앞에서 본 바이다.

㉥ 효과의 소멸 및 부활

재판상 청구가 있더라도 소의 각하 · 기각 또는 취하가 있으면 시효중단의 효

6.14, 2002다11441). ③ 국가나 국유재산 중 일반재산의 관리 · 처분에 관한 사무를 위탁받은 원고(한국자산관리공사)는 무단점유자를 상대로 변상금 부과 · 징수권의 행사와 별도로 민사상 부당이득 반환청구의 소를 제기할 수도 있는데(대판(전) 2014.7.16, 2011다76402; 대판 2014.9.4, 2013다3576), 변상금 부과 · 징수권이 민사상 부당이득 반환청구권과 법적 성질을 달리하는 별개의 권리인 이상 원고가 변상금 부과 · 징수권을 행사하였다 하더라도 그것으로써 민사상 부당이득 반환청구권의 소멸시효가 중단된다고 할 수 없다(대판 2014.9.4, 2013다3576).

619) **대판 1963.11.28, 63다654.**

620) **대판 2005.11.10, 2005다41818.**

621) 양창수, 민법연구(4), 98면.

622) **대판 2007.11.30, 2007다54610.**

력은 생기지 않는다(제170조 제1항). 그러나 이 경우 6개월 내에 재판상의 청구·파산절차참가·압류·가압류·가처분을 한 때에는 시효는 최초의 재판상의 청구로 인하여 중단된 것으로 본다(제170조 제2항).[623]

다만 '기각판결'이 확정된 경우에는 청구권의 부존재가 확정됨으로써 중단의 효력이 생길 수 없으므로, 청구기각판결의 확정 후 재심을 청구하였다 하더라도 시효의 중단이 생기지 않는다.[624]

다른 한편 판례는 "권리자인 피고가 응소하여 권리를 주장하였으나 소가 각하되거나 취하되는 등의 사유로 본안에서 권리주장에 관한 판단 없이 소송이 종료된 경우에는 민법 제170조 제2항을 유추적용하여 그때부터 6월 이내에 재판상의 청구 등 다른 시효중단조치를 취한 경우에 한하여 응시 시에 소급하여 시효중단의 효력이 있다고 보아야 한다."[625]라고 한다.

한편 주목해야 할 판결로, "이미 사망한 자를 피고로 하여 제기된 소는 부적법하여 이를 간과한 채 본안 판단에 나아간 판결은 당연무효로서 그 효력이 상속인에게 미치지 않고(대법원 2002.4.26. 선고 2000다30578 판결 등 참조), 채권자의 이러한 제소는 권리자의 의무자에 대한 권리행사에 해당하지 않는다고 할 것이므로, 상속인을 피고로 하는 당사자표시정정이 이루어진 경우와 같은 특별한 사정이 없는 한, 거기에는 애초부터 시효중단 효력이 없어 민법 제170조 제2항이 적용되지 않는다고 봄이 타당하고, 법원이 이를 간과하여 본안에 나아가 판결을 내린 경우에도 마찬가지라고 보아야 한다."[626]가 있다.

② **파산절차 참가**(제171조)

파산절차 참가라 함은 채권자가 파산재단의 배당에 참가하기 위하여 자신의 채권을 신고하는 것을 말한다(채무자 회생 및 파산에 관한 법률 제447조). 이러한 채권자의 신고가 있으면 시효는 중단된다. 그러나 채권자가 신고를 취소하거나 그 청구가 각하된 때에는 시효중단의 효력이 없다(제171조).[627]

---

623) 예컨대 변제하겠다고 하여 소를 취하하였더니 변제하지 않아 소를 다시 제기하는 경우와 같이 재판 외에서 화해 기타 방법으로 해결하기 위하여 소송을 취하하였다가 해결되지 않아 다시 소를 제기하는 경우가 있을 수 있어 소급적 중단효를 인정하는 것이다.
624) **대판** 1992.4.24, 92**다**6983.
625) **대판** 2012.1.12, 2011**다**78606.
626) **대판** 2014.2.27, 2013**다**94312.
627) **대판** 2005.10.28, 2005**다**28273 "민법 제171조 는 파산절차참가는 채권자가 이를 취소하거

채무자 회생 및 파산에 관한 법률 제460조에 의하면, 채권자가 파산절차에 참가하여 자신의 채권을 신고함으로써 확정된 채권이 채권표에 기재되면 확정판결과 동일한 효력이 있게 된다.

한편 파산절차 참가 이외에도 채권자가 파산선고 신청을 하거나(동법 312조), 강제집행에서 배당요구를 하는 경우도 파산절차 참가와 유사한 것이므로 역시 시효중단사유라고 한다.628)

또한 회생절차 참가와 개인회생절차 참가에 대하여도 시효중단을 인정하고 있다(채무자회생 및 파산에 관한 법률 제32조 제1호 및 제3호).

그러나 파산절차 참가로 시효가 중단된 경우에도 채권자가 그 참가를 취소하거나 또는 그 청구가 각하되면 시효중단의 효력이 없다(제171조).

③ **지급명령**

지급명령이라 함은 채권자가 금전 기타 대체물이나 유가증권의 일정한 수량을 지급받을 목적으로 채무자에게 지급명령을 내려 줄 것을 법원에 신청하고, 법원이 채권자와 채무자 간에 채권·채무관계가 명백하여 별다른 다툼이 없는 경우에 채권자의 일방적 신청에 기초하여 채무자에게 채무내용에 좇은 이행을 명령하는 재판을 말한다(민사소송법 제462조). 채권자가 법원에 지급명령을 신청하는 것은 권리자가 권리 위에 잠자지 않고 권리를 행사하는 때에 해당하므로 소멸시효의 중단의 효력이 발생한다.

통설은 지급명령신청서를 관할법원에 제출하였을 때 시효중단의 효력이 생긴다고 한다(민소 464조·제265조).

채무자는 지급명령을 송달받은 날부터 2주일 이내에 이의신청을 할 수 있고(민소 470조 제1항), 적법한 이의신청이 있으면 지급명령을 신청한 때에 소가 제기된 것으로 본다(민소 제472조 제2항). 따라서 이 경우에는 소제기에 의하여 시효중단의 효력을 갖는다. 이때에 시효중단의 시기는 소송으로 이행된 때가 아니라 지급

나 그 청구가 각하된 때에는 시효중단의 효력이 없다고 규정하고 있는바, 채권조사기일에서 파산관재인이 신고채권에 대하여 이의를 제기하거나 채권자가 법정기간 내에 파산채권확정의 소를 제기하지 아니하여 배당에서 제척되었다고 하더라도 그것이 위 규정에서 말하는 '그 청구가 각하된 때'에 해당한다고 볼 수는 없다 할 것이고, 따라서 파산절차참가로 인한 시효중단의 효력은 파산절차가 종결될 때까지 계속 존속한다."

628) **대판** 2002.2.26, 2000다25484.

명령을 신청한 때이다.[629] 그런데 지급명령에 대하여 이의신청이 없거나, 이의신청을 취하하거나, 이의신청에 대하여 각하결정이 확정된 때에는 지급명령은 확정판결과 같은 효력이 있다(민소 474조).[630]

민법 제172조는 채권자의 가집행신청이 없으면 지급명령에 시효중단의 효력이 없다고 규정하고 있다. 그러나 민사소송법의 개정으로 채권자의 가집행신청제도가 삭제되어 본 규정은 사문화되었다.

④ **화해를 위한 소환 · 임의출석**(제173조)

화해(민소 제335조)를 신청하면 소멸시효는 중단된다. 이 경우 시효중단 시점은 화해신청서 제출 시이다(민소 제385조 제4항 · 제265조). 그러나 이 신청을 받은 법원이 화해를 권고하기 위하여 상대방을 소환하였으나 출석하지 않거나 화해가 성립되지 아니한 경우에는 화해신청인이 1월 내에 소를 제기하지 아니하면 시효중단의 효력이 없다(제173조). 소를 제기하면 화해를 신청한 시점에 시효중단의 효력이 생긴다.

그리고 조정은 재판상 화해와 같은 효력이 있으므로(민사조정법 제29조 · 제35조) 조정신청도 화해신청과 마찬가지로 시효중단의 효력이 있다. 그러나 조정신청이 취하되거나 조정신청인의 불출석으로 조정신청이 취하된 것으로 보는 때에는 1개월 이내에 소제기가 없으면 시효중단의 효력이 없다고 한다(동법 제35조 제2항).

---

629) **대판** 2015.2.12, 2014**다**228440.

630) **대판** 2011.11.10, 2011**다**54686 "지급명령이란 금전 그 밖에 대체물이나 유가증권의 일정한 수량의 지급을 목적으로 하는 청구에 대하여 법원이 보통의 소송절차에 의함이 없이 채권자의 신청에 의하여 간이, 신속하게 발하는 이행에 관한 명령으로 지급명령에 관한 절차는 종국판결을 받기 위한 소의 제기는 아니지만, 채권자로 하여금 간이, 신속하게 집행권원을 취득하도록 하기 위하여 이행의 소를 대신하여 법이 마련한 특별소송절차로 볼 수 있다. 그런데 재판상 청구에 시효중단의 효력을 인정하는 근거는 권리자가 재판상 그 권리를 주장하여 권리 위에 잠자는 것이 아님을 표명하고 이로써 시효제도의 기초인 영속되는 사실상태와 상용할 수 없는 다른 사정이 발생하였다는 점에 기인하는 것인데, 그와 같은 점에서 보면 지급명령 신청은 권리자가 권리의 존재를 주장하면서 재판상 그 실현을 요구하는 것이므로 본질적으로 소의 제기와 다르지 않다. 따라서 민법 제170조 제1항 에 규정하고 있는 '재판상의 청구'란 종국판결을 받기 위한 '소의 제기'에 한정되지 않고, 권리자가 이행의 소를 대신하여 재판기관의 공권적인 법률판단을 구하는 지급명령 신청도 포함된다고 보는 것이 타당하다. 그리고 민법 제170조 의 재판상 청구에 지급명령 신청이 포함되는 것으로 보는 이상 특별한 사정이 없는 한, 지급명령 신청이 각하된 경우라도 6개월 이내 다시 소를 제기한 경우라면 민법 제170조 제2항 에 의하여 시효는 당초 지급명령 신청이 있었던 때에 중단되었다고 보아야 한다."

임의출석은 당사자 쌍방이 임의로 법원에 출석하여 소송에 관하여 구두 변론함으로써, 제소 또는 제소 전 화해신청을 하도록 허용하는 제도이다. 이러한 임의출석 제도는 현행 민사소송법에는 없고 소액사건심판법에만 있다(소액사건심판법 제5조).

임의출석의 경우도 소의 제기에 준하기 때문에 시효가 중단된다. 임의출석은 당사자 쌍방이 사전에 합의하고 출석하는 경우가 대부분이기 때문에 제소 전 화해가 성립하는 경우가 많다. 그러나 화해가 성립되지 아니한 경우에는 1월 내에 소를 제기하지 아니하면 시효중단의 효력이 없다(제173조).

⑤ **최 고**

최고라 함은 채권자(권리자)가 채무자(시효의 이익을 받는 자)에 대하여 채무(의무)의 이행을 촉구(청구)하는 재판 외의 행위로서 준법률행위로서의 의사(意思)의 통지(通知)를 말하며,[631] 상대방에게 도달한 때에 시효중단의 효과가 발생한다. 특별한 방식을 요하지 않는 재판 외의 행위이다(위의 ①, ②, ③, ④ 의 경우, 적어도 이 최고로서의 효력은 있다).[632]

최고의 시효중단의 효력은 위의 ①, ②, ③, ④ 보다는 약하다. 즉 최고 후의 6월 이내에 위의 4가지 중의 어느 것이나 또는 압류 · 가처분과 같은 보다 강력한 방법을 취하지 않으면 중단의 효력이 없다(제174조). 최고를 하고 6개월 내에 다시 최고를 하여도 마찬가지이다.[633] 따라서 최고는 시효기간의 만료가 가까워져 다른 강력한 중단방법을 취하려고 할 때의 예비행동으로서의 실익이 있을 뿐이다. 최고를 통해 길게는 시효기간을 6개월 연장하는 효과가 있다.[634]

---

631) **대판** 2003.5.13, 2003**다**16238.

632) 최고를 시효의 중단사유로 하는 경우는 우리 입법례의 특징이기도 하다. 즉 독일 · 프랑스 · 스위스 민법에는 이를 시효의 중단사유로 규정하고 있지 않다.

633) **대판** 1983.7.12, 83**다카**437 "최고를 여러 번 거듭하다가 재판상 청구 등을 한 경우에 시효중단의 효력은, 항상 최초의 최고시에 발생하는 것이 아니라, 재판상 청구 등을 한 시점을 기준으로 하여, 이로부터 소급하여 6월 이내에 한 최고 시에 발생한다고 보아야 할 것이다."; **대판** 1987.12.22, 87**다카**2337.

634) 이 6개월의 기간은 최고가 상대방에게 도달한 때에 기산한다. 다만 참고하여야 할 판례로 **대판** 2010.5.27, 2010**다**9467 ; **대판** 2009.7.9, 2009**다**14340 등이 있다. 또한 최고로서의 효력을 인정할 것인지는 구체적인 최고의 해석에 의하여 결정된다고 한다(**대판** 1987.12.22, 87**다카**2337 ; **대판** 2012.1.12, 2011**다**78606 ; **대판** 2001.8.21, 2001**다**22840 ; **대판** 2003.5.13, 2003**다**16238).

2) 압류 · 가압류 · 가처분(제168조 제2호)

① 압류라 함은 금전채권의 실행을 위하여 집행기관이 확정판결 기타의 집행권원에 기하여 채무자의 재산의 처분을 금지하는 강제집행실행의 첫 단계로서 가장 강력한 권리 실행행위이다(민사집행법 제24조 · 제56조 · 제83조, 제188조 이하, 제223조).

② 가압류라 함은 장래의 금전채권이나 금전으로 환산할 수 있는 채권의 집행을 보전하기 위하여 집행권원을 얻기 전에라도 채무자의 일반재산을 현상대로 유지시키는 것을 목적으로 하여 행해지는 보전처분을 말한다(민사집행법 제276조 이하).

③ 가처분이라 함은 목적물(계쟁물)에 대한 청구권을 가지는 채권자가 장래의 집행보전을 위하여 채무자의 처분을 금지하여 이를 보전하는 것(다툼의 대상에 대한 가처분)과, 권리관계에 다툼이 있는 경우에 채권자의 현저한 손해를 방지할 목적이나 기타의 이유로 잠정적으로 법률관계를 인정(일시적 지위를 정하는 가처분)하는 것을 말한다(민사집행법 제300조).

가압류와 가처분은 모두 장래의 강제집행의 불능과 곤란을 예방하기 위하여 행하여지는 강제집행 보전수단이다.

④ 압류 · 가압류 · 가처분은 모두 권리의 실행행위이고 반드시 재판상 청구를 전제로 하는 것이 아니기 때문에, 민법은 이들을 별도의 시효중단사유로 정하고 있다(제168조 제2호).

시효가 중단되는 시기는 그 명령을 신청한 때이다. 압류 · 가압류 · 가처분이 권리자의 청구 또는 법률의 규정에 따르지 않음으로 인하여 취소된 경우에는 중단의 효력이 없다(제175조).[635]

⑤ 압류 · 가압류 · 가처분의 집행행위가 시효의 이익을 받을 자에 대하여 하지 않은 때에는, 이를 시효의 이익을 받은 자에게 통지한 후가 아니면 시효중단의

635) 참조판례로 2013.11.14, 2013다18622 ; **대판** 2011.5.13, 2011다10044 ; **대판** 2000.4.25, 2000다11102 ; 가분채권의 일부분을 피보전채권으로 하여 가압류를 한 경우에는 피보전채권의 일부에 관해서만 시효중단의 효력이 생긴다(대판 1969.3.4, 69다3) ; 압류절차가 개시된 이상 압류할 물건이 없어서 집행불능이 되더라도 시효중단의 효력은 생긴다. 그리고 제175조가 일정한 사유가 있는 때에 시효중단의 효력을 부정한 이유는, 그러한 사유가 가압류 채권자에게 권리행사의 의사가 없음을 객관적으로 표명한 행위이거나 또는 처음부터 적법한 권리행사가 있었다고 볼 수 없는 사유에 해당한다고 보기 때문이므로, 법률의 규정에 따른 적법한 가압류가 있었으나 제소기간의 도과로 인하여 가압류가 취소된 경우에는 그 규정이 정한 소멸시효 중단의 효력이 없는 경우에 해당한다고 볼 수 있다(대판 2011.1.13, 2010다88019) ; **대판** 2010.10.14, 2010다53273.

효력이 없다(제176조). 예컨대 물상보증인이 담보로 제공한 물건을 압류한 경우에는 채무자에게 통지한 후가 아니면 시효중단의 효력이 없다.[636] 채권자가 채무자의 제3채무자에 대한 채권을 압류하거나 제3자가 점유하는 채무자의 물건을 압류한 경우에도 마찬가지이다. 이와 같은 경우에 채권자는 직접 자기 채권의 만족을 얻기 위한 절차에 착수한 것이므로 그 채권에 대하여 시효중단을 인정하는 것이 타당하다. 다만 채무자가 그러한 사실을 모르고 있는 동안에 시효가 중단될 수 있도록 하면 채무자가 예측하지 못한 불이익을 입을 수 있게 되기 때문에 제176조는 압류 등을 시효이익을 받을 자에 대하여 하지 않은 때에도 시효중단의 효력이 발생하도록 하되, 시효이익을 받을 자에게 통지하도록 한 것이다.[637]

이 경우의 통지는 반드시 채권자 본인이 해야 하는 것은 아니고, 경매법원이 경매절차의 이해관계인인 채무자에게 경매개시 결정이나 경매기일 통지서를 송달하여 할 수도 있다.[638]

이 때 시효중단의 효력이 생기는 시기는 통지가 채무자에게 도달한 때에 시효가 중단된다고 보는 것이 통설이다.[639] 제176조의 통지가 있었다는 사실은 압류 등을 한 자에게 증명책임이 있다.

3) 승 인(제168조 제3호)

① **승인의 의의** 승인이라 함은 시효이익을 받을 당사자(채무자)가 소멸시효의 완성으로 권리를 상실하게 될 타방 당사자(채권자)에 대하여 그 권리의 존재를 인정한다는 관념의 통지를 말한다.[640] 그 성질은 관념의 통지이나 의사표시에 관한 대리를 준용하여 채권자의 대리인에 대하여 하여도 무방하다고 이해된

---

636) **대판** 1997.8.29, 97**다**12990 "채권자가 물상보증인에 대하여 그 피담보채권의 실행으로서 임의경매를 신청하여 경매법원이 경매개시결정을 하고 경매절차의 이해관계인으로서의 채무자에게 그 결정이 송달되거나 또는 경매기일이 통지된 경우에는 시효의 이익을 받는 채무자는 민법 제176조에 의하여 당해 피담보채권의 소멸시효 중단의 효과를 받는다."

637) 그러나 현행 민사집행법이 이들 경우에 채무자에게 통지하도록 하고 있다. 즉 강제경매의 경우 민사집행법 104조 제2항 · 제90조 제2호(부동산) · 제191조 · 제227조 제2항, 그리고 담보권 실행경매의 경우 제268조 · 제271조 · 제274조 제3항 등에서 채무자에게 통지하도록 하고 있다. 또한 실무에서의 관행도 경매개시결정을 채무자에게 송달하고 있어서 민법의 이 규정은 별 의미가 없게 되었다. 단지 시효중단시기와 관련하여서 의미가 있을 뿐이다.

638) **대판** 1994.11.25, 94**다**26097 ; **대판** 2010.2.25, 2009**다**69456.

639) 곽윤직, 336면; 양창수, 민법연구(1), 191면.

640) **대판** 2000.4.25, 98**다**63193 ; **대판** 2013.2.28, 2011**다**21556.

다. 즉 승인에는 법률행위에 대한 규정이 유추적용 된다. 시효를 중단시키는 승인은 시효기간의 진행 중에만 문제된다. 시효가 완성된 후에는 시효이익의 포기만이 문제되고 또한 시효의 진행 전에는 승인을 하더라도 시효가 중단될 여지가 없기 때문이다. 채무승인이 있었다는 사실은 이를 주장하는 채권자 측에서 증명하여야 한다.[641]

② **승인의 방식** 승인의 방식에 관하여는 특별한 방식이 필요 없고, 묵시적인 승인(예, 이자의 지급 · 일부 변제 · 담보 제공 등)도 시효중단의 효력이 있다.[642] 그런데 그 묵시적인 승인표시는 적어도 채무자가 그 채무의 존재 및 액수에 대하여 인식하고 있음을 전제로 하여 그 표시를 대하는 상대방으로 하여금 채무자가 그 채무를 인식하고 있음을 그 표시를 통하여 추단하게 할 수 있는 방법으로 행해져야 한다.[643] 계속적 거래관계에 있는 자가 단순히 공급받았던 것과 동종의 물품을 추가로 주문하고 공급받은 것만으로는 기왕의 미변제채무에 대한 승인으로 볼 수 없다.[644] 이에 반하여 비법인사단의 대표자가 총유물의 매수인에게 소유권이전등기를 해주기 위하여 매수인과 함께 법무사 사무실을 방문한 행위는 소유권이전등기 청구권의 소멸시효 중단의 효력이 있는 승인에 해당한다.[645] 또한 담보가등기를 경료한 부동산을 인도받아 점유하더라도 담보가등기의 피담보채권의 소멸시효가 중단되는 것은 아니지만,[646] 채무의 일부를 변제하는 경우에는 채무 전부에 관하여 시효중단의 효력이 발생하는 것이므로,[647] 채무자가 채권자에게 담보가등기를 경료하고 부동산을 인도하여 준 다음 피담보채권에 대한 이자 또는 지연손해금의 지급에 갈음하여 채권자로 하여금 부동산을 사용 · 수익할 수 있도록 한 경우라며 채권자가 부동산을 사용 · 수익하는 동안에는 채무자가 계속하여 이자 또는 지연손해금을 채권자에게 변제하고 있는 것으로 볼 수 있으므로 피담보채권의 소멸시효가 중단된다.[648]

---

641) **대판** 2005.2.17, 2004**다**59959.
642) **대판** 2010.4.29, 2009**다**99105 ; **대판** 2006.9.22, 2006**다**22852 · 22869 ; **대판** 1996.1.23, 95**다**39854 ; **대판** 1997.12.26, 97**다**22676 ; **대판** 1999.7.9, 99**다**12376.
643) **대판** 2010.4.29, 2009**다**99105.
644) **대판** 2007.1.25, 2006**다**68940.
645) **대판** 2009.11.26, 2009**다**64383.
646) **대판** 2007.3.15, 2006**다**12701.
647) **대판** 1980.5.13, 78**다**1790.
648) **대판** 2009.11.12, 2009**다**51028.

③ **승인자의 능력이나 권한** 승인은 단지 권리의 존재를 인정하는 것에 지나지 않으므로 시효중단의 효력 있는 승인에는 상대방의 권리에 관한 처분의 능력이나 권한이 있음을 요하지 않는다(제177조). 그러므로 승인의 대상인 권리의무에 관해 처분능력이나 처분권한이 없는 자가 한 승인도 그 효력을 인정하고 있다. 따라서 처분권한은 없더라도 최소한 관리능력이나 관리권한은 가지고 있어야 한다.[649] 즉 처분권한은 없지만 관리권한이 있는 자, 예컨대 부재자 재산관리인(제25조), 권한을 정하지 아니한 대리인(제118조)은 부재자나 본인을 대리하여 단독으로 유효하게 승인을 할 수 있다. 그러나 관리능력이 없는 행위무능력자는 단독으로 유효한 승인을 할 수 없으므로 피한정후견인은 승인할 수 없고(제13조), 미성년자 · 피성년후견인이 법정대리인의 동의 없이 한 승인에 대하여는 법정대리인이 이를 취소할 수 있다(제5조 제2항 · 제10조).

④ **승인의 당사자** 승인은 권리자에 대하여 하여야 한다(예, 채무자가 2번 저당권을 설정하여도 1번 저당권자의 채무에 대한 승인이 아니다). 즉 승인은 소멸시효의 완성으로 권리를 상실하게 될 자(또는 그 대리인)[650]에 대하여 하여야 한다.

한편 승인을 할 수 있는 자는 시효이익을 받을 자(소멸시효의 경우 의무자, 취득시효의 경우 점유자) 또는 그 대리인이다. 그 이외의 제3자가 승인을 하였더라도 시효이익을 받을 자에 대한 관계에서 시효중단의 효력은 생기지 않는다.[651] 그리고 대리인이 아닌 단순한 피용자 등은 승인을 할 권한이 없다고 한다. 예컨대 회사의 경리과장 · 총무과장 또는 출장소장은 다른 특별한 사정이 없은 한 회사가 부담하고 있는 채무에 관하여 승인을 할 권한이 없다.[652] 국가의 채무승인은 이를 할 권한 있는 자가 적법한 절차에 의하여 하는 것이 아니면 효력이 없으므로 군부대의 참모장이 상부에 건의하여 예산이 책정되는 대로 피해보상을 하여 주겠다는 언약을 한 것만으로는 승인의 효력이 있다고 할 수 없다.[653]

⑤ **시효중단시기** 승인으로 인한 시효중단의 효력은 승인의 통지가 상대방에게 도달 한 때에 발생한다.[654] 승인이 상대방에게 도달하여 시효가 중단되더

649) **대판** 1977.6.28, 77**다**717.
650) **대판** 1992.4.14, 92**다**947 ; **대판** 1999.3.12, 98**다**18124.
651) **서울고판** 1979.11.13, 79**나**1618 ; **대판** 1993.6.22, 93**다**18945.
652) **대판** 1965.12.28, 65**다**2133.
653) **대판** 1970.3.10, 69**다**401.
654) **대판** 1995.9.29, 95**다**30178.

라도 특별한 사정이 없는 한 그 다음날부터 새로이 시효가 진행된다.

(3) 시효중단의 효력

1) 경과된 시효기간의 소멸

"시효가 중단된 때에는 중단까지에 경과한 시효기간은 이를 산입하지 아니하고 중단사유가 종료한 때로부터 새로이 진행한다."(제178조 제1항)라고 하여 시효가 중단되면 이미 경과한 부분은 시효기간에 산입하지 않고 소멸된다. 따라서 청구로 중단된 경우는 재판이 확정된 때부터(제178조 제2항), 가압류 · 가처분으로 중단된 때는 이 절차가 끝났을 때부터,[655] 승인으로 중단된 때는 승인이 도달한 때부터[656] 다시 전 시효기간이 경과되어야만 시효가 완성된다.

2) 시효중단 효력의 인적 범위

시효중단은 당사자(중단행위에 관여한 자)[657] 및 그 승계인(포괄 혹은 특정승계인)에만 효력이 있고(제169조), 그 이외의 자에게는 효력이 없는 것이 원칙이다(예, B · C가 공동으로 A의 소유지를 점유하여 시효취득을 하려고 할 때에 B에 대하여 중단을 하여도 C에게는 효력이 없다).[658] 그러나 지역권(제295조 제2항, 제296조) · 연대채무(제416조, 제421조) · 보증채무(제440조) 등의 경우는 이러한 원칙에 대한 예외가 규정되어 있다.[659] 한편 채권자대위권 행사의 효과는 직접 채무자에게 귀속하므로 채권자가 채무자를 대위하여 채무자의 제3채무자에 대한 채권을 재판상 청구한 경우에는 그로 인한 대위의 객체인 채권의 시효중단의 효과는 채무자에게도 미친다.[660]

또한 여기의 '승계인'이라 함은 시효중단에 관여한 당사자로부터 중단의 효가를 받는 권리를 그 중단효과 발생 이후에 승계한 자를 뜻하며,[661] 거기에는 포괄

---

655) **대판** 2006.7.4, 2006**다**32781.

656) 기한유예는 승인에 해당하므로 그 경우에는 유예한 이행기일부터 다시 시효가 진행한다(대판 1992.12.22, 92다40211). 그런데 만약 유예기간을 정하지 않았다면 변제유예의 의사표시를 한 때부터 진행하다(대판 2006.9.22, 2006다22852 · 22869).

657) 여기서 당사자라 함은 중단행위에 관여한 자를 가리키고 시효의 대상인 권리 또는 청구권의 당사자를 의미하지 않는다.

658) **대판** 1967.1.24, 66**다**12279 ; **대판** 1979.6.26, 79**다**638.

659) 압류 · 가압류 · 가처분을 시효의 이익을 받을 자에게 하지 않은 경우에 그것을 시효이익을 받을 자에게 통지하면 그에게 시효중단의 효력이 미치는데(제176조) 이것도 일종의 예외라고 할 수 있다.

660) 송덕수, 542.

승계인은 물론이고 특정승계인도 포함된다.

3. 소멸시효의 정지

(1) 의 의

소멸시효의 정지라 함은 소멸시효의 완성을 일시 유예시키는 제도이다. 즉 소멸시효가 완성될 무렵에 권리자가 중단행위를 하는 것이 불가능하거나 대단히 곤란한 사정이 있는 경우에 시효의 진행을 일시적으로 멈추게 하고, 그러한 사정이 없어졌을 때 다시 나머지 기간을 진행시키는 것이다. 이미 경과한 기간이 무(無)로 돌아가지 않는 점에서 중단과는 다르다.

(2) 소멸시효의 정지사유

1) 제한능력자를 위한 정지

소멸시효의 기간 만료 전 6개월 내에 제한능력자에게 법정대리인이 없는 경우에는 그가 능력자가 되거나 또는 법정대리인이 취임한 때부터 6개월 내에는 시효가 완성되지 않는다(제179조).

2) 재산관리자에 대한 제한능력자의 권리와 시효정지

재산을 관리하는 아버지 · 어머니 또는 후견인에 대한 제한능력자의 권리는 그가 능력자가 되거나 후임의 법정대리인이 취임한 때로부터 6개월 내에는 소멸시효가 완성하지 아니한다(제180조 제1항).

3) 부부간의 권리와 시효정지

부부의 일방의 타방에 대한 권리는 혼인관계가 종료한 때로부터 6개월 내에는 소멸시효가 완성하지 않는다(제180조 제2항). 이는 혼인관계가 존속하는 동안에는 시효중단의 절차를 밟는 것이 곤란하다는 이유에서 인정된 정지사유이다. 여기서 혼인관계가 종료한다는 것은 이혼은 물론이고, 배우자 일방의 사망이나 혼인의 취소 등도 포함한다.[662]

---

661) **대판** 1998.6.12, 96**다**26961 ; **대판** 1997.2.11, 96**다**1733.
662) 송덕수, 543면.

4) 재산상속에 관한 권리와 시효정지

상속재산에 속하는 권리나 상속재산에 대한 권리는 상속인의 확정, 관리인의 선임 또는 파산선고가 있는 때로부터 6개월 내에는 소멸시효가 완성하지 아니한다(제181조).

5) 천재 기타 사변과 시효정지

천재 기타 사변으로 인하여 소멸시효를 중단할 수 없었을 때에는 그 사유가 종료된 때로부터 1개월 내에는 시효가 완성하지 아니한다(제182조). 여기의 사변은 폭설이나 홍수로 인한 교통의 두절 · 전쟁 · 폭동 · 지진 등을 가리키며, 권리자의 여행 · 질병과 같은 주관적인 사유는 이에 해당하지 않는다.

Ⅳ. 소멸시효의 효력

1. 소멸시효 완성의 효과

소멸시효의 요건이 갖추어진 경우에 민법은 '소멸시효가 완성한다.'고만 규정하고 있는 바, 그 의미가 무엇이냐에 관하여는 학설의 대립이 있다.

(1) 상대적 소멸설

소멸시효가 완성되어도 권리가 당연히 소멸하는 것이 아니라 시효의 이익을 받을 자에게 권리의 소멸을 주장할 수 있는 권리, 즉 원용권(권리를 부인하는 일종의 형성권)이 생길 뿐이라고 하는 설이다.[663] 소멸시효로 인한 권리소멸의 효과는 소멸시효의 원용이 있음으로써 비로소 확정적으로 발생한다고 한다.

(2) 절대적 소멸설

소멸시효가 완성되면 채무자 등이 소멸시효의 완성사실을 주장하지 않아도 권리는 당연히 소멸하는 효과가 발생한다는 설이다.[664]

(3) 판　례

소멸시효의 효력에 대하여 판례는 절대적 소멸설을 취한다.[665] 즉 판례는 당

663) 김상용, 722면; 김용한, 489면; 김준호, 435면; 백태승, 582면; 지원림, 427면.
664) 곽윤직, 340면; 송덕수, 549면; 이은영, 778면.

사자의 원용이 없어도 시효완성의 사실로써 채무는 당연히 소멸한다는 입장이다. 다만 민사소송법상 변론주의가 채용되어 있기 때문에 채무자 등이 재판과정에서 시효완성의 사실을 주장하여야 한다.[666)]

(4) 사 견

판례는 절대적 소멸설을 취하면서도 실제 소송에 있어서 변론주의의 원칙상 소멸시효를 원용하여야만 고려할 수 있다는 입장을 취하고 있기 때문에 절대적 소멸설이나 상대적 소멸설은 결과에 있어서 차이가 없다. 현행법은 시효의 원용에 관한 규정이 없기 때문에 '소멸시효가 완성한다'는 것은 결국 '권리가 소멸한다'는 것을 의미하는 것으로 해석하는 절대적 소멸설이 타당하다고 본다.

2. 소멸시효의 소급효

소멸시효는 사실상태를 존중하려는 것이므로 그 기산일에 소급하여 효력이 생긴다(제167조). 따라서 소멸시효가 완성된 권리는 기산일, 즉 그 권리를 처음 행사할 수 있었던 때에 소멸한 것으로 본다. 그리하여 기산일 이후의 이자는 지급할 필요가 없다. 그러나 시효로 소멸하는 채권이 시효완성 전에 상계할 수 있었던 것이면(상계할 수 있었을 때에는 결제된 것으로 믿는 것이 보통이므로 이 신뢰를 보호하기 위하여) 채권자는 상계할 수 있도록 특칙을 두고 있다(제495조).

3. 종속된 권리에 대한 소멸시효의 효력

주된 권리의 소멸시효가 완성된 경우에는 종된 권리도 소멸시효에 걸리게 함으로써 종된 권리가 독자적으로 소멸시효에 걸리지 않는 경우로 인하여 발생할 수 있는 분쟁을 방지한다. 예컨대 주된 권리(채권)인 원본채권의 소멸시효가 완성되면 종된 권리인 이자채권의 소멸시효기간이 완성되지 않은 경우에도 이자채권은 소멸된다.[667)]

---

665) **대판 1979.2.13, 78다2157** "신민법상 당사자의 원용이 없어도 시효완성의 사실로서 채무는 당연히 소멸하고, 다만 변론주의의 원칙상 소멸시효의 이익을 받는 자가 실제 소송에서 권리를 주장하는 자에 대항하여 소멸시효 이익을 받겠다는 뜻을 항변하지 않는 이상 그 의사에 반하여 재판할 수 없을 뿐이다."

666) 대판 1991.7.26, 91다5631 ; 대판 2007.3.30, 2005다11312 ; 대판 2004.2.12, 2001다10151 ; 대판 2012.5.10, 2011다109500.

4. 소멸시효의 이익의 포기

(1) 의 의

소멸시효 이익의 포기라 함은 소멸시효로 인하여 생기는 법률상의 이익을 받지않겠다는 일방적인 의사표시를 말한다.[668]

(2) 소멸시효 완성 전의 포기

시효이익은 미리 포기하는 것은 허용되지 않는다(제184조 제1항). 시효제도는 공익적 제도이며, 또 채무자의 궁박을 이용할 위험이 있기 때문이다. 같은 취지에서 시효완성을 곤란하게 하는 약정도 무효이다(제184조 제2항). 그러나 이를 단축 또는 경감하는 것은 허용한다(제184조 제2항).[669]

(3) 소멸시효 완성 후의 포기

시효완성 후에는 완성 전과 같은 폐단은 없으므로 제184조 제1항의 반대해석상 당사자의 의사를 존중하여 포기가 인정된다.

1) 포기의 본질

상대적 소멸설에서는 원용권의 포기라고 하여 설명이 용이하나, 절대적 소멸설에서는 시효의 이익의 포기를 명확히 설명하지 못하는 한계가 있지만 일반적으로 소멸시효 완성의 이익을 받지 않겠다는 의사표시이며, 이 의사표시에 의하여 소멸시효 완성의 이익이 생기지 않았던 것으로 된다고 본다.

2) 시효이익 포기의 당사자

시효이익의 포기는 상대방 있는 단독행위인 처분행위이므로 포기하는 자에게 처분능력과 처분권한이 있어야 한다. 이 점이 이를 요하지 않는 시효중단사유로서의 승인(제177조)과 구별된다. 시효이익 포기의 의사표시를 할 수 있는 자는 시효완성의 이익을 받을 당사자 또는 대리인에 한정되며, 제3자는 아니다.[670] 따라

---

667) **대판** 2008.3.14, 2006**다**2940.

668) **대판** 2013.7.25, 2011**다**56187 · 56194 ; 상대적 소멸설은 이 시효이익의 포기의 성질을 원용권의 포기로 본다.

669) 특정한 채무의 이행을 청구할 수 있는 기간을 제한하고 그 기간이 경과할 경우 채무가 소멸하도록 하는 약정은 소멸시효기간을 단축하는 것으로서 유효하다고 한다(대판 2007.1.12, 2006다32170).

서 제3자가 시효이익 포기의 의사표시를 하더라도 그것은 시효완성의 이익을 받을 자에 대한 관계에서 아무런 효력이 없다.[671] 포기는 처분행위이므로 포기자에게 처분능력과 처분권한이 있어야 한다.[672]

시효이익 포기의 의사표시의 상대방은 진정한 권리자 이어야 한다.[673]

3) 포기의 방법

시효이익을 포기하는 방법으로는 명시적 또는 묵시적으로 하든 제한이 없으나[674] 상대방에 대한 의사표시로써 하여야 하므로 상대방에게 도달하여야 한다. 주의해야 할 것은 채무자가 소멸시효가 완성된 이후에 여러 차례에 걸쳐 채권자의 제소기간 연장 요청에 동의한 경우,[675] 소멸시효 완성 후에 있은 과세처분에 기하여 세액을 납부한 경우[676]에는 그것만으로는 포기의 의사표시를 인정할 수 없다는 것이 판례의 태도이다.

4) 포기의 효과

시효이익을 포기하면 처음부터 시효이익은 생기지 않았던 것으로 된다. 따라서 이제는 소멸시효의 완성을 주장하지 못한다. 다만 이러한 포기의 효과는 포기한 사람에 대한 관계에서만 상대적으로 그 효력이 발생하며, 다른 사람에게 영향을 미치지 않는다. 예컨대 연대채무자의 1인이 시효이익을 포기하여도 다른 연대채무자에게는 영향을 미치지 않는다. 또한 주채무자가 소멸시효의 이익을 포기하더라도 그 포기는 보증인에게는 효력이 없다(제433조).[677] 채무자가 시효이익을 포기하더라도 저당부동산의 제3취득자(물상보증인)는 소멸시효의 완성을 주장하며 피담보채무의 소멸을 주장할 수 있다.

---

670) **대판** 1998.2.28, 97**다**53366.

671) **대판** 2014. 1.23, 2013**다**64793.

672) 곽윤직, 343면; 김상용, 724면; 송덕수, 550~551면.

673) **대판** 1994.12.23, 94**다**40734 참조.

674) **대판** 1993.5.11, 93**다**12824 ; **대판** 2012.5.10, 2011**다**109500 ; **대판** 2010.5.13, 2010**다**6345 ; **대판** 1992.3.27, 91**다**44872 ; **대판** 1991.1.29, 89**다카**1114.

675) **대판** 1987.6.23, 86**다카**2107.

676) **대판** 1988.1.19, 87**다카**70.

677) **대판** 1991.1.29, 89**다카**1114 "주채무가 시효로 소멸한 때에는 보증인도 그 시효소멸을 원용할 수 있으며, 주채무자가 시효의 이익을 포기하더라도 보증인에게는 그 효력이 없다."

▒ 판 례 색 인 ▒

▪ 사 항 색 인 ▪

(ㄴ)

(ㄷ)

(ㅁ)

(ㅂ)

(ㅂ)

(ㅇ)

(ㅈ)

(ㅊ)

(ㅌ)

(ㅍ)

(ㅎ)

(기타)

저 자 약 력

■ 저 자

박 종 찬

건국대학교 법과대학(학사)
건국대학교 대학원(법학석사)
독일 Tübingen 대학교(법학박사)
부산외국어대학 부교수
미국 Illinois University, School of Law Visiting Professor
사법시험·행정고시·입법고시·변리사시험·감정평가사시험·지방행정직시험 위원

(현) 강원대학교 법학전문대학원 · 법과대학 교수

〈주요저서〉

- 주석민법 물권(4)(공저)
- 법학개론(공저)
- 남북한법제비교(공저)
- 여성과 법
- 물권법
- 불법행위법
- 민법학강의 II
- 민법학강의 III
- Hypotehkenrecht
- Liesingsvertrag
- 독일저당권에 관한 연구
- 독일토지채무에 관한 연구
- 부동산점유취득시효에 관한 연구

민법학강의 I [민법총칙] Bürgerliches Gesetzbuch I

저 자 박 종 찬 2017년 8월 28일 초 판 인쇄
발 행 인 양 진 수 2017년 9월 5일 초 판 발행
발 행 처 진 원 사

서울시 서초구 법원로 2길 17 6 (서초3동, 청덕빌딩 1층)
진화 : 02) 916 - 1850 / 펙스 : 02) 916 - 3442
신고번호 제321-2512007002호
http://www.jinwonsa.co.kr
http://www.lawbookstore.co.kr
e-mail : hhansin@hanmail.net

저자와의 협의하에 인지생략

ISBN : 978-89-6346-509-8 93360 **정가 25,000원**